야곱—뎐

미달자 야곱에 관한 신밀한 탐색과 탐구

세움북스는 기독교 가치관으로 교회와 성도를 건강하게 세우는 바른 책을 만들어 갑니다.

야곱-넌

미달자 야곱에 관한 신밀한 탐색과 탐구

초판 1쇄 인쇄 2024년 1월 25일
초판 1쇄 발행 2024년 1월 30일

지은이 | 다니엘 오
펴낸이 | 강인구

펴낸곳 | 세움북스
등　록 | 제2014-000144호
주　소 | 서울시 종로구 대학로 19 한국기독교회관 1010호
전　화 | 02-3144-3500
이메일 | cdgn@daum.net

디자인 | 참디자인

ISBN 979-11-985894-3-9 (03230)

야곱 – 뎐 ^傳

미달자 야곱에 관한 신밀한 탐색과 탐구

다
니
엘 오 _{지음}

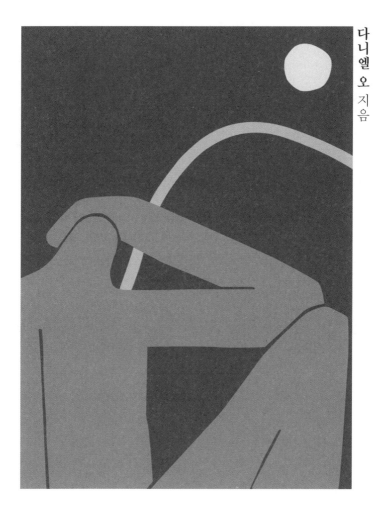

세움북스

목차

2부 씨름

3부　침상 머리

서문

야곱 : 어째서 이스라엘인가?

왜 현대의 크리스천이 야곱을 조명해야 하는가? 어째서 야곱이라는 고릿한 인물의 삶과 감정 따위에 관심을 가져야 하는가? 야곱이 그토록 특별하고 대단한 인물이라는 말인가?

사실 그렇지 않다. 야곱은 특출나지도 대단하지도 않다. 오히려 많은 부분에서 부족하고, 그가 꿈꾸고 바라는 포부에 비해서 턱없이 적은 역량만을 가지고 있다. 그가 가진 재능과 명분 등은 그의 비대한 꿈을 지탱하기에는 턱없이 가냘팠다. 능력은 없지만 욕심만 커서 도리어 많은 것을 잃은 어리석은 사람의 전형을 성경에서 지목하라 한다면 주저 없이 야곱을 꼽을 수 있다. 그러함에도 여타 성경의 대단하고 위대한 인물들을 놔두고 어째서 미달자 야곱에게 주목하고 그의 삶을 읽어야 하는가? 비웃기 위해서? 알량한 상대적 우월감을 느끼기 위해서? 아니면 반면교사로 삼기 위해서? 그렇지 않다. 오히려 야곱이야말로 언약의 백성인 구원받은 그리스도인들 모두가 알아야 하는 상징이다.

우리 그리스도인은 눈에 보이지 않는 것을 믿는 존재이다. 믿음은 보이지 않는 것들의 실상이라 했다(히 11:1). 이는 우리가 바라고 소망하는 구원과 하나님의 나라는 당장은 눈에 보이지 않는 영적인 것이자, 장래의 것이기에 믿음으로 그것을 붙잡아야 한다는 의미이다. 다만 눈에 보이지 않는다고 해서 그 대상들이 우리가 마음대로 규정할 수 있는 창작의 영역이라는 뜻은 결코 아니다. 그것에는 분명한 영적 원본이 존재하며, 우리가 인식하는 그것은 실체의 그림자일 따름이다(히 8:5). 따라서 우리는 만들어진 신을 믿는 것이 아니라, 살아 계신 하나님을 믿는다. 실체가 존재하기에 우리가 가진 믿음은 늘 그 실상과 틈틈이 대조하고, 혹여 다른 부분이 있다면 그 오해를 수정해 나가야 한다. 우리가 현생에서 사는 동안 '눈에 보이지 않는 우리의 소망', 그 실체에 대한 1차 자료에 해당하는 것은 하나님의 말씀이며, 그 속에 담긴 하나님의 사람들의 인생이다. 성경이라는 물리적 형태로 집대성하기 전에 그 이야기들은 구전의 방식으로 전달되었다. 그것에 담긴 믿음의 선진들의 삶이 그토록 중요한 것은 눈으로 볼 수 없는 하나님이 어떠한 방식으로 인물들에게 역사하셨는지 관조하고, 거기에서 도출한 하나님에 관한 지식에 기반하여 소망을 품을 수 있는 방편이 되기 때문이다.

그런 견지에서 읽지 않아야 할 성경 인물은 없고, 배울 필요 없는 하나님의 사람이라는 존재하지 않는다. 하지만, 저마다의 이유와 역할을 가지고 성경에 기록된 숱한 인물 가운데 야곱은 오늘날을 살아가는 크리스천들에게서 특별히 유용한 메시지를 담고 있는 인물이면서도, 다른 한편으로는 크게 오해받고 있는, 그 실상이 널리 알려지지 않은 인물이기도 하다. 야곱의 이야기를 알지 못하는 그리스도인이 드물 텐데, 왜 그를 널리 알려지지 않은 인물이라고 표현한 것인지 마음에 썩 와닿지 않을 수 있겠다. 하지만 대부분이 야곱의 이야기를 익숙하고 손쉬운 서사 구조로 남녀노소에게 제공하기 위해 그의 삶의 많은 부분을 단순화하고 토막토막 끊어 놔서, 입체성을 잃은 것이 현실이다. 그 결과 그의 생애는 삶 그 자체로 제시되기보다는 주로 한 편의 우화로, 성경에 기록된 옛날이야기로 가공하여 제공되었다. 그래서 야곱의 치열한 나날과 매 순간 함께해 주신 하나님의 손길에 대한 진지한 담론으로 이어지지 못했다. 그래서 고작 몇 줄의 교훈만을 남기거나, 본격적인 신학 개념을 배우기 전 새신자나 어린아이들을 가르치는 데에 적합한 이야기 정도로 여겼다. 하지만 야곱의 이야기에는 구약에서 하나님이 이스라엘에게 행하신 일들의 근원적 이유가 담겨 있다. 또한 신약에서 예수님이 완성하신 구원의 예고편에 해당하는 직간접적 암시도 산재해 있다.

하나님은 야곱을 편애하기로 결심하시고 그를 태에서부터 택하셨고, 아브라함과 이삭의 삶을 통해서 점진적으로 구체화하시던 '믿음의 민족'의 실체로, 그리고 그 시조로 선택하셨다. 그 '믿음의 민족'의 범위는 비단 역사적, 육적, 가시적 이스라엘에 한정되지 않는다. 갈라디아서에서 바울이 믿음으로 사는 사람들은 영적으로 아브라함의 자손이라 했다. 그러한 견지에서 믿음으로 아브라함의 자녀 된 현대 그리스도인들은 아브라함 이후 이삭을 거쳐 야곱에서 실체가 드러난 '믿음의 민족' 이스라엘, 정확히 말해서 영적 이스라엘에 속한다.

그런즉 믿음으로 말미암은 자들은 아브라함의 아들인 줄 알찌어다 또 하나님이 이방을 믿음으로 말미암아 의로 정하실 것을 성경이 미리 알고 먼저 아브라함에게 복음을 전하되 모든 이방이 너를 인하여 복을 받으리라 하였으니 그러므로 믿음으로 말미암은 자는 믿음이 있는 아브라함과 함께 복을 받느니라(갈 3:7-9)

그러므로 생각하라 너희는 그 때에 육체로 이방인이요 손으로 육체에 행한 할례당이라 칭하는 자들에게 무할례당이라 칭함을 받는 자들이라 그 때에 너희는 그리스도 밖에 있었고 이스라엘 나라 밖의 사람이라 약속의 언약들에 대하여 외인이요 세상에서 소망이 없고 하나님도 없는 자이더니 이제는 전에 멀리 있던 너희가 그리스도 예수 안에서 그리스도의 피로 가까워졌느니라 그는 우리의 화평이신지라 둘로 하나를 만드사 중간에 막힌 담을 허시고 원수 된 것 곧 의문에 속한 계명의 율법을 자기 육체로 폐하셨으니 이는 이 둘로 자기의 안에서 한 새 사람을 지어 화평하게 하시고 또 십자가로 이 둘을 한 몸으로 하나님과 화목하게 하려 하심이라 원수 된 것을 십자가로 소멸하시고 또 오셔서 먼 데 있는 너희에게 평안을 전하고 가까운 데 있는 자들에게 평안을 전하셨으니 이는 저로 말미암아 우리 둘이 한 성령 안에서 아버지께 나아감을 얻게 하려 하심이라 그러므로 이제부터 너

희가 외인도 아니요 손도 아니요 오직 성도들과 동일한 시민이요 하나님의 권속
이라(엡 2:11-19)

그러므로 야곱의 모든 발자취는 그저 야곱이라는 개인의 삶뿐만 아니라,
이후 형성될 이스라엘 민족의 발자취에 대한 하나님의 약속이다. 예수 그리
스도의 십자가를 통해서 좋은 감람나무에 접붙임을 받은 돌감람나무 가지인
우리 현대 그리스도인이 속하게 된, 영적 이스라엘을 위한 하나님의 약속이
다. 그렇기에 야곱의 이야기는 본질적으로 그 이후 진행되는 인류 역사 속에
서 물리적 이스라엘, 그리고 우리가 속한 영적 이스라엘과 하나님이 어떻게
동행하실 것인지에 대한 확언이 담긴 일종의 '신앙 매뉴얼'이다.

이는 마치 아파트 분양 시, 청약을 고려 중인 고객들에게 장차 지어질 단
지와 세대에 대한 이해를 돕기 위해서 제공되는 견본주택, 그러니까 모델하
우스와 유사한 역할을 한다. 모델하우스는 단순한 모형이 아니다. 우리나라
에서는 통상 '선분양 제도'로 아파트가 공급되기에, 아파트의 실물을 보기 전
에 청약자는 시공사와 계약을 하게 된다. 따라서 그 지어질 아파트의 완성된
모습을 다만 문자로써 묘사한 계약서만으로 유추해야 한다. 전문가가 아닌
이상에야 글자가 빼곡하게 들어찬 문서만으로 장차 지어질 아파트의 실체를
어떻게 정확하게 그려 낼 수 있을까? 당연히 해석의 차이도 발생한다. 그렇
게 평생을 모은 재산을 아직 지어지지 않은 아파트를 계약하기 위해서 내놓
아야 하는 청약자들을 보호하기 위한 취지로 도입된 것이 바로 모델하우스
제도이다.

이는 단순한 모형이 아닌, 계약 사항의 시각적이고 물리적인 표현이다.
그 자체로 법적인 구속력을 가져서, 모델하우스와 실제 아파트의 상태가 다
르다면 법적 책임도 물을 수 있다. 다시 말해, 모델하우스는 계약서에 명시
된 사양과 실체가 일치하는지 여부, 완공된 아파트의 하자 여부 등을 판단하
는 기준이다. 그렇기에 모델하우스는 단순히 실물의 예시가 아니다. 비유하
자면 실제 영화가 개봉할 시 그 역할이 다하는 영화의 예고편이 아니라, 오

히려 두고두고 실제 개봉한 영화와 대조하고, 비교해야 할 그 영화가 기반한 원작 책에 해당한다.

이 '선분양 제도'의 구조와도 같이, 우리 믿는 자들이 추구하는 가치는 기본적으로 눈에 보이지 않는 영적인 것이며 또한 훗날 이뤄질 미래의 일들이기에, 믿는 자들 사이에서도 합치를 이루지 못하는 부분도 많다. 그렇기에 눈에 보이지 않는 영적 가치를 이해하고 또 소유한다는 것은 더없이 어려운 일이다. 우리에게서 계약서에 해당하는 것은, '성경'이다. 하지만 이는 수천 년 전, 현대의 것과 전혀 다른 문화적 배경과 언어로 쓰였다. 따라서 집필 당시에는 명명백백했던 구절들을 오늘날에는 난해 구절(해석이 어렵고, 해석상 의견이 충돌하는 구절)로 여기며 혼란스러워한다. 이런 우리의 고단함을 하나님은 아신다.

하나님은 야곱을 통해서, 눈동자처럼 지키기로 약속하신 자의 인생길이 어떠한 모습일지, 당신과 동행하는 자의 삶이 어떠할지 명확하게 보여 주신다. 혹여라도 그것과 우리의 삶 간에 다른 점이 있다면, 성경을 근거로 하여 하나님께 구할 수 있도록 야곱에게 이스라엘이라는 이름을 주시고 그를 믿음의 민족된 자들의 상징으로 삼으셨다. 그야말로 하나님의 '말씀'이라는 무형의 형태를 가지고 있던 언약이, 야곱의 삶에 적용됨으로 더 많은 이들이 이해할 수 있는 실체가 된 것이다.

그 결과, 야곱이라는 모델하우스는 우리 그리스도인들에게 매우 귀중한 효익을 준다.

효익 1 영적 '하자'를 판별할 수 있는 실질적 기준이 된다.

야곱을 통해서 획득한 하나님에 관한 지식과 이해를 관점으로 하여 그리스도께서 행하신 일들과 구원을 관조하면, 혹여나 우리 안에 자리를 잡고 있을지도 모를 영적 하자를 발견할 수 있다. 영적 하자라는 것은 하나님과 성경, 그리고 구원 등 기독교 신앙에 대한 오해를 말한다. 그런 오해는 때로는 우리에게서 불필요한 서운함이나 죄책감과 같은 것을 형성하여, 우리로 하여금 하나님께 나아가지 못하게 하고 그분의 뜻을 곡해하게 한다. 그러므로 이러한 영적 하자를 해소하는 것은 하나님과 친밀하게 소통하며 인생길을 걸어 나가기 위해서 필수 불가결하다.

하자를 해소하기 위한 첫걸음은 '판별'이다. 무엇이 비정상인지, 어떤 부분이 오해에 해당하는지를 특정하는 과정이다. 그 과정을 위해서 꼭 필요한 기준은 하나님의 말씀인 성경과 그 안에 등장하는 선진들의 삶에 담겨 있다. 그 기준 중 상당수는 '야곱'이라는 이스라엘의 시조가 산 삶, 정확히는 하나님과 동행한 경험에 기인했다. 요컨대, 야곱의 삶은 성경의 많은 인물이 자신의 영적 '하자'를 살피기 위한 기준의 원형으로 회자되어 왔다는 것이다. 그렇기에 선지서에는 이스라엘인을 '야곱'으로 통칭하고 또 과거 하나님이 야곱과 동행해 주신 이야기를 상기할 것을 촉구하는 메시지가 빈번히 등장한다.

야곱의 후손에 해당하는 성경 인물들의 사례와 함께 그들의 기준 역할을 하는 이스라엘의 시조, 곧 야곱의 사례를 아울러 살핀다면, 지금은 익숙지 않은 당시의 문화적 맥락을 좀 더 쉽게 파악할 수 있고, 그 결과 하나님이 뜻하신 바를 보다 정확히 이해할 수 있다. 따라서 야곱이라는 영적 모델하우스는 언약을 믿는 자들에 대해서 하나님이 어떠하게 역사하실지에 대한 예시이고, 또 그것이 틀림없는지 판별하는 하나님의 행하심을 판단할 기준일뿐만 아니라(물론 하나님은 그 누구에게도 판단받지 않으신다. 하지만 때로는 우리의 유익을 위해서, 말라기 3:10 말씀처럼 판단받는 위치를 자처하시는 예도 있다), 그 언약을 믿는 자에게 걸맞은 삶의 모습이 어떠한지 담고 있는, 믿는 자가 자신의 행동 양식과 생각을 자평하고 자정할 기준이다.

효익 2 구속사에 대한 더욱 풍성한 성경적 지식과 감동을 얻는다.

구약에서 예고한 하나님의 구속사가 완성되는 과정을 당대에 직접 체험하고 목격한 사도들은 야곱의 이야기를 채택하여 예수께서 완성하신 십자가 구원과 하나님의 선택을 설명했다(행 7장; 롬 9:13, 11:26; 히 11:9, 20-21). 이는 결코 우연이 아니다. 에서와 야곱의 이야기는 그 자체로도 몹시 어려운 신학적 개념인 '선택과 유기'의 실존적인 예이다. 또한 야곱이 이스라엘이 되고, 또 이스라엘이 여수룬이 되어 가는 과정은 훗날 십자가를 통해서 이뤄질 '칭의'와 '성화'를 예표한다. 야곱의 삶을 자세히 들여다보면, 신약에서야 밝히 드러나는 난해한 신학적 개념들이 그의 일상에 자연스럽게 녹아져 있다. 그렇기에 사도들은 예수 그리스도의 십자가를 설명하기 위한 가장 효과적인 예시로서 에서와 야곱의 이야기를 선정하여 설명했다. 그 결과 초대 교회 당시의 교인들은 오늘날 그리스도인들이 신학교에서 유수한 신학자들의 저서와 씨름을 하면서 간신히 습득하는 성경적 지식을 훨씬 수월하고 재밌게 배울 수 있었다.

그로써 복음서의 내용들이 단순히 종교적이고 신학적인 내용으로 와닿는 것이 아니라, 그것에서 삶의 냄새를 맡을 수 있게 된다. 예수님의 심정이, 그 예수님을 대하는 자들의 인생이, 그들이 함께했던 주님의 공생애가 이윽고 잉크와 종이로 이뤄진 단면에서 벗어나, 형태를 띠고 색채를 입은 입체적 광경으로 펼쳐진다. 예수님과 함께하던 당시 그 어떤 제자도 이해할 수 없었던 십자가를 지셔야만 하는 이유, 그 십자가 죽음의 당위성 같은 것이 절절히 와닿는다. 어째서 예수께서는 십자가만이 유일한 길이라 하셨는지, 또 무엇을 위해서, 누구를 위해서 그러하셨는지, 왜 오로지 홀로만 그 형틀에 매달리실 수밖에 없었는지, 비로소 공감하고 동감할 수 있게 된다.

십자가 이야기의 시작은 율법이 있기도 전, 오랜 옛날 한 남자가 하나님과 언약을 맺으며 시작했다. 그 남자는 하나님과 동행하다 아브라함이라는 이름을 얻었다. 하나님은 그에게 이삭이라는 자녀를 주셨다. 이삭 또한 장성해서 훗날 이스라엘로 기억되는 사내아이를 낳고, 그 아이에게 자신의 복과 언약을 물려준다. 그것에는 영원한 민족, 영원히 하나님과 함께하는 민족에 대한 약속이 담겨 있다. 그리고 그 언약의 성취를 위해 그리스도께서 오신다.

따라서 그리스도의 십자가는 율법의 한계를 극복하시고자 하나님이 급조하신 대안이 아니라, 오히려 율법이 있기 전의 언약, 아브라함-이삭-야곱과의 언약을 성취하시기 위함이다. 이런 관점에서 결국 율법조차 그 언약 성취의 때가 도래하기 전, 그 과도기를 위한 하나님의 도구였음을 이해할 수 있다. 그렇기에 오늘날보다 교육 수준이 떨어지는 고대 로마, 그곳에서도 주로 가난하고 식자가 아닌 자들이던 초대 교인들도 바울이 로마서에서 밝힌 율법의 역할이나 구속사를 명확하게 이해할 수 있었다. 게다가 그들에게 주어진 십자가 구원이 아주 오래전 야곱 때부터 암시하고 또 예고한 하나님의 사랑이라는 것을 깨닫고 더욱 풍성한 감동을 느낄 수 있었다. 하나님은 우리의 상상보다 훨씬 전부터 우리를 사랑하고 계셨고, 우리를 구원하기로 계획하셨다.

　이는 오늘날 그리스도인들에게도 마찬가지로 적용될 수 있는 부분이다. 비록 우리는 당시 교인들과는 다르게 십자가를 먼저 접하고 야곱을 뒤늦게 접하는 순서상 차이는 있다. 하지만 이러한 순서상의 차이는 단점이라기보다 오히려 장점이 된다. 야곱의 삶 속에, 신약에 주어진 신학적 개념들을 설명할 요소가 담겨 있었다는 말은 결국 신약적인 지식이 없이는 완전히 이해하기 어려운 요소도 있다는 의미가 된다. 따라서 십자가에 대한 지식을 가진 상태로 야곱의 삶을 관조한다는 것은 그의 삶을 이해하는 데 커다란 이점이 된다. 더욱이 하나님은 야곱의 삶에서 십자가와 예수 그리스도를 암시하는 장면들에, 예수님을 통해서 영적 이스라엘에 속하게 될 우리를 향한 절절한 사랑과 애정, 그리고 위로를 표현해 두셨다. 그 결과 야곱의 삶은 십자가에 담긴 하나님의 사랑을 더욱 선명하게 하는 역할도 한다. 자칫 우리가 당연시 여겨서 그 의미를 제대로 절감하지 못하는 은혜, 동행하심, 만나 주심 등과 같은 요소가 야곱의 삶을 통해서 우리 내면에서 생명력을 얻고, 다채로운 감정을 낳게 한다.

효익 3 실생활에 적용하기에 유용하다.

사노라면 사람인지라 하나님에 대한 오해나 서운함이 켜켜이 쌓일 때가 있다. 그런 상황에서 곰삭혀 참는 것은 하나님 뜻이 아니다. 오히려 하나님은 그것을 우리와 터놓고 이야기하길 원하신다. 혹시나 우리의 오해로 인하여 하나님께 원망이나 서운함이 쌓였으면, 그것을 우리와 대면해서 변론하며 해결해 주길 원하신다.

여호와께서 말씀하시되 오라 우리가 서로 변론하자 너희 죄가 주홍 같을찌라도 눈과 같이 희어질 것이요 진홍같이 붉을찌라도 양털과 같이 되리라(사 1:18)

각종 오해나 원망이 하나님과의 변론으로 해소되어 눈과 같이 하얘지고 양털같이 되려면, 그것은 반드시 하나님을 아는 지식을 토대로 해야 한다. 이를 위한 신뢰할 수 있는 선례는 성경에 기록한 믿음의 선진들의 삶이다. 그들이 하나님과 동행한 삶을 통해서 하나님이 우리의 삶에서 그 주권(主權, sovereignty)으로 역사(役事, work)하시는 방법, 그리고 그분께서 소통하고 동행해 주시는 방식을 배울 수 있다. 이런 견지에서 야곱은 그 '믿음의 민족'의 선조라는 상징을 차치하고서라도 매우 소중한 삶의 롤 모델(본보기)이다. 야곱이야말로 우리의 모습과 가장 많이 닮았기 때문이다.

야곱은 미달자로 시작한다. 그리고 그의 인생이 이미 끝났나 싶었을 때, 너무 늦었다고 생각할 수밖에 없을 때, 하나님을 만나 믿음의 민족의 시조로까지 성장하는 과정을 겪는다. 그렇기에 내가 가장 약하다 느낄 때, 아무런 소망이 보이지 않아 절망하는 순간에, 하나님의 응답이 가장 간절할 때, 또 하나님이 가장 필요한 순간, 그러니까 내가 바스러졌다 느낄 때, 그런 순간들에 하나님이 내게 어떻게 역사하실는지에 대한 약속이 야곱의 삶 곳곳에 자리한다. 그 결과, 야곱에 담긴 교훈은 다양한 이유로 하나님의 자녀가 될 자격이 없다고 여기는 이들의 삶에 적용하기에 적합하다.

물론 야곱의 이야기가 우리에게 오직 신앙적이고 신학적인 유익만 준다면, 우리는 그의 삶을 세세하게 들여다볼 필요까지는 없다. 그저 신학자들이 정리한 돌 제단의 상징성이나 그 꿈에 등장한 사닥다리, 벧엘의 의미와 신약의 상징을 대입한 도표 등을 휙 훑어보고 우리의 바쁜 시선을 더 위대하고 대단한 인물들로 옮기면 된다. 하지만 야곱의 이야기에는 우리를 위한 좀 더 개인적이고 친밀한 메시지가 담겨 있다. 특별히 내가 뒤처진 거 같고, 복잡한 세상 속에서 갈피를 잡지 못하고 길을 잃었을 때, 모두가 날 미워하고 배신할 때, 그래서 속상하고 괴로울 때, 복잡다단한 현대 사회에서 그저 아무나 대체할 수 있는 톱니바퀴와 같다 느껴질 때, 더없이 필요한 그런 언어와 사랑이 담겨 있다.

야곱의 이야기에 등장해서 활동하신 하나님은 맹목적인 태도로 야곱을 대하지 않으셨다. 아무리 야곱의 인생에 구속사와 이스라엘사에 관한 대단한 의미가 있다고 하더라도 하나님은 야곱을 단지 당신의 위대한 뜻을 위한 수단으로 여기지 않으셨다. 하나님에게서 야곱은 철저하게 사랑의 대상인 인격체이지, 신학자들이 지면에 건조하게 묘사하는 신학적 기호나 표징을 전달할 수단으로 보지 않으셨다. 백날 인간이 "사랑받기 위해 태어난 존재"라고 외쳐 봤자, 그 대상이 사랑을 느낄 수 없다면 그것은 그저 공허한 종교적 구호일 뿐이다. 그렇기에, 하나님의 사랑은 반드시 우리 삶 속에서 드러나야 한다. 하나님의 사랑을 고난 가운데서도 소망하고 기대할 실증적 근거가 있어야 한다. 구약 전반을 마무리하고 정리한, 구약 마지막 선지자 말라기가 받은 하나님의 말씀에는 그 사랑의 대표적인 예로서 야곱의 삶을 선정했다. 야곱은 근원적으로 하나님이 사람을 어떻게 사랑하시는지, 하나님의 사랑에 대해서 배울 수 있는 더없이 귀한 실증적 예이다.

> 여호와께서 이르시되 내가 너희를 사랑하였노라 하나 너희는 이르기를 주께서
> 어떻게 우리를 사랑하셨나이까 하는도다 나 여호와가 말하노라 에서는 야곱의
> 형이 아니냐 그러나 내가 야곱을 사랑했고(말 1:2)

야곱의 삶을 믿음으로 사는 모든 시대 모든 그리스도인을 위해 하나님이

마련해 놓으신 신앙 매뉴얼이자 모델(본)로서, 하나님이 맺으신 변치 않는 언약이 담긴 서약서라는 관점에서 들여다보면, 그 안이 온통 사랑과 은혜로 범벅되어 있음을 발견한다. 하나님은 회전하는 그림자도 없으시고, 어제나 오늘이나 영원토록 동일한 분으로 존재하기로 작정하셨다. 그렇기에 그리스도의 십자가를 통해서 믿음의 민족에 참여하게 된 오늘날의 우리도, 각기 제 삶에서 그 믿음의 선진들과 동행하시던 것과 동일한 방식으로 역사하실 하나님을 기대할 수 있다. 그러므로 야곱의 이야기는 과거의 일로 그치지 않고, 앞으로 우리에게 어떻게 행하실 것인가에 대한 하나님의 약속이 담겨 있다. 이는 단순히 역사의 교훈을 배우고 미래를 예측하기 위함이 아니다. 하나님이 보증하신 집행력 있는 서약까지 담긴 매뉴얼이다. 그렇기에 지금도 유대인들은 자기를 이스라엘인이라고 칭한다. 언약의 백성, 히브리인이라고 부른다.

현대 크리스천들이 가진 산적한 문제나 고민거리를 해결할 만병통치약 같은 영적 비법이 야곱의 이야기에 담겨 있다는 거창한 이야기를 하려는 건 아니다. 하지만 야곱의 이야기를 등한시하면 잃게 될 진정한 기회비용은 어쩌면 한 음절도 놓치면 아까울 하나님의 사랑과 위로의 메시지가 아닐까. 삶에 우리를 웃을 수 있게 할 만한 좋은 것이 얼마나 있을까? 그런 게 그렇게 많았다면, 우리 세대에 우울증과 상실감이 이다지도 크게 창궐하지는 않았을 터이다. 어쩌면 우리는 하나님께서 이 험한 인생 속에서도 힘을 내라며 주신 좋은 것들을 놓치면서 살고 있을지도 모른다. 세상에 태어나서 기왕에 살아가는 것, 우리에게 주어진 기뻐할 기회, 감사할 기회, 그리고 기도할 기회를 놓치지 않았으면 하는 마음으로 야곱의 이야기를 소개한다.

너희 하나님이 가라사대 너희는 위로하라 내 백성을 위로하라(사 40:1)

1부

/

돌베개

1장 _____ 야곱: 하나님의 민족을 위한 매뉴얼, 설명서, 모델하우스

20년간의 기다림

이삭이 그의 아내가 임신하지 못하므로 그를 위하여 여호와께 간구하매 여호와께서 그의 간구를 들으셨으므로 그의 아내 리브가가 임신하였더니(창 25:21)

창세기의 저자는 리브가가 난임으로 고생했고, 이삭이 하나님께 간구하자 그 응답으로 임신한 경위를 짤막하게 소개한다. 둘은 금실이 매우 좋은 부부로서 서로 깊이 사랑했고, 둘 사이에 자녀를 가지고 싶어 했다. 이렇듯 그들은 자녀를 간절히 원하는 부부였으니, 난임 문제로 마음고생이 극심했다. 게다가 영적인 측면에서도 자녀 출산은 매우 중요한 일이었기에, 하나님이 도우시기 전까지 그 둘이 겪었을 아픔은 이루 말할 수 없었다. 이삭이 상속한 아브라함의 복은 하나님이 아브라함의 후손들을 통해서 이루실 언약이 핵심이었기에, 이 난임은 그저 이삭 부부간의 문제를 넘어서, 하나님이 주신 사명과도 연관된 일이다. 이삭의 아버지 아브라함도 오랜 세월 자녀를 생산하지 못하여 고생했는데, 애석하게도 그 문제가 이삭 대에 반복된다. 성경에서는 단한 줄로 기록된 장면이지만, 이삭이 결혼하고 자녀를 얻은 때까지는 20년의 시차가 존재했다. 따라서 그들의 문제의 시작과 하나님의 응답을 통한 해결 사이에는 최대 20년이라는 기다림이 필요했다. 이는 사라가 90살이 되어서야 이삭을 얻은 인내에 비할 바는 아니지만, 이삭과 리브가 또한 도중에는 자신의 기다림이 아브라함과 사라의 그것처럼 길까 봐 두려웠을 것이다.

만약에 이삭에게도 '하나님은 자신이 하신 약속을 결코 변개하지 않으신다'는 사실이 오늘날 우리에게처럼 상식으로 주어졌다면, 아마도 이 과정이 조금은 견디기 수월했을는지 모른다. 하지만 현대 그리스도인들에게 주어진 그러한 신앙적 '상식'은 창세기부터 시작한 하나님과 여러 인물이 오랜 세월 동행한 사례가 쌓이고 쌓여 도출한 결론이다. 다시 말해 아브라함이나 이삭의 삶은 그 결론이 도출되기 위한 근거였다. 정작 그들이 살아가는 도중에는 도무지 참고할 만한 선례가 존재하지 않았다. 과연 하나님이 전지전능하시단 것과 그 신적 속성으로 당신의 언약을 그 어떠한 한계도 넘어 반드시 이루신다는 것을 인간이 그 시작점에서 어떻게 알 수 있을까? 당시에는 그것을 알 수 있는 사례가 없었기에 당연히 이를 명확히 알고 믿는 것은 불가능했다. 설령 전지전능하심을 알았다손 치더라도, 지금은 신앙 기본 상식으로 누구나 알고 있는 그분의 선하심과 미쁘심의 속성 또한 그 당시에는 그저 보이지 않는 믿음의 영역이었다. 따라서 그 전능하심으로 그들 삶에 무엇을 하실지는 여전히 미지수였다.

과거 아브라함은 하나님과 언약을 맺었고, 그것을 믿었지만, 그것이 자신의 인생에서 어떤 구체적인 의미가 있을는지, 또 하나님이 어떠한 방식으로 역사하실는지 예상하지 못했다. 그저 아브라함은 '하나님만은 이 세상과 다르시다. 이 사회와 다르시다. 자신에게 선한 뜻을 품으셨을 것이다.'라며 믿을 수밖에 없었다. 비록 보이지 않는 것을 소망한다는 공통점이 있기에, 아브라함이 가졌던 믿음과 우리의 믿음을 같은 믿음으로 정의하곤 하지만, 실상 그 둘은 결이 상당히 다르다. 성경에 기록한 믿음의 선진들의 삶, 능력의 십자가, 그리고 성령님의 도우심에 근거하여 소망하는, 그 '보이지 않는 것들'(히 11:1)은 눈에만 보이지 않을 뿐이지, 믿는 자에게 필요한 모든 도움이 풍성한 은혜의 시대답게 우리에게는 참고할 자료와 선례가 차고 넘친다(고후 6:2; 히 11:40). 하지만 창세기 시대의 인물들에게서 그들이 가진 '보이지 않는 소망'은 형체조차 알 수 없는 완벽한 투명함, 그 자체였다.

그렇기에 난임으로 고생하던 사라는 아브라함에게 첩을 들이게 했고, 아브라함은 승낙하여 이스마엘을 얻었다. 이후 하나님이 사라에게서 이삭을 낳게 하시겠다는 약속을 했어도, 아브라함은 그 현실성 없어 보이는 응답에 실소하듯 웃으며 다만 이스마엘이나 축복해 달라 구한다(창 17:16~18). 은혜의 시대를 살면서 완성된 계시인 성경을 소유한 현대 그리스도인들이 보기에는 지극히 믿음이 없어 보이는 이 행위를 하나님은 부정적으로 해석하지 않으신다. 하나님은 그들에게 그 어떠한 참고할 만한 선례가 없음을 참작해 주신다. 게다가 그들이 하나님을 직접 경험함을 통해서 점진적으로 하나님을 아는 지식을 체득할 수 있도록 참을성 있게 동행해 주신다.

하나님은 아브라함 당대에, 이스마엘을 연유로 아브라함을 정죄하거나 실망하지 않으셨다. 오히려 아브라함이 언약을 제대로 이행하지 못할 것을 미리 아시고, 원래는 쪼갠 동물 사이로 언약의 양 당사자가 함께 지나가야 함에도, 오롯이 하나님만 홀로 지나가셨다(창 15:17). 이는 오롯이 하나님만 언약의 의무를 지시겠다는 의미이다. 따라서 언약에 대한 불이행이 발생했을 시, 아브라함이 그 어떤 책임을 감당하지 않아도 되게 하셨다. 이는 아브라함에게 있어서는 대단한 배려이다. 아브라함과 그 후손들은 그 언약의 요소들을 지킬 능력이 없기 때문이다.

이처럼 하나님은 어떤 절대적인 기준으로 우리를 판단하시는 분이 아니다. 우리의 사정을 적극적으로 참작해 주시고 살피신다. 세상 그 누구도 알아주지 않을 사정을 알아주시고 품으신다. 그것은 하나님과 인간이 언약을 통해서 동행하는 것의 첫 단추라 할 수 있는 아브라함 때에도 이미 적용되었다. 그러므로 구약의 하나님은 율법의 하나님, 신약의 하나님은 은혜의 하나님이라 규정하는 일각의 주장은 사실과 동떨어져 있다. 실제로는 하나님은 어제나 오늘이나 영원토록 늘 좋으시고 은혜로우시다.

하나님은 아브라함과 사라의 실수를 그냥 내버려 두지 않으신다. 그것에 의미를 부여하셨다. 그것을 선례이자 교훈으로 직조하셨다. 그 결과 바로 그

다음 세대인 이삭과 리브가 내외는 20년이라는 인내의 기간에 아브라함 부부가 실수했던, 첩을 들이는 선택을 반복하지 않았다. 하나님이 아브라함과 사라의 실수를 막지 않으신 것은 당사자들에게는 아쉬움일지 모르겠다. 그러나 그 일이 자녀들에게 참고할 선례가 되어, 그들이 사랑하는 아들 이삭과 며느리 리브가 부부는 인내의 20년 동안 흠결 없는 부부 생활을 할 수 있었다.

이 부분에서, 우리가 살면서 겪는 실수와 부족함에 너무 주눅이 들 필요는 없다는 희망을 본다. 내가 실수했을 경우, 하나님이 개입하셔서 그 잘못을 딛고 일어날 수 있게 해 주시면, 그것이 내 후손이나, 주변인들, 또는 사랑하는 성도들이 다시는 같은 실수를 반복하지 않도록 방지해 주는 선례가 된다. 하나님이 개입하셔서 실수 자체를 안 하게 된다면야 더없이 좋겠지만, 인간은 자주 넘어진다. 그럴 때라도 주님은 결국 깨닫게도 하시고 그것을 전화위복의 기회로 삼게도 하신다. 때로는 사람이 약하기에 그리고 사회가 악하기에 아무런 이유도 없이 겪는 문제들이 생긴다. 하지만 하나님은 그런 난제들을 해결하도록 도우시며, 그 과정에 의미를 부여하셔서 마침내 모든 것이 합력하여 선을 이루게 하신다. 그래서 아브라함과 사라가 겪었던 실수와 인내가 지침이 되어 이삭과 리브가는 성공적으로 인내의 시기를 이겨 낼 수 있었다. 그 둘은 결국 쌍둥이를 얻는다. 이에 그 후대인 우리도 이삭과 리브가가 20년간 잘 인내해 낸 것을 통해, 혹시라도 하나님의 응답이 지체된다고 해도 절망할 이유가 없다는 것을 배운다.

다만 하나님이 우리의 실수와 부족함조차 활용해 주시고 의미를 부여해 주신다는 개념을 우리 삶이나 성경 이야기 해석에 적용할 때는 성경이 말하는 바에서 벗어나지 않도록 충분히 주의를 기울여야 한다. 이것을 오해한다면 하나님이 선례를 만들기 위해서 리브가에게 난임이라는 비극을 억지로 안겨 주셨다고 해석할 위험이 있기 때문이다. 이런 방향의 해석을 통해 묘사되는 하나님은 어떤 목적을 위해서 우리를 수단으로 사용하시는 하나님이다. 그런 구조에서는 마치 하나님이 우리에게 시련을 주고 시험하는 분으로 오해하게 된다. 하지만 하나님께서는 결코 우리를 시험하지 않으신다(약

1:13).

성경 구절 중에는 사람의 시점에서 집필한 것들이 있는데, 그런 대목에서 하나님이 사람을 시험하시는 것처럼 보이는 장면도 등장하지만, 그것은 단순히 그 인물이 도중에 느낀 점이나 제한된 시야를 반영했을 뿐이고, 실상을 살펴보면 그렇지 않다. 애초에 하나님이 누군가를 시험하신다는 것은 하나님의 전지하심이라는 속성에 어긋난다. 이후에 좀 더 자세히 다루겠지만, 하나님이 시험하신 사례의 대표 격으로 오용되는, 아브라함에게 아들을 제물로 바치도록 명령하신 사례는 시험이 아니라 사실 시연에 더 가깝다. 아브라함이 넉넉히 이겨 내고 완벽하게 행할 것을 미리 아시고, 또 그 과정을 도우시기 위해 모든 것을 준비해 놓은 상태에서 주님이 그의 믿음을 시연하신 것이다. 그런데도 하나님에 대한 오해가 만연하자 야고보는 서신에 분명한 어조로 교통 정리를 해 놓았다.

사람이 시험을 받을 때에 내가 하나님께 시험을 받는다 하지 말찌니 하나님은 악에게 시험을 받지도 아니하시고 친히 아무도 시험하지 아니하시느니라(약 1:13)

단언하건대, 하나님은 리브가를 일부러 난임의 문제 속에 집어넣지 않으셨다. 사실 이 이야기에서 진정 중요한 것은 난임의 원인이나 하나님이 어째서 그러한 문제를 미연에 방지하지 않으셨는가 따위가 아니다. 진정 주목해야 할 점은 바로 결국에는 리브가가 하나님이 베풀어 주신 은혜와 도우심으로 임신하게 되었다는 사실이다.

은혜란, 받을 가치나 자격이 없는 자에게 베풀어 주시는 혜택이다. 그 은혜를 의지하여 시련 속에서도 낙심하지 않고 도움을 간구할 수 있다. 그리고 겪는 어려움은 그저 과정일 뿐이며 결국에는 은혜롭고 자애로우신 하나님이 그 기도에 응답하실 것이라는 사실을 우리 그리스도인은 알고 있다. 만일 은혜를 상수(常數, 당연한 일)로 여긴다면, 그것은 은혜가 아닌 청구의 대상이 된다.

종종 우리는 삶에 산재하는 불행과 아픔을 모조리 기괴하고 이상한 일로 오해한다. 그 결과 좋지 못한 모든 일을 하나님 탓으로 돌려 버리며 원망한다. 이런 견지에서는 하나님이 우리에게 부자유를 주시고, 또 까닭 없는 아픔을 주시는 분으로 이해한다. 그분을 마치 틈만 나면 인간을 심판하고 책망하려고 혈안이 된 분으로 착각하기도 한다. 그런 오해의 근본은 삶에 대한 근거 없는 낙관주의다. 삶은 행복과 잘됨이 기본적인 상태라고 규정하는 그런 관점 말이다.

하지만 실상 아담과 하와가 죄를 범한 이후, 삶의 터전으로 마련된 이 세상은 결코 에덴동산과 같은 낙원이 아니다. 대신에 슬픔과 죽음, 까닭 없는 두려움 따위가 여기저기 널려 있는 그런 곳이 우리가 사는 삶의 현장이다. 그렇기에 믿는 우리 마음에도 때때로 슬픔과 괴로움이 가득 차오른다. 그래서 야곱의 이야기를 통해서 전달될 위로가 우리에게 꼭 필요하다. 삶이 진행되는 현실 속에서 하나님은 나를 위한 은혜의 울타리를 둘러쳐 주시고, 온갖 재앙과 저주로부터 나를 분리해 내신다. 이는 시대적으로 아브라함과 같은 시대를 살았던 욥의 이야기에서도 명확하게 드러나는 개념이다.

> 주께서 그와 그 집과 그 모든 소유물을 산 울로 두르심이 아니니이까 주께서 그 손으로 하는바를 복되게 하사 그 소유물로 땅에 널리게 하셨음이니이다(욥 1:10)

구전된 욥의 이야기를 통해서, 고대 하나님의 사람들도 무탈한 일상은 하나님이 허락하신 은혜의 울타리 덕분인 것을 절절히 느꼈고, 은혜로 주어진 그것이 자기 삶에서 배제되었을 때 참혹한 현실에 고스란히 노출된다는 것을 이해했다. 현실에 대한 그런 자각은 신앙과 만났을 때 어느덧 경외로 발전한다. 그 과정을 세세하게 그려 낸 성경은 '전도서'다. 자칫 허무주의로 보이는 전도서에 담긴 인생에 대한 담담한 통찰은 은혜의 울타리 밖에서의 삶, 그러니까 하나님이 개입해 주지 않으신 인생의 날 것 그대로의 모습을 묘사한 것이다. 삶에 대한 그러한 이해는 성경적 희망이 싹트기에 적합한 토양이다. 이는 마치 구원의 십자가가 골고다, 그러니까 해골이라는 뜻을 가진, 언덕에 섰어야 함과 같다. 곧이어 본격적으로 다룰 야곱의 이야기에 한정했을 때는 야곱이 처음으로 하나님을 대면했던 장소인 벧엘, 그곳에 그가 베개 삼아 사용했던 다듬어지지 않은 돌 위에 하나님이 하늘과 땅을 잇는 사다리를 세우신 것과도 일맥상통한다.

기독교의 소망은 장밋빛 동화에 기반하지 않고 냉혹한 현실에 자리하며, 하나님의 역사는 인간을 초월한 철인들의 삶에 임하는 대신 오히려 우리가 연약하고 나약할 때, 다듬어지지 않은 우리에게 임한다. 다시 말해 하나님과 대면하기 위해서, 또는 그의 손길에 닿기 위해서 우리가 다른 그 어떠한 존재가 될 필요는 없다. 부족하면 부족한 대로, 연약하면 연약한 대로 온전히 하나님께 우리를 맡기면 된다. 그의 한량없는 은혜와 사랑에 의지해서 날 것 그대로 나를 드리면 된다.

이러한 이해는 리브가가 처한 난임의 문제나 우리네 삶에서 마주하는 온갖 어려움을 해석하는 기준으로서 우리가 현상을 왜곡하거나 하나님의 속성을 오해하지 않도록 돕는 이정표이다. 하나님과 우리 사이를 다윗은 목자와 양의 관계로 묘사했고, 신약에서 예수님은 의사와 환자의 관계에 비유하셨다. 하나님은 문제를 해결해 주시는 분이지, 아무런 문제 없는 자들만 골라서 모으는 분이 아니다. 오히려 우리 스스로 문제가 있다는 것을 인지하고 내어 맡길 때가 바로 하나님의 개입, 긍휼, 치유의 시작이다. 리브가의 문제는 그녀를 탓하거나 정죄할 거리가 아니다. 그저 이삭처럼, 자기 부부에게 이러한 문제가 있다는 것을 인정하고 하나님께 도와달라 간청해야 할 기도 제목이다.

예수께서 들으시고 이르시되 건강한 자에게는 의원이 쓸데없고 병든 자에게라야 쓸 데 있느니라 너희는 가서 내가 긍휼을 원하고 제사를 원치 아니하노라 하신 뜻이 무엇인지 배우라 내가 의인을 부르러 온 것이 아니요 죄인을 부르러 왔노라 하시니라(마 9:12-13)

만일 삶을 장밋빛으로 규정해 놓고 아무런 문제도 없는 상태를 '정상' 혹은 '기본'이라고 여긴다면, 삶의 비극을 경험하는 타인이나 자기 자신을 발견했을 경우, 탓할 대상부터 찾는다. 그러한 구도에서는 은혜의 울타리는 은혜가 아니라 당연한 것이 되고, 그 당연한 울타리 밖에 있는 사람은 긍휼히 여겨야 할 대상이 아니라, 그 '당연함'에서 벗어난 비정상적인 존재가 된다. 그러면서 그 '비정상'이 그 사람에게 발생한 이유를 억측하게 만든다. 그러한 신앙 체계로는 냉혹한 현실을 마주하기라도 하면 가지고 있던 경외심마저 잃어버린다. 그리고 하나님의 영역을 침범하여 정죄하고 탓할 대상을 만들어내기도 하고, 때로는 하나님이 억지로 그러한 아픔을 어떤 수단을 위해서 그 대상에게 주셨다고 주장하면서 하나님을 탓하기도 한다.

경외를 잃어버린 신앙이 창궐한 문화권에 살던 제자들은 그릇된 인식에 갇혀 있었다. 어느 날 그들은 선천성 시각 장애를 앓는 사람을 만났고, 그 사람이 가진 장애를 '비정상'이라는 편견으로 바라보았다. 이에 그들은 그 장애를 일으킨 '죄'가 누구의 것인지 예수께 여쭤 본다. 다시 말해 탓할 대상이 누구인지 물었다. 이것은 당시 종교 지도자들의 보편적인 관점이었고 공공연히 가르치던 것이었으니, 제자들도 그대로 학습한 결과였다.

제자들이 물어 가로되 랍비여 이 사람이 소경으로 난 것이 뉘 죄로 인함이오니이까 자기오니이까 그 부모오니이까 예수께서 대답하시되 이 사람이나 그 부모가 죄를 범한 것이 아니라 그에게서 하나님의 하시는 일을 나타내고자 하심이니라 (요 9:2-3)

이에 대해서 예수님은 그것이 누구의 죄 때문도 아니며, 이를 통해서 하나님이 영광을 받으실 것이라 말씀하시고 그의 눈과 시신경을 치유해 주셨다.

이러한 구조를 리브가에게 적용하여 보자. 하나님께 리브가가 불임의 문제를 안고 있는 것은 누구의 죄 때문인가 여쭤 본다면, 그분 뭐라 대답하실까? 아마 "리브가나, 리브가 부모의 죄로 인한 것이 아니라, 믿는 자들 삶에서 내가 어떻게 역사하는지 너희에게 알려 소망을 가지게 하려는 것이란다"
라고 말씀하시지 않을까? 현대에도 그렇지만, 의학적 지식이 부족했던 고대
에는 난임을 치료하기가 매우 어려웠다. 질병이나 각종 문제가 존재하는 이
유는 다만 인간의 육체가 약하고 저마다의 결함을 가지고 있기 때문이다. 인
간은 약하고 사회에는 악도 도사리고 있다. 그렇기에 그 사회의 구성원들은
때로는 선천적이거나 후천적인 문제와 괴로움을 겪기도 한다. 리브가의 경
우는 육체적 약점이 난임이었을 따름이다.

여기서 중요한 것은 아담과 하와의 타락 이후, 삶이라는 것은 문제, 아픔,
육체적 결점 등이 있는 것이 '일반적'이며 '정상적'인 상태임을 인정하는 것이
다. 누군가가 슬프다면, 누군가가 아프다면, 누군가가 남과 다른 모습을 하
고 있다면, 그것은 더없이 이상하거나 손가락질할 '비정상'의 상태가 아니다.
인간이기에 누구나 겪을 수 있는 일이다.

하지만 하나님을 경외하는 사람은 그곳에서 멈추지 않는다. 인생에서 당
연하게 일어나는 일이라 하더라도, 그 형제나 자매가 괴롭다면 그것은 "남들
도 다 그러니 참아라"라고 치부할 것이 아니다. 바람직한 태도는 그 상황에
서 그 대상을, 그리고 우리를 불쌍히 여겨 주시고 은혜의 울타리로 둘러 주
실 것을 기대하는 것이다. 이는 모든 무탈의 상태를 정상으로 상정하고, 비
정상인 상태를 막아 주지 않으신 하나님께서 청구하는 기도와는 완전히 다
르다. 그러한 청구의 구조 속에서는, 하나님이 남들에게는 없는 아픔을 나한
테만 주신 무심한 분이 된다. 하지만 경외를 기반한 구함은 "비록 그런 아픔
이 산재하고 흔하더라도, 나를 불쌍히 여겨 달라"라는 간청이 된다.

물론 인간의 목숨은 초개와 같이 가치가 없고 쉬이 바스러지는 것이 당연
하고, 또 사람이 사람을 귀하게 여기지도 않는 그런 세상이지만, 하나님만은
나를 존귀하게 여겨 주옵시고 불쌍히 보사 사랑해 달라 간구하는 것이다. 그
러한 기도의 구조 속에서 하나님과 인간의 격차가 극명히 드러난다. 이는 어
디까지나 도움을 청하며 자비를 구하는 것이지, 하나님께 감히 청구한다는
생각이 마음에 들어올 틈이 없다. 그러므로 하나님의 개입은 온전히 은혜일

뿐이다.

이런 견지에서, 앞서 언급한 선천적으로 시각 장애를 안고 태어난 사람의 이야기나 리브가의 사례를 살펴보자. 그들은 각자 삶의 문제를 안고 있었다. 한 명은 보지 못하는 장애가 있고, 다른 한 명은 간절히 원하는 임신을 할 수 없는 문제가 있다. 그들이 겪는 시련을 해결해 줄 수 있는 존재는 이 땅에 없다. 그것이 더없이 분명하여 아무도 부정할 수 없었을 때 하나님이 등장해서 기적을 경험하게 하시고 그들의 문제를 없애 주셨다. 시각 장애가 있는 자가 태어날 때부터 한 번도 앞을 본 적이 없어 시신경 체계가 아예 발달할 기회조차 없었던 상태이건, 난임의 문제 때문에 노산하게 된 리브가가 의학 수준이 극히 미흡했던 고대에 쌍둥이를 무사히 출산할 확률이 낮았건, 그런 건 아무런 문제가 되지 않았다. 그저 하나님이 나서시자 모든 문제가 해결되었다. 그리고 그것을 통해서 하나님이 홀로 영광을 받으셨다.

새로운 약속, 신약의 시작인 복음서에서, 나면서부터 문제를 안고 태어난 사람을 주님이 정죄하지 않으시고 오히려 기꺼이 받아 주시는 것을 통해서 모든 시대의 모든 그리스도인과 세상 사람을 위해 그리스도께서 하시는 사역이 무엇인지를 알리셨다. 당시에는 그리스도께서 오셔서 심판하실지, 전쟁을 일으키실지, 나라를 회복하실지에 대한 의견이 분분했다. 하지만 그리스도께서 초림하신 것은 심판하러 오신 것이 아니었다. 구원하기 위해서 오셨다. 그렇기에 그리스도의 말씀을 지칭하는 대명사는 바로 '좋은 소식'이라는 뜻을 가진 '복음'이다.

나는 빛으로 세상에 왔나니 무릇 나를 믿는 자로 어둠에 거하지 않게 하려 함이로라 사람이 내 말을 듣고 지키지 아니할지라도 내가 그를 심판하지 아니하노라 내가 온 것은 세상을 심판하려 함이 아니요 세상을 구원하려 함이로라 (요 12:46-47)

시작의 책인 창세기에는 하나님과 맺은 계약(언약)으로 말미암아 믿음의 족속인 이스라엘 후손과 그리스도인들에게 어떤 일이 벌어질지가 적혀 있다. 그것은 바로 '하나님의 도우심'이다. 신약의 처음 부분에서 사람들이 그리스도의 초림의 의미를 심판으로 오해했듯, 구약에서도 하나님의 함께하심의 의미를 책망의 연속이나 그분의 잔소리를 듣는 것쯤으로 곡해했다. 그렇기에 아담과 하와는 자기가 벗었다는 것을 깨달았을 때 그 몸을 숨기다 망했고, 사울 왕은 잘못을 저질렀을 때 그 잘못을 제사나 여타 인간을 찾아가서 해결하려고 하다가 하나님과 멀어져서 망했다.

시각 장애를 앓았던 청년과 난임이던 리브가의 이야기를 통해서 명백해지는 메시지는 다른 것이 아니다. 하나님은 우리의 문제를 해결해 주려는 의지가 있으시다. 문제 해결의 방법은 다른 게 아니다. 구하는 것이다. 찾아가는 것이다. 내 스스로 문제가 있다는 것을 인정하고 하나님께 내어 맡기는 것이다. 설령 우리가 어떠한 선천적–후천적 문제를 안고 있다 하더라도 하나님이 우리 삶에서 역사하시는 것에는 아무런 문제가 없다. 우리를 사랑하시는 것에는 아무런 막힘이 없다. 그분에게는 해결하기에 너무 버거운 문제란 없다. 오히려 우리가 약할수록 기꺼이 개입하신다. 바울이 했던 그 유명한 "내가 약한 그때 강함이라"(고후 12:10)라는 고백은 하나님의 그러한 일관된 자애로우심에 기반한다.

따라서 리브가가 난임이라는 육체의 가시를 가지고 있음에도 불구하고, 하나님이 에서와 야곱, 두 건장한 아들을 잉태케 하시는 것에는 아무런 문제가 없었다. 그렇기에 하나님의 약속을 토대로 민족을 이뤄야 하는 이삭의 아내, 리브가로서 제 역할을 감당하는 것에는 아무런 난점이 없었다. 그것이 리브가가 경험한 난임에 담긴, 그 믿음의 후손들을 향한 메시지이다.

불균형한 응답

아이들이 그의 태 속에서 서로 싸우는지라 그가 가로되 이같으면 내가 어찌할꼬 하고 가서 여호와께 묻자온대(창 25:22)

20년간의 오랜 기다림 끝에 임신한 리브가는 자기 태중에 두 아이가 있음을 알았다. 그 둘이 태 중에서 심하게 싸웠기에 리브가는 근심했다. 그것은 단순히 격렬한 태동을 넘어서는 것이었다. 이 '싸움'이 오죽 심했으면 성경에도 그것이 기록되었을까? 어렵게 임신하는 것에 성공한 그녀는 혹시나 아기들에게 문제라도 생길까 봐 크게 걱정했다. 근심하던 리브가는 하나님께 이에 대하여 자기가 무엇을 해야 할지 여쭙는다. 애석하게도 리브가에게 주신 하나님의 응답에는 그녀가 원했을 두 태아의 분쟁을 끝내기 위해서 그녀가 해야 할 행동이나 방법이 담겨 있지 않았다. 다만 그 응답에는 그 두 아이가 장차 이룰 일에 대한 예언만 있었다.

> 여호와께서 그에게 이르시되 두 국민이 네 태중에 있구나 두 민족이 네 복중에서부터 나누이리라 이 족속이 저 족속보다 강하겠고 큰 자가 어린 자를 섬기리라 하셨더라(창 25:23)

하나님은 그 두 자녀를 이미 태중에서부터 다른 '국민'(고임 גוים, nations, 나라)이며, 복중에서부터 나뉜 '족속'(레옴 לאם, peoples, 부족)이라 표현했고, 둘의 민족은 끝내 수직적인 관계가 된다고 말씀하신다. 이는 이 둘이 현재뿐만 아니라, 그 출생 이후에도 분쟁할 것이라는 예언이기도 하다. 이 내용에 따르면 결국 그녀는 물론 그 누구도 그 두 아들의 다툼을 멈추기 위해 할 수 있는 일이 없다는 말이 된다. 게다가 창세기 기자는 22절에 리브가가 두 형제가 태중에서 다투는 일에 대해서 "무엇을 해야 할지" 하나님께 구했다는 기록을 삽입하여, 향후 있을 에서와 야곱의 갈등은 실상 리브가의 손을 떠난 일이기에, 두 형제가 분쟁하게 된 근본적인 원인에 대해서 리브가의 귀책이 없다는 것을 강조하는 방향으로 집필했다.

창세기는 성경에서 가장 광대한 세월을 담은 책으로서, 필연적으로 핵심 내용 외에는 상당히 축약하는 기록 방식으로 서술되어 있다. 그런데도 창세기 기자는 리브가가 두 형제가 태중에서 다투는 것에 대해서 근심하고 또 하나님께 여쭈었다는, 다소 사소해 보이는 사정을 생략하지 않고 리브가의 처지를 대변한다. 이를 뒤집어서 생각하면, 이러한 서술이 없다면 리브가가 에서와 야곱 간 다툼의 원흉으로 오해받을 입장에 처해 있다는 말이기도 하다.

그도 그럴 것이 하나님은 리브가의 남편이자, 아이들의 아버지, 하나님의 사람 이삭에게는 해당 응답을 주지 않으셨고 오로지 리브가에게만 주셨기 때문이다. 이를 경험해 보지 못한 사람들은 때로 영적인 비밀을 '독점'한다는 것을 이로운 일로 여기곤 한다. 하지만 응답을 혼자만 받았다는 것, 하나님의 뜻을 오로지 홀로 알고 있다는 것은 절대로 유쾌하지만은 않은 입장이다. 이런 응답의 불균형은 성경 지면에 드물지 않게 등장한다. 엘리야, 예레미야, 사무엘과 같은 굴지의 선지자들도 홀로 받은 응답으로 괴로워하던 인물이다. 족장이자 가장, 그리고 하나님의 사람이라는 입지를 가진 이삭이 그러한 응답을 받았더라면 아무 문제가 없었을 이야기가, 어머니 리브가만 받았기에, 마치 홈이 갈려 버린 나사처럼 헛돌기 시작한다.

홀로 응답을 받았다는 사실 만으로도 고단했을 리브가의 입장을 더욱 난처하게 만든 것은 바로 그 내용이었다. 그 응답에는 당시 사회적 통념과 너무나도 동떨어진 파격적인 예언이 담겨 있기 때문이다. 리브가가 받은 응답은 세 부분으로 나뉜다.

1. 에서와 야곱은 각각 다른 민족의 시조가 되리라는 것
2. 그 두 민족의 힘은 불균형하리라는 것
3. 큰 자가 어린 자를 섬기리라는 것

그중에서 특히 세 번째가 문제가 된다. 그 자체로도 에서가 가진 장자권을 침해하는 것이고, 또 가장이자 족장인 이삭의 고유 권한에 대한 도전이 될 만한 내용이다. 게다가 저 응답의 시점은 바울의 표현을 빌리자면, 에서와 야곱이 태어나기 전, 그들이 그 어떤 선이나 악을 행하기 전이다(롬 9:11). 따라서 그 내용을 정당화할 근거 따위는 존재하지 않았다. 만약에 이 응답을

하나님이 주신 것이 아니고, 리브가가 다만 착각한 것이거나 혹은 다른 뜻이 있어서 지어 낸 것이라면 이는 그냥 넘어갈 수 있는 수준을 넘어서는 여러 문제를 일으킬 일이다.

이처럼 리브가는 그 누구도 이해할 수 없는 예언을 홀로 받았다. 하나님은 의도적으로 리브가에게만 파격적인 응답을 주신 것이다. 현대의 그리스도인들이야, 성경과 교회사를 통해서 홀로 응답받은 사람들의 고단함과 아픔을 익히 알고 있지만, 당대의 사람들에게는 그것을 이해할 선례가 충분히 존재하지 않았다. 그렇기에, 그런 그녀를 위로하고 또 보호하실 이는 하나님뿐이시다. 당시 하나님이 어떠한 방식으로 리브가를 보호하고 또 위로했을지 성경은 기록하고 있지 않다. 다만 창세기가 리브가가 응답을 받게 된 경위를 분명히 밝힌 방식에서 리브가를 아끼고 보호하시려는 하나님의 의중이 엿보인다.

모든 것이 순탄할 때는 그러한 응답의 불균형이 커다란 문제를 낳지 않는다. 하지만 조금이라도 일이 잘못되면 홀로 응답을 받은 자는 원망의 대상이 되곤 한다. 그렇기에 자칫 에서와 야곱의 갈등은 리브가의 왜곡된 차남 편애가 조장한 것으로 여겨질 공산이 있다. 즉, 상호 간 아무런 문제 없이 평안하게 지낼 수 있었던 형제를, 그저 평범하게 화목할 수 있었던 가정을, 리브가가 차남 야곱을 편애함으로써 망쳐 놓은 것으로 오해하고 그녀를 비난할 우려가 있다.

이를테면 이런 경우이다. 성경은 아담과 하와는 다만 인류 전부를 대표할 뿐, 원죄에 대해서 원망하고 손가락질할 대상이 아니라는 것을 분명히 했음에도, 지금도 아담을, 그리고 특히 하와를 원죄의 주범으로 지목하는 사람들이 있다. 바울에 따르면 예수님이 인류 전부를 대표하셔서 모두를 구원하셨듯, 그들 또한 그저 인류 대표로 선악을 알게 하는 나무 앞에 섰던 자일 뿐이라 힘주어 강조한다(고전 15:21-57). 이같이 창세기 본문은 에서와 야곱은 리브가가 그 어떤 개입을 하기 전부터 서로 다투었고, 리브가가 야곱에게 더 큰 애착을 가졌던 것은 리브가의 귀책이 아니라, 오히려 하나님이 그에게 주신 응답을 믿은 결과라는 것을 명확히 한다.

이러한 부분이 없었더라면, 에서와 야곱의 첨예한 갈등, 그리고 그 둘을 통해서 형성된 민족들이 훗날 겪을 상잔의 이유를 오롯이 리브가의 어긋난 모성에서 찾았을 것이 분명하니까 말이다. 그렇기에 창세기 기자에게 영감을 주셔서 집필케 하신 하나님께서는 탓할 대상이 리브가가 아님을 분명히 하시기 위해서 창세기 25장 22~23절을 기록하게 하셨다. 이를 통해서 하나님은 그 둘의 다툼에 대한 귀책을 리브가에게 돌리지 말라고 분명히 말씀하고 계신 것이다.

응답을 받은 리브가가 어떠한 반응을 보였는지, 또 그녀가 어떠한 행동을 했는지에 대해서 성경은 증언하고 있지 않다. 하지만 이삭과 리브가의 친밀한 관계를 고려할 때, 이 사실을 리브가가 이삭에게 숨김없이 말했다고 보는 것이 자연스럽다. 그렇다면 의문이 생긴다. 어째서 이삭은 자기가 경외하는 하나님께 사랑하는 아내가 받은 응답에 적극적으로 협조한 흔적, 그러니까 야곱이 형을 굴복시킬 만큼 뛰어난 민족을 이루도록 지원하는 모습을 보이지 않았는가? 이삭이 리브가를 불신했다든가 하나님의 뜻에 반한 것은 아니었을 것이다. 다만 하나님을 경외하는 사람으로서 이삭은 직접 하나님께 응답받고 싶었을 것이다. 그리고 리브가가 받은 응답도 실상 하나님이 이루실 결과에 해당하는 내용만 담고 있지, 어떻게 그것을 이루실는지 담겨 있지 않다. 따라서 그 응답을 믿는 자들이 도무지 무엇을 해야 하는지 알 수 없었다. 그렇다면 이삭은 가장이자 족장으로서 정도의 길을 걷는 것이 가장 현명한 처신이다.

이에 이삭은 장자로 태어난 아들에게 장자의 대우를 해 주고, 차자로 태어난 아들에게 차자의 대우를 해 주며, 아버지로서 그리고 족장으로서 제 할 도리를 충실히 이행했다. 그러면서도 늘 하나님의 뜻을 구하면서, 혹여나 하나님이 다른 의도를 가지고 계신다면 말씀해 달라 구했을 터이다. 그렇다면 이삭은 자기에게 주어진 상황에 맞춰서 가장 최선의 행동을 한 것이다. 하지만 애석하게도 하나님은 이삭과 많은 순간 함께해 주시고 직접 응답도 주셨지만, 유독 후계에 대해서는 아무런 응답도 주시지 않았고, 그것을 리브가 고유의 영역으로 남겨 두셨다. 물론 이런 과정 끝에 이삭은 하나님의 개입과 임재를 경험하고 심히 떠는 경험을 하지만, 이는 아직은 먼 훗날의 이야기이다.

이윽고 두 아이는 세상에 모습을 드러냈다. 쌍둥이 중에 간발의 차이로 먼저 나온 아기는 불그스름하고 몸에 털이 많아서 에서라 했고, 둘째는 그 형의 발꿈치를 잡고 태어났기에 야곱이라 이름했다.

아버지의 사랑, 어머니의 사랑

리더십과 용맹함을 겸비한 청년으로 자라난 에서는 부족의 사냥과 전투 등 외부의 일들을 담당하는 역할을 맡았고, 차분하고 조용한 성품의 야곱은 주로 장막에서 지내며 부족 내부의 일들을 돕는 역할을 담당한다. 이삭과 리브가는 각자의 역할과 성향이 일치하는 자녀에게 마음이 더 갔다. 이삭은 에서를 더 선호했고, 리브가는 아무래도 자기와 닮은 야곱에게 더 깊은 애정을 느꼈다. 역할과 성향이 비슷하다면 함께 보내는 시간도 더 많았을 테니까 자기와 닮은 자녀에게 더 살가운 정을 느끼는 것은 지극히 자연스러운 반응이다.

부부라고 해서 모든 부분에서 의견이 일치할 수는 없다. 의견 일치를 이루는 것보다도 더 중요한 것은 불일치를 다루고 이해하는 방식이다. 이삭과 리브가의 경우에도 그 둘의 불일치는 별다른 문제가 되지 않을 요소였다. 그저 각자가 좀 더 친밀하게 느끼는 자녀가 다른 정도인데, 무슨 문제가 있었겠는가? 게다가 그들은 성경에서도 손꼽히는 금실 좋은 잉꼬부부였고, 온유한 성품과 지혜를 겸비한 인물들이었다. 그들 사이에 존재하는 다름 정도는 넉넉히 극복할 역량이 충분한 부부였을 터이다.

하지만 이삭은 아브라함을 계승한 족장이라는 지위에 있었고, 리브가는 불균형한 응답을 받은 당사자였다. 그 사소한 '선호'의 차이가 그 둘이 처한 아주 독특한 처지와 결합하자, 그 자체로 정치-종교적 의미가 있는 '공적'인 문제로 탈바꿈했다. 족장의 가정이라는 이유로, 또 아브라함의 계보를 잇는 적통 가문이라는 사실로, 두 부부는 그저 아웅다웅하고 넘길 일에도 심대한 갈등을 겪을 위험을 떠안을 수밖에 없었다. 그 둘은 금실 좋은 사이였을지라도, 부족(部族)과 사명, 하나님의 응답과 같은 굵직한 일에서 벗어나 다른 부부들처럼 평범하게 지낼 수는 없었다.

더욱이 불균형한 응답으로 초래한 부부간의 갈등은 결코 시간이 해결해 줄 수 없는 유의 것이라는 점에서 실로 애석하다. 시간이 흘러 이삭의 부족 내에서 '후계'라는 단어가 가진 무게가 무거워질수록, 그 둘의 의견 차이는 불화의 형태로 비화되어 갔다. 이는 어쩌면 필연이다. 그 둘은 적합한 후계자를 판단하는 기준이 완전히 달랐기 때문이다.

차기 족장에게 요구되는 능력으로 판단하자면, 에서가 야곱에 비해 모든 면에서 우월한 자다. 당시 가나안은 무수한 부족과 민족이 난립하여 서로 경쟁하고 전쟁을 벌이는 '난세'였다. 그런 시대에 부족을 생존으로 이끌기 위해서는 군사적 재능과 무리를 통솔하는 카리스마는 필수이다. 따라서 어릴 적부터 훌륭한 사냥꾼으로 부족민들을 인솔하며 그 자질을 증명한 에서가 누가 보더라도 족장감이다. 마침 그가 장자이기도 했으니 이견의 여지가 있을 수 없다. 그렇기에 한 부족의 장으로서 가장 적합한 사람을 후계자로 삼아야 하는 의무가 있는 이삭은 에서의 걸출함을 근거로 하나님이 그를 상속자로 선택하셨다는 것을 믿어 의심치 않는다. 생사화복을 주관하시는 하나님, 전지전능하신 하나님이 누군가를 이삭의 후계자로 선택하셨다면, 그에 걸맞은 능력을 주셨으리라 생각하는 것은 지극히 합리적이고 자연스러운 귀결이다.

반면 리브가에게서 야곱의 상대적 무능력함은 오히려 그를 향한 안타까움이 강화되는 사유다. 이는 그녀가 받은 응답 때문이다. 하나님은 에서와 야곱 중에 더 약한 자, 더 연약한 자가 도리어 강한 자에게 섬김을 받게 될 것이라는 예언을 리브가에게 주셨으니까 말이다. 그녀는 하나님이 주신 응답을 굳게 믿고 있고, 그렇기에 야곱이 두각을 나타내기는커녕 미달함을 보이는 상황을 그를 위해 기도하고 또 조력하여 도와야 할 근거로 여긴다. 다시 말해 리브가에게서 야곱의 약함과 부족함은 그를 더욱 지지하고 적극적으로

도와야 할 이유였다.

흥미롭게도 에서의 뛰어남과 야곱의 미달함에 대해서는 부부간에 이견이 없었으나, 그 결론은 정반대로 난다. 이삭의 입장에서는 더 큰 자 에서가 뛰어나니 그를 지지해야만 했고, 리브가는 작은 자 야곱이 미약하니 그를 지지해야만 했다. 그렇기에 날이 갈수록 이삭과 리브가 사이에 존재하던 '선호'의 차이는 깊어져만 갔고 피차간 합의점을 찾을 수 없을 정도로 벌어졌다.

당시의 상속 제도도 이 갈등을 심화하는 데 한몫했다. 당시에는 부족의 세력이 분산되어 각개 격파 당하는 것을 방지하기 위해서 적합한 후계자에게 모든 것을 증여하는 것이 일반적이다. 그렇기에 이삭의 아버지 아브라함 역시 오로지 이삭에게만 모든 재산과 세력을 물려주었다. 에서와 야곱도 마찬가지다. 둘 중에 적자로 판명되는 자녀가 모든 세력과 재산을 독차지해야 했다. 즉, 둘 사이에서는 애초에 재산과 지위를 사이좋게 나눈다는 선택은 존재하지 않았다. 이렇듯, 이삭과 리브가의 의견 불일치도, 형제간의 대립도 사실상 불가피했다.

구조적으로 하나님이 리브가에게만 응답을 주셨기에, 그리고 하필 그 응답이 야곱을 '섬김받을 자'로 지목하고 있기에, 부부 사이 의견의 불일치가 발생했다. 후계를 결정하는 것은 어디까지나 이삭의 고유 권한이다. 그리고 리브가 정도의 여인이 그 점을 모를 리가 없다. 만약 리브가가 응답을 받은 당사자가 아니라면, 그것이 하나님의 응답이 아니었다면, 사랑하는 남편 이삭의 권한을 침해할 우려가 있는 의견을 내비치지는 않았을 것이다. 그렇다면 후계 선정에 대한 첨예한 대립의 원인은 오롯이 하나님이실까? 만약 리브가가 받은 예언이 없었더라면, 부부가 각기 다른 자녀를 후계자로 지지하는 일은 일어나지 않았을 것은 분명하다. 하지만 이는 하나님이 주신 예언을 오해했기에 발생한 일이다.

오해

하나님이 리브가에게 주신 응답에는 후계에 관한 내용이 없다. 하나님이 리브가에게 주신 예언에 따르면 두 형제가 태어나기 전부터 시작한 분쟁은 후에도 계속 지속되며, 그 둘로 각각 민족을 이루게 할 것이고, 둘 사이에 힘의 격차가 있을 것이며, 최후에는 에서의 민족이 야곱의 민족을 섬기게 될 것이라고 한다. 이렇듯 하나님이 주신 예언적 응답을 아무리 살펴보더라도 야곱을 장자로 만들겠다는 부분이나 후계자로 지목하겠다는 내용은 없다. 하나님은 모든 일의 '결과', 즉 장차 이루실 일에 대해서 말씀하셨지, 그 과정을 설명하시지는 않으셨다. 하지만 그 언약을 받은 리브가, 그리고 그 내용을 믿었던 야곱은 그 과정을 넘겨짚는다.

하나님은 리브가에게 주신 예언을 이루기 위해서 장자권이 필요하지 않으시다. 따라서 하나님이 야곱도 민족을 이룰 것이고, 그 민족이 최종적으로 형 에서의 민족보다도 뛰어날 것이라는 예언을 주셨다는 연유로 장자권을 놓고 가족이 서로 갈등을 빚을 아무런 이유가 없다. 사실 언약에 있어서 극히 지엽적인 부분에 지나지 않는 장자권, 곧 상속의 권리에 치중하여 쟁탈전을 벌이다 갈등을 심화하고 불필요한 대립을 촉발할 이유가 없었다.

물론 그 오해에는 나름의 이유가 있다. 우선 앞서 언급한 시대적—사회적 배경이 작용했다. 이삭은 기본적으로 적자독식(適者獨食, 저자 주: 이 책의 내용 전개상 '적합한 자에게 모두 몰아준다'라는 개념으로 저자가 새로 만든 용어)의 상속 방식을 견지하는 유목민이었기에 민족을 이룬다는 예언 자체에서 '상속'부터 떠올랐을 것이다. 당시 상속받은 것 없이, 차자가 그저 맨바닥에서 어떤 독자적 세력을 일으키는 것은 거의 불가능에 가까웠다. 만약에 야곱이 아주 걸출한 인물이며, 그를 따르는 자들이 어릴 때부터 많았다면 이야기가 달라지겠지만, 전혀 그렇지 않다. 오히려 그런 모습은 에서에게서 찾아볼 수 있다. 야곱이 독자 세력을 구축하는 것도 실현 가능성이 없어 보이는데, 형 에서에게 섬김을 받다니? 그것을 실현할 수 있는 길은 오로지 형 에서의 장자권을 이

양받아 이삭의 세력을 고스란히 야곱이 다 이어받는 방법밖에 없어 보인다. 게다가 이렇게 형성된 편견에 살을 붙이는 실례가 존재했기에 더욱 그러했다. 바로 이삭과 이스마엘의 사건이다.

아브라함과 사라는 하나님이 자녀를 주겠다고 약속하셨음에도 불구하고 오랜 세월 불임으로 괴로워했다. 그러다 자기 나이가 너무 많아 자녀를 생산할 수 없는 몸이 되었다는 판단이 들자, 사라는 아브라함에게 권하여 자신의 여종, 하갈을 통해서 자녀를 낳고 그에게 후사를 잇게 하라고 요청한다. 이에 아브라함이 승낙하여 얻은 것이 이스마엘이었다. 하지만 세월이 흐르고 결국 하나님은 아브라함과 사라 사이에 적장자 이삭이 태어나게 하신다. 그 관계에서 하나님은 이삭을 선택하셨다는 응답을 분명히 주셨고, 또 이삭을 영적인 적장자뿐만 아니라 육적인 적장자로 만들기 위해서 이스마엘을 아브라함의 무리에서 떨어트려 놓으신 전례가 있었다. 즉, 이 강렬한 경험으로 인해 이삭의 부족 하나님이 선택하신 자녀가 차기 가주가 되어 모든 상속을 받고 또 그렇지 못한 자는 무리를 떠나야 한다는 생각을 가질만 했다. 그렇기에 에서와 야곱의 관계에서도 하나님이 전례대로 하실 것이라고 얼마든지 예단할 수 있다. 문제는 하나님이 하시는 일은 공식화하고 규격화해서 예측할 수 없다는 사실이다. 우리가 믿는 신앙이 그저 과거의 사례와 전통을 답습하는 것이라면 이러한 고민을 할 필요가 없겠으나, 우리는 살아 계신 하나님을 믿는 자이다. 따라서, 하나님이 하시는 일에 대해서 어떠한 공식이나 규칙을 만들어서 하나님을 '측량'하려는 시도는 그저 허무할 뿐이다.

때론 하나님이 하시는 일에는 어떠한 규칙성이 보일 때도 있다. 당연하게도 하나님은 논리적인 분이시기에 성경에 기록한 그분의 언행에서 어떤 일관성을 발견할 수 있다. 하지만 하나님은 인간이 정한 원리원칙에 매인다거나, 인간의 논리로 다 설명되는 분이 아니다. 하나님은 능수능란하게 인간의 지식을 뛰어넘는 논리와 인간의 지혜를 초월하는 지략으로 크고 놀라운 일들을 창출하신다. 도중에는 사람이 감히 예상치 못하지만 모든 일이 끝나고 나서 보면 "그래서 그렇게 하셨구나!" 하고 감탄하게 하신다. 그렇기에 솔로몬은 하나님이 하시는 일의 시종을 사람으로 측량할 수 없게 하셨다고 증언한다(전 3:11). 이러한 점 때문에 하나님이 하시는 일을 공식화하여 예측하는 것은 실패할 뿐만 아니라, 많은 문제를 낳는다.

다만 에서와 야곱의 서사에 등장하는 인물들의 경우는 구조적으로 그러한 사실을 알 수 없었다. 그들에게는 성경도, 그 어떠한 사례도, 또 종교 지도자도 존재하지 않았기 때문이다. 따라서 구전된 소수의 전승, 그리고 아브라함과 이삭의 사례를 참고하며 추측할 수밖에 없었다. 그들에게서는 최선이었고 또 합리적인 방법이었지만, 결과적으로 그것은 그들을 실책의 향연으로 향하게 만든다. 다만 그들의 실수를 통해서 그 후손들은 하나님이 신묘막측한 일을 이루신다는 것을 배웠고, 그 누적된 경험을 연구한 솔로몬이 하나님은 인간이 측량할 수 없는 방식으로 일하신다는 결론에 도달했다. 나의 실수나 실책이 후대를 위한 교훈이 된다는 것은 성경에서 자주 등장하는 개념이다. 이는 현대를 살아가는 우리에게도 희망적으로 적용할 수 있는 부분이다. 나의 실수가, 나의 슬픔이 후대를 위한 안전망이 되어 준다니 말이다.

리브가는 하나님께 배 속에 두 아이가 심하게 싸우는 것에 대해서 자신이 무엇을 해야 할지 여쭸다. 그리고 응답을 받았다. 하지만 어째서인지 그 응답에는 싸움을 멈추는 방법이나 리브가가 해야 할 일은 담겨 있지 않았다. 오직 그 싸움의 결말만 말씀하셨다. 종극에 가서 그들은 각각 민족을 이룰 것이고, 형이 동생을 섬기게 될 것이라는 예언뿐이었다. 어떠한 방식으로 에서와 야곱을 민족의 시조로 만드시려는지, 그 민족이 만들어질 때가 언제인지, 어떠한 방식으로 큰 자가 어린 자를 섬기게 하실는지 아무런 말씀도 하지 않으셨다. 성경에 기록된 응답과 예언은 이처럼, 과정은 모두 생략하고 결말만 제시하는 경우가 종종 있다. 이는 하나님이 하실 일이기 때문이다. 이 일을 위해서 하나님 이외에 다른 그 어떤 존재가 그 무슨 행동도 더할 필요가 없기 때문이다.

그런 유의 응답을 받은 자에게 무슨 구체적 행위나 행동을 요구하지 않으셨을 경우, 흔히 저지르는 실수는 그 과정을 자기 생각과 판단으로 넘겨짚거나 혹은 하나님이 하실 일에 괜스레 끼어들어 불필요한 행동을 하면서 관여하는 것이다. 하나님이 침묵하며 알려 주시지 않아 모르는 부분에 대해서 자기가 모른다는 것을 좀처럼 인정하려 하지 않는다. 과연 에서와 야곱의 경우, 하나님이 주신 예언의 달성에 있어서 야곱이 장자의 명분을 얻는 것이 필수 불가결한 요소였을까? 에서와 야곱이 경쟁하고, 부모가 각기 다른 자녀를 후계자로 지목하여 긴장을 겪을 이유가 있었을까? 만일 그랬다면 그 부분까지 하나님이 명령하셨을 것이다. 다음에 밝혀지는 부분이지만, 야곱을 이스라엘로 만든 것은 하나님이 직접 주신 복이지, 장자권 자체였거나 장자권에 기한 이삭의 축복이 아니었다. 그 모든 것은 실상 이삭과 이스마엘의 사례를 통해서 하나님의 행하심을 넘겨짚은 등장인물들이 착각한 결과였다.

우리는 때로 행위 그 자체를 우상화하곤 한다. 그래서 무언가를 해야 한다는 초조함에 빠지기도 한다. 그렇기에 불필요한 행동을 추가한다. 그리스도인의 신앙이라는 것은, 그리고 믿음이라는 것은 은을 제련하는 과정과 비슷하다. 무언가 더 추가하여 잡다하게 만드는 것이 아니라, 오히려 불순물을 제거하여 순수하게 만드는 연단에 가깝다. 홍해를 눈앞에 둔 이스라엘 백성이 이집트 군대의 추격으로 섬멸당할 위기에 처했을 때의 상황을 생각해 보라. 하나님이 그들에게 요구하신 것은 무엇이었는가? 두려워하지 말고 "가만히 서서" 하나님이 하시는 것을 그저 보는 것이었다. 하나님이 하신다고 미리 말씀하지 않으면 그저 그렇고 그런 자연 현상이라고 착각할 인간들이기에 예고하신 뒤에 "너희는 가만히 서 있으라"라고 요구하셨다.

> 모세가 백성에게 이르되 너희는 두려워하지 말고 가만히 서서 여호와께서 오늘 너희를 위하여 행하시는 구원을 보라(출 14:13)

하나님이 하신 말씀을 믿고 그것을 평생 추구하고 적극적으로 이루기 위해서 노력하는 것을 일명 사명 감당이라고 한다. 하지만 그 자체가 우상이 될 수 있다는 점 때문에 주의해야 한다. 기독교는 노력의 종교가 아니다. 그리스도인은 정성을 다했다고 그 정성 자체를 우상화하는 자들이 아니다. 믿는 자들은 하나님께서 가라 하신 그곳까지 가고, 멈추라 하신 곳에서 멈춰야 한다.

하지만 이후 진행되는 이야기를 통해서 더 드러나겠지만, 하나님만을 가만히 기다리는 것은 생각처럼, 말처럼 쉽지만은 않다. 예시로 든 출애굽기 시점의 이스라엘 백성은 파라오의 살기등등한 추격대가 지축을 울리며 시시각각 다가오는 위기 중에 있었다. 그처럼 야곱과 리브가도 저마다 조급할 이유가 있었다. 게다가 그들이 인내했어야 할 세월을 생각한다면, 그 누구라도 그들의 실수를 미련하다며 쉽게 손가락질할 수는 없다. 특히 리브가의 처지에서 본다면, 에서에 비해서 야곱의 부족한 모습이 큰 영향을 줬다. 어느 정도 세월이 흐르고 난 다음, 리브가에게는 예언 성취 여부가 문제가 아니게 되었다. 그저 야곱이 민족을 이루기는커녕 사람 구실이나 제대로 할 수 있을까 하는 걱정에 휩싸였을 상황이 펼쳐졌다. 형 에서와의 비교 우위가 있을 것이라는 내용을 담은, 예언의 마지막 부분도 아닌 언약의 첫 부분인 '민족을 이룬다'라는 부분조차 성취가 요원했던 것이 야곱의 삶 전반기의 모습이다.

그 시점에 리브가와 야곱은 하나님의 선택을 의아하게 여기도록 하는 원인, 혹은 하나님의 약속을 이루지 못하게 방해하는 요소, 그런 것을 인위적으로 해결하려 했다. 공교롭게도 리브가와 야곱은 그 방법의 하나로 이삭(동생)과 이스마엘(형)의 전례를 따라 에서에게 있는 장자의 명분이나 장자가 받는 축복권을 가져오면 되는 줄 알았다. 그러나 이는 전혀 쓸데없는 행위이었다. 만일 하나님의 뜻을 이루는 데 장자의 명분이 반드시 있어야 한다면 야곱을 그저 첫째로 태어나게 하시거나, 아니면 역으로 야곱이 아닌 에서를 언약 당사자로 선택하시면 그만이다. 하나님이 리브가에게 주신 약속을 이루시기 위해서 인간의 보탬은 전혀 필요하지 않았다. 하나님에게는 아무리 야곱이 미달하더라도, 장자권이 없어 어떠한 세력도 물려받지 못하더라도 그를 에서보다 뛰어난 민족의 시조로 만드시는 것에 아무런 문제가 없으시다.

하나님은 둘 중에 모든 면에서 미달한 야곱을 주권적으로 선택하셔서 인간 사회의 서열이나 혈통, 그리고 능력의 기준이 하나님의 행동과 선택에 그어떠한 제약도 될 수 없다는 것을 확실히 하셨다. 즉, 야곱을 택하심을 통해서 하나님이 주권적으로 결정하신 사항은 우리 사회의 전통이나 사회적인 총의 등으로 협상할 수 있는 대상이 아니라는 것을 분명하게 보이신 것이다.

이런 구도는 그리스도의 십자가 구원에서 고스란히 반복된다. 하나님은 모든 면에서 우월했던 유대인만을 택하지 않으시고, 오히려 율법과 언약 밖에 있던 이방인도 택하셨다. 이는 당시 유대인들뿐만 아니라, 그리스도인들 사이에서도 의문을 자아냈다. 사도 바울은 하나님의 주권적 선택을 설명하기 위해서 에서와 야곱의 이야기를 선정하여 설명했다. 즉, 에서 대신에 야곱을 선택하신 것은 사회적-인간적 기준을 뛰어넘는 하나님의 주권에 의한 것으로서, 이는 결코 이상하거나 임의적인 것이 아님을 분명히 했다. 하나님께서 그 주권으로 에서보다 미달한 야곱을 선택하셨다. 그 덕분에 그 후손인 유대인들이 유익을 봤다. 로마서 시점인 신약에 이르러서 하나님은 그리스도 안에서 십자가 구속의 사랑과 은혜를 베푸시려고 그 주권으로 유대인보다 열등한 이방인을 앞서 선택하셨다.

하나님의 선택하심은 하나님의 고유한 주권의 영역이다. 따라서 에서와 야곱 중에서 누구를 사랑하시고 누구를 통해서 하나님의 백성으로 일컫는 이스라엘 민족을 만드실 것인가에 대해서는 그 어떠한 이의가 제기될 여지가 없다. 하나님이 다만 자신의 주권으로 그렇게 하기로 결정하셨기 때문이다. 하나님이 리브가에게 주신 에서가 야곱을 섬기게 될 것이라는 예언은 단순한 하나님의 희망 사항이 아니라, 반드시 이루시겠다는 선언이며 통보이다. 그렇기에 이는 야곱에게 어떠한 걸출함이 있다거나 에서에게 치명적인 귀책 사유가 있어서가 아니다. 리브가나 혹 이삭에게 그 예언이 성취될 수 있도록 협조하라는 요청도 아니다. 이는 하나님이 그렇게 하기로 결정하셨다는 것을 인지하라는 메시지이다.

그러한 견지에서 이스라엘사(史)를 살펴보면, 이스라엘 자손이 그 메시지를 망각하고, 선민으로서 자기들에게 어떠한 선택받을 논리 필연적 이유가 있었다고 착각할 때 몰락하기 시작했다. 언약을 받고 난 후, 상상 이상으로 길었던 약 70년 인내의 세월이 지나는 동안 리브가는 그저 야곱을 더 아끼고 안타깝게 여겼고, 최선을 다해 인내했다. 물론 그 인내는 영원히 지속되지는 못했다. 훗날 그녀의 인내는 시간이 지나면서 점점 균열이 생기다가, 그 세월이라는 것이 에서와 야곱의 격차를 벌리다 못해 에서가 야곱의 생살여탈권마저 손에 쥘 즈음 되자 완전히 부서졌다. 그 결과 리브가는 최악의 형태로 개입하게 된다. 하지만 그녀가 처한 입장, 특히 에서와 야곱 사이에 존재하던 격차를 고려한다면, 그 누구라도 리브가와 같은 선택을 할 것이다. 따라서 그녀를 하나님을 불신한 여인이나, 미련함으로 일을 그르친 어머니의 전형으로 매도하는 것은 이치에 맞지 않는다.

우리의 미달자

그렇다면 대체 야곱의 사정이 어떠하기에, 그리고 에서가 얼마나 우월하기에, 그 둘의 격차가 얼마나 대단하기에, 그 대단한 믿음의 여인 리브가조차 결국 조바심을 내야 했을까? 아브라함의 삶을 통해서, 그리고 이삭의 삶을 통해서 무수한 기적과 역사를 보이신 하나님, 또한 난임으로 괴로워하던 자기를 도우신 하나님을 굳게 믿으면서도, 한편으로는 그분의 뜻이 행여 이뤄지지 않을까 봐 관여한 것일까? 우리의 주인공 야곱을 세세히 살펴보면 이제 리브가의 마음이 이해되기 시작한다. 우리가 자세히 살필 야곱의 이야기는 규격 외의 결핍과 부족함 그리고 스펙 미달에 관한 것이기 때문이다.

이 사람 야곱을 보라, 이 자는 모든 부분에서 '모자란 자'이다. 출생부터 보자면, 어엿한 장자로 태어나지 못했다. 신체적으로는 우월한 조건을 갖춘 에서에게 도저히 당해 낼 수 없다. 선천적인 재능과 성향마저도 에서의 손을 들어 줘야 한다. 당시 지정학적인 상황 때문에 유목민에 가까웠던 이삭의 무리에게 야곱의 그 조용하고 꼼꼼한 성품은 아무짝에도 쓸모없었다. 물론 창세기 26장에는 잠시간 농사를 짓는 장면이 나온다. 하지만 가뭄을 이유로 수원에 정주했어야 했기에 했던 일시적인 일이었다. 따라서 농업도 가능한 다재다능한 집단이었지만, 어디까지나 주력은 유목과 목축이었다.

그에 비해 에서는 뛰어나다고 인정받는 사냥꾼이다. 이는 단순히 무력의 빼어남을 나타내는 것만이 아니다. 생존을 위한 사냥은 사냥에 동참한 무리를 이끄는 통솔력, 주변 생태에 대한 깊은 이해를 기반한 사냥전략과 전술, 이웃 부족이나 토착민들과의 외교적 관계에 대한 이해와 소통 능력 등 그야말로 일족을 이끌 만한 종합적 능력을 요하는 것이다. 어느 면을 보더라도 야곱은 가주에 적합하지 않고, 에서를 대체할 장자감이 아니다.

이런 상황 속에서 엎친 데 덮친 격으로, 에서도 장자의 권리를 양보할 생각 따위는 없었다. 오히려 레반트(동지중해 연안 지역) 판 춘추전국시대를 겪고 있는 가나안 땅에서 하나의 민족을 이루려는 야망을 품은 자다. 태중에 있었을 때부터 민족의 시조가 되리라 하나님이 예고하셨던 것에 걸맞게 가주가 되려는 열망은 야곱보다 강했으면 강했지 절대로 약하지 않았다. 이는 이삭이 야곱에게 속아서 축복권을 강탈당한 장면에서 더욱 도드라지게 보이는데, 그때 에서는 절망한 나머지 그야말로 울며 절규한다.

> 에서가 아비에게 이르되 내 아버지여 아버지의 빌 복이 이 하나뿐이리까 내 아버지여 내게 축복하소서 내게도 그리하소서 하고 소리를 높여 우니(창 27:38)

여기서 문제가 되는 것은 에서도 아니고 이삭도 아니다. "하나님은 야곱을 택하셨는데 에서가 왜 양보하지 않는가? 이삭은 왜 리브가의 야곱 편애에 동참하지 않는가?"라는 질문도 타당하지 않다. 야곱과 에서가 장래에 어떻게 되리라는 예언은 리브가 혼자 하나님으로부터 받은 불균형한 응답이다. 이삭과 에서의 경우, 본인들이 받은 하나님의 명령이 없는데, 순종의 의무가 어찌 발생할 수 있는가? 하나님은 야곱을 이삭의 가족 안에서 육적인 장자로 만드시고 그 부족의 상속을 받게 하려는 의도가 없으셨다. 에서의 몫을 강탈하여 야곱에게 주시는 방식을 통해서 야곱이 민족을 이루며, 야곱의 민족이

에서의 민족보다 더욱 강한 민족이 되게 하시려는 뜻이 없으시기 때문이다. 등장인물 그 누구도 아직은 알 수 없었으나, 하나님은 다른 방식을 통해서 리브가에게 주신 약속을 이루려는 계획을 가지고 계셨다.

만약 하나님이 주식회사의 최고 경영자이시라면, 최고 효율과 최저 비용만을 생각하며 지름길을 고르셨을 것이다. 그 지름길이란, 당시 리브가나 야곱이 생각했던 방식인, 에서의 것을 빼앗아 야곱에게 주는 방법이다. 하나님께 왜 그러지 않으셨냐 따져 묻는 것은 마귀가 예수님을 시험했을 때를 연상하게 하는 발언이 될 터이다. 그는 예수님께 많은 사람이 오가는 성전 꼭대기에서 뛰어내리고 안전하게 착지하시어 당신의 메시아 되심을 손쉽게 증명하시라 권했다(마 4:6-7). 하지만, 지름길, 가성비 등은 자원과 시간, 그 능력이 한정된 인간, 혹은 하찮은 마귀나 갈구할 것들이다. 하나님은 언제나 하나님의 방식으로 하나님의 일을 하신다.

사실 하나님이 야곱을 에서보다 뛰어나게 만드는 일은 너무나도 쉽다. 굳이 번거롭게 에서의 것을 빼앗아 야곱에게 주실 이유가 없다. 야곱을 그냥 장자로 태어나게 하거나, 야곱의 능력을 출중하게 하면 그만이다. 그와 반대로 애초에 야곱이 아니라 에서를 이스라엘의 시조로 선택했다면 어땠을까? 하나님이 고르실 수 있는 쉬운 길이야 너무나도 많다. 굳이 어려운 길, 인간의 관점에서 보았을 때 고되고 비효율적인 길을 택하시는 하나님의 선택을 보면 십자가와 똑 닮았다. 오직 하나님만을 두려워하며 경외하던 바울이 미련하다고 칭하기를 주저하지 않았던 그 십자가를 닮았다.

> 우리는 십자가에 못 박힌 그리스도를 전하니 유대인에게는 거리끼는 것이요 이방인에게는 미련한 것이로되(고전 1:23)

에서와 야곱의 이야기에서 하나님은 야곱이라고 하는 미달자를 가까스로 역전하게 만들려고 안간힘을 쓰는 분이 아니시다. 오히려 그런 것이었다면 그것은 너무나 쉽다. 너무 쉬워서 하나님의 관심사 밖이다. 하나님의 관심은 야곱이라는 미달자를 택하고 그를 통해서 세상 끝 날까지 통용될 불멸의 표징을 세우시려는 데 있다. 아득히 먼 과거의 인물로 아스라한 미래의 사람들에게도 적용할 매뉴얼을 만드는 것은 인간에게는 어렵고 고된 작업이겠지만, 하나님에게는 힘들어서 못 할 일 따위는 없다.

하나님이 굳이 지름길을 택하지 않으신 것은 바로 후대를 살아가는 우리에게 꼭 필요한 메시지를 주시기 위함이기도 하다. 하나님은 야곱의 삶을 편지지 삼아 우리를 위한 메시지를 담아내셨다. 그 결과 야곱은 그리스도인들을 위한 매뉴얼, 지침, 모델하우스가 되었다. 그렇다면 과연 그곳에 담긴 메시지는 무엇일까?

> "하나님의 자녀로서 '택하신 족속이요 왕 같은 제사장들이요 거룩한 나라요 그의 소유가 된 백성인' 우리는 과연 어떠한 방식으로 하나님과 동행하는가?"
> "하나님은 우리가 어떻게 사는 것을 원하시는가?"
> "어제나 오늘이나 영원토록 동일하신 하나님은 자기 자녀인 우리를 어떤 식으로 대하시는가?"

이러한 의문에 답이 되는 메시지이다. 그렇기에 오늘날 그리스도인들에게도 유용한 내용과 신앙적 비법이 담겨 있는 믿음 설명서라 할 수 있다.

> 너희는 우리로 말미암아 나타난 그리스도의 편지니 이는 먹으로 쓴 것이 아니요 오직 살아 계신 하나님의 영으로 한 것이며 또 돌비(돌판, 태블릿)에 쓴 것이 아니요 오직 육의 심비(마음)에 한 것이라(고후 3:3)

그래서 야곱의 인생은 그저 야곱의 혼자만의 것이 아니다. 하나님의 손이 짧아서 야곱의 인생이 파란만장했는가? 이스라엘 백성을 구원하기에는 하나님의 권능이 약해서 광야에서 40년이라는 세월을 헤맸는가? 왜 성경이 66권이나 존재하는가? 하나님이 축약하지 못해서 그런 것인가? 오늘날을 사는 야곱 같은 나, 또 다른 미달자인 나에게 66권의 위로와 하나님의 메시지가 필요하기 때문이 아닌가? 그것도 모자라서 내주 역사하시는 성령님이 바로 지금, 이 순간에도 응답을 주시는 것 아닌가?

이러한 모든 상황 속에서 성경도 아직 없었고, 위대한 신학자나 선지자도 없던 시대를 살던 리브가가 도대체 무슨 선택을 할 수 있을까? 이후에 더 자세하게 다루겠지만, 리브가가 실책이라고 할 만큼 노골적으로 야곱의 편을 들며 편애하기 시작한 것은 정말 마지막 순간이 되어서였다. 사회적으로 인정받는 에서는 하나님의 약속대로 하나의 민족을 이루는 것에 아무런 부족함이 없어 보였다. 심지어 아버지 이삭의 재산 같은 건 받지 않아도 한 세력을 구성할 만큼 대단했다. 하지만 야곱은 리브가가 견디다 못해 관여했던 그때, 결혼도 안 한 홀몸이었다. 이런데 무슨 민족을 이루겠는가? 민족은커녕 가장도 못 된 남자가 형 에서에게서 어떻게 섬김을 받는가? 그렇기에 리브가와 입장을 바꿔 놓고 생각해 보면, 그 누구라도 가만히 침묵하고 계신 하나님 대신 이제라도 뭔가 나서서 해 보려 했을 것이다. 그러한 사정을 다 고려해 보면 리브가가 특출나게 믿음이 부족했거나 맹목적으로 야곱을 편애한 것이 아니라는 결론을 도출할 수 있다. 오히려 야곱이 규격 외로, 하나님의 응답이 이뤄지지 못할 수준으로 다듬어지지 않은, 누구보다 미달한 사람이었던 것이고, 그의 어머니의 눈에도 그렇게 보였다는 것이 문제의 핵심이다.

왜 에서가 아니라 야곱인가?

지금까지 우리가 지면을 통해서 나눈 이야기는 사실 딱히 새로운 것이 없다. 구약 시대 사람들도 야곱의 이야기는 이스라엘 민족 자체를 상징하는 것임을 명확하게 이해했고, 하나님도 구약의 많은 부분에서 이스라엘을 야곱으로 부르시길 주저하지 않으셨다. 하지만 야곱과 동시대를 살았던 사람들뿐만 아니라, 그 후대 사람들에게도 "왜 하필 야곱인가?"라는 의문은 풀리지 않는 수수께끼이다. 모든 면에서 에서가 적합했고, 야곱은 미달하였기 때문이다.

성경 덕분에 전지적 관점에서 에서와 야곱의 파란만장한 인생의 시작과 끝을 다 알고 있는 우리는 - 그들 인생에 대한 구약적 해석과 신약적 해석을 다 소유한 현대 그리스도인들은 - 그 이유가 다만 '하나님의 주권적 선택'이라고 쉽고 간단하게 대답할 수도 있다. 하지만 사실 이것은 이스라엘 민족이 태동하고, 종살이하다가 광야를 헤매고, 결국 조성한 국가로 전성기를 누리고, 쇠퇴하고 멸망하여 포로기를 겪다가, 되돌아오고…, 그 수천 년의 역사 속 무수한 인물의 괴로움과 고뇌 그리고 사색을 통해서 우리에게 주어진 값진 유산이다.

에서와 야곱의 이야기에서 하나님의 선택하심은 결코 대답하기에 쉬운 문제가 아니다. 하지만 여전히 에서와 야곱의 일생에서 하나님의 선택에 대한 문제는 아주 핵심적인 위치를 차지한다. 당대에는 대답할 재료가 딱히 없었고, 하나님마저도 속 시원한 답을 제시해 주지 않은 상태에서 선택이라는 주제가 핵심적인 역할을 하고 있으니, 성경에 적혀 있는 갈등 그 이상으로 등장인물들의 내면은 온갖 고뇌로 범벅이 되어 있었을 것이다.

주어진 이야기 전개를 자세히 살펴보면, 에서와 야곱의 비극은 비단 그들이 둘 다 사내이며, 쌍둥이로 태어나서만은 아니었다. 야곱은 하나님이 주신 열망, 소망, 꿈 등, 달리 말해 '사명'이라고 해야 하는 것 때문에 형과의 관계가 깨지고, 부모님과 생이별하고, 고향을 잃고, 떠돌이 인생을 살게 된다. 온갖 미움을 받는다. 이를테면, 비록 태아 때는 서로 싸웠으나, 인생이라는 현실을 통해서 야곱이 차자임을 인정하고 그저 사이좋은 형제로 성장할 수도 있었던 그들이, 하나님이 주신 응답과 사명, 그리고 선택하심을 통해 갈등이 심화한 것으로 보인다.

우리도 혹 받은 사명 때문에 괴로워서 이렇게 묻곤 한다. "사명을 위한 고난임을 이해합니다. 하지만 그 사명을 대체 왜 저한테 주셨나요?" 여기까지는 흔한 이야기이며 누구나 쉽게 공감하는 말이다. 성경의 무수한 인물도 그랬다. 사명이 없었다면 그저 평범한 삶을 살았을 이들이, 사명 때문에 절규하는 것이야 흔한 경우이다. 하지만 야곱의 이야기는 굉장히 이질적이어서 위화감마저 느껴진다. 앞서 언급한 그의 미달함 때문이다.

비록 예레미야나 엘리야가 사명으로 인해서 겪은 시련은 절대 작지 않았지만, 그들은 그 사명과 역할에 있어서 당대에 가장 적합한 인물이었다. 그렇기에 그들은 자신이 왜 그런 사명을 감당해야 하는지, 왜 그런 고통을 감내해야 하는지 명확하게 이해했다. 그 고통의 규모가 너무 커서 괴롭지만, 적임자라는 것, 자신의 사명에는 커다라는 의미가 있다는 것, 하나님이 주신 거룩한 사명이라는 것에 대해 추호도 의문을 품지 않았다. 모세가 아니었다면 누가 이스라엘 백성을 이끌었겠으며, 무릿매(Sling, 투석구)로 각종 맹수에게서 양무리를 지켜 온 다윗이 아니고서야 그 누가 무릿매만 가지고 골리앗을 상대할 수 있었을까? 하나님도 인정하셨던 욥이 아니었다면 당대 그 누가 그 시련을 넘어 하나님을 대면하여 볼 수 있었을까?

여타 성경의 인물들은 그 자리에, 그 시대에 꼭 맞는 인물들이었다. 그렇기에 그들의 시련과 인내는 수긍할 만하다. 그들은 그 존재 자체만으로도 최적의 시간에 그 일과 그곳에 가장 적합한 사람이었기에, 관련된 이야기들이 대부분 잘 이해된다. 그들을 다룬 성경 서사에서 그들이 가장 적임자이며, 당대에 그 외에는 그런 사명을 감당할 자가 없었다는 것을 명확하게 읽을 수 있다.

십자가가 비이성적이라 한들, 그것을 지고 결국 매달리고 화목 제물로 사그라지실 이가 예수님밖에 없다는 것, 누구도 그처럼 죄인을 대신해 십자가에 못 박혀 단번에 영원한 구원을 이룰 수 없다는 것을 부정할 수 없으니, 주님 당하신 그 미증유의 괴로움도 당위성을 갖는다. 그 외 성경의 여타 다른 부분에 묘사한 시련들도 그 대상의 우월함과 적합성을 보면서 그 사명을 감당하는 것에 대한 필연성에 공감한다.

하지만 야곱만은 당대의 관점에서도, 지금의 관점에서도 스펙 미달자(misfit for the position)이다. 주님은 의를 위해서 핍박받을 때 기뻐하라고 말씀하셨다. 하지만 야곱은 그런 말씀을 들어본 적이 없다. 게다가 벧엘에서 하나님을 만나기 전, 야곱은 '의'라는 것을 보인 적도 없다. 야곱이 힘들고 억울한 일을 겪으면서 터져 나오는 울분을 참으며 꿋꿋이 견디고 있을 때, 과연 그가 거룩한 사명을 위해서 인내하는 것인지, 아니면 자신의 아집과 고집 그리고 장자권 사건에서처럼 비이성적인 탐욕 때문에 인내하는 것인지 속 시원하게 이야기해 줄 이가 당대에 누가 있었는가? 아무리 봐도 야곱은 적임자가 아니다. 적합성도 그 당위성도 확보할 방법이 없다. 그래서 야곱의 이야기가 유독 이질적으로 다가온다.

이러한 내용은 성경을 알고서 야곱의 이야기를 마주하는 제삼자에게는 단순한 이질감 정도이겠지만, 성경이 없던 시절에 하나님의 선택이라는 주제는 에서와 야곱 그리고 당대 사람들에게는 혼란과 고뇌를 자아내는 큰 문제였다. 그 시절 구약 서사에 등장하는 인물들은 곧은 직선으로 나아갈 수 없었다. 대다수가 이리저리 헤매며 비틀거리면서 고민하다가 지름길을 찾지 못해 꽤 멀리 돌아가야 했다.

성경이 없던 시절, 사람들은 고난과 시련을 각자의 이유와 논리로 설명하려 했던 것으로 보인다. 특히 선택받지 못하고 버림당한 자들이나 고난을 겪는 인물들의 경우, 욥기에서도 자주 드러나듯, 어려움을 겪는 그 사람에게서 무슨 귀책 사유를 찾아내려고 무던히도 애를 썼다. 그런 사례를 창세기에서도 찾을 수 있다. 예를 들어, 에서가 죽 한 그릇에 장자권을 판 사건을 기록하면서 이것에 대한 당시 사람들의 평가도 적혀 있다. 에서가 장자권을 가볍게 여겼다는 것이다(창 25:34). 에서가 이삭과 리브가에게 근심을 끼쳤는데 이는 그가 헷 족속의 여인과 혼인하였기 때문이라고 한다(창 26:34~35).

일각에서는 성경에 기록한 그 내용을 표면적으로만 해석하여 에서에게 무슨 귀책 사유가 있어서 야곱은 선택받았고, 에서는 버림을 받은 것이라고 주장하기도 한다. 창세기 기자인 모세는 사람의 장점과 약점을 있는 그대로 가리지 않고 담담하고 공평하게 기록했다. 모세는 에서나 야곱에 대한 자기의 평가를 적은 것이 아니라, 구전되어 내려오는 이야기를 있는 그대로 사심 없이 성경책에 기록했을 뿐이다. 따라서 창세기 지면상의 표면적 내용으로만 평가하는 것으로는 하나님의 뜻을 제대로 파악했다 할 수 없다.

야곱과 에서의 이야기는 반드시 신구약 전반의 내용과 정합성을 이루는 방향으로 해석해야 한다. 바울은 그가 쓴 서신서에서, 에서와 야곱 사이에서 하나님이 하신 선택은 그들이 한 어떠한 행동도 변수로써 작용하지 않았고, 순전히 하나님의 주권의 영역이었다고 해석한다(롬 9:11). 또 구약의 기준, 그러니까 율법의 기준으로 판단하더라도, 에서 개인의 잘못이 그에게서 가주 자격을 박탈할 만큼 심각하지 않았다는 것을 알 수 있다. 그랬다면, 바울도 그러한 점을 지적했을 터이다. 게다가 만일 야곱의 잘못을 나열했을 때, 에서의 잘못 정도는 너무 사소해서 언급할 필요가 없을 정도이다.

굳이 잘못이라고 한다면, 그가 장자와 가주의 권한을 포기할 권한이 없었고, 또한 그 거래를 유효하게 성사할 만한 역량이 없었음에도 야곱에게 그것을 넘겨준다고 맹세했고, 하나님이 자신을 장자로 태어나게 하신 것 자체를 가볍게 여겨 거래의 대상물로 제시한 것 정도이다. 관점에 따라 에서가 야곱을 속인 것이라 볼 수도 있겠다.

하지만 당시 에서는 죽음을 느낄 만큼 핍절한 상태였다. 이것이 엄살이었는지, 혹 실질적인 위험이었는지는 알 수 없지만, 어쨌든 에서는 현대 법정에 서더라도 궁박을 연유한 법률 행위라며 무효를 주장할 만한 일이었다.

한편, 우리의 야곱은 누구를 속였는가? 자기 아버지 이삭까지 속였다. 그냥 속인 것도 아니고, 연로하여 시각도 청력도 잃은 아버지를 실질적 가주인 형의 보호를 벗어난 상태를 틈타 기망(欺罔, 남을 속여 넘김)했다. 그것도 단순한 기망이 아니라, 하나님이 이삭에게 주신 그 고유한 축복의 권리를 박탈한 그런 유의 기망이다. 현대인의 관점에서도 노환과 장애가 있는 아버지를 속이는 행위는 용납될 수 없다. 에서와 야곱이 살았던 시대, 그리고 그 이후 주어진 율법의 관점에서 본다 해도 그건 참작의 여지가 없는 악한 행위였다.

그 부모를 경홀히 여기는 자는 저주를 받을 것이라 할 것이요 모든 백성은 아멘 할찌니라(신 27:16)

'경홀히 여기는 것'으로 번역한 원어는 '칼라(קלה)'로 그 용례를 살펴보면, 상대방을 얕보거나 비천하게 보는 것이다. 또는 대하는 대상보다 자신이 낮은 지위에 있음을 강조하기 위해서 자신을 겸양해서 표현할 때 사용하기도 한다. 성경이 말하는 겸손은 상대방을 나보다 더 낮게 여기는 것임을 생각해 보았을 때, 경홀히 여기는 것은 내가 상대방보다 우월하다는 교만으로 상대를 얕보며 무시하는 듯이 대한다는 의미이다. 그렇기에 이사야서에는 교만과 짝지어 해당 단어를 사용하기도 했다(사 3:5). 야곱은 노쇠한 아버지를 얕보았다. 그래서 얄팍한 가장(假裝, 알아보지 못하게 모습을 바꾸어 꾸밈)으로 아버지를 속인다. 그렇기에 이는 단순히 도덕적인 문제가 아니라 율법에 따르면 저주받아 마땅한 범죄에 해당하는 행위였다.

아무 일에든지 다툼이나 허영으로 하지 말고 오직 겸손한 마음으로 각각 자기보다 남을 낫게 여기고(빌 2:3)

결혼 생활에서도 야곱은 에서보다 더 나은 점이 없다. 에서가 비록 부모님의 마음에 근심을 끼치는 결혼을 했다 하더라도, 그는 어쨌든 결혼하여 부모님께 최소한 후사 걱정은 덜어 드렸다. 게다가 에서가 낳은 자녀들은 하나같이 빼어난 족장으로 자라났다. 따라서 에서의 결혼은 오로지 근심만 되었던 것은 아니었다. 반면 형 에서보다 한참 뒤늦게 결혼을 결심한 야곱은 외삼촌 라반 밑에서 지참금 대신으로 7년간 일하게 된다. 첫 결혼을 위해서 7년간 무급의 노동을 한 것이야, 아무런 지참금도 마련하지 않은 무일푼 상태에서 부모님 뜻을 따르기 위해 그런 것이라 할 수 있다. 따라서 그 지참금에 걸맞은 7년간의 무급 노동을 약속한 것은 야곱의 효심이자, 라반을 향한 최소한의 '예의'에 해당하는 것으로 올바른 행동이었다.

하지만 비록 라반의 둘째 딸을 위해서 일을 했으나, 라반이 정작 결혼하게 한 것은 첫째 딸이었다. 야곱은 비록 그 과정에서 기망을 당하기는 했으나, 라반의 첫째 딸과 결혼한 직후에 둘째 딸하고도 결혼하겠다는 이유로 7년간 추가로 무급 노동을 약속한 부분은 당대 사람들이 보기에도 결코 옳은 행위는 아니었다. 이는 아담과 하와의 예를 따라 규정한 일부일처제를 위반했다는 점에서는 에서도 마찬가지이기에 차치하더라도, 자기 첫 아내의 이권을 침해한 사실만큼은 분명하기 때문이다.

결혼한 새신랑이 자기에게 만족하지 못하여 둘째 아내를 들이겠다고 하는 것만으로도 억울하고 답답해서 속이 터질 일인데, 곧 새장가를 들기 위해서 7년간 더 일하겠다고 하니, 새댁인 레아가 입었을 상처는 형용할 수 없을 정도이다. 게다가 부부라는 이유만으로 레아 역시 애꿎게 7년간 종살이에 동참해야 하니, 그야말로 기가 막힐 노릇이다. 일부다처제가 흔했던 시기라 하더라도, 이는 큰 귀책이다. 왜냐하면 오히려 그렇기에 더더욱 정실의 권위와 권리를 보장해야 했기 때문이다. 따라서 아직 율법이 없던 시대임을 참작한다고 하더라도, 야곱의 행위는 결코 도덕적이거나 지혜롭지 못했다.

이렇듯 야곱은 그 능력이나 사회적인 평가뿐만 아니라, 도덕적인 부분에서도 결코 에서보다 낮지 않았다. 그런데도 사명으로 주어진, 민족을 이루고 그 민족이 모든 면에서 자기보다 잘난 형 에서의 민족보다 뛰어나야 한다는 꿈이 그를 옥죄었다. 하나님이 주신 열망, 소망, 꿈, 그런 사명 때문에 형과는 관계가 깨지고, 부모님과는 생이별하고, 고향 땅을 떠나 떠돌이 인생을 시작한다. 온갖 미움도 받는다. 성경에는 유사한 이야기가 다수 수록되어 있지만, 야곱의 경우는 좀 더 극적이며 여유가 없다. 누군가 야곱에게 "왜 네가 장자가 되어야 하느냐?"라고 물으면 구차하게 대답할 말이 "하나님이 내게 그런 마음을 주셨어요"밖에 없다. 하나님이 리브가에게 주신 약속 이외에는 차자 야곱이 장자 에서를 제치고 상속을 받아야 할 이유를 설명할 수 없었다.

심리학자들에 따르면, 이뤄지는 것이 불가능한 것에 대한 기대(unmet expectation)를 품는 것은 관계를 파탄시키며 개인을 불행의 늪으로 빠트리는 지름길이다. 이는 부모·자식 간에도, 부부간에도, 인생 진로를 결정함에도 적용된다. 하나님은 과연 그런 인간 심리를 모르셔서 야곱에게 불가능해 보이는 그 엄청난 꿈을 꾸게 하신 것일까? 하나님은 과연 야곱의 무능함을 모르셔서 야곱에게 그런 사명을 부여하신 것일까? 하나님은 야곱이 미워서 그가 고통받길 원해 그의 마음을 그런 말도 안 되는 불타는 열망으로 가득 차게 하신 것일까?

야곱은 형을 제치고 차기 족장이 되기에는 정통성이나 신체적 능력, 당시 시대와 문화에 걸맞은 역량에서 심대한 결격 사유를 보였다. 그렇기에 적어도 도덕인 기준이나 율법의 기준에서라도 우월성을 확보해야 했다. 하지만 야곱에게 너그러운 기준을 적용하여 평가하더라도 야곱이 절대 낫지 않다. 그렇기에 당대 사람들뿐만 아니라, 모세의 율법을 받아 든 구약의 사람들에게도 의문투성이의 이야기가 탄생해 버렸다. 정리하자면, 스펙 미달자인 야곱을 장자로 선택하시고, 그 안에 열망을 주셔서 나그네로 만드신 하나님의 의중을 당대 사람들은 그저 넘겨짚을 수밖에 없었고, 당사자인 에서와 야곱도 의문 속에서 헤맬 수밖에 없었다. 그도 그럴 것이 그에 대한 해답은 먼 훗날인 바울 대에 이르러서야 주어졌기 때문이다.

> 이뿐 아니라 또한 리브가가 우리 조상 이삭 한 사람으로 말미암아 잉태했는데 그 자식들이 아직 나지도 아니하고 무슨 선이나 악을 행하지 아니한 때에 택하심을 따라 되는 하나님의 뜻이 행위로 말미암지 않고 오직 부르시는 이에게로 말미암아 서게 하려 하사 리브가에게 이르시되 큰 자가 어린 자를 섬기리라 하셨나니 기록된바 내가 야곱은 사랑하고 에서는 미워했다 하심과 같으니라 그런즉 우리가 무슨 말 하리요 하나님께 불의가 있느뇨 그럴 수 없느니라(롬 9:10–14)

선하심의 논쟁

에서와 야곱의 이야기에는 질문거리가 많다. 먼 훗날 사도 바울은 하나님의 선택하심을 설명하기 위해서 에서와 야곱의 이야기를 재조명한다. 율법 밖의 이방인과 율법 안의 유대인을 대조하는 가운데 에서와 야곱의 사례를 다루면서 예수 그리스도를 통해서 임한 구원을 설명한다. 특히 구원의 방편인 십자가를 통해서 구원받도록 선택받은 자 다수가 유대인이 아닌, 이방인이라는 점이 바울에게는 의문이었고 아픔이었다(롬 9:1-5).

유대인의 경우, 언약, 율법, 전통, 전승 등을 소유하고 있기에 그리스도를 구주로 받아들임에 있어서, 그 어떤 다른 민족, 즉 그 어떤 이방인들보다도 모든 면에서 앞선 조건을 갖췄다. 심지어 그리스도까지도 유대인으로 오셨으니 무슨 말이 더 필요하겠는가? 하지만 유대인 다수가 그리스도를 믿지 않는 것에 대해서 바울은 심히 괴로웠다(롬 9:2). 바울은 구원이 하나님의 선택하심에 기인한 것임을 잘 알고 있다(롬 8:33). 구원은 인간이 철저히 율법을 준수한다거나 오랜 종교적 전통을 따라야 받는 것이 아니라, 하나님이 주권적으로 택하셔서 의롭다고 하신 자가 받는다는 원리는 바울이 사역과 서신서를 통해서 일관되게 강조한 것이다. 즉, 하나님은 이방인을 선택하신 것이 된다. 그리고 이런 견지에서 십자가 앞에 선 율법을 의지하는 유대인이 유기된 것이라는 의미이기도 하다.

유대인에게서 이해하기 어려운 하나님의 선택 방식을 설명하기 위해 바울은 이스라엘의 시조인 야곱 이야기에 주목한다. 족장이자 민족의 시조라는 기준에서 본다면, 에서는 야곱에 비해 모든 면에서 우월했다. 이는 비단 바울이 로마서를 집필하던 시대의 기준에서만 그렇지 않다. 에서와 야곱의 당대에서도, 그리고 오늘날의 기준에서도 이는 달라지지 않는다. 하지만 하나님은 그들이 태어나기도 전에, 그들이 어떠한 행위를 하기도 전에, 우월한 에서가 아니라 모자란 야곱을 선택하셨다. 쌍둥이 형제 중 인간적인 기준과 조건에서 상당히 부족한 '미달자'를 택하신 것이다. 어째서 미달자를 택하셨는가?

바울은 이러한 하나님의 선택은 오롯이 하나님의 주권에 속한 것이며, 마치 토기장이가 임의로 자기가 만든 그릇을 평가하듯, 판단 기준도 하나님이 정하시는 것이라고 말한다(롬 9:21). 에서와 야곱 대에서 이스라엘 민족은 하나님의 선택하심의 수혜자였음을 역설한다. 그러니 굳이 하나님이 그 선택의 이유를 따로 자세히 설명하셔야 할 책임도, 까닭도 없으시다. 이 모든 것을 통틀어 '하나님의 주권'이라 한다.

조건을 놓고 따져 보면 한참 모자란 미달자 야곱, 그의 후손인 유대인들은 그가 하나님의 선택을 받았다는 이유만으로 자신을 스스로 선민이라 부르며 자긍심에 취해 있었다. 하지만 바울이 전하는 메시지에 따르면, 많은 부분에서 뛰어난 그런 유대인들을 뒤로 제치고, 율법의 기준에 한없이 못 미치는 이방인들을 하나님이 먼저 선택하셨다고 전한다. 즉, 십자가를 통한 구원이 이방인들에게 먼저 임하는 것은 에서와 야곱 사건의 구조—형태적 반복이라는 것이다. 이런 견지에서 두 사건 모두 그저 이상한 일이 아닌, 하나님의 주권을 나타내는 사례라고 웅변한다.

너희가 나를 택한 것이 아니요 내가 너희를 택하여 세웠나니(요 15:16a)

이처럼 전지전능하신 하나님은 사람이 무슨 행동을 하기 전에 미리 아시고, 능히 그 뜻하신 대로 누군가를 선택하신다. 하지만 그 선택하심에 대하여 풀어야 할 의문이 생긴다. 바로 그 선택이 '옳은가' 혹은 '선한가'라는 물음이다.

에서와 야곱 둘 중에 하나님이 야곱을 택하신 것은 당시 사람들의 기준이나 훗날 율법의 기준으로 살펴보면 결코 옳지 못한 것으로 보인다. 그도 그럴 것이 에서는 정통성에 하자가 없는 장자였다. 그도 완벽한 초인은 아니었지만, 후대의 기준인 율법을 끌어와서 평가하더라도 결코 그에게는 장자권을 상실할 만한 중과실이 없었다.

그런데도 차자인 야곱이 한 민족의 시조가 되는 꿈을 꾸게 하셨고, 또한 두 형제가 태어나기도 전에 차자를 사랑하기로 정하신 하나님의 선택이 과연 옳은가? 바울은 이를 두고 하나님의 '선하심'을 거론한다.

기록된바 내가 야곱은 사랑하고 에서는 미워했다 하심과 같으니라 그런즉 우리가 무슨 말 하리요 하나님께 불의가 있느뇨 그럴수 없느니라(롬 9:13–14)

세도가들은 자신의 권력을 남용한다. 독단적으로 옳지 못한 행동을 하면서도 억지까지 부리면서 자기 의지를 관철하려 한다. 하지만 성경이 말하는 하나님은 그렇지 않으시다. 하나님은 모든 판단에서 항상 의롭다는 판정을 받으시고, 그 어떤 형태의 재판을 치른다고 하더라도, 항상 하나님은 참되시다는 판결이 난다(롬 3:4).

그렇다면 에서 대신 야곱을 선택하신 것이나, 유대인 대신 이방인을 택하신 것을 놓고 그것이 과연 선하셨는지 따졌을 때도 하나님이 선하셨다는 결론이 나야 한다. 하지만 거듭 말했듯, 다양한 조건들을 따져 보았을 때, 그 하나님의 선택하심은 곧바로 납득하기 어려운 것임에 틀림없다. 혹 선과 악에 대한 우리의 관념이 하나님과 다른 것인가? 성경에 하나님의 기준과 우리의 기준은 다르고 하나님의 생각과 우리의 생각도 다르다는 말씀이 있으니, 그것 때문일까? 만약에 그렇다면, 우리는 야곱과 같은 자를 이상적인 자로 여기고, 에서와 같이 능력이 출중한 자를 배척해야 할까? 그것이 하나님이 우리에게 전달하시는 메시지일까?

여호와의 말씀에 내 생각은 너희 생각과 다르며 내 길은 너희 길과 달라서 하늘이 땅보다 높음 같이 내 길은 너희 길보다 높으며 내 생각은 너희 생각보다 높으니라 (사 55:8-9)

하지만 구약이건 신약이건 간에, 야곱이 하나님과 만나기 전까지 그가 한 행위를 모범적으로 표현한 적은 단연코 없다. 하나님은 야곱의 행동이 정의롭고 옳다고 여기셔서 그를 선택하신 것이 아니다. 오히려 성경은 야곱을 총체적 미달자인 것을 분명히 한다. 성경의 다른 구절에는 이스라엘을 야곱으로 통칭하며 "버러지 같은 야곱"(사 41:14)이라는 표현도 등장한다. 하나님을 만나기 전 야곱의 삶은 마치 다듬어지지 않아 제멋대로 이리저리 모난 돌 같았다. 하나님은 몹시 못나고 모난 돌과 보기에도 좋고 크기도 훌륭한 바위 중에서 모난 돌을 택하신 것이다.

바울은 이를 토기장이와 그릇의 관계로 설명했다. 도자기 만드는 장인은 자신만의 기준과 스타일로 그릇을 빚어 만든다. 남이 보기에는 좋은 그릇도 이내 깨트려 버리기도 하고, 범인들은 이해할 수 없는 기준으로 소박한 백자를 높이 평가하기도 한다. 그처럼 토기장이가 자신이 만든 그릇을 다루는 것을 보면서, 또 평가하는 기준을 보면서, 그의 선함을 논할 사람은 없지 않은가?

바울의 토기장이 비유는 하나님의 선택을 종교적인 관점에 경도되어 보지 말아야 한다는 경고이기도 하다. 종교적이고 율법적인 기준에 너무 집중하다 보면, 하나님을 우리의 종교 체계와 율법의 기준으로 판단하는 오류를 범하게 된다. 율법으로 하나님을 제한하고, 또 종교적 시스템으로 하나님을 재구성하려는 시도는 그저 공허할 뿐이다. 어쩌면 에서와 야곱의 사례를 들어 "하나님이 선하실까?"라는 의문을 가지는 것은 우리의 논리에 하나님을 가두려는 시도일 수 있다.

현대 그리스도인들도 "하나님은 준비된 그릇을 택하신다" 혹은 "하나님은 정결한 자를 선택하신다"와 같은 편견을 가지곤 한다. 바울 시대에 일부 유대인들도 유사한 편견으로 하나님의 선택하심에 대하여 의구심을 가졌다. 그랬기에 야곱을 택하신 하나님에게서 위화감을 느끼고 선하심에 대한 논쟁까지 벌였다.

하지만 하나님은 결코 준비된 그릇이나 모든 것을 잘 갖춘 사람을 고르지 않으신다. 정결한 그릇같이 깨끗한 사람이라서 선택하지 않으신다. 그렇다고 준비된 그릇, 정결한 그릇이 무가치하다는 뜻은 아니다. 명명백백하게 하나님은 그러한 자를 그렇지 않은 자보다 선호하신다. 하지만 진정 답해야 할 질문은 "하나님의 기준에서 그 누가 준비된 사람이며, 그 누가 정결한 그릇일까?"이다.

야생의 쥐들도 개체에 따라서 그루밍에 더 힘쓰며 청결을 유지하는 쥐와 신경 쓰지 않는 꼬질꼬질한 쥐가 있다고 한다. 그런데 인간의 기준으로 그것이 구분되는가? 쥐의 입장에서는 상당한 그 차이가, 인간에게 있어서도 유의미할까? 인간의 기준으로 쥐를 본다면, 가장 깨끗한 야생의 쥐나 가장 더러운 야생의 쥐나 죄다 전혀 '청결'하지 않다. 만약 누군가 기호가 맞아서 쥐를 반려동물로 키운다면, 기왕이면 깨끗한 쥐를 키우고 싶을 것이다. 하지만 과연 야생에서 인간의 기준에 깨끗한 쥐를 고를 수 있겠는가? 그렇기에 결국 쥐의 기준에서 '깨끗한' 쥐를 선택해 입양하는 것은 중요한 것은 아니다. 중요한 것은 그 반려 쥐에게 양질의 환경을 제공하고 때때로 물 목욕이나 모래 목욕을 시키는 것이다.

이처럼 하나님의 기준에서 우리는 모두 하나님을 만족시킬 만한 '청결'에 이르지 못한다. 따라서 귀결적으로 준비된 그릇, 깨끗한 그릇이 선택받는 것이 아니라, 그가 선택하셨기에 그가 준비시켜 주시고 그가 깨끗하게 해 주시는 것이다.

그렇기에 "하나님께서 선하신가?"라는 질문은 상당히 축약된 질문이다. 두 형제 가운데 차자 야곱을 선택하신 이유를 묻다 보면 "하나님은 과연 무슨 기준과 원칙으로 선함을 결정하실까?", 또는 "인간이 가진 선에 대한 감각이 하나님과 같을까?"라는 질문이 마음속에서 맴돈다. 에서와 야곱의 이야기가 트리거(방아쇠)가 되어서 촉발한 이런 질문들은 사실 하나님의 선하심을 논할 계제가 아니다. 사람과 사람 사이에서야 각자가 가진 조건과 능력의 차이가 도드라져 보이지만, 하나님의 기준에서 그런 것들은 유의미한 차이가 아니다.

에서와 야곱의 이야기는 그 자체로도 매뉴얼이 된다. 그들의 이야기를 통해서 이스라엘의 민족 정신이나 문화가 형성되었다. 단순히 에서를 악으로, 야곱을 선으로 단정해 버리면, 이후 그 내러티브(이야기)를 기반으로 형성될 이스라엘 민족의 전통과 문화는 선으로 미화된 야곱을 본받아 속임수와 술수에 기반할 것이다. 자녀들에게는 부모가 약해졌을 때를 틈타 부모를 속이는 것이 지혜로서 권장될 것이고, 형제들 사이에서는 장자권을 놓고 각축전을 벌이는 것이 모범적인 행위라 포장될 것이다. 하지만 과연 이후 이스라엘 자손이 실제로 그러한 것들을 선으로 여기고 추구했는가? 구약 전체를 관망해 보면, 야곱이 보여 준 모습들이 결코 이상형으로 여겨지지 않음을 알 수 있다.

하나님은 이스라엘 민족을 독특한 방식으로 형성하셨다. 이스라엘 민족의 시조는 야곱이며, 야곱의 인생과 신앙이 그 민족 정체성에 기반이 되었다는 것은 분명하다. 하지만 그렇다고 해서 야곱 삶의 요소 모두가 날 것 그대로인 상태로 이스라엘 백성에게 주어졌다는 의미는 아니다. 야곱의 후대, 그러니까 요셉의 대에 이르러 야곱과 그의 후손은 모두 이집트라는 문화적, 군사적, 경제적, 정치적, 그리고 종교적, 그 어떤 분야에도 빠지지 않는 초강대국의 객으로 자리 잡는다. 그리고 그곳에서 야곱의 부족은 400여 년이라는 세월을 통해 점차 민족으로 성장해 나갔다. 그래서 야곱의 삶 자체가, 그의 생활방식 그 자체가 고스란히 그 민족성에 담길 수 없었다. 즉, 오랜 종살이를 통해 이스라엘 백성들이 자신들의 정체성을 상당 부분 상실했기에, 그 민족은 자기들의 시조 야곱의 삶을 완전히 동일하게 답습하지 못했다는 의미다. 그렇게 긴 세월 동안 야곱의 날 것은 숙성되다 못해 썩어 흙으로 돌아갔다. 그리고 잊혔다.

이스라엘이 온전히 민족으로서 명확하게 태동한 것은 모세라는 인물이 등장하고 나서이다. 그는 하나님의 도우심으로 이스라엘인들을 출애굽시켰다. 또 그들 사이에서 구전은 되었으나, 이미 아마득한 옛이야기 정도로 그 의미가 퇴색한 야곱의 삶을 하나님으로부터 받은 율법의 필터로 잘 정제하고 종합하여 창세기라는 형태로 복구했다. 그렇기에 야곱을 기반해 형성된 이스라엘의 민족 정신은 야곱의 삶을 그 근간이자 모범으로 반영하지 않는다. 오로지 400여 년의 세월을 이겨 내고 남은 요소만이, 또 하나님의 말씀으로 정제된 모습만이 민족 정신의 근간이 될 수 있었다. 비유컨대, 야곱의 삶은 이스라엘 민족에게 있어서 기반이 되는 씨앗이 아니라, 그 민족이 자랄 토양이다.

이는 히브리어와 헬라어로 기록한 성경 언어가 사어(死語, 죽은 언어)가 되는 바람에 언어적 변화가 정지되어 그 메시지가 온전히 보존된 것과 같은 효과를 일으켰다. 만약 야곱이라는 상징이 잊히지 않았더라면, 도리어 후대를 통해서 왜곡되고 미화를 위해 덧붙여졌을 것이고, 야곱의 삶 중에서 그릇된 부분을 기반한 인간적 전통이나 민간 신앙이 형성되었을 것이다. 만약 그랬다면, 이는 모세가 하나님의 계시를 오롯하게 기반하는 새로운 민족을 형성하는 것에 심대한 방해 요소가 되었을 터이다. 이렇게 되니까 잊힘이, 심지어 종살이조차 은혜로 작용했다는 결론에 도달한다.

하나님은 야곱을 이스라엘의 시조로 삼긴 하셨으나, 야곱의 삶 전부를 무비판적으로 수용하는 것은 허락하지 않으셨다. 야곱의 삶은 무비판적으로 수용할 도그마도, 맹목적으로 따를 우상도 아니다. 야곱의 삶 전체가 그 후손이 따라야 할 '모범'이 절대 아니라는 사실은 야곱의 삶에서 우리가 얻어야 할 교훈이 무엇인지 환기하게 한다. 야곱의 삶을 통해 진정으로 얻어야 할 교훈은 비록 모범적이지 않은 삶을 살았던 미달자 야곱이었지만, 하나님이 그와 기꺼이 동행하시면서 결국 민족의 시조로 성장시키셨다는 것이며, 어제나 오늘이나 영원토록 동일하신 하나님이 그 후손들에게도, 그리고 오늘날 그리스도인들에게도 야곱에게 하셨던 것처럼 동일하게 역사해 주실 것이라는 소망을 가져야 한다는 것이다.

하나님은 무오하시지만, 성경에 등장하는 인물들은 무오하지 않다. 하나님은 낭비하지 않으시지만, 성경에 등장하는 인물들은 실수와 낭비, 즉 군더더기가 산재한 삶을 살았다. 이는 이스라엘의 시조인 야곱도 마찬가지다. 따라서 그의 인생에도 비판하고 걸러 내야 할 군더더기와 실수가 있다. 한 민족의 시조라면, 으레 모든 비판과 비난은 빼고서 미화되고 또 성역화된다.

하지만 성경은 야곱을 비판 없이 무조건 미화하지 않는다. 좌충우돌하며 되는 대로 살아온 야곱의 인생을 미화나 합리화 없이 있는 그대로 담았다. 그 결과, 복원된 야곱의 모습은 그 이후 이스라엘 민족이나 많은 사람이 추앙하는 훌륭한 신앙 위인상과는 상당히 거리가 멀다. 그러나 그렇기에 오히려 하나님의 긍휼과 은혜가 전면에 자리한다.

그래서 야곱의 이야기를 통해서 형성된 민족 정체성은 이스라엘 자손이 포로기와 디아스포라(민족이 자의나 타의로 기존에 살던 땅에서 다른 곳으로 이주하는 것. 대표적인 사례는 로마의 하드리아누스 황제가 유대인들을 이주시킨 사건)와 같은 시련을 겪는 순간에도 유효할 수 있었다. 이상적 허구에 기반한 민족 정체성은 참혹한 현실을 만나면 그 효력을 잃고 부숴지지만, 그 시조가 미달한 자라 할지라도 그 사실을 가감 없이 반영하여 발전한 민족 정체성은 도리어 비극과 시련이 산재한 현실에 강하다는 것을 보여 준다.

만약 야곱의 이야기가 그저 초인의 이야기, 아무런 귀책이 없는 우상화된 시조의 이야기였다면, 그렇게 여느 민족의 시조처럼 우월한 자의 삶을 담고 있었다면, 민족적 위기를 견디지 못하고 무너졌을 것이다. 복을 받는 것이 당연한 우월한 민족이라는 구조의 민족 신화와 당면한 현실의 극심한 괴리 앞에 그 이야기는 형태를 잃고 맥없이 무너져 내렸을 터이다. 하지만 미달하고 실책 투성이인 민족과 함께해 주시는 하나님의 풍성한 은혜가 담겼으니, 그 어떤 상황에서도 하나님의 도우심을 기대하며 견딜 수 있었다.

역사적으로 성역화하여 미화한 것을 들여다보면, 그 시조의 삶 중 잘못된 부분까지도 긍정적으로 포장되고 그대로 해당 민족의 전통으로 굳어져, 그 조상을 위한 맹목적 변호에 이로운 문화가 형성된다. 강인한 군사를 키워 내기 위해서 전사 교육 과정 중에 있는 아이들의 도둑질을 권장했던 스파르타의 경우를 생각해 보자. 그 사회에서 누군가가 그들에게 도둑질은 비도덕적이니 멈추라 주장한다면, 그로 인해 파생될 담론은 도둑질이 과연 옳은 행위인지에 대한 것이겠는가? 그렇지 않을 것이다. 그런 주장을 무(武)를 숭상하는 문화 자체에 대한 도전으로 받아들일 것이 분명하다. 해당 문화권에서 도둑질을 멈추게 하는 방법은 오로지 도둑질하지 않는 것이 어떻게 더욱 높은 수준의 무를 구성하는 데 도움이 되는지를 증명하는 것뿐이다.

하지만 야곱의 후손 이스라엘 백성은 430년이나 되는 긴 세월 이집트에서 지냈다. 따라서 그러한 연결고리가 한 번은 끊어진 상태에서, 모세라는 걸출한 인물을 통해 율법적으로 재건한 역사가 있기에, 그 문화에 불순물이 침투할 여지가 적었다. 즉, 야곱의 이야기와 그 이야기 속에서 야곱을 택하신 하나님을 이스라엘 민족이 선뜻 "아, 그렇구나" 하고 무조건 받아들인다거나, 야곱의 모든 행위를 이스라엘 민족이 무턱대고 격하게 칭송할 수 없었다.

도리어 시조인 야곱은 모세가 기록한 율법과 도덕적인 잣대로 끝없이 측량해야 하는 인물이다. 하나님이 매뉴얼로 택한 야곱은 시조로서 무조건적인 수용과 답습의 대상이 아니라 비판의 대상이라는 것이다. 이 부분은 결국 바울이 로마서를 집필하며 이방인 그리스도인들에게 이스라엘은 무조건적 수용과 답습의 대상이 아니라, 비판의 대상이라는 점을 언급하며 절규하는 장면에서 더욱 도드라진다.

그래서 "하나님은 우리가 생각하는 것처럼 과연 선하신가?"라는 다소 신성모독적으로 보이는 의문을 촉발한 에서와 야곱의 이야기를 추적해 보면, 오히려 하나님은 선하시다는 것이 더욱 명백해진다. 야곱 후대의 이야기지만, 요셉의 이야기를 통해서 야곱과 그의 식구를 이집트로 이주하게 하신 이도 여호와시고, 이집트에서 까닭 없는 종살이를 하면서 그 민족의 시조인 야곱의 실책과 악한 모습이 민족 정신에 반영되지 않게 하신 것도 여호와시며, 광야의 모래와 햇볕으로 이집트에서 습득한 문화를 탈색시키신 것도 여호와시다. 만약 하나님이 야곱의 악행이나 비도덕적인 모습에 동조하는 '선하지 않으신 분'이셨다면, 이런 일련의 과정은 필요 없었다. 따라서 야곱을 선택하심과 야곱의 선함은 전혀 다른 영역이다. 이는 이러한 로마서 말씀에서 재확인된다(롬 11:1-36).

> 그 자식들이 아직 나지도 아니하고 무슨 선이나 악을 행하지 아니한 때에 택하심을 따라 되는 하나님의 뜻이 행위로 말미암지 않고 오직 부르시는 이에게로 말미암아 서게 하려 하사 리브가에게 이르시되 큰 자가 어린 자를 섬기리라 하셨나니 (롬 9:11-12)

하나님의 은혜와 주권을 나타내려고 주께서 야곱을 택한 것은 맞지만, 그의 잘못된 행동이나 실수까지 답습하라고 하지는 않으셨다. 야곱이 에서에 비해서 선하다고 말씀하지도 않으셨다. 이집트에서의 종살이, 광야에서의 방랑 생활이라는 길고 번거로운 과정에서 이스라엘 자손은 한 인간으로서 죄도 짓고 실수도 하는 야곱도 되었다가, 신앙생활의 지침이 될 만큼 모범적인 야곱도 된다. 그러기에 "에서와 야곱 중에서 훨씬 더 모자란 야곱을 택하신 하나님은 과연 선하신가?"라는 질문에 우리가 답할 수 있는 건 그저 한가지다. 하나님은 선하시다.

하지만 에서와 야곱의 이야기에서 하나님의 선택하심은 사실상 선함을 논할 부분이 아니다. 하나님의 은혜와 긍휼을 논해야 한다. 이런 흐름은 에서와 야곱의 이야기에 대한 해답 편이라 할 수 있는 로마서 9장에서도 확인할 수 있다. 이런 견지를 유지하며 로마서 9장을 읽어 보자.

> 그런즉 하나님께서 하고자 하시는 자를 긍휼히 여기시고 하고자 하시는 자를 강퍅케 하시느니라 혹 네가 내게 말하기를 그러면 하나님이 어찌하여 허물하시느뇨 누가 그 뜻을 대적하느뇨 하리니 이 사람아 네가 뉘기에 감히 하나님을 힐문하느뇨 지음을 받은 물건이 지은 자에게 어찌 나를 이같이 만들었느냐 말하겠느뇨 토기장이가 진흙 한 덩이로 하나는 귀히 쓸 그릇을, 하나는 천히 쓸 그릇을 만드는 권이 없느냐 만일 하나님이 그 진노를 보이시고 그 능력을 알게 하고자 하사 멸하기로 준비된 진노의 그릇을 오래 참으심으로 관용하시고 또한 영광 받기로 예비하신바 긍휼의 그릇에 대하여 그 영광의 부요함을 알게 하고자 하셨을찌라도 무슨 말 하리요 이 그릇은 우리니 곧 유대인 중에서 뿐아니라 이방인 중에서도 부르신 자니라 호세아 글에도 이르기를 내가 내 백성 아닌 자를 내 백성이라, 사랑치 아니한 자를 사랑한 자라 부르리라(롬 9:18-25)

에서와 야곱의 이야기는 로마서에서, 하나님의 백성으로서 더 적합한 정통성을 갖고 태어난 이스라엘 백성이 구원에 이르지 못하고, 오히려 '돌감람나무 가지'에 비유되는 이방인들이 구원에 이르는 상황 때문에 절규하던 바울이 그런 하나님의 선택을 설명할 더없이 효과적인 예시로 선정했다.

야곱의 이야기야말로 육신의 자녀라는 관점에서는 하나님과 관계가 없는 우리, "오직 약속의 자녀가 씨로 여기심을 받느니라"(롬 9:8)라는 우리가 받은 이 구원의 예고편이다. 이는 신학적으로는 더없이 중요한 의미로 쓰이는 소재이다. 성경에서 가장 중요하고 핵심적인 구속사를 설명하기 위한 대표적인 예시이다. 따라서 에서와 야곱은 그 자체로도 가시 세계가 존재하는 한 잊히지 않을 불멸의 상징이라 할 수 있다.

그렇지만 그렇다고 해서

성경은 전체주의나 권위주의에 반대하는 메시지가 담긴 책이다. 오로지 권능과 권세를 가진 이는 하나님이시며, 그 외에 사람은 모두 피조물에 불과한 존재임을 분명히 밝힌다. 그렇기에 그리스도께서는 제자들에게 타인에게 군림하려고 하는 권위주의적인 세상 풍조를 따르지 말라고 명령하셨다. 제자들은 '하나'이며, 모두 동등한 '형제'라 칭하셨다. 하나님 나라의 원리는 지도자가 섬김을 받는 것이 아니라, 오히려 그 아랫사람들을 섬기는 것임을 강조하셨다(마 23:8-11). 바울은 이에 대해서 인종도, 신분도, 그리고 성별조차도, 그리스도 안에서는 초월하여 하나가 됨을 천명했다(갈 3:28; 고전 1:24; 골 3:11).

오로지 모든 권력이 궁극적으로 하나님께만 있다는 것을 인정함으로써 사람끼리 서열 정리를 위해서 다투거나 전쟁할 이유가 없다는 일관된 메시지가 성경 전반에 존재한다. 그러나 역설적으로, 성경 본문의 앞뒤 문맥은 고려하지 않고, 필요한 구절을 편협하게 취합하여, 자의적으로 뽑아 낸 교훈은 '성경적'이라는 그럴듯한 허울을 쓰고 전체주의적 사상이 창궐하기에 적합한 토양이 된다.

성경 본연의 뜻과는 전혀 상반된 사상을 키워 내기 위해서 세상의 많은 위정자는 성경을 적극적으로 오용해 왔고 또한 그것은 매우 효과적이었다. 체제는 그것을 둘러싼 포장지의 재질이 국가이건, 이데올로기이건, 혹 종교이건 간에 '나'라고 하는 존재보다 나의 생명과 인생, 그리고 내 소중한 사람들보다 더 소중한 것이 있다고 강조한다. '나'를 버려서라도 지켜야 할 것이 있다고 주장한다. 희생을 합리화하고 정당화한다.

　이는 비단 고릿적 이야기만이 아니다. 제1차 세계 대전을 일컬어 "모든 전쟁을 끝낼 전쟁"이라 하지 않았던가? 워낙에 참혹하고 엄청난 희생을 낳았기에, 당시에 통용되던 낭만적 애국주의나 민족주의로 숱한 사람의 희생이 도저히 포장될 수 없다 믿었고, 다시는 누구도 전쟁을 일으킬 엄두를 내지 못할 것이라 믿어 의심치 않던 사람들이 붙인 이름이었다. 하지만 결과는 어땠는가? 더욱 잔인하고 더욱 커다란 규모의 제2차 세계 대전이 인류를 기다리고 있었다.

　인류는 새로운 체제를 동원해서 더 거대한 희생을 합리화했고, 무수한 생명을 희생시켰다. 특별히 종교라는 것은 으레 현생보다도, 즐거움보다도, 마음보다도, 한 개인보다도, 가족보다도 더욱더 위대한 어떠한 가치가 있음을 역설하고, 그 가치를 위해서 순교와 희생까지 할 것으로 유지되어 오지 않았던가? 그런 체제의 형태나 종교적 습성을 무리하게 기독교 체계에 대입하였을 때 구약과 신약을 통해서 구체화한 성경에서 말하는 우선순위에 지대한 혼동이 발생한다.

　가령 에서와 야곱의 삶에 굉장한 신학적 의미가 담겨 있다고 해서 그 자체로 그들의 삶에서 발생한 모든 불합리한 비극마저 정당한 것처럼 해석한다면, 기독교라는 종교 체계뿐만 아니라, 하나님이라는 분마저 어떠한 목적을 위해서 수단을 정당화하는 지극히 전체주의적인 분이 되어 버린다. 물론, 성경이 일관적으로 증언하는 바가 그렇다면 그것에 수긍하는 것이 우선이겠지만, 단연코 성경은 그런 전체주의적 관점을 지지해 주지 않는다.

　오히려 전술했듯, 정반대되는 태도를 일관적으로 취하고 있음이 신구약을 가리지 않고 드러난다. 에서와 야곱의 이야기를 설명하는 데, 그것이 아무리 손쉽고 편리하다 할지라도, 그들이 살았던 시련의 삶을 신학적 의미만으로 합리화하며 대충 싸매는 것은 성경의 다른 부분들뿐만 아니라, 하나님의 속성과도 정합하지 않는다. 우리의 알량한 편안함을 위해서 성경 다른 부분을 훼손할 수는 없지 않은가? 그런 신학적인 이유가 아니더라도, 고통에 괴로워하고 있는 야곱의 아픔을 가볍게 여기며, 그의 아픔에는 목적이 있으니 괜찮다 하는 것이 과연 옳은 태도일까? 하나님이 마치 성경 인물들을 수단이자 도구로 사용하셨다고 치부하는 것이 맞는 해석일까? 이에 대해서 성경은 무엇이라 증언하는가? 하나님은 과연 무엇을 중요하게 여기시는가?

사람이 만일 온 천하를 얻고도 제 목숨을 잃으면 무엇이 유익하리요 사람이 무엇을 주고 제 목숨과 바꾸겠느냐(마 16:26)

사람이 만일 온 천하를 얻고도 자기를 잃든지 빼앗기든지 하면 무엇이 유익하리요(눅 9:25)

마태복음에서는 사람이 잃는 것이 호흡, 목숨, 영혼 등으로 번역하는 프쉬케(ψυχή)이고, 누가복음에서는 자아(self)인 헤아우투(ἑαυτοῦ)이다. 이 두 구절에 따르면 한 영혼, 즉 나 한 사람의 가치가 온 천하보다 귀하다. 이렇듯 성경도, 구속사도, 신앙도, 애초에 천하의 모든 것보다, 아니 천하 그 자체보다 하나님에게 있어서 한 영혼이 더 귀하다는 전제 위에 성립한다.

십자가는 하나님이 예수 그리스도의 핏방울보다 우리의 눈물방울을 귀하게 여기지 않으셨다면 서지 못했을 것이다. 말도 안 되는 소리 같은가? 바울도 다만 그것을 이성적 관점에서 보았을 때는 십자가의 도는 미련하다 칭했다(고전 1:18). 위의 두 구절은 예수님이 십자가를 지셔야 함을 공개적으로 드러내셨을 때 덧붙인 말씀으로, 하나님의 우선순위는 과연 무엇인가 엿볼 수 있다. 예수께서 십자가를 지셔야 한다고 말씀하셨을 때, 당연히 제자들은 아연실색했고 특히 베드로는 예수께 항변하며 말려보려고까지 했다. 그런 베드로에게 예수께서는 인간의 눈으로 봤을 때 십자가는 죽는 길로 보이지만 실제로는 그렇지 않으며, 오히려 사는 길이라는 것을 역설하신다. 이는 잠언에 거듭 언급된 사망의 길을 연상하게 한다.

어떤 길은 사람이 보기에 바르나 필경은 사망의 길이니라(잠 14:12; 16:25)

얼마나 많은 순간, 사람은 사는 길이라고 선택한 그 길 때문에 죽는가? 교통사고의 순간, 온몸에 힘을 주는 것은 자기 몸을 지키기 위한 본능이 아닌가? 하지만 그러한 선택 때문에 더 크게 다치는 일도 있지 않은가? 이처럼 모두가 살고 싶어 하지만 그 생존을 위한 본능과 실질적인 생존에 대한 제일 나은 선택은 항상 일치하지 않는다. 때로는 오히려 본능적으로 생존을 위해서 무언가를 한 행위가 역설적으로 생존에 이르지 못하게 만들기도 한다.

십자가가 그러했다. 인간의 눈으로 보았을 때는 죽는 길이요, 망하는 길이었다. 그래서 제자들이 만류했다. 구약만 제대로 보더라도, 율법의 원리만 터득하더라도, 하나님을 진정 믿는 자들은 어떤 수단을 위해서 죽음을 고르지 않고, 삶을 고르는 것이 성경적인 원칙임을 이해하고 있기 때문이다. 하지만 하나님의 관점 그리고 영적인 관점까지 포함하여 보았을 때, 십자가는 죽는 길이 아니라 예수님을 포함해서 모두를 살리는 유일한 길이었다. 다시 말해 예수께서 십자가를 선택하신 것은 죽는 길이라 선택하신 것이 아니라, 사는 길이라 선택하신 것이다.

물론 그렇다고 해서 예수님의 십자가 고난이나 죽으심을 절대로 폄하하거나 가볍게 여길 수 없다. 결국 그것이 사는 길이었다 하더라도 그 과정은 고통스러운 피와 죽음으로 점철되어 있다. 다만 사는 길이라 결정하셨다는 점이 우리에게 있어서 매우 소중하다. 전장에 비유하자면, 전략적으로 승리할 가능성이 분명하기에 희생을 감수하는 것은 정상적인 작전이지만, 아무런 전략적 가치도 없는데 죽음을 미화하며 불필요한 죽음을 선택하는 것은 과거 일제가 자행했던 자살 공격, 가미카제와 다를 바 없기 때문이다. 이런 견지를 가지고 예수님이 십자가를 선택하신 이유와 목적을 잘 정리한 빌립보서를 살펴보자.

사람의 모양으로 나타나셨으매 자기를 낮추시고 죽기까지 복종하셨으니 곧 십자가에 죽으심이라 이러므로 하나님이 그를 지극히 높여 모든 이름 위에 뛰어난 이름을 주사 하늘에 있는 자들과 땅에 있는 자들과 땅 아래 있는 자들로 모든 무릎을 예수의 이름에 꿇게 하시고 모든 입으로 예수 그리스도를 주라 시인하여 하나님 아버지께 영광을 돌리게 하셨느니라(빌 2:8-11)

성삼위 하나님은 십자가를 통해서 다른 어떤 방편으로도 달성할 수 없는 영적인 전략 승리를 일궈 내셨다. 십자가의 수혜를 입은 인간으로서는 그것은 예수님의 희생이자 은혜이지만, 마귀라는 녀석의 측면에서 보았을 때 예수님은 결코 가여운 어린양이나 희생양이 아니셨다. 오히려 두렵고 무서운 존재이며, 전략 전술에 능한 정복자이자 전사로 보였다. 실제로 마귀가 얄팍하고 비합법적인 권력을 행사하는 물리적-무형적 권역을 전부 침범해서 박살 내신 것은 공생애를 통해서 예수께서 이루신 일 중 하나였다. 그렇기에 이사야에 미리 예언하기를 예수님은 모든 정사와 권력을 어깨에 멘 기묘자, 모사, 전능하신 하나님이시자 영원히 통치하는 왕이시라고 했다.

이는 한 아기가 우리에게 났고 한 아들을 우리에게 주신 바 되었는데 그 어깨에는 정사를 메었고 그 이름은 기묘자라, 모사라, 전능하신 하나님이라, 영존하시는 아버지라, 평강의 왕이라 할 것 임이라 그 정사와 평강의 더함이 무궁하며 또 다윗의 위에 앉아서 그 나라를 굳게 세우고 자금 이후 영원토록 공평과 정의로 그것을 보존하실 것이라 만군의 여호와의 열심이 이를 이루시리라(사 9:6-7)

그러한 왕께서 선택하신 십자가는 마귀가 강점한 것들을 모조리 빼앗고, 선택한 자들을 한 명도 남김없이 다 구원하시고, 결국 모든 권세를 얻으시기 위한 전략의 연장선이며 방편이었다. 예수님의 십자가가 완성되는 것은 거기서 죽으셨기 때문만이 아니다. 사실 죽음은 흔하다. 예수님의 죽음의 형태가 왜 하필이면 십자가형이라는 수치스러운 극형이며, 또한 일반적인 형벌이었을까? 왜 혼자 매달리지 않으시고 강도 둘과 매달리셔서 그 고유함이 퇴색되어 전달되었을까? 아니, 하나님이 퇴색시키셨다. 그 십자가나 죽음 그 자체를 우상화하지 말라고. 우리가 나무만 보고 숲은 못 보는 잘못을 저지르지 말라고. 십자가가 진정으로 완성되고 예수님의 죽음이 각별하고 고유한 것은 그가 부활하셨기 때문이다. 부활하셨기에 우리는 십자가를 전략적으로 훌륭한 선택이라고 인정할 수밖에 없다. 그는 기묘자시다. 전쟁에 능한 참모시다. 이러한 전무후무한 전략에 이미 완전히 패배한 마귀는, 그리고 우리 인간의 죄성은 이 사실을 뒤집을 수 없다. 마귀는 최후의 발악으로 믿는 우리를 어떻게 해서든 착각하게 만든다. 마치 '죽음'에 대단한 힘이 있는 양, 죽음 그 자체를 우상화하도록 유도한다. 모든 것을 잃은 그 더러운 마귀의 처절한 몸부림이다.

물론 기독교에는 '순교'라는 개념이 있다. 믿음의 선조들은 죽음도 불사하며 복음을 전했고, 순교함으로써 그 믿음을 지켜 냈다. 하지만 그조차 죽음 그 자체가 대단한 힘이 있어서, 혹은 죽음 그 자체가 하나님을 대체할 수 있어서가 아니다. 죽음 그 자체는 우상이 될 수 없다. 사실 믿음의 선조들도 부활을 믿기에 고난을 감내했고, 부활과 영생을 얻기 위해서 순교도 불사한 것이지, 죽음을 얻기 위해서 믿은 것이 아님을 상기하자. 심지어 바울조차도 순교 직전까지 감옥에서 풀려나고 살아남아 스페인도 찾아가고 더욱 많은 지역에 선교하고 싶다는 마음. 그러니까 살고 싶다는 마음이 분명히 자리하고 있었다. 사실 그러하다. 죽고 싶은 사람이 죽음을 선택하는 것은 자살이지 순교가 될 수 없다. 거룩한 희생이 될 수 없다. 살길이 오히려 전략적으로, 그리고 영적으로 뛰어난 선택임에도 죽음을 택하는 것은 지혜가 아니다. 그것은 지혜와 생명의 영이신 성령님과 함께하는 자들의 행동 양식으로는 어울리지 않는다. 반면 살고자 하는 사람이 더욱 대단한 생명을 얻기 위해서 현생을 전략적으로 포기한다면, 그것이야말로 전지전능하신 하나님에 대한 믿음을 기반한 순교고, 대담한 희생이고, 위대한 전략적 움직임이다.

생각건대 현재의 고난은 장차 우리에게 나타날 영광과 족히 비교할 수 없도다(롬

8:18)

이것이 너희 간구와 예수 그리스도의 성령의 도우심으로 내 구원에 이르게 할 줄
아는고로 나의 간절한 기대와 소망을 따라 아무 일에든지 부끄럽지 아니하고 오
직 전과 같이 이제도 온전히 담대하여 살든지 죽든지 내 몸에서 그리스도가 존귀
히 되게 하려 하나니 이는 내게 사는 것이 그리스도니 죽는 것도 유익함이니라 그
러나 만일 육신으로 사는 이것이 내 일의 열매일찐대 무엇을 가릴는지 나는 알지
못하노라 내가 그 두 사이에 끼였으니 떠나서 그리스도와 함께 있을 욕망을 가진
이것이 더욱 좋으나 그러나 내가 육신에 거하는 것이 너희를 위하여 더 유익하리
라(빌 1:19-24)

기독교는 삶을 고르는 종교다. 죽음을 고르는 종교가 아니다. 살 수 있음
에도 불구하고 순교를 고르는 것은 그것이 더 큰 생명이 되는 역설이 발생하
는 시점이기 때문이지, 죽음을 고르는 것이 숙명이라서가 아니다. 죽음을 고
르는 종교가 아닌 이유는 하나님이 우리를 생명으로, 우리를 인간으로, 우리
를 삶을 누려야 할 존재로 보시기 때문이다. 우리 하나하나를 거대한 우주로
보신다. 우리를 수단으로 여기지 않으시고, 언제나 우리를 목적으로 여기신
다. 하나님은 우리를 어떤 대단한 목적을 달성하기 위한 수단으로서 창조하
지 않으셨다. 오히려 하나님 처지에서는 우리가 대단한 목적이다.

오히려 자기 자신을 비우시고 버리신 예수님의 십자가 죽음을 전략적 수
단으로 활용하셔서 우리를 구원하셨다. 마치 부모가 자녀와 자신의 인생 중
에서 택일해야 한다면 기꺼이 자녀를 위해서 목숨을 버리듯, 우리를 자녀로
삼으신 하나님께서도 예수님과 우리 중에서 죽을 자를 택일 해야 하는 순간
에 예수님을 버리시기로 작정하셨다. 죽이기로 결정하셨다. 구슬프게 울리
던 "엘리 엘리 라마 사박다니"는 우리 대신 죄인이 되어 십자가에 매달리신
예수께서 그 형틀 위에, 또한 우리를 위해 하나님께 완전히 잊힌 바 되시고,
방치되심이 확인하는 순간에 절규하신 외침이다. 이 정도로 하나님은 우리

를 사랑하시며 목적으로 여기신다. 하나님께 우리는 목적이지 수단이 아니며, 우리의 삶은 그분 앞에서 삶 자체로 의미가 있지, 죽어 없어져도 무방한 어떠한 암시나 기호가 아니다.

그토록 하나님이 우리를 사랑하신다는 것이 신구약을 통해서 충분히 계시되었다. 그리고 그 계시의 본격적인 시작은 아브라함-이삭-야곱의 계보에 담긴 이야기이다. 하나님은 야곱의 고난이나 슬픔을 목적으로 합리화하지 않으셨다. 이 점은 리브가에게도 같다, 이삭도 같다, 그리고 심지어 에서까지도 그러셨다. 야곱을 속인 외삼촌 라반조차 거지꼴로 망하지 않았다. 그도 야곱 덕분에 하나님께 응답도 받았고 재산도 크게 불어났다. 추후 장에서 하나님이 어떻게 이 각각을 사랑하셨나 다룰 것이다. 그리고 진정한 의미에서 하나님께 미움받았다는 속뜻이 무엇인지 에서를 통해서 나눌 것이다. 하나님은 개개인을 목적으로 두셨다. 하나님의 권능 앞에서 그 누구도 기호나 소재나 부품으로 소모되다가 버려지지 않았다. 각각의 행복을, 각각의 인생을 하나님이 보장하셨다. 앞서 우리가 많은 지면을 할애하여 리브가를 어떻게 보호하시고 그녀의 명예를 지키기 위해서 하나님이 전면에 나서셨는지 그 모습을 관조했다. 그 이후에도 모든 자에게 충분히 갚으시는 하나님을 성경에서 얼마든지 발견할 수 있다.

참새 다섯이 앗사리온 둘에 팔리는 것이 아니냐 그러나 하나님 앞에는 그 하나라도 잊어버리시는바 되지 아니하는도다 너희에게는 오히려 머리털까지도 다 세신 바 되었나니 두려워하지 말라 너희는 많은 참새보다 귀하니라(눅 12:6-7)

하나님이 우리를 귀하게 여겨 주시지 않는다면, 온 천하 그 누구에게 우리가 귀하게 여김을 받을 수 있을까? 세상 위정자들이나 권력자들은 우리를 다만 수단으로 보며 너무나 손쉽게 이용한다. 하나님이 없다면, 우리는 그저 수십억 인류 중 하나일 뿐이다. 주여! 이삭, 리브가, 야곱, 에서, 그리고 라반까지도 모두 불쌍히 여겨 주시고 귀하게 여겨 주셨던 것처럼, 오늘날을 살아가는 우리도 모두 귀하게 여겨 주소서. 불쌍히 여겨 주소서!

하나님께서 진짜 주신 것

하나님이 야곱, 그리고 그 외 여러 인물을 사랑하시며 그들을 목적으로 두셨기에, 그들의 삶에는 대단한 신학적, 역사적 의미가 있다. 야곱을 믿는 자들을 위한 매뉴얼로 삼기로 작정하셨어도, 그것을 이루기 위해서 하나님이 아무도 희생양으로 삼지 않았다고 앞에서 결론을 내렸다. 하지만 실제로 그들의 인생을 보면 슬픔과 아픔이 많이 서려 있다. 오히려 그들에게 주어진 사명 때문에 그들이 아파하는 것으로 보인다. 그런 모습에서 하나님이 그들의 삶을 매뉴얼로 만들기 위해서, 억지로 괴로움을 주셨다고 오해하는 이들도 적지 않다. 과연 하나님이 야곱의 인생에 주신 것이 슬픔이고 아픔이고 비극인지 살펴보기 위해서, 기적을 통해 그 삶이 또 하나의 신앙 매뉴얼이 된 다른 한 사람의 이야기를 나눠 보려 한다.

나사로라는 예수님께서 각별하게 사랑하신 자가 있다. 그가 병이 들자, 그의 누이 마리아와 마르다가 사람을 보내어 예수님을 청했다. 예수님이라면 나사로를 낫게 해 주실 것이라 굳게 믿었다. 소식을 들은 예수님은 과거에 비대면으로도 얼마든지 병자를 고치신 적이 있었지만(눅 7:1-10), 이번만은 그러지 않으셨다. 그는 다만 "이 병은 죽을병이 아니라 하나님의 영광을 위함이요 하나님의 아들로 이를 인하여 영광을 얻게 하려 함이라"라는 답만 주셨다(요 11:4). 즉, 예수님은 이미 나사로의 병에는 하나님의 뜻이 있다는 것을 밝히신 것이다. 도대체 무슨 뜻이 있었는가? 바로 너희는 '죽은 자가 다시 살아나는 미증유의 영광스러운 경험을 하게 될 것이다. 그리고 그 체험은 단순히 개인의 것으로 끝나지 않고, 예수님의 어떠하심을 많은 이에게 드러내는 증거가 될 것이다.'

예수님은 나사로의 집에 도착하셨을 때는 이미 무덤에 안장하는 절차가 끝났고, 나사로는 그 무덤에 있은 지 나흘이나 되었다. 슬픔이 그 집에 넘실거렸다. 예수님은 나사로를 소생시켜서 그 슬픔을 즐거움으로 변화시키기 위해 오셨지만, 그들이 감내해야 했던 사랑하는 이를 잃은 상실감에 대해서 함께 괴로워하셨다. 비록 나사로가 다시 살아나 그 비극이 희락으로 바뀐들, 나사로가 병환으로 신음했던 사실이 사라질까? 그 곁에서 나사로의 넘어가는 마지막 숨을 견뎌야 했던 마리아와 마르다의 절규는 없던 것이 될까? 그 사이에 그들이 겪어야 했던 고뇌와 갈등은? 찢겨야 했던 마음과 눈물은? 세상이나 주변 사람들이 결과적으로 잘되었으니, 그것들로 인해서 더 큰 의미가 생겼으니, 나사로가 신학 혹은 신앙적으로 불멸의 매뉴얼이 되었으니, 영광스러운 종교적 아이콘이 되었으니 괜찮다고 한들 하나님마저도 그러실까? 아니다. 절대 아니다. 예수님은 그런 그들과 함께 우셨다.

예수께서 눈물을 흘리시더라(요 11:35)

이를 본 조문객들이 서로 말한다. "저가 얼마나 우는지 보라", "나사로를 얼마나 사랑하였기에 저렇게 우는가 보라." 예수님은 상투적인 눈물을 흘리신 것이 아니다. 이미 슬픔과 눈물이 넘실거리는 그 공간에서도 주목받을 만큼 슬피 우셨다. 바로 다음 순간, 곧 이은 장면에서 나사로는 소생하고 그 모든 사람이 희락으로 기뻐할 것을 아심에도 불구하고 우셨다. 하나님께는 주변 사람이 하는 말 따위는 전혀 상관이 없다. 결말이 좋으면 아무래도 좋다는 사람과는 다르게, 목적이 훌륭하면 수단은 아무래도 괜찮다는 사람과는 다르게, 하나님은 우리의 과정과 그 사이에서 발생하는 마음의 파동에도 지대한 관심을 가지신다. 우리의 사소한 감정에도, 우리의 지나가는 마음에도 하나님은 마음을 쓰신다. 그런 하나님이시라는 것이 구약 율법서와 역사서에서도, 대선지서에서도, 소선지서에서도, 시편에서도, 신약의 복음서에서도, 그리고 서신서에서도 드러나며, 그야말로 성경 곳곳에서 드러난다.

하나님은 우리를 사람으로 보신다. 인생으로 보신다. 기호로 보시지 않는다. 우리의 삶이 매뉴얼이 된다고 하더라도, 우리의 삶에 어떤 의미가 부여된다고 하더라도, 우리의 고통에 대단한 영적인 교훈이 담긴다고 해도, 우리의 눈물과 피로 인해서 세계 선교가 드디어 달성된다고 해도, 그 자체가 우리 고통을 합리화하지 않는다. 당연히 하나님도 그것으로 우리의 희생을 합리화하지 않으신다. 따라서 목적으로 수단을 합리화하는 것은 하나님과 어울리지 않는다. 대를 위해서 소를 희생시키는 것은 세상 위정자들이지, 하나님이 아니시다. 대의를 위해서 약한 자들의 감정을 무시하는 것은 세상 독재자들이지 하나님이 아니시다. 그런 하나님이셨다면 예수님에게 십자가를 지시게 하는 대신에, 인간을 모두 멸절하고 새로 창조하는 게 이치에 맞는다.

우리의 죄성은 지독하게도 이러한 하나님의 사랑을 망각하게 만든다. "하나님이 세상을 이처럼 사랑하사 독생자를 주셨으니 이는 저를 믿는 자마다 멸망치 않고 구원을 얻게 하려 하심이라"(요 3:16). 그 말씀을 외울 때는 술술 나오는 말임에도, 우리 삶에 적용하기에는 어째서인지 너무나 힘들다. 사랑의 구절에서 쉽게 나오는 사랑의 언어들이 성경의 인물들을 대할 때는 어째서인지, 교회 사람들을 대할 때는 어째서인지, 전체주의적인 말들로 변형되어 버린다. 위대한 사명을 위해서는 개인의 마음 같은 거는 그저 무시해도 되는가? 위대한 매뉴얼이 되기 위해서는 마음 정도야 찢겨도 되는가? 그렇다면 잠언의 말씀은 무엇인가?

무릇 지킬 만한 것보다 더욱 네 마음을 지키라 생명의 근원이 이에서 남이니라(잠 4:23)

이 말씀은 중의적이라 꼭 그렇게 해석할 필요가 없다면, 예수님의 말씀을 아울러서 보면 어떠한가?

또 누구든지 나를 믿는 이 소자 중 하나를 실족케 하면 차라리 연자 맷돌을 그 목에 달리우고 바다에 던지움이 나으리라(막 9:42)

작은 자조차 실족시키지 말라고 명령하신 하나님은 우리에게 어떻게 하셨는가? 야곱에게는 어떻게 하셨는가? 다시 나사로의 이야기로 돌아가 보자. 하나님이 나사로를 통해서 예수님의 부활을 비유적으로 보여 주시기 위해서, 건강한 나사로를 일부러 죽이신 것인가? 하나님만 계시지 않았으면 영원히 살았을 나사로를 억지로 병들게 하신 것인가? 그렇게 해석하는 것이 과연 옳은가? 그렇지 않다. "한번 죽는 것은 사람에게 정해진 것"이라고 했다 (히 9:27). 이 첫째 죽음은 때로는 예고 없이 부조리하게 찾아온다. 욥기의 표현을 빌리자면, 그런 부조리하고 전조 없는 불행에서 우리를 지키는 것은 오직 하나님이 우리에게 두르신 울타리이다(욥 1:10). 시편에서는 그것을 주의 날개 그늘이라 표현한다(시 36:7). 그것은 어디까지나 '은혜'로 친 울타리이며, '은혜'로 편 날개이다. 은혜란 무엇인가? 받을 가치도 자격도 없는 자가 받는 것이 은혜이지 않은가? 일찍이 이스라엘 백성은 이러한 것을 깨달았고, 인간으로서 하나님께 구할 수 있는 것은 단 하나의 고백밖에 없다는 것을 깨달았다. "주여, 나를 불쌍히 여기소서."

이 점은 욥기에서 노골적으로 드러난다. 과연 욥이 겪은 고난의 정체는 무엇이었는가? 하나님이 강제로 욥에게 고난을 쏟아 부으셨는가? 아니면 그저 그 은혜의 울타리를 거두셨는가? 하나님은 욥을 죽이실 필요가 없다. 사회는, 세상은 성난 사자처럼 피해자를 찾으러 다니는 것투성이다. 그래서 사랑 가득하신 하나님의 보호하심이 절실하다. 이에 하나님은 잠깐 욥에게 향했던 편애를 멈추셨을 뿐이다. 보통 사람 대하듯 그저 공평하게 행동하셨을 뿐이다. 그저 욥의 생명에만은 은혜의 울타리를 유지하셨을 뿐이다.

마찬가지로, 나사로 또한 그냥 놔두셔도 죽는다. 생명체가 나약하고 기민하지 못하면 병이 되었건 세균이 되었건 다른 동물이 되었건 자연재해나 인재가 되었건 그런 것들로 인하여 고통받다 죽는 게 당연하다. 과연 나사로를 하나님이 죽이실 이유가 있는가? 과연 하나님이 나사로를 직접 괴롭히실 이유가 있는가? 없다.

다시 말하지만, 우리 미달자 야곱도, 그 야곱의 반열을 따르는 우리도 하나님이 그저 그냥 놔두시면 죽는다. 그저 공평하게 다른 생물들을 대하듯 대하시거나 편애하지 않으시면 죽는다. 이는 욥도 욥기를 통틀어 절규 속에서 고백한 바요. 다윗도 고백한 바이다. 나사로가 다시 살아난 이야기의 실체는 무의미한 삶과 덧없는 고통에 하나님이 찾아오셔서 의미를 부여하여 일어난 기적이다.

사람이라면 누구나 죽는, 별다른 것도 없고 특별할 필요도 없는 나사로의 첫째 죽음 이야기를, 하나님이 개입하셔서 구속사의 가장 핵심적인 사건인 십자가 사건의 직접적인 전조로 삼으셨고, 주님을 믿는 자들의 부활 매뉴얼로 승화하셨으며, 그 매뉴얼이 2천 년이 넘도록 통용되게 하셨다. 그러므로 하나님이 나사로의 삶에 부여하신 것은 고난이 아니라, 바로 의미였다. 인간이 인간으로 태어났기에 겪는 노화와 죽음, 까닭 없는 시련, 슬픔, 이별. 그것에 의미를 부여해 주시고 회복시켜 주신 것이다.

이런 관점에서 에서와 야곱의 이야기를 다시 들여다보자. 동생이 형의 자리를 넘보는 이야기는 흔하다. 아침 드라마에도 등장할 정도로 흔하디 흔하다. 형제가 하나의 이권을 두고 골육상쟁을 벌이는 이야기 또한 드물지 않다. 자녀가 부모를 속이거나 가족이라는 사람이 집안사람들을 착취하거나 가족이 가족의 원수가 되는 이야기는 새로운 것이 없다. 에서와 야곱의 이야기 중 갈등에 해당하는 이야기 자체는 판에 박혀서 지루할 지경이다. 그 와중에 흔하지 않은 부분이 있다. 원수가 되어 서로 죽이려던 형제가 화해한다. 첨예하게 대립하던 형제가 각각 세력을 형성하고서 각기 민족의 시조가 된다. 결국 그 형제가 피를 흘리지 않고 평화롭게 각자의 영역을 나눠 가진다. 그것이 기적적인 이야기이며 전례 없는 이야기이다. 한 번 무너진 가정이 봉합되고, 잃었던 자녀가 되돌아오는 이야기야말로 들어도 들어도 상투적이지 않은 이야기이다.

하나님이 리브가에게 불균형한 응답을 주시고, 부모가 제각각 자식을 편애하는 것을 막지 않으심으로 인해서 달성한 것이 무엇인가? 태아 때부터 다투던 에서와 야곱의 갈등을 그저 말리지 않고 두심으로, 결국 야곱이 얕은꾀를 쓰며 그 형의 분노를 격발했고, 하나님의 사람인 아버지 이삭을 속이는 것을 허용하심으로 달성된 것이 과연 무엇인가? 에서와 야곱을 떨어트려 놓으심으로 인해서 결과적으로 이룬 일이 과연 무엇인가?

역사에는 만약(if)은 없다고 하지 않는가? 하지만 앞서 우리는 "사명이 없었다면 그저 평범한 삶을 살았을 인물들이 사명 때문에 절규하는 것이야 흔한 이야기이다"라고 했는데, 쌍둥이로 태어나 장자의 눈 밖에 난 차자의 평범한 삶에 하나님의 개입이 전혀 없었다면 과연 현대인의 바람대로 화목하게 마무리되었을까? 도리어 둘의 사이가 봉합되고, 하나의 세력에서 두 개의 민족이 큰 충돌 없이 형성될 수 있었던 것은 오히려 그 첨예한 갈등이 있었기에 가능하지 않았을까? 사람의 눈으로 보기에는 불필요해 보이던 그 모든 과정이 없었다면 도달 불가능한 영역 아니었을까? 적자독식, 적자생존이 지배하던 고대 가나안에서 그저 사이좋게 두 형제가 세력을 나눠 가지는 것은 당시 시대상을 모르는 현대인들의 막연한 기대에 불과한 백일몽이다. 결과적으로 에서와 야곱은 각각 독자적인 세력을 키울 기회를 얻기 위해서는 둘 중 하나가 쫓겨났어야 했다.

이런 견지에서 야곱의 고난을 들여다보면, 몇 가지 대답이 가능해진다. 야곱은 과연 사명과 꿈 때문에 고난을 받은 것이 맞는가? 그렇다. 그 꿈을 이루기 위해서, 그 사명을 이루기 위해서 필수 불가결한 시련을 겪었다. 그가 겪은 모든 고난과 시련에 다 까닭이 있었다. 무슨 까닭인가? 당시, 아직 그것이 진행되어 가는 '도중'에는 그것이 돌아가는 길 같았고, '도중'을 살아가는 당시에는 무의미한 것 같았지만, 그것이 아니었으면, 애초의 예언이었고 약속이었던, 에서는 에서 나름대로 세력을 가지고, 야곱은 야곱 나름의 세력을 가지는 것이 불가능했다. 게다가 두 민족이 한 태에서 태어난 쌍둥이에게서 나오다니. 이는 마치 예수님의 십자가와 같다. 죽을 길로만 보였던 그것이, 미련한 것으로 보이는 그것이 실상은 모든 것을 살리는 가장 지혜로운 방법이었고 생명의 길이었다. 따라서 하나님이 야곱을 매뉴얼로 삼기 위해서 까닭 없이 괴롭게 하신 것이 아니다. 까닭 없이 고난을 주신 것이 아니다. 오히

려 도우셨다. 야곱에게 주신 것은 고난이 아니라, 허망한 꿈이 아니라, 그 허
망해 보이는 꿈을 이룰 유일한 길이었다. 우리는 야곱이 그 사명을 위해서
고통받는 장면들을 대할 때, 하나님이 과연 어떻게 그것을 다루시고 어떻게
위로하셨는가, 야곱이 어째서 하나님만은 그토록 의지했으며, 하나님은 어
째서 그런 야곱을 사랑하셨는가에 중심을 두고 관조해 봐야 한다.

사람이 시험을 받을 때에 내가 하나님께 시험을 받는다 하지 말찌니 하나님은 악
에게 시험을 받지도 아니하시고 친히 아무도 시험하지 아니하시느니라 오직 각
사람이 시험을 받는 것은 자기 욕심에 끌려 미혹됨이니(약 1:13-14)

2장 _____ 에서와 야곱:
붉은 자와 발뒤꿈치를 잡는 자

불공정 거래 : 장자의 명분과 죽 한 그릇

야곱이 죽을 쑤었더니 에서가 들에서부터 돌아와서 심히 곤비하여 야곱에게 이르되 내가 곤비하니 그 붉은 것을 나로 먹게 하라 한지라 그러므로 에서의 별명은 에돔이더라 야곱이 가로되 형의 장자의 명분을 오늘날 내게 팔라 에서가 가로되 내가 죽게 되었으니 이 장자의 명분이 내게 무엇이 유익하리요 야곱이 가로되 오늘 내게 맹세하라 에서가 맹세하고 장자의 명분을 야곱에게 판지라 야곱이 떡과 팥죽을 에서에게 주매 에서가 먹으며 마시고 일어나서 갔으니 에서가 장자의 명분을 경홀히 여김이었더라(창 25:29-34)

창세기 기자는 에서와 야곱의 이야기를 장자의 명분 거래로 시작한다. 처음 두 인물이 소개되는 부분이며, 둘의 첫인상을 결정하는 장면이기에 창세기 기자는 심혈을 기울여 첫 이야기를 선정했을 것이다. 실제로 에서와 야곱의 이미지는 이 이야기에서 이미 고정된다. 이 장면에서 에서와 야곱이 보여 준 모습이 그들을 상징하는 것이 되었다. 이 장면에 근거해서 흔히 에서는 무력은 세지만 지혜는 부족한 자로, 야곱은 지혜롭고 꾀가 많은 자로 여긴다. 이처럼 무력은 강하지만 지혜롭지 못하여 실패한 자와 상대적으로 약자지만 지혜로 결국 승리한 자의 구도는 전래 동화에서부터 각종 소설에 이르기까지 널리 사용하는 클리셰(cliché)이다. 그러한 구조에서 얻을 수 있는 교훈은 '힘에만 의지하지 말고 지혜에 의지하라' 정도이다. 하지만 이 장자의 명분 거래 이야기를 세세히 들여다보면, 창세기 기자가 이 이야기를 통해서 전달하려는 메시지는 그러한 진부한 교훈과는 사뭇 다르다. 그렇기에 해당 이야기에서 이미 가지고 있는 선입관을 내려놓고 세세히 살펴보는 것이 필요하다.

에서는 어느 날 극심한 피로감을 느끼며 이삭 부족의 본거지인 장막으로 돌아온다. "에서는 능숙한 사냥꾼"(창 25:29)이라는 표현이나, "이삭은 에서가 사냥한 고기를 좋아했다"(창 25:28)라는 묘사로 미루어 보면, 에서는 부족 구성원들을 위해서 사냥하다 돌아왔을 것이다. 반면 야곱은 장막에서 줄곧 지내면서 집안일을 맡아서 했던 것으로 보인다. 이삭은 하나의 세력을 이루고 있었기에, '집안일'이라는 것은 장막에서 일하는 종들과 부족 구성원, 가문원들, 그리고 가축 등을 관리하면서, 일정한 지역에 정주하며 농사하는 시기에는 밭이나 과원의 경작 등을 관리하는 일이었을 것이다. 아무튼 그날은 뛰어난 사냥꾼인 에서조차 허탕을 쳤다. 아마도 그는 무엇이라도 잡아 보려 무리해서 사냥터에 머물렀던 모양이다. 그 결과 에서는 챙겨 갔던 음식이 다 떨어진 이후에도 평소보다 오랫동안 노동을 했고, 매우 피로하고 굶주린 상태로 귀가한 것이다.

마침 장막에서 야곱은 죽을 쑤고 있었다. 에서가 그 모습을 보곤 죽을 달라 요청한다. 하지만 야곱은 그것을 기회로 여긴다. 강한 형 에서가 오늘따라 극심하게 기진해 있었고, 그 자랑하던 사냥 실력이 무색하게도 허탕을 친 것은 예삿일이 아니라 여겼다. 아마 이 장면에서 어머니 리브가가 임신 중일 때 하나님께 받았다는 응답인 '형이 동생을 섬기게 될 것'이라는 말이 떠올랐을 것이다. 하나님이 리브가에게 주신 응답에는 결과만 있었고 과정은 있지 않았다. 그리고 그 응답을 받은 자가 무엇을 해야 하는지 명시되지 않았는데, 이는 그 일을 하나님이 직접 이루시는 것을 "너희는 가만히 서서 보라"라는 의미였다. 하지만 당시의 야곱이 그러한 사실을 알고 있을 턱이 없다.

그러니 예삿일이라고 볼 수 없는 것이 자기가 마침 붉은 죽을 쑤고 있는 상황에, 그리고 따로 에서에게 음식을 대접할 자가 장막에 없는 순간에 발생한 것은 하나님이 어머니 리브가에게 주신 응답을 이루실 방편으로 주신 기회로 여길만했다. 그 기회를 잡아 장자의 명분을 팔라고 요구한다. 자기 형이 극심한 피로와 굶주림으로 인해서 궁박에 처한 상황을 틈타 불공정한 거래를 제안한 것이다. 일부 과장이 섞여 있을지도 모르겠으나, 에서는 "죽게 되었으니"(창 25:32)라고 표현할 만큼 지독한 허기와 피로감을 느꼈다. 그랬기에 에서는 야곱이 제안한 거래에 동의했고, 야곱은 이를 맹세하라며 에서에게 요구했다. 이에 에서는 장자의 명분을 야곱에게 주기로 맹세한다. 장자의 명분을 가볍게 여기는 에서의 태도는 훗날 신약에서도 지적할 만큼 잘못한 행동이었다.

혹 한 그릇 식물을 위하여 장자의 명분을 판 에서와 같이 망령된 자가 있을까 두려워하라(히 12:16)

아브라함-이삭-야곱의 계보에서, 장자의 명분이 신약에 와서는 구원을 상징하는 개념으로 발전했다는 점을 감안하고서 히브리서 기자의 지적을 이해해야 한다. 야곱의 입장이나 제삼자의 처지에서야 장자의 명분과 한 그릇 음식을 맞교환한 불공정한 계약에 동의한 것으로 보이겠지만, 에서가 그 거래로 얻으려 한 것은 한 그릇 음식이 아니라, 실상은 자기 목숨이었다. 배고파 죽겠다는 에서의 말이 너스레인지 아닌지 확인할 길은 없지만, 적어도 그 당시 그는 그렇게밖에 느낄 수 없었던 상태였다. 그야말로 궁박에 처했던 당시의 판단이었다.

물론 히브리서 기자의 발언은 이러한 에서의 상태를 고려하지 않고서 한 말이 아니다. 히브리서 기자는 장자의 명분을 그리스도를 통해서 주어진 구원을 상징하는 것이라 확언했다(히 12:14-17). 그리고 그리스도를 통해서 우리가 받은 구원은 이 땅에서 평안함이나 그 어떠한 복락보다도, 심지어 육체의 생명보다도 더욱 귀한 것이다. 이 땅에서의 삶은 그 기한이 정해져 있지만, 그리스도를 통해서 얻는 구원으로 인해 우리에게 임한 생명은 영원한 생명, 곧 영생이기 때문이다. 히브리서의 기자는 구원받은 자들이 땅에서 겪는 엄청난 시련조차 흔들리지 않는 나라를 받은 것에 비하면 작은 어려움이니 견디며 도리어 은혜를 받자고 권면했다(히 12:28). 그리고 이 땅에서 시련 없는 삶을 얻기 위해 장자의 명분과 같이 더욱 가치 있는 영생을 포기하지 말라고 당부하기 위해서 야곱과 에서 사이에서 일어난 이야기를 인용했다.

히브리서 기자가 열거한, 천국에 비하면 작은 어려움에 해당하는 이 땅에서의 시련은 희롱, 채찍질, 결박, 투옥, 돌로 치는 것, 톱으로 켜는 것, 시험, 칼로 죽는 것, 양과 염소의 가죽을 입고 유리하고 궁핍과 환난과 학대를 받는 것 등이다(히 11:36-37). 눈으로 보이는 액면적 가치와 눈에 보이지 않는 영적 가치는 절대로 같지 않다. 눈으로만 보았을 때, 예수 그리스도를 믿는다고 고난을 받는 것보다는 그러한 신앙을 포기하고 당장 현실의 평안을 얻는 것이 더 지혜롭고 현명한 행동이라고 착각할 수 있다. 눈에 보이지도 않고 현재 만질 수도 없는 영생이라는 것을 위해서 모든 것을 포기하는 것보다 현세에 안주하는 것을 택할 수도 있다. 하지만 그런 것은 마치 에서가 당장 처한 죽도록 배고픈 허기를 해결하려고 장자의 명분을 경홀히 여겨 그것을 죽한 그릇에 팔아 치운 것과 같은 망령된 행동이라는 것이 히브리서 기자의 주장이다. 하지만 히브리서 기자가 작은 어려움이라 칭한 그것들이 참으로 작고 사소한가? 천국에서 영생을 얻고 난 다음에야 그런 믿음의 고백이 가능한, 인생을 사는 당시에는 심대한 어려움들이다.

이런 점을 고려하여 에서의 입장을 살펴보자면, 사실 그런 영적 교훈이나 장차 완성될 하나님의 나라를 상징하는, 아브라함-이삭-야곱의 계보를 통해 형성될 이스라엘 민족이라는 장기적인 관점을 빼 버리면, 에서의 선택이 아주 틀린 것만도 아니다. 에서의 말처럼, 죽은 사람에게 장자의 명분이 다 무슨 소용인가? 전도서의 기자도 산 개가 죽은 사자보다 낫다고 하지 않던가?

모든 산 자 중에 참예한 자가 소망이 있음은 산 개가 죽은 사자보다 나음이니라
(전 9:4)

결과론적으로 영원이라는 관점까지 포함하면, 장자의 명분은 목숨 그 자체보다 중요했다. 이것은 여느 가문의 일반적인 장자의 명분이 아니었기 때문이다. 그것은 하나님이 아브라함과 맺은 언약을 통해서 시작하신 믿음의 민족에 대한 약속을 계승하는 의미에서의 명분이었다. 하지만 당시에는 이 점에 대해서 명확하게 인지하고 있던 자가 없었다. 신구약과 무수한 신학자, 설교자, 목회자들을 통해서 누적된 지식 덕분에, 장자의 명분의 중요성이나 그 계보가 그리스도까지 이어지는 믿음의 민족이라는 개념은 우리에게는 상식이 되었다. 하지만 창세기 시대를 살던 그들에게는 상식은커녕 감추어진 비밀이었다. 겨자씨가 훗날 울창한 나무가 될 줄 아는 것은 그 겨자씨를 심어 본 경험이 쌓여서 형성된 지식이다.

에서가 팔아 버렸던 그 장자의 명분이라는 것은 인류 최초로 주어진 겨자씨와 같다. 그것을 보고 울창해질 것을 예상하는 것은 분명 사람이 가진 지혜의 영역이 아니다. 히브리서 기자가 장자의 명분 거래를 언급한 것은 야곱을 옹호하고 에서의 무지혜를 강조하기 위함이 아니다. 히브리서 기자는 모든 비밀이 드러나기 전에는 한 그릇 음식보다 하찮아 보이던 장자의 명분의 영적인 실상에 대하여 일단 잃게 되면 다시는 얻을 기회를 얻지 못하는 대단히 중요한 것이었다고 피력한다.

그 뒷이야기를 알고 있는 우리 같은 후손들이 보았을 때는 에서의 행동만큼 지극히 미련한 것은 없다. 하나님의 은혜로 우리가 받은 생명보다 귀한 구원도 지금 당장은 그 가치를 실감하지 못할 수도 있다. 현실의 어려움과 고난은 가깝고 천국의 영광은 멀게만 느껴지기도 한다. 현재 받는 시련이나 환난을 견디지 못하고 삶의 안위를 찾아서 신앙을 포기하거나 그리스도를 떠나면, 결국 에서와 같이 한 그릇의 음식과 장자의 명분을 바꾼 사람이 될 것이다.

이는 예수께서 천국을 혼인 잔치나 겨자씨, 등불 기름을 마련한 열 처녀 (지금으로 치면 들러리) 등으로 비유하셨을 때도 반복적으로 등장하는 구조이다. 천국이 임하기 전에는, 그것이 성취되기 전에는 별것 아닌 것처럼 보이는 구원의 약속이, 실제로 임했을 때는, 더없이 진귀한 가치를 가진다. 그때에는 믿거나, 구하려 해도 이미 늦었기에 버린 바 된다. 믿음은 지금이 가장 가치가 있어서 천국을 살 수 있을 정도이지만, 천국이 이미 실현되고 나면 믿음으로는 살 수 없다. 이미 눈에 보이는 것을 그냥 보면 되지 무슨 믿음이 필요한가? 보이지 않기에 믿음이 필요한 것이다. 보이지 않는 것을 믿었기에 믿음으로, 칭찬할 만한 것으로, 그리고 복된 것으로 여기신다(요 20:29). 당장은 겨자씨같이 작게 느껴지는 구원을 위해서 현생의 많은 것들을 내려놔야 하는 그리스도인들을 위해, 히브리서 기자는 에서가 한 실수를 반복하지 않도록 교훈한 것이다.

불행하게도 에서에게는 그런 교훈을 미리 전달해 줄 사람이 없었다. 그렇기에 에서가 장자의 명분을 자기 생명보다 가볍게 여겼던 것은 필연이다. 모든 정보와 결과를 알고 있는 우리가 후발적으로 그를 비난하는 것은 마치 왜 50년 전에 오늘날 크게 개발될 땅을 미리 사 두지 않았느냐고 다그치는 것과 다를 바 없다. 야곱의 일가가 크게 불어나서 민족이 된 시점은 에서와 야곱의 사건에서 400여 년이 지난 뒤였다. 이를 가지고 당장 죽을 정도로 핍절하여 궁박에 처한 에서를 나무랄 수 있겠는가?

그렇다면 야곱은 어땠나? 에서가 장자의 명분을 판 것이 미련한 행동이라고 해서, 형의 궁박을 기회 삼아 장자의 명분을 불공정한 거래로 강탈한 것은 과연 믿음에 기반한 지혜로운 행위였을까? 믿음에 기반한 행위라면 도대체 야곱은 무엇을 믿었는가? 이 장면에서 야곱은 에서가 궁박에 처한 것은 하나님이 리브가에게 주신 형이 동생을 섬기게 될 거라는 예언이 성취될 기회라고 믿었다. 또한 장자의 명분은 맹세라는 거래 방식을 통해서 넘겨받을 수 있는 것으로 믿었다. 하지만 이러한 것들은 진정한 의미에서 '믿음'이 아니다. 오히려 야곱의 착각과 오해에 기반한 바람에 가깝다. 성경에서 말하는 믿음은 어디까지나 하나님의 뜻을 주님이 믿음으로 인정하시는 방식으로 믿는 것을 의미하는 것이다. 따라서 내가 소망하는 바가 성취될 것이라며 인간의 정신 에너지를 총동원해서 맹신하는 것은 성경적인 믿음이 아니다.

야곱의 행위가 믿음에 기반한 것이 아니라고 규정한다고 하더라도, 그를 지혜롭다고는 할 수 있지 않을까? 꾀를 내어 장자의 명분 거래를 성사한 야곱이니만큼 지혜롭다는 얘기를 들을 만하다. 그렇다면 이번 기회에 지혜라는 것도 한번 살펴보자. 야곱이 꾀가 많고 지혜로웠다는 평을 하려면, 장자의 명분 거래에서 야곱이 얻은 것이 있어야 한다. 적어도 유리한 결과는 냈어야 한다. 하지만 이를 통해서 야곱이 얻은 것은 무엇인가? 이 사건을 계기로 야곱은 적법한 장자로 인정받고, 에서가 받아 누렸어야 할 권리를 누리기라도 했다는 말인가?

얻은 것과 잃은 것

'거래'라는 것은 서로 주고받는 것이 있어야 한다. 겉만 보면, 장자의 명분 거래에서 에서는 명분을 포기하고 죽 한 그릇을 얻는 것에 동의했다. 반대로 야곱은 죽 한 그릇을 포기하고 명분 얻는 것에 동의했다. 하지만 실제로 그러했는가? 실질적으로 둘 사이에서 변동이 이뤄진 권리는 무엇이었는지 따져 보아야 그 거래의 의의뿐만 아니라, 이후 장자의 축복 사건에서 각 인물의 행동을 더 잘 이해할 수 있다. 그렇기에 거래 이후 이야기를 살펴보면서 실질적으로 양 당사자가 포기한 것과 얻은 것을 헤아려 볼 필요가 있다.

우선 각자가 얻은 것을 살펴보자. 에서가 얻은 것은 유형의 것들이기에 특정하기 쉽다. 애초에 계약 조건이었던 죽 한 그릇과 추가로 더해진 떡, 그리고 정확히 무엇인지는 명시되지는 않았지만 마실 거리였다. 이 떡은 에서가 추가로 요구한 것인지, 거래에 만족한 야곱이 더해 준 것인지 알 길은 없다. 에서는 기력을 회복할 만큼 먹고 마셨고, 다시 활동하기 위해 그 자리를 떠났다.

반면 야곱이 얻은 것은 형 에서가 가진 장자의 명분을 야곱에게 양도하겠다는 말로 하는 방식의 '맹세'였다. 당시 야곱은 에서의 맹세가 있으면 자신이 장자의 명분을 소유할 수 있을 것이고, 장자로 인정받겠다고 생각했다. '장자의 명분'이라는 것은 장자로 인해서 발생하는 권리를 의미한다. 훗날 야곱의 맏아들 르우벤이 자신의 부족함을 보여서 장자의 명분이 요셉에게로 넘어간 뒤에, 그 족보에서 장자로 기록되는 권한과 상속권 그리고 가문에서 가주로서 해야 할 역할까지도 모두 요셉에게로 이전된 것으로 보아, 장자의 권한은 꽤 실질적으로 후계자의 권리를 보장하는 대단히 강력한 권능이다.

　하지만 야곱이 과연 이 거래 이후 그것을 소유했는가? 야곱이 생각했던 것처럼, 형이 맹세했고 거래를 동의했고 모든 사실을 인정한다고 해서, 아버지 이삭이 야곱을 장자로 인정해 줬을까? 식솔들과 종들 그리고 친인척들이 야곱을 에서를 대체할 차기 가주로서 인정했을까? 애석하게도 그런 흔적은 발견할 수 없다. 이는 장자의 명분으로 인해서 파생하는 권리인 '상속권', '장자의 축복'의 대상이 여전히 에서였다는 점에서 명백하다. 따라서 이 장면에서 야곱이 얻은 것은 그저 형의 맹세, 사람의 말, 인간의 약속이었다. 그리고 그것은 야곱이 원하는 효과를 발생시키지 못했다.

　그렇다면 각자가 잃은 것을 살펴보자. 야곱이 실질적으로 얻은 것이 없다지만, 일족의 식량을 위해서 수고하는 형을 위해서 죽과 떡을 내어 준 것은 대단한 손실도 아니지 않은가? 굳이 이 장면에서 야곱이 잃은 것이 있다고 말할 필요가 있을까? 하지만 애석하게도 야곱이 잃은 것은 액면상의 것보다 훨씬 크다. 야곱이 진정으로 포기한 기회비용은 바로 형을 제치고 장자의 명분을 차지하고자 하는 자신의 속내를 들키는 것이었다.

　이 사건으로 말미암아 야곱은 에서에게서, 그리고 에서를 지지하는 이삭의 식솔과 일족 구성원에게서, 더는 유약하게 장막에서 지내는 자가 아닌, 승계에 야심을 품는 불순분자가 된 것이다. 이는 야곱에게서 최소한의 안전망의 상실을 의미한다. 훗날 아버지 이삭이 늙어 그 영향력으로 인한 보호가 그쳤을 때, 야곱의 운명은 오롯이 차기 가주인 에서의 선택에 달려 있게 된다. 에서가 야곱을 장막에서 거하는 유약한 동생으로 인식하는 것이 아니라, 야심을 품고 있는 '속이는 자' 야곱으로 인식하기 시작한다는 점은 대단한 위험이다. 에서가 약해지면 얼마든지 그것을 기회로 여겨 배신할 수 있다는 것을 보여 준 자를 자기 아내와 자녀들, 재산이 있는 본거지인 장막에 거하게 할 수 있는가? 그가 장막에 있는데, 편하게 에서가 대외 활동을 할 수 있을까? 에서의 마음 안에 그러한 의심이 싹트기 시작한다면, 야곱은 안전을 어디에서 확보해야 하는가? 야곱이 무기를 든다고 능숙한 사냥꾼인 에서와 상대라도 할 수 있는가? 그렇다고 아버지의 권역을 떠나서 난세 그 자체인 당시 가나안을 떠돌 배짱이나 능력 따위가 야곱에게 있을 리 없다. 이 사건의 결과로 야곱의 삶에는 시간 제한이 생긴다. 바로 아버지 이삭이 실권을 잃기 전에, 아버지 이삭이 연로하여 돌아가시기 전에, 자신의 세력을 공고히 해야 하는 시간 제한 말이다.

이런 견지에서 에서는 무엇을 잃었는가? 정말로 장자의 명분에 대한 기한 상속권을 잃었는가? 훗날 이삭의 세력은 에서가 고스란히 흡수한다. 에서가 도대체 잃은 것이 무엇인가? 인망인가? 그 거래의 효력을 야곱 이외에 그 누가 인정했는가? 그런 흔적은 보이지 않는다. 이삭조차 장자의 권리를 근거로 하여 에서를 축복하려는 분명한 의지를 내비쳤다. 장자의 명분과 장자의 축복권은 분리되는 개념이라 그러할 수 있었는가? 야곱이 장자의 명분만 바라고 장자의 축복은 달라고 하지 않아서 그런가? 하지만 성경 그 어떤 인물이 장자의 명분과 장자의 축복을 구분하여 적용했던가? 하나님의 사람이자 그들의 아버지인 이삭조차 그 거래를 인정하지 않았다는 것이 장자의 명분과 축복권이 구분되지 않았다는 방증이다. 따라서 이 사건을 통해서 굳이 에서가 잃은 것이 있다고 한다면, 그건 그저 만만했던 동생뿐이다. 늘 유약했던 동생 야곱은 영영 에서의 심상에는 존재하지 않게 되었고, 대신 그 자리에 호시탐탐 형의 것을 노리는 음흉한 참칭자만 남았다.

정리하자면, 야곱은 실질적으로 얻은 것은 없고 자기 속내만 들켜서 이삭 부족 내에서 자신의 입지만 불안해졌다. 따라서 야곱의 행동에서는 그 어떤 지혜라고 할 만한 것도 없다. 그의 행동에는 그 어떤 전략적이고 거시적인 안목도 없었고, 고작 형이 툭 던진 말 한마디, 그 맹세 하나에 헛된 희망을 걸기도 했지만, 결국 제 뜻을 관철할 수 없었다. 따라서 야곱이 에서의 궁박을 기회 삼아 불공정한 거래를 감행한 것은 참된 믿음에 기반한 것도 아니고, 지혜로웠던 것도 아니다. 잃은 것 천지인 실책으로 결국 야곱이 얻은 것이라고는 '사람은 서로 속고 속이는 존재'라는 교훈뿐이다. '설령 사람이 맹세를 지키려 한다고 하더라도, 그것이 그의 능력 밖의 일이면 지키지 못하기에, 사람의 맹세는 믿을 수 없다'라는 경험적 지식이다. 한마디로 '사람의 맹세는 믿을 수 없으며 그 누구에게도 소망을 둘 수 없다'라는 뼈아픈 깨달음이다.

에서는 훗날 그 거래를 인정하며, 이미 자신의 장자권을 야곱에게 빼앗겼다고 인정하는 발언을 이삭에게 한다. 하지만 에서의 그런 말은 하나 마나 한 이야기에 불과했고 야곱의 처지를 전혀 바꾸지 못했다.

인정받지 못한 거래

에서와 야곱의 거래는 어째서 당대의 사람들에게 인정받지 못했을까? 아무리 야곱의 행위가 믿음에 기반하지 않았다고 해도, 지혜롭지 못했다고 해도, 에서가 맹세를 한 것은 엄연한 사실이었다. 게다가 야곱은 거래 대상물이었던 음식 한 그릇 이외에도 떡과 마실 거리도 주지 않았던가? 일단 거래의 방식이었던 맹세는 문제가 되지 않았던 것으로 보인다. 이 구두 맹세로 진행한 방식은 야곱이 에서에게 제안한 것이다. 야곱은 다른 방식으로 거래의 형태를 정할 수 있었음에도 그런 방식을 원했고 에서는 그대로 이행했다. 맹세한 에서는 해당 거래가 존재했다는 것과 그것을 통해서 장자의 명분이라는 것을 야곱에게 빼앗겼다며 인정한다(창 27:36). 그러니 어떠한 유형의 문서나 증거를 남기는 형태가 아니어도 그것은 유효한 거래의 방식이다.

실제로 창세기 곳곳에서 맹세는 효력 있는 거래의 방식으로 인정되었을 뿐만 아니라, 현대의 법적 기준에 비해서도 맹세의 효력이라는 것은 더욱 지엄하게 여겨졌다. 법과 질서가 서 있지 않아 각종 부족이 난립한 상태에서 맹세를 어긴다는 것은 곧 죽음을 의미했고, 에서의 맹세는 그저 말 한마디가 아니라 상당한 구속력을 지닌 것이었다. 하지만 그 구속력이라는 것도 거래가 유효하다고 사회적으로 인정을 받아야 의미가 있다. 맹세의 당사자인 에서는 그 거래를 인정하고 명분을 양도한 것으로 인정하지만, 이삭을 위시하여 대부분의 주변 사람은 몇 가지 이유로 그 거래의 유효성을 인정하지 않았다.

우선 에서와 야곱의 거래는 지극히 불공정한 거래였다. 이는 단순히 거래의 대상물인 장자의 명분과 한 그릇의 음식물의 교환이라는 객관적인 가치의 차이가 너무나도 크게 나는 거래이기 때문만이 아니라, 에서가 생명의 위기라고 느낄 만큼 굶주리고 피로한 상태에 강요받은 거래였기 때문이기도 하다. 현대의 관점에서 보면, 이런 거래는 당연히 용납될 수 없다. 대한민국의 법으로 에서와 야곱의 거래를 판단하자면, 불공정한 법률 행위이기에 전적으로 무효이다. 물론 고대 인물들의 행위를 현대의 기준에서 판단하는 것은 옳지 않다. 역시 당시의 행위는 당시의 관점에서 판단해야 할 것이다.

그렇다면 그들의 거래는 족장 시대의 관점에서는 어땠을까? 창세기와 시대적 배경이 같은 욥기를 보면, 그러한 행위에 대한 인식을 엿볼 수 있다. 욥은 상대방의 궁핍, 굶주림, 가난 등을 기회 삼아서, 하나님이 그 대상에게 주신 권리인 경계표를 옮기거나 재산인 가축을 빼앗아 가는 행위를 악으로 규정한다. 약자의 굶주림과 헐벗음을 돕지 않는 것도 선하지 않고 결국 하나님의 심판을 피할 수 없는 행위로 여긴다(욥 24장). 이에 답변하는 욥의 친구 빌닷도 욥이 스스로 잘못이 없다고 항변하는 것에 반박했을 뿐, 욥이 말하는 내용에 대해서는 별다른 반박을 하지 않는 것으로 보건대, 이는 족장 시대에도 일반적 관점이었던 것으로 보인다. 따라서 에서와 야곱의 동시대를 살아가는 사람들 다수도 결국 야곱의 행위를 악하게 여겼고, 그 유효성에도 의구심을 가졌을 것이다.

또한 장자의 명분이 거래의 대상물이 될 수 있는지와 그 장자의 명분을 양도할 권리가 에서에게 있었는가 하는 문제도 있다. 비록 창세기에 이를 직접적으로 말하는 구절은 없지만, 훗날 나이가 든 야곱의 언행을 통해서, 형제 중 누구를 앞세우고 장자의 축복과 상속을 줄지는 가주이자 당대 하나님의 사람이 결정했다는 것을 유추할 수 있다.

> 요셉이 그 아비가 우수를 에브라임의 머리에 얹은 것을 보고 기뻐 아니하여 아비의 손을 들어 에브라임의 머리에서 므낫세의 머리로 옮기고자 하여 그 아비에게 이르되 아버지여 그리 마옵소서 이는 장자니 우수를 그 머리에 얹으소서 아비가 허락지 아니하여 가로되 나도 안다 내 아들아 나도 안다 그도 한 족속이 되며 그도 크게 되려니와 그 아우가 그보다 큰 자가 되고 그 자손이 여러 민족을 이루리라 하고 그 날에 그들에게 축복하여 가로되 이스라엘 족속이 너로 축복하기를 하나님이 너로 에브라임 같고 므낫세 같게 하시리라 하리라 하여 에브라임을 므낫세보다 앞세웠더라(창 48:17-20)

에서와 야곱이 다투던 당시에는, 누가 장자로 대접받으며 장자의 상속분과 축복을 받을는지 에서와 야곱이 결정할 것이 아니라, 그들의 아버지이자 부족의 장, 그리고 하나님의 사람인 이삭이 결정할 일이었다. 제아무리 에서가 그 거래를 인정하고 야곱을 장자의 명분을 소유한 적법한 존재라고 여길지라도, 그 자체가 이삭에게는 어떠한 강제성도 부여할 수 없었다. 야곱이 장자와 관련한 권리를 부여하는 과정에 요셉의 의견이 반영되지 않았듯, 에서와 야곱의 관계에서 발생한 일이 이삭이 하나님의 사람이자 가주로서 가진 권리를 행사하는 것에 영향을 끼칠 수 없었다. 이러한 구조를 고려하자면 에서가 그 거래 사실을 인정하고 장자의 명분이 야곱에게 있다는 점을 수긍하였기에, 그 정도면 충분히 동생에게 한 맹세를 지킨 셈이다. 그 이상 자신의 분수를 넘어 아버지 이삭의 뜻을 거스르거나 아버지의 마음을 강제로 바꿀 수는 없는 노릇 아닌가?

게다가 두 형제간에 무슨 거래가 있었던들, 이삭이 에서를 장자로 여기는 것은 누가 보더라도 지당하고 자연스러웠을 것이다. 그도 그럴 것이 에서는 태어난 순서상으로도 장자였고, 부족을 이끌 만한 힘과 능력을 갖췄으며, 많은 면에서 야곱보다 우월했으니까 말이다. 이러한 관점은 훗날, 하나님에 대한 지식과 하나님이 주신 계시가 율법의 형태로 체계화되었을 때도 고스란히 유지된다. 모세 오경, 그러니까 토라(율법서) 중 하나인 신명기에서는 장자의 권리를 장자로 태어난 자에게 선천적으로 부여된 권리라고 규정한다. 이는 하나님이 태어나는 순서도 결정해 주신다는 믿음에 기반한 율법이다.

> 자기의 소유를 그 아들들에게 기업으로 나누는 날에 그 사랑을 받는 자의 아들로 장자를 삼아 참 장자 곧 미움을 받는 자의 아들보다 많이 앞세우지 말고 반드시 그 미움을 받는 자의 아들을 장자로 인정하여 자기의 소유에서 그에게는 두 몫을 줄 것이니 그는 자기의 기력의 시작이라 장자의 권리가 그에게 있음이니라(신 21:16-17)

설령 그 아버지가 장자를 불호(不好)한다 해도, 하나님이 주신 순번을 존중하라는 명령이다. 그리고 하나님께서 개입하시는 예외적인 경우를 제외하고는 이 명령을 원칙으로 삼아, 장자에게는 장자의 대우를 해 주어야 한다. 즉, 이삭이 자기 쌍둥이 아들 사이에 벌어진 장자의 명분 거래의 유효성을 부정하는 것은 하나님의 특별한 지시가 없는 한, 시대상으로든 율법으로든 옳은 일이다. 당대 하나님의 사람이자 대단한 믿음의 인물인 이삭은 늘 하나님의 뜻을 구하며 인생길을 걸어갔고, 하나님은 많은 부분에서 그를 인도해 주시고 응답해 주셨다. 하지만 하나님은 이삭에게는 그 후계에 대해 아무런 응답도 주시지 않으셨다. 그렇기에 이삭은 하나님께서 자녀를 주신 순서를 존중했다.

이는 현대 그리스도인들도 삶에 적용할 수 있는 모범적인 모습이다. 응답이 없다면 결국 하나님께서 정하신 질서와 성경적인 원칙과 지혜에 따라 대소사를 결정해 나가야 한다. 그러면서도 하나님께서 응답을 주시면 언제든지 돌이켜 하나님의 뜻에 따라 행동할 준비가 되어 있어야 한다. 그러므로 이 장면에서 이삭은 지혜롭고 완벽하게 행한 것이 된다.

침묵하시는 하나님

이 거래의 장면 전후에 등장하는 하나님의 침묵은 하나님의 사랑을 받는다고 믿고 있는 모든 믿는 자에게 매우 중요한 의미가 있다. 하나님께서 사랑하신다는 것이 우리네 삶에서 어떤 의미인지 이해할 수 있기 때문이다. 인생을 살면서 생기는 하나님에 대한 의문과 원망을 돌아보면, 결국 대부분 왜 개입하지 않으시는지, 왜 침묵하시는지, 어째서 이대로 두시는지 등임을 알 수 있다. 이는 하나님은 전지전능하시며 또한 우리를 사랑하신다는 것을 믿고 있기에 자아내는 질문이기도 하다. 그런 유의 물음은 때로 하나님을 새롭게 알 만한 기회가 된다. 욥은 자신이 일평생 의지하고 경외하던 하나님께서 어째서 은혜의 울타리를 거두셨는지, 그러신 후 왜 침묵하시는지 의문을 제기하자, 마침내 하나님이 직접 나타나셔서 욥과 대면하여 주시지 않았던가? 다윗도 그의 찬양시를 보면, 고난의 순간에 하나님께서 당신의 얼굴을 자기에게서 가리시는 것만 같다며 절규하다가, 결국 무소부재하시어 어디에서나 어느 순간에나 함께하시는 하나님을 발견하지 않았던가? 그렇기에 눈동자처럼 우리를 지키시고 매 순간 관심을 두시면서도 때로는 침묵하시는 것만 같은 하나님, 그 하나님이 주시는 고요를 필사적으로 더듬어 나가 보자. 그분이 침묵하시는 경우는 필시 그분이 개입하시거나 어떠한 말씀을 하시는 것보다도 침묵을 통해서 더욱 선명하게 말씀해 주실 것이 있기 때문이다.

우리는 이미 에서와 야곱 이야기의 결말을 알고 있다. 결국 야곱은 이삭이 가졌던 하나님의 사람이라는 타이틀을 넘겨받고, 아브라함의 복을 소유한 후에 이스라엘 열두 지파에 전달한다. 육적으로는 에서가 장자의 명분을 행사하여 이삭의 모든 재산과 세력을 상속받았을지라도, 영적으로는 야곱이 모든 것을 물려받았다. 그렇기에 영적인 은혜를 통해서 그리스도인이 된 우리에게는 야곱의 편에서 이야기를 보고 판단하는 것이 익숙하고 자연스럽다. 하지만 앞서 나눴듯, 당대의 사람들은 당장 주어진 현상만을 보고 판단할 수밖에 없었다. 인간적으로 보았을 때 형편없던 미달자 야곱이 훗날 한 민족의 시조가 될 만큼 그렇게 크게 성장할 줄은 꿈에도 몰랐다. 따라서 이 부당한 거래에 굳이 호응할 이유가 없었다. 전지하신 하나님조차 침묵하셨다. 이 사건의 전후, 그리고 도중에 어떠한 말씀을 하시거나 개입하지 않으셨다. 에서도 야곱도, 그리고 당대의 모든 이웃도 각자 오해하고 착각하고 멋대로 생각하도록 '허용'하시고, 그들의 자유 의지를 꺾지 않으셨다. 이 지점이 바로 시련의 시작이었기에, 야곱 입장에서는 하나님의 개입이 더없이 아쉬운 순간이었다.

본격적으로 하나님이 침묵하신 이유를 살펴보기 앞서서, 하나님의 침묵이 야곱에게 어떤 의미가 있는지, 그리고 그것이 어째서 야곱에게 뼈아픈 순간인지 따져보자. 일부 시각처럼 이 장자의 명분 거래를 통해 영적으로는 장자의 명분이 야곱에게 실제로 넘어간 것이라면, 그 사실을 확인차 하나님이 긍정해 주시거나, 이삭 등에게 그 정당성을 말씀해 주셨을 것이다. 이러한 관점에서 이야기를 본다면, 하나님은 야곱의 정당한 주장에 대해서 침묵하신 것이 되며, 정당한 거래로 장자가 된 야곱을 억울한 상태로 두신 것이 된다. 반대로 우리가 앞서 다뤘던 시각처럼 이 장자의 명분 거래를 통해서 야곱이 실제로 얻은 것이 없고 다만 자기 부족과 가족 내에서 입지만 위태롭게 만든 실책이라면, 하나님이 막아 주신다거나 혹은 후발적으로 야곱을 책망하시고, 그 거래의 부당함을 밝혀 주셔서 그 행위의 그릇됨을, 혹은 지혜 없음을 깨닫게 해 주실 수 있으셨다.

야곱은 그저 일반적인 개인이 아니라, 무려 차기 하나님의 사람이며, 하나님이 성경에 공언하신 사랑하기로 결심한 대상이니, 만일 그러한 방식으로 개입해 주신다면, 이후 야곱의 후손들인 이스라엘 백성, 그리고 믿음의 민족 된 우리에게도 분명한 사랑의 메시지를 주실 수 있던 기회였다. 전지하신 하나님이, 그 전능함으로 야곱을 민족의 시조이자 이삭의 영적 적장자로 만드실 하나님이, 그리고 에서와 야곱 형제를 통해서 지극히 예외적인 일을 이루기로 작정하신 하나님이, 창세기에 요약하고 축약해서 기록한 중요한 내용 중에서도 단연 손꼽힐 만큼 주요한 장면에서 오히려 침묵하셨다. 하나님께서 당신의 뜻을 밝힐 좋은 기회를 흘려보내신 것일까? 시선을 딴 데로 돌려 야곱이 고통받도록 방치하신 것일까? 양이 구덩이에 빠지려는데 막지 않는 목자가 어디 있으며, 사랑하는 자녀가 콘센트에 쇠젓가락을 끼워 넣으려는데 막지 않을 부모가 어디 있을까? 그렇기에 하나님이 아무런 개입도 하지 않으신 점이 우리에게는 이상하게 다가온다.

혹여 그때는 하나님이 야곱을 사랑하시기 전이라서일까? 그것도 아니다. 하나님이 야곱을 사랑하시기로, 에서를 미워하시기로 선택하신 시점을 생각해 보자. 리브가의 제한된 관점에서는 그들이 태아였을 때에 선택하신 것이고, 로마서에 따르면 존재하기도 전에 이미 결정하셨다. 따라서 훗날 보호하심과 도우심으로 형용하는 야곱을 향한 하나님의 사랑은 돌베개에서 하나님께 서원한 결과도 아니며, 에서에게 장자의 명분을 강탈해서거나 아버지 이삭을 속여서 장자의 축복을 대신 받아서도 아니다. 그들이 빛도 그림자도 없었고 세포도 존재하기 전에, 하나님이 주권적으로 선택하신 결과이다(롬 9:11-12; 벧전 1:2). 그러니 당연하게도 하나님이 에서와 야곱의 관계에서 야곱을 사랑하기로 하시고 믿음의 민족, 그 시조로 삼으신 것은 장자의 명분 거래 이전이다. 다시 말해 장자의 명분 거래 시점에도 하나님은 야곱을 사랑하고 계셨다. 하나님이 야곱을 사랑하기로 작정하셨고, 사랑하신 결과 야곱이 어떤 혜택을 받았는지는 신명기 34장에 잘 요약되어 있다.

여호와의 분깃은 자기 백성이라 야곱은 그 택하신 기업이로다 여호와께서 그를 황무지에서, 짐승의 부르짖는 광야에서 만나시고 호위하시며 보호하시며 자기 눈동자 같이 지키셨도다 마치 독수리가 그 보금자리를 어지럽게 하며 그 새끼 위에 너풀거리며 그 날개를 펴서 새끼를 받으며 그 날개 위에 그것을 업는 것 같이 여호와께서 홀로 그들을 인도하셨고 함께한 다른 신이 없었도다 여호와께서 그로 땅의 높은 곳을 타고 다니게 하시며 밭의 소산을 먹게 하시며 반석에서 꿀을,

굳은 반석에서 기름을 빨게 하시며 소의 젖 기름과 양의 젖과 어린양의 기름과 바산 소산의 수양과 염소와 지극히 아름다운 밀을 먹이시며 또 포도즙의 붉은 술을 마시우셨도다(신 32:9-14).

하나님이 사랑하신다는 것은 그저 좋은 감정이나 마음을 야곱에게 두시는 것만 뜻하지 않는다. 하나님은 실질적으로 야곱에게 효익을 주셨고, 그 누구도 줄 수 없는 물리적-영적 혜택도 주셨다. 가장 도움이 필요한 순간에 도움을 주셨고, 물질적인 복 또한 넘치도록 주셨다. 하지만 어째서인지 사람이 인지할 수 있을 만큼 '눈동자같이 지키신' 것은, 즉 하나님이 자기를 사랑하신다는 것을 야곱이 느낄 수 있게 되었을 때는 도망자 시절 광야에서 하나님을 만난 이후였다.

시차 : 지체하시는 하나님

신명기에 적힌 하나님의 도우심이 야곱도 체감할 수 있는 형태로 임하기 시작한 때는 이미 야곱이 온갖 실수를 다 저지르고 모두에게 미움받고 또 버림받은, 자신의 미달함을 다 드러낸 그야말로 '너무 늦은 순간'이었다. 이는 죽은 나사로의 이야기와도 유사하다. 복음서에 기록한 그 이야기에서 어째서인지 예수님은 모든 것이 너무 늦었을 때 도착하셨다. 나사로가 이미 죽어 그 육신이 이미 썩기 시작한 이후에야 나사로를 무덤에서 부르셨다.

우리의 삶도 그렇다. 사노라면, 살아 숨을 쉬노라면, 때로는 너무 늦었을 때가 온다. 무너져 내리는 꿈과 삶 그리고 혹여나 하나님 믿어 봤자 소용없다는 소리를 들을까 봐, 어디 가서 하나님에게 사랑받는 사람이라고 말할 수도 없을 만치 모든 것을 잃게 되는 순간도 찾아온다. 그것을 우리는 하나님의 부재, 하나님의 침묵, 하나님의 유기하심으로 느끼고는 한다. 치명적인 실수를 저지르고 누구를 탓할 수도 없어서, 다만 자책하거나 때로는 남몰래 하나님께 "날 눈동자처럼 지켜 주신다면서 어째서 막아 주지 않으셨어요?"

하며 투정 부릴 때가 있다. 그 순간 '진짜로 끝난 것인가?', '너무 늦은 것인가?' 자조한다. 맞다. 그 정도까지 생각이 든다면 마치 썩어서 냄새가 나기 시작한 나사로의 죽은 육신처럼, 인간으로서는 도리가 없이 너무 늦은 순간인 것이 맞다. 하지만 하나님에게도 너무 늦은 것인가? 하나님이 우리를 구원하시고 개입하시기에도 너무 늦었을 때인가? 그 시차가 하나님이 하실 수 있는 일을 제한하는가?

놀랍게도 위대한 하나님의 사람이자 선지자인 다윗도 이러한 생각을 했다. 다윗 또한 하나님의 침묵을 경험했다. 다윗은 하나님의 도우심을 기다리고 있지만, 어째서인지 하나님의 도우심은 지체되었다. 그런 과정 중에 다윗은 울부짖는다.

> 여호와여 내가 수척하였사오니 긍휼히 여기소서 여호와여 나의 뼈가 떨리오니 나를 고치소서 나의 영혼도 심히 떨리나이다 여호와여 어느 때까지니이까 여호와여 돌아와 나의 영혼을 건지시며 주의 인자하심을 인하여 나를 구원하소서 사망 중에서는 주를 기억함이 없사오니 음부(스올)에서 주께 감사할 자 누구리이까
> (시 6:2-5)

그 상황 속에서 다윗은 하나님이 떠나신 것으로 여겼다. 그래서 하나님께 돌아와 달라 간청한다. 사랑으로 자기를 구원해 달라 애원한다. 앞서 말했듯 하나님의 사랑은 우리에게 실질적인 효익을 주시는데, 그것이 당시 다윗의 삶에서 느껴지지 않았다. 마치 다윗은 이제 곧 죽을 사람과 같았다. "사망 중에서는 주를 기억함이 없사오니 스올에서 주께 감사할 자 누구리이까"라는 표현으로 자신의 처지를 토로한다. 다시 말해, 스올(שאול, 무덤)이라는 시간 제한을 걸어 놓고, 죽으면 다 소용이 없으니 너무 늦기 전에 전지전능하신 하나님이 개입해 달라는 요청이다. 사실 죽으면 다 끝나는 것이 절대로 아니다. 그것은 어디까지나 다윗 개인의 편견일 뿐이다. 어쨌든 다윗은 하나님이 예전에 자기를 도우신 것을 기억한다면서, 그와 같이 다시금 도와주시리라

믿는다고 하며 마무리한다.

과연 그 스올에 묻혀 끝장날 만큼 정말로 '너무 늦은 상태'였을까? 시간이 더 지체되면 자기가 죽을지도 모른다고 탄식하는 시를 쓸 무렵, 다윗은 진짜로 큰 위기에 봉착했었다. 그렇기에 그의 고백이 신학적으로 무결한지 혹 성경적으로 온당한지, 그 기도문의 타당성과 정확성에 대한 시시비비를 가리지 않고 하나님은 다윗을 도우셨다. 하지만 그것은 진정한 결론이 아니었다. 다윗이 스올이라는 시간 제한을 걸어 놓고 기도한 내용을 편집 없이 시편에 그대로 기록한 것은 그 내용이 옳다거나 우리도 그런 식으로 기도해야 한다는 모범이기 때문이 아니다. 비록 그것이 다윗의 오류 혹은 착각이라 할지라도 그가 느꼈을 죽을 만큼 힘든 느낌과 그런 다윗과 동행하면서 온갖 효익을 누리게 하신 하나님을 성경 독자들에게 알리기 위함이다. 이후 하나님과 동행하면서 다윗은 스스로 깨달았다. 비록 죽어서 스올에 들어갈 만큼 힘든 일을 당해도 하나님이 무언가를 하시기에 결코 늦지 않았다는 것을 터득했다. 다윗은 자기가 겪은 일과 깨달음을 시편 139편에 생생하게 기록해 놓았다.

이 지식이 내게 너무 기이하니 높아서 내가 능히 미치지 못하나이다 내가 주의 신을(영을) 떠나 어디로 가며 주의 앞에서 어디로 피하리이까 내가 하늘에 올라갈찌라도 거기 계시며 음부(스올)에 내 자리를 펼찌라도 거기 계시니이다(시 139:6-8)

장자의 명분 거래는 야곱이 부족 내에서 자신의 입지를 망치기 시작한 시발점이다. 그 거래로 야곱은 형과의 관계를 망쳤고, 이름 뜻 그대로 전도유망한 형의 뒤꿈치나 잡으며 과분한 꿈을 꾼다는, 욕심에 겨워 하나님이 차남으로 태어나게 하신 뜻조차 무시한다는, 그런 사회적 악명을 얻기 시작하는 지점이었다. 이후 그로 인함인지, 혹 어떤 사유가 있었는지는 상상의 영역이지만, 이미 가정을 이루고 세력을 구축한 에서와는 다르게, 야곱은 미혼인 상태, 변변찮은 추종자 하나 없는 상태로 머물렀다. 이는 어쩌면 그 부당한 장자의 명분 거래를 통해서 무너진 야곱의 부족 내 그의 처지를 잘 대변해 주는 상황이라고도 할 수 있겠다. 그리고 야곱이 경험한, 고점에 다다른 롤러코스터와 같은 재빠른 하강은 야곱의 관점에서 보자면, 하나님이 장자의 명분 거래를 막아 주지 않으셨기에 발생했다.

우리도 타임머신만 있다면 과거로 돌아가서 돌이키고 싶고 바꾸고 싶은 순간이 하나쯤은 존재한다. 아마 야곱이 신구약을 다 알고 있었다면, 장자의 명분 거래가 그러한 순간일 것이다. 물론 영원까지 포함한 영적인 관점으로 보면, 에서도 바로 이 지점으로 돌아가서 그 하나 마나 한 거래에 동의하지 않았을 테지만 말이다. 어찌 되었든, 육적인 가치만 본다면, 그리고 당대를 살아가는 야곱의 제한된 정보에 한정한다면, 신세를 망치기 시작한 순간은, 그리고 그것을 돌이킬 수 없게 된 것은 바로 이때임이 분명하다. 정상 궤도로 돌아가기에는, 에서와 화해를 하기에는, 뭔가 돌이키기에는 이미 늦어 버렸다. 이제는 이 사건을 아는 사람들에게 있어서 야곱은 그저 '형조차 속이는 사기꾼' 야곱이었다. 다른 모습을 보여 줘서 인식을 바꾸기에는 너무나 거대한, 지울 수 없는 사건이었다. 야곱을 포함한 당시의 그 어떤 사람에게도 모든 잘못을 돌이킬 방법 따위는 존재하지 않았다.

하지만 하나님의 회복 방식은 시간을 과거로 돌리는 게 아니다. 타임머신을 가동해 과거로 돌려놓고는 그 실수를 없었던 일로 만들지 않으신다. 물론 전능하신 하나님이 원하신다면 물리적으로 가능하고 안 하고를 떠나서, 얼마든지 시간을 되돌려서라도 고쳐 주실 수 있다. 예수님은 이미 죽어서 썩기 시작한 나사로를 죽기 전 시간으로 되돌아가서 살리지 않으셨다. 그의 죽음을 시작점으로 삼아 소생시켰다. 달리 말해 죽음이 되었건, 육신의 부패가 되었건, 망쳐 버린 사회적 평판이 되었건, 돌이킬 수 없는 실수가 되었건, 사람이 벌여 놓은 온갖 난장판조차 그들의 자유 의지가 형성한 '현실'임을 인정하신다. 그렇기에 필연적으로 하나님은 사람이 더는 할 수 없다는 것을 절절히 느끼는 순간에 등장하셔서 신묘막측한 일을 행하신다. 주님이 나서시기 전에 사람들은 대개 여전히 자기가 이것저것 뭐라도 해 보면 될 줄로 안다. 하나님은 그러한 미련조차 자유 의지의 활용으로 보아 '존중'하신다. 따라서 하나님의 방식은 더는 돌이킬 수 없는 것들, 그러니까 싫은 기억을 지우거나 없던 일로 만드는 것이 아니라, 그것을 시작점으로 두고 사람이 상상하거나 생각지도 못한 일을 하신다. 하나님이 위대한 믿음의 민족의 시조를 만들기 위해서 사용하신 재료는 '과거로 돌아가서' 모든 잘못을 되돌린 야곱도 아니고, 그래서 마침내 백지가 된 야곱도 아니다. 온갖 악명과 무지한 실수로 뒤범벅이 되어, 부족에게도 사회에서도 매장당하고 버림받은 야곱이었다. 나사로의 소생도 장사한 지 나흘이나 지나서 부패한 그의 육신이 그 '시작점'이었던 것처럼.

때때로 우리는 생각한다. 하나님이 어떤 대단한 일을 이루시기에 우리가 너무 나이가 들었고, 우리가 너무 상처가 많고, 우리가 너무 다듬어지지 못했고, 우리가 너무 얼룩져 있고, 구겨져 있고, 망가져 있다고. 그래서 하나님이 우리에게 주신 첫 약속을 버리신 것으로 생각할 때가 있다. 야곱은 그가 태어나기도 전에, 형 에서보다도 위대한 민족을 만들 것이고 결국 형의 민족이 야곱을 섬기게 될 것이라는 약속을 받고 태어났다. 하지만 조바심으로, 그 약삭빠른 행동력으로 모든 것을 망쳐 났다. 이쯤 되면 온통 구겨지고 얼룩진 도화지요, 요철투성이며, 모난 돌멩이인 야곱, 그런 야곱을 버리고 새로운 사람을 뽑으시면 어떨까 하는 마음이 들 수 있다.

우리에게도 하나님이 맡기신 사명과 꿈이 있다. 그런데 그 사명을 이루는 것과 너무 멀어 보이기도 한다. 주셨던 응답에 비해서 너무 초라한 일상만 영위하고 있는 것 같은 순간이 온다. 몸은 늙어 가고 가능성이 무너져 내린다. 그래서 하나님이 날 버리시고, 그 약속을 돌이키시고, 촛대를 더 어리고 더 뛰어나고 더 준비되고 나와 같은 실수를 저지르지 않은 자에게 옮기시는 것이 합리적이고 지혜로운 길이라 생각한다. 하나님은 창조주이신데, 가장 좋은 것을 고르실 수 있지 않은가? 나 같은 것은 버리시는 것이 이치에 맞지 않은가? 하지만 야곱의 이야기를 보면 하나님은 굳이 울퉁불퉁 요철투성이, 얼룩 범벅이, 다 찢겨서 발겨진, 이미 죽어서 썩어 버린, 그런 존재도 개의치 않고 선택하신다. "왜 날 택하셨는지요?"라고 묻는 말에 다만 "세상이 있기 전부터, 시간이라는 게 존재하기 전부터 널 택했으니까"라고 답하신다. 내가 이렇게 초라해질 줄 모르셨냐는 질문에 다만 "알았단다. 그리고 그렇기에 내가 사용하기 적합하다"라고 대답하신다. 이미 하나님이 날 쓰시기에는 너무 늦었다고 말하면, "내겐 늦지도 빠르지도 않은 딱 맞는 때이다"라고 말씀하신다.

하나님께서 미달하고 부수어지고 썩어 버렸고 다듬어지지 않은 돌과 같은 사람들을 택해서 놀라운 일을 이루시는 것은 단순히 일부 사례만 취합해서 억지로 도출해 낸 희망 사항이 아니다. 억지로 쥐어짜 낸 위로나 그저 현대 그리스도인들의 귀를 시원하게 긁어 주는 듣기 좋게 가공한 소리도 아니다. 하나님은 구약에서뿐만 아니라, 심지어 예수님의 십자가 구원도 그러한 방식으로 이루셔서 우리에게 일관된 메시지를 전달하신다. 그것이야말로 현대 그리스도인들이 잃어버린 하나님의 '위로', 야곱이라는 매뉴얼에 담긴 가장 핵심적인 주제이다.

> 주께서 내게 응답하시고 나의 구원이 되셨으니 내가 주께 감사하리이다 건축자의 버린 돌이 집 모퉁이의 머릿돌이 되었나니 이는 여호와의 행하신 것이요 우리 눈에 기이한 바로다 이 날은 여호와의 정하신 것이라 이 날에 우리가 즐거워하고 기뻐하리로다(시 118:21-24)

하나님은 그리스도조차 고운 모양도 없고 풍채도 없어서 흠모할 만한 아름다운 것이 없는 육신을 가지고서 성육신하게 하셨다(사 53:2). 그 결과 당시 사회 지도자들은 예수님을 쓸 수 없는 돌처럼 여겼다. 로마와의 미묘한 관계에 훼방이 되는 존재로 여겼다. 하나님은 그리스도를 그야말로 건축자가 버려서 다듬어지는 세공의 기회도 얻지 못하고, 그저 돌무더기에 던져져 나뒹구는 돌 취급을 받게 하셨다(마 21:42; 막 12:10; 눅 20:17; 행 4:11; 벧전 2:4, 7). 끝내 그분은 십자가에 못 박히셨고, 그 육체가 처참하게 찢기셨다. 자기들이 쓰지 못할 돌로 판명한 자들이 한 짓이었다. 저들의 손에 의하여, 아무리 솜

씨 좋은 의사라 할지라도 봉합하지 못할 상처가 생기고, 억지로 살이 찢기고 인대가 다 뒤틀려서야, 그 육체가 나사로의 그것처럼 여러 날 동안 썩어서야, 하나님이 개입하신다. 그렇게 부서진 이후에야, 사람이 도저히 되살릴 수 없다고 선언할 상태가 되어서야, 사랑하는 제자들조차 이제 끝났다고 판정을 내릴 상황이 되어서야, 그제야 비로소 하나님이 쓰시기에 적당한 몸으로 여겨서 개입하신다.

> 너희가 나무에 달아 죽인 예수를 우리 조상의 하나님이 살리시고 이스라엘로 회개케 하사 죄 사함을 얻게 하시려고 그를 오른손으로 높이사 임금과 구주를 삼으셨느니라(행 5:30-31)

이후 무덤에 안장된 예수님을 하나님은 그저 그대로 버려두지 않으셨다. 그를 살리셨다. 제자들 모두가 너무 늦었다고 생각하여 자포자기했을 때 하나님이 그리스도를 죽은 자 가운데에서 살리심으로 분명한 희망의 메시지를 주셨다. 제아무리 인간적으로 끝난 것 같은 상황이나 상태를 시작점으로 삼아 모든 것을 합력하여 선을 이루게 하실 수 있다는 것을 증명하셨다. 인간에게서는 '너무 늦은 상태'라는 것은 하나님에게서 통용되지 않는다는 압도적인 실례를 보여 주신 것이다. 그렇기에 그리스도의 십자가 죽음은 단순히 우리에게 영적인 구원만 주는 것이 아니라, 하나님을 의지하는 자에게는 '너무 늦은 상태란 없다'라는 위로를 준다. 그래, 아무리 파탄하고 무너진 상태라도, 인간이 보기에 절망 어린 상황이라도, 그저 하나님만 등장하시면, 그분이 개입하기 시작하시면 극적으로 모든 것이 바뀌고 우리 삶의 서사가 극적으로 반전된다.

우리에게는 다행히도 이러한 메시지를 위해서, 또 어떤 영적인 목적을 이루시기 위해서 하나님이 직접 버리신 것은 예수님 한 분뿐이라는 점이다. 그 외 다른 사람 누구 하나라도 희생시키지 않으시기 위해서, 오직 예수님만이 십자가를 지셨다.

그러므로 우리가 살아가다 때때로 경험하는 하나님과의 '시차'는 예수님이 경험하신 십자가와는 명확한 차이가 있다. 죄 없이 십자가를 지신 예수님 외에 다른 이들은 그게 야곱이건, 다윗이건 할 것 없이 자신의 인간적 한계와 잘못으로 위기에 처하기도 하고 또 '너무 늦은 상태'라 여겨질 만한 상황에 부닥치기도 한다. 하지만 이는 모두 우리가 자초한 일이며, 상당수는 그저 우리 선택의 결과가 낳은 귀결일 뿐이다. 그런데도 여전히 당신의 눈동자처럼 우리를 지키시겠다는 하나님의 언약은 유효하다.

다만, 하나님과의 시차, 응답의 지연 따위를 경험할 수 있다. 아무리 봐도 너무 늦은 상황에 아무런 개입도 도움도 주지 않으시는 하나님께 서운함을 토로할 수 있다. 하지만 전술한 나사로와 예수님 사례의 교훈을 통해 우리는 알 수 있다. 우리가 너무 늦은 순간이라 생각할 때도 하나님이 개입하지 않으시는 것은 그것이 너무 늦은 순간이 아니기 때문이다. 우리가 가진 인간적인 기준에서 절체절명으로 여겨지는 순간이, 그리고 '너무 늦은 상태'라 여겨지는 때가 하나님의 기준에 따르면 아무런 위기도 아니고 또 전혀 늦지 않은 상태이기 때문이다.

단언컨대 하나님은 절대로 늦지 않으신다. 하나님은 우리의 삶에서 하나님의 시간표에 맞춰 하나님의 뜻을 빈틈없이 그야말로 시의적절하게 이루신다.

침묵으로 쓰인 매뉴얼

앞서 하나님이 야곱에게 침묵하며 개입하지 않으심은 그분의 무관심이나 유기하심을 의미하지 않는다고 나누었다. 또 일부러 늦장을 부려 골탕 먹이려는 의도로 그러신 것이 아님도 살폈다. 또한 앞장에서도 다뤘듯, 하나님은 어떤 목적을 위해서 야곱을 미련하게 만들거나 까닭 없이 미움받게 하신 것도 아니다. 다만 후회가 되는 실수조차, 아무런 의미도 없는 뼈아픈 실책조차, 도리어 거기에 의미를 부여하신다. 그렇게 믿는 자에게는 모든 것이 그저 하나님의 은혜가 되게 하신다.

야곱의 삶은 하나님께서 자기 백성과 어떠한 방식으로 소통하고 동행하며, 그들 인생에 어떻게 개입하시는지 자상하게 설명하는 매뉴얼이다. 그런데 그 매뉴얼에는 하나님이 응답하시고 개입하신 내용만 담기지 않았다. 때로는 침묵하고 개입하지 않으심으로도 분명한 메시지를 주시기도 한다. 야곱의 인생 전반기가 바로 그러한 경우이다. 하나님이 의미를 부여해 주지 않으셨다면 그저 분수를 넘어가는 탐욕과 타인의 궁박을 이용해서 부당한 이득을 취하려는 행위를 삼가라는 교훈을 주는 우화로 끝날 이야기지만, 이 대목에서 하나님은 침묵하심으로 의미를 부여하셨다. 하나님은 침묵하심으로 어떠한 의미를 부여하셨을까? 그것을 통해서 우리가 하나님에 관해 어떠한 점을 알 수 있을까?

첫째로, 하나님께서 야곱의 실책에 개입하지 않으시고 침묵하심으로 인하여 실수를 허용하시는 하나님이라는 것을 드러내셨다. 실수를 허용하신다는 말은 꽤 중의적이라서 오해를 자아내곤 한다. 여기서 말하는 실수의 허용은 무관심이 아니다. 오히려 자녀에게 안전망을 제공해 주고 그 안전망 내에서 나름대로 다양한 도전과 시도를 하도록 기회를 제공해 주는 지혜로운 부모나 현명한 스승과 같은 모습이 연상되는 개념이다. 사람은 시행착오(trial and error)를 통해서 살아 있는 교훈을 얻는다. 소위 과보호 부모들이 매 순간 일일이 개입함으로써, 자녀가 안전한 실패를 경험할 기회를 박탈하고, 자녀가 부모에게 과도하게 의존하게 만드는 헬리콥터 자녀교육(helicoptor parenting)과는 상반되는 방식이 바로 실수를 허용하심이다. 물론 성경은 하나님께 전적으로 의지하는 것이 지혜이며 정답이라 가르친다. 하지만 그것을 우리에게 외우기식으로 강제로 주입하는 것은 하나님의 뜻이 아니다. 하나님은 우리에게 시행착오를 경험할 기회를 허용하신다. 이는 마치 물 위를 걸었던 베드로와 같다. 베드로는 결국 물에 빠졌다. 하지만 그를 건져 주실 예수님이 계셨다. 그를 통해 베드로는 믿음의 힘과 의심의 폐해뿐만 아니라, 하나님이 위기의 순간에 건져 주심을 학습했다.

하나님은 우리의 삶을 가장 효율적인 곡선을 찾아가야 하는 어떤 그래프로 보시지 않는다. 부족하면 부족한 대로, 나약하면 나약한 대로, 서툴면 서툰 대로, 우리만의 선을 그려 가도록 허용하신다. 그렇게 삐뚤빼뚤 어설프게 그려진 우리 인생의 발자취에 의미를 부여하시고, 때로는 직접적으로 도우시면서 완주하도록 하신다. 어느 날, 뒤 돌아보면 한없이 돌아온 것 같은 그 길이 하나님이 부여하신 의미로 다채롭게 채색되어 있다. 너무 늦은 줄 알았던 그 모든 순간이 전부 적기로 변모하여 있다. 그날이 오면 우리의 입술에는 하나님의 신묘막측하게 이루신 일들 덕분에 자연스레 찬양이 흘러나온다. 그날이 오면 하나님이 우리의 삶을 보시며 "보기에 아주 좋았더라"라고 말씀하신다.

이러한 하나님을 기대하지 못하게 막아서는 최대의 적은 다름 아닌 율법주의이다. 율법주의는 비좁고 단단한 틀로 작용한다. 그 틀은 인간을, 우리를, 사회를 가두기 위한 용도로만 쓰일 것 같지만, 실제로는 우리의 인식 속에서 하나님을 가두기 위해서 존재한다. 그러한 틀에서는 하나님을 과보호하는 부모처럼, 우리의 아주 작은 실수도 견디지 못하고 개입하는 분으로 여기게 된다. 그것이 극단에 이르면, 한 모금의 물도, 한 끼의 음식도 마음 놓고 먹을 수 없게 된다. 율법주의가 그려 낸, 실수를 용납하지 않는 하나님은 우리에게 완전한 삶을 주지 않으신다. 도리어 생동감 없는 무미건조한 삶, 생명력 넘치는 인생을 누리지 못하는 사람이 되게 하신다. 이는 경외와 그 성질이 다르다. 경외는 하나님에 대한 자발적 두려움과 순종이 뒤따른다. 경외는 결국 우리로 하여금 자연스럽게 하나님을 보게 만든다. 하나님이 우리의 기준이 되고, 어느덧 하나님이 우리의 주어가 되신다.

반면 율법주의에서 하나님은 율법을 통해서 우리를 판단하며 매일과 같이 시험하는 분이다. 율법은 체크 리스트이자 겹겹이 서 있는 거대한 관문이다. 결국 우리로 하여금 '율법만' 보게 만든다. 그 계명이 우리의 기준이 되고, 어느덧 그 체크 리스트를 충족하는가가 인생 목표가 된다. 구조적으로 하나님과 직접 대면할 수 없는 상태가 되어 버린다. 전부 지키는 것이 불가능한 율법을 다 지켜야지만 그 관문들이 전부 열려서 하나님을 볼 수 있을 테니까 말이다. 따라서 율법이라는 그 '가상'의 관문에 관한 각종 배경 설정은 늘어나지만, 성경과 하나님의 능력이나 은혜, 그의 좋으심을 아는 지식에서는 멀어진다. 복음서에는 당대 율법과 구약에 정통한 세력 중 하나인 사두개인과 서기관, 그리고 율법의 실천적 측면에서 가장 열심이던 바리새인들에게 예수님이 하신 말씀이 기록되어 있다.

> 예수께서 대답하여 가라사대 너희가 성경도, 하나님의 능력도 알지 못하는고로 오해하였도다(마 22:29)

> 화 있을찐저 외식하는 서기관들과 바리새인들이여 너희는 천국 문을 사람들 앞에서 닫고 너희도 들어가지 않고 들어가려 하는 자도 들어가지 못하게 하는도다 (마 23:13)

마태복음에서 천국의 의미는 하나님의 통치 권역과 영향권을 의미한다. 율법주의라는 체제는 실수를 저지른 사람, 완전하지 않은 사람, 흠이 조금이라도 있는 사람, 율법의 계명을 지키지 못한 사람은 아예 하나님의 영향권에 속할 수 없다고 구조적으로 막아 두는 형태로 짜여 있다. 하지만 우리 모든 믿는 자의 매뉴얼인 야곱의 삶을 통해서 드러난 하나님은 우리의 실수를 허용하시는 하나님이다. 야곱의 실책에 개입하여 책망한다거나, 침묵을 깨고 야곱의 자율권을 침해한다거나 하지 않으신 것은 그 실수가 어디까지나 안전망 안에 있기 때문이다. 제아무리 우리가 일을 망쳐 놓아도, 혹은 늦었어도, 그리고 죽은 나사로처럼 무덤에 안장되어 그 육신이 썩고 있다고 해도, 야곱처럼 실수투성이로 손쓸 방도가 없이 모두에게 버림받은 모난 돌이되더라도, 하나님이 개입하지 않으시고 또 침묵하신다면, 아직 하나님의 기준에서 그것은 여전히 안전망 안이라는 것이다. 다시 말해 인간으로서는 너무 늦은 상황조차, 하나님께는 아직 늦지 않은 것이라는 방증이다.

둘째로, 하나님이 야곱의 거래에 개입하지 않으시고 침묵하심으로써 그분은 공정하게 당신의 피조물들을 대하신다는 것을 보여 주셨다. 그 침묵으로 공의의 하나님이시라는 진리를 인류에게 드러내셨다. 하나님이 에서를 미워하시고 야곱을 사랑하신 것은 분명하다. 그리고 전능하신 하나님이 원하시면 능히 에서와 야곱의 거래에 개입하실 수도 있으셨다. 야곱에게 지혜를 주셔서 그 장자의 명분 거래를 좀 더 세련되고 도덕적-윤리적-사회적으로 이해가 갈만한 형태를 갖추게 하셨을 수도 있고, 혹은 야곱의 투박하고 저급한 계약의 형태도 당대의 사람들이 인정하도록 만드실 수도 있다. 하지만 그러지 않으셨다. 만일 그랬다면 그것은 야곱에게는 '은혜'일는지 몰라도, 에서에게는 하나님이 행하신 부당한 권리 침해이다. 하나님은 미워하기로 하신 에서와의 관계에서조차 공정함을 보이심으로 당신께서는 공의로우시다는 것을 드러내셨다. 하나님이 미워하시던 에서에게도 '공의로운 분'이기에 우리는 공정이 무너진 세상에서도 하나님을 기대할 수 있다. 미워하는 자에게도 공정하고 정당하게 대해 주신다면, 하나님이 사랑하시는 우리는 얼마나 더 정당하고 공평하게 대우해 주실까? 그리고 실제로도 하나님께서는 에서와 야곱의 관계에서도, 그리고 그 이후 성경의 이야기에서도 친히 공의로우심을 보이셔서 당신께서 공의로운 하나님이심을 사람들이 느끼고 경험하게 하시며 스스로를 증명하셨다.

이렇듯 '공의'라는 하나님의 속성이 현대 그리스도인들에게 상식이 된 것은 하나님 자신이 공의로우시다고 말로 규정하시며 강제로 우리에게 주입하신 결과가 아니다. 후대를 살아가는 우리는 문자로 기록한 성경을 통해서, 그것을 정리한 교재나 책을 통해서, 또한 입으로 선포하는 설교 등을 통해서 하나님에 대해 제법 빠른 속도로 배우면서도 때로는 그러한 점을 잊곤 한다. 하나님이 사랑이라는 속성을 가지셨다는 것, 그분이 전지전능하시다는 것은 어떠한 공식이나 언어로 존재하는 신학적-신앙적 개념이 아니다. 성경은 하나님을 '만들어 내기' 위해서 존재하는 어떠한 정책서나 테이블 게임의 룰북이 아니다. 창세기부터 세세히 살펴보면, 초기 성경의 인물들에게 하나님은 당신께서 어떠하신지 설명하는 것으로 하나님을 아는 지식을 주지 않으셨다. 하나님은 그들과 동행하시고 함께하심으로 당신을 경험하게 하셨다. 현대 그리스도인들에게는 상식이 된, 하나님에 대한 모든 지식은 야곱의 시대 이후로도 다양한 인간 군상들이 여러 시대와 각각 다른 상황 속에서 하나님에 대한 경험을 누적해 왔고, 그 결과 하나님을 믿는 자들이 그분께서 과연 그러하신지 하나하나 인지하고 체험해 낸 결론이며 유산이다.

이러한 하나님의 행하심은 권력이라는 것을 소유한 사람들의 일반적인 행동 양식과 확연히 구분되는 부분이다. 사람은 자기의 권력을 앞세워 모든 판단에서 벗어나고자 한다. 자기가 되고 싶은 존재를 표어로써, 언어로써 제시한다. 그리고 자기의 지위와 권력을 이용해, 자기가 내세운 자기 PR에 대한 비판을 받지 않으려 노력한다. 의로운 행동은 하나도 하지 않으면서 자기를 스스로 정의롭다고 지칭한다. 정의를 실천하지 않으면서 정의라는 제목으로 자기를 스스로 치장한다. 상명하복의 구조에서 실체가 어떻든 그 권력이 미치는 공간에서는 "회장님 방침"이 그러하다면 그만이다. 그것에 건설적인 비판을 하는 것조차, 그저 권력에 대한 트집으로 몰아서 짓누르는 것이 인간 사회의 생리이다.

하지만 하나님은 오히려 우리에게 판단받길 원하신다. 그리고 그 판단에서 승리하심으로 당신의 좋으심을 입증해 내신다. 하나님은 스스로 당신을 공의롭다고 말씀하시기 전에 일관되게 공의롭게 행하신다. 하나님이 우리를 사랑한다고 말씀하시기 전에 한결같이 변함없는 사랑으로 대하신다. 그런 방식으로 공의로움을 보이시며, 사람들이 저절로 감탄하고 느끼게 만드신다. 바울은 그러한 과정을 로마서에서, 오직 증거로만 그 주장을 입증해야 하는 정식 법정 재판에 비유했다.

그럴 수 없느니라 사람은 다 거짓되되 오직 하나님은 참되시다 할찌어다 기록된
바 주께서 주의 말씀에 의롭다 함을 얻으시고 판단받으실 때에 이기려 하심이라
함과 같으니라(롬 3:4)

여기서 판단은 재판장이 내리는 집행력 있는 판결을 의미한다. 하나님은 자기의 위대하심을 위계와 힘을 통해서 강요하는 분이 아니다. 권력을 통해서, 입장과 지위를 통해서 우리의 존경과 존중을 당연하다는 식으로 청구하는 분도 아니다. 십자가에서 그리스도께서 사랑을 보이심으로 당신을 드러내셨듯, 하나님은 법정 재판에서 분명한 증거를 들고서 자기 자신이 누구신지 입증하신다. 우리가 내면에서 여는 하나님을 판단하는 망극한 재판을 당신의 권위에 대한 도전으로 해석하지 않으시고, 받아 주시고 이겨 내시고 결국 당신의 의로움을 입증해 내신다. 그렇기에 오늘날을 사는 우리조차 하나님을 기대하며 그분을 소망할 수 있는 것이다.

하나님의 좋으심이나 그분의 사랑이 우리의 일상과는 동떨어져 하나의 표어와 다만 찬양 가사가 되어 버린 현대를 살아가는 우리라도, 상황이나 시대에 연연하지 않고 여전히 기대할 수 있다. 하나님이 아브라함에게, 이삭에게, 야곱에게, 그리고 에서에게조차 공정하셨으며 미쁘셨고 애정으로 대해 주셨던 것처럼, 우리에게도 그러하심으로 당신의 속성을 드러내실 것이며, 우리의 삶을 도우심으로 결국에는 그분이 품으신 우리를 향한 사랑을 확증하실 것이라고(롬 5:8).

이 지점에 한 가지 덧붙여 말할 내용이 있다면, 바로 하나님께서는 당신의 일을 당신의 속성과 성품에 기반하여 행하신다는 것이다. 그 행하심의 방식을 인간이 다 측량하거나 예상할 수 없다. 하나님이 신묘막측하게 모든 것을 이뤄 가시는 과정에서 그 어떤 훼방이나 참소나 뜬소문이 있더라도 전혀 문제가 안 된다. 아무리 명판사라고 하더라도 사람은 검사나 변호사의 현란한 언어나 여타 조작된 증거에 속아 넘어갈 수 있다. 겉모습이나 덮어씌워진 이미지로 그릇되게 판단할 수 있다. 그렇기에 재판은 두렵다. 내가 옳더라고 하더라도, 거짓이 없다 하더라도 염려된다. 하지만 하나님은 자신에 대한 모든 재판에서 항상 "오직 하나님은 참되시다"라는 판결을 얻어 내신다. 따라서 우리도 기대할 수 있다. 그분이 우리 삶에서도 참되심을 드러내실 것이며, 또 우리의 일상에서도 하나님의 좋으심과 우리에 대한 사랑을 우리를 실질적으로 도우심으로써 증명해 내신다고 말이다. 그 공의로우신 하나님이 미워하시기로 한 에서에게도 선함을 보이셨거늘, 하물며 독생자 예수님을 희생하면서까지 사랑하기로 하신 우리이랴?

욥도 지난했던 시련의 과정을 다 거친 후, "내가 주께 대하여 귀로 듣기만 하였삽더니 이제는 눈으로 주를 뵈옵나이다"(욥 42:5)라는 유명한 고백을 했다. 그렇기에 오늘날 우리도 하나님이 거룩하시다는 것, 사랑과 공의라는 속성을 가지셨다는 것과 같은 하나님에 대한 지식은 성경에 쓰여 있는 글자를 외우고, 쓰고, 속독하고, 낭독해서는 진정한 의미에서 습득할 수 없다. 하나님이 거룩하시다는 것을 내 삶을 통해서 진짜로 경험해야 하고, 사랑과 공의를 삶의 요소요소에서 절절하게 느껴야 한다. 이러한 것을 다윗은 '맛보아 아는 것'이라 표현했다.

> 너희는 여호와의 선하심을 맛보아 알찌어다 그에게 피하는 자는 복이 있도다(시 34:8)

하나님의 속성과 하나님에 대한 지식은 맛보아 알아야 한다. 경험하고, 느끼고, 동행해야 안다. 살아 계신 하나님을 믿는다는 것은 어제나 오늘이나 영원토록 동일하게 역사하시는 하나님을 믿는다는 것은 그런 의미이다. 재차 말하지만, 하나님은 당신이 어떠하시다 규정하시고 우리에게 그 언어를 주입하면서 강요하지 않으신다. 표어를 작성하고 언어로 이미지를 형성하고 그것을 주입하는 것은 세상의 위정자들이 하는 것이다. 하나님은 사람으로 하여금 느끼게 하셨다. 경험하게 하셨다. 부정하지 못하도록 압도적으로 입증하시며 그 체험을 통해서 알게 하셨다. 그런데도 사람들이 오해하게 하면, 선지자나 대언자를 보내서 설명해 주셨다. 그조차 부족하니 아예 당신의 외아들을 인간의 모습으로 보내셔서 만나게 하셨고, 만지게 하셨고, 소통하게 하셨다. 결국 그 살을 영적으로 먹게 하셨으며 그 보혈을 마시게 하셨다. 그야말로 맛보아 알게 하셨다. 그러한 하나님의 행하심이 에서와 야곱의 거래에서도 동일하게 적용되었다. 이를 통해서 하나님께 미움받는 에서조차 하나님의 공의로우심을 맛보아 알게 하셨다.

에서와 야곱의 거래에서 만일 하나님이 야곱을 위해서 에서를 억울하게 만드셨다면, 야곱의 불공정한 거래에 동조해 주셨다면, 비록 리브가를 통해서 주어진 큰 자가 작은 자를 섬기리라 하신 예언이 손쉽게도 단번에 성취되었겠지만, 우리가 믿는 하나님은 공의의 하나님이시라는 것을, 미워하시는 자에게조차 공정하게 대하시는 분이심을 알 기회가 박탈되었을 것이다.

물론 하나님의 속성을 드러내려는 목적을 위해서 하나님이 일부러 침묵하며 개입하지 않으셨다는 말이 아니다. 하나님은 전능하시다. 굳이 목적을 위해서 수단을 합리화하거나 특정 수단에 구애되실 이유가 없다. 누군가의 눈치를 안 보신다. 하나님은 언제나 당신의 하나님 되심을 행동 양식으로 삼으신다. 신학적 용어로는 이를 '하나님의 주권'이라고 한다. 우리가 상황에 맞춰서 이리저리 다른 언행을 하고, 적응이라는 것을 하는 것은 기본적으로 힘의 한계가 있기 때문이며, 주권의 범위가 정해져 있기 때문이다. 하나님은 그러실 필요가 없다. 그런 점에서 하나님은 당신이 원하시는 대로 자연스럽게 결정하고 행동하신 결과가 바로 에서와 야곱의 거래에 개입하지 않으신 것이다. 따라서 이 하나님의 침묵은 공의의 하나님으로서 야곱의 그런 그릇된 행동에 동참하지 않으신 것으로 해석해야 한다. 이로써 에서 역시 공정한 대우를 받게 되었다.

이를 통해서 명백해지는 것이 있다. 바로 인간의 한계이다. 우리는 공의의 하나님께 편애를 구할 수 있다. 하나님께 사랑받는 자들은 때로는 하나님이 나의 편이 되어 주시길, 또는 우리에게만 특별한 대우를 해 주시길 기대한다. 그런다고 해서 그런 바람이 잘못된 것은 아니다. 편애가 없다면 사랑을 받는다는 느낌을 느낄 수 없다. 이는 눈으로는 사랑이라는 무형의 것을 볼 수 없는 인간이 가진 필연적인 한계 때문이다. 게다가 우리의 나약함도 한몫한다. 만약 공의의 하나님이 우리를 한없이 공평하게만 대하시면 어떨까? 찬양에서, 기도에서, 또는 설교에서 우리는 공의의 하나님을 찾긴 하지만, 실제로 공의의 하나님을 정말로 보고 싶은 사람은 단언컨대 없다. 시편 기자의 고백처럼 공의로운 하나님의 기준 앞에서 선하다고 인정받을 사람은 세상에 단 한 명도 없기 때문이다.

> 주의 종에게 심판을 행치 마소서 주의 목전에는 의로운 인생이 하나도 없나이다
> (시 143:2)

솔직히 말해서, 편애가 없다면 우리는 존재할 수 없다. 그렇기에 편애를 바란다. 나만을 사랑해 달라며 매달린다. 시편 기자의 기도는 심지어 뻔뻔하기까지 하다. "주는 나의 하나님이시니 나를 가르쳐 주의 뜻을 행하게 하소서 주의 영은 선하시니 나를 공평한 땅에 인도하소서"(10절)라며, 아무 선도 행할 능력이 없는 자신을 하나님이 사랑할 한 자로, 또 공평한 땅에 어울릴 만한 존재로 만들어 주시며 인도해 달라고 간청한다. 그러고는 자신에게 면제된 심판이 자기 원수들에게는 임하길 바란다(12절). 한 걸음 더 나아가서 그 심판을 통해서 원수들이 멸절되길 구한다.

> 주의 인자하심으로 나의 원수들을 끊으시고 내 영혼을 괴롭게 하는 자를 다 멸하소서 나는 주의 종이니이다(시 143:12)

이런 편애를 간청하는 뻔뻔한 고백, 그리고 하나님이 당신의 사람들에게만 하시는 특별 대우에 대한 기대가 잘못된 것이라면, 시편에 이와 같은 내용이 기록되지 않았을 것이다. 그렇기에 우리는 어린아이와 같이 하나님께 그러한 것을 기대하고 구하는 존재라는 것이 신구약을 통틀어 일관적으로 묘사되어 있다. 하지만 그러한 편애라는 것이 매 순간, 우리가 원하는 형태로, 우리가 원하는 시간에, 원하는 대상에게 늘 일어나는 일이냐는 것은 별개의 문제다. 물론 믿음은 바라는 것들의 실상이고 보이지 않는 것들의 증거다(히 11:1). 그 믿음이라는 것은 인간의 언어로 다 필설 할 수도, 형용할 수도

없는 무수한 일이 일어나게도 한다(히 11:2-40). 하지만 그 믿음으로 하나님의 주권을 침해할 수는 없다. 믿는 자가 할 수 있는 기도의 결국은 "주여, 나를 불쌍히 여기소서"이지, "하나님의 하나님 됨을 나를 도움으로 증명해 주십시오"가 아니다.

> 하물며 하나님께서 그 밤낮 부르짖는 택하신 자들의 원한을 풀어 주지 아니하시
> 겠느냐 그들에게 오래 참으시겠느냐(눅 18:7)

하나님은 그 미워하시는 에서에게도 공정하셨다. 그 이전에 그의 아버지 이삭의 이복형인 이스마엘이 이삭과의 후계자 경쟁에서 밀려서 자기 아버지 아브라함의 부족에서 쫓겨나 죽을 위기에 처했을 때도, 하나님은 그를 불쌍히 여겨 주시며 건져 주셨다. 그리고 미워하기로 하신 이스마엘이나 에서에게도 선하신 하나님이라는 것은 사랑하기로 선택하신 이삭이나 야곱에게 손해가 되지 않는다. 오히려 하나님께 사랑받는 자들에게서 그것은 더욱 커다란 희망이자 소망의 근거가 된다. 하나님이 미워하시는 자, 유기하신 자에게 조차도 공의를 베푸시고, 불쌍히 여겨 주신다면, 당신께서 사랑하시는 믿음의 백성 된 자에게는 얼마나 더 좋은 것을 베풀어 주실까? 그렇기에 믿음을 통해서 하나님의 자녀가 된 자들, 곧 그리스도인들은 오히려 더욱더 담대하게 하나님께 나아갈 수 있다.

이삭

장자의 명분 거래가 유효하게 적용되지 못한 것에는 가주이자 하나님의 사람, 그리고 부족의 장인 이삭의 의중이 강하게 반영된 결과이기도 하다. 전후 맥락을 살펴보면, 이삭이 실질적인 결정권자라는 것이 분명하다. 그렇다면 이삭의 입장을 살펴보자. 하나님의 사람이자 아브라함의 육적-영적 적통 이삭은 장자의 명분 거래가 진행되는 시점에서 모든 권한과 권리를 가진

육적-영적 리더였다. 만약 하나님이 리브가에게 주신 응답을 이삭에게도 주셨더라면, 이런 일 자체가 생기지도 않았다. 이삭이 하나님의 뜻에 대한 응답을 받지 못한 부분에서 오해하지 말아야 할 것은 하나님의 응답을 받았다는 것 자체가 어떤 영적인 수준이나 건전성의 지표가 되지 않는다는 것이다. 너무나 당연한 이야기이지만 굳이 언급할 수밖에 없는 이유는 현대 그리스도인들 사이에서 만연한 오해 때문이다.

하나님의 응답을 듣는 것은 특혜이지, 당연한 것이 아니다. 그 특혜라는 것도 하나님의 주권에 의한 선택이지, 개인이 가진 어떠한 영력이나 신앙적-신학적 성숙도를 평가하는 지표가 아니다. 만약에 하나님의 음성이 들린다거나 능력 행하는 은사를 받는 것이 영력을 평가하는 지표라고 주장한다면, 그런 구조 속에서 하나님이 마치 어떠한 영력을 가진 자에게 의무적으로 응답이나 은사를 주셔야 하는 '자판기' 혹은 입력된 데이터를 연산하여 출력하는 '컴퓨터 프로그램'과 다를 바 없을 것이다. 하나님은 모름지기 당신의 뜻에 따라서 응답도 하시고, 기적도 일으키시고, 은혜도 베푸신다. 사실 신앙 수준의 높고 낮음은 얼마만큼의 영적인 능력이나 신학적 지식을 갖추었느냐에 달린 것이 아니라, 얼마나 하나님을 경외하고 그분의 주권을 매사에 인정하느냐에 달려 있다. 이 점은 굳이 신령한 은사에만 국한되지 않는다. 성경 해석이나 설교, 각종 사역에도 적용된다.

너는 범사에 그를 인정하라 그리하면 네 길을 지도하시리라(잠 3:6)

에서와 야곱의 이야기를 서사의 구조라는 관점에서 살핀다면, 이삭의 존재는 '표면적으로는 인간들이 주체가 되어서 어떤 주권과 권리를 행사하는 이야기와 같아도, 그 심층까지 들여다보면 실제로 모든 주권은 오직 하나님이 가지셨다'라는 것을 명백하게 드러낸다. 이를 훗날 바울이 로마서에서 다룬다. 에서와 야곱뿐만 아니라, 구약 전반에 등장하는 선민과 유기된 자들을 나열하며, 하나님을 위해 인간이 하는 모든 신앙 행위를 '원하는 자'나 '달음박질하는 자'에 비유한다. 전자는 믿음으로 대표되는 영적인 행위를 상징하고, 후자는 열심으로 대표되는 육적인 행위를 상징한다. 하지만 누구를 긍휼히 여기고 누구를 불쌍히 여기실지 결정하는 것은 결국 하나님의 선택에 달려 있고, 그 선택에는 인간이 관여할 수 없다는 것을 바울은 분명하게 확언한다.

> 모세에게 이르시되 내가 긍휼히 여길 자를 긍휼히 여기고 불쌍히 여길 자를 불쌍히 여기리라 하셨으니 그런즉 원하는 자로 말미암음도 아니요 달음박질하는 자로 말미암음도 아니요 오직 긍휼히 여기시는 하나님으로 말미암음이니라(롬 9:15-16)

달음박질에 대한 부분은 새로운 것이 없어 보인다. 열심의 한계에 대해서는 교회사에서 많은 담론이 오갔고, 충분한 합의에 이른 부분이다. 인간의 열심이나 행위로는 하나님이 바라시는 의에 도달하지 못함을 부정하는 그리스도인은 없다. 하지만 원함으로 표현된 영적인 행위 부분에 있어서는 의아한 면이 있다. 원함이라는 것은 '영적이다', '육적이다'라고 하는 포장지 모양만 다를 뿐, 실상은 바울이 하나의 범주로 묶은 '행위'에 불과하다. 그런데도 그저 무형이라는 점 때문에, 일부 그리스도인들이 자기 개인 신앙에 대입하여 혼란을 초래하기도 한다. 원함이라는 것을 믿음이라고 바꿔 쓰거나, 기도로 바꿔 쓰더라도 달라질 것은 없다.

믿는 자에게는 능치 못함이 없고, 믿음은 아무것도 가진 것 없는 우리가 하나님을 기쁘게 해 드릴 수 있는 유일한 수단이다. 또한 믿음을 통해서 많은 불가능한 일들이 기적같이 일어난다. 그럴지라도 인간이 가진 '원함'의 한계는 명백하다. 우리가 믿음으로 원하고, 바라고, 구하고, 목적해도 하나님을 한 터럭도 바꿀 수 없다. 우리의 믿음을 통해서 하나님을 바꿀 수 있다고 주장하는 순간, 하나님의 전지하심을 부정하는 것이 된다. 우리의 믿음을 통해서 하나님의 마음을 바꿀 수 있다고 주장하는 순간, 하나님의 변치 않으심과 영원하심 및 전능하심을 부정하는 것이 된다.

우리는 자유롭다. 얼마나 자유롭냐면 그리스도의 십자가 희생을 부정하고 부인할 수 있을 만큼 자유롭다. 하지만 우리의 자유로움이 하나님의 전지하심을 벗어날 수는 없다. 우리의 믿음은 삶에서 마주하는 무수히 많은 불가능을 가능하도록 변화시키기에는 넉넉하지만, 하나님을, 그분의 뜻을, 그분의 마음을 눈곱만큼도 변화시킬 수는 없다. 믿음은 어디까지나 하나님이 믿음으로 여기시는 것만 믿음이다. 이를 벗어나는 것은 결국 믿음 그 자체를 우상으로 만든다.

우상이라는 것은 물리적인 형태를 갖춰야만 우상이 되는 것은 아니다. 형태는 우상의 필수 요소가 아니다. 영적인 우상도 얼마든지 존재할 수 있으며 발본색원하기 더욱 어렵다는 점에서 많은 주의를 요한다. 이는 사사기에서 천사 숭배를 통해서 하나님께 영광을 돌리려던 이스라엘 백성을 상기하게 한다. 우상과 다를 바 없는 그런 종류의 믿음으로 과연 하나님을 기쁘게 해 드릴 수 있을까? 그런 믿음을 하나님께서 믿음으로 여기실까? 절대로 아니다. 이런 메시지들과 참되게 믿는 여러 사람의 경험이 쌓이고 쌓이자, 구약의 중반쯤에 이스라엘 백성들은 하나의 결론을 내린다. "여호와께서 자기를 경외하는 자를 불쌍히 여기시나니"(시 103:13). 우리가 결국 하나님께 드릴 수 있는 고백은 "우리를 불쌍히 여기소서"이다. 복음서에서 많은 이스라엘인이 예수께 "다윗의 자손 예수여 우리를 불쌍히 여기소서"(마 9:27; 막 10:47; 눅 18:39)라고 외친 것도, 바울이 '불쌍히 여기심'(롬 9:15)을 언급한 것도 우연이 아니다.

이러한 인간 믿음의 한계를 창세기에서 선명하게 보여 준 것이 바로 이삭이다. 에서와 야곱의 이야기에서, 이삭은 무엇을 믿었는가? 이삭은 무엇을 하였는가? 어떠한 역할을 선택했는가? 이삭은 에서를 사랑했다. 그리고 에서를 하나님이 이삭의 후계로 선택하셨다고 믿었고, 에서에게 있는 장자의 명분과 장자의 축복권을 인정하는 것이 옳다고 여겼다. 그것이 잘못인가? 그렇지 않다. 비록 그의 믿음의 내용은 하나님의 뜻과는 달랐지만, 그것은 이야기의 시작과 끝을 전지적 관점으로 쓴 성경을 소유한 우리이기에 알고 있는, 당시에는 비밀에 해당하는 내용이다.

이삭은 하나님의 선택에 대해서 어떠한 응답도 받지 않았다. 응답을 주셨음에도 영적인 능력이 부족하여 받지 못한 게 아니라, 하나님이 그에 대한 어떠한 응답도 주지 않으셔서 받지 못했다는 점이 중요하다. 하나님의 사람인데, 당대 영적인 리더인데, 하나님의 뜻을 모를 수 있는가? 그렇다. 모를 수 있다. 이삭의 이야기에 따르면 그렇다. 그래서 하나님의 사람이라도 장래 일들에 대해 기대할 것들이 있다. 아직 모르는 것들도 있다. 크고 비밀한 일들로 하나님께서 반전을 이루시고 놀라운 일을 행하실 것이라는 기대도 할 수 있다. 하지만 애석하게도 내가 기대한 대로 내가 원하는 대로 삶이 흐르지는 않는다는 것을 이삭에게서 분명하게 볼 수 있다.

정리하자면, 하나님이 선택하신 후계자와 이삭이 선택한 후계자를 의도적으로 불일치시킨 것은 하나님이시다. 이는 이삭이 에서를 억지로 사랑하게 하셨다는 의미가 아니다. 다만 이삭이 자기의 의지와 판단, 그리고 기호에 따라서 장자인 에서를 더 사랑하는 것을 막지 않고 '허용'하셨다. 창세기 전반에서 이삭이라는 인물이 보여 준 아주 모범적인 모습을 고려하면, 후계자를 결정하는 것에서 수도 없이 하나님께 여쭙고 또 구했으리라 예상하는 것은 어렵지 않다. 자기가 사랑하는 아내 리브가가 하나님께 응답받았다는데, 그것을 무시하거나 그저 꿈이라 일축할 이삭은 절대 아니다. 그런데도 하나님과 불일치가 되었다는 것은 그것을 통해서 하나님이 대단한 작품을 만드실 예정이라는 것이다.

하나님은 야곱을 사랑하셨다. 그래서 야곱을 선택하셨다. 반면에 에서는 미워하셨다. 그래서 에서를 유기하셨다. 하나님이 에서를 미워하시는 방법은 뒤에서 더 자세히 다룰 것이다. 여기서 우리가 확인하고 가야 할 것은, 이 시점의 이삭이 후계자에 대해서, 그리고 자녀에 대해서 하나님과 다른 의견을 가지고 있다는 것이 별 문제가 되지 않는다는 것이다. 이것도 우연이 아니다. 명백하게도 하나님이 이삭이 가진 자유를 존중하시고 또한 그가 원하는 대로 결정하도록 허용하신 결과이다.

이것이 하나님의 의도라면, 우리가 좀 더 심도 있게 살펴야 할 것들이 파생된다. 내 사랑하는 자녀가 하나님의 사랑을 받지 못한다는 게 어떤 기분일까? 사랑하는 자녀가 하나님의 '은혜의 울타리' 안에서 생활하지 않는다면, 그 부모의 마음은 어떨까? 이 부분은 현대인인 우리도 충분히 공감할 수 있지 않은가? 혹 가까운 가족이 하나님을 믿지 않고 있는가? 야곱과 에서의 경우는 단순히 종교나 믿음의 문제가 아니라 선택과 유기의 문제이다. 이삭이 할 수 있는 것이 무엇인가? 하나님이 사랑하는 자를 사랑하고 하나님이 미워하는 자를 미워하는 것이 믿음이고 신앙이라면, 이삭의 자세는 과연 믿음에 가까운가? 이삭은 과연 어떻게 해야 했는가? 이삭이 에서를 대하는 것을 통해서 어쩌면 우리는 하나님께 버림받았다는, 그런 유기를 경험자를 대하는 법을 배울 수 있지 않을까? 때때로 일부 기독교인들은 믿지 않는 자들에게 적개감을 드러내기도 한다. 그것이 옳다면 하나님을 따라 에서를 미워하지 않은 이삭은 죄를 짓기라도 한 것인가?

당연하게도 해당 시점에서 하나님이 에서를 미워하시며 유기하셨다는 것을 이삭은 알지 못했다. 이는 하나님이 의도하신 것이다. 그렇기에 에서는 이삭으로부터 편애에 가까운 사랑을 받을 수 있었다. 하나님의 사람인 이삭이, 하나님이 미워하는 대상을 자기의 기호에 따라 사랑할 리가 없으니, 만약에 하나님이 에서를 미워하시기로 하셨다는 것을 알았다면 진정으로 에서를 사랑할 수 없었을 테니까 말이다. 사람은 누구나 사랑받아야 한다. 그 어느 아이라도 사랑을 받으며 성장하는 것이 이상적이다. 우리는 모두 사랑이 필요하다. 그래서 하나님은 당신께서 미워하기로 하신 에서조차 아버지의 사랑을 충분히 받게 하셨다. 만약에 응답을 받은 것이 이삭이었고, 에서를 편애했던 것이 리브가였으면 어떻게 되었을까? 서사가 오염된다. 아담과 하와 이야기에서부터 여성의 귀책 사유가 도드라졌는데, 응답을 받은 것이 이삭, 그리고 하나님의 뜻과 반대된 사랑을 한 것이 리브가라면, 그 서사를 대하는 이스라엘 자손과 우리는 그 이야기에서 '하나님의 주권'을 바르게 인지

하는 것이 아니라, '특정 성별의 영적 무지'를 탓하느라 소중한 시간과 감정을 허비하고 있을 것이다.

또한 성향의 문제도 있다. 결과론적인 이야기지만, 아무래도 야외 활동 위주로 생활하는 에서의 성향상, 이삭과 더 잘 어울렸고, 야곱은 장막 생활로 대표되는 집안일 등에 관심이 많았기에, 어머니 리브가와 그 성향이 잘 맞았다. 이에 하나님은 인간의 취향이나 자연스러움을 묵살하고 강제로 무언가를 집어넣으시는 분이 아니라는 것을 알 수 있다. 그래서 하나님이 무엇인가 이루실 때, 우리의 자유 의지가 침해된다고 느끼지 못한다. 그런 부분이 훗날 숨어 계시는 하나님(사 45:15), 즉 "비밀스럽게 일하시는 하나님"이라는 개념으로 정립된다. 이야기의 당사자들은 하나님의 일하심을 인지하지 못한다. 하나님은 부자연스럽게 개입하시거나 억지로 우리를 끌고 가시는 분이 아니라, 우리 각자의 개성을 존중해 주시는 형태로 자연스럽게 인도해 주시는 분이기 때문이다. 그 안에서 우리는 마음껏 자유 의지를 누린다. 그리고 목적지에 도달하고 나서야, 하나님의 행하심을 뒤늦게 깨닫고 우리는 하나님을 향한 경외감에 몹시 떤다. 매우 극심하게 떨린다. 우리를 인도하시고 한 치의 오차도 없이 우리를 이끄신 하나님을 뒤늦게 발견하고. 우리는 크고 놀라운 경외에 휩싸인다.

따라서 이삭이 해야 했었던 일은 결국 이삭이 한 일이다. 다시 말해서 이삭의 행위에는 딱히 돌이켜 되돌릴 것이 없다. 하나님이 허용하신 대로, 자기의 기호와 성향에 따라 에서를 사랑했으면 되었고, 아무리 아내인 리브가가 응답을 받았다 하더라도, 하나님이 자기에게 직접 응답을 주시기 전까지는 에서를 후계자 삼는 것이 옳았다. 애초에 하나님이 야곱을 통해서 조성하실 민족은 이삭의 세력을 상속받아서 만들 것이 아니었기 때문이다. 이삭이 어떠한 생각 끝에 뜻을 결정한 것인지 창세기에 묘사되어 있지 않지만, 추측하건대, 이삭의 입장에서는 리브가가 받은 응답이 맞다면, 이삭이 어떻게 행동하건 말건 하나님이 그 뜻을 이루실 것이고, 이삭의 행동이나 사랑을 바꾸실 의향이 있으셨다면, 하나님과 직접 소통이 가능한 자기에게도 응답을 주셨으리라 생각했을 것이다. 따라서 리브가가 응답을 받았다는 것을 믿는다고 할지라도, 이삭은 주어진 환경에서 최선을 다해 하나님이 주신 환경과 마음에 따라 에서를 사랑하는 것을 멈출 이유가 없었다.

어찌 되었든, 그런 이삭은 장자의 명분 거래를 전해 들었다. 하지만 우리가 행간을 통해서 알 수 있듯이, 이삭은 그 거래를 인정하지 않은 것이 분명하다. 그 연유가 장자의 명분이라는 것이 거래를 통해서 거래되지 않을 거라는 인식 때문인지, 혹은 그 거래의 공정함과 적합성 여부 때문인지는 성경이 말하고 있지 않으나, 이삭은 여전히 에서를 야곱의 맏형으로 여겼고 자기 후계자로 생각했다. 이것이 비록 결과적으로 하나님의 뜻에 반하는 형태이더라도, 그것이 죄이거나 하나님이 미워하는 행위가 되지 않았다. 오히려 이삭의 이야기를 통해서 하나님이 이런 말씀을 하시는 듯하다.

"너희와 내가 중간 과정에서 의견이 다른 건 괜찮다. 아직 함께 가야 할 길이 많지 않니? 그렇지만 그 중간 과정에서의 불일치를 통해서 에서가 아버지의 사랑을 받을 수 있었고, 리브가라는 여인이 보호받을 수 있었단다. 너와 내 생각은 하늘과 땅만큼 다르지만, 너무 걱정하지 말아라. 다 과정이란다. 모든 것이 결국 합력하여 선을 이루게 할 거야. 그러니 내 선한 뜻을 이루는 것에는 그 무엇도 문제가 되지 않는단다."

3장 ——————— 실책의 향연: 장자의 축복

장자의 축복

이삭이 나이 많아 눈이 어두워 잘 보지 못하더니 맏아들 에서를 불러 가로되 내 아들아 하매 그가 가로되 내가 여기 있나이다 하니 이삭이 가로되 내가 이제 늙어 어느 날 죽을는지 알지못하노니 그런즉 네 기구 곧 전통과 활을 가지고 들에 가서 나를 위하여 사냥하여 나의 즐기는 별미를 만들어 내게로 가져다가 먹게 하여 나로 죽기 전에 내 마음껏 네게 축복하게 하라(창 27:1-4)

하나님의 사람 이삭도 나이가 들었다. 그리고 앞서 언급했던 야곱의 제한 시간의 끝, 그러니까 아버지 이삭의 보호도 소멸할 때가 다가왔다. 가주인 아버지가 쇠약해지고 결국 에서가 실권자가 되는 순간 발발할 야곱의 안전을 보장받지 못하는 상황 말이다. 이때 이삭의 나이를 역산해 보면 100살을 훌쩍 넘겨 130대 중반 정도 되었고, 이삭의 몸도 예전 같지 않았으니, 이삭의 최후를 예상하는 것도 무리는 아니었다. 창세기 기자는 굳이 장자의 명분 거래 이후, 에서와 야곱의 상황을 설명하거나 그 거래의 효력에 관해서 이야기하는 것에 지면을 할애하지 않고, 내레이션과 이삭의 말을 통해서 그간의 일을 행간으로 충분히 묘사한다.

창세기 25~26장에서 야곱 친화적으로 기록했던 창세기 기자조차도 이삭이 "맏아들 에서"를 불렀다며, 에서를 장자로 지칭한다(27:1). 훗날 이야기지만, 실제로 장자의 명분에서 중요한 권리 중 하나인 상속권조차 에서가 행사했다. 이는 앞서 우리가 살폈듯, 장자의 명분 거래에서 야곱이 실질적으로 얻은 것은 전혀 없었다는 것이 명확해지는 대목이다. 에서는 아버지 이삭의 명령을 이행하기 위해서 자리를 비웠고, 형이자 차기 가주인 형이 부재한 바로 그 틈을 노려서 야곱은 아버지 이삭을 속이기로 한다.

이에 70여 년이나 하나님의 약속을 굳게 잡고 인내하며 기다렸던 어머니 리브가도 개입한다. 야곱은 리브가의 제안을 그 어떠한 도덕적으로 주저함도 없이 흔쾌히 받아들인다. 그는 혹여 아버지를 완벽히 속이지 못했을 때 아버지에게 저주를 받을까 두려워했다(창 27:11-12). 그에 대한 해결책으로 리브가는 이 모든 과정에서 야곱에게 임할 저주를 자신이 대신 받겠다며 맹세하고 재차 권한다. 야곱은 못 이기는 척 그대로 이행한다(13절). 이 서사에서 리브가의 존재는 아버지를 속이는 야곱의 귀책을 감소시킬 수 있는 요소가 될 수 없다. 야곱은 전혀 아버지를 속일 생각이 없었고, 아버지는 그저 어머니의 꼬임에 넘어간 것이 아니다. 야곱은 오히려 적극적으로 아버지를 기망하려는 의도를 가지고 행동했으며, 리브가는 다만 그에게 임할 저주를 대신 받겠다고 자청했을 뿐이다.

이삭이 그 아들 에서에게 말할 때에 리브가가 들었더니 에서가 사냥하여 오려고 들로 나가매 리브가가 그 아들 야곱에게 일러 가로되 네 부친이 네 형 에서에게 말씀하시는 것을 내가 들으니 이르시기를 나를 위하여 사냥하여 가져다가 별미를 만들어 나로 먹게 하여 죽기 전에 여호와 앞에서 네게 축복하게 하라 하셨으니 그런즉 내 아들아 내 말을 좇아 내가 네게 명하는대로 염소떼에 가서 거기서 염소의 좋은 새끼를 내게로 가져오면 내가 그것으로 네 부친을 위하여 그 즐기시는 별미를 만들리니 네가 그것을 가져 네 부친께 드려서 그로 죽으시기 전에 네게 축복하기 위하여 잡수시게 하라 야곱이 그 모친 리브가에게 이르되 내 형 에서는 털 사람이요 나는 매끈매끈한 사람인즉 아버지께서 나를 만지실찐대 내가 아버지께 속이는 자로 뵈일찌라 복은 고사하고 저주를 받을까 하나이다 어미가 그에게 이르되 내 아들아 너의 저주는 내게로 돌리리니 내 말만 좇고 가서 가져오라 그가 가서 취하여 어미에게로 가져왔더니 그 어미가 그 아비의 즐기는 별미를 만들었더라(창 27:5-14)

야곱은 아버지를 속여서라도 장자의 축복을 빼앗고 싶어 했고, 리브가도 그것에 동참한 것으로 보아, 장자의 명분 거래의 유효성에 대하여 남들과는 의견이 달랐던 것 같다. 그들만은 장자의 명분 거래가 유효하다고 여겼기에, 이삭을 속이는 행위를 자신의 정당한 권리를 되찾는 것이라 포장할 수 있었다. 야곱과 리브가는 장자의 명분 속에 장자의 축복까지 포함된 것으로 여겼던 모양이다. 그렇기에 그들은 주저함 없이 행동했다.

반면에 에서는 장자의 명분 거래와 장자의 축복을 별개인 것으로 여겼다. 에서는 거래에 동의하며 맹세까지 했으나, 다른 사람들이 자기를 맏아들 취급하는 것에 대해서는 크게 저항감이 없이 행동한다. 장자의 명분이라는 것에 대해서 깊이 고찰해 보지 않은 듯한 행동으로 야곱은 아주 불리한 상황에 부닥쳤다. "장자의 명분을 네게 준다 맹세했지만, 그게 뭐? 난 분명히 줬는데 네 대우가 달라진 게 없는 걸 내가 책임지리? 나를 맏아들로 여기는 아버지의 마음을 내가 나서서 강제로 바꿔 드리기라도 하랴?"라는 태도로 일관했다. 야곱에게 장자의 축복을 빼앗긴 것을 깨달은 에서가 아버지 이삭에게 울부짖으며 야곱을 비난한다. 에서는 장자의 명분을 빼앗겼다는 것을 분명히 인지했다. "그가 나를 속임이 이것이 두 번째니이다 전에는 나의 장자의 명분을 빼앗고 이제는 내 복을 빼앗았나이다"(창 27:36). 물론 그 거래가 유효했는지, 사회적으로 인정을 받는지는 또 다른 차원의 이야기이다. 에서가 한 하소연에서 그는 장자의 명분과 장자의 축복을 분리해서 이해하고 있었다는 것이 확인된다.

	장자의 명분 거래	장자의 명분과 장자의 축복권 관계
야곱	유효	장자의 명분에 포함
에서	유효	별개
이삭	인정하지 않음	생각을 밝히지 않음
리브가	유효	장자의 명분에 포함

[각 인물이 가진 장자의 명분과 축복권에 대한 견해]

　이들의 행적은 결국 추후 전통과 관습을 구성할 최초 사례들의 집합이다. 그래서 후대의 관점으로는 시비를 가릴 수가 없다. 이들 중 결국 승자에 해당하는 자의 견해가 살아남아 후대인들이 누리는 기준이 되었기 때문이다. 따라서 누구의 견해가 옳은가를 살피기보다는, 그들이 왜 합의에 이르지 못했는가에 중점을 두고 짚어봐야 한다. 당시의 인물들은 저마다 장자의 명분 거래에 대해서 다른 견해를 가지고 있었다. 그런 순간에 하나님의 개입이 절실했지만, 하나님은 가만히 계셨다. 그리고 늘 그렇듯 하나님이 침묵하실 때 인간의 말들이 늘어난다. 인간의 말들이 많아지면 불확실성과 분란이 폭증한다. 하나님이 보이신 의도적인 침묵 속에서 등장인물들은 저마다의 곡조로 노래하며 춤추기 시작한다. 그 춤사위는 서로와 서로를 피 흘리게 하고 깊은 생채기를 남긴다.

　그런 상황에서 야곱이 주도적으로 할 수 있는 일은 거의 없다. 아버지 이삭을 설득할 수도 없었고, 형 에서에게 장자의 명분 거래를 이유로 축복의 권리 또한 양도하라고 요구할 수도 없었다. 설령 에서가 그것을 동의한다고 하더라도, 여러 가지 문제가 생긴다. 축복하는 것은 어디까지나 아버지 이삭의 고유한 권리로서, 에서가 아버지에게 축복받는 것을 거절하는 것도 순리에 맞지 않는다. 그렇다고 해서 손을 놓고 있기에는, 앞 장에서 언급한 '제한 시간'이라는 점이 발목을 잡는다. 그렇기에 야곱은 리브가와 함께, 장자인 형의 부재를 이용하여 아버지 이삭을 속이는 책략을 실행하기에 이른다.

여기서 한가지 드러나는 점이 있다. 바로 야곱과 리브가는 뭔가 믿는 것이 있었다는 것이다. 무엇을 믿었을까? 이삭의 축복을 받으면 드디어 야곱이 실질적인 장자로서 인정받을 수 있으리라 믿었다. 믿음은 바라는 것들의 실상이요 보이지 않는 것들의 증거라고 하지 않았던가? 믿는 자에게는 능치 못함이 없다. 믿음으로 사는 자들의 기도는 반드시 응답되며, 히브리서에 기록한 것처럼 믿음은 많은 불가능한 일을 가능하게 만든다. 하지만 하나님이 보시기에 믿음인 것만이 히브리서에서 묘사한 능력 있는 믿음이다. 우리의 바람은 믿음이 아니며, 우리의 바람으로 하나님을 조종할 수 없다. 심지어 바른 믿음으로도 하나님을 조종할 수 없다. 성경적 믿음의 시작은 하나님을 경외하는 지혜를 가지는 것이다. 따라서 하나님의 경외하는 지혜로운 자는 감히 하나님을 변화시키거나 조종하려는 형태의 믿음을 가질 리 없다.

이 장면에서 야곱은 아버지 이삭의 축복에 대한 확고한 "믿음"이 있었다. 그 축복에 하나님이 응답해 주실 거라는 믿음이 있었다. 야곱은 하나님이 인정해 주신다면 결국 사람들도 자신을 맏아들로 인정해 줄 거라 믿었다. 그 영적인 축복이 자기를 에서에게서 보호해 주리라 믿었다. 하지만 그가 '믿음'이라고 착각한 '바람'에는 성경적 의미에서의 지혜가 없었다. 그의 바람은 지혜를 통해서 형성된 것이 아니다. 다만 두려움에 터 잡았다. 무엇에 대한 두려움인가? 에서에 대한 두려움, 아버지의 건강이 악화하면서 결국 가주로 등극하여 자신을 숙청할 권력을 가질 에서에 대한 불안감이었다. 야곱은 그 바람을 이룰 방법을 모색했고, 그것이 마침내 소위 '믿음'이라는 것이 되어 어떤 능력을 발휘하기에는, 하나님의 지혜가 낄 틈이 없었다. 결과적으로 그곳에는 야곱과 리브가의 꾀, 책략, 그러니까 인간의 '지혜'만 있었다.

너희 믿음이 사람의 지혜에 있지 아니하고 다만 하나님의 능력에 있게 하려 하였노라(고전 2:5)

리브가의 고민 : 누구를 탓할 것인가?

리브가의 입장에서 이야기를 살펴보면 도입부에서 언급했던 '응답의 불균형'이 떠오른다. 리브가의 심중에는 여러 가지 생각이 교차했을 것이다. 성경은 증언한다. 리브가와 이삭 사이에서 사랑의 결실을 보게 하신 것은 하나님이시고(창 25:21), 하나님은 결국 쌍둥이로 태어난 그 두 아들을 통해서 각각 민족을 이루실 것이고, 두 민족 간에는 힘의 격차가 있을 것이며, 큰 자가 작은 자를 섬기게 될 것을 분명하게 말하고 있다. 리브가는 두 아들이 쑥쑥 자라는 모습을 다 지켜보며 살아왔다. 그러는 중에 결혼도 하고 두각도 나타내면서 독자적인 세력을 알음알음 형성하던 에서는 아버지의 복이나 상속분이 없어도 민족을 이룰 것만 같았다. 반면에 섬김을 받을 거라 응답하신 야곱은 섬김을 받기는커녕 민족조차, 독자적인 세력조차, 가정조차 이루지 못할 것으로 보였다.

게다가 야곱은 장자의 명분 거래 사건에서, 궁박에 처한 형을 속이고 그의 지위에 대해 욕심을 내고 있음을 들켜, 그 신변이 위험한 상태였다. 이삭이 에서에게 모든 세력을 물려주고, 또 그가 죽으면, 야곱은 당장 형 에서에게 제거당할 것을 걱정했어야 했다. 조급해진 리브가는 개입했다. 이는 그녀 자신의 야망이나 욕심 때문이 아니었다. 리브가는 믿고 싶었다. 야곱을 돕고자 하는 마음은 하나님이 주신 것이라고. 게다가 그녀가 받은 응답은 남편과 아내 사이의 '불균형'한 것이었다. 남편 이삭은 하나님을 대면해서 아는 자였지만, 어째서인지 두 민족에 대한 응답과 큰 자가 작은 자를 섬길 것이라는 응답은 직접 받지 못했다. 이런 불균형 속에서, 하나님의 응답을 이야기한 리브가의 말 그대로 하나님이 역사하지 않으신다면, 그래서 야곱이 그저 형의 손에 죽거나 제대로 된 세력도 구축하지 못한다면, 리브가는 하나님의 이름을 망령되이 일컫은 것이 된다.

현대인들은 전지적인 관점으로 해당 이야기를 본다. 그렇기에 리브가가 받은 응답이 옳았다는 것을 안다. 그러나 리브가는 어땠을까? 리브가도 야곱이 시달리던 시간 제한에 걸려 조바심이 났다. 게다가 리브가가 받은 응답이야말로 터무니없는 것이었다. 이성적인 사고가 가능한 사람이라면 믿지 못할 말이다. 낙후된 의학과 부족한 영양학적 지식으로 영유아 사망률도 높은 고대이다. 두 아이가 무사히 태어나는 것만으로도 기적이던 시대였다. 각각 민족을 이룬다는 약속이 성취되려면 두 아이가 태어나서 무사히 장성할 뿐만 아니라, 각각 괄목할 만한 성과를 내어서 독자적인 두 개의 세력을 구축해야만 한다. 각종 사회 안전망이 존재하는 현대에서도, 아직 태어나지도 않은 쌍둥이가 각각 수백, 수천 년 지속될 기업의 창업자가 될 것이라고 한다면, 과연 몇 명이나 믿을 수 있을까? 힘을 합쳐서 하나의 민족을 만든다고 하면 차라리 믿는 시늉이라도 해 보겠지만, 두 민족이라니? 게다가 굳게 믿은 리브가에게는 어떤 삶의 현실이 기다리고 있었는가?

시일이 흐를수록 에서와 섬김을 받는다고 약속된 아들 야곱의 격차는 줄어들기는커녕 오히려 더 벌어져만 갔다. 이런 상황 속에 남편도 설득이 되지 않는다. 리브가가 아니라 그 누구라도 생각이 복잡해졌을 것이다. 차라리 하나님이 응답을 주셨다는 것을 부정할 수 있었다면 마음이 편했을 테지만, 애석하게도 그것은 분명 응답이 맞다. 하나님이 약속을 잊기라도 하셨는가? 아니면 리브가 자신이 무언가 잘못을 했는가? 아니면, 그녀가 결국 미치기라도 한 것일까? 리브가야말로 그 마음에 무수한 의문의 소용돌이로 괴로운 자였다.

현실과 응답에 괴리가 발생했을 때 우리는 선택하게 된다. 우선은 탓할 대상을 정한다. 그 대상은 흔히 하나님, 타인, 혹은 자기 자신이다.

탓하는 대상	반응	문제
하나님	"하나님도 무심하시지"	하나님의 사랑하심에 위배
	"하나님은 없다"	개인 경험과 현상으로 영적 대상의 존재 여부를 알 수 있는가?

타인	"네가 무언가 잘못해서 그래"	하나님의 전지하심에 위배
	"네가 의심해서 그래"	
자신	내가 잘못해서, 혹은 노력이 부족해서 하나님이 뜻을 바꾸셨나 봐	하나님의 전지하심에 위배
	내가 응답받았다 착각한 거 아닐까?	인간의 한계에 기반한 합당한 의심이기에 그 자체로는 문제 없음
	내가 응답을 잘못 이해하고 있는 거 아닐까?	

[응답과 현실에 괴리가 발생했을 때 일반적인 반응]

표에 기재한 하나님의 전지하심에 대하여 부연하자면, 하나님이 무슨 응답을 주셨을 시점에 이미 그 응답을 받고 난 이후에 전개될 나의 삶까지도 하나님이 다 알고 계신다는 것은 분명하다. 주님은 전능하시며(모든 것을 하실 수 있다), 전지하시기(모든 것을 아신다) 때문이다. 우리의 고백이나 설교와 기도만 성경적이어야 하는 것이 아니라, 심지어 의심조차도 성경적이어야 할 필요가 있다. 그렇다면 리브가의 선택은 어떠했는가? 이 표에 따르면 리브가는 "내가 응답을 잘못 이해하고 있는 거 아닐까?"라는 생각을 붙잡았다.

리브가가 잘못 이해한 것이라는, 방법론에 관한 것이었다. 바로 자신의 두 자녀가 각각 민족을 이루고 큰 자가 작은 자를 섬기게 되리라는 약속을, 그동안 두손 두발 다 놓고 그저 믿고 기다리면 주님이 이뤄 주신다고 믿었던 것에 대해 그렇게 생각했다. 따라서 리브가는 자신의 개입조차도 전지전능하신 주님이 계획하신 것으로 판단하고 끼어들기로 했을 것이다. 하지만 수정된 그 생각은 잘못된 것이었다. 결과적으로 처음 믿었던 대로 하나님이 다 알아서 해 주실 일이었다.

전지전능하신 하나님이라는 개념은 아브라함과 동시대를 살던 욥도 가지고 있었다. 욥기의 등장인물들이 하나님을 유독 '전능자'라 칭하는데, 한글 번역본 성경으로 살펴보아도 서른두 차례나 '전능자'라 호칭한다. 등장인물들은 저마다 욥의 시련에 대해서는 극심한 견해 차이를 보이고 있지만 하나님의 전지전능하심에 대해서는 모두 동의한다. 욥의 친구들은 하나님이 전지하시기에 욥이 아무리 죄를 잘 숨겼어도 다 알고 계신다고 주장한다. 욥의 항변도 결국 하나님의 모두 아심에 기반한다. "주께서는 내가 악하지 않은 줄을 아시나이다 주의 손에서 나를 벗어나게 할 자도 없나이다"(욥 10:7). 최소 7년 또는 그 이상 길게 이어진 욥의 고난에 대한 욥과 친구들의 언쟁을 자세히 살펴보면, 그들의 논쟁은 실상 하나님의 아심의 범위에 관한 것이다.

욥의 친구들이 주장하는 하나님의 아심은 현실의 모든 것을 아시는 하나님이고, 욥이 주장하는 하나님의 아심은 그뿐 아니라 시간을 초월해서 모든 것을 아시는 하나님이시다. 따라서 욥은 만약에 숨긴 죄 때문에 자기를 버리실 하나님이셨으면, 미리 아시는 주님께서 애초에 욥 자신을 선택하지도 않으셨을 것이라며 항변하는 장면이 쭈욱 이어진다. 한마디로 욥의 친구들은 하나님을 시간 축 안에 계시는 분으로 이해했고, 욥은 하나님을 그 시간 축 밖에 존재하는 분으로 믿기에 그들 사이에 견해차가 존재한 것이다. 하나님의 전지전능하심 자체는 그들이 모두 동의하는 상식이기에, 논쟁의 여지가 되지 않았다.

이렇듯 하나님의 전지전능하심은 신학이 발달한 이후에나 등장한 것이 아니라, 아예 성경의 시작 때부터 공공연히 알려진 하나님의 속성이다. 하나님이 전지전능하시다는 것을 믿었기에 아브람이 자기 고향을 떠나서 가나안으로 향할 수 있었고, 주님께서 전지전능하시다는 것을 알았기에 아브라함이 이삭을 바칠 수 있었다(히 11:19). 이삭은 희생 제물로 그 제단에 올랐으나, 결국 모든 것을 아시는 주님이 미리 마련해 놓으신 어린양이 그를 대신하여 희생했다. 그래서 이삭은 살아남았다. 오히려 시댁에서 생생하게 듣고 보고 또 배운 하나님이 전지전능하시다는 그 사실을 추호도 의심하지 않고 굳게 믿었기에, 리브가는 그 미련한 일을 야곱과 함께 계획한다.

물론 이 시점, 리브가가 장자의 축복을 에서에게 강탈하는 것이 자신에게 응답하신 하나님의 뜻, 곧 민족을 이룬다는 그 약속의 성취를 위해서 필수 불가결한 것이 아니었다고 제대로 통찰했더라면 얼마나 좋을까? 그 어떤 인간적인 변수도 하나님의 뜻을 꺾을 수 없고, 그분이 정하신 바를 바꿀 수 없으며, 주께서 친히 야곱의 미래를 보장해 주실 것이라 굳게 믿고 두려워하지 않았더라면 오죽 좋았으련만. 두려워하는 가운데 저주받을 각오까지 해 가면서, 본인이 나서서 주님의 명예와 그 이름을 지켜 내겠다고, 그분의 뜻을 기필코 사수하겠다고, 그 민족을 반드시 만들어 보겠다 뭔가 하지 않고, 가만히 서서 여호와가 야곱을 위하여 행하시는 구원을 볼 참된 믿음이 있었더라면, 그래서 자신의 의심으로 인해서 촉발한 "하나님을 위한 행위"를 멈췄더라면 얼마나 좋았을까?

하나님은 가만히 계시고, 내가 앞장서는 것을 믿음으로 착각하는 것은 참된 지혜도 아니고 신앙도 아니다. 하지만 리브가도 그저 연약한 인간일 따름이다. 리브가도 십자가 이전, 성령님이 개인별로 내주 역사하시는 성령 시대 이전 사람이다. 그녀에게 그런 한계가 있었다고 한들 영적으로 풍요로운 시대에 배부른 우리가 손가락질할 수 있을까? 그럴 수 없다. 리브가의 뼈아픈 실수가 없었더라면, 오늘날 우리가 이런 영적 풍요 시대를 누릴 수 있었겠는가?

이 모든 과정을 통해서 가장 큰 수혜를 누리는 것은 다름이 아닌 우리다. 하나님은 리브가의 실책에조차 의미를 부여하셔서 후대를 살아가야 할 우리를 위한 '기준'과 하나님에 관한 지식을 주시는 방편으로 삼으셨다. 따라서 이 부분은 리브가를 비난할 부분이 아니라, 하나님께 영광을 돌려야 마땅한 부분이다. 리브가는 하나님께서 에서가 야곱을 섬길 것이고, 야곱도 민족을 이룰 것이라는 응답을 굳게 믿어 의심치 않았다. 하지만 전지전능하신 하나님이 모든 것을 사람의 도움이 없이 이루신다는 것까지는 시대에 허용된 점진적 계시의 한계 때문에 완전히 알지 못했다. 그렇기에 그녀는 불안해했다.

자신이 무언가 해야 한다고 생각했다. 자신이 에서보다 상대적으로 약한 야곱을 지켜야 한다고 생각했다. 자신이 야곱의 편을 들어 줘야 한다고 착각했다. 어쩌면 그렇기에 하나님이 자기에게 그런 응답을 주셨으리라 생각했을지도 모른다. 그리고 그런 하나님에 대한 반쪽짜리 믿음은 리브가의 모성을 마치 밤새 하나님과 씨름하다 정강이뼈가 상한 사람처럼 비틀거리게 했다. 그런 불안한 사랑 속에서, 그런 왜곡된 사랑 속에서, 그 편애 속에서 하나님의 사람이자, 부족의 장, 그리고 자기 남편인 이삭을 속이기로 했다. 자신의 행위가 믿음에 기반한 행위라고, 또한 하나님을 위하는 행위라고 오해하면서 말이다.

방법론 : 가장

리브가가 집안 자기 처소에 있는 맏아들 에서의 좋은 의복을 취하여 작은아들 야곱에게 입히고 또 염소 새끼의 가죽으로 그 손과 목의 매끈매끈한 곳에 꾸미고 그만든 별미와 떡을 자기 아들 야곱의 손에 주매 야곱이 아버지에게 나아가서 내 아버지여 하고 부른대 가로되 내가 여기 있노라 내 아들아 네가 누구냐 야곱이 아비에게 대답하되 나는 아버지의 맏아들 에서로소이다 아버지께서 내게 명하신대로 내가 하였사오니 청컨대 일어나 앉아서 내 사냥한 고기를 잡수시고 아버지의 마음껏 내게 축복하소서(창 27:15-19)

맏아들 에서는 아버지 이삭의 명령을 이행하기 위해서 자리를 비웠다. 에서의 부재를 야곱과 리브가는 뭔가 해 볼 수 있는 마지막 기회로 여겼고, 이참에 이삭을 속이기로 했다. 하지만 왜 속이는 선택을 했을까? 하나님의 사람이자 가주인 이삭을 장자의 부재를 틈타서 속인다는 것은 여러 면에서 부담스러운 행위였다. 실패했을 때는 말할 것도 없고, 성공한다고 하더라도 위험에 처할 수 있다는 것은 불 보듯 뻔한 일이었다.

앞서 언급했듯, 야곱이 아버지 이삭을 속이는 일을 주저했던 것은 도중에 들통이 나서 아버지에게 저주받는 것 때문이었다. 그렇다면 성공한다고 하더라도 아버지가 분노하여 축복을 돌이키고 저주할 가능성도 농후했다. 형에서의 분노는 물리적인 장소를 떠나 도망하는 방법이라도 있다지만, 아버지의 저주는 어떻게 피하겠는가? 따라서 이삭을 속인다는 선택은 위험성은 크지만 얻을 것은 적은 선택이었고, 그 사실을 리브가와 야곱이 모를 리 없었다. 그렇기에 이 기회를 이용해서 아버지를 속이는 선택보다는, 읍소하거나 설득하는 게 더 와닿는 선택으로 보인다. 하지만 그러지 않았다. 아니 그러지 못했던 것으로 보인다. 아마 이삭은 이 시점에서 에서에게 장자의 축복을 주기로 굳게 결심한 상태였을 터이다. 이삭의 결심이 얼마나 대단했던지, 위험성이 적은 그 '설득'이라는 선택을 할 수 없었다고 추측할 수 있다.

이삭이 에서와 야곱 간의 장자의 명분 거래를 인정하지 않고, 그리하여 장자의 축복권을 에서에게 주는 선택을 한 것은 단순히 에서를 편애하기 때문만은 아니었다. 이 축복권 사건이 일어난 시점의 상황을 살펴보면 누구라도 에서에게 장자의 축복을 주는 것이 옳다고 여겼을 것이다. 우선 에서가 장자로 태어났다. 이는 하나님의 사람 이삭에게 있어서는 더욱 각별한 의미가 있는 사실이었다. 완전하신 하나님이 에서를 장자로 태어나게 하신 이유가 있다는 믿음은 하나님을 경외하는 이삭에게 있어서는 논리 필연적이었다. 게다가 인간적인 관점으로 보더라도 마찬가지였다.

그의 형 에서는 이미 결혼했고 어엿한 가정을 이룬 후였다(창 26:34). 이 시기에 에서는 자녀도 여럿 있었고, 그 자녀들도 지금으로 치면 청년 정도 되었을 터이다. 훗날 그들은 모두 훌륭한 족장으로 이름을 날렸으니, 이 시기부터 두각을 드러냈을 것이다. 따라서 이삭 입장에서 에서를 후계로 결정하는 것은 손주 대까지의 권력 승계도 확실히 보장되는 선택이 된다.

반면 야곱은 결혼조차 하지 않아서 후사가 없었다. 그런 후사가 없는 야곱을 장자로 삼거나 장자의 축복을 주는 것은 결코 현명한 선택은 아니었다. 더군다나 앞서 다뤘듯 에서는 장자로서의 역량을 충분히 갖췄고, 장자권을 빼앗길 만한 심대한 귀책 사유도 없었다. 심지어 이는 후대의 기준인 율법에 터 잡아 판단하더라도 같은 결론에 도달한다.

성경 지면에는 묘사되지 않았지만, 이삭은 분명 성경에 기록된 여느 하나님의 사람과 마찬가지로 하나님께 기도하는 사람이었다. 만약 리브가의 주장처럼 하나님의 뜻이 야곱을 후계자로 삼아야 한다면 응답해 달라고 아뢨을 것이다. 하지만 하나님은 그런 응답을 주시지 않았다. 그렇기에 이삭은 장자 에서를 그가 태어날 때부터 가졌던 장자의 권리를 인정했다. 이 점은 다음에 세세히 다뤄 보기로 하고, 이 지점에서는 이삭이 설득될 수 없을 정도로 굳건한 의지를 갖추고 있었다는 것만 확인하도록 하자. 그리하여 리브가와 야곱은 이삭을 속이기를 결정한다.

이삭이 에서를 선택한 그 모든 이유는 리브가와 야곱에게 있어서는 조급해야 할 이유가 되었다. 그 결과 그들은 사고의 유연성을 상실했다. 이 지점이 리브가가 처음으로 에서와 야곱의 관계에 끼어든 장면이다. 다시 말해 리브가도 하나님의 응답을 받았을지언정, 그동안 섣불리 관여하지 않고 하나님의 행하심을 기다리던 인물이었다는 것이다. 하지만 이 시점에 이르러서는 70여 년의 세월을 인내하며 기다린 리브가조차 더는 참지 못했다. 남편의 죽음을 앞두고는 그녀도 제정신을 유지할 수 없었다. 마치, 대단한 믿음의 사람들인 마르다와 마리아조차도 자기 형제인 나사로가 죽은 지 나흘이 지나자 더는 참을성을 보이지 못하고 울음을 터트린 것과 같다고 할 수 있다. 그리고 그러한 경위에서 리브가는 결국 에서와 야곱 사이에 관여하기로 했다.

리브가와 야곱이 선택한 이삭을 속이는 방법은 에서로 가장하는 것이었다. 아무리 이삭의 시력이 약해졌고, 기력이 없다고 한들 신체적 특징이나 목소리 등이 다른 에서와 야곱을 구분하지 못할 리 없었다. 제아무리 아버지 이삭의 결심이 굳건하고 설득으로는 아무런 소득도 얻을 수 없다고 확신한다고 하더라도 '가장'이라는 방법은 더 없이 무지한 선택이었다. 아무리 이삭의 시력에 문제가 발생했고 그 기력이 예전만 못하더라도, 그는 어디까지나 하나님의 사람이었다. 그는 가주였으며 부족의 장이었다. 그렇다. 이삭은 결코 만만한 상대가 아니었다.

그 '가장'이라는 것도 면밀한 준비를 통해서 한 것도 아니었다. 그것은 우발적이고 즉흥적이었다. 이는 어느 날 갑자기 이삭이 에서에게 사냥할 것을 명령하고 축복하겠다 하면서 모두가 황급히 일을 벌인 탓이었다. 그저 짐승 가

죽이나 뒤집어쓰고, 형의 옷을 어설프게 입고 나서 성대모사를 하는 야곱의 모습은 꽤나 우스꽝스러웠을 것이다. 더없이 어설픈 그 방법이 혹여 성공한다고 하더라도, 속였다는 사실과 아울러 속이는 방법인, 장자에서로 '가장'한 일은 당시 사회적 통념이 정한 선을 넘어 버린 것이었다. 따라서 장자의 명분 거래 때와 같이, 사회적으로 인정을 받지 못함이 자명하다.

하지만 이번의 경우 야기될 문제는 단순히 사회적 인정을 받을 수 있는 여부의 수준을 넘어선다. 에서는 이제 더 이상 어린 청년이 아니다. 자녀들도 장성한 가장이자 족장이었고, 그 휘하에는 따르는 무리도 많았다. 그런 상황에서 에서로 가장한다는 것은 에서가 야곱을 용서하더라도 그 휘하에 누군가가 '충심'을 이유로 야곱을 처치하더라도 전혀 이상하지 않은 상황이 전개될 것이 뻔했다. 이는 그저 형 에서만 적으로 돌리는 행위가 아니라, 에서의 많은 자녀와 그 부하들을 적으로 돌리는 행위이기 때문이다. 게다가 장자의 명분 거래를 아무도 인정해 주지 않았는데, 축복권을 그러한 방식으로 빼앗는다면 누가 인정을 해 줄 텐가? 아무리 따져 보아도 위험성은 컸고 얻을 것은 없어 보였다. 한마디로 이삭을 속인다는 선택부터 그 방법론인 가장까지, 지혜는 터럭만도 찾아볼 수 없는 미련투성이었고 어설픔 천지였다.

이 장면에서 리브가와 야곱은 마치 절벽까지 내어 몰린 사람들과 같다. 빠르게 스러져 내리는 모래시계를 초조하게 바라보는 사람들처럼 어떠한 여유도 찾아볼 수 없을 만큼 서두른다. 그리하여 건반을 세차게 두드리지만 무엇 하나 제대로 된 음정을 내지 못하는 피아노 연주가 시작되었다. 그리고 이상스럽게도 리브가와 야곱뿐만 아니라 등장하는 인물 모두 어떤 보이지 않는 손에 의해서 나사가 풀린 기계 장치처럼 삐걱거리기 시작한다. 귀에 거슬리는 불협화음이 들리며 실책의 향연이 열린다.

실책의 향연

하나님의 사람인 자기 남편 이삭을 속여서라도 야곱을 축복받게 하겠다고 결심한 리브가. 그녀는 혹여나 일이 잘못되어서 야곱이 저주를 받게 된다면 그 저주를 자신이 대신 받겠다고 맹세까지 했다. 일이 잘되더라도 만에 하나 분노한 이삭이 축복을 거두고 저주를 퍼붓는다면, 그조차도 자신이 받겠다는 의지를 불태우면서 리브가는 하나님의 사람을 속이기로 굳게 다짐한다.

이것은 겉보기에 결연한 믿음의 형태를 띠지만, 하나님이 믿음으로 인정할 만한 것은 아니었다. 하나님의 전지전능하심을 믿었기에 결정한 것이었지만, 결코 제대로 된 적용은 아니었다. 야곱과 리브가 둘 다 실책을 범했다. 그 실책은 바로 자신이 해야 할 일을 상황만을 보고 결정했다는 것이다. 하나님의 응답 없이 말이다. 제아무리 극적인 상황에 몰려 있다 하더라도, 제아무리 절망에 내어 몰려 있다 하더라도, 심지어 오랜 기간 하나님께서 침묵하신다고 하더라도, 그 자체가 우리 마음대로 행동해도 된다는 것을 의미하지는 않는다.

> 너는 마음을 다하여 여호와를 의뢰하고 네 명철을 의지하지 말라 너는 범사에 그를 인정하라 그리하면 네 길을 지도하시리라 스스로 지혜롭게 여기지 말찌어다 여호와를 경외하며 악을 떠날찌어다(잠 3:5-8)

물론 후대에 쓰인 잠언의 말씀으로 야곱과 리브가를 책잡는 것은 이치에 어긋난다. 이건 반대로 보아야 할 부분이다. 야곱과 리브가가 하나님을 믿었으나 극한 상황에 처한 나머지 끝까지 신뢰하지는 못했고, 각자의 명철을 의지했다. 그들은 꾀를 짜냈다. 그들이 짜낸 꾀와 지혜는 당대에 선하다 일컬음을 받기에는 부족한, 그 누가 보기에도 분명 악한 일이었다. 그 과정에서 하나님께 묻는 과정이 생략되었다. 그러한 선례를 그들이 남겼기에 잠언 3장의 말씀의 근거가 되었다. 그렇기에 이 잠언 말씀은 어디까지나 하나님이

후발적으로 의미를 부여하셔서 그와 같은 잘못을 저지르지 않도록 교훈하신 부분이다. 그러나 그것이 후대에 유익이 되는 선례가 되었다고 해도 그 행위와 실책을 합리화할 수는 없다. 당시에 그로 인해 피해를 보고 상처를 입은 당사자들이 있었기 때문이다.

당시 야곱과 리브가가 저지른 그 실책이 화근이 되어 비극이 시작되었다. 이윽고 그 실책이 맺은 쓴 열매를 맛볼 시간이 도래했다. 그 결과, 기적으로 태어난 이삭과 그가 운명처럼 만난 여인 리브가, 그 둘이 만들어 낸 가정이 무너지려고 한다. 지금이야 배우자가 마음에 들지 않으면 이혼도 한다. 이웃이 마음에 안 들면 이사를 하면 된다. 이민도 고려해 볼 수 있다. 하지만 고대의 중동, 그 가나안 무법 지대에서는 이야기가 달라진다. 최소한의 치안이나 사회적 안전망도 없던 시기, 무리에 떨어져서 홀로 떠도는 자들을 노리는 노예상들이 즐비하던 시대, 무리 지어 생활하던 부족이나 가정은 한 개인에게 최소한의 인간적인 삶을 제공해 줄 수 있는 울타리였다. 이는 리브가도 야곱도 익히 아는 바였다. 실상 그들은 이러한 것을 감안하고 그 모든 일을 저질렀다.

나름대로는 각자의 마음을 그 누구보다도 잘 아시며 그들의 조급한 처지를 불쌍히 여겨 주실 하나님께서 도우시리라는 막연한 기대도 있었겠지만, 그런 감정적인 접근은 언제나 그렇듯 결국 파국만 낳는다. 내 믿음조차 하나님을 조종할 수 없는데, 하물며 막연한 기대랴? 이 지점에서, 바로 이 순간에, 즉 이삭을 속이려고 마음먹은 찰나에 리브가와 이삭의 사랑이 결실을 보아 이룬 가정의 울타리가 무너져 내린다.

그러나 하나님의 사람인 이삭, 그 이삭의 아내인 리브가, 그리고 하나님의 민족의 시조로 택함을 받은 야곱. 그들의 실책은 어디까지나 하나님이 허용하시는 '안전망'의 범위 내에서 발생한 일이다. 의인이 일곱 번 넘어져도 여덟 번 일어날 수 있는 비결은 의인의 강한 힘이나 철저한 대비, 뛰어난 의지력 때문이 아니다. 여덟 번 일어날 만한 상황이나 상태에서만 넘어지도록 허용하신 하나님의 세세하고 자상한 은혜가 그들의 인생에서 함께하므로 가능하다.

그렇기에 이제 곧이어 펼쳐질 실책의 향연에서 등장인물들을 거악처럼 묘사하지 않으려 한다. 오히려 그것을 허용하셔서 어떠한 장대한 이야기를 이루시는 하나님을 기대해 보려 한다. 주님이 귀하게 여기시는 가정이 무너지는 상황도 모두 하나님의 허용하심 안에서 벌어진다는 사실을 바탕에 깔고, 앞으로 전개될 일들을 살피려 한다.

리브가의 실책

남편 이삭을 속인다는 결정에 도달하기까지 리브가에게는 참작할 만한 여러 가지 사유가 있었다는 것을 앞서 이미 다뤘다. 기왕에 속이기로 작정했다면 좀 더 치밀하게 했을 법도 한데 리브가의 행동은 매우 허술하고 어설펐다. 짐승의 털가죽을 야곱의 몸에 붙이고, 에서의 옷을 서둘러 입혔으며, 야곱의 성대모사 실력에 의존했다. 또한 그 계획의 실패나 성공에 아무런 대비도 하지 않았다는 점만 엉성했던 것이 아니다.

어미가 그에게 이르되 내 아들아 너의 저주는 내게로 돌리리니 내 말만 좇고 가서
가져오라(창 27:13)

생사화복을 리브가가 어떻게 관장할 수 있을까? 부모의 마음이야 자녀가 화를 당하거나 죽음을 맞이해야 한다면 차라리 자신이 모두 당하고 싶어 하는 것은 당연하다. 하지만 우리의 감정이 아무리 진실하고 애절하며 강하다 한들, 또 침상을 다 적실만큼 울부짖는다 한들, 생사화복은 오직 하나님이 주관하신다. 부모는 실상 자녀에게 아무것도 해 주지 못할 때가 많다. 때때로 현대 그리스도인들 사이에서도 혼동되는 개념이 '복'과 '축복'이다. 인간은 복을 줄 수 없다. 다만 축복할 뿐이다. 축복은 복을 빌며 기원한다는 의미이다. 반면 하나님은 축복하지 않으신다. 하나님은 복을 주신다. 하나님은 우

리를 위해서 어디다 대고 무언가를 빌거나 기원하지 않으신다. 하나님은 주고자 하시는 것을 직접 주신다. 하나님보다 더 큰 이가 없는데, 하나님이 다른 그 누구에게 기원하고 바라시겠는가?

> 하나님이 아브라함에게 약속하실 때에 가리켜 맹세할 자가 자기보다 더 큰 이가 없으므로 자기를 가리켜 맹세하여 가라사대 내가 반드시 너를 복 주고 복 주며 너를 번성케 하고 번성케 하리라 하셨더니(히 6:13-14)

리브가는 자신이 조절할 수 없는 것, 자신의 권한 밖인 것을 맹세했다. 제아무리 하나님의 사람 이삭이라 할지라도, 혹 그 이삭보다 위대한 종교 지도자가 있다고 한들, 그들이 축복하는 언어에 무슨 힘이 있어서 대상에게 복이 임하지 않는다. 그들이 저주하는 혀에 무슨 대단한 권세가 있어서 그 대상에게 저주가 임하지 않는다. 오로지 그 축복하고 저주하는 말을 하나님이 옳다고 여겨 주시고 성취해 주셔야지만 그것들이 그 대상에게 적용된다.

이는 바꿔 말하면, 하나님을 믿는 믿음의 족속은 사람의 입에서 나오는 말에 구애되지 않는 존재라는 뜻도 된다. 사람이 우리를 축복한다고 우리의 삶이 나아질 수 없다. 그들이 우리를 칭찬하고 칭송한들, 그들이 많은 약속과 맹세로 많은 효익을 보장한들, 그것들로는 믿음의 민족이 살 수 없다. 마찬가지로 많은 사람이 우리를 저주한다고, 나쁜 소리를 한다고, 위해를 가한다고 해서 우리가 망하지 않는다. 이 견지를 조금 더 확장하면 누군가의 희생도 필요 없다는 말이 된다. 자녀의 잘됨을 위해서 부모가 대신 저주받고 대신 수욕을 당해서 어떠한 효익을 끼치는 것 또한 불필요하며 불가능하다. 이것은 무신론적인 관점에서는 절망이지만, 하나님이 살아 계신다면, 그리고 그 하나님이 내 자녀를 사랑하신다면, 내 부모를 사랑하신다면 곧 희망이다.

내 자녀가 저주받지 않기 위해서, 내 자녀에게 화가 임하지 않기 위해서 내가 대신 저주받거나 화를 당할 필요가 없게 하신다. 독생자 예수를 주셔서 우리를 대속하신 하나님께서 그러한 것을 아브라함 때도 경험케 했다. 이삭을 대신하여 하나님이 예비하신 어린양이 대신 희생한 전례가 있다. 그러한 이야기를 듣고 자란 리브가와 야곱도 하나님의 그러하심을 알 수 있었다. 하지만 리브가 또한 사람이다. 리브가 또한 어머니다. 살과 뼈로 이루어진, 혈관 혈관에 절절히 넘실거리는 사랑을 주체하지 못하여, 공연히 자신의 권한을 벗어난 것을 맹세하면서까지 자녀에게는 저주가 임하지 않기를 바라는 엄마였다. 사랑은 어찌 그리도 아무리 현명한 사람조차도 미련한 행동을 하게 만드는지, 사랑에 눈이 멀어 버렸다는 표현도 있지 않던가? 리브가의 바람과 맹세는 결국 이뤄지지 못했다. 야곱의 처지를 조금도 낫게 할 수 없었다. 그로 인해서 도망자가 된 것은 어디까지나 야곱이었고, 저주에 가까운 고생을 하게 된 것도 여전히 야곱이었으니까. 리브가가 야곱 대신 광야로 나가 주는 일은 일어나지 않았다. 따라서 리브가조차 마음은 원이지만 냉엄한 현실에서 자녀에게 아무것도 해 주지 못한 애타는 어미가 되었다.

앞서 언급했듯, 이를 통해서 리브가를 책망하려는 것은 결단코 아니다. 하지만 그렇다 하더라도 리브가의 선택이, 그녀의 행동이 실책이 아닌 것은 아니다. 다만 그렇기에 많은 세월이 흐른 현재, 오늘을 살아가는 우리도 리브가의 행동에 공감이 되고 이해가 된다. 자녀를 사랑하는 부모의 마음이나 자녀를 걱정하는 부모의 마음을 대입한다면, 자녀가 위기에 처했을 때 시야가 좁아지는 어쩔 수 없는 부모의 본능적 사랑을 대입한다면, 고대의 인물이라 할지라도 현대인들도 충분히 공감할 수 있는 인물이 바로 리브가이다. 다만 그것이 결과적으로 실책이 된 것은 그러한 마음과 그러한 기대로 하나님을 조종할 수는 없다는 원칙 때문이다. 리브가에게 공감할 수 있고 이해할 수 있다는 것은 십자가 이후 성령 시대를 살아가는 우리 또한 리브가의 실책을 반복하고 있다는 의미이기도 하다.

리브가의 실책은 직접적인 문제를 초래하지는 않았다. 하나님이 무슨 일을 하시는 것에 방해된다든가, 에서와 야곱의 삶을 망쳐 놓은 종류의 실책도 아니었다. 그 모든 것은 하나님이 허용하시는 범주 안에 들어가 있는 지극히 인간적인 실책이며, 사람이 완전하지 않기에, 강철로 만들어진 심장을 소유하지 않았기에 범한 실책이다.

따라서 그녀의 실책으로 인해 진정 피해를 본 대상은 타인이 아니었다. 오히려 그로 인해 피해를 본 대상은 다름 아닌 리브가 자신이었다. 그녀의 불필요한 실책은 자칫 자기 마음에 자녀들의 신세를 망쳐 놨다는 자책감이나 불필요한 슬픔이 가득 들어차게 할 수 있었다. 어차피 하나님 주권 하에 모든 것이 합력하여 선을 이루고, 에서도 야곱도 민족을 이루어 잘될 것이라면, 공연히 리브가의 마음이 깎일 필요가 없음에도 불구하고 말이다.

성경은 말한다. "무릇 지킬 만한 것보다 더욱 네 마음을 지키라"(잠 4:23a). 이를 통해 우리는 인간의 생사화복을 하나님만이 주관하신다는 것을 인정하는 것이 곧 궁극적으로 마음을 지키는 보호막이 되어 준다는 교훈을 얻을 수 있다.

이삭의 실책

야곱이 아버지에게 나아가서 내 아버지여 하고 부른대 가로되 내가 여기 있노라 내 아들아 네가 누구냐 야곱이 아비에게 대답하되 나는 아버지의 맏아들 에서로소이다 아버지께서 내게 명하신대로 내가 하였사오니 청컨대 일어나 앉아서 내 사냥한 고기를 잡수시고 아버지의 마음껏 내게 축복하소서 이삭이 그 아들에게 이르되 내 아들아 네가 어떻게 이같이 속히 잡았느냐 그가 가로되 아버지의 하나님 여호와께서 나로 순적히 만나게 하셨음이니이다 이삭이 야곱에게 이르되 내 아들아 가까이 오라 네가 과연 내 아들 에서인지 아닌지 내가 너를 만지려 하노라 야곱이 그 아비 이삭에게 가까이 가니 이삭이 만지며 가로되 음성은 야곱의 음성이나 손은 에서의 손이로다 하며 그 손이 형 에서의 손과 같이 털이 있으므로 능히 분별치 못하고 축복하였더라 이삭이 가로되 네가 참 내 아들 에서냐 그가 대답하되 그러하니이다(창 27:18-24)

야곱은 이윽고 우스운 꼴을 하고서 아버지 이삭에게 나아갔다. 형 에서의 옷을 입고, 짐승의 털을 몸에 붙이고, 형의 목소리를 그야말로 모사해 가며 이삭의 곁으로 왔다. 과연 부족의 수장답게 이삭도 호락호락하지만은 않았다. 이삭의 건재함은 이삭의 의심을 통해서 드러난다. 첫 번째로는 시간의 문제였다. 이삭이 예상하는 것보다 빠르게 음식이 준비되자, 이삭은 의문을 가졌다. 하지만 뒷이야기까지 본다면 야곱이 너무 서두른 것은 아니었다. 야곱이 일을 마치고 자리를 뜨자 그 즉시 에서가 들어왔다. 야곱이 조금이라도 지체했더라면, 도중에 형에게 가장한 모습을 들켰을 것이다. 하지만 사냥하고 요리하는 데 걸리던 시간이 평소에 비하면 터무니없이 짧았던 것은 사실이었다. 이삭은 그 기력이 꺼져 가더라도, 눈이 잘 보이질 않더라도 정신은 여전히 가주의 그것에 걸맞았다. 이에 대해서 야곱은 하나님이 도와주셨기 때문에 가능했다고 답했다. 이 발언에는 생각보다 큰 문제가 내포되어 있는데, 이는 야곱의 실책 분야에서 다뤄 보기로 하자. 두 번째 의심은 목소리에 근거했다. 하지만 가까이 오게 해서 만져 보니 몸에 털이 있었기 때문에, 그 촉감을 믿고 에서라 생각했다.

	의심의 근거	일축한 근거
첫 번째 의심	사냥하고 요리했다고 하기에는 시간이 너무 빨랐다.	하나님께서 도와주셨다는 변명을 믿었다.
두 번째 의심	목소리가 꼭 야곱 같다.	몸의 털, 촉감을 믿었다.

[이삭의 의심]

에서와 야곱은 너무나도 달랐다. 그러하기에 시력에 문제가 발생한 이삭 또한 의심했다. 정 석연치 않다면 종이나 식솔을 불러 확인받을 수도 있었다. 하나님께 여쭤볼 수도 있었다. 하지만 이삭은 자신의 촉감과 귀와 판단에만 의지했다. 그래도 의구심이 가시지 않았는지 한 번 더 물었다. 하지만 '설마 그렇게까지 하겠어'라는 생각에 에서라는 대답을 믿는다. 물론 제아무리 하나님의 사람이라 할지라도 매번 하나님께 여쭤 가면서 살아가기는 쉽지 않다. 다만 이는 여느 상황도 아니고, 아주 중요한 장자의 축복을 주는 순간이었다. 그런데도 이삭 또한 더없이 허술했다. 하나님이 함께하셔서 가뭄에서도 지키시고 왕의 손아귀에서도 리브가를 지켜 주신 것을 경험해 온 하나님의 사람 이삭을 그깟 애들 장난 같은 가장무도회에서나 볼 수 있을 법한 차림으로 속일 수 있었다니 이것이야말로 석연치가 않은 부분이다.

> 이삭이 가로되 내게로 가져오라 내 아들의 사냥한 고기를 먹고 내 마음껏 네게 축
> 복하리라 야곱이 그에게로 가져가매 그가 먹고 또 포도주를 가져가매 그가 마시
> 고 그 아비 이삭이 그에게 이르되 내 아들아 가까이 와서 내게 입맞추라 그가 가
> 까이 가서 그에게 입맞추니 아비가 그 옷의 향취를 맡고 그에게 축복하여 가로되
> 내 아들의 향취는 여호와의 복 주신 밭의 향취로다(창 27:25-27)

이 지점에 이르러서 이삭은 포도주를 기분 좋게 들이키고 술기운이 올랐을 것이다. 능숙한 사냥꾼으로서 명성이 높던 에서의 삶과는 동떨어진 '밭' 냄새가 나는데도 더는 의심하지 않았다. '밭'으로 번역된 단어는 '샤데(שדה)'로, 경작된 밭과 동물이 사는 들을 둘 다 의미하기는 하나, 28절에 이삭이, 하나님께서 그 땅을 기름지게 하사, 풍성한 곡식과 포도주를 얻게 하시길 구하는 것을 고려하여 본다면, 이는 명확하게 경작된 밭을 의미한다고 보는 것이 자연스럽다. 야곱은 리브가의 도움으로 에서의 옷을 훔쳐 입었는데, 어째서 에서의 옷에서 밭의 향취가 났을까? 그리고 이삭이 이 점에 대해서 전혀 의심하지 않았다니. 이 부분에 이르러서는 참으로 기묘한 상황이 아닐 수 없다. 상황이 여기까지 진행되자 리브가와 야곱의 어설픈 가장은 결국에는 성공하고 만다.

하나님의 사람도 때로는 자신의 오감을 의지한다. 자신의 판단을 의지한다. 현상을 만져 보고, 냄새를 맡고, 눈으로 보고, 귀로 들으며, 또한 맛본다. 그리고 자기 경험에 따라 그것을 충분히 인지했다 생각하고 나면, 하나님께 묻지 않는다. 마치 하나님께서 지치실까 봐 사소한 일은 맡기지 않으려 하는

배려심을 보이는 듯 말이다. 하지만 하나님이 우리에게 바라시는 것은 어설 픈 배려나 아무짝에도 쓸모없는 염치가 아니다. 도리어 매 순간 하나님을 찾 고 구하는 것을 즐거워하신다. 세상 부모도 피곤해서 지치면 그 사랑의 마음 과는 다르게 자녀의 칭얼거림을 다 받아 줄 수 없을 때가 있지만, 하나님은 피곤하지 않으시며 곤비하지 않으시다(사 40:28).

물론 이 장면에서 하나님의 사람 이삭이 그러한 하나님의 성품을 알지 못 해서 실책을 저지른 것이 아니다. 이삭의 삶은 탄생부터 장자의 축복권 사 건까지, 그리고 그 이후에도 기적과 은혜의 연속이었다. 이삭은 늘 하나님 과 동행했고 하나님을 의지하며 인생의 크고 작은 문제와 사건들을 이겨 왔 다. 그는 당시 그 누구보다도 하나님을 절절하게 경험한 사람이었다. 따라서 이삭이 하나님의 어떠하심을 알지 못한 것은 아니다. 마음이 부족했던 것도 아니다. 그도 연약한 모습을 보였을 뿐이다. 이 지점에서 우리가 얻어야 할 교훈은 다만 이삭이 많은 기적을 경험하고도, 하나님께 은혜를 입고도 자신 의 판단을 의지하는 실수를 범했다는 것이 아니다. 이삭을 통해서 알 수 있 는 것은 아무리 많은 기적을 경험했어도, 아무리 하나님과 동행했어도, 하나 님의 사람으로서 대단한 사회적, 영적 지위를 가지고 있어도, 다른 종교에서 이야기하는 해탈의 경지나 도인, 혹은 인간을 초월한 초인이 되지 않는다는 것이다. 이는 훗날 바울이 의인은 없나니 하나도 없다며 시편을 인용하여 역 설한 말씀과 일맥상통한다(롬 3:10).

하나님이 우리에게 놀라운 일을 행하시며 도우시는 것은 우리를 초월적 인 존재나 유별난 사람으로 개조하려 하심이 아니다. 정말 특별히 예외적인 경우가 아니라면, 하나님은 우리를 바꾸시려는 목적으로는 개입하지 않으신 다. 그리고 이미 준비된, 그 은혜와 기적에 걸맞은 영적 성숙을 이룬 자이거 나 신앙적 대가가 되어야만 도우시는 것도 아니다.

성경은 하나님이 우리를 도우시는 이유를 다른 곳에서 찾지 않는다. 오로 지 그분의 성품에서 찾는다. 주께서 우리에게 진노를 오래 품지 않으심은 바 로 인애를 기뻐하시기 때문이다(미 7:18). 그렇기에 당신의 인애를 기뻐하시는 성품에 근거해 야곱에게 성실을 베푸시고 아브라함에게 인애를 더하신 것처럼, 우리를 불쌍히 여기셔서 죄악을 발로 밟아 우리의 모든 죄를 깊은 바다에 던지시겠다고 약속하신다(미 7:19-20).

이 말씀을 종합하면, 결국 주님이 우리를 도우시고 사랑하시는 이유는 다만 그렇게 하는 것이 주님의 성품에도 잘 맞고, 그 자체를 즐겁게 여기시기 때문이라는 결론을 낼 수 있다. 그렇기에 그 도우심을 앞세워 생색을 내시거나, 그 주신 은혜를 빌미 삼아 우리를 조정하려고 하지 않으신다.

이러한 성경적 진실은 현대 그리스도인이 가진 두 가지 오해와 정면으로 대치된다. 첫째는 하나님이 준비된 자를 도우신다는 오해이고, 둘째는 하나님의 기적을 경험하면 자연스럽게 영적인 성숙에 이를 것이라는 막연한 기대이다. 우리는 때로는 기적의 사람들, 은혜를 많이 받은 사람들, 종교적으로 높은 위치의 사람들이 남다를 거라 기대한다. 하지만 그것은 헛된 기대이다. 이삭이 그러했듯, 하나님의 사람조차도, 평생 미증유의 기적을 경험했던 자라 할지라도, 여전히 실수할 수도 있고 넘어질 수 있다.

따라서 이 지점에서 확실해지는 것은 두 가지가 있다. 하나는 성경에 기록된 은혜, 또 오늘날 성도가 경험하는 은혜는 그야말로 값없이, 그리고 조건 없이 도우시며 인애를 베푸시는 하나님의 전적인, 말 그대로 '은혜'라는 것이다. 또 다른 하나는, 우리 그리스도인은 세상에 의인은 없나니 하나도 없기에 호흡하는 자를 의지하거나 기대할 수 없다는 사실이다. 이 점은 인자로 오신 예수님을 그분이 본디 성삼위 하나님이라는 이해 없이, 그저 그분의 '사람 되심'만 보고 '선한 이'라고 지칭했던 젊은 부자에게 답변하신 말씀에도 분명하게 드러나 있다.

예수께서 이르시되 네가 어찌하여 나를 선하다 일컫느냐 하나님 한 분 외에는 선한 이가 없느니라(막 10:18)

걸출한 하나님의 사람인 이삭도 실수했다는 사실은 도리어 우리를 겸손하게 만든다. 우리의 마음과 생각에 한계선을 정해 준다. 우리가 비록 신앙을 가졌고 하나님과 동행하고 많은 은사와 기적을 체험한다 한들 그것이 우리를 신분적으로나 구조적으로나 남보다 더 뛰어난 존재로 만들지 않는다. 신앙 밖의 존재나 다른 종교인을 대할 때도 우리가 우월한 위치에 있다고 자긍할 수 없다. 제아무리 다양한 기적과 은사를 경험하고 또 하나님과의 동행이라는 영예를 소유했다 하더라도, 우리는 여전히 한낱 인간에 불과하다.

옳도다 저희는 믿지 아니하므로 꺾이우고 너는 믿으므로 섰느니라 높은 마음을 품지 말고 도리어 두려워하라 하나님이 원 가지들도 아끼지 아니하셨은즉 너도 아끼지 아니하시리라 그러므로 하나님의 인자와 엄위를 보라 넘어지는 자들에게는 엄위가 있으니 너희가 만일 하나님의 인자에 거하면 그 인자가 너희에게 있으리라 그렇지 않으면 너도 찍히는바 되리라(롬 11:20-22)

하지만 이삭의 사례는 우리에게 겸손을 안겨 주는 것에만 국한되지 않고 또한 우리에게 성경적인 희망도 준다. 사노라면 신앙생활을 오래 했음에도, 하나님과 동행함에도 부족한 내 자신을 발견하고 주눅 들 때가 온다. 이렇게 못나고 이렇게 못된 자의 기도도 하나님께서 들으실까 고민한다. 완전한 모습이 아니기에, 아니 평균도 안 되는 모습이기에, 때로는 하나님을 찾기 두려워 그 예전 사울 왕처럼, 그 옛날 아담과 하와처럼, 하나님의 낯을 피하고자 하는 충동에 사로잡히기도 한다. 하지만 우리가 하나님에게는 우리를 인간이 아닌 다른 존재로 만드시려는 의도가 없으시다는 것을 이해한다면, 주께서 다만 우리를 우리답게, 우리의 삶을 살 만한 삶으로 만드시는 것이 주안점이라는 것을 이해한다면, 도리어 그 어떤 순간에서도, 그 어떤 모습으로도, 경외와 감사, 그리고 주님이 주시는 위로를 느낄 수 있다.

우리가 아직 연약할 때에 기약대로 그리스도께서 경건치 않은 자를 위하여 죽으셨도다 의인을 위하여 죽는 자가 쉽지 않고 선인을 위하여 용감히 죽는 자가 혹 있거니와 우리가 아직 죄인 되었을 때에 그리스도께서 우리를 위하여 죽으심으로 하나님께서 우리에게 대한 자기의 사랑을 확증하셨느니라(롬 5:6-8)

이러한 깨달음이 내재화되면 결국 감사와 경외는 삶의 모습으로 형태를 띠며 떠오른다. 이런 견지에서, 하나님의 사람조차 때때로 자신의 오감을 의지한다는 사실은, 하나님의 사람인 이삭조차 실수했다는 사실은 우리에게 있어서 절망이 아니며 오히려 희망이다. 만약에 하나님의 사람이 '완전'해야 하고 그 완벽함에 이르지 못하면, 하나님께 벌을 받거나 외면당한다면, 이것은 비극일 것이다. 하지만 이삭처럼 때로는 오감을 의지하고 때로는 실수하더라도, 주님과 동행하는 삶이나 예수님이 나를 하나님의 사람으로 만드시는 것에 어떠한 지장도 없다면, 이 사실은 오늘날 우리도 가질 수 있는 압도적 희망이다.

주께서는 우리의 인간성을, 우리의 사람됨을, 우리의 완전하지 못함을 인정하신다. 꾸짖고 책망하고 율법으로 억압하고 규칙을 앞세워 압제하고 자유를 강탈하고 호되게 매를 때려서 일깨울 대상으로 보시는 것이 아니라, 긍휼로, 인애로, 자비로 인도해 줘야 할 대상으로 여기신다. 어떤 기준을 정해 놓고 그것에 미달하는 자들을 모조리 버리는 것이 아니라, 그런 자들에게조차 힘을 주신다. 이런 하나님의 모습이 켜켜이 누적되어서 결국 약함이 강함된다는 고백의 형태를 띤다. 이렇듯 그리스도의 도는, 예수님을 믿는 신앙은 유일하게 약할수록 더 긍휼함을 얻고, 약자일수록 더 큰 힘으로 도우시는 구조로 되어 있다.

이와 같이 성령도 우리 연약함을 도우시나니 우리가 마땅히 빌 바를 알지 못하나 오직 성령이 말할 수 없는 탄식으로 우리를 위하여 친히 간구하시느니라(롬 8:26)

이삭이 강자이기에, 완벽하기에, 결점이 없기에 하나님이 그와 동행하신 것이 아니다. 오히려 하나님의 도우심이 없으면 안 되는 인간에 불과하기에 함께하셨다. 그렇다면 현대의 그리스도인들이 가진, "주님은 준비된 그릇을 찾으신다." "주께서는 완벽한 자를 찾으신다"라는 구호는 편견에 가깝다. 물론 서신서에 우리를 그릇에 비유한 내용이 나온다. 하지만 그 비유에서 하나님은 준비된 그릇을 구매하러 오신 '손님'이 아니다. 그릇을 만드는 '토기장이'이시다. 그는 '찾으시는 분'이 아니라, 만드시는 '창조주'이시다.

사람들은 준비되지 않은 자는 하나님이 만나 주시지 않는다며 착각하곤 한다. 하지만 구약의 인물들을 살펴보더라도, 복음서를 보더라도 많은 사람이 아직 연약할 때, 아직 준비되지 않았을 때, 아직 무엇을 구하고 무엇을 바랄지 모를 때에 주님이 언약을 맺으셨고 직접 그들의 삶에 찾아오셨다.

여타 종교는 구도자들이 신을 찾아간다. 구도자들이 신이 만나 줄 만한 것을 증명해 내야 한다. 그러한 특성을 갈고 닦아야 신이 만나 준다. 기독교는 그와 같지 않다. 성경이 말하는 하나님과의 만남은 주님이 먼저 만나 주심으로 시작한다. 성경에 나오는 하나님과의 대면은 그분이 직접 찾아오시면서 시작한다. 성경 전반에 걸쳐서 묘사하는 우리 주님은 언제나 먼저 손 내밀어 주시는 분이다. 그 결과 이삭 또한 부족하면 부족한 대로, 그 모습 그대로 하나님의 사람으로서 사는 삶을 훌륭하게 감당했다. 비록 장자의 축복권 사건에서 실책을 저질렀지만, 그 실책 자체로는 전지전능하신 하나님이 이루고자 하시는 일에 방해되거나, 주께서 이삭을 사랑하시는 데에 어떠한 지장도 초래하지 못했다.

야곱의 실책

이삭을 속인 직접적인 당사자 야곱은 장자의 축복권 사건에서 단연 가장 많은 실책을 저지른 인물이다. 형으로 가장하고 아버지 이삭의 장애를 이용해서 기망하는 행위는 차치하더라도 여전히 실책 투성이의 야곱을 이 장면에서 만나 볼 수 있다. 야곱은 이삭과 에서를 상대로 선을 넘었을 뿐만 아니라, 아버지를 속이는 과정에서 하나님의 이름을 망령되이 일컬었다. 우리 성경에서 '샤베(שׁוא)'를 '망령'으로 번역했는데, '텅 빈', '허무함', '거짓' 등의 뜻이 있다. 다시 말해 여호와의 이름을 망령되이 일컫지 말라는 뜻은 공연히 하나님을 운운하거나 가져다 붙이지 말라는 의미이다. 야곱은 아버지를 속이기 위한 방책으로 하나님이 하시지 않은 일을 하셨다고 하며 기망을 위한 장치로 주님의 이름을 오용했다.

> 이삭이 그 아들에게 이르되 내 아들아 네가 어떻게 이같이 속히 잡았느냐 그가 가로되 아버지의 하나님 여호와께서 나로 순적히 만나게 하셨음이니이다(창 27:20)

물론 이는 율법이 생기기 전, 약 500년이나 앞선 이야기이니, 야곱은 율법을 범한 것이 아니다. 그러나 하나님에 대한 경외가 없는 잘못이라는 점에서는 변함이 없다. 율법의 부재로 다만 죄를 죄로 인식할 수 없었던 것뿐이지, 죄 자체는 율법이 있기 전에도 존재했다(롬 5:13). 족장 시대를 배경으로 한 욥기에서도 등장인물들이 율법 없이 죄와 악, 잘못 등에 대해서 분명히 인식했고, 논쟁까지 벌였다. 따라서 야곱이 에서로 가장하여 이삭을 속인 그 행동은 고의로 하나님을 거스르며 범한 범죄에 해당하는 악행이다. 비록 이후 하나님이 개입하셔서 결과적으로 야곱의 "여호와께서 나로 순조롭게 만나게 하셨다"라는 발언이, 훗날 성취된 예언적 성격을 띠었지만. 그것은 야곱이 결국 옳았다는 의미가 아니라, 주께서 그런 못된 야곱에게 베푸신 은혜였을 따름이다.

또 다른 야곱의 실책은 실패도 성공도 제대로 준비하지 못했다는 사실이다. 야곱은 실패했을 경우 아버지가 돌이켜 자신을 저주할까 봐 두려웠다. 이에 리브가가 막아서며 자신이 그 저주를 대신 받겠다고 한다. 앞서 나눴듯 리브가에게는 생사화복을 주관할 권한이 없다. 리브가가 원한다고 해서 저주가 오가지 않는다. 혹 리브가와 야곱이 토라 이전의 사람이라서 저주는 인간에게 속한 권세가 아니라는 사실을 몰랐다고 쳐도, 어쨌든 그것은 반쪽짜리 준비였다. 가장을 시도했다는 사실이 에서의 귀에 들어가고 아버지 이삭마저도 그것에 분노한다면, 당장 저주가 문제가 아니라 분노한 형의 칼을 두려워해야 하는 상황이었다.

　또한 야곱은 성공도 준비하지 못했다. 그는 축복권을 받으면 무언가 기적적인 일이 벌어져 모든 사람이 자기를 장자로 인정하고, 또 그 예언대로 에서가 자기를 섬길 것이라 믿었다. 이는 일부 유대교 근본주의자들이 메시아가 오시면 뭇 민족이 모두 유대인의 종을 자처할 것이라고 주장하는 것과 비슷하다. 예수님 초림 때에 그런 일이 벌어지지 않았기에, 그들은 예수께서 가짜 메시아라고 생각하며 새로운 메시아를 기다렸다. 메시아에 대한 예언에 명시된 뭇 민족이 섬기는 대상을 우리는 예수님이라고 생각하지만, 그들은 유대인이라는 민족 자체라고 착각했고, 그 착각에 기반한 소망을 가졌기에 그리스도를 눈앞에서 보고도 받아들일 수 없었다. 사실 이러한 헛된 기대는 비단 야곱이나 일부 종교 근본주의자들에게만 발생하는 것은 아니다.

　현대 그리스도인들도 헛된 기대를 품었다가 실망하곤 한다. 내가 어떤 영적 지도자에게 안수 기도를 받거나 신앙 상담을 하면, 어떤 설교를 하거나 대단한 책을 써 내면, 그 인기 있는 무대에 설 수 있다면, 어떤 능력을 보여 주고 입증한다면, 많은 돈을 벌거나 훌륭한 외모를 가지게 되면, 모두가 나의 사람이 되고, 나를 따르고, 모든 일이 잘 풀리리라 기대한다. 그 기대가 적중하면 아무런 문제가 없지만, 그러한 기대가 적중하는 일은 흔치 않으며, 적중하더라도 모든 문제가 해결되는 것은 아니다. 일정 시간 만족감을 느끼겠지만 그조차 항구적으로 우리의 갈증을 채우지 못한다. 사람도, 행위도, 유무형의 재산이나 가치도, 제아무리 대단한 사랑이나 우정도 우리가 의지하는 대상이 되었을 때 만족을 주지 못하고 실망감을 안긴다.

　이러한 현상은 특정인의 삶에만 있지 않고, 모든 사람이 겪는 인류 보편적인 경험이다. 하나님의 사람들도 그러한 실망에서 벗어날 수 없었다. 다윗이 사울 왕의 손아귀에서 벗어나서 쓴 유명한 찬양 시구인, "여호와 외에 누가 하나님이며 우리 하나님 외에 누가 반석이냐"(시 18:31)에도 실상 희락만 담기지 않았다. 여기에는 이 세상에 그 어떤 존재도 의지할 수 없으며, 오직 하나님만이 다윗이 실망하게 하지 않으셨다는 다소 서글픈 신앙 체험도 담겨 있다. 그리고 야곱 또한 이 시점에서 그러한 사실을 깨달아 가는 과정을 밟고 있다. 따라서 실패도 성공도 제대로 준비하지 못한 야곱은 성공하고도 아무런 결실을 누리지 못했고, 도리어 모든 것을 잃고 도망자 신세가 되는 아주 역설적인 처지에 놓인다.

야곱이 얻은 것이라고는 제아무리 하나님의 사람인 이삭의 언어도 자신에게는 그 어떠한 유의미한 효익도 줄 수 없다는 쓰디쓴 깨달음이었다. 형 에서의 맹세는 자기에게 실망감을 줬지만, 아브라함의 적장자이자 하나님이 인정하신 하나님의 사람인 이삭의 축복의 말은 다를 줄 알았던 자신이 얼마나 어리숙했는지 뼈저리게 느끼는 것뿐이었다. 결국 축복을 받은 야곱에게 펼쳐진 일상은 모든 사람에게 미움받아 아버지의 집에서도 지낼 수 없는 나그네의 삶이었고, 이리와 승냥이 같은 자들이 즐비했던 고대의 레반트와 하란에서 이용당하고 착취당하는 생활이었다.

에서의 실책

이삭이 야곱에게 축복하기를 마치매 야곱이 그 아비 이삭 앞에서 나가자 곧 그 형 에서가 사냥하여 돌아온지라 그가 별미를 만들어 아비에게로 가지고 가서 가로되 아버지여 일어나서 아들의 사냥한 고기를 잡수시고 마음껏 내게 축복하소서 그 아비 이삭이 그에게 이르되 너는 누구냐 그가 대답하되 나는 아버지의 아들 곧 아버지의 맏아들 에서로소이다 이삭이 심히 크게 떨며 가로되 그런즉 사냥한 고기를 내게 가져온 자가 누구냐 너 오기 전에 내가 다 먹고 그를 위하여 축복하였은즉 그가 정녕 복을 받을 것이니라(창 27:30-33)

일반적인 인식과는 다르게, 장자의 축복권 사건이 진행되어 가는 상황에서 에서에게는 뚜렷한 실책이 없다. 아버지의 명령을 충실히 이행하여 사냥했다. 에서가 돌아와서 아버지의 뜻대로 조리를 끝마치고 아버지께 음식을 가져다드린 시점은 공교롭게도 야곱이 모든 일을 마치고 자리를 피한 직후였다. 애초에 야곱이 에서로 가장하여 이삭에게 갔을 때, 이삭의 감각으로는 너무 빠르게 사냥도 끝마치고 요리를 완성한 것이었음을 참작하면, 실제 에서도 평소보다도 빠르게 사냥과 조리를 끝마친 것이라 할 수 있다. 그야말로 야곱이 너무 빨리 온 것을 이상히 여긴 이삭에게 변명한 "하나님께서 도와주셔서 사냥이 수월했다"라는 말은 에서에게 실제로 일어난 일이었다. 에서는 도착하여 아버지에게 음식 잡수실 것을 권유하며 장자의 축복을 요구했다. 그러나 곧 청천벽력과 같은 대답을 듣는다. 누군가 앞이 잘 보이지 않는 이삭을 속여 장자의 축복을 가로챘다는 것이다.

> 에서가 그 아비의 말을 듣고 방성대곡하며 아비에게 이르되 내 아버지여 내게 축복하소서 내게도 그리 하소서 이삭이 가로되 네 아우가 간교하게 와서 네 복을 빼앗았도다 에서가 가로되 그의 이름을 야곱이라 함이 합당치 아니하니이까 그가 나를 속임이 이것이 두 번째니이다 전에는 나의 장자의 명분을 빼앗고 이제는 내 복을 빼앗았나이다 또 가로되 아버지께서 나를 위하여 빌 복을 남기지 아니하셨나이까 이삭이 에서에게 대답하여 가로되 내가 그를 너의 주로 세우고 그 모든 형제를 내가 그에게 종으로 주었으며 곡식과 포도주를 그에게 공급하였으니 내 아들아 내가 네게 무엇을 할 수 있으랴 에서가 아비에게 이르되 내 아버지여 아버지의 빌 복이 이 하나 뿐이리이까 내 아버지여 내게 축복하소서 내게도 그리 하소서 하고 소리를 높여 우니(창 27:34-38)

에서의 반응은 절망과 절규로 얼룩져 있다. 그 누구라도 그러했을 것이다. 그러나 에서는 이 장면에서 아무리 자기감정이 격해졌어도 그 선을 넘지 않았다. 아버지를 겁박하여 야곱에게 해 준 축복을 취소하라고 요청하거나 동생을 저주해 달라 종용하지 않았다. 그저 자기에게도 축복해 주길 구했다. 하지만 이삭은 이를 거절한다. 그 거절의 사유는 야곱이 이미 축복을 가져갔다는 것이었다. 이 지점은 현대 그리스도인들에게 의문이다. 신약에서 예수님은 다른 사람의 집에 들어가면서 평안하기를 빌라(축복하라)고 하시면서 아주 놀라운 말씀을 하신다. 그 평안을 상대방이 받을 만한지 어떤지는 평안을 빌어 준 사람이 판단할 바가 아니라 오직 하나님께서 판단해 주신다는 것이다(마 10:12~13). 실제로 사도들은 사역 현장에서 타인을 축복하고 기도하는 것에 별다른 제한을 두지 않고 적극적으로 행했다. 심지어 창세기 후에 쓰인 구약 기준에서도 기도나 축복이라는 것에 제한이 있거나 그 한계가 정해진 예는 결코 일반적이지 않다. 도리어 소중한 이들을 적극적으로 축복하고 삶의 현장에서 만나는 많은 이들에게 평안을 빌라는 것이 성경이 가진 축복에 대한 일반적 입장이라고 할 만하다.

유독 아브라함-이삭-야곱의 계보에서 축복이 마치 물질적 형태를 가진 물건인 것처럼, 그 개수의 한계가 있는 것처럼, 마치 세습이 가능한 작위(爵位)인 것처럼 묘사한 것에 관해서는 이 책 4장에서 자세히 다루려 한다. 여기서는 축복을 번복할 수 없다는 아버지의 말에 항변과 간구를 할 뿐 이삭의 결정을 헛된 것으로 치부하지 않은 에서에게 집중하자. 에서는 받아들이기 힘든 현실적 상황에 괴로워했고, 자신의 속상함과 억울함을 토로하며 슬픔에 겨워 울부짖기만 했다. 에서는 이삭의 의향을 존중했다. 감정적으로 도저히 이해도 못 하겠고 자신의 이권과도 첨예하게 반하는 선택이었지만, 아버지의 선택이니만큼 인정하고 순종하겠다며 마음으로 곱씹고 다짐을 하자니, 눈에서는 뜨거운 눈물이 하염없이 흘러내렸다.

> 그 아비가 야곱에게 축복한 그 축복을 인하여 에서가 야곱을 미워하여 심중에 이르기를 아버지를 곡할 때가 가까웠은즉 내가 내 아우 야곱을 죽이리라 하였더니
> (창 27:41)

이삭의 세력을 단순히 가족의 개념으로 이해하면, 장자의 축복권을 빼앗겼다고 해서 살의를 품는 것은 도에 지나친 것으로 해석할 수도 있다. 하지만 이삭의 일족을 하나의 부족이나 군사 세력으로 이해한다면, 자신의 권력

을 침해한 동생을 제거하겠다는 결정은 인류사를 통틀어 늘 존재하는 흔한 양태이자, 때로는 합리적이며 전략적인 것으로 여겨질 만한 선택이기도 하다. 그러므로 이를 단순히 감정적인 행위로 치부할 수 없다. 이 시점에 에서는 이미 하나의 정치–군사적 집단을 이루고 있었다. 시기적으로 에서에게는 3명의 아내와 자녀들뿐만 아니라 훨씬 더 많은 손자와 손녀를 이미 두고 있었을 것이다. 또한 이삭이 노쇠하여 시력도 약해진 시점에서, 이삭이 선택한 적법한 후계자인 에서는 실질적인 가주이자 차기 부족장으로서 많은 사람을 이끄는 위치에 올라 있었다. 따라서 야곱이 저지른 장자의 정통성과 권위를 손상하는 행위는 단순히 에서 개인적인 감정으로 처리할 문제가 아니었다. 야곱의 이런 행위를 통해서 에서의 입지가 위협받는다면, 이는 에서를 따르는 무수한 자에게까지도 심대하게 부정적인 영향을 끼칠 공산이 있었다.

그런 위기에서 리더인 에서가 야곱을 용서하는 것을, 난세인 가나안에서 투쟁하며 생존해 나가고 있는 에서의 수하들이 그저 '자비'로 해석할 것이라는 기대는 과연 현실적일까? 야심이 있는 자가 장자의 축복을 소유한 야곱을 전쟁 명분 삼아 앞세울 가능성도 있었다. 혹은 이 자체가 에서의 나약함으로 해석될 공산도 있다. 그렇기에 에서 자신을 위해서뿐만 아니라, 슬슬 후계자를 준비해야 할 처지에 생길지도 모를 후환을 제거하는 것은 아버지로서, 세력의 리더로서 최소한으로 감당해야 하는 책무에 가까웠다. 물론 에서 개인적 원한의 감정이 포함되어 있긴 했지만, 당시 시대상을 고려한다면, 에서 세력의 구성원들에게서 그것은 정의와 질서를 회복하기 위한 의분으로 해석되었을 것이다. 따라서 자기 부족의 위계와 질서 유지라는 측면을 위해서라도, 그리고 현 족장인 이삭을 기망하는 행위를 저지른 야곱을 본보기로 삼기 위해서라도, 야곱을 도저히 살려둘 수 없었다.

그런데도 아버지 이삭이 천수를 다 누리기 전까지는 골육상쟁을 보이지 않기로 결심하고, 야곱에 대한 보복을 아버지의 죽음 이후로 유예한 것은 도리어 효심이라고 해야 할 정도로 칭찬받을 만한 일이다. 아마 조선 시대에 발생한 왕자의 난에서도 이방원이 에서와 같은 선택을 했다면 이성계가 훨씬 마음이 편안한 말년을 보냈을 것이다. 그런데도 굳이 에서의 실책을 지적하자면, 아버지가 돌아가시면 야곱을 죽이겠다는 심정을 리브가에게 들킨 것 정도가 되겠다. 하지만 그것은 단순히 입단속의 문제는 아니었다. 에서가 그 휘하의 부하들과 자녀들을 위해서라도 야곱을 제거해야 한다는 것을 모를 사람은 없었을 테니까 말이다.

그럼에도 불구하고

장자의 축복권 장면에서는 그야말로 성대한 실책의 향연이 펼쳐졌다. 각 인물이 자기 소견에 좋은 대로 행동하기 시작했고, 그 행위로 인해서 어디서부터 풀어야 할지 모를 얽힌 실타래 같은 난장판이 형성되었다. 그 난장판의 양태에는 적개감과 이권, 각종 명분과 도덕적인 딜레마 또한 덧붙여져 그 어떤 유능한 가정상담사나 판사가 있더라도 이 문제를 원만하게 해결할 수 없게 되어 버렸다고 해도 틀린 말이 아니다. 에서가 야곱을 숙청하건, 야곱이 에서를 밀어내건 간에, 그 부족 자체는 생존할 가능성은 남아 있겠지만, 불행히도 이삭과 리브가의 사랑의 결실인 그들의 가정은 영구히 손상되어 더는 회복할 방도가 없는 상태였다. 하지만 인간으로서 불가능한 것이 하나님에게도 불가능한 것은 아니다. 이 실수의 향연에조차 하나님께서는 의미를 부여하신다. 그리고 주께서 의미를 부여하시는 방식은 목적을 앞세우고 그 과정에서 슬픔을 겪은 사람들의 감정을 수단화시키는 방식이 아니었다. 그들이 자신들의 실책으로 고통받는 것들을 극적으로 합력하게 하여 모두가 만족할 선을 이루는 방식이었다. 이를 주님이 이뤄 나가시는 과정은 이후 장에서 차차 나눌 것이다. 일단은 각자의 실책이 어떤 역할을 했는지에 대해서 이야기해 보자.

앞서 나눈 이삭의 실책은 장자의 축복권 사건이 진행되는 현장에서의 실수에 한정하여 나눴다. 그 실수의 근원적인 이유는 자신의 오감, 자신의 판단에 의지한 결과라고 이야기했는데, 애초에 장자의 축복 사건이 발생한 이유, 그러니까, 모든 인물이 바쁘게 움직이며 실책을 저지르게 된 것은 이삭이 자신이 곧 죽을 거 같다고 판단했기 때문이다. 사실 이삭이 그렇게 판단할 만한 물리적인 근거는 차고 넘쳤다. 창세기에는 인물들의 나이가 정확하게 기록되어 있지 않지만, 당시 이삭의 나이를 창세기 25장 20절을 기준으로 하여 추산하면 대략 130대였을 것으로 예상된다.

이 130대라는 나이는 비단 고령이라서만이 아니라, 이삭 개인적으로는 꽤 의미 있는 연령대이다. 우선 자신의 어머니 사라가, 그리고 자신의 이복형제 이스마엘이 그 연령대에 죽었다. 거기에 이삭의 눈이 잘 보이지 않게 되었고 기력이 악화했다. 그런 감정적-육체적 사유들로 이삭은 죽음에 대해서 생각하고 대비하고 싶었을 것이다. 굳이 이 부분을 실책으로 언급하지 않은 것은 인간이라면 누구나 다 그렇게밖에 느낄 수 없는 상황이기에 그렇다. 하지만 자기 죽음을 예상하고 난 이후의 이삭이 하나님께 여쭙기를 생략하기 시작한 것 또한 사실이다. 실책이라고 하기에는 지나친, 이삭에게 있어서는 충분한 이유가 있었고, 몸도 마음도 힘들었던 시기이니만큼 참작의 여지가 다분하지만, 하나님의 사람이라는 기준에서 보았을 때는 아쉬운 것도 사실이다.

비록 훗날 이야기이기는 하지만, 이 시점에서 이삭이 자신이 얼마 안 가 죽을 것이라는 생각에 사로잡혀 장자의 축복권 사건을 촉발하고, 그 과정에서 뭔가 돌발 변수가 생겨 결국 리브가와 야곱의 어설픈 꾀가 성공하지 못했더라면, 이후 야곱의 귀환을 이삭이 볼 수 없었을 것이다. 또한 야곱도 라반의 딸들과 혼인할 기회를 얻을 수 없었을 것이다. 한편, 이 축복권 사건이 먼 미래에 진정으로 찾아온 이삭의 마지막 순간에 하나님이 이삭을 위해 마련하신 반전의 선물을 위한 포석으로써 작용한다. 그로 인해서 이삭이 비로소 이삭(웃음)이라는 이름값을 하게 된다. 물론 이것은 이 시점에서 아직은 아주 먼 미래의 이야기이다.

리브가와 야곱은 이삭을 속여 원하던 장자의 축복을 강탈하는 데 성공한다. 하지만 그것을 달성하는 과정에서 많은 실책을 저질러 당대 사람들에게 그 정당성이나 정통성을 인정받지 못하는, 전투는 승리했지만, 전쟁은 패배하는 것의 대명사인, 피로스의 승리(pyrrhic victory)가 되고 말았다. 다시 말해 장자 명분의 거래에서처럼 야곱은 목적을 이뤘지만, 그 절차와 방식의 지대한 하자 때문에 실질적으로 얻은 것은 없고 잃은 것 천지가 되었다.

이 시기 야곱은 어쩌면 나름대로는 하나님을 믿고 있다고 착각했을지도 모른다. 자신의 방법론으로 어떠한 정당성이나 명분을 확보하고 나면 하나님께서 기적적으로 자기를 조력하시며, 준비되어 있지 않은 성공에 도움을 주실 것이라고 생각했던 것 같다. 어머니 리브가가 받았던 하나님의 약속에 대한 응답, 그러니까 형이 자기를 섬기게 될 것이라는 약속이 이뤄지는 방편이 형의 것을 빼앗는 것이라 오해했다. 특히나 장자의 축복 사건 무렵에는 그간 헤아릴 수 없는 나날들을 기도하며 기다렸으나 이 시점이 되도록 아무것도 이뤄진 것이 없는데, 연로한 아버지는 곧 돌아가실 것만 같았고, 형을 향한 두려움도 거대해져 갔다.

이런 상황 속에서 형의 것을 빼앗는 것이 하나님의 뜻을 이루는 것이라는 오해를 품었다면. 이해할 수 없는 그 행동 양식도 설명이 된다. 하나님의 뜻이라고 심상에서 합리화가 이뤄지고 나면, 오히려 아무런 믿음이나 신념이 없는 자들보다 더욱 잔인하고 비인륜적인 행위를 거침없이 하는 것이 인류사가 보여 준 인간의 본성이지 않았던가? 야곱 또한 그러한 본성에서 벗어나지 못했다. 이는 어머니 리브가에게 주신 하나님의 약속을 이루는 방편이니, 그 과정에서의 실책은 합리화할 수 있으며, 성공을 준비하지 않은 무책임에 가까운 미숙함은 '하나님이 그 순간 관여하여 결국 자기의 미숙함을 도우사 이후 상황을 책임져 주시리라 확신하는 믿음'으로 포장할 수 있었다. 하지만 장자의 명분 거래와 마찬가지로 야곱의 이러한 기대는 도저히 행복한 결말을 맞이할 수 없는 구조였다.

주님은 야곱을 당신께서 이루실 믿음의 민족의 시조로서 택하셨다. 따라서 야곱에게는 그저 야곱 개인 삶의 의미만 있지 않다. 하나님이 야곱의 삶에 관여하시고 소통하시는 그 모든 것이 매뉴얼이 될 것이라 이미 이야기를 나눈 바 있다. 그리고 이 과정에서 리브가와 야곱이 꾸민 가장무도회가 좋은 결말을 맞이한다면, 부모를 경홀히 여기거나, 남을 속이거나 빼앗는 것이 죄가 아닌 오히려 하나님의 뜻을 이루는 방편으로 이스라엘 자손에게 전달될 우려가 있다. 게다가 애초에 리브가와 야곱의 속이는 방식이나 그 이후 성공에 대한 준비도 객관적으로 보았을 때 그저 조잡할 뿐이었으니, 실패는 이미 예견되어 있었다. 변수가 있다면 야곱의 착각에 기반한 헛된 기대와 같이 하나님이 개입해 주셔서 사람들의 마음을 야곱 편으로 바꿔 놓으시는 것뿐이었다. 하지만 성경 전반에 걸쳐서 드러난 하나님의 일하시는 방법으로 미뤄 보건대, 그분께서는 결코 인간의 뒤처리를 하시는 분이 아니다.

주님은 알파와 오메가이시다. 하나님의 사람의 올바른 태도는 시작과 과정 그리고 결말, 그 모든 부분에서 주님께 주도적인 역할을 맡기고 뜻을 구하고 발걸음을 구하며 나아가는 것이다. 따라서 자기 소견에 좋은 대로 모든 것을 행하고 나서, 하나님이 뒤처리해 주실 것이라는 기대는 결코 이루어질 수 없는 망상이다. 이는 비단 야곱만의 문제는 아니다. 아무것도 없이 어둠 속에서 무수한 실책과 넘어짐을 경험하며 하나님에 대해서, 그리고 하나님의 사람이 걸어야 할 길에 대해서 더듬어 배워 나가던 야곱이 가졌던 지식에 비하면 형용할 수 없을 만큼의 많은 사례와 성경을 가지고 있으며, 심지어 성령님이 늘 함께하시는 현대 그리스인들조차 드물지 않게 그러한 기대를 하곤 한다. 따라서 이는 사람의 죄성에 기반한 본능으로 보는 것이 옳다. 당장 개입하셔서 주님이 도우셨다면 야곱의 삶은 평탄했겠지만, 그 이후 야곱의 후손 된 이스라엘과 모든 믿음의 민족에게 속한 자들은 그릇된 예시와 교훈을 얻었을 것이다. 따라서 당시 상황을 겪던 야곱에게 하나님의 도우심이 없는 것은 비극이지만, 그 후손들인 우리에게 있어서는 소중한 교훈을 주는 반면교사로 삼을 수 있기에, 결국 은혜인 상황이 되었다.

앞서서 에서가 살의를 품은 것 자체는 현대인의 인식과는 다르게 그저 개인이 가진 감정적 측면만 있는 것이 아니라고 언급했다. 아버지가 돌아가시기 전에는 손을 대지 않겠다는 에서의 모습에서 대장부다운 통 큰 '배려'와 부모에 대한 효심도 보인다고 했다. 그렇다고 해서 동생에게 살의를 품는 것이 하나님의 기준에서 결코 선하다 말할 수 없다. 결국 그 결심이 리브가에게 전달되도록 입단속을 못 한 미흡한 부분도 지적했는데, 이를 이유로 이삭과 리브가는 야곱에게 라반을 찾아가라고 한다. 그리고 라반과의 만남은 육적으로는 야곱에게 비극인 사건이었지만, 영적으로는 민족을 이뤄 가는 첫걸음이었다.

비록 주께서 야곱이 바라는 방식으로 관여하지는 않으셨지만, 주님은 등장인물들이 상상하지 못하는 형태로 관여하기 시작하신다. 하나님은 이 모든 실책을 거대한 계획의 포석으로 삼으셨다. 물론 하나님은 더욱더 나은 상황을 만들어서 다르게 일을 시작하실 수도 있었다. 하지만 실책의 향연이야말로 모든 등장인물이 자유 의지를 가지고 소견에 좋은 대로 행동하다가 만들어 낸 난리 통이었다. 비유하자면, 하나님이 지금 이어 두시려는 '바둑'의 양태는 바둑의 '바' 자도 제대로 모르는 하수가 정신없이 돌을 내려놓다가 아주 불리한 상황을 만들어 놓고는, 도저히 이 국면을 타개할 '수'가 없다며 포기한 직후였다.

이 지점에서 인간에게 드러나기 시작한 하나님의 성품과 일하시는 방법이 몇 가지가 있다. 주님은 모든 절대적 주권을 가지고 계시지만 인간이 가진 자유 의지를 인정해 주신다. 그렇기에 이삭, 리브가, 에서, 야곱이 소견에 좋은 대로 하도록 두셨다. 그들이 더는 손댈 수 없는, 아주 엉망인 상황이 되었다고 스스로 인정할 때까지 충분히 그들이 방종에 가까운 자유를 누리게 하셨다. 하지만 인간의 자유 의지는 주께서 어떤 일을 이루시는 것에 대해서 어떠한 방해나 장애 요소가 되지 않았다. 하나님은 인간이 망쳐 놓은 바로 그 지점에서 시작하셔도 넉넉히 모든 것이 합력하여 선을 이루게 하실 수 있다. 그리고 모든 이야기가 결말이 났을 때야 비로소 명백해지는 부분이지만, 그 과정에서 그 어떤 인물도 배척되거나 부당하게 희생되거나 불공정한 대우를 받거나 절규 속에서 삶을 마감하게 허용하지 않으신다. 이후 이야기들을 통해서, 도무지 어떻게 수습하면 좋을지 모를 이 난리 통을 주님이 어떠한 방식으로 기적의 재료로서 삼으실지 기대하며 관조해 보았으면 한다.

사람의 마음에는 많은 계획이 있어도 오직 여호와의 뜻만이 완전히 서리라(잠

19:21)

4장 _____ 적자독식: 야곱과 에서

　창세기에 묘사된 축복이나 상속은 그 이후 성경에 기록된 내용이나 이스라엘 관습과 상당히 다르다. 이는 창세기와 출애굽기 사이에 400년도 훨씬 넘는 긴 공백기가 끼어 있기 때문이다. 그 공백 기간에 아브라함이 시작한 '부족'이 민족 규모로 성장하고 결국 국가를 형성한다. 그렇기에 야곱과 에서의 관계에서 발생한 장자의 명분 거래와 장자의 축복권 사건에 의문을 자아내는 대목이 자주 등장한다. 따라서 그저 있었던 사실만 나열하고 다음 이야기로 넘어가기보다, 주어진 증거들을 토대로 그 장자의 축복 사건에서 벌어진 일을 세세히 살펴보고자 한다.

　이번 장에서는 어째서 등장인물들이 축복이라는 무형의 언어적 개념을 마치 무슨 물건이라도 되는 양 그 수량이 한정된 것처럼 다루었는지, 어째서 장자에게 모든 상속과 권리를 몰아주게 되었는지, 에서인 줄 알고 빈 축복이 야곱에게만 적용된 경위는 무엇인지, 이삭은 기망 행위를 깨닫고도 어째서 그의 축복을 돌이킬 수 없었는지, 마지막으로 장자의 축복이 야곱에게 당장 어떠한 영향을 끼쳤는지 나눠 보려고 한다. 추가로 이 지점에서 이삭과 이스마엘을 비교해 보는 것도 흥미로울 것이다. 이삭과 이스마엘의 사례와 야곱과 에서의 사례를 비교함으로써 이 모든 의문에 대한 답을 찾아가는 기회가 되었으면 한다.

단 한 번의 축복 : 에서의 절규

이삭이 에서에게 대답하여 가로되 내가 그를 너의 주로 세우고 그 모든 형제를 내가 그에게 종으로 주었으며 곡식과 포도주를 그에게 공급하였으니 내 아들아 내가 네게 무엇을 할 수 있으랴(창 27:37)

앞 장 에서의 실책 부분에서, 이삭은 축복을 마치 사용 횟수가 정해진 양 물질적 형태를 가진 매우 소중한 물건인 것처럼 다룬다. 이삭의 이러한 관점을 채택하여 우리의 축복과 기도의 언어에 적용한다면, 우리는 축복을 빌어 주는 것을 삼가고, 기도해 줄 대상을 선정하는 것에 심혈을 기울여야 할 것이다. 하지만 그 이후 성경에는 그와 결이 다른 사례 다수가 기록된 것을 앞 장에서 언급한 바 있다. 따라서 이 장면에서 등장인물들이 보여 준 복에 대한 인식과 태도는 모든 성경과 신앙생활 전반에 적용할 수 있는 보편적인 것이 아니라, 그때 그 상황에만 통하는 예외적인 사례에 해당한다. 그렇다면 이러한 예외적인 관점은 무엇에 기인하였을까? 성경에 기록한 내용에 기반하면 크게 두 가지 원인이 도출된다. 하나는 이삭이 전수하려 했던 축복의 독특한 특성이고, 다른 하나는 족장 시대의 관습이다.

우선 이삭이 아들에게 물려주고자 했던 복은 예사 복이 아닌, 아브라함이 하나님에게서 받은 민족을 이룰 것이라는 약속, 즉 언약을 상속하는 의미에서의 복이다. 주님은 아브라함에게 복을 주시면서 "너를 축복하는 자에게는 내가 복을 내리고 너를 저주하는 자에게는 내가 저주하리니"(창 12:3)라고 말씀하셨다. 이것을 소위 '아브라함의 복'이라고 한다. 이삭은 야곱을 축복하면서 "네게 저주하는 자는 저주를 받고 네게 축복하는 자는 복을 받기를 원하노라"(창 27:29)라며, 자기 아버지가 아브람이라 불리던 시절 주님으로부터 직접 받았던 그 '복'을 자기 자식에게 그대로 전달한다. 이 대목에서 이삭의 의도를 유추할 수 있다.

창세기 12장 시점에서 주님이 아브람에게 복을 주셨고, 그 이후 오랜 세월 그와 동행하신다. 아브람 나이 99세에 하나님이 친히 나타나셔서 그로 여러 민족의 아버지가 되게 하겠다며 '아브라함'이라고 이름까지 바꿔 주고, "나와 너와 네 대대 후손"에게 해당하는 '영원한 언약'을 맺으신다. 그 영원한 언약은 아브라함뿐만 아니라, 그의 후손이 대대로 상속하는 성질의 것이다.

> 내가 내 언약을 나와 너와 네 대대 후손의 사이에 세워서 영원한 언약을 삼고 너
> 와 네 후손의 하나님이 되리라(창 17:7)

그 영원한 언약을 상속받으려면 반드시 아브라함의 혈통이어야 함은 필수 조건이고, 그 외에 절대 주권을 가지신 하나님의 선택하심이 있어야 한다. 아브라함의 아내 사라는 오랜 기간 임신하지 못했으며 사실상 불임이었다. 이에 사라는 자기 여종 하갈을 아브라함에게 첩으로 준다. 그 결과 아브라함은 맏아들 이스마엘을 얻는다. 하지만 하나님은 정실 사라가 낳은 아들만 그 언약의 상속자 자격이 있다고 못 박아 말씀하신다. 이 점이 매우 중요하다. 마침내 믿음의 민족을 이루게 하신다는 그 영원한 언약만큼은 상속자가 지정되어 있다. 이에 터 잡아서 돌아보면, 비록 이삭이 태어나려면 아직 멀었지만, 이미 하나님은 이삭을 선택하셨고, 이스마엘은 유기하신 셈이다.

> 내 언약은 내가 명년(내년) 이 기한에 사라가 네게 낳을 이삭과 세우리라(창
> 17:21)

하나님과 아브라함이 나눈 대화가 근거가 되어, 아브라함–이삭–야곱으로 이어지는 계보에서 민족을 이루게 된다는 그 복을 받을 수 있는 지정 상속자는 각 대에서 오직 적자 한 명뿐이라는 전통이 자리 잡았다. 그러므로 아브라함은 이스마엘과 이삭 그 둘 가운데 이삭 하나만 택해서 자기가 하나님께 받은 복으로 그를 축복했다. 이제 이삭이 자기가 상속받은 그 복을 후계자에게 전수할 차례이다. 이삭은 비록 쌍둥이 아들 둘이 있었어도, 그 둘 모

두에게 아브라함에게서 이어받은 민족의 시조가 될 것이라는 언약을 물려줄 수는 없었다. 이미 이삭과 이스마엘의 사례에서 그 언약은 적자만 단독으로 상속해야 함을 하나님이 확정해 놓으셨기 때문이다.

한마디로 이런 견지에서 장자의 축복은 단순히 일상적인 축복기도가 아니었다. 이는 아주 특별한 영적 상속에 관한 것이었다. 아브라함-이삭의 계보로 이어져 내려온 그 영원한 언약의 성취를 위한 복을 고스란히 넘겨준다는 의미가 있다. 그렇기에 그 독특하고 예외적인 속성의 복을 축복의 형태로 전달해 줘야 했던 이삭은 장자이자 가주로서의 역량도 풍부한 에서를 축복하기로 한 것이다.

또한 적자독식의 상속이 이뤄진 배경적 이유에는 족장 시대의 문화도 큰 역할을 했다. 공교롭게도 이삭이 전달해야 할 그 독특한 특성의 복이 전수되는 방식과 당대의 상속 문화는 굉장히 유사했다. 즉, 적자독식의 방식으로 언약의 복이 전달되는 것은 당대의 사람인 아브라함이나 이삭, 야곱, 에서서 낯설지 않았다. 다시 말해, 형제간에 사이좋게 나눠 가질 수 있는 복이 하나님의 개입으로 공연히 적자독식의 방식으로 한정된 것이 아니었다는 얘기다. 이는 오히려 당시 시대적 관습과도 잘 맞는 방식이었다. 족장 시대는 적자가 아버지의 모든 세력을 그야말로 독식하는 시대였기 때문이다. 이는 사회적 안전망이 부족한 사회나 다양한 세력이 난립하여 경쟁이 심할 수밖에 없는 난세에서는 일반적인 상속의 양태였다.

먼저 참고할 수 있는 가까운 예는 아브라함이 행했던 증여 방식이다. 맏아들 이스마엘은 이삭의 탄생 이후, 떡과 물 한 가죽 부대만을 받고 무일푼으로 무리에서 내쫓겼다(창 21:14). 이는 자기 아내 사라의 소속인 여종 하갈을 통해서 낳은 자녀였기에, 사라의 의중에 따른 조치였다. 물론 하나님이 선택하신 상속자가 이삭이었기 때문이기도 했다. 또 다른 예로서 참고해 볼 수 있는 것은 아브라함이 사라와 사별한 이후 재혼하여 얻은 서자들에게 증여한 방식이다.

아브라함이 이삭에게 자기 모든 소유를 주었고 자기 서자들에게도 재물을 주어 자기 생전에 그들로 자기 아들 이삭을 떠나 동방 곧 동국으로 가게 하였더라(창 25:5-6)

우리말로 번역한 성경만 보면, 꽤 모순된 내용으로 보이기도 한다. 아브라함은 이삭에게 '모든 소유'를 주었다. 자기 서자들에게도 '재물(재산)'을 주었다. 만일 아브라함이 서자들에게도 재산을 주었다면, 이삭에게 '모든' 소유를 준 것이 아니지 않은가? 우리 성경에 재물(재산)로 번역한 마타나(מתנה)는 선물, 헌상품 등을 의미한다. 그러니까 아브라함이 자녀들에게 물려 준 것을 과수원에 비유하자면, 항구적으로 가치가 산출되는 그 토지와 과수목 전부를 이삭에게 물려준 것이고, 자기 서자들에게는 일정 기간 수확한 과수와 그를 통해 창출된 수익 일부를 준 것이다. 그러니까, 아브라함은 영적인 언약의 복이건, 육적인 상속분이건 실질적으로 모두 이삭에게만 물려주었다.

한 사람에게 모든 것을 몰아주는 이러한 상속 제도는 현대인들의 관점에서는 자칫 당대 사람들의 미개함 때문으로 보일 수도 있다. 하지만 그들에게는 나름의 합리적인 사유가 있었다. 단순히 인권의 부재나 도덕성의 결여 따위가 부족 시대에 있던 적자독식 형태의 상속 제도의 원인이라고 할 수 없다. 그들도 자녀가 소중한 것을 알았고, 유기된 자의 슬픔에 공감했고, 공정과 공평을 갈망했다. 하지만 생존과 사회 구조적인 이유에서 그들의 그런 바람을 현실에 구현하기 어려웠다.

족장 시대 이후 수천 년이 지나, 극적으로 문명이 발전했던 로마 시대에도 인류는 마찬가지의 딜레마를 겪었다. 고대 로마의 귀족 사회에서 되도록 자녀를 낳지 않고 양아들을 입양하는 것을 선호한 문화가 정착했던 것도 바로 이런 문제 때문이었다.

당시의 로마법상 부모는 자녀들에게 남녀노소를 가리지 않고 공평하게 재산을 나눠 줘야 했다. 따라서 아내와의 사이에서 아이는 한 명만 두는 것이 가문의 부를 지키는 측면에서 유리했다. 이는 단순히 탐욕이나 개인 이기심을 뜻하는 것은 아니다. 가주에게는 가문의 재산을 지킬 의무가 있었다. 아이를 많이 낳는 것은 자기만의 행복을 추구하기 위해서 가문을 희생시키는 이기적이고 무책임한 행위로 봤다.

하지만 자식을 한 명만 낳아서 잘 기르는 일은 생각처럼 쉬운 일이 아니었다. 매우 가치 있는 상속 대상으로 여겼던 고위 직책만큼은 딸에게 증여할 수 없었다. 이는 로마 대부분의 고위 직책이 군 복무 의무를 이행해야 했기 때문이다. 그렇기에 고위 직책을 맡은 자가 딸을 낳으면, 그 직책이 경쟁하는 타 유력 가문에 넘어갈 위기에 처했다. 따라서 고위 직책을 소유한 가문의 경우는 적합한 사내아이가 태어날 때까지 자녀 수를 늘릴 수밖에 없었다. 게다가 유전자 검사나 초음파 검사도 전혀 없던 시대에 태어날 아기에게 무슨 장애가 있을지, 어떤 성향의 아이가 태어날지, 가주에 적합한 아이가 태어날지 아무도 알 수 없었다. 쌍둥이라도 태어난다면? 가뜩이나 영유아 사망률도 높았고 아기가 무사히 장성하는 것도 흔하지 않은 일이었다. 로마는 당시 고도로 문명화한, 그야말로 복잡한 사회였기 때문에, 교육도 상당히 큰 문제였다. 유력 가문의 가주가 반드시 받아야 할 교육 수준은 대단히 높아서, 그것에 재능이 있지 않고서는 여간해서는 모두 이수하기 어려웠다.

실제 그런 까다롭고 위험한 상속의 과정을 거치면서 여러 로마 유력 가문이 세력을 잃고 몰락했다. 이에 대다수의 유력 가문에서는 위험천만한 출산과 육아의 과정을 따르기보다 자기들의 커뮤니티 안에서 유대가 있는 젊은이들의 능력을 종합적으로 판단하여 그중 유력한 자를 양자로 들였고, 그를 상속자로 세워 가문의 가주로 삼는 것을 선호했다.

그래서 바울은 로마인에게 보내는 편지에서 우리가 양자의 영을 받았으므로 하나님을 '아빠 아버지'라고 부르짖는다고 당당하게 밝혔다. 로마인들에게 그 글귀는 퍽 소중하고 따뜻하게 와 닿았을 것이다. 바울의 편지가 로마인들의 교회에서 읽혔을 때 '양자'라는 부분에서 큰 울림이 있었을 것이 분명하다.

흔히 자기 핏줄에게 평생 모은 재산과 가문의 유업을 대물림하려는 것은 인간의 본능이라고 한다. 하지만 가주로서 그에게 속한 자들의 이권을 지킨 다는 명분은 그런 본능마저도 극복하고 양자를 들이는 상속 문화를 로마인 들 사이에서 유행하게 했다. 그만큼 혈족 공동의 이권을 보호한다는 것을 지 엄하게 여겼다.

로마인들과 대동소이한 이유로 우리가 '족장 시대'라고 부르는 그 사회에 서 당대 사람들이 고심 끝에 내린 결정은 '적자독식' 방식의 상속이었다. 말 할 것도 없이, 고대 로마보다 수천 년이나 앞선 그 먼 옛날 족장 시대, 그것 도 이집트와 헷 족속들이 각축전을 벌이다가 각종 부족과 군벌들이 난립하 여 그야말로 레반트 판 춘추전국시대를 겪고 있던 가나안 땅에서 생존을 위 해, 그리고 부족의 전력 유지를 위해, 적자에게 모든 것을 몰아주는 것 외에 무슨 선택을 할 수 있었을까?

적자로 인정받지 못한 자녀들에게는 비극이지만, 적자독식의 상속을 하 지 않은 부족은 대부분 소멸했으니, 결국 유력한 한쪽으로 모두 몰아주는 방 식의 상속 제도가 시대 문화로 자리 잡았다. 이에 따라 아브라함도 이삭에게 모든 것을 상속하게 했고, 이삭 또한 오직 한 명의 자식만 축복하고자 했다. 그러므로 에서가 울부짖었어도, 단 한 번의 축복만 가능했다.

현대에는 이 적자독식을 수학적으로 설명하는 이론이 있다. 바로 란체스 터 법칙(Lanchester's laws)이다.

란체스터 법칙 : 작은 차이는 삶과 죽음을 가른다

항공공학자 프레드릭 란체스터는 제1차 세계 대전의 공중전 결과를 분석 하다가 승리한 측과 패배한 측의 손실에서 어떤 일관된 규칙을 발견하여 그 것을 수학적으로 정리했다. 1:1로 대결하는 근접전을 상정한 제1법칙과 투 사체를 사용한 전투를 상정한 제2법칙이 있다. 그가 도출한 방정식을 통해 서 전투 이전에 그 결과가 어떠할지 예상할 수 있게 되었고, 그 수학적 가정 에 맞는 이상적인 상황일 경우, 상당히 정확한 결과가 나온다. 결론을 말하자면, 사소한 전력 차라도 그 전투의 결과에서는 엄청난 차이가 나는 현상을 규명한 이론이다.

이 이론은 시대를 뛰어넘은 굴지의 병법가들이 전쟁의 승패는 결국 단순 임기응변이 아니라 그 준비에 달려 있으며, 전쟁은 시작 전에 이미 승리를 확정하고 개전해야 한다고 입을 모아 주장하는 것에 대한 수학적 근거를 마련해 주었다. 지독한 세계 대전이 끝나고 나서 이 법칙은 군사학에서뿐만 아니라, 경영학에도 적용하고 있고, 유수의 기업들도 사업 전략을 이 법칙을 토대로 구성한다. 기업 간의 경쟁에서도 아주 사소한 차이가 큰 결과적인 격차를 내는 것이 확인되었기 때문이다. 선점 효과를 위한 속도 경쟁, 각종 마케팅, 초격차를 위한 과감한 R&D(연구 개발) 투자는 이런 근거를 두고 탄생한 것이다. 사소한 차이가 명품을 만든다는 것은 겉만 번지르르한 격언이 아니라, 이를 뒷받침하는 이론이 있었던 것이다.

족장 시대의 전장은 어떠했을까? 기록의 한계로 무 자르듯 정확하게 결론을 내릴 만한 근거는 없지만, 정황적으로 주어진 증거들을 종합해 보면 어떠한 그림이 그려진다.

일단 무기의 경우, 철기는 운철 정도만 제한적으로 사용되었다. 운철은 매우 강력한 결전 병기 정도의 위상이었겠지만, 운철은 희귀하기가 문자 그대로 하늘의 별을 따야 가능했다. 철 성분을 품은 운석이 적당하게 불타면서 떨어진 것을 인간이 발견해서 무기로 재주 좋게 만들어야 했으니까 말이다.

청동 또한 현대인이 인식하는 그런 무기를 생각하면 곤란하다. 청동제 무기는 당시 미달한 부분이 많았다. 특히 경도가 문제였다. 비범한 장인이 이상적인 조건에서, 정확한 비율의 합금으로 아주 고품질의 청동을 만들면 드물게도 매우 훌륭한 소위 말하는 명검이 만들어질 수 있었지만, 그런 품질을 일반적으로 기대할 수는 없었다. 그렇지 못한 청동 재질의 무기는 땅에 떨어지면 깨지는 수준의 경도였다. 무기끼리 맞닿거나 힘을 다해 휘두르다 보면 두 동강이 나기 일쑤였다. 그래서 일부 학자들은 고대, 일반 병졸들이 청동 재질의 무기를 제식 무기의 형태로 광범위하게 사용한 여부에 대해 의구심을 보이기도 한다.

상황이 그렇다 보니 몽둥이도, 돌멩이도, 날붙이를 달아 둔 나무 장대로, 그 모든 것이 쓸모가 없어지면 그때는 무규칙 레슬링이 벌어진다. 그런 전투 양상에서는 아무래도 어지간한 담이 없으면 백병전을 감행하는 건 어려운 일이었다. 실제로 단칼에 사람을 죽일 수 있게 되어서 상대적으로 처절함이 줄어든 중세에 오더라도, 훈련이 덜 된 병사들에게 우선하여 지급되는 건 원거리 무기였다고 한다. 원거리 무기라 하면 다윗이 골리앗을 상대했을 때도 사용한 물매, 아니 아예 투석전으로 그저 맨손으로 던지는 돌, 여력이 된다면 화살 정도이다. 좀 더 근접해서 싸워야 한다면 긴 장대를 사용하거나 여력이 있으면 창을 주로 사용했다. 아무래도 선혈이 낭자하고 사람의 신체 부위가 사방에 널린 전선에 들어가는 건 잘 훈련된 병사들이라고 해도 맨정신으로는 못 할 일이니, 그런 전투 양상을 보였던 것이다. 하물며 제대로 된 보호구나 갑옷도 없었을 족장 시대, 자그마한 상처에도 염증이 생겨서 처참하게 죽을 위기가 있었을 그 시기를 논해 무엇하랴?

족장 시대에는 아무래도 훨씬 이후 세대에 되어서야 등장하는 소위 전쟁으로 밥벌이하는 전투의 프로인 기사 같은 무사 집단의 존재는 찾아보기 힘들었을 것이다. 사사로운 일상의 모든 일은 다 내려놓고, 오직 전투만 전문으로 하는 그런 프로들이 이삭의 주변에는 없었다고 봐도 틀리지 않다. 장자이자 차기 가주인 에서가 직접 나서서 사냥꾼 역할도 했다. 장자의 명분 거래 사건에서 드러났듯, 들에서부터 심히 허기진 채 돌아와서 배가 고파 죽겠다고 했을 만큼 고된 노동도 감수해야 했다. 물론 사냥에 필요한 기술은 얼마든지 전장에서도 응용할 수 있겠지만, 어디까지나 사냥은 사냥이고, 전쟁은 전쟁이다. 무방비의 동물을 잡는 것과 무장을 갖춘 사람을 상대로 한 전투는 그 결이 다르다.

따라서 당시 가나안땅에 존재하는 부족들 간의 전쟁은 전투 프로들의 전쟁이 아니었을 것이다. 그들이 사용하는 무기도 정식 병기라기보다는 평소 자신에게 익숙한 도구를 사용하거나, 여의찮다면 돌이나 물매와 같은 상대적으로 숙련이 용이하고 특출한 용기가 없는 자들도 사용이 가능한 원거리 투사체가 우선하여 선택되었을 것이다. 좀 더 숙련된 자들은 투창이나 활을 사용했을 터이다. 아무래도 가격도 비쌌고, 상대와 근접해서 싸워야 하는 칼보다는 조금이라도 상대와 거리를 벌릴 수 있는 창의 형태를 띤 나무 장대가 우선으로 선택되었을 것이다.

전쟁 전문가들에 따르면 화약이나 폭발성 물질을 무기로 사용하지 않는 냉병기 전쟁에서는 서로의 사상자가 의외로 많이 발생하지는 않았다고 한다. 앞서 언급했던 경도가 약한 무기의 신뢰성도 그랬고, 싸움하는 당사자들도 싸움의 프로와는 거리가 멀었기에, 누군가 피를 분수처럼 뿌리면서 신체 부위가 훼손되며 죽어 가는 데 제정신을 유지하며 군율을 유지하는 초인이 흔하지는 않았을 터이다. 그래서 전투라 해도 기세 싸움에 가까웠을 것이다. 사상자는 대개 사기를 잃고 도망하는 과정에서 발생했다. 여호수아에 기록된 아이성 전투에서도 사기를 잃고 도망하는 이스라엘 병사들을 아이 사람들이 추격하여 큰 손실을 입히는 장면이 등장한다(수 7:4-5).

이를 토대로 족장 시대 전투를 그려 보면, 당시의 전투는 사격전으로 개전하고, 양측에서 사상자가 발생하기 시작하면, 먼저 군율과 사기가 꺾인 쪽이 도망하기 시작하고, 반대쪽에서 추격하는 방식이었을 것이다. 다시 말해 대부분의 백병전 무기가 활약하는 상황은 양 군대의 무력이 불균형하거나, 도망하는 적을 추격할 때 한정되었을 것이고, 두 집단이 사격전을 시작했을 때 이미 사실상 그 결말이 정해졌을 것이다.

따라서 사격전을 상정한 란체스터 제2법칙을 적용하는 것이 적절할 것이다. 간단한 예시를 들면, 병사 수를 제외한 모든 면에서 동등한 조건을 가진 물매를 든 100명의 병사와 물매를 든 80명의 병사가 한쪽이 전멸할 때까지 상호 간 퇴각하지 않고 전투를 벌인다면, 100명의 물매 병사 쪽이 40명 전사하고 60명 살아남아 승리한다는 것을 예측할 수 있다. 초기의 20명이라는 전력 차의 영향력이 생각보다 크다는 것을 알 수 있다.

이해를 돕기 위해서 차이를 줄여 보자. 이번에는 동일 조건에서 100명과

99명이 싸우면 어떨까? 100명 쪽이 승리하는 것이 당연하고, 14명이 살아남는다. 전투를 시작하기 전 단 한 명의 차이는 사소한 것 같지만, 그것으로 인하여 발생하는 결과의 차이는 엄청나다. 란체스터 제2법칙에 따르면, 병사 n명이 추가될 때마다 화력은 제곱만큼(n^2) 증가하기 때문이다.

전투 시작 시 병력	승자	승자 쪽 남은 병력
100명 vs 98명	100명으로 전투를 시작한 쪽	20명
100명 vs 96명	100명으로 전투를 시작한 쪽	28명
100명 vs 94명	100명으로 전투를 시작한 쪽	34명
100명 vs 92명	100명으로 전투를 시작한 쪽	39명
100명 vs 90명	100명으로 전투를 시작한 쪽	44명

[패자가 전멸할 때까지 사격전을 한 경우의 전투 결과]

달리 말해, 족장 시대도 아주 사소한 차이가 승리와 패배, 삶과 죽음, 자유민과 노예를 가르는 결정적인 결과를 창출하는 시대였다는 얘기다. 전장에서도 이러할진대, 자동화한 기계의 부재로 노동력이 상대적으로 더욱 중요했던 당시, 경제 쪽에서도 적자독식의 상속이 생존에 유리했다는 것은 말할 것도 없다.

그 결과 족장 시대에는 필연적으로 적자독식의 상속 형태를 가진 부족들이 살아남았고, 그런 상황 속에서 하나님의 사람 아브라함 – 이삭도 그러한 상속 형태를 견지했다. 야곱도 축복하고, 에서도 축복할 수 없었다. 이삭이 쪼잔해서도, 축복이라는 것을 하고 나면 이삭의 기력이 다 빠져나가서도 아니다. 당시에는 하늘 아래 두 태양이 있을 수 없었다.

하지만 오해해서는 안 되는 것은 이것 자체가 무슨 모든 시대에 적용될 수 있는 성경의 원칙쯤 되는 것이 아니라는 점이다. 무릇 성경에서 어떠한 교훈이나 법칙을 도출할 때는 늘 시대상과 맥락에 대한 충분한 이해가 선행되어야 한다. 성경 안에는 한시적인 문화와 영속해야 할 문화가 혼재되어 있기 때문이다.

축복은 어째서 야곱에게 향하는가?

이삭이 가로되 네 아우가 간교하게 와서 네 복을 빼앗았도다(창 27:35)

앞서 우리는 이삭이 두 번째 축복하는 것을 거절한 이유와 적자독식의 상속 방식을 견지한 이유에 대해서 나눴다. 그런데도 장자의 축복 사건에는 여전히 의문이 남는다. 특히 복이 어째서 야곱 쪽으로만 향하는가에 대한 부분이 그러하다. 야곱을 축복했을 당시 이삭은 자기가 축복하는 대상이 '에서'라고 생각했다. 다만 그의 언어가 야곱에게 닿았을 뿐이다. 따라서 물리적으로는 야곱을 축복한 것이 되지만, 이삭의 진의는 그의 중심은 '에서'를 축복하고 있었다. 결과적으로 그 복을 비는 기도를 들으시고, 그 대상에게 복이 임하게 하시는 분은 하나님이시니, 이 장면을 어떤 방향으로 해석하느냐에 따라서 하나님이 어떤 판정 기준으로 사람에게 복을 주시는지 알 수 있다.

모든 기도의 응답을 이행하시는 분은 하나님이시며, 사람의 생사화복을 주관하시는 분도 하나님이시다. 그러면 하나님은 과연 무슨 기준으로 판단하시는가? 축복할 당시에 손을 댄 대상이 누구냐에 따라서, 혹 그 기도를 할 당시에 가장 근거리에 있는 대상에게 복을 주시는가? 이삭을 속인 야곱이 하나님마저도 속일 수 있었는가? 주님은 물리적 양태를 우선하여 보는 분이신가? 아니면 중심을 우선하여 보는 분이신가?

성경은 하나님은 결코 인간의 언어나 행동에 귀속되는 분이 아님을 분명히 한다. 하나님은 수동적으로 인간이 입력한 값에 따라서 특정한 행동을 하시는 분이 아니다. 인간은 그 어떠한 기도문이나 명령어로도 하나님을 조종할 수 없다. 우리가 누군가를 위해 복을 구하더라도, 그것을 받기에 합당한 자인지 여부를 주님이 단독으로 판단하여 그 적용의 여부를 결정하신다(눅 10:6). 주님은 심령을 감찰하시는 분이며(잠 16:2), 물리적 현상과 외모만을 보는 사람과는 다르게 중심을 보신다(삼상 16:7). 사람의 내면에 복잡한 것들을 날카롭게 구분해 내고 마음의 생각과 뜻을 분별하며 명명백백하게 나타내신다(히 4:12~13). 따라서 신구약 전반에 걸쳐 드러난 하나님의 속성에 비춰 보았을 때, 형으로 가장한 야곱에게 이삭이 그만 속아서 에서인 줄 알고 축복한 것을 하나님이 그대로 이루어주셨다는 식으로 해석하는 것은 부자연스럽다.

그렇다면 야곱에게 장자의 축복이 유효하게 적용된 사유는 장자의 축복 사건에서 한바탕 벌어진 실책의 향연이 주된 이유가 아니라고 보는 것이 타당하다. 야곱이 이삭을 속이는 데 성공했기에, 야곱이 에서를 가장한 것이 훌륭했기에, 이삭이 야곱에게 보기 좋게 속았기에, 그리고 그를 위해서 축복하고 포도주에 취해서 기도의 말을 나열했기에, 야곱에게 장자의 축복이 적용된 것은 아니다. 결국 이 장면에서 야곱에게 복이 임한 이유를 사람의 행동과 선택에서 찾게 되면 커다란 왜곡을 낳게 된다. 그저 생사화복을 주관하시는 하나님, 그러니까 생명, 죽음, 저주, 복을 주관하시는 하나님이라는 말씀 그대로를 적용해야 하는 부분이다. 야곱에게 왜 장자의 복이 임했는가? 여기서 내릴 수 있는 성경과 정합성을 띠는 결론은 다만 한가지이다. "주님이 그렇게 하셨다. 오직 하나님의 주권으로."

그렇다면 이런 견지에서 이 책 3장에서 다뤘던 등장인물들의 실책 향연은 어떤 의미가 있는가? 아브라함과 맺으신 언약의 상속에 한정했을 때 전혀 불필요한 사족이 되는가? 그렇다. 전혀 불필요한 사족이 된다. 그 사족을 통해서 두 형제 에서와 야곱이 극적으로 대립하게 되었고, 야곱과 리브가가 사랑의 결실로 만들어 낸 가정이 파탄 난다. 잠시 뒤에 나눌 내용이지만, 야곱은 축복받은 자의 말로로서 형용할 수 없는, 미움받는 나그네 삶을 시작한다. 만약에 장자의 축복권 사건에서 벌어졌던 실책의 향연이 없었다면 더 평탄한 삶이 있을 수 있었을까? 아마 그랬을 것이다. 하지만 그것이 가능했을까? 애석하게도 그러진 못했을 것이다.

앞서 다뤘듯, 각각의 인물마다 나름의 사정이 있었다. 각자 곰삭히던 응어리와 해소하지 못했던 감정들이 있었다. 그 왜곡들이 한데 모여서 각각 합리적이고 각자 지혜로운 선택이라 믿었던 것들을 선택한 결과, 모두가 거대한 실책을 저질렀다. 그들에게는 자력으로 그들의 실책을 방지할 역량이 없었다. 주님이 개입하셔서 막아 주신다면야 그들의 삶은 평탄했겠지만, 그렇다면 그것은 진정한 의미에서 그들의 삶은 아니었을 것이다. 결국 그들은 여느 인생들과 마찬가지로 불필요한 실책 때문에 자기 자신과 서로의 삶을 할퀴고 상처를 줬다.

이삭, 심히 떨다 : 하나님의 개입

야곱이 모든 일을 끝마치고 막 자리를 뜬 시점으로 장면을 되돌려 보자. 공교롭게도 바로 그 때에 에서는 이삭의 명령을 다 이행하여 요리를 들고 이삭에게 찾아왔다. 이 지점에서 기만당한 것을 깨달은 이삭은 분노하거나 돌이켜 저주한다거나, 하나님께 자기가 속아서 했던 축복을 철회해 달라고 요구하려는 시도조차 하지 않았다. 마치 장자의 축복을 한 행위가 소위 말하는 '낙장불입'인 양 행동한다. 그런데 창세기 17장에 보면, 아브라함이 이스마엘을 언약의 당사자가 되게 해 달라고 요청했지만, 주께서 거절하시는 장면이 등장한다.

> 아브라함이 이에 하나님께 고하되 이스마엘이나 하나님 앞에 살기를 원하나이다 하나님이 가라사대 아니라 네 아내 사라가 정녕 네게 아들을 낳으리니 너는 그 이름을 이삭이라 하라 내가 그와 내 언약을 세우리니 그의 후손에게 영원한 언약이 되리라(창 17:18-19)

따라서 아브라함의 언약 상속은 그저 사람이 청약한 그대로 기계적으로 이뤄지는 것이 아니었다. 이스마엘에 대한 아브라함의 청약을 거절하신 하나님께서는 비록 언약에 기반한 민족은 아니지만, 이스마엘에게도 그 나름대로 거대한 민족을 이루게 하신다는 약속을 통해, 조정 및 협의를 기꺼이

해 주시는 것을 보여 주셨다. 즉, 아브라함의 진의와 일치하는 청약까지도 하나님의 뜻과 대조하여 조정의 과정을 거치는데, 이삭의 진의와 일치하지 않는 장자의 축복이 액면 그대로 고스란히 적용될 리 만무했고, 이스마엘과의 관계에서 그 조정의 수혜 당사자인 이삭이 이 점을 모를 리 없었다. 후에 히브리서에서 에서가 장자의 축복을 받지 못한 이유를 그 축복이 이미 야곱에게 건너갔기 때문이라고 하지 않고, 에서가 하나님에게 유기되어 회개할 기회를 박탈당했기 때문이라고 밝힌다.

> 너희의 아는 바와 같이 저가 그 후에 축복을 기업으로 받으려고 눈물을 흘리며 구하되 버린 바가 되어 회개할 기회를 얻지 못하였느니라(히 12:17)

그 장면에서 이삭은 심히 크게 떨기 시작한다. 그리고 자기가 속아서 축복한 대로, 그저 그대로 이행될 것이라 확언한다. 이삭이 심히 크게 떨었다는 지점은 현상을 이해하는 데 상당한 힌트를 제공해 주는 대목이다.

> 이삭이 심히 크게 떨며 가로되 그런즉 사냥한 고기를 내게 가져온 자가 누구냐 너 오기 전에 내가 다 먹고 그를 위하여 축복하였은즉 그가 정녕 복을 받을 것이니라 (창 27:33)

여기서 '떨다'로 번역한 '하라다(חרדה)'는 주님이 시내 산에 강림하셨을 때 시내 산이 크게 진동한 것을 묘사하며 사용한 단어이다(출 19:18). 또한 사람이 느끼는 하나님에 대한 경외와 큰 두려움을 표현할 때도 사용된다. 앞뒤의 정황을 토대로 보면, 이 지점에서 이삭은 아브라함이 받은 언약에 기인한 그 장자의 축복을 누가 받아야 할지 정하는 일이 자기 소관이 아니라는 것을 심각하게 깨달았다. 그리고 하나님이 주권적으로 모든 상황을 주관하고 계신다는 것을 느끼고는 심히 떨기 시작한 것이라고 해석한다면, 이삭의 축복이 어째서 야곱에게 향하게 되었는지, 또한 그것에 대해서 어떠한 것도 변경할 수 없다는 이삭의 발언이 무엇 때문인지 설명이 된다.

주님이 그 순간 이삭에게 비언어적으로 당신의 의중을 드러내신 것으로 볼수 있다. 아브라함이 다만 이스마엘에게나 그 언약의 축복을 상속하게 해 달라 하였으나, 그 청원을 언어적으로 거절하시고 이삭을 선택하신 주께서 이시점에서는 에서를 선택한 이삭의 청원에 비언어적으로 거절하시고 야곱을 선택하신 셈이다. 그 결과 이삭은 그간 자신이 틀렸고, 아내 리브가가 옳았다는 것도 깨닫게 되었을 것이다. 그동안 하나님의 사람 이삭은 별도로 주께 받은 지시가 없는 상황에서, 낳은 순서를 존중하여 맏아들 에서에게 기대를 걸고서 장자의 대우를 하며 온갖 정성과 사랑을 다 쏟아부었다. 그런데 인제 와서 보니 그간 자기는 하나님의 뜻에 반대되는 위치에 서 있었다는 것을 알았다. 이는 하나님을 경외하는 이삭에게 있어서는 심히 떨 만한 일이다.

하나님의 사람이 하나님의 뜻에 벗어나 있다는 것을 깨달았을 때 심한 위기감을 느끼는 것은 근원적으로 어떠한 처벌이나 저주에 대한 두려움 때문이 아니다. 하나님의 뜻을 행하는 것은 하나님의 사람에게 있어서 즐거움이며(시 40:8), 삶 그 자체의 이유가 되고(약 4:15), 모든 것에 앞서서 추구하는 바이다(마 6:10). 따라서 이삭에게서 이러한 경험은 마치 삶 전부, 자신의 평생이 부정당하는 것과 같았을 것이며, 또한 하나님에 대한 경외에 기반한 두려움을 촉발했을 것이다. 이런 견지에서 이삭이 경험한 심한 떨림은 하나님을 대면했던 욥의 고백을 떠오르게 한다.

> 무지한 말로 이치를 가리우는 자가 누구니이까 내가 스스로 깨달을 수 없는 일을
> 말했고 스스로 알 수 없고 헤아리기 어려운 일을 말하였나이다(욥 42:3)

그간 이삭이 삶에서 경험한 각종 위기와 갈등에는 주님의 개입이 보장됐다. 하나님은 은혜의 울타리를 마련하셔서 이삭을 지켜오셨다. 많은 왕과 족장을 상대하면서도 그 세력과 이권을 보존하게 하셨다. 하지만 장자의 축복권 사건에 이르러서 이삭은 아이들 장난과 같은 야곱의 급조한 변장과 어설

프게 형 에서를 흉내 내는 목소리에 까맣게 속아 버렸다. 아브라함 대에 발생했던 장자의 축복권 상속 사례를 참고하자면, 그 정도로 중요한 사건에는 주님께서 반드시 개입하시어 인간적 실수가 없도록 하신다고 믿는 것은 전혀 이상하지 않다. 이삭 또한 그러한 하나님의 개입을 기대했던 것으로 보인다. 만약 그렇다면 이삭의 방심에 가까운 행동도 설명이 된다.

그리고 이삭이 이 모든 정황을 하나님의 개입임을 깨닫고 하나님의 임재를 느꼈으며, 그리하여 심히 떤 것으로 해석한다면, 그가 감히 축복을 돌이켜서 야곱을 저주한다든가, 여타 행동으로 벌어진 일에 가일수하는 시도를 하지 않는다든가, 절규하는 에서에게 다만 리브가가 임신 중에 받았던 응답의 내용과 일치하는 축복만을 전해 준 것의 이유도 설명된다.

> 그 아비 이삭이 그에게 대답하여 가로되 너의 주소는 땅의 기름짐에서 뜨고 내리는 하늘 이슬에서 뜰 것이며 너는 칼을 믿고 생활하겠고 네 아우를 섬길 것이며 네가 매임을 벗을 때에는 그 멍에를 네 목에서 떨쳐버리리라 하였더라(창 27:39-40)

물론 이것은 표면상으로는 만족할 만한 축복으로 보이지 않을 수는 있겠으나, 결과적으로 에서의 삶에서 축복으로 작용한다. 게다가 에서에게 특별히 친화적이지 않은 태도를 견지하는 히브리서에서도 그것을 축복으로 정의하고 있다는 것을 미뤄 보아, 에서가 받은 것 또한 축복이 분명하다.

> 믿음으로 이삭은 장차 오는 일에 대하여 야곱과 에서에게 축복하였으며(히 11:20)

하나님의 임재와 개입을 깨달은 이삭은 결국 하나님이 정하신 질서에 따라서 축복한다. 그리고 그 축복의 내용은 리브가가 받았던 응답과 내용상 일치한다. 마침내 두 사랑하는 부부 사이에 존재하던 응답의 불균형이 해소된 것이다.

축복을 받은 자의 말로 : 축복의 실체

하나님은 하늘의 이슬과 땅의 기름짐이며 풍성한 곡식과 포도주로 네게 주시기를 원하노라 만민이 너를 섬기고 열국이 네게 굴복하리니 네가 형제들의 주가 되고 네 어미의 아들들이 네게 굴복하며 네게 저주하는 자는 저주를 받고 네게 축복하는 자는 복을 받기를 원하노라(창 27:28-29)

결국 야곱은 장자의 축복을 차지한다. 야곱은 명실상부 아브라함의 복을 소유한 자로서, 하나님이 맺으신 그 영원한 언약을 맡은 영적 리더가 되었다. 하지만 이제부터 실로 역설적인 이야기가 펼쳐진다. 일생의 바람이 이뤄진 바로 그 순간이 야곱이 가장 볼품없게 되는 순간이 되었다. 성경에서 아브라함-이삭-야곱으로 이어져 내려온 인류 역사상 최고의 복을 얻은 그 순간부터 야곱은 추락하기 시작한다. 고층 빌딩에서 자유 낙하를 하듯, 그는 모든 것을 잃어버린다. 사회적 평가도, 최소한의 안전망도, 자신을 따르는 세력조차 없을 지경으로 그는 곤두박질친다. 축복받는다는 의미는 야곱이 막연하게 예상했던 것과는 전혀 달랐다.

우리는 생각한다. 무엇이 있으면 나아질 수 있다고. 보통 그 무엇이라는 것은 우리에게 모자란 부분이다. 우리가 소유하지 못한 것이다. 이상적인 애인이 있다면 행복하겠다고 생각한다. 간절히 바라던 시험에 합격하면 그럴 거라고, 원하는 대학에 들어가면 모든 슬픔에서 벗어날 것이라고. 돈만 있다면, 건강만 하다면…. 조난했을 때는 물 한 모금만 있어도 살 것만 같다. 그 자체가, 그런 기대가 잘못된 것은 아니다. 하지만 그것을 다 얻고 난 다음에 우리의 마음에는 무엇이 차오를까? 잠시간의 행복과 만족감 이후에는 또 다른 유형의 결핍이 찾아온다. 인간은 끝없이 결핍된 존재이다. 근원적으로 그 결핍이 발생하는 원인이 무엇인지 알지 못하며, 해결할 역량 자체가 없다. 따라서 인간은 자신이 무엇을 구해야 할지, 무엇을 원해야 할지 모르는 존재다.

이는 비단 십자가 이전 시대를 살았던 인류만의 한계가 아니다. 성령께서 내주 역사 함께하시는 은혜의 시대에도 인간은 여전히 무엇을 바라야 할지, 무엇을 원하고 무엇을 위해서 기도해야 할지 알지 못하는 존재로 로마서에 묘사되어 있다.

> 이와 같이 성령도 우리 연약함을 도우시나니 우리가 마땅히 빌 바를 알지 못하나
> 오직 성령이 말할 수 없는 탄식으로 우리를 위하여 친히 간구하시느니라(롬 8:26)

그렇지만 그 결핍을 잠시나마 달래는 것이 완전히 무의미하지는 않다. 많은 것이 결핍된 상태보다는 역시 풍요 속에서 느끼는 결핍이 훨씬 낫기 때문이다. 많은 돈이 반드시 행복을 가져다주지 않는다고 해서 가난을 꿈꾸는 사람은 없을 것이다. 배가 부르더라도 즐거움이 가득해지지는 않겠지만, 그렇다고 굶주리고 싶은 자는 없을 것이다. 성경 또한 주어진 나날 속에서 기쁨으로 먹고 즐거움으로 마시며 사랑하는 이들과 함께하는 것은 하나님께서 이 헛된 삶에서 주신 인간의 몫이라고 규정한다(전 9:7-9).

다만 그 모든 것을 하면서도 한편으로는 삶의 덧없음과 허무함을 인지해야 한다. 우리 그리스도인은 상상하는 대부분을 소유해 본 솔로몬의 표현을 빌리자면, 헛되고 헛되니 모든 것이 헛되다는 것을 알아야 한다(전 1:2). 그 헛됨의 범주는 모든 물질적인 것만을 의미하지 않는다. 모든 욕구만이 문제라는 의미도 아니다. 전도서는 이에 더해 그 욕구를 담은, 결국 만족을 주지 못하는 것을 추구하는 인간 자체도 헛되다 천명한다(전 1:14). 따라서 특정 욕구만을 다스리라는 여타 종교의 가르침과는 그 결이 다르다.

'헛되다'로 번역한 단어는 히브리어 '헤벨(הבל)'로서, '내쉰 숨', '텅 빔'을 의미한다. 내쉰 숨이 허망하다고 숨을 내쉬지 않는다면, 존재라는 것이, 사유라는 것이 가능할까? 그러므로 신앙인은 헛되다는 것을 알면서도 그것을 활용하는 존재이다. 우리에게 반대되는 개념은 헛되다는 것을 모르면서 활용하는 것이다. 이는 커다란 차이를 불러일으킨다. 양쪽 다 똑같이 먹고 마신다. 어차피 먹고 마심의 끝에는 지겨움이 존재하고, 낡음이 존재하고, 쇠약함이 존

재한다. 세상 모든 것에는 영원한 것이란 없다. 그런 필연적 귀결은 지혜자나 우매자나, 그것을 깨달은 자나 깨닫지 못한 자에게나 똑같이 임한다.

하지만 인생의 허무함과 우리가 추구하는 것들의 허무함을 인지하고, 그 모든 것은 과정이며 수단이지 목적이 될 수 없다는 것을 인지한 자들은 하나의 다름을 창출한다. 이를 솔로몬은 젊어서 하나님을 두려워하는 법을 배우는 것이라 한다. 하나님을 두려워하는 것이 무엇일까? 단순히 교회에 신자로 등록하고 기독교인이 되는 걸까? 과연 그렇게 종교적이고 거만한 것일까? 솔로몬은 꽤 세속적인 왕이었다. 따라서 그의 저서도 단순히 종교적인 해결책을 권면하기 위해 쓰이지 않았다.

그렇다면 솔로몬이 말한 하나님을 두려워한다는 것은 무엇을 의미할까? 솔로몬은 여호와를 두려워하는 것이 지혜의 시작이라고 정의했다(잠 9:10). 이는 지혜의 완성이 아님에 유의하자. 우리가 하나님을 믿는다고, 하나님을 두려워한다고, 세상 모든 사람보다 더 지혜롭다 스스로 여기며 오만해지는 것은 성경이 권하는 태도가 아니다. 우리가 기독교에 소속되었다고 다른 사람에게 섬김을 받을 거라는 생각 또한 정말로 저급한 착각에 불과하다. 여호와를 두려워하는 것은 지혜라는 기나긴 길에 내디딘 첫 발자국이지, 그 완성이 아니다. 그 자체로 우리에게 어떠한 신분을 보장해 주지 않는다.

야곱이 받은 축복을 상기해 보자. "너를 저주하는 자는 저주를 받고 너를 축복하는 자는 복을 받기를 원한다." 이 말은 실상 저주할 사람이 있다는 뜻이고 축복할 사람이 있다는 뜻이다. 그리고 주께서 야곱을 저주할 사람에게 저주하실 것이며 축복할 사람에게 복을 주시겠다는 뜻이다.

저주를 하는 사람이 있다는 것은 앞으로 적이 있을 것이라는 의미이다. 실제로도 그랬다. 그 이후 이스라엘 민족의 역사만 보더라도 대적의 숫자는 부족함이 없었다. 오죽했으면 다윗조차 절규하며 외치기를 "나의 대적이 어찌 그리 많은지요"라 했다(시 3:1). 그의 호소는 그대로 시편의 한 구절이 되었다.

축복하는 자가 있다는 것도 사실 사람의 축복을 받아야 하는 처지라는 것이다. 우리는 흔히 착각한다. 은사를 받으면, 하나님의 총애를 받으면, 십자가를 가지면, 모든 것이 충족되어 아무것도 부족함이 없게 된다고 착각한다. 그리고 그것이 믿음이라 생각한다. 하지만 바울의 고백을 상기하자. "어떠한 형편에든지 내가 자족하기를 배웠노니"(빌 4:11). 이 말은 무엇인가? 사도 급의 인물도 인생을 살 때는 부족함을 느낀다. 모자란 자는 결국 서로 도와야 한다. 서로 구제해야 한다. 하나님을 믿는 사람들은 왜 서로 구제하는가? 하나님이 계시는데? 기도로 다 받아 내면 되는 거 아닌가? 그렇지 않다.

에덴동산 이후 인생에는 결여가 존재한다. 이는 마치 에덴동산 중심부에 존재하던 선악을 알게 하는 나무와 같다. 그 나무 자체에는 아무런 의미가 없다. 하지만 그 나무는 인간이 하나님의 존재를 상기하게 만든다. 인간의 나약함과 인간의 연약함을 느끼게 한다. 다른 점이라고 한다면, 그 나무는 시선을 다른 곳으로 옮기기만 하면 얼마든지 보지 않을 수 있지만, 우리의 결여는 우리 삶에 순간마다 뿌리내려 있다는 것이다. 바로 지혜에 첫걸음을 내딛게 하려고 그 결여는 늘 우리의 삶에 존재한다.

따라서 사람은 결여를 통해서 필연적으로 타자를 필요로 하는 존재가 된다. 하지만 문제는 사람은 사람에게 값없이 무언가를 주지 않는다는 점이다. 애석하게도 사람은 크고 작게 무언가를 바라고 기대한다. 그래서 아브라함은 소돔 왕이 주는 전리품을 받지 않았다. 정당하게 자기 몫임에도 불구하고 말이다. 아브라함의 통찰은 정확했다. 아브라함은 내가 만약 너에게 무엇 하나라도 받으면 주님이 약속하신 복이 나에게 임했을 때 네가 준 것들로 내가 잘되었다는 소리를 들을까 봐 받지 않겠다고 선언했다(창 14:22-23). 그래, 사람에게 축복받는다는 것은 감사하지만 때로는 서글프기도 한 일이다. 때때로 우리는 갚을 길이 없는 것을 타인에게 받고 힘들어한다. 어떤 악한 사람들은 그것으로 우리를 조종하려고 한다. 우리 삶의 주인이 되려고 한다. 우리를 빚쟁이로 만들어 우리의 자유를 빼앗는다. 그런 일이 야곱의 말년에 파라오와의 관계에서 일어날 뻔했다.

설령 그렇게 악한 사람이 아니라 할지라도, 정말 아무 조건 없이 나에게 모든 것을 주는 사람이 있다고 해도, 받는 것이 감사하다고 해서 받기만 하는 처지가 되는 것이 정말 행복한가? 부모님이, 사랑하는 내 배우자가, 사랑하는 내 자녀가 나를 위해서 희생하고 나에게 다 주는 것이 마냥 기쁘기만 한가? 어느 시점에서 우리는 기도하게 된다. "하나님, 저는 되갚을 길이 없습니다. 주님께서 저들의 아름다운 마음에 보답해 주소서⋯. 그리고 주님, 이제는 주님께서 직접 저에게 주세요."

다윗도 이런 경험을 했다. 그에게는 한 전장에서 식수가 고갈되어 큰 위기에 빠졌던 때가 있었다. 그의 용사들이 목숨을 걸고 적진을 주파해 물을 떠 왔다. 이에 다윗은 감격했지만, 한편으로는 슬퍼하면서 "여호와여 내가 결단코 이런 일을 하지 아니하리이다 이는 생명을 돌아보지 아니하고 갔던 사람들의 피니이다" 하고 마시기를 즐겨 아니했다(삼하 23:16-17). 하나님이 혹 비를 주셨더라면, 혹 출애굽기 시절 광야에서 샘을 터지게 하셨던 것처럼 식수를 주셨더라면 받지 않아도 되었을 사람을 통한 축복을 받았기에 다윗은 서글펐다.

야곱에게 부여된 축복은 실상 '하나님을 두려워하는 것의 시작'이 마련된 삶을 암시한다. 야곱의 삶에도, 그리고 이스라엘 자손과 그 반열을 따르는 믿음의 민족인 우리에게도 적들이 있기 마련이다. 인간이 비는 축복을 받아야 할 만큼 아쉬운 순간들도 함께할 것이다. 그래, 그렇게 최고의 복을 소유해도 우리는 여전히 인간이다. 그리고 인간으로서 삶을 살아가기에 그런 결핍을 여전히 느끼는 것은 이상한 일이 아니다. 그래도 다행인 것은 우리는 혼자가 아니라는 것이다. 누군가가 나를 저주한다면 하나님께서 나서서 저주를 그에게만 받게 하신다. 실로 불평등한 교환이다. 상대방은 나를 저주하는 말을 던졌을 뿐이다. 하지만 그 대상은 실질적으로 저주를 받는다. 그래서 하나님의 사랑은 기본적으로 편애다. 공평하신 하나님이시라 할지라도 야곱과 에서를 동시에 똑같이 사랑하지 않으신다(롬 9:13).

축복도 마찬가지다. 내가 갚을 길 없는 것들에 보상해 주신다. 그러한 자체만으로도 대단한 복이다. 하지만 그 실상은 야곱이 가졌던 기대와는 달랐다. 에서가 갑자기 야곱을 인정하고 야곱의 대적들이 모두 야곱의 편으로 돌아서고 그가 실제로 장자가 되는 일은 벌어지지 않았다. 그 이후 펼쳐진 야곱의 삶은 마치 다윗의 고백과 같았다. 훗날 야곱의 또 다른 이름이 되는 이스라엘에 담긴 뜻은 하나님께서 대신 싸워 주신다는 의미를 지니니, 매우 의미심장하다.

여호와여 나의 대적이 어찌 그리 많은지요 일어나 나를 치는 자가 많소이다(시 3:1)

다만 다윗과 야곱의 차이는 지대하다. 다윗은 삶의 상황 대부분에서 '까닭 없이' 고난받는 의인에 가까웠고, 야곱은 '까닭 있게' 고난받는 자였다. 야곱이 모든 것을 버려 가며 얻은 축복은 즉효성이 있는 복이 아니었다. 당장은 그저 말뿐이었다. 이러한 구조는 야곱의 인생에서 거듭 반복한다. 처음에는 형의 맹세의 말에 기대를 걸었다. 순수한 아이같이 그 말에 대단한 의미가 있다고 생각했다. 맹세대로 된 일이 없어 이내 실망했다. 그다음에는 아버지를 속임으로 발생하는 모든 저주와 책임을 지겠다는 어머니의 맹세를 믿었다. 그리고 그 이후에는 아버지의 축복의 말에 기대했다. 아버지는 하나님의 사람이며 할아버지 아브라함의 적장자로서 영적이고 육적인 모든 상속을 받은 사람이었다. 아버지 이삭이 축복하는 자는 반드시 복을 받는 것을 여러 번 보았다. 그래서 기대했다. 하지만 그것을 받고 난 다음 또다시 실망했다. 야곱은, 이스라엘은, 믿음의 민족은 결국 사람의 말을 기대하고, 사람의 약속을 기대하고, 사람의 축복을 기대하는 한 늘 실망했다. 매뉴얼인 야곱이 무수한 실책과 눈물로 보여 줬듯.

여느 부족의 안주인처럼 리브가도 나름의 세력이 있었을 것이다. 그녀를 따르는 종들과 식구가 꽤 있었을 것이다. 하지만 장자의 축복권 사건 이후에 리브가의 종들 가운데 자기들 주인이 지지하는 야곱을 따르는 자는 없었다. 그렇게 이삭도 리브가도 야곱을 지켜 줄 수 없을 정도로 야곱은 부족 내에서 완전히 외면을 받게 된다. 야곱이 부당한 방식으로 축복을 가로챈 결과, 야곱은 인망을 완전히 잃었다.

물론 야곱도 그럴 것이라 예상 못 했을 리 없다. 하지만 이삭의 축복이 자기를 기적적으로 보호해 줄 것이라 믿었다. 실상은 그러지 못했다. 축복의 실체는 그저 말뿐이었다. 하나님은 축복권, 인간의 말, 인간의 축도나, 인간의 기도문을 보고 역사하시지 않는다는 것을 야곱은 뼈저리게 느꼈다. 하나님은 하나님의 때에 하나님이 원하시는 방식으로, 사람의 바람이나 열심, 믿음, 바람 따위가 없어도 하나님의 뜻에 맞춰서 일하신다. 야곱은 그것을 배웠다. 몹시 어려운 방식으로, 아주 힘겨운 방식으로 인생을 통해서 교훈을 직조해 냈다. 그리고 그의 아픈 깨달음은 후대를 위한 반면교사로써 매뉴얼에 적혔다.

야곱: 스스로 속은 자

아이들이 그의 태 속에서 서로 싸우는지라 그가 가로되 이같으면 내가 어찌할꼬 하고 가서 여호와께 묻자온대 여호와께서 그에게 이르시되 두 국민이 네 태중에 있구나 두 민족이 네 복중에서부터 나누이리라 이 족속이 저 족속보다 강하겠고 큰 자는 어린 자를 섬기리라 하셨더라(창 25:22-23)

앞서 나눴듯, 모든 것의 시작이었던 리브가에게 주어진 불균형한 응답은 세 부분으로 이뤄져 있다.

1. 두 아이는 각각의 민족을 이룰 것이다.
2. 두 족속 사이에는 힘의 격차가 있을 것이다.
3. 큰 자가 어린 자를 섬길 것이다.

이 응답을 믿은 리브가와 야곱은 세 번째 부분, 곧 큰 자가 어린 자를 섬길 것이라는 부분에만 집중해 왔다. 이는 다른 것에는 집중할 여력이 없을 만큼 야곱의 형편이 녹록하지 못했기 때문이다. 이처럼 응답이라는 것은 받는 자의 형편이나 관점으로 인해 해석의 제약을 받기도 한다. 리브가가 하나님께 응답받은 것이 분명했다. 전지전능하신 하나님은 여타 변수를 이유로 당신의 뜻을 돌이키시거나 다르게 고치지 않으신다. 따라서 언젠가 야곱과 에서는 민족을 이룰 것이다. 그리고 야곱이 이룰 민족은 형 에서가 이룰 민족보다도 거대할 것이며, 형 에서는 결국에는 야곱에게 굴복할 것이다. 하지만 그것을 달성하는 방식에 관해 주님이 아무런 응답도 주지 않으셨다. 사람이 가진 습성 중 하나는 하나님께서 고요하실 때 잠잠히 기다리지 못한다는 것이다. 특히나 야곱의 경우처럼, 리브가의 경우처럼, 상황적인 요소가 곁들여지면 더더욱 그러하다. 그 결과 하나님의 침묵 앞에서 그간을 참지 못하고 이리저리 떠든다. 말을 지어내고 계획을 짜낸다. 불필요한 사족을 더한다.

사람이 여호와의 구원을 바라고 잠잠히 기다림이 좋도다(애 3:26)

나의 영혼이 잠잠히 하나님만 바람이여 나의 구원이 그에게서 나는도다(시 62:1)

너는 하나님 앞에서 함부로 입을 열지 말며 급한 마음으로 말을 내지 말라 하나님은 하늘에 계시고 너는 땅에 있음이니라 그런즉 마땅히 말을 적게 할 것이라(전 5:2)

주 여호와 이스라엘의 거룩하신 자가 말씀하시되 너희가 돌이켜 안연히 처하여야 (잠잠히 있어야) 구원을 얻을 것이요 잠잠하고 신뢰하여야 힘을 얻을 것이어늘 너희가 원치 아니하고(사 30:15)

모세가 백성에게 이르되 너희는 두려워 말고 가만히 서서 여호와께서 오늘날 너희를 위하여 행하시는 구원을 보라(출 14:13)

우매자는 말을 많이 하거니와 사람이 장래 일을 알지 못하나니 신후사를 (나중 일
을) 알게 할 자가 누구이냐(전 10:14)

하지만 촉박함과 두려움, 공포와 괴로움 따위가 마음에 넘치고 형용할 수
없는 고통이 되어 버리고 나면 이내 많은 말이 물처럼 쏟아져 나온다. 이는
더는 원망도 아니고 단순히 무지한 말도 아니다. 차라리 비명에 가깝다. 본
능에 기반한 반응이다. 그렇기에 잠잠히 하나님의 구원을 기다리는 것이 상
책이라는 교훈과 권면이 성경에 반복해서 등장한다. 다양한 시대적 맥락과
인물이 이를 반복적으로 강조하는 것은 하나님을 잠잠히 기다리는 것은 상
당히 실천하기 어렵기 때문이다. 하나님의 침묵 속에서, 사람은 무엇이라도
해야겠다는 생각이 든다. 특히나 내 자녀의 일이라면, 내가 사랑하는 이들
의 일이라면 더더욱. 스스로 아무것도 할 수 없음을 알면서도, 오히려 상황
을 더 악화시킬 수 있다는 것을 알면서도 끝끝내 불필요한 한 수를 두고야 만
다. 이러한 것은 주께서 순전한 자로 공개적으로 인정해 주신 욥도 피할 수
없는 현실이었다. 그는 하나님을 대면한 자리에서 그동안 자기가 무지했음
에도 불구하고, 이 말 저 말 다 했다고 인정하며 조용히 하나님의 결정을 따
르겠다고 고백한다(욥 42:3).

이렇듯 아담과 하와 이후 타락한 인간은 잠잠히 하나님께 구해야 할 때와
스스로 분연히 일어나서 행해야 할 때를 구분하지 못하는 슬픈 존재다. 그렇
다면 이러한 교훈을 우리의 삶에 어떻게 적용해야 하는가? 야곱은, 리브가
는 과연 무엇을 해야 했던 것일까? 주님이 침묵하실 때 다만 주님만을 바라
며 잠잠히 기다리는 인내를, 마치 나무에 달린 열매가 떨어지기만을 손을 놓
고 쳐다만 보는 수동적인 태도로 이해하면 곤란하다. 오히려 성경적인 잠잠
함과 영적인 인내는 매우 능동적 행위이다. 이러한 잠잠한 기다림은 욥기에
기록된, 욥의 포기하지 않고 하나님의 답변을 기다려 보겠다는 선언에 잘 표
현되어 있다.

나의 가는 길을 오직 그가 아시나니 그가 나를 단련하신 후에는 내가 정금 같이 나오리라(욥 23:10)

이는 짧으면 7년, 길면 10년이라는 기간을 참고 견디면서, 때로는 친구들과 언쟁도 하면서 하나님의 침묵을 경험하던 욥의 모든 것이 함축된 고백이다. 그간 아무런 근거도, 그 어떤 응답도 주어지지 않았다. 욥 주변 그 누구도 욥에게 저런 고백을 알게 할 만한 가르침을 주지도 않았다. 욥 곁에는 그 어떤 대언자도 없었고 예언자나 사역자도 없었다. 그의 곁에는 목사님이나 선지자도 없었다. 욥에게 성경책이라도 있었겠는가? 욥이 참고할 만한 선례 또한 없었다. 그렇다면 무엇이 욥으로 하여금 저런 고백을 하게 만들었을까? 욥은 하나님을 경험했다. 욥은 주께서 전지전능하시다는 것을 믿었다. 주님이 전지전능하시므로 그분의 태도나 그분의 언행은 변하지 않는다는 것을 알았다.

따라서 주님이 까닭 없이 자기를 치지 않으시리라, 까닭 없이 은혜의 울타리를 거두지 않으시리라, 까닭 없이 자기에게 고통을 허용하지 않으셨으리라, 아무런 이유도 없이 아무런 목적도 없이 이런저런 말들을 자기 친구들에게서 듣게 하신 것은 아니리라 굳게 믿었다. 그 결과 집요하게 추리하고 유추하고 도출해 냈다. 아무리 침묵하신다 한들, 아무리 오랜 기간 그가 나를 내어 방치해 놓으신다 한들, 아무리 그가 멀리 느껴지고 사방에 나의 적뿐인들, 그분은 나의 가는 길을 아신다. 그분만은 나의 길을 아신다. 그가 나를 단련하신 후에는 내가 순금같이 나올 것이다.

이것은 애석하게도 욥의 마지막 고백은 아니다. 욥기는 42장에 가서야 끝난다. 저 고백을 하고 나서도 욥은 그 얼마나 많은 낮과 밤을 견뎌야 했던가? 그러므로 욥의 하나님을 아는 지식에 기반한 고백은 모든 시련을 그치게 할 해결책이 아니다. 이는 모든 것을 견딜 수 있는 인내를 낳는, 하나님이 웅비하시어 이윽고 억울함을 해소해 주실 날을 맞이하게 해 주는 그런 성경적 잠잠함을 낳는 능동적 믿음이다. 이러한 믿음이 없이는 주께서 침묵하실 때 하나님을 잠잠히 기다리는 인내를 가질 수 없다.

하지만 야곱으로서는 불행하게도, 장자의 축복권 시기의 야곱은 그러한 잠잠히 기다리는 인내를 감당할 수 있게 하는 믿음을 아직 가지고 있지 않았다. 하지만 야곱의 불행은 그를 통해서 교훈을 얻는 우리 후대인들에게 오히려 좋은 위로가 된다. 하나님이 그저 초인만 선택하셨더라면, 그저 빼어난 자들만 택하셨더라면, 약하고 한없이 넘어지는 자들은 무엇을 보고 교훈을 얻고 주님의 어떠하심을 깨닫고 위로를 얻을 수 있을까? 주께서 만약 지극히 빼어난 자를 믿음 민족의 시조로 삼으시고 모든 믿는 자들의 매뉴얼로 삼으시며 우리에게 끝없이 더욱 많은 것을 원하시는 분이었다면, 아마 그분께 다가가는 것은 한없이 멀기만 했을 것이다. 하지만 야곱의 연약함에도 불구하고 그를 선택하신 하나님은 또한 우리에게도 쉬운 멍에와 가벼운 짐만을 주신다는 의지를 보이시며 따스한 약속을 주신다.

> 수고하고 무거운 짐진 자들아 다 내게로 오라 내가 너희를 쉬게 하리라 나는 마음이 온유하고 겸손하니 나의 멍에를 메고 내게 배우라 그러면 너희 마음이 쉼을 얻으리니 이는 내 멍에는 쉽고 내 짐은 가벼움이라 하시니라(마 11:28-30)

> 이스라엘의 허물이 세상의 부요함이 되고, 이스라엘의 실패가 이방 사람의 부요함이 되었다면, 이스라엘 전체가 바로 설 때는 그 복이 얼마나 더 엄청나겠습니까? (롬 11:12 새번역)

따라서 야곱의 넘어짐조차 우리에게는 부요함이다. 그 연약하고 미달한 야곱조차 하나님으로 인해 일어선다면, 그의 믿음의 반열을 따라 믿음의 민족 된 모든 자에게도 복된 일이다. 그런 견지에서 야곱의 뼈아픈 실패를 본다면, 성령님과 함께하면서도 이리저리 비틀거리고 말씀과 찬양, 예배 처소의 풍요 속에서도 너무도 자주 실망스러운 모습만 보이는 우리도 다시 일어설 수 있다는 소망을 가질 수 있다. 또한 야곱이 회복되어 가는 과정을 통해서,

우리도 오늘날 회복과 회생을 어떻게 이루어 나갈지 힌트를 얻을 수 있다.

아무것도 이루지 못한 자신의 처지에 속아 궁지로 내어 몰린 야곱은 다만 아버지의 축복에 기대를 걸었다. 그것이 진정 어떤 의미가 있는지 완전히 이해하지 못한 상태로, 그저 자신의 기대를 앞세워 행동한 결과였다. 비록 장자의 축복은 하나님과 자기 할아버지 아브라함의 관계 속에서 형성된 지극히 '성경적인 개념'이었지만, 그것에 자신의 공포와 두려움에 기반한 기대를 채색하니, 아주 훌륭한 우상이 되어 버렸다. 그랬다. 하나님이 그 축복을 통해서 역사하시리라는 기대는 사실 허울뿐이고, 실상은 그 축복 자체를 의지하고 있다는 측면에서 우상 그 자체가 되었다. 그러하니 그 우상의 원재료가 무엇이든지 간에 주님은 결코 그를 돕거나 구원할 수 없으셨다. 잘못에 상을 주시고 보답해 주신다면, 야곱과 그의 후손들 모두 그릇된 교훈을 학습할 테니까 말이다.

야곱은 그러한 축복을 에서에게 강탈하는 것으로, 어머니가 받은 응답이 자기 삶에서 성취되어, 집안 모두가 자기를 장자로 인정하리라, 자기가 드디어 민족을 이룰 만한 세력을 얻을 수 있으리라, 아버지 이삭이 그의 형 이스마엘과의 관계에서 그러하였던 것처럼, 결국 에서를 몰아내고 민족을 이룰 만한 기반을 차지할 것으로 생각했다. 그런 식으로 하나님이 당신의 뜻을 이루실 것이라 넘겨짚었다. 사실 그 넘겨짚었다는 말은 과도한 표현일지도 모른다. 그 지점이 야곱이 내면적으로 지쳐 쓰러져서 더는 견딜 수 없었던 그 인내의 한계였을 테니까. 야곱 나름대로 살길을 찾은 것일 테니까.

장자의 명분, 그리고 장자의 축복권을 뺏어서 민족을 이루면, 결국 형도 자기를 섬길 것이라고 생각했다. 공교롭게도 이는 후대 이스라엘이 가진 착각과도 비슷하다. 일부 근본주의 유대인들은 결국 이방인들이 토라의 위대함과 유대인들의 뛰어남을 깨닫고 스스로 그들의 종이 될 거라고 믿는다고 한다. 하지만 그것은 결코 하나님이 계획하신 방법이 아니다. 다만 인간의 막연한 기대일 뿐이다. 야곱이 상상하는 방식대로 이야기가 흘러간다면 인간이 상상한 범주에서 이야기의 결론이 난다. 하나님은 전혀 새로운 일을 계획하셨다. 그렇기에 오히려 야곱의 실책은 참작의 여지가 있다. 하나님의 새로운 일을 예측하는 것에 쓸 선례나 지혜가 존재할 리 없으니까. 할아버지 아브라함의 사례도, 아버지 이삭의 사례도 야곱에게는 전혀 도움이 될 수 없었다. 하나님이 계획하신 전혀 새로운 일이 야곱의 삶을 통해서 이제 이뤄지려 하기 때문이다.

그 새로운 일을 이루시기 위해서 하나님은 침묵하고 계셨다. 거듭 말하지만, 이는 그 이루시는 것에 있어서 야곱의 개입이나 역할이 전혀 필요하지 않았기 때문이다. 그 고요함을 견디지 못하고 야곱은 본능에 따라 자기의 기대에 속은 자가 되었다. 결국 야곱은 형에게서 강탈한 축복의 무게를 견디지 못하고 미움을 받는다. 형 에서의 축복을 강탈한 과정을 통해 결국 정치적인 입지가 박살이 났다. 아버지 이삭도 더는 야곱을 지켜 줄 수 없었고, 어머니 리브가의 종들도 야곱을 백안시했다. 법도, 국가도, 도덕도 지켜 줄 수 없어서 의지할 것이라고는 부족, 친족의 울타리뿐이었던 시대에 결국 빈털터리로 쫓겨난다. 자기가 원하는 것을 줄 수 있다고 믿었던 축복이 자기가 가장 두려워하는 것을 임하게 했다. '속이는 자'라는 뜻의 이름을 가진 야곱은 결국 스스로 '속은 자'가 되었다. 그리고 스스로 속았을 때 진정한 의미에서 야곱은 혼자가 되었다.

속이는 자 야곱, 혼자가 되다.

그리고 다시 이삭과 이스마엘 : 감히 측량할 수 없는 분

리브가가 쌍둥이를 임신하게 된 경위는 그 자체가 기적이었다. 결혼 이후 20년간이나 이삭과의 사이에서 자녀가 없었다. 다만 이삭은 아버지 아브라함과 어머니 사라의 실수를 답습하지 않았다. 20년간 인내하며 하나님께 간구했을 뿐, 첩을 들인다거나 다른 방법을 모색함으로 '가일수'하지 않았다. 결국 건장한 두 사내아이를 낳는다. 하나님의 침묵에 대해서 아주 모범적이고 훌륭하게 인내하여 결국 승리한 일례를 만들어 낸 것이다. 이 지점에서 이삭뿐만 아니라, 리브가 또한 평범한 사람의 그것을 아득히 넘어서는 대단한 믿음과 인내력을 가진 인물임을 확인할 수 있다.

하나님은 리브가에게만 그 두 자녀의 미래에 대한 약속을 주셨다. 바로 두 아이가 각각 민족을 이룰 것이고, 두 민족에는 힘의 격차가 있을 것인데, 야곱의 민족이 더욱 강하여 에서의 민족이 야곱의 민족을 섬길 것이라는 것이었다. 리브가는 믿음의 사람답게 그 응답을 추호의 의심도 없이 굳게 믿었다. 다만 남편 이삭의 경우는 그러한 응답을 아직 받지 못했다. 그랬어도 이삭은 하나님을 대면한 경험이 있는 하나님의 사람이니, 언젠가 남편 이삭에게도 하나님이 그 뜻을 밝히시리라 믿고 인내했다. 성경 지면에는 그 인고의 세월이 다 기록되어 있지는 않지만, 그 오랫동안 이삭은 하나님께 누구를 후계자로 해야 할지 늘 구했다. 하지만 애석하게도 이삭에게는 그 응답이 허락되지 않았다. 하나님께서 이삭에게는 응답을 주시지 않으므로 가장 수혜를 본 자는 에서였다. 그로 인해서, 결국 에돔 족의 시조가 될 에서는 아버지의 사랑을 담뿍 받을 수 있었다.

진정 문제는 응답의 불균형에서 발생하지 않았다. 이삭과 리브가의 단란한 가정이 삐걱거리기 시작한 것은 두 쌍둥이의 극명한 역량 차이에 기인했다. 형 에서는 너무나도 빼어났고, 동생 야곱은 에서에 비하여 상대적으로 미달했다. 그런데도 리브가는 잘 견디어 냈다. 임신했을 때 하나님이 주셨던 응답을 믿으면서 오랜 기간 인내하며 기다렸다. 리브가가 현상에 '가일수'를 시작한 것은 그녀의 잠잠한 기다림이 70년을 넘어갔을 무렵이었다. 이 상황에서 노쇠한 남편은 누가 보더라도 죽음을 앞둔 것으로 보였고, 하나님께서 형 에서보다도 뛰어난 민족을 이루리라 약속해 주신 야곱은 결혼조차 하지 못했다. 거기에 야곱은 장자의 명분 사건에서 크게 쇠약한 에서를 속였던 전과 때문에 위험 분자 취급을 받아, 그들의 아버지 이삭이 죽고 나서 그 안전이 보장될 수 없었다.

하지만 리브가는 감히 하나님을 원망하거나 탓할 수 없었다. 그저 '내가 진작에 개입하는 게 옳지 않았을까?', '그것이 하나님의 뜻은 아니었을까?'

정도만 생각했을 터이다. 믿고 인내하고 있으면 그 약속을 이뤄주실 거라 믿었다. 하지만 어떠한 선례도, 성경도, 조언해 줄 종교 지도자도 없는 상황에서 리브가는 그런 인내하는 믿음의 방식이 잘못되었구나 오해했다. 그래서 장자의 축복이 에서에게 임하기 전에, 에서의 부재를 틈타서 그 축복을 빼앗으라며 야곱에게 조언한다. 그로 인한 모든 저주는 자신이 받겠다는 결의로. 20년간 임신을 하지 못했어도 조용히 하나님만을 기다리며 인내하던 리브가도 자녀가 결부되니까, 평생 믿어 온 하나님에 대한 신뢰성이 연관되니까, 결국 더는 참지 못하고 잠잠함을 깨고 최악의 상황에 치닫게 하는 '가일수'를 하고 만다.

주어진 상황 속에서 리브가는 어떻게든 에서의 것을 빼앗아 야곱에게 주려고 했다. 이는 에서에 대한 미움이나 야곱에 대한 편애에만 기반한 단편적인 것이 아니었다. 한없이 막막하고 막연한 상황 속에서 리브가가 참고할 수 있는 사례는 지극히 한정되어 있었고, 그나마 유효하게 참고할 수 있을 만한 것은 남편 이삭이 시아버지 아브라함이 가졌던 '하나님의 사람'의 타이틀을 승계한 방식이었다. 이스마엘, 곧 '하나님께서 들으실 것이다'라는 의미가 있는 이스마엘의 이름이 리브가의 마음에 떠올랐을 것이다.

이스마엘은 나이상으로는 장자임이 틀림없었지만, 신분상으로는 서자였다. 사라의 종인 하갈의 아들이었기 때문이다. 이스마엘의 정통성 여부는 온전히 사라의 의중에 달려 있었다. 따라서 어딜 보나 적법한 적장자인 에서에게 그 사례를 그대로 적용하기에는 무리가 따랐다. 하지만 하나님의 선택하심이라는 개념을 적용하면 응용의 여지는 존재했다. 서자니, 적자니, 첫째니, 둘째니, 하는 인간의 셈법을 차치하고 하나님의 선택과 유기라는 측면에 집중한다면, 이삭과 이스마엘의 사례에서 발생한 사건이 에서와 야곱에 다시금 반복될 것이라 기대하는 것은 아주 현실성이 없는 것은 아니었다.

아브라함이 아침에 일찍이 일어나 떡과 물 한 가죽 부대를 취하여 하갈의 어깨에 메워 주고 그 자식을 이끌고 가게 하매 하갈이 나가서 브엘세바 들에서 방황하더니 가죽 부대의 물이 다한지라 그 자식을 떨기나무 아래 두며 가로되 자식의 죽는 것을 참아 보지 못하겠다 하고 살 한 바탕쯤 가서 마주 앉아 바라보며 방성대곡하니 하나님이 그 아이의 소리를 들으시므로 하나님의 사자가 하늘에서부터 하갈을 불러 가라사대 하갈아 무슨 일이냐 두려워 말라 하나님이 저기 있는 아이의 소리를 들으셨나니 일어나 아이를 일으켜 네 손으로 붙들라 그로 큰 민족을 이루게 하리라 하시니라 하나님이 하갈의 눈을 밝히시매 샘물을 보고 가서 가죽 부대에 물을 채워다가 그 아이에게 마시웠더라 하나님이 그 아이와 함께 계시매 그가 장성하여 광야에 거하며 활 쏘는 자가 되었더니 그가 바란 광야에 거할 때에 그 어미가 그를 위하여 애굽 땅 여인을 취하여 아내를 삼게 하였더라(창 21:14-21)

하나님이 이삭을 선택하신 배경과 태생적 한계를 극복하지 못한 이스마엘은 결국 떡과 물 한 가죽 부대만을 받고 쫓겨난다. 하나님이 아브라함에게 이스마엘에 대하여 약속하신 바가 있기에, 이러한 아브라함의 행동을 그저 비정함으로 해석하는 것은 공정한 처사가 아니다. 하나님의 사람인 아브라함이 기도 끝에 "내가 그에게 복을 주어 생육이 중다하여 그로 크게 번성케 할찌라 그가 열두 방백을 낳으리니 내가 그로 큰 나라가 되게 하려니와"(창 17:20)라는 응답을 받고 난 이후였기 때문이다.

따라서 아브라함의 경우는 하나님이 이스마엘을 도우실 것이라는 확신을 하고 있었다. 게다가 아마 이스마엘을 광야로 내보내는 결정을 한 날에도 그를 책임져 주시겠다는 하나님의 응답을 받아 지시하시는 대로 내보냈다고 보는 것이 자연스럽다. 훗날 그두라의 자녀들의 경우 그들이 자립할 수 있도록 재물을 챙겨 줬던 아브라함의 성품을 고려하자면, 그런 응답이 없었다면, 아브라함이 매몰차게 떡과 물 한 부대만 주고 광야로 내몰지 않았을 것이다.

하지만 당시 광야로 내어 몰린 이스마엘과 하갈에게는 당장 사형 선고나 다름이 없었다. 브엘세바 광야에서 결국 모든 물이 떨어졌고, 하갈은 시시각각 자기 아들이 약해져 가며 죽어 가는 것을 목도하는 상황에 부닥쳤다. 그녀는 그 모습을 차마 볼 수 없어 울음을 터트렸다. 결국 하나님이 개입하셨고, 두 모자는 기적적으로 생존한다. 그리고 그 이후에도 하나님이 이스마엘과 함께하셨고, 결국 이스마엘은 아브라함이 받았던 약속처럼 강력한 세력을 이룬다.

앞으로의 이야기는 적자에게 모든 상속분을 몰아주더라도 그것을 제대로 보존한다고 자신할 수 없는 약육강식의 시대에 두 민족이 쌍둥이를 통해서 각각 나온다고 하는, 말도 안 되는 응답을 리브가에게 주신 하나님이 그 불가능해 보이는 응답을 실현해 나가시는 과정을 담고 있다. 이스마엘과 이삭의 사례에서도 알 수 있듯, 하나님의 방식은 당대 인간들의 지혜와 고심의 결과인 적자독식의 문화를 무시하는 형식의 것이 아니었다. 하나님은 후대의 만들어진 란체스터 법칙으로도 긍정이 되는, 인생들이 미약하게나마 도출해 낸 생존 방식과 당시 상속 제도를 존중해 주셨다. 미흡해도 그것이 인간적으로 최선이었으니까.

따라서 리브가가 모든 면에서 특출난 에서에게서 상속분을 빼앗아서 영적으로 선택받은 야곱이 모든 것을 받게 하려고 노력하는 것은 남편인 이삭이 이스마엘과의 관계에서 겪은 것을 재현하고자 하는 것이었다. 그것이 리브가가 알고 있는 하나님이 일하시는 방법이었고, 족장 시대 상속의 생리였으니 말이다. 즉, 리브가가 그리고 있는 그림은 야곱이 이삭의 모든 세력을 흡수하고 에서는 독립하여, 이스마엘처럼 새로운 세력을 이루는 방식으로 자기가 받은 응답이 실현되는 것이었다.

하지만 이야기를 자세히 들여다보면, 인간이 만질 수 있고 인지할 수 있는 모든 유형의 것은 결국 적법한 적장자인 에서에게 하나도 빠짐없이 돌아갔다. 야곱에게 돌아간 것은 하나님의 사람이 아닌 자들에게는 아무래도 좋은 '영적인 언약'일 따름이었다. 달리 말해서, 하나님은 당시 사회적 풍습에 따라서 장자가 되기에 적합한 에서를 이삭 '부족'의 인적 자원과 재산의 상속자가 되게 만드셨다. 하나님은 에서의 것을 한 터럭도 침탈하지 않으셨다. 그러면서도 당신의 뜻을 이루셨다. 물론 서사에서 야곱이 빼앗아 간 것으로 묘사하는 장자의 축복이 있다. 하지만 그것은 이삭과 이스마엘의 사례에서도 드러나듯, 하나님이 주권적으로 결정하셔서 받을 자를 결정하실 일이지, 사람끼리 거래하거나 강탈하는 방식으로 서로 주고받고 할 수 있는 사안이 아니다. 즉, 애초에 에서의 것도, 이삭의 것도, 그 누구의 것도 아니었다.

아무리 남편이지만 엄연한 타인이다. 그 남이 만났던 하나님, 그러니까 이삭이 이복형 이스마엘과의 관계에서 경험했던 하나님을 토대로 앞으로 하나님께서 하실 일을 유추했던 리브가의 예상은 보기 좋게 빗나갔다. 이삭과 이스마엘의 경우와는 다르게, 장자의 명분과 장자의 축복을 소유했으며 하나님이 사랑하신다고 공언한 야곱은 결국 아무것도 얻지 못하고 광야로 쫓겨난다. 이처럼 남이 만난 하나님의 이야기를 그대로 답습하는 것은 확실한 실패를 예약하는 행위이다. 오늘도 살아 역사하시는 하나님이 성령님을 통해 나와 함께하시는데, 타인의 이야기를 복잡하게 분석하여 어떤 공식을 도출하고 하나님의 뜻을 예측할 필요가 있을까? 그저 눈을 감았건 떴건, 그 하나님께 직접 여쭤 보면 되는 것을….

반대로 에서가 이삭의 모든 소유와 세력을 물려받았다. 이때의 에서는 이미 자녀도 많았다. 그들은 이미 각자 세력을 형성하며 두각을 나타냈다. 슬슬 후사를 생각할 나이다. 장자의 축복을 강탈한 야곱의 존재는 자신뿐만 아니라, 부족을 물려받을 자녀들에게도 부담이었다. 그런 상황에서 후환이 될 야곱이 모든 정치적 세력을 잃고 제 발로 줄행랑쳤다. 야곱이 도망한 사이, 하나님은 이삭의 모든 재산을 에서에게 몰아주셨다. 그래서 에서는 민족을 이룰 자산과 세력을 가질 수 있었다. 따라서 동생이 자신으로 가장하고 아버지를 속였다는 것에서 느낀 배신감과 불쾌감을 제외하고 살펴보면, 에서는 이 장자의 축복권 사건을 통해 모든 걱정거리가 일거에 해소되었고, 육적인 부분에만 한정하자면, 가장 큰 수혜를 보았다. 그야말로 앓던 이가 빠진 것 같았을 것이다.

반면 하나님은 야곱이 장자의 축복을 받은 즉시 그를 무일푼으로 만드셨다. 그리고 직접 복을 주시기 시작하셨다. 야곱과 에서에게 허락된 물려받을 재산이 오로지 이삭의 것만 존재했다면, 결국 한 명은 도태되고 단 한 명만 살아남는다. 만일 각자의 몫으로 공평하게 나눈다면, 전란의 상황에 양쪽 다 생존율이 극히 희박해진다.

하지만 하나님이 개입하셔서 받지 못한 자에게, 시스템에 존재하지 않던 시스템 밖인 것, 즉 하나님의 복을 주시니까 둘 다 산다. 그리고 여기서 귀중한 메시지를 주신다. 그것은 하나님은 이스라엘인 야곱에게 하신 것처럼, 그의 후손 이스라엘 민족과 십자가를 통해서 믿음의 족속이 된 우리 현대 그리스도에게도 동일하게 하시겠다는 확신의 메시지다. 하나님의 약속이 있는데, 나의 몫을 누군가에게 빼앗겼는가? 내가 받은 것은 하나님의 응답이 분명한데 사람들이 인정해 주지 않는가? 그런 때에도 걱정하지 않아도 좋다. 필시 야곱의 경우와 마찬가지로 하나님이 직접 주시기로 작정하신 것이다. 게다가 야곱의 계보를 따르는 믿음의 민족인 이상, 우리는 믿는 것밖에는 선택의 여지가 없다. 믿지 않으면 뭘 어쩔 건가? 하나님을 떠나서 살 수나 있는 존재인가? 하지만 다행스럽게도 예수님이 믿을 수밖에 없는 어려운 상황에 내어 몰린 자들을 위해서 미리 확언해 주셨다. 믿는 자에게 능치 못함이 없다고(막 9:23), 우리 믿음대로 될 것이라고(마 9:29).

주님은 이삭의 사례와는 정반대로 야곱에게 역사하셨다. 이는 하나님이 하시는 일에 대해서 어떤 법칙을 도출하는 것을, 어떤 방정식을 만드는 오류를 범하지 못하도록 하시기 위함이기도 하다. 인간의 행동에 대해서야 란체스터 법칙처럼 어떤 법칙을 도출할 수 있지만, 하나님에게도 그러한 법칙을 대입하는 오류를 범하다 망하지 않도록 우리를 배려하신 것이 분명하다. 하나님에 대한 법칙 그 자체도 우상이 될 수 있으니까 말이다.

	선택 받은 자	광야로 내몰린 자	아버지에게서 상속받아 세력을 이룬 자	하나님에게서 은혜를 받아 민족을 이룬 자
이삭과 이스마엘	이삭	이스마엘	이삭	이스마엘
야곱과 에서	야곱	야곱	에서	야곱

[하나님께 선택받은 자의 상황 : 의도된 역설]

이러한 경위를 통해서 에서는 야곱에게 살의를 품었고, 믿음의 민족의 시조이자, 미달자, 축복 찬탈자 야곱은 이삭의 무리에서 떠나 도망하게 된다.

5장 ＿＿＿＿＿ 다듬어지지 않은 돌: 야곱의 돌베개

축복으로 모든 것을 잃은 자, 하란으로 향하다

내 아들아 내 말을 좇아 일어나 하란으로 가서 내 오라버니 라반에게 피하여 네 형의 노가 풀리기까지 몇날 동안 그와 함께 거하라 네 형의 분노가 풀려 네가 자기에게 행한 것을 잊어버리거든 내가 곧 보내어 너를 거기서 불러오리라 어찌 하루에 너희 둘을 잃으랴(창 27:43-45)

기대했던 것과는 다르게 장자의 축복은 야곱에게 그 어떠한 현실성 있는 권력이나 기적을 안겨 주지 못했다. 하나님은 장자의 축복을 보고 역사하시는 분이 아니었기 때문이다. 주님은 긍휼히 여길 자에게 긍휼을 베푸시고, 은혜 줄 자에게 은혜를 주는 주권적인 분이시다(출 33:19). 오직 당신의 주권과 뜻에 기반하여 장자로 만들 자에게 장자의 복을 주신다. 그렇기에 이삭이 '장자의 축복'을 전해 주는 절차는 그저 수단이며 부수적인 과정이다. 야곱은 수단에 불과한 장자의 축복을 목적으로 삼았다. 야곱이 받은 축복은 당장은 그저 실효성 없는 말 잔치나 다름없었다. 결국 상황은 야곱에게 너무나 불리하게 돌아가기 시작했다. 아버지 이삭은 죽음을 앞둔 것만 같았고, 에서의 세력은 와해하기는커녕 야곱이라는 공동의 적 앞에서 더욱 단단하게 결집했다. 그랬다. 현실을 살아가는 이삭 부족의 구성원들에게 장자의 축복이라는 영적인 명분은 에서의 실질적인 능력과 세력에 비하면 아무래도 좋은 것이었다.

이러한 교훈은 현대를 살아가는 우리에게도 충분히 적용된다. 어떠한 직책이나 타이틀, 영적인 명분, 각종 은사 등은 실질적인 리더십의 근거가 될 수 없다. 삶의 현장에서, 일터에서, 그리고 교회에서 저러한 것들을 의지하여 리더로서 인정받으려 기대하는 순간 많은 문제가 야기되는 경우가 흔하다. 사람은 결코 타이틀이나 명분만을 보고서 타인을 리더로 인정하며 따르지 않는다.

이 지점에서 얻어야 할 교훈이 있다. 보편적 원리는 하나님과 관련된 일이건, 세상의 일이건 커다란 차이가 없다는 것이다. 성령님은 지혜의 영이시다. 신앙이 남다르게 좋다고 한들, 제아무리 선한 마음을 가졌다고 한들, 그 자체로 지혜가 확보되지 않는다. 성령님이 내주 역사하시는 그리스도인들에게도 여전히 지혜는 추구해야 하는 것이며, 구해야 하는 것이다(눅 16:8; 약 1:5).

야곱의 근원적인 문제 중 하나는 지혜의 결여였다. 영적인 복인 장자의 축복을 소유했을지언정, 그 과정에서의 지혜의 결핍은 곧 그의 모든 것을 빼앗아 갔다. 그 와중에도 리브가는 이삭이 야곱에게 한 장자의 축복에 대한 굳건한 믿음이 있었다. 특히 야곱이 피신해야 하는 이유를, 단순히 야곱의 목숨을 구하기 위함이 아닌, 야곱 그리고 에서, 둘의 목숨을 보전하기 위함이라는 발언에서 그의 강한 믿음이 드러난다. "어찌 하루에 너희 둘을 잃으랴"(창 27:45).

적어도 리브가에게 있어서 야곱이 받은, 야곱을 저주하려는 자를 하나님이 저주하신다는 아브라함의 복은 의심할 여지 없이 반드시 이뤄질 일이었다. 그렇기에 리브가에게 있어서 야곱의 하란행은 단순히 야곱의 목숨만을 부지하는 것이 아닌, 에서의 목숨까지도 보전하는 선택이었다. 혹여 에서가 야곱을 해하기라도 하면, 에서조차 무사하지 못할 것이라는 하나님에 대한 믿음이었다.

이삭이 야곱을 불러 그에게 축복하고 또 부탁하여 가로되 너는 가나안 사람의 딸

들 중에서 아내를 취하지 말고 일어나 밧단아람으로 가서 너의 외조부 브두엘 집

에 이르러 거기서 너의 외삼촌 라반의 딸 중에서 아내를 취하라(창 28:1-2)

이제 이삭은 리브가와 뜻을 완전히 함께한다. 에서가 받아야 할 장자의 축
복을 야곱이 강탈하므로 되레 에서의 세력이 결집했던 것과 같이, 해당 사건
을 통해서 이삭과 리브가 또한 더욱 하나가 되었다. 그 방증으로 이삭이 야
곱의 하란행 직전에 그를 불러 축복하며 당부한 말에 리브가의 의중이 전적
으로 반영되어 있다(창 27:46; 28:1). 단순히 리브가가 야곱과 작당 모의하여
남편 이삭을 기망하는 것이라면, 부부의 관계가 무너져야 마땅한 상황이겠
지만, 실책의 향연을 거치면서 이삭은 하나님의 뜻을 깨달았다. 그 결과 리
브가가 오랜 기간 불균형한 응답을 홀로 안고 마음고생해 온 것을 공감했고,
리브가가 임신 중에 받았던 응답을 이제 이삭도 그대로 마음에 담았다.

비록 장자의 축복 사건을 일으킨 주동자이긴 했으나, 그 기나긴 세월 동
안, 자신이 하나님의 응답을 소유했다는 연유로 남편인 이삭을 조종하려 하
거나, 이삭과 에서 사이에 경솔히 개입하기보다는 조용히 하나님의 뜻을 기
다리며 인내해 온 것도 분명한 사실이다. 부부 일심동체라고 하던가? 이삭
또한 그러한 아내 리브가의 인고의 세월을 이해하고 감사하는 사람이었다.
결국 리브가는 남편 이삭과의 관계에서 인내를 통해 성공의 결실을 맛본 여
인이 되었다. 비록 축복권 사건은 야곱과 리브가의 부족한 지혜와 잔꾀로 시
작한 일이었으나, 이삭과 리브가의 관계만은 그 즉시 합력하여 선을 이뤘다.
둘 사이에 그 어떠한 앙금이나 분노가 남아 있었다면, 야곱에 대한 부부간의
의견의 합치는 불가능했다.

전능하신 하나님이 네게 복을 주어 너로 생육하고 번성케하사 너로 여러 족속을

이루게 하시고 아브라함에게 허락하신 복을 네게 주시되 너와 너와 함께 네 자손

에게 주사 너로 하나님이 아브라함에게 주신 땅 곧 너의 우거하는 땅을 유업으로

그런 경위에서 이삭은 야곱을 아브라함의 복으로 마저 축복한다. 장자의 축복 사건에서 에서인 줄 알고 축복했던 이삭은 이제 온전히 야곱을 야곱으로서 인정하며 복을 빈다. 참으로 역설적으로 "하나님이 아브라함에게 주신 땅", 곧 가나안 땅을 차지하게 하시기를 원한다고 축복하면서도 그를 가나안 땅에서 멀리 떨어진 하란 땅으로 보낸다. 행간을 통해서 읽을 수 있는 것 두 가지가 있다. 먼저 이삭은 야곱이 그 축복의 내용을 현실에 적용할 역량이 없음을 인지했다. 다시 말해 막상 축복은 했어도 그것을 현실화하는 것은 지금 야곱 실력으로는 아직 멀었다는 것이다. 다른 한편으로는 비록 사정이 여의찮아 '하란'이라는 먼 이국땅으로 떠나 보내야 하는 형편이지만, 결국에는 하나님이 그 언약을 주권적으로 이루실 것이라는 기대와 믿음을 이삭은 놓지 않았다.

이삭이 야곱에게 한 축복은 실상 이삭 자신은 대리인일 따름이고 실질적으로 복을 주신 분은 하나님이시니, 그 실현까지도 주님이 책임지실 것임을 믿는다는 내용의 고백이다. 창세기에서는 이 모든 과정을 에서도 실제로 목격한 것처럼 슬쩍 여지를 남기고 있으나(창 28:8), 실제로는 그런 진행 상황을 전달받았다고 보는 것이 타당하다. 만약 저 장면을 실시간으로 보았더라면, 에서가 추격대를 하란으로 향하는 길에 보내 야곱을 잡아 오게 하였을 테니까 말이다. 아무튼 야곱은 그 이후 서둘러 길을 떠난다. 애석하게도 떠날 채비를 철저히 할 수 없는 처지였다. 비록 에서는 이삭 앞에서 골육상쟁을 벌이려 하지 않았으나, 그 분노는 대단한 것이어서 충분히 일촉즉발의 상황이었기 때문이다.

야곱의 경로를 정확하게 추적하는 것은 불가능하겠지만, 현대의 도로를 통해서 가더라도 당시 이삭의 근거지였던 브엘세바와 하란의 거리는 약 1,000km이다. 절대적인 거리만 보더라도 결코 만만한 거리가 아니다. 당시의 도로 사정이나, 각종 약탈자와 이민족, 적대 부족, 노예상인, 맹수, 모래

사막, 돌사막, 험지 등 그 모든 장애 요소를 고려했을 때 야곱의 하란행은 매우 고단했을 것이다. 그 정도의 여정이면 당연하게도 그를 보필할 종자도 필요하고, 많은 여비도 필요하다. 지리에 능숙한 가이드도 있어야 할 테고, 각종 적대 세력에서 자신을 호위하며 싸울 수 있는 자들을 고용하는 것도 일반적이었을 것이다. 현대와 같은 법이나 국가 안전망도 없는 무법의 시대라 할 수 있는 그 당시에, 무리에서 떨어져 나와 광야를 홀로 헤맨다는 것은 자살행위에 가깝다. 가련하게도 야곱이 요단강을 건널 때, 그는 지팡이 하나만 가지고 있었다(창 32:10). 야곱은 의식주뿐만 아니라 안전도 보장되지 않은 상태로 광야를 헤매게 된 것이다. 이는 훗날 출애굽하여 광야를 헤매는 이스라엘 자손과도 닮았다. 이스라엘 백성이 광야 생활을 하는 도중에 이 이야기를 들으면서 크게 공감했을 법하다. 포로기에 바벨론으로 끌려가던 이스라엘 후손도 광야 길에서 야곱의 심정을 충분히 이해했을 것이다. 앞서 야곱을 그 이후 그의 반열을 따르는 믿음의 민족들을 위한 매뉴얼로 규정했는데, 이런 견지에서 그 면모가 도드라지는 장면 중 하나가 바로 이 하란행이다.

창세기에 묘사한 사라, 리브가, 그리고 이후에 등장할 야곱의 아내들을 보면, 제각각 어느 정도 독자적인 세력을 구축하고 있었다. 그들도 나름대로 자기 사람들이 있었고, 그들에게 소속된 '종'도 있었다. 하지만 그런 사람들 가운데 누구 하나 하란으로 향하는 야곱을 따르지 않았다. 이를 통해서 알 수 있는 것은 장자의 축복권 사건에서 야곱이 형 에서로 가장해서 아버지 이삭을 기망하는 것은 상당한 정치적 악수로 작용했다는 점이다. 그것을 통해서 야곱은 모든 인망과 정치적 세력을 잃었고, 더는 이삭과 리브가 그리고 야곱의 수하에 있던 자 중에서도 야곱을 따르는 자는 남지 않았다. 축복 사건 이후, 탈탈 다 털린 야곱은 홀로 지팡이 하나만 가지고 광야로 쫓기듯 줄행랑을 쳤다. 죽은 권력을 그 누가 따르겠는가?

정리하자면, 하란으로 향하던 도중의 야곱은 사회적 평가, 실질적인 자산, 정치적인 입장, 세력, 정신적인 상태 모든 부분에서 가장 취약한 상황이었다. 야곱의 인생 그래프를 그린다면, 바로 이 지점이 그 그래프 곡선의 가장 저점이다. 야곱은 철저하게 혼자가 되었다. 하나님은 야곱과 함께하실까? 세상 끝 날까지 항상 우리 안에서 내주하신다는 약속은 십자가 사건 이후에나 우리에게 도달한 매우 이례적인 은혜이다. 그 시대에는 그런 약속이나 개념이 없었다. 십자가 이전의 인물들에게는 하나님이 늘 함께하시리라는 생각은 하나님 말씀에 따른 믿음이 아니라, 근거 없는 억측이나 말도 안되는 바람에 불과했다. 불세출의 믿음으로 주님을 신뢰하던 다윗조차 자신이 죄를 범한 이후, 성령께서 떠나지 마시기를 간청하며 울부짖었었다.

나를 주 앞에서 쫓아내지 마시며 주의 성령을 내게서 거두지 마소서(시 51:11)

야곱은 하나님의 사람인 아버지 이삭이 눈이 잘 보이지 않자 기망했다. 게다가 장자인 형 에서가 아버지의 명령을 이행하기 위해서 자리를 비웠을 때, 형 에서로 가장하여 나쁜 짓을 자행했다. 그 즉시 도덕적이고 사회적인 비난이 야곱에게 쏟아졌다. 모두가 야곱을 미워하기 시작했고 꺼렸다. 에서만 야곱을 노린 게 아니었다. 에서만 야곱을 죄 지은 자로 여기지 않았다. 그야말로 지각 있는 사람이라면 모두 야곱을 죽을죄 지은 자로 여길 상황이었다. 그렇기에 야곱은 도망쳤다. 야곱을 따르는 사람은 단 한 사람도 없었다. 이삭도, 리브가도 야곱에게 아무것도 제공해 줄 수 없었다. 그 정도로 야곱은 수세에 몰렸다. 종자 하나, 종 하나 따르지 않았다. 야곱은 자기 사람 하나 없던 자였다.

그런데 사람도 버린 자를 하나님은 버리지 않으셨다. 하지만 이 시점 야곱은 그것을 알지도 바라지도 못하는 상황이었다. 말할 것도 없이, 하나님의 기준은 사람의 기준과 비교할 수 없을 만큼 더욱 높고 세밀하다. 사람은 다소간의 이권만 존재한다면 더러운 죄에서도 뒹굴지만, 하나님은 결코 어떠한 죄나 악과 함께하지 않으신다. 사람도 야곱의 더러운 행위로 그를 멀리하는데, 하나님 한 분만큼은 자기와 함께하신다고 믿는다는 것이 당대에 주어진 신앙관으로 가당키나 할까? 십자가가 아니었다면, 은혜 시대를 사는 우리도 믿을 수 없는 내용이다. 그렇기에 야곱은 고독했다. 야곱이 걷던 그 광야 길, 그의 시계에 펼쳐진 땅과 하늘 사이에 도움이 될 만한 존재나 의지할 만한 존재는 아무도 없다. 야곱은 그저 에서의 손에는, 사람의 손에는 절대로 죽지 않겠다는 일념으로 걷고 또 걸었다.

그런 야곱에게 육체적 피로가 엄습한다. 공교롭게도 야곱이 도달한 곳은 돌이 잔뜩 있는 건조한 험지였다. 광야라고 해도 좋고, 돌멩이 산이라고 해도 좋다. 날이 저물어 가고 추적자가 있을까 봐 조마조마하는 마음과 후회와 자책으로 얼룩진 야곱은 쓰러지기 일보 직전이다. 도무지 야영하기에 좋지 못한 그곳에서, 생물이 야생에서 가장 취약한 상태라고 하는 수면에 빠져들기 시작한다. 그에게는 천막도 없었다. 몸을 숨길 울타리도 없었다. 그저 돌하나 가져다가 베개로 삼고 거기 누워 잠을 청한다.

돌베개

한 곳에 이르러는 해가 진지라 거기서 유숙하려고 그곳의 한 돌을 취하여 베개하고 거기 누워 자더니(창 28:11)

인류사에서 가장 오래된 베개는 메소포타미아에서 발견되었다. 일반적으로 조개껍데기나 각종 광석, 돌 등을 빻고 뭉쳐서 돌베개 모양을 만들어 사용했다. 아주 드물게 일부 지역에서는 다듬지 않은 돌을 사용한 흔적도 있지만, 일반적인 것은 아니었고 지극히 예외적인 것이었다. 이집트 등지에서는 돌의 상단을 목의 모양대로 다듬어 목 누일 부분을 만들어 사용했다. 당연히 그런 딱딱한 베개가 편안할 리가 없다. 그래서 학자들은 단지 베개 사용의 주된 용도를 보호의 측면에서 설명하곤 한다. 여러모로 당시의 위생 상태가 현대의 집 내부나 잠자리와 비교할 수 없을 만큼 열악했기에, 각종 벌레와 인간을 위협하는 생물이 당시 수면 공간에 존재했다. 그래서 바닥과 떨어진 공간에 머리를 두어서 작은 벌레와 생물이 눈, 코, 입, 귀에 들어가는 것을 막기 위해 베개를 사용했다.

고대 이집트도 비슷한 형태의 베개를 사용했는데, 이집트인들이 사용하는 주된 재료는 목재와 석재였다. 그들이 베개를 사용함도 보호의 측면이 있었지만, 그들은 신앙적인 이유를 더 추가했다. 그들의 신앙관에서 머리는 영적—육체적 중심이었고, 이를 그 어떤 영적—육체적 위협에서 보호해 주는 것이 베개라고 생각했다.

고대 베개는 사치품 성격도 띠었는데, 부유한 계층들이 주로 사용했기 때문이다. 적합한 재료를 붙이거나 반죽하여 베개 형태를 갖추기도 했고, 쓸만한 돌을 찾아 목의 곡선에 맞춰서 정교하게 깎고 다듬어서 만들기도 했다. 따라서 가격이 매우 비쌌으며, 그것에 익숙해질 만큼 어릴 적부터 사용하려면 자라는 몸에 맞춰서 제작했을 터이니, 베개를 사용하는 것 자체가 고위 신분 계층과 부를 나타내는 상징이기도 했다.

야곱의 할아버지 아브라함은 메소포타미아 문명 출신이며, 그가 하나님의 약속을 따라서 향했던 곳은 이집트 문명의 영향권이었기에, 아마도 아브라함도 이삭도 야곱도 이와 같은 형태의 베개를 사용했을 것이다.

야곱은 하란으로 향하던 도중에 기진했고 돌무더기에서 돌 하나를 취하여 베개로 삼았다. 다시 말하면 당시 기준으로도 베개라고 할 수 없는 것을 임시로 베개인 것처럼 사용했다. 그도 그럴 것이 꽤 정교한 돌 세공 기술을 동원해야 어엿하게 베개라고 부를 만한 무언가가 나올 수 있었다. 하지만 야곱은 그저 길에 있던 다듬지 않은 돌 하나를 구해서, 야생에서 제대로 된 야영지도 없이 노숙하면서, 자기 눈과 코와 입과 귀를, 광야에서 서식하는 각종 벌레, 전갈, 뱀 따위로부터 보호할 장치로 활용한 셈이다. 이는 안락함, 편안함과는 거리가 멀다.

어릴 적 야곱의 이야기를 들었을 때 돌을 베면 편할까? 궁금해하던 기억이 있다. 그리고 이제야 답을 내자면 편할 리가 없다. 하지만 베개의 사용은 편하고 편하지 않고의 문제가 아니었다. 의학 기술이 부족했던 당시에 노숙하는 야곱이 가질 수 있는 최소한의 보호책이었다. 더욱이 학자들이 야곱이 머무른 곳으로 추정하는 지점은 지금도 돌이 아주 많은 황무지이며 지형이 매우 험한 광야이다. 그랬다. 당시 야곱에게 흔한 것이 돌이었고 야곱이 가진 것은 돌뿐이었다. 지금으로 치면 추운 밤에 의지할 것 하나 없어 땅에 굴러다니는 신문지라도 이불 삼아 덮고 노숙하는 것과 다름이 없는 처지였다.

성경에서도 손꼽히는 축복인 아브라함의 복을 받은 야곱의 처지는 어둑해지는 황무지에서 그저 의지할 것이라고는 돌밖에 없는 것이었다. 온 천하에, 온 세상에, 이제 지쳐 쓰러진 야곱을 지킬 만한 것은 그저 굴러다니는 돌뿐이었다. 들 사람이자 능숙한 사냥꾼인 에서가 야영을 했다면 좀 더 나은 형편으로 숙영 환경을 구축했을 것이다. 하지만 실내 활동을 주로 했기에, 장막의 사람이라는 별칭까지 있던 야곱에게 야외 노숙은 만만치 않은 일이었다.

이러한 야곱의 마음은 어떠하였을까? 아마 하나님이 자신을 영영 버리셨다는 생각이 들었을 수도 있다. 아버지 이삭이 해 준 축복을 굳게 믿더라도, 사람의 마음은 여러 겹으로 이뤄진 크레이프 케이크처럼 다양한 마음이 혼재하는 법이다. 어머니 리브가가 받은 응답이 틀렸다고도 생각할 공산도 있었다. 야곱에게 토라는 아직 없지만. 참고할 이야기는 있었다. 앞서 우리가 나눴던 큰아버지 이스마엘과 이삭의 이야기다. 버림받은 이스마엘은 무일푼으로 광야로 나갔다. 자신의 처지와 다를 바 없다. 다만 이스마엘은 무슨 뚜렷한 잘못을 저지르지는 않았다. 아직 어린아이들끼리 서로 짓궂게 장난치고 놀리는 것이야 늘 있는 일이 아닌가? 사라와 하갈 사이에서 알력 다툼의

이집트의 돌베개

피해자라고 할 만했다. 그렇기에 이스마엘은 항변할 만할 말이라도 있었다. 하나님께 도움을 구할 염치라도 있었다.

반면 야곱은 굳이 신앙적인 관점을 끌고 오지 않더라도, 사회적으로 용납될 수 없는 잘못을 저지르고 쫓겨난 신세다.

어쩌면 그렇기에 하갈과 이스마엘의 사례와는 다르게 야곱이 하나님의 도움을 구하는 장면은 등장하지 않는 것인지도 모른다. 훗날 벧엘로 불리게 될 그 자리에서, 야곱은 하나님을 구하거나 기도하거나 울부짖는 것을 전혀 하지 않았다. 다만 피곤하여 쓰러져 잠이 들었을 뿐이다.

천국과 땅을 잇는 사다리

꿈에 본즉 사닥다리가 땅위에 섰는데 그 꼭대기가 하늘에 닿았고 또 본즉 하나님의 사자가 그 위에서 오르락 내리락하고(창 28:12)

상념과 후회 그리고 피로로 범벅이 된 야곱은 잠에 빠진다. 그것을 통해서 그의 몸은 조금씩 회복되었다. 어느 정도 기력을 되찾자, 하나님은 야곱에게 영적인 꿈을 꾸게 하셨다. 야곱 앞에는 지상과 천상을 잇는 거대한 사다리가 있었다. 하나님의 사자, 그러니까 천사들이 천상과 지상을 오가는 통로로써 활용했다. 이는 야곱에게 신비한 체험 그 이상의 것일 수밖에 없었다. 도망자 신세이자 혈혈단신으로 광야를 헤매는 야곱, 그는 체력이 고갈되었고 결국 생명체가 취약한 순간 중 하나인 수면의 상태에 빠져 있었다. 그런 그에게 지금 가장 필요한 것은 안전이었다.

그런데, 하나님의 사자인 천사들이 함께한다. 이는 지금으로 치면 침공 위기에 처한 국가에 초강대국이 저명한 정치인들과 대사들을 파견한 것이다. 하나님의 사자인 천사들이 함께하고 있는 야곱에게 위해를 가하려는 자는 아브라함이 받았던 그 복과도 같이, 하나님이 직접 관여하실 것이라는 의미가 된다. 야곱을 해하려는 자들이 품은 악의가 야곱에게 닿기도 전에 하나님의 진노가 저들에게 임할 것이다. 육체적으로 가장 위험한 지역이었고 취약한 곳이라 생각했던 야곱이 쓰러진 그 자리가 영적인 관점까지 다 포함했을 때는 가장 안전한 장소가 되었다.

하나님은 우리를 만드신 분이시다. 다시 말하면 우리의 육체적 한계, 감정적 약함과 같은 것을 충분히 이해하시며, 그것들을 어떻게 다뤄야 할지 정확히 아신다. 사람은 자신의 지위와 신분을 이용해서 손아랫사람들의 육체적 필요와 감정적인 필요를 묵살하곤 한다. 상급자는 하급자의 고단함을 고려하지 않고 무리한 지시를 하기도 하며, 그의 감정을 멋대로 휘저어 놓고 "그래서 네가 뭘 할 수 있냐?"라는 태도로 일관한다. 사람을 인격으로 대하기보다는 수단이자 도구, 얼마든지 대체할 수 있는 소모품으로 여긴다. 그러한 태도를 요즘 말로 '갑질'이라고 한다. 고대에는 그것이 더욱 흔했다. 족장은, 리더는, 왕은, 군대 장관은 휘하에 둔 자들의 생사를 쥐락펴락할 권한이 있었고, 자기의 의중에 따라서 그들의 운명을 주관했다. 그러한 구조에서 자신이 거느리는 자들의 육체의 피로나 감정상의 괴로움 따위는 아무래도 괜찮아할 일로 여긴다.

역사상 가장 존귀한 인간과 가장 천한 인간의 격차보다도 더욱 큰 격차가 하나님과 우리 사이에 존재한다. 그런데도 하나님은 우리 하나하나를 생명체로 봐 주신다. 인격적으로 존중해 주신다. 그것이 그저 복음성가에 존재하는 가사 한 소절이라면, 단지 하나님을 묘사하는 슬로건에 불과하다면 하나님의 사람들에게는 희망이 없다. 하지만 야곱이라는 매뉴얼에 하나님이 분명한 실례를 남기기 시작하신다. 야곱이 자는 동안 지키시며 충분히 육체적으로 쉬게 하셨고, 먼저 천사들을 보이셔서 그를 안심시키신 후에 등장하신다. 이는 우리가 흔히 오해하는 것과 다른 모습이다. 누가 봐도 두려운 환경인데도, 그저 무심하게 "두려워하지 말라"라며 인간은 가히 이행할 수 없는 명령으로 몰아붙이는 그런 분이 아니시다. 하나님은 두려워하지 않아도 될 이유를 제공하신다. 그것도 우리가 이해할 수 있는 방식으로 말이다.

하나님이 야곱을 대하시는 방식이 그저 일회성이었으며, 야곱에게만 그리하신 것이었다면, 우리가 굳이 참고할 필요는 없다. 하지만 그 이후의 사례를 살펴보더라도, 하나님은 언제나 우리의 육체적—감정적 필요를 충족시켜 주시고, 또한 영적인 필요도 채워 주신다. 대표적으로 엘리야의 사건을 살펴보자. 엘리야는 큰 영적인 승리를 경험했음에도 불구하고, 변함없이 악으로 내어 달리는 이스라엘 백성에게 실망하여 죽기를 구하며 온종일 광야를 헤맨다. 그러다 한 로뎀 나무 아래에서 쓰러져 잠이 든다(왕상 19:4~5).

하나님은 천사를 보내셔서 엘리야를 지키시는 한편 광야를 정처 없이 헤매느라 아무것도 먹지 못한 엘리야를 먹이신다(19:6). 그 과정에는 천사의 '터치'와 다정한 말들이 함께했다(19:7). 하나님은 엘리야가 그곳에서 먹고 마시고 또 잠자면서 지친 육신이 충분히 회복되기까지 기다리셨다. 또한 의지할 이 하나 없이 탈진을 겪고 있는 엘리야를 천사를 통해 위로하시고 보살피시며 내적으로 치유되기까지 시간을 주셨다. 그 이후에 엘리야를 만나 주셨고, 당신의 뜻과 사명 그리고 희망의 메시지를 전달하셨다. 그 메시지에는 단순히 엘리야에게 영적으로 주님이 함께하시니 힘내라는 내용만 담긴 것이 아니었다. 구체적으로 엘리야를 지지해 줄 만한 사람들의 숫자까지 명시하시며, 육신을 가진 엘리야가 위로받을 수 있는 실효적인 해결책이 담긴 내용도 포함되어 있었다.

현대 그리스도인들은 때때로, 힘겨워하는 자들에게 성경 구절만을 전달해 주기도 한다. 그저 하나님의 응답이라며 영적인 이야기만 제공하는 때도 있다. 한낱 우리의 감정이나 기분, 컨디션보다도 하나님의 말씀이 더욱 중요한 것은 당연하다. 그것을 반박하려는 것은 아니다. 하지만 사람은 온전히 영적인 존재가 아니다. 사람은 훨씬 복합적인 육체와 내면을 지니고 있다. 같은 말이라도, 같은 언어라도, 받아들일 수 있는 몸의 상태와 내적 상태라는 것이 존재한다. 그것은 에덴동산 이후 타락한 인간의 한계이다. 그런 약함을 주님은 충분히 이해하시고 불쌍히 여겨 주신다.

물론 욥의 경우처럼, 하나님의 위엄으로 인생의 아픔과 고민을 날려버리신 예도 있다. 이것은 앞서 우리가 나눴던 솔로몬의 고백처럼, 주님은 감히 인생이 측량할 수 없는 분이라는 측면을 드러내는 것이기도 하며, 각 사람의 성향과 상황에 맞춰서 가장 적합한 형태로 역사하시는 전지전능하신 분이라는 것을 드러내는 것이기도 하다. 하지만 그 빈도를 따진다면, 오히려 미증유의 의인이라 인정받은 욥의 경우는 지극히 예외적인 것에 해당한다. 주님은 어디까지나 우리를 마치 막 태어난 어린양처럼 소중하게 대하시는 것을 더 좋아하신다.

> 여호와의 분깃은 자기 백성이라 야곱은 그 택하신 기업이로다 여호와께서 그를 황무지에서, 짐승의 부르짖는 광야에서 만나시고 호위하시며 보호하시며 자기 눈동자 같이 지키셨도다(신 32:9-10)

사다리의 의미가 모세의 마지막 설교에서 재확인된다. 하나님은 광야에서 야곱을 만나셨을 뿐만 아니라, 시종 호위하시며, 보호하시고, 자기 눈동자같이 지키셨다. 그러한 사실이 단순히 야곱의 관념상에만 존재하는 것이 아니게 하시기 위해서, 그의 영안을 열어 꿈을 통해서 대지와 천상을 잇는 사다리를 보게 하셨다. 그저 천사로 지키고 있다고 말씀만 하셨어도 하나님으로서는 상관이 없으셨다. 야곱에게 그 말씀을 믿으라며 요구하실 권한이 하나님께 없었겠는가? 하지만 하나님은 충분한 시간을 들여 야곱이 수면을 통해 휴식하게 하셨고, 천사들이 사다리를 오르내리는 광경을 지켜보며 안전에 대한 확신으로 심신이 안정될 기회를 주셨다.

> 우리에게 있는 대제사장은 우리 연약함을 체휼하지 아니하는 자가 아니요(가엾게 여기지 않으시는 분이 아니요) 모든 일에 우리와 한결 같이 시험을 받은 자로되 죄는 없으시니라 그러므로 우리가 긍휼하심을 받고 때를 따라 돕는 은혜를 얻기 위하여 은혜의 보좌 앞에 담대히 나아갈 것이니라(히 4:15-16)

그러한 자상함으로 자기 백성과 동행하시는 주님을 관조하고 또한 자기 삶에서 경험한 히브리서 기자는 주저함 없이 예수님을 우리의 연약함을 불쌍히 여겨 주시고 우리의 사정을 알아주시는 분으로 묘사한다. 그러한 사실은 결국 주 예수님을 믿는 자들이 은혜의 보좌 앞에 담대히 나아가도록 만든다. 이러한 구조 속에서 하나님께 나아가지 못할 사정이나 이유 따위는 존재하지 않는다. 자신의 실책으로 모두에게 미움받고 광야로 내어 몰린 야곱조차 선대하신 주님이, 다만 죽기를 구하며 완전히 무너진 엘리야를 회복시키신 하나님이, 십자가를 통해서 자녀 된 우리, 즉 성령님이 동행하시는 우리에게는 또 얼마나 자상한 위로를 건네실지 기대해 보아도 좋지 않을까?

야곱의 돌베개 : 다듬어지지 않은 돌

사람은 누구나 혼자가 되는 순간이 온다. 사람은 누구나 사람에게 실망하는 때가 온다. 자신에게 실망하고 타인에게도 실망하여, 무너지고 낙담하는 순간이 온다. 그 정도나 형태가 다를 뿐, 그 시점과 기간이 다를 뿐, 누구나 다 불유쾌한 상황에 부닥친다. 그 상황 속에서 누구를 의지하고 무엇을 하느냐, 어떤 표정을 짓고 어떤 말을 쏟아내느냐 정도만 우리가 선택할 수 있을 따름이고, 그런 불가피하고 불가해한 삶의 무게는 모든 사람의 어깨를 짓누른다.

야곱은 하소연할 곳조차 없었다. 야곱이 미움받는 처지가 되고 또 도망자 신세가 된 것은 죄다 야곱 본인이 자초한 일이기 때문이다. 형 에서도 자기 나름의 처지와 사정이 있었다. 어머니 리브가는 저주까지 자기가 받겠다며 야곱 편이 되어 줬다. 무엇을 더 바랄 수 있는가? 아버지의 축복이 어떤 실효적 가치를 보이지 않았다고, 즉효성 효과를 주지 않았다고 아버지를 탓해야 하는가? 대지에, 지구상에, 천하에 탓할 존재가 있다면 야곱 자신이었다. 그런데 모든 사람에게 버림받고 모든 소망이 끊어졌을 때, 야곱이 한 걸음도 더 걸을 수 없어서 돌무덤과 같은 광야에서 당시의 기준으로도 돌베개라고 부를 수조차 없는 다듬어지지 않은 돌 하나를 가져다 베개인 양 머리에 베고 잠을 청한 그 순간이 바로 하나님이 등장하시는 시점이었다.

야곱의 인생은 야곱 개인 만의 인생이라는 의미가 있지 않다고 이미 몇 차례 언급했는데, 이 부분도 그러하다. 야곱은 믿음으로 사는 자들의 매뉴얼이기에, 어제나 오늘이나 영원토록 동일하신 주님이 그 이후 믿음의 백성 된 우리에게도 똑같이 역사하시리라는 희망을 품고 볼 수 있다. 언제 하나님을 만날 수 있는가? 어느 자리에서 하나님을 만나게 되는가? 어떤 사람이 하나님을 만나는가? 만약에 우리 인식 속에서 혹여나 완벽하고 특별하고 거룩한 날이 떠오른다면, 만약에 은연중에라도 붉은 벨벳 융단이 깔린 잘 가꾸어진 예배당이나 혹 예루살렘 성전이 떠오른다면, 만약에 어떠한 성자나 초인, 철인이라도 되어야지만, 중세의 성화에서 흔히 볼 수 있는 머리에 헤일로라도 있는 자들이 하나님을 만날 수 있다고 생각한다면, 그 이미지들을 우리가 지금부터 살펴볼 야곱이 자기 삶으로 몸부림쳐 가며 그려 낸 모습으로 덧칠하길 바란다.

우리가 가장 하나님을 필요로 할 때, 우리에게 하나님만 남아서 가장 초라할 때, 우리가 발버둥 치다가 우리 나름대로 살아 보겠다고 자맥질하다가 쓰러진 그 황무지 같은 삶의 자리에서, 일터에서, 집에서, 귀갓길에서, 때로는 예배당 한편에서, 내 침상 머리에서, 그리고 세상에서는 섞일 수 없는 나그네 떠돌이요, 두 손은 텅 비어서 하나님께 드릴 것이 비통한 울음과 넘실거리는 아픔뿐인 자 일지라도, 온통 후회로 멍울지고 또 더는 내뱉을 말이 없어서 그저 들숨 날숨만 쉬는 자가 바로 우리일지라도 만나 주신다. 아니, 그래서 더더욱 만나 주신다. 그렇게 천한 자들조차 만나 주시겠다는 당신의 결심을 하나님은 스스로 속고 얕은꾀로 일족을 배신하다 결국 쫓겨나 가장 천하고 낮은 상태로 전락하여 거지꼴을 못 면하게 된 야곱을 만나 주심으로 만천하에 천명하신다. 야곱이 아직 하나님을 찾기 전에, 그분의 이름을 부르기 전에 먼저 찾아오심으로, 그 후손 된 자들에게 어떠한 방식으로 만나 주실지 미리 보여 주셨다.

야곱은 그야말로 흔히 말하는 하나님을 뵐 자격 조건을 전혀 갖추지 않았다. 도리어 하나님에게서 유기당해야 마땅할 죄를 지었다. 감히 하나님의 사람인 이삭을 속였다. 외형적인 모습으로 말할 것 같으면 거지꼴을 한 몸에는 코를 들 수 없을 정도로 불쾌한 냄새가 진동했다. 그리고 넘실거리며 밀려오는 죄책감에서 뿜어져 나오는 죄의 악취도 가득했다. 일족조차 그것을 감당

못 해서 야곱을 광야에 뻗어 냈다. 하나님은 그러한 처지를 개의치 않고 만나 주신 것이 아니라, 실상은 그렇기에 만나 주셨다. 야곱은 이제 그의 삶에, 그의 자리에 하나님이 안 계시면 안 된다. 하나님 말고는 그를 받아 줄 이가 전혀 없기 때문이다.

믿음의 백성은 오로지 믿음으로 산다. 오로지 하나님을 믿는 믿음으로 산다. 하나님을 믿는 믿음이라는 것은 무엇인가? 잘 차려입은 나를, 잘 준비된 나를, 좋은 장소에 있는 나와 함께해 주시는 하나님을 믿는 믿음인가? 아니면 내가 쓰러진 그 자리에서도 함께해 주시는 하나님, 오히려 내가 약할 때 더욱 가까이 계시는 하나님을 믿는 믿음인가? 예수께서 이 땅에 오셨을 때 누구를 찾으러 오셨는가? 부드러운 비단옷을 입은 자들인가? 건강한 자들이었나? 위대한 종교인과 신학자들이었는가? '창녀와 세리의 친구'라고 비웃음을 들었던 주님은 누구와 함께하셨는가? 우리가 아플 때 하나님을 보지 않으면, 우리가 가장 더러울 때 하나님과 만나지 않으면, 우리가 가장 추악할 때 하나님께 매달리지 않으면 언제 매달릴 수 있는가? 우리가 자력으로 잘못과 죄를 씻을 수나 있는 존재인가? 아담과 하와처럼 죄를 발견했을 때 하나님 앞에서 숨는 실수를 반복할 것인가? 갓난아기가 어떻게 스스로 자기가 배설한 오물을 치우겠는가? 그러므로 우리는 갓난아기처럼 울부짖는다. 우리가 가장 처참할 때.

야곱의 돌베개를 통해서 명백해지는 진실은 '하나님은 우리가 예상한 것보다도 한 발짝 더 나가신다'는 것이다. 우리가 울부짖어야 만나 주시는 분이 아니다. 먼저 오시는 분이다. 지쳐 쓰러져도 만나 주신다. 우리가 기가 막힌 웅덩이에 빠져 할 말을 잃어도 입을 열기 전에 우리 마음을 알아주시고 먼저 임마누엘 하나님이심을 증명해 주시는 분이다. 그걸 믿는 것이, 그걸 믿고 지쳐 쓰러질 때도 눈물 젖은 돌베개에 의지해서 다만 무방비로 잠들지라도 개입하시고 임재하시고 지켜 주시리라 믿는 것이 바로 믿음이며, 그렇게 믿으며 살아가다 첫째 죽음을 맞이하는 것이 인간의 본분이다.

예수께서 들으시고 저희에게 이르시되 건강한 자에게는 의원이 쓸데없고 병든 자에게라야 쓸 데 있느니라 내가 의인을 부르러 온 것이 아니요 죄인을 부르러 왔노라 하시니라(눅 5:31-32)

하나님의 복

또 본즉 여호와께서 그 위에 서서 가라사대 나는 여호와니 너의 조부 아브라함의 하나님이요 이삭의 하나님이라 너 누운 땅을 내가 너와 네 자손에게 주리니 네 자손이 땅의 티끌 같이 되어서 동서남북에 편만할찌며 땅의 모든 족속이 너와 네 자손을 인하여 복을 얻으리라 내가 너와 함께 있어 네가 어디로 가든지 너를 지키며 너를 이끌어 이 땅으로 돌아오게 할찌라 내가 네게 허락한 것을 다 이루기까지 너를 떠나지 아니하리라 하신지라(창 28:13-15)

그 이후 하나님께서 등장하셔서 야곱에게 복을 주시며 언약을 맺으신다. 이러한 언약을 이해하기 위해서 이전에 야곱이 이삭을 통해서 받았던 약속을 살펴보자.

장자의 축복권 사건에서 이삭이 야곱에게 한 축복은 크게 세 부분으로 나뉜다(창 27:28-29).

① '풍성한 곡식'과 '포도주'로 표현한, 야곱이 이룰 민족은 본질적으로 정주민이 될 것이라는 암시인 물질적인 복.
② 만민 열국, 그리고 형제들을 굴복시키고 제압하며, 결국 섬김을 받으리라는 권력에 대한 복.
③ 너를 저주하는 자는 하나님께로부터 저주를 받고, 너를 축복하는 자는 하나님께로부터 복을 받는 아브라함의 복.

그 시점에 이삭은 자기가 축복하는 대상이 에서라고 굳게 믿고 있었으며,

리브가가 임신 중에 받았던 응답인, '두 민족을 에서와 야곱이 각각 이룰 것이고, 또한 에서가 야곱을 섬기게 될 것'이라는 예언을 하나님께 직접 받지 못한 상태임을 고려해야 한다. 따라서 그 축복에는 적자독식을 위한 부분인 권력 독점에 관한 내용이 나온다(29절). 그래서 장자의 축복권 사건에서 이삭이 한 축복만 야곱의 삶에서 이뤄진다고 하면, 리브가가 받은 응답에서 야곱이 에서에게 섬김을 받을 것이라는 내용 외에 또 다른 핵심 내용인, '각각 민족을 이룰 것'이라는 부분의 성취는 요원해진다.

이후 야곱을 영적 계승자로 삼는 것이 하나님의 뜻임을 깨달은 이삭은 리브가의 의중에 따라 야곱을 하란으로 보내기 전 야곱을 다시금 축복한다. 그 축복은 두 부분으로 나뉜다(창 28:3-4).

첫째, 하나님이 야곱을 생육하고 번성하게 하셔서 여러 족속을 이루게 하시리라.

둘째, 아브라함의 복이 야곱과 그의 자손에게도 임하여 가나안 땅을 결국 차지하게 하시리라.

이삭이 두 번째로 야곱을 축복한 내용은 리브가가 임신 중에 받았던 예언의 말씀과 충돌되는 부분이 없으며 정합성을 이룬다.

하지만 두 가지 축복 다 인간적으로 보았을 때, 그리고 축복받는 야곱의 상황을 고려했을 때, 당시로서는 전혀 성취 가능성이 없는 뜬구름을 잡는 이야기일 뿐이다. 당시 야곱은 자녀가 있기는커녕 결혼조차 하지 않았다. 게다가 아무런 재산도 없이 도망하는 신세인데, 어떻게 생육하고 번성하여 여러 족속을 이룬다는 말인가?

둘째 부분인 가나안을 차지하게 될 것이라는 축복도, 분노한 에서에게 쫓겨가는 야곱에게는 아무래도 좋을 공허한 언어의 집합이었다. 조금 다르게 본다면, 족장이자 가주인 이삭 그 자신은 입의 말로 축복해 주는 것 이외에 그 어떠한 것도 야곱을 위해서 해 주지 않겠다는 선언이라 해석할 수도 있다. 야곱에게 상속분을 미리 증여해 준다든가, 남부 가나안을 차지하고 있는 자기 세력의 후계자로 정식으로 천명한다든가 하는 그 어떠한 정치적 행위를 하지 않겠다는 의미이기도 했으니까 말이다.

　종합하자면, 이삭이 장자의 축복권 사건에서 야곱에게 했던 축복은 리브가가 받았던 예언과 완전한 정합성을 이루지 못했고, 야곱이 하란으로 떠나기 직전에 했던 축복은 그 예언과 정합성을 이루고 있었을지는 몰라도 현실과는 전혀 동떨어져 있었다. 이러한 견지를 가지고 하나님이 벧엘에서 야곱에게 직접 약속하신 복을 살펴보자.

　하나님의 약속은 가나안 땅을 주신다는 것(창 28:13), 자손이 무수히 많아진다는 것(14절), 야곱 자손만 잘되는 것으로 끝나는 것이 아니라, 오히려 그로 인해서 땅의 모든 족속이 복을 받는다는 것(14절), 이 모든 과정이 다 이뤄질 때까지 하나님이 야곱과 함께하시면서 지키고 인도하여 결국 가나안으로 다시 돌아오게 하신다는 것(15절)이다.

　하나님이 야곱에게 하신 약속은 결국, 이삭이 야곱에게 한 축복 중에 형제에게 섬김을 받는다는 부분을 제외하고는 여타 모든 부분을 재확인해 주시는 것이다. 다만 그 섬김을 받는 부분은 "네 자손이 땅의 티끌같이 되어서 동서남북에 편만할찌며 땅의 모든 족속이 너와 네 자손을 인하여 복을 얻으리라"(창 28:14)라는 야곱과 야곱의 자손이 여타 족속들에게 끼칠 선한 영향력에 대한 예언으로 대체되었다. 이는 이삭이 야곱에게 준 축복과 대치되거나 모순되는 내용이 아니라 '어떻게', 즉 하나님이 제시하신 방법론에 해당한다. 주가 계획하신 방식, 곧 에서 족속이 야곱 족속에게 굴복하여 섬기는 방식은 힘의 논리에 따라 압제받으므로 발생하는 것이 아니라, 야곱이 미증유의 복, 실질적인 복을 받음으로 인하여 성취되는 것이 하나님의 방식이라는 점이 드러나는 장면이다.

　이러한 하나님의 원리는 야곱이 가나안을 정복하는 과정에도 적용된다. 하나님은 아브라함과 이삭의 하나님이시라는 것을 밝히시며, 그들과 함께하셨듯, 야곱과도 함께하시며 야곱과 야곱의 자손들에게 야곱이 지금 누워 있는 땅을 주시겠다 약속하셨다(창 28:13). 그 땅을 차지하는 방법은 자손이 티끌처럼 늘어나는 방식으로 이뤄질 것인데, 이는 이전에 야곱이 해 왔던 것처럼 남의 것을 빼앗거나 원수를 맺으므로 발생하는 것이 아니라, 땅의 모든 족속을 위한 '복의 통로', '복의 근원'이 되어서 차지한다. 그 모든 과정이 끝나 완료될 때까지 주님이 야곱을 떠나지 않고, 그를 지키고 이끌어서 돌아오게 하실 것이라고 약속하신다. 투쟁을 통해서 가나안을 차지한 정복의 역사를 살펴보면, 진정한 의미에서 '영원한 기업'이나 '영속할 왕조'는 건설되지 않았다. 곧 또 다른 '무력'인 외세의 침공으로 칼에 이스라엘의 남과 북 두 왕국이 각각 멸망한 사실에 비춰 보면, 야곱에게 하신 주님의 약속은 매우 의미심장하다.

이에 예수께서 이르시되 네 검을 도로 집에 꽂으라 검을 가지는 자는 다 검으로 망하느니라(마 26:52)

사람은 환경의 영향을 받는다. 따라서 한 개인의 사고는 필연적으로 살아가는 시대와 문화를 통해 형성된다. 야곱 또한 그랬다. 약육강식, 적자독식의 시대에서 야곱은 하나님이 어머니 리브가를 통해서 주셨던 예언인 '형 에서가 자기를 섬기게 될 것이고, 자기가 민족을 이룰 것'이라는 약속이 형 에서의 것을 빼앗고 힘으로 굴복시켜야 하는 것이라고 생각했다. 하지만 그렇게 된다면 에서는 민족을 이룰 수 없다. 게다가 그 사이에서 발생하는 골육상쟁과 갈등은 필연이다.

'할아버지 아브라함과 동행하셨고, 아버지 이삭을 이끄시는 그 하나님도 적자독식의 시대에서는 골육상쟁이 일어나는 것을 막지 못하시는 것일까?' 하는 의문을 가졌을 야곱이 주께서 과연 어떤 식으로 일하실지, 어떠한 방식으로 그 예언을 이루실지 이 장면에서 처음 알게 된 것이다. 야곱은 자기 평생 숙원이 바로 이 언약이라는 것을 깨달았다. 자신이 형의 것을 뺏으면 각각 민족을 이루지 못한다. 그러나 하나님의 방식대로라면, 그 약속이 성취되어 각각 민족을 이룬다는 것을 알았다. 어머니 리브가가 전달해 준 그 응답의 내용이 성취될 희망이 보였다. 그래서 야곱의 마음에 종교심이 밀려온다.

다만 그것은 '신앙'이라 할 만큼 다듬어진 형태를 갖추지는 못했다. 그렇기에 야곱에게는 그것이 그저 강렬한 충동이나 가득 들어찬 감동과 같게 느껴졌을 것이다.

종교심이라는 것이 왜 밀려오는가? 내가 원하는 것을 얻었기에 오지 않는다. 내가 상정한 범위에서 움직이는 대상에게 느끼는 감정은 종교심이나 신앙심이 아니다. 그것이 제아무리 멋들어지고 대단하다 한들 감사함이 고작이다. 그런 마음은 내가 상상하지도 못한 일을 보거나 내가 꿈도 꾸지 못한 방식으로 이루시는 것을 보았을 때 비로소 밀려온다. 인간이란 본디 자신이 가진 관념에 부합하는 존재에는 별로 마음 쓰지 않는다. 내가 시키는 대로 움직이면 그것이 종이지 내가 섬기는 신이겠는가? 인간은 자신의 관념을 벗어난 존재에 마음이 가도록 만들어져 있다.

이러한 구조는 사실 매우 독특한 것으로서 지극히 성경적인 서사이다. 여타 종교나 신화에서는 찾아보기 힘든 내용이다. 신적인 존재가 인간을 만나는 것 자체는 드문 이야기가 아니다. 하지만 신적인 존재가 왜 인간을 만나는가 하는 당위성에 대한 부분에서 그 독특함이 드러난다. 여타 종교에서 신적인 존재를 인간이 만나기 위해서는, 그 신적인 존재가 원하는 수준의 영적인 지식 수준에 도달하거나, 도덕적인 수준, 혹은 깨달음, 혹은 선행, 혹은 높은 수준의 공덕 등을 달성해야 한다. 가령 그리스 신화의 예를 들면, 지혜를 관장하는 여신인 아테네는 지혜로운 자를 찾는다. 전쟁의 신 아레스는 용맹한 자를 찾는다. 동방의 종교에서는 득도한 자들에게 신적인 존재가 손을 내민다. 일부 현대 기독교인들도 우리가 마음을 다하고 뜻을 다하여 하나님을 찾으면, 그분께서 우리를 봐주시리라 믿는다.

하지만 벧엘에서의 야곱은 하나님을 찾거나 구하지 않았다. 그저 쓰러져 잠들었을 뿐이다. 그런데도 하나님은 야곱을 긍휼히 여길 자로 여기시고, 또 불쌍히 여길 자로 여겨 주셨다. 이처럼 성경이 묘사하는 하나님은 주도적이고 주권적이다. 야곱이 하나님을 만나게 된 경위는 철저하게 하나님의 선택에 달려 있었고, 야곱에게는 그 어떤 이유도 찾을 수 없다. 창세기 기자는 야곱이 그 놀라운 영적 경험을 할 만한 신앙적 준비가 전혀 되어 있지 않음을 엿볼 수 있는 발언을 수록했다.

> 야곱이 잠이 깨어 가로되 여호와께서 과연 여기 계시거늘 내가 알지 못하였도다
> 이에 두려워하여 가로되 두렵도다 이곳이여 다른 것이 아니라 이는 하나님의 전
> 이요 이는 하늘의 문이로다 하고(창 28:16-17)

그의 표현에도 담겨 있듯, 이 시점의 야곱은 하나님이 무소부재하시다는 것을 이해하지 못했다. 그렇기에 미증유의 체험을 하고도 하나님께 집중하기보다는 그 장소에 주목했다. 비록 잠결에 한 발언이기는 하지만, 야곱의 신앙, 그 시작점이 어떠한지 유추할 수 있는 부분이다.

하나님은 이제 곧 벧엘로 불릴 그곳에'도' 계신 분이지, 그곳에'만' 계신 분이 아니다. 따라서 장소가 중요한 것이 아니라, 이런 볼품없는 자리에서도 만나 주신 하나님의 은혜가 중요하다. 벧엘에서의 사건은 그런 돌무더기 황무지에서도, 지적으로도, 인격적으로도, 사회적으로도, 외적으로도, 그 어떤 방향에서도 하나님을 만날 준비가 되어 있지 않은 야곱조차도 만나 주신 하나님의 은혜와 사랑을 드러낸다. 그러한 견지에서 이 사건을 이해할 때, 후대를 살아가는 우리도 희망을 품고서 하나님 앞에 담대하게 나아갈 수 있다.

애석하게도 훗날 이스라엘 백성도 당시 야곱의 실수를 답습하여 벧엘을 성역화했다(암 5:4-5). 그 '장소'를 신성화하는 행위는 필연적으로 하나님께 나아갈 기회를 박탈하게 만든다. 벧엘을 신령한 성지로 포장하는 것은 결국 그곳 이외의 장소에서는 하나님을 만날 수 없다는 의미를 내포하기 때문이다. 어떠한 조건도 없이 오직 은혜로만 만나 주시는 하나님이시라는 교훈을 얻었어야 할 벧엘의 사건을 두고, 도리어 하나님을 대면하기 위해 충족해야 할 또 다른 조건을 만들어 낸 것이다. 이에 하나님은 벧엘을 찾지 말고 다만 하나님을 찾으라 명령하시며, 벧엘에 끌 수 없는 불을 놓으시겠다고 말씀하셨다(암 5:6).

이처럼 주권적으로 만나 주신 하나님의 은혜를 망각하고, 하나님 이외의 요소를 그분을 만나기 위한 '조건'으로 이해하는 것은 그저 단순한 오해가 아니다. 하나님을 섬기는 과정 중에서, 신앙생활 속에서 우연히 발생한 실수도 아니다. 이토록 치명적인 오류가 시대를 초월해서 다수에게 발현하는 것은 우리가 가진 죄성의 작용이다. 우리의 죄성은 하나님을 중심에 두기 싫어한다(롬 1:28). 그리하여 할 수만 있거든 우상도 만들고 하나님이 아닌 어떠한 개념도 만들어, 하나님을 중심에 두지 않으려 하는 습성이 있다. 그분의 행사, 그리고 자비와 사랑을 인정하지 않으려 하는 죄 된 본성이 있다. 그렇기에 할 수만 있거든 하나님에게서 우리의 관심을 떨어트려 놓기 위해, 기도 명당, 예배를 받아 주시는 예배당 터, 성지, 혹은 응답이 약속된 기도문 따위를 거론하면서 하나님 이외인 것을 우상화한다.

이런 현상이 단순한 착오가 아님을 이해하는 것은 그에 대한 적절한 대응을 가능하게 한다. 이에 대한 자책과 후회 등은 우리가 주눅이 들어 하나님께 다가가지 못하게 하는 죄성의 플랜 B가 된다. 오답 노트 몇 권을 작성한다 한들, 죄성이 우상화를 위해 사용하는 소재는 그야말로 무궁무진해서 다 적을 수 없다. 따라서 소재에 집중하기보다는 하나님을 우리 중심에 두기 싫어하는 그런 '생리', '본성'이 우리에게 있음을 인지하고, 그것들을 거슬러 더욱 주님을 우리 중심에 모셔야 한다. 범사에 주님을 인정해야 한다. 그리고 성경은 약속한다. 그리하면 그분이 우리의 길을 지도하셔서 능히 이길 수 있도록 지혜를 주실 것이라고.

너는 범사에 그를 인정하라 그리하면 네 길을 지도하시리라(잠 3:6)

명백하게도 이 장면에서의 야곱은 그러한 지혜가 없었다. 이 시기의 야곱은 그 후대 사람들같이, 하나님보다는 벧엘 그 자체에 주목했다. 아마 이 시점의 야곱이 후대에 태어난 존재였다면, 아모스가 기록된 시점에 하나님께 책망을 들었던, 하나님이 아닌, 벧엘을 찾던 자들과 다를 바 없는 선택을 했을지 모른다. 하지만 놀라운 점은 그런데도 하나님께서 그를 사랑하시는 것에는, 그를 만나시는 것에는, 그의 삶에서 역사하시는 것에는 아무런 문제가 없었다는 것이다.

하나님은 야곱의 모자랐던 지혜 같은 것은 문제 삼지 않으셨다. 지금 야곱에게 필요한 것은 위로이고 휴식이지 책망이 아니니까. 야곱도 피와 살을 가진 존재다. 완전히 핍절한 상태의 그를 책망하면 그가 실족하고 부서질 뿐이다. 게다가 하나님은 준비된 그릇을 찾으시는 분이 아니라, 그릇 자체를 만드시며, 바스러진 것을 준비된 그릇으로 탈 바꿔 놓으시는 분이다. 무에서 유를 창조하는 창조주 하나님이시다. 그런 광대무변하신 하나님을 외면하는 것은 단순한 무지가 아니다. 상상력의 결핍도 아니다. 그것은 어디까지나 하나님을 마음에 두기 싫어하며, 하나님을 인정하기 싫어하는 '죄성'의 작용이다.

그렇다면, 그런 죄성의 작용에서 벗어나지 못했으며, 욥기에 등장하는 욥의 친구들만도 못한 하나님에 대한 지식을 가졌던 야곱을 주께서 직접 만나주신 이유는 무엇인가? 비록 하나님을 구하지도, 찾지도, 만나려는 상상조차도 못 한 야곱이었지만, 하나님을 만났다는 것은 우리에게 어떤 메시지를 제공하는가? 그것은 바로, 하나님이 피조물인 우리에게 원하시는 태도는 죄를 짓고 염치 때문에 숨으며 부족함에 부끄러워, 그것을 극복할 때까지 그분을 피하는 것이 아니라는 교훈이다. 오히려 성경이 기록한 많은 경우, 하나님과의 관계에서 그 인간의 염치라는 것이, 그 예의라는 것이, 하나님과의 사이를 갈라놓는다. 하나님이 우리에게 원하시는 것은 명백히도, 우리 모습 그대로 주님께 나아가는 것이다. 우리의 문제 그대로, 우리의 더러움 그대로, 우리의 나약함 그대로, 그것을 우리 스스로 해결할 수 없고, 우리 스스로 벗어날 수 없다는 것을 이해하고 나아가는 것이다.

여호와께서 말씀하시되 오라 우리가 서로 변론하자 너희 죄가 주홍 같을찌라도 눈과 같이 희어질 것이요 진홍같이 붉을찌라도 양털같이 되리라(사 1:18)

모세에게 이르시되 내가 긍휼히 여길 자를 긍휼히 여기고 불쌍히 여길 자를 불쌍히 여기리라 하셨으니 그런즉 원하는 자로 말미암음도 아니요 달음박질하는 자로 말미암음도 아니요 오직 긍휼히 여기시는 하나님으로 말미암음이니라(롬 9:15-16)

하나님을 만난다는 것, 하나님의 긍휼을 경험하고 그 응답을 누리고 또 놀라운 체험을 하는 것, 그분께 불쌍히 여김을 받는다는 것, 선택을 받는다는 것은 야곱의 이야기를 통해서 우리의 행위로 인함이 아님을 선언했다. 그것은 우리의 손을 완전히 떠난 일이다. 오로지 하나님의 주권으로만 결정되는 일이다. 다르게 말하면 인간의 행위나 열심을 통해서 하나님의 선택을 쟁취할 수 없다. 그렇기에 이는 미달자들에게 있어서 희망이다. 특히 야곱의 경우는 그 덕에 하나님을 대면할 기회를 얻었다. 하지만 이러한 하나님의 주권적 선택은 애석하게도 어떤 사람들에게는 두려움의 근거가 되기도 한다.

이 두려움은 근원적으로 유기에 대한 두려움에 기반한다. 만약 우리 주님이 전지전능하시지도 않고, 실수도 하시고, 놓치는 부분도 있으시며, 또 사랑의 하나님도 아니시라면, 다만 하나님의 선택이 오직 그분의 긍휼하심에 달려 있다는 사실은 비극일 것이다. 그런 경우, 하나님의 주권으로만 이뤄지는 선택하심은 마치 주사위가 굴러가는 듯한 불안감을 안겨 줄 것이다. 그 선택이라는 것은 필시 우리 자유를 박탈하는 방향으로 작용할 테고, 그것에 대해서 선택받지 못한 자가 할 수 있는 일은 아무것도 없고, 그저 운에 달려 있다고 해도 과언이 아니게 될 것이다.

하지만 하나님이 진정으로 전지하셔서 모든 것을 아시고 전능하셔서 모든 것을 하실 수 있다면, 그리고 그분께서 우리를 성경에 기록한 그 사랑으로 사랑하신다면(고전 13:4-7), 그분의 선택하심은 논리 필연적으로 우리가 가진 자유를 박탈하는 형태일 리 없다. 하나님이 참으로 전지하시다면, 그분은 선택할 자를 단 한 명도 누락시키지 않으신다. 선택받은 것을 자유의 박탈로 느낄 자라면, 그것을 미리 다 아는 전지하신 주님의 선택을 받았을 리 없다.

다행스럽게도, 야곱을 만나 주신 하나님, 그리고 우리를 위해서 독생자 예수님을 보내 주신 하나님은 두말할 나위 없이 전지전능하시고, 또 모든 부분에서 완전하게 행하시며, 또 우리를 그 무엇보다도 사랑하신다. 그 결과 하나님은 우리 중 그 누구도 놓치거나 잃지 않으신다(요 17:12). 또한 그 사랑을 받는 자가 두려움을 느끼지 않도록 하신다(요일 4:18).

그리고 야곱은 벧엘에서 하나님을 만났고, 그분의 선택하심을 경험했다. 비록 그에게는 선택하심에 대한 신약적 이해는 없었을 터이다. 하지만 야곱을 지목하여 대면하기로 선택하시고, 모든 면에서 최악의 상황에 부닥친 자신에게 희망을 주신 하나님에 대해 큰 놀라움과 감사를 느꼈다. 이윽고 야곱은 감정이라 할지 영감이라 할지 모를 자신의 마음에 벅차도록 들어찬 것을 표현하고 싶은 일종의 '신앙심'에 휩싸였다. 일찍이 가인과 아벨이 본능처럼 드렸던 그 최초의 예배 때의 것과도 같은, 아주 거칠고 원초적인 '종교심'에 가까운 그런 예배의 충동을 느낀 것이다. 그는 자신을 만나 주신 하나님께 무어라도 드리고 싶어 했다. 하지만 그는 무일푼이며, 아무것도 없었다. 그의 할아버지 아브라함, 그의 아버지 이삭이 드렸던 제사에 으레 사용한 장작이나 희생 제물을 이 돌 황무지 어디에서 찾을 수 있을까? 결국 야곱은 그 순간 자신이 가진 것을 드리기로 한다. 베고 잤던 돌이다.

다듬어지지 않은 자의 예배

야곱이 아침에 일찌기 일어나 베개하였던 돌을 가져 기둥으로 세우고 그 위에 기름을 붓고(창 28:18)

스펙 미달의 무자격자이자 도덕, 지혜, 리더십, 신앙, 그 어떤 기준에서 평가하더라도 낙제를 면할 수 없는 야곱. 이 '속이는 자'라고 이름한 자에게 속이지도 않으시고 속지도 않으시는 하나님이 도무지 필설로 다 할 수 없는 약속을 주신다. 속이는 자인 야곱이 고대하고 열망했던 그 장자의 축복은 실제로 야곱에게 어떠한 만족도 주지 못했다. 오히려 상상도 못 했던 시련과 실망 그리고 죽음에 대한 공포를 몰고 왔다. 태어나면서부터 주어져서 당연하게 자신의 것으로 생각했던, 아버지 세력권 안에서의 안전한 생활마저 강탈당했으며, 식구들에게마저 버림을 받았다. 다시 말해 야곱은 자기가 무엇을 원하는지 알지 못하는 자였다. 자기가 바랐고 소망했던 장자권에 스스로 속은 자였다. 리브가를 통해서 자기에게 임한 "큰 자가 작은 자를 섬기는" 사명을 형에게서 장자권과 축복권을 빼앗으므로 이룰 수 있을 것이라 착각했지만, 실제로 그것으로는 아무것도 할 수 없다는 것을 뒤늦게 깨닫고 후회했다.

하지만 기대한 적도 없었고 어떻게 얻어야 할지도 몰랐던 하나님의 복은 인생 모든 부분에서 저점까지 곤두박질한 그에게 깊은 감동과 벅찬 희망으로 작용했다. 하나님이 주신 언약이 자기 삶에 실현된다면, 리브가를 통해서 전해 들은 사명처럼 자기가 정말로 민족을 이루고 형에서와도 견줄 수 있으리라 생각했다. 비록 거지꼴로 간신히 목숨만 건져서 노숙하는 처지지만, 너무 감사한 나머지 그의 마음에는 예배에 대한 열망이 차오른다. 그 감동을, 그 감사를 표현하고 싶었다. 결국 자기가 베개 삼아 베었던 돌을 기둥처럼 세로로 세우고 그 위에 기름을 부었다. 이러한 행위는 어떤 종교적 근거가 있는 행위가 아니었다. 그저 야곱의 소견에 좋은 대로, 그의 기분에 내키는 대로 행동했을 뿐이다.

근본적으로 사사기에 기록한 이스라엘 백성이 자기 소견대로 행동한 것과 진배없다. 그러다 보니 아무래도 그 예배의 의식이라는 것의 형태는 웅장함이나 멋과는 거리가 멀었다. 영적인 사다리와 천사, 그리고 하나님을 직접 대면했다는 미증유의 사건을 기념하기 위한, 그리고 직후에 하나님의 집이라 선언하기 위한 거룩한 행동이라고 하기에는 너무나 빈약하고 초라했다. 베개 삼아 베고 잤기에, 땀과 머릿기름으로 범벅이 되었을 아무렇게나 굴러다니던 돌을 세워서, 휴대하고 다니던 기름을 붓는 모습을 제삼자가 본다면, 예배라고 생각이나 할 수 있을까? 아니 어떤 종교 의식이라고 여기기나 할까? 그렇게 야곱이 드린 예배는 그 당시 기준으로도 더없이 어설픈 행위였다.

하지만 그런 야곱의 예배, 다듬어지지도 않은 돌을 제단 삼아, 다듬어지지 않은 야곱이 드린 예배, 땀과 흙먼지로 범벅이 된 옷차림에, 도망자일 뿐인 야곱이 자다 깨어서 비몽사몽 중에 드린 예배를 하나님은 어떻게 받으셨을까? 아직은 어리디어린 신앙적 이해와 형태만을 갖춘 야곱의 행위에 하나님은 더없이 기뻐하셨다. 또 그의 어떠한 근거도 없는 초라한 행위를 하나님이 받으실 만한 예배로, 그의 미약한 마음을 믿음으로 여겨 주셨다. 하나님이 야곱의 그 미숙하고 어설픈 표현 방식을 얼마나 마음에 들어 하셨던지, 야곱이 행했던, 다듬어지지 않은 돌을 제단 삼아 드린 예배의 방식을 율법에 담아 이스라엘 백성이 하나님께 예배하는 방식이 되게 하셨다. 하나님은 하나님의 방식으로 야곱, 그러니까 훗날 이스라엘이라 불릴 자가 처음으로 하나님을 위해 마련한 제단을 영원히 기념되게 하셨다.

> 너는 다듬지 않은 돌로 네 하나님 여호와의 단을 쌓고 그 위에 네 하나님 여호와께 번제를 드릴 것이며 또 화목제를 드리고 거기서 먹으며 네 하나님 여호와 앞에서 즐거워하라(신 27:6-7)

어째서 하나님은 야곱의 예배를 기쁘게 받아 주셨을까? 이것은 현대 그리스도인들에게도 매우 중요한 의문이다. 말할 것도 없이 예배는 그리스도인의 삶에서 매우 핵심적인 요소이다. 그렇기에 그리스도인들은 주기적으로 공예배를 드리기도 하고 가정 예배, 개인 예배 등으로 좀처럼 예배를 쉬지 않는다. 그야말로 가장 기본적이면서도 근본적인 신앙 활동으로, 그리스도인으로 사는 삶의 일부라 하여도 손색이 없다. 하지만 그 예배가 흔하게 반복되는 것이라 하여도 그것을 받아 주시는 주체이신 하나님이 예배로 여겨 주시고 합당하게 여겨 주셔야 완성이 되는 것이기에, 진정한 의미에서 하나님이 받아 주시는 예배를 드리는 일은 더없이 어렵기도 하다. 만일 하나님이 사람의 예배나 제사 그 자체를 즐거워하시는 분이라면, 야곱의 예배를 이토록 기쁘게 받아 주신 것에 대해 구태여 깊이 파고들어 살필 이유가 없다. 그저 야곱이 대견하게도 하나님께 감사를 표했으니, 기쁘게 받아 주셨다고 이해하고 넘어가면 족할 것이다. 그러나 하나님은 제사나 예물 그 자체를 기뻐하시는 것이 아님을 신구약을 통해서 여러 번 언급하며 확인시켜 주셨다. 따라서 야곱이 돌베개를 제단 삼은 것, 기둥으로 세운 것, 기름을 부은 것, 그 모든 행위 그 자체가 하나님을 기쁘시게 한 것이 아니라는 점은 분명하다.

> 위에 말씀하시기를 제사와 예물과 전체로 번제함과 속죄제는 원치도 아니하고
> 기뻐하지도 아니하신다 하셨고 [이는 다 율법을 따라 드리는 것이라](히 10:8)

그렇다면 하나님은 어떤 예배를 예배로 받아 주실까? 선지자 이사야가 받은 하나님의 말씀에 그 기준이 담겨 있다. 실상 하나님은 예배의 물리적 형태나 구성 요소 등에 주안점을 두고 판단하지 않으신다. 하나님은 종교 행위를 하는 자의 삶에 큰 관심을 두고 그 예배와 제물을 받을 만한 것인지 판단하신다. 다만 문제가 있다면, 이런 기준으로는 당시 야곱에게 있어서 더욱 승산이 없다는 점이다.

> 헛된 제물을 다시 가져오지 말라 분향은 나의 가증히 여기는바요 월삭과 안식일
> 과 대회로 모이는 것도 그러하니 성회와 아울러 악을 행하는 것을 내가 견디지 못
> 하겠노라(사 1:13)

야곱의 삶 속에서 하나님께서 받으실 만한 무언가가 있었을까? 애석하게도 전혀 그렇지 못했다. 오히려 야곱의 상황은 훗날 예수 그리스도께서 가르쳐 주신, 하나님께서 받으시기에 합당한 예물이 되기 위한 선결 조건으로써 행해야 하는 필수적인 행위가 빠져 있었다. 그것은 바로 에서와의 화해였다. 야곱의 예배가 하나님께서 받으실 만한, 그분의 기준에 합당한 것이 되려면, 일단 에서에게 돌아가 잘못을 인정하고 용서를 구해야 했다. 그리고 자신이 과거에 저지른 실수들로 인하여 상처받고 불쾌감을 느껴야 했던 이들과 화

목해야 했다. 그러나 그 이후 제단을 쌓건, 기둥을 세우건, 기름을 붓건 해야 했다. 당시 야곱은 그래야 한다는 것을 알지도 못했을뿐더러, 그럴 수 있는 역량조차 없었다. 도대체 야곱이 형 에서의 마음을 어떻게 풀 수 있겠는가? 야곱은 자신이 만들어 낸 난장판을 수습할 능력을 가지고 있지 못한 자였다.

> 그러므로 예물을 제단에 드리다가 거기서 네 형제에게 원망 들을 만한 일이 있는
> 줄 생각나거든 예물을 제단 앞에 두고 먼저 가서 형제와 화목하고 그 후에 와서
> 예물을 드리라(마 5:23-24)

결과적으로 이 장면에서의 야곱은 신앙의 행위가 다듬어져 있지 못했고, 그의 삶 또한 다듬어져 있지 못했다. 불변하시는 하나님, 그분이 요구하시는 최소한의 기준도 충족할 수 없는 수준이었다. 따라서 야곱이 기둥을 세운 방식이나 기름을 부어 드린 행위의 물리적 양태를 우리가 드리는 예배에 적용하는 것에는 대단한 무리가 따르며, 그전 야곱의 삶도 어떠한 모범으로 받아들여 고스란히 따르는 것은 결코 현명한 처사가 아니다.

또 다른 기준 : 믿음

> 믿음이 없이는 기쁘시게 못하나니 하나님께 나아가는 자는 반드시 그가 계신 것
> 과 또한 그가 자기를 찾는 자들에게 상 주시는 이심을 믿어야 할찌니라(히 11:6)

하나님께서 야곱을 기쁘게 받아 주신 것을 설명할 만한 가능성이 있는 또 다른 요소라 한다면 바로 '믿음'이다. 신구약을 전부 보유하고 있는 현대 그리스도인들에게 있어서, 믿음을 헌물로 여겨 주시고 마치 어떠한 공로라도 되는 것처럼 은혜롭게 받아 주시는 하나님의 인애는 비교적 익숙한 개념이다. 구약에 기록된 이스라엘 백성의 시행착오와 신약에서 세세하게 설명한 우리가 누리는 구원의 경위를 통해서 우리는 하나님께 드릴 수 있는 것이 아

무엇도 없는 존재임을 부인할 수 없다. 신약 곳곳에서 하나님은 우리에게 더 바라시는 것이 없다는 점을 분명히 하신다. 하나님께 드려야 하는 헌물, 희생, 흠결이 없어야 한다는 조건, 그 모든 것을 예수 그리스도가 충족하셨고, 우리는 그 예수 그리스도를 하나님이 주신 '구세주'라고 믿음으로써 구원에 이르게 된다.

디모데에게 보낸 바울의 편지에 따르면, 성경에 담긴 이야기들은 그리스도 예수 안에 있는 믿음으로 말미암아 구원에 이르는 것이라는 것을 우리에게 가르쳐 준다(딤후 3:15). 이런 견지에서 야곱의 이야기 또한 그리스도 예수만이 구원의 방편이라는 결론을 내리게 하는 것에 일조하는 방식으로 해석해야 성경의 뒷부분과 이 벧엘에서 하나님이 역사하신 것이 정합성을 이룬다. 즉, 벧엘에서 야곱이 하나님을 기쁘게 해 드린 것은 하나님이 주신 언약을 믿은 '믿음'과 베고 자던 돌을 제단 삼아 예배를 드리는 그 예배를 받아 주실 것이라 믿는 '믿음'이 원인이었다고 해석할 수 있다.

다만 여기에서 짚고 넘어가야 할 아주 중요한 요소가 있다. 바로 구원에 이를 만한 믿음이나 하나님을 기쁘게 해 드릴 수 있는 믿음이라는 것도 어디까지나 하나님이 그것을 믿음으로 여겨 주셔야만 비로소 믿음이라는 점이다. 우리의 언어 습관으로 인해, 흔히 사람과 사람 관계에서의 신뢰를 믿음으로 표현하거나, 우리의 바람이나 소망을 믿음으로 지칭하기도 한다. 하지만 성경에서 말하는 믿음은 그런 것이 아니다. 서신서에 따르면 하나님이 우리에게 선물로 주신 믿음, 그러니까 하나님으로부터 기인한 것만이 성경이 말하는 믿음이다.

> 너희가 그 은혜를 인하여 믿음으로 말미암아 구원을 얻었나니 이것이 너희에게서 난 것이 아니요 하나님의 선물이라(엡 2:8)

성경이 말하는 정의에 따르면, 믿음은 인간의 관점에서는 구원은 물론이거니와 하나님이 기쁘게 받으시는 예배의 근거이며 원인이다. 하지만 하나님의 관점에서는 주님이 긍휼히 여기고 구원하기로 작정하신 자들에게 주는 선물이며, 주께서 기쁘게 받으시기로 하신 예배자에게 미리 주신 은사이다. 따라서 "하나님께서 그의 믿음을 의로 여겨 주셨다"라는 표현은 표면적으로는 믿음이 원인이지만, 하나님의 관점까지 포함했을 때, 믿음을 가졌다는 것은 도리어 하나님이 그 대상을 의롭게 여겨 주시려는 뜻이 이미 있으셨다는 것의 확증이다. 쉽게 말해, 하나님의 '뜻'이 원인이고, 그 '뜻'을 이루시는 방편으로 우리에게 주신 선물이 '믿음'이라는 얘기다.

그러므로 예수 그리스도께서 당신을 알파와 오메가, 처음과 나중, 시작과 끝으로 정의하신 것은 구원, 예배, 사랑 그 외 모든 부분에도 어김없이 적용된다. 그가 우리를 구원하시고, 또 예배할 수 있게 하시며, 사랑하시기 위해서 우리에게 미리 믿음을 선물로 주심으로 모든 것을 시작하셨기에 그렇다.

나는 알파와 오메가요 처음과 나중이요 시작과 끝이라(계 22:13)

하지만 그 선물을 받은 수혜자들, 우리의 관점에서는 그 선물이라는 것이 바로 이해되지 않는다. 분명 내가 애써서 믿은 것만 같다. 인생길 중에서 어느 순간 내가 믿기로 선택하고 결심했던 것만 같다. 그리고 가시적인 것들만 놓고 판단하자면 그런 생각도 아주 틀린 것은 아니다. 당연히 그렇게 느낄 수 있다. 예수님을 실제로 만나고 동행했던 제자들도 마찬가지로 그런 생각을 했다. 하지만 눈에 보이지 않는 영적인 상황까지 고려하면 전혀 다른 이야기가 된다. 믿음은 눈에 보이지 않는다. 그리고 그 믿음이 선물로 주어지는 과정도 관찰하여 알기 힘들다. 그렇기에 도중에는 그것이 주어졌다는 것을 모르고 살아가는 일이 흔하다. 나의 선택, 나의 희생, 나의 결단이 믿음을 가지게 된 경위 같은데, 모든 것이 지나고 걸어온 길을 살펴보니, 그것이 은혜(받을 자격 없는 자가 값없이 받음)임을 뒤늦게 깨닫곤 한다. 이렇듯 우리 믿음이야말로 성경이 공인한 철저한 은혜의 결과로 주어진 선물이다.

너희가 나를 택한 것이 아니요 내가 너희를 택하여 세웠나니(요 15:16a)

벧엘에서 보인 야곱의 믿음은 꽤 소중한 참고 사례다. 창세기는 야곱이 믿음을 붙잡을 수 있었던 맥락을 잘 보존하여 기록하고 있기 때문이다. 믿음은 전술했듯, 무형의 것이다. 그래서 직접적으로 관찰하지는 못하는 것이 당연하다. 그렇기에 우리는 믿음이 삶에 끼치는 영향과 그를 통해 이뤄진 일들을 통해서 그 실체를 심상에 그려 내는 방식으로 이해한다(히 11장). 즉, 믿음에 대한 지식을 확장하기 위해서는 믿음을 둘러싼 삶의 모습을 살펴보는 것이 왕도라는 얘기다.

우리의 미달자, 우리의 매뉴얼, 야곱은 그의 믿음을 돌베개로 드린 예배로 표현했다. 평생 자신의 '바람'을 믿음으로 오해하며 살아온 그에게, 하나님이 받으실 만한 믿음이 어떤 경위로 형성할 수 있었을까? 비록 믿음은 철저한 은혜로 주어지는 것이지만, 처음 주어진 그 시점에 당장 그 받은 자를 '믿음의 거장'으로 만들 만한 '완제품'의 형태로 주어지는 경우는 극히 드물다. 또한 그 자체로 우리의 특성이나 성품이 말살되어 극적으로 변하지 않는다(고후 1:24). 성경이 말하는, 어느 날 우리에게 선물로 주어진 믿음은 강하고 약함으로 대표되는 상태, 개인별로 그 크기가 차이 있는 상태로 주어진다(롬 15:1). 비록 시작은 더러는 강하기도 하고 약하기도 하지만, 결국 우리 내면에서 성장하며(살후 1:3), 우리의 삶과 사명을 통해 완전에 이른다(약 2:22). 이윽고 믿음은 하나님에 대한 지식과 함께 우리를 '장성한 분량'으로 표현한 '성숙'에 이르게 한다(엡 4:13). 그리고 이런 믿음의 성장 과정이 하나님을 만난 야곱의 이후 삶을 통해 고스란히 그려진다.

특별히 이 벧엘에서의 모습은 하나님이 믿음을 주시는 방식을 살펴볼 수 있는 장면이다. 하나님이 야곱에게 언약을 주신 방식은 철저하게 야곱이 믿을 수밖에 없는 방향으로 이뤄졌다. 그간 야곱이 얻어 낸 형 에서의 맹세, 아버지 이삭의 축복은 모두 언어적인 것이었다. 다시 말해 실체란 존재하지 않았으며 또한 어떠한 증거도 없이 그저 '소리'라는 형태로만 야곱에게 전달되었다. 반면 야곱이 벧엘에서 받은 언약은 하나님의 음성과 더불어 환상까지 시각적으로도 제공되었다. 게다가 이러한 체험은 야곱이 그간 겪어 보지 못한 더없이 신비하고 인상적인 것이었다. 따라서 아직은 여린 믿음밖에 소유하지 못한 야곱이 그것을 받아들이고 믿기에 적합한 형태로 제시되었다.

시기적으로도 야곱의 삶에서 주님이 등장하신 그 시점은 야곱이 이미 많은 것을 자기 임의대로 충분히 시도해 본 이후였다. 자신의 의중에 좋은 대로 모든 것을 다해 보고 결국 아무것도 할 수 없는 존재임을 자각하고 나서야 주께서 등장하셨다. 이는 주님을 위한 타이밍이 아니라, 야곱을 위한 것이다. 전술했듯, 우리의 죄성에는 하나님을 중심에 두기 싫어하는 습성이 있다. 게다가 사람과 사람의 관계에서도 정답을 눈앞에 두고도 소견에 좋은 대로, 임의로 행동하는 경우가 얼마든지 있지 않던가? 그렇기에 '무조건 순종'이라는 결론밖에 낼 수 없을 때 주님이 야곱에게 등장하셨다. 왕은 자기가 발언해야 할 때, 또는 발언하고 싶을 때 하급자에게 어명도 내리고 그를 호출도 한다. 하지만 하나님과 야곱의 관계에서 하나님은 그렇게 하지 않으셨다. 오히려 하나님은 야곱의 사정을 살피셨다. 야곱이 주님의 말씀을 이해하고 순종할 준비가 되었는가, 그의 육체적, 영적 상황이 하나님을 받아들일 준비가 되어 있는가 등을 사려 깊게 살펴보시고 야곱에게 있어서 가장 적합한 시간에 등장하셨다. 그리고 그것은 공교롭게도 야곱이 모든 것을 잃고 도망자 신세로 벧엘에서 노숙하던 시점이었다.

이 상황에서 야곱은 하나님을 거부하거나 언약에 반기를 들 이유가 없었다. 믿는 것 말고는 달리할 수 있는 것이 없었다. 상황으로 보나, 시기로 보나 야곱에게 나올 것은 믿음밖에 없었다. 따라서 이 야곱의 믿음이라는 부분은 야곱의 대단한 결의를 칭찬할 만한 요소라기보다는 하나님의 은혜가 더욱 도드라지는 부분이다. 따라서 믿음이라는 관점에서 해당 예배를 자세히 살펴보면, 주께서 어떻게 야곱을 사랑하셨고 또한 그 믿음의 후손인 우리를 사랑하실지 예상할 수 있다. 즉, 야곱이 벧엘에서 하나님께 드린 예배는 우리가 삶에 적용할 예배의 모범이라기보다는, 하나님의 자애로우신 성품을 알게 해 주는 부분이다. 자세히 이야기하자면, 하나님은 믿을 수 없는 상황에 우리를 몰아넣으시고 우리의 믿음을 시험하시는 분이 아니라, 믿을 수 있는 환경과 상황을 허락하시고, 믿을 수 있게 도우시는 자상한 우리 아빠(αββα) 아버지시다(롬 8:15).

헌물 없는 제사

그 위에 기름을 붓고(창 28:18b)

창세기에 기록된 믿음의 선진들이 드리던 예배의 방식이나 형식은 모세의 대에 이르러서는 율법이라는 형태로 정립되었다. 따라서 그들이 나름의 방식으로 하나님을 높이던 방법들은 후대의 신앙인들에게 종교 행위로서 기념되고 기억되었다. 야곱의 예배 행위도 물론 그러했는데, 벧엘에서 다듬어지지 않은 돌을 제단으로 삼은 것도 그것의 일례이고, 훗날 그 자리에서 드렸던 전제물 또한 그러하다(창 35:14). 하지만 야곱이 했던 단독으로 "기름을 붓는"(창 28:18) 방식은 어쩐 일인지 율법에 예배의 규례로 포함되지 않았다.

모세의 율법에 따르면, 제단에서 예배를 드릴 때 기름은 헌물과 예물을 보조하는 수단으로서 활용된다. 기름을 붓는 요소가 포함된 소제를 예로 들자면, 기름은 하나님께 예물로 드릴 '고운 가루'의 형태를 잡거나, 화제로서 불태우기 위하여 붓는 용도로 사용되었다(레 2:1-2, 5-6). 이처럼 구약 시대에 기름은 하나님께 드리는 예배에 광범위하게 활용되는 것이었지만, 독립된 주된 예물 자체로 쓰이지는 않았다. 즉, 구약의 기름은 현대의 헌금 봉투에 비유할 수 있겠다. 이러한 견지에서 야곱은 그저 다듬어지지 않은 돌로 만든 간이 제단에 빈 봉투만 덩그러니 올려둔 것이 된다. 물론 정성스러운 감사 메시지를 그 겉면에 적어서 말이다.

예수님이 우리를 위하여 영원히 유효한 희생 제물이 되심으로 은혜의 시대가 열렸다. 그 은혜의 시대를 사는 현대의 그리스도인들은 결과적으로 제물이나 예물에 대한 인식이 친숙하지 않을 때도 있다. 이는 제물에 대한 의무가 그리스도를 통해서 완전히 충족되었음에 기인한다. 하지만 하나님께 나아갈 때 제물과 예물을 준비하는 것은 구약에서도, 신약에서도, 그리고 오늘날에도 예배가 성립하기 위해서 꼭 필요한 필수 불가결한 요소이다. 현대를 살아가는 우리는 때로는 형편이 안 돼 빈손으로 하나님께 나아가기도 한다. 하지만 늘 그렇게 준비한 예물 없이 예배드리지는 않는다.

우리가 성삼위 하나님의 이름으로 예배를 시작하고, 예수님의 이름으로 기도와 찬양을 드리며, 신앙을 고백하고, 봉헌도 하는 것은 주께서 우리를 위한 희생 제물 되어 주셨다는 것에 감사와 영광을 돌리며 화답하려 함이다. 이에 예배하는 시간에 마음이 되었든, 물질이 되었든, 갖가지 예물이나 제물을 주님께 필히 드려야 한다는 것은 율법이 생기기도 전에 살았던 가인과 아벨, 에녹, 노아, 아브라함, 이삭 그리고 야곱에 이르기까지 모든 인물 또한 인지하고 있었으며, 모세를 통해서 율법이 정립된 이후에는 그러한 예물에 대한 의무는 성문화되었다.

빈 손으로 내게 보이지 말찌니라(출 23:15)

네 하나님 여호와의 택하신 곳에서 여호와께 보이되 공수로 여호와께 보이지 말고(신 16:16)

이러한 견지에서 벧엘에서의 야곱의 예배는 예배가 성립될 수 있는 중요 요소이자 하나님께 나아가는 자에게서 필수 조건인 예물이 빠져 있다. 그런데도 주님은 야곱의 서원을 들어주셨고 충실히 그 내용을 이행하셨으며 야곱의 종교 행위를 기뻐 받으셨다. 훗날 야곱의 부족에 힘겨운 일이 발생했을 때 하나님이 야곱을 다시 불러 제단을 쌓으라 명령하신 장소도 바로 이곳 벧엘이다. 이는 하나님이 야곱의 그 첫 예배를 기뻐 받으셨다는 방증이기도 하다.

당시는 그 어떠한 성문화한 율법도, 예물이나 제물이 필요하다는 지식도 존재하던 시기가 아니었기에, 야곱의 그러한 예배가 예물의 부재를 연유로 비판받을 이유는 없다. 물론 하나님은 야곱의 서원을 받아 주지 않으시거나 혹은 이 기회를 활용해서 예배하는 방식을 야곱에게 가르쳐 주시고 요구하심으로 후대를 위한 매뉴얼로 삼으실 수도 있으셨다. 실제로 많은 순간 하나님은 선례가 될 만한 인물들이 미흡한 행위를 하면 그들의 실수를 일깨워 주셨고, 그 이야기를 전해 듣는 후손들이 그 조상들의 삶과 행동에서 어떠한 것을 본받고 또한 어떤 것을 반면교사로 삼을지 알도록 해 주셨다. 그러나 유독 벧엘에서 야곱과 만나 주신 이 장면에서는 그렇지 않으셨다. 야곱이 드린 그 미숙한 예배를 하나님이 있는 모습 그대로 받아 주신 이유는 무엇일까?

야곱의 이야기만 살피면, 주님이 야곱의 예배를 받아 주신 이유를 이해할 방법이 없다. 하지만 우리에게는 다행스럽게도 그 후대의 인물 중 하나가 벧엘에서 하나님을 만났을 당시의 야곱과 매우 흡사한 상황에 부닥쳤다. 그 인물은 바로 시편 51편을 썼을 무렵의 다윗이다. 그때 다윗은 의도적으로 예물 없는 제사, 헌물 없는 예배를 드렸고, 하나님은 그것을 받아 주셨다.

> 주는 제사를 즐겨 아니하시나니 그렇지 않으면 내가 드렸을 것이라 주는 번제를 기뻐 아니하시나이다 하나님의 구하시는 제사는 상한 심령이라 하나님이여 상하고 통회하는 마음을 주께서 멸시치 아니하시리이다 주의 은택으로 시온에 선을 행하시고 예루살렘성을 쌓으소서 그 때에 주께서 의로운 제사와 번제와 온전한 번제를 기뻐하시리니 저희가 수소로 주의 단에 드리리이다(시 51:16-19)

이 시기에 다윗 역시 자기가 저지른 죄악과 반인륜적 실책으로 극심한 죄책감과 자책감에 빠져 있었다. 사울을 대신하여 왕이 된 다윗이었지만, 막상 그 왕의 권좌에 오르니, 다윗도 사울보다 악하면 악했지 결코 낫다 할 수 없는 비행을 저질렀다. 그 결과 다윗은 성령님을 통해서 함께하시는 하나님이 자기를 떠나실까 두려워했으며(시 51:11), 자기는 출생부터 죄로 범벅된 자라서 스스로 죄를 해결할 능력이 없다고 토로한다(5절). 다윗은 사울이 권력을 남용했던 실수를 반복했지만, 사울이 했었던 결정적 실수인, 하나님과의 관계에서 자기 죄를 알량한 종교 행위로 덮으려는 시도를 하지는 않았다. 이는 다른 종교들이 말하는 신적 존재들과는 다르게 하나님이 번제 등 종교 행위, 그 자체를 원하는 분이 아니시라는 것을 다윗이 이해하고 있었기 때문이다 (16절).

하나님은 인간에게 원하는 것이나 혹은 바라시는 것이 없다. 그런 하나님과 인간의 격차를 이해하는 것이야말로 죄책감과 자책으로 바스러진 다윗의 중심을 지킬 수 있는 방편이었다. 나에게 원하는 것이 없는 대상과 어떠한 거래를 할 수 있을까? 과연 어떤 협상을 진행할 수 있을까? 내게 바랄 것이 없는 대상에게 그 어떤 것을 뇌물로 주며 한 번만 눈을 감아 달라고 할 수 있을까? 그런 시도 자체가 오히려 파국을 낳는다. 사울 왕이 실각한 과정을 보아도 그것은 명명백백하다. 사울은 자기의 불순종을 제사로 덮으려 했고 그러한 행위는 오히려 하나님을 경홀히 여기는 마음을 입증할 뿐이었다. 결국 그 자체는 죄악을 더할 뿐이었다. 그렇기에 다윗은 자기 죄를 자복했고, 아무것도 할 수 없는 처지임을 시인했다.

다윗은 자기가 하나님께 바칠 수 있는 것은 상한 심령, 상하고 크게 뉘우치는 마음뿐이라 밝힌다(17절). 우리 성경은 '샤바르(שבר)'를 '상한', '루아흐(רוח)'를 '심령', '다카(דכה)'를 '통회', '레브(לב)'를 '마음'으로 번역했다. 그 원래 뜻을 살펴보면, 그 자체의 의미만을 가질 뿐 무슨 거창한 개념이 아니다. '상한'이라고 번역한 말은 문자 그대로 부서진 것을 말한다. '통회'로 번역한 단어 또한 그저 박살 난 것을 의미한다. 따라서 다윗이라는 걸출한 인물이 고백하는 상한 심령이나 상하고 통회하는 마음이란, 어떤 대단히 독특하고 특별한 마음이 아니다. 그저 죄책감과 자책으로 완전히 누더기가 된 자신을 하나님만은 불쌍히 여겨 주실 것이라는 희망을 품고 주님 앞에서 손발이 다 닳도록 싹싹 빌며 용서를 구하는 모습이다. 따라서 죄책감이라는 마음 그 자체에 집중할 것이 아니다. 이는 자신은 한 나라의 왕임에도 불구하고 하나님께서 원하시는 그 무엇도 가지고 있지 않으며, 자신이 가진 그 어떤 것이라도 하나님께 '뇌물'이나 '선물'로 작용할 수 없음을 이해하고 있음을 토설한 고백이다.

혹시라도 이 장면에서 만약 주님이 우리의 죄책감을 기뻐 받으신다는 결론을 내린다면, 그것은 죄책감이라는 '감정'을, 그러니까 우리의 마음에 담긴 것을 우상화하는 것에 불과하다. 우리 안에 그 어떤 것이라도 하나님이 바라시고 원하시는 것이 있다고 자긍하는 것에 불과하다. 오히려 그것은 다윗의 이야기를 통해서 얻어야 할 교훈과 대치된다.

> 여호와여 사람이 무엇이관대 주께서 저를 알아주시며 인생이 무엇이관대 저를 생각하시나이까 사람은 헛것 같고 그의 날은 지나가는 그림자 같으니이다(시 144:3-4)

따라서 다윗의 물리적 헌물이 없는 제사를 '상한 심령을 예물로 바친 영적 제사'로 여겨 주신 것은 전적으로 하나님의 인애하심과 불쌍히 여기시는 속성에 기인한 것이다. 다윗 자신에게는 그 어떠한 용서받을 이유 따위는 존재하지 않았다. 하나님의 인애하심과 불쌍히 여기심이 자기에게 임할 것이라 자신할 수 있는 여지가 있을 턱이 없었다. 그런 실상을 다윗 자신이 그 누구보다 잘 알았다. 그저 하나님이 불쌍히 여겨 주시면 살고 그렇지 못하면 죽는다는 것을, 다만 죽어도 하나님의 손에 죽겠다고 굳게 다짐했을 뿐이다. 그렇기에 하나님이 그간 보여 주신 인애하심과 사랑만을 진정으로 의지한 것이다.

다만 다윗의 상황으로 보자면, 그걸 믿는 것 외에는 그 어떤 것도 할 수 있는 여지가 없었다는 것을 상기할 필요가 있다. 물에 빠진 사람이 대단한 믿음이 있어서 마른 지푸라기라도 잡겠는가? 그 결과 그 사람이 생환했다 한들, 그 생환이 그의 어떠한 대단한 믿음과 칭찬받을 만한 결단이었다 할 수 있을까? 그는 그저 스스로 허우적거리다가 손에 잡히는 것을 잡았을 뿐이고, 그것이 마른 지푸라기였기에 발생한 우연한 결과일 뿐이다. 물에 빠진 사람과 다윗의 차이는 결국 삶의 위기에서 인생의 가장 저점에, 아무것도 의지할 것이 없는 시점에, 마른 지푸라기가 눈앞에 있었다는 것과 전능하시고 전지하신 하나님이 바로 곁에 계셨다는 차이뿐이다. 그리고 마른 지푸라기가 익사 위기에 처한 자에게 아무 도움을 줄 수 없으면 그저 익사할 수밖에 없듯, 하나님께 의지한 자를 하나님이 외면하시면 그저 죽을 수밖에 없는 처지이다.

　야곱의 예배도, 야곱의 믿음도 근원적으로 다윗의 그것과 별반 다르지 않았다. 야곱 또한 다윗처럼 사람과 하나님 앞에서 죄를 지었다. 변명할 것도 없고 참작할 여지도 없다. 그저 하나님의 자비만 구해야 할 상황인 것까지 똑같다. 다만 차이가 있다면, 다윗은 먼저 하나님의 도움과 용서, 자비를 구했으나, 야곱은 그러지 못했다. 아니, 그럴 수 있다는 것조차 알지 못했다. 다윗은 야곱을 포함한 자기 조상들, 그러니까 하나님과 동행하며 하나님의 은혜와 용서를 경험한 삶들을 관조하며, 하나님의 인애하심에 기댈 수 있었다. 하지만 야곱이 가진 하나님에 대한 지식은 지극히 제한적이었다.

　야곱이 아는 하나님은 아담과 하와를 에덴에서 내보낸 분이시며, 가인과 아벨의 제사 중에서 아벨의 제사만 받으셨고, 모든 인간을 홍수로 심판하셨고, 그때 순전한 노아의 일가만 구원하신 분이다. 그 이후 아브라함과 동행하시고 아버지 이삭과 삼촌 이스마엘 사이에서 이삭을 택하신 하나님이다. 야곱이 참고할 수 있는 사례 중에서 야곱과 같은 행악을 저지른 자를 용서해 주시고 또한 불쌍히 여겨 주실 것이라는 것을 유추할 수 있는 충분한 사례가 존재하지 않았다. 그간 야곱이 귀로 들었던 하나님의 모습에는 악인을 심판하시며 공의를 실현하시는 이미지만 담겨 있었다.

　다윗이 죄로 범벅된 자신을 향한 혐오감과 자책을 넘어 하나님을 찾았던 근거, 그러니까 "하나님의 구하시는 제사는 상한 심령이라 하나님이여 상하고 통회하는 마음을 주께서 멸시치 아니하시리이다"(시 51:16)라는 믿음이 야곱에게는 존재할 만한 맥락이 없었다. 이 지점에서 상기해 보아야 할 것이 있다면, 바로 하나님에 대한 신앙이라는 것은 하루아침에 만들어진 개념이 아니라는 것이다. 현대 그리스도인들에게는 상식의 수준인 신앙의 개념들과 하나님에 관한 지식은 우리가 믿음의 선배, 혹 선진이라 부르는 인물들의 하나님과 동행한 삶이 누적되어 결과적으로 구체화한 것이다. 이처럼 야곱이 앞으로 경험할 인애하시고 자비로운 하나님의 속성은 인류가 직접적으로 경험한 최초의 사례 중 하나가 될 것이다. 즉, 훗날 다윗이 야곱의 사례를 보며 자기에게도 동일하게 자비를 보여 달라 간구하는 자세를 가지도록 가르쳐 줄 선례가 될 것이었다.

따라서 우리가 가진 하나님에 관한 지식, 신앙에 관한 상식에는 믿음의 선진들의 삶과 그 애환도 담겨 있다. 그렇기에 그들의 삶과 하나님과 동행할 당시 그들이 느꼈던 감정 따위를 무시하고, 편리하게도 어떠한 공식만 도출하여 우리 삶에 적용하는 것은 바르지 않다. 따라서 하나님의 어떠하심에 관한 지식은 근원적으로 학문의 영역보다는 경험의 영역을 수반한다. 제아무리 하나님의 선하심을 수려하고 빼어난 언어로 나열한다 한들, 진정한 의미에서 하나님에 관한 '앎'을 전달할 수 없다. 결국 하나님을 직접 경험하고 체험하며 맛보아 아는 수밖에 없다.

> 너희는 여호와의 선하심을 맛보아 알찌어다 그에게 피하는 자는 복이 있도다(시 34:8)

그렇기에 하나님은 당신의 좋으심을 야곱이 맛보게 하셨다. 이미 하나님의 좋으심을 맛보아서 익히 알고 있는 욥에게는 위엄으로 등장하셨던 주님이(욥 38:1), 하나님의 좋으심에 대한 경험이 없는 야곱에게는 아주 자애로운 방식으로 만나 주신 것은 우연이 아니다. 벧엘에서 하나님의 좋으심을 맛본 야곱의 마음에는 하나님의 좋으심에 대한 믿음이 자리하기 시작했다. 그분의 약속이라면 자기의 소망이 이뤄질 것이라는, 자기에게도 미래라는 것이 존재할 거라는 소망과 희망으로 채색한 믿음이 그 속에서 자라나고 있었다. 물론 그 이후에도 야곱은 자기 소견에 따라 아주 미약하고 흠모할 것이 없는 종교 행위를 반복했지만, 하나님을 기쁘시게 하는데 필수 요소인 '믿음'의 결정체가 차츰차츰 형성되어 갔다.

　이 시점의 야곱은 '믿음이 없이는 하나님을 기쁘시게 못 한다'는 사실을 알지 못하면서도 믿음을 통해 주님만 바라며 믿었다. '하나님의 구하시는 제사는 상한 심령'이라는 말씀을 알지 못하면서도 값진 예물 대신 상하고 찢긴 마음으로 예배를 드렸다. 성경에 따르면 사람은 부지중에 죄를 저지를 수도 있다(민 15:28). 마찬가지로 부지중에 하나님께 칭찬받을 만한 행위를 할 수도 있다(히 13:2). 하나님은 우리의 실수를 찾아서 그것을 책망하시는 분이 아니다. 주님은 엄격한 채점표를 들고 우리의 잘잘못을 찾으며 감점을 주시는 분이 아니시다. 오히려 어떻게 해서든 우리에게서 잘한 점을 찾아내려 하시고, 칭찬할 점을 만들어 주시려 동분서주하시는 분이시다. 우리가 모르면 모르는 대로, 알면 아는 대로 주님은 우리를 선으로 인도하여 주신다. 다시 말해 하나님은 의인을 찾으시거나 대단한 인물의 등장을 기다리시는 분이 아니다. 미달하고 무너진 자를 찾아오신다. 야곱을 찾아오셨듯 말이다. 그리고 찾아낸 자를 소생시키시고 인도하시며 결국에는 하나님의 기준을 충족하도록 이끌어 주신다.

내 영혼을 소생시키시고 자기 이름을 위하여 의의 길로 인도하시는도다(시 23:3)

　그러므로 야곱의 예배를 통해서 우리가 얻은 적용점은 다른 것이 아니다. 우리가 준비되었건 되지 않았건, 손에 예물이 가득하던, 아니면 텅 빈 손일 수밖에 없던 하나님께 나아가는 것이다. 당연히 형편이 된다면 율법의 요구대로 빈손으로 하나님께 나아가서는 안 되겠지만, 살다 보면 주님께 도저히 아무것도 드릴 수 없는 때가 오기도 한다. 그럴 때 하나님과 단절되어야 하는 것인가? 구약에서 야곱과 다윗의 예만 보더라도 헌물이 없는 제사를 드릴 수밖에 없던 자의 예배의 경우, 하나님이 그들의 상한 심령을 예물로 삼아 받아 주셨다. 신약에서는 예수 그리스도의 희생을 제물로 받아 주심으로 예배를 완성해 주셨다. 이것의 적용은 방종이 아니다. 이것의 적용은 하나님께 마땅히 드려야 할 예물을 폐하자는 구호도 아니다. 이것의 적용을 통해서 궁극적으로 발견할 수 있는 개념은 주님은 성육신하신 임마누엘의 하나님이라는 진리이다. 언제나 우리와 함께하시는 하나님. 우리가 풍요로울 때나 궁핍할 때나, 우리가 안전할 때나 돌 황무지를 헤맬 때도 함께하시는 하나님. 내가 사람들 앞에서 빼어날 때나, 사람들에게 버림받은 바 된 실책 투성이의 미달자일 때나 상관없이 늘 함께하시는 하나님. 그런 하나님을 발견하는 첫 예시가 야곱의 삶을 통해서 직조되어 우리에게 주어졌다.

> 여호와께서 그를 황무지에서, 짐승의 부르짖는 광야에서 만나시고 호위하시며
> 보호하시며 자기 눈동자 같이 지키셨도다(신 32:10)

다듬어지지 않은 돌로 만든 하나님의 집 : 누구를 위한 집인가?

> 그곳 이름을 벧엘이라 하였더라 이 성의 본 이름은 루스더라(창 28:19)

> 내가 기둥으로 세운 이 돌이 하나님의 전(집)이 될 것이요(창 28:22)

이 지점에서 야곱은 희열이라고 할 만큼 아주 큰 기쁨에 휩싸인다. 그 넘치는 기쁨을 감당하지 못하고 표현하려 한다. 그 표현 방식은 다름 아니라 하나님의 집 짓기이다. 우선 그 일대의 이름을 '하나님(엘, אל)의 집(베이트, בית)'이라는 뜻으로 '벧엘(ביתאל)'이라 명명했다. 그 물리적인 공간에 나름대로 관념과 상상을 동원하여 심상의 집을 지은 것이다. 그리고 그 벧엘에, 자신이 침구로도 사용했고, 제단으로도 사용했던 돌베개를 하나님의 집이라 지칭하며 세우고 나름의 방식과 형태로 정성을 다한다.

흥미로운 것은 하나님께는 그러한 집 같은 것이 필요 없으심에도 하나님에 대한 감사를 표현하는 것에 하나님을 위한 집을 짓는다는 선택을 하는 것

이 야곱만 아니라는 점이다. 왕이 되기까지 어릴 적에는 양들과 함께 야외에서 생활했고, 장성한 이후에는 전장의 이슬을 맞으며 지냈던 다윗 또한, 자신이 왕이 되어서 백향목 궁에 편안하게 거하자, 초라한 장막에 둔 하나님의 궤를 보관할 하나님의 집인 성전을 건축하길 바랐다(삼하 7:2-7). 또한 변화산에서 예수 그리스도의 신성을 경험한 베드로는 초막의 형태로 하나님이신 그리스도 예수님을 위한 집을 지으려고 했다(마 17:4). 어린아이들도 왕왕 벽돌 장난감을 조립하거나 미술 재료로 공작을 해서 부모님을 위한 집을 지어 주려 하지 않는가? 사람은 소중한 존재를 발견하면 그것을 집이라는 형태에 두고 싶어 하는 본능이 있는 것인지, 그러한 양태는 드물지 않다. 이러한 그들의 감정은 현대를 살아가는 그리스도인들도 충분히 공감할 수 있다. 우리도 예배당을 건축하고 그것을 봉헌하면서 하나님께 감사를 표하곤 한다.

재미있는 부분은 하나님의 집을 지으려고 했다는 그 사실 자체보다도 집을 잃은 서러움과 괴로움을 절절히 느끼는 야곱, 사역을 위해서 가정을 떠난 베드로, 그리고 야외에서의 생활의 고단함을 더없이 잘 이해하고 있는 다윗이 그러했다는 점이다. 집이 없어서 느끼는 슬픔과 아픔은 하나님의 것이 아니고, 야곱, 베드로, 그리고 다윗의 것이다. 해당 장면에서 집이 필요했던 것은, 그리고 그것의 상실로 아팠던 것은 야곱, 베드로, 그리고 다윗인데, 하나님께 집을 지어 드리겠다 한다.

자기의 무의식적 양태를 외부의 대상에게 전가함으로 자신이 그러한 것을 가지고 있다는 것을 부정하는 방어 기제를 '심리 투영'이라고 한다. 그들이 사명으로 인해서 집을 잃고, 고난을 겪은 배경을 생각했을 때, 그들이 하나님의 집을 지으려 했던 것은 단순히 감사의 의미만을 지니지 않는다. 각자가 상실한 세월과 괴로운 나그넷길로 마음에 켜켜이 쌓여 온 설움들은 이윽고 집의 형태를 띠었다. 특히 베드로는 모든 것을 버리고 예수님을 따르기로 선택하므로 남모를 애환과 상실감을 느낀 것을 엿볼 수 있는 발언을 하지 않았던가?

이에 베드로가 대답하여 가로되 보소서 우리가 모든 것을 버리고 주를 좇았사오니 그런즉 우리가 무엇을 얻으리이까(마 19:27)

이처럼 집을 잃었다는 것, 집을 떠났다는 것, 거처를 소유하지 못했다는 것은 그 자체로도 아픔이며, 예수께서 공생애를 통해서 당하신 수난 중에서도 결코 작은 부분이 아니었다. 이는 "여우도 굴이 있고 공중의 새도 집이 있으되 인자는 머리 둘 곳이 없도다"라고 말씀하신 부분에도 분명히 드러난다(마 8:20; 눅 9:58). 다시 말해 그리스도의 공생애 중에서 제자들이 복음을 위해서 가족과 집을 떠난 서러움에 공감하고 위로해 주신 부분도 매우 중요한 사역의 영역이었다.

야곱과 다윗이 지으려 했던 하나님의 집은 아직 관념상에서만 존재하는 집이었다. 그저 소망하는 무언가였다. 자신들은 가질 수 없는 무언가였다. 반면 베드로의 경우, 오직 집을 잃은 설움은 공생애 기간에만 있었고, 다행스럽게도 이후 가족과 함께하는 사역을 할 수 있도록 하나님이 허락하셨기에, 그 아픔의 깊이가 상대적으로 깊지는 않았다(고전 9:5). 야곱의 경우에는 그 대상이 자신의 욕심과 실책으로 말미암아 영영 상실한 가족이었고, 다윗의 경우는 사무엘에게 기름 부음을 받은 이후 잃어서 다시 돌아오지 못할 청년기와 청춘, 그리고 그때의 그리운 집이다. 그 해소할 길 없는 그 아픔을, 필사적으로 억누르던 그 슬픔을, 그들은 하나님께 투영한다. 하나님께 필요할 리 만무한 집을 지어서 드리고자 한다. 그들은 하나님께 집을 지어 드린다면서 말하고 있다. "내가 집이 없으니, 이렇게 힘든데, 하나님은요? 하나님도 얼마나 힘드시겠어요?"

우리네 인간은 자신의 아픔을 하나님께 투영하며 그 고통과 상처를 덜어내고 전가하는 습성을 가진 존재다. 이는 예수 그리스도의 십자가 앞에 나아와 우리의 죄와 허물을 내어 맡길 때 노골적으로 반복된다. 그분께 우리의 모든 아픔과 괴로움을 전가하는 것에서 그치는 것이 아니라, 이윽고 우리는 주께서 겪으신 수난에 공감하며 눈물지으면서 동참한다. 하지만 실상 십자가를 지신 예수 그리스도는 주님을 위하여 흘리는 눈물이 필요 없으시다. 예수 그리스도께서 첫째 죽음을 죽으러 가시는 그 최후의 순간에서도, 오히려 그것을 바라보는 우리에게 우리 자신을 위해 더욱 애곡하라고 말씀하셨다. 우리는 주님을 위해 눈물 흘려야 하는 자가 아니라, 도리어 그 어느 때라도 하나님의 불쌍히 여겨 주심과 그분께서 우리를 위해 흘려 주시는 눈물에 위로받아야 할 존재다.

> 또 백성과 및 그를 위하여 가슴을 치며 슬피 우는 여자의 큰 무리가 따라오는지라 예수께서 돌이켜 그들을 향하여 가라사대 예루살렘의 딸들아 나를 위하여 울지 말고 너희와 너희 자녀를 위하여 울라(눅 23:27-28)

하지만 하나님은 우리가 감히 우리의 짐을, 우리의 아픔을, 우리의 억압된 것을 하나님께 투영하는 것을 기꺼이 받아 주신다. 우리가 주제넘게 그리스도의 십자가 수난을 떠올리며 그분이 얼마나 아프셨고 얼마나 괴로우셨는지 눈물짓는다 해도, 다윗이 자신의 처지와 하나님의 위대하심에서 오는 불가해한 격차를 깨닫지 못하고 감히 성전을 지으려 했어도, 야곱이 자신이 돌베개 삼아서 베고 자던 다듬어지지 않은 돌베개로 하나님의 집을 엉성하게 짓겠다고 했더라도, 하나님은 기쁘게 받아 주셨다.

하나님이 필요하셔서 그것들을 받아 주신 것이 아니다. 망극하게도 우리의 필요를 하나님에게 전가하고 투영한 것에 불과하지만, 어쨌건 그것을 통해서 우리가 위로를 얻고 치유되기 때문에 하나님은 받아 주신다. 따라서 제아무리 대단한 예배당을 짓더라도, 거대한 성전을 건축하고, 돌베개 기둥을 쌓고, 십자가의 그리스도를 생각하며 금식하고 눈물을 흘려도, 실상 그 모든 것은 우리를 위한 우리의 투영에 불과하다. 하나님께 드리는 것은 실상 없고 전부 우리 자신을 달래기 위함이다. 하나님은 우리가 드리는 그 어떤 것도 필요치 않으시니까 말이다. 야곱 또한 그러했다. 야곱이 세운 벧엘, 그 하나님의 집은 우주의 먼지인 인간도 들어가 살 수 없는 미약한 것이었다. 그 점을 야곱이 모르지 않았다.

야곱은 꿈이라는 매체를 통해서, 그 필터를 거쳐서 하나님을 대면했다. 거대한 사다리도 보았다. 천사들도 보았다. 그런데 자기가 베고 잤던 초라한 다듬어지지 않은 돌 따위에 하나님이 거하시거나 집으로 삼으실 것이라 믿을 리 없다. 이런 조악한 것으로 하나님을 만족시킬 수 있다고 믿을 리가 없다. 사람도 만족시키지 못할 것을 가지고 어떻게 하나님을 만족시킬 수 있겠는가? 야곱은 감사를 표시할 길이 없으니 그렇게 표현했을 뿐이다. 그리고 집, 평생 의지했던 가족, 부족, 모두를 잃었다는 상실감을 해소해야 했으니, 대신 벧엘에 있던 돌로 관념상의 집을 지었다. 아니 그저 그 돌의 이름을 '집'으로 했다고 보는 게 낫겠다. 그리고 그것을, 하나님은 야곱을 위로하시기 위하여 받아 주셨다. 하지만 하나님이 그것을 단지 위로의 수단 삼아 받아 주신 것은 아니다. 야곱이 하나님의 약속을 받고 기뻐했듯, 하나님도 야곱의 그 볼품없고 온통 자기애와 자신의 필요로 점철된, 스스로의 상실을 투영한 하나님의 집을 진심으로 기뻐하셨다. 하나님이 야곱의 그러한 행위를 얼마나 기뻐하셨는지, 야곱, 훗날 이스라엘이 된 자가 최초로 하나님께 지어드린, 다듬어지지 않은 돌로 만들어진 그것이 얼마나 마음에 드셨는지, 하나님도 그것을 벧엘, 그러니까 당신의 집으로 부르길 주저하지 않으셨다. 후에 야곱에게 당신을 지칭하실 때 '벧엘 하나님'이라 하셨다. 훗날 이스라엘 백성들은 하나님이 쇠 연장 소리를 싫어하시는가 생각해서, 성전을 지을 때 각별히 주의했다(왕상 6:7). 하지만 하나님의 기념비적인 '첫 집(성전)'이 다듬지 않은 돌로 만들어진 것에는 이러한 야곱과의 사연이 있었기 때문임을 우리는 알고 있다.

나는 벧엘 하나님이라 네가 거기서 기둥에 기름을 붓고 거기서 내게 서원하였으니 지금 일어나 이곳을 떠나서 네 출생지로 돌아가라 하셨느니라(창 31:13)

다듬지 않은 돌 위에 하나님께 드리는 희생물과 예물을 올려놓은 바도 없고, 다만 자기의 희망 사항만 열거한 야곱의 예배를 왜 하나님이 기쁘게 받으셨는지 이해하기 위해서는, 하나님과 우리의 관계를 목자와 어린양, 혹은 더 친숙하게 부모와 갓난아기로 생각하면 이해가 빠르다. 아기가 운다. 그 아기의 마음에는 그 어떠한 배려심도 없다. 아기는 지극히 자기중심적이다. 하지만 아이가 그 소리를 듣고 달려온 부모의 품에 안겨서 방긋방긋 웃으면 부모는 세상을 다 가진 듯 기쁘다. '이 작은 생명이 나에게, 이 거대한 우주에서 오로지 나에게 의지하면서 살아가는구나!' 하는 감동이 몰려온다. 이는 부모가 갓난아기에게 가진 사랑 덕분이다. 그리고 하나님이 우리를 향해서 품으신 사랑은 그 부모의 사랑에 비할 수 없을 만큼 크다. 하나님은 우리의 필요에 대해 듣는 것을 기뻐하시고, 우리가 당신을 의지하는 것을 반기시며, 우리가 원하는 바를 당신께 아뢰는 것에 행복감을 느끼신다. 그리고 이에 대해 믿는 것을 성경은 믿음이라고 한다.

잠시 베드로의 이야기로 돌아가 보자. 베드로는 변화산에서 예수님의 신성을 목도하고 그분을 위해서 초막을 지으려 했다. 아마 예수께서 "여우도 굴이 있고 새도 집이 있으나, 인자(예수님)는 머리 둘 곳이 없다"라고 하신 말씀이 의식의 저변에 깊게 자리 잡았던 결과였을 것이다. 그가 비록 예수님의 집을 지으려 했으나, 현실적으로 그 누구도 예수님을 위한 집을 세상에 지어 드릴 수 없었다. 게다가 지구상 그 누구도 그분을 위한 정식 무덤조차 예비하지 못했다. 어느 부자가 무덤을 마련해서 그분을 거기로 모셨으나, 죽은 지 사흘 만에 부활하셔서 그 무덤은 텅 비어 버리고 말았다. 오히려 예수님은 우리의 처소를 예비해 주신다.

너희는 마음에 근심하지 말라 하나님을 믿으니 또 나를 믿으라 내 아버지 집에 거할 곳이 많도다 그렇지 않으면 너희에게 일렀으리라 내가 너희를 위하여 처소를 예비하러 가노니 가서 너희를 위하여 처소를 예비하면 내가 다시 와서 너희를 내게로 영접하여 나 있는 곳에 너희도 있게 하리라(요 14:1-3)

늘 이래 왔다. 우리는 예수께 물을 드린다 생각하지만, 실상 그가 우리를 위한 생명수가 되셔서 우리에게 물을 주신다(요 4:10). 우리는 예수님을 대접한다 생각하지만, 실상 그가 우리를 먹이신다(마 14:15-21). 우리가 종이 된 도리에서 그분의 발을 씻긴다 생각하지만, 그분이 우리의 것을 씻기시며(요 13:4-15), 그분께 옥합을 깨어 드린다 생각하지만, 실상은 그가 우리를 향기롭게 하신다(고후 2:15).

그렇기에 거시적인 관점에서 우리의 삶을 관조한다면, 하나님께 드리는 것은 우리가 받고 싶기 때문이다. 그리고 하나님과 공감하고 그분을 위로하려는 아이와 같은 신앙은 결국, 그분의 손길이 나를 위로하시는 것을 바라는 셈이다. 따라서 그 어떠한 대단한 것을 하나님께 드린다 한들 그것은 결국 내가 받고자 하는 간절함이며, 하나님께 내 생명도 드릴 수 있다는 고백조차 사실은 자신을 비우시고 또 십자가에 매달리면서까지도 나를 사랑해 주실 하나님을 구하는 바람의 표현인 것이다. 그리고 우리에게는 다행스럽게도 하나님께서 당신을 희생하시면서까지도, 당신의 이권을 내려놓으시면서까지도 우리를 먹이시고 씻기시고 대접하시며 또한 향기롭게 하시고 거할 처소를 예비해 주시기를 기뻐하신다. 야곱을 기뻐 받아 주셨듯, 믿음의 민족 된 우리도 기뻐 받아 주시는 하나님은 어제나 오늘이나 영원토록 동일하신 우리 주님이시다. 우리의 하늘 아버지이시며 우리를 사랑하시는 분이시다.

첫 서원

야곱이 서원하여 가로되 하나님이 나와 함께 계시사 내가 가는 이 길에서 나를 지키시고 먹을 양식과 입을 옷을 주사 나로 평안히 아비 집으로 돌아가게 하시오면 여호와께서 나의 하나님이 되실 것이요 내가 기둥으로 세운 이 돌이 하나님의 전이 될 것이요 하나님께서 내게 주신 모든 것에서 십분 일을 내가 반드시 하나님께 드리겠나이다 하였더라(창 28:20-22)

신약을 가진 우리 현대 신앙인들의 관점에서 본다면, 야곱의 반응과 서원은 성경적으로 미흡한 점이 많다. 당시 야곱은 하나님은 "특정 장소"에 머무는 분이라고 오해했다. 이는 어느 정도 시대적인 한계이기도 했지만, 거의 동시대를 살았던 욥기의 등장인물들을 통해 하나님이 무소부재하시다는 인식이 곳곳에 암시된 것으로 미뤄 보건대, 그것은 야곱 개인의 몰이해이기도 했다. 야곱의 이야기를 스펙이라는 주제로 놓고 본다면, 야곱은 사실 하나님을 이해하고 교류할 만한 신학적인 스펙, 지식적인 스펙, 영적인 스펙도 수준 미달인 존재이다. 앞서 우리가 야곱의 종교 행위가 예배로 인정받게 된 경위는 순수하게 하나님의 은혜에 기반한다고 나눴다. 그러한 은혜에 감사함을 느껴서 염치를 차려도 모자랄 야곱은 곧이어 자신에게 일방적으로 유리한 서원을 한다. 보통 서원이라는 것은 내가 하나님께 바라는 부분과 함께 내가 하나님께 무엇을 하겠다고 제의하는 내용이 있어야 하지 않던가? 하지만 야곱의 서원은 뭔가 좀 이상하다. 아니 상당히 잘못되었다.

야곱은 하나님께 자기를 지켜 주시고, 먹을 양식과 입을 옷을 주시며, 평안히 아버지 이삭의 집으로 돌아가게 해 달라 요구한다. 그리고 그런 자기가 반대급부로 이행할 것은 하나님이 자기의 하나님이 되시며, 자기 미래의 세력권이 될 곳에 전(집)을 세워 거기 머무르게 해 드릴 것이고, 하나님께서 자기에게 주신 모든 것 중에서 십분의 일을 드리겠다고 말한다. 하지만 하나님이 그의 하나님이 되시는 것은 야곱 자신의 영예이지(사 43:1), 그가 하나님께 어떠한 수혜를 드리는 것이 아니다. 마찬가지로 하나님의 전(집)이 만들어지기 위해서는, 자기의 세력권이 생겨야 하고, 또 그곳에 하나님이 머무신다면 야곱과 그 야곱의 후손들에게 더없이 좋은 것이다. 마지막으로 지팡이 하나만 들고 도망하는 처지인 야곱이 십분의 일을 하나님께 드린다는 것이 어떤 의미가 있는가? 결국 십일조를 드릴 것을 달라는 소리가 아닌가?

야곱이 이행하겠다 주장하는 것도 몽땅 야곱에게만 일방적으로 좋은 것이다. 도대체 이런 서원이 세상천지 어디에 있는가? 역사에 기록된 무수한 불평등 조약 중에서도 이 정도의 수준으로 불평등한 조약은 드물다. 창세기 기자가 서원이라고 지칭해 주지 않았더라면 누구도 서원이라고 여기지 않았을 내용이다(창 28:20). 야곱이 감당할 것은 하나 없고 모두 하나님만 하실 일들이다. 그저 일방적 요구일 뿐이다. 역시 야곱은 야곱이다. 영안이 열려서 천사를 보고, 하나님의 목소리도 듣고, 주신 은혜와 언약으로 온 마음에 감동이 휘몰아쳐도, 그 염치없고 약아빠진 성품은 그대로 변하지 않았다. 하지만 하나님은 개의치 않으셨다. 도리어 그것을 기쁘게 이행하셨다.

훗날 하나님이 벧엘로 야곱을 다시 부르셨을 때 확인시켜 주신 것은 근원적으로 이 처음 서원의 모든 부분이 유효하다는 것이었다. 이를 통해서 알 수 있는 하나님의 속성은 주님이 우리에게 역사하실 때는 객관적인 기준으로 하지 않으신다는 것이다. 주님은 대하시는 대상에게 가장 특화되고 개인화한 형태로 역사하신다. 제삼자가 객관적인 관점에서 야곱의 서원을 보았을 때는, 서원이라 할 수 없는 한없이 미흡한 것이지만, 주님은 이를 서원으로 여겨 주신다. 그것이 당시 야곱의 수준과 살아온 방식에서는, 그리고 그가 처한 환경에서는, '야곱의 주관적인' 최선임을 아셨다. 그래서 그 모습 그대로 그 바람 그대로 받아 주셨다. 주님은 손해와 불리한 모든 면을 다 떠안으시고, 야곱에게는 오직 좋은 것을 안겨 주었다.

이를 무엇에 비유해야 할까? 수박의 가장 맛있는 중앙의 붉은 과육은 자녀들에게 건네주고, 상대적으로 당도가 떨어지는 하얀 껍데기에 가까운 부분만을 먹는 '부모님의 마음'으로 이것을 표현하면 좋을까? 사실 그것으로도 부족하다. 부모의 그런 행동 양식은 하나님의 형상을 닮게 지어진 인간, 그 인간이 죄로 인하여 뒤틀리고 무너졌어도, 아주 작게 남은 하나님 닮은 구석 덕분에 발현되는 것이다. 단언컨대 하나님께서는 사랑이 넘치는 그 어떤 부모가 자녀를 사랑하는 것과 비교도 할 수 없을 만큼 우리를 사랑하신다. 이것을 어떤 상황과 어떤 환경에서도 믿고 결국 주님의 그러하신 사랑이 우리의 삶의 현실에 적용되는 것을 보는 것이 우리가 보유한 믿음의 실체이다.

하지만 주님이 그처럼 우리를 사랑하신다는 것을 믿는 것은 때로는 어려운 문제이다. 그것은 예배의 순간, 찬양의 순간, 우리의 마음을 저릿하게 하고 격한 감동을 불러일으켜 때로는 눈물까지 흘리게 만들기에는 충분하다. 하지만 막상 삶의 현장에서, 막상 사람을 대하는 순간에 슬픔이 찾아오거나 기대하지 않았던 대로 일들이 흘러간다면, 곧장 서러움으로 다가온다. 그렇더라도 그것은 큰 문제가 되지는 않는다. 야곱의 예를 들어 본다고 하더라도 야곱이 주께서 자기를 사랑하신다는 것을 깨닫는 것은 70여 년 가까운 시간이 필요했다. 그리고 그 이후의 삶은?

앞으로 다룰 이야기의 스포일러가 될 테지만, 야곱의 삶은 하나님의 사랑을 믿기 시작한 이후라고 무적의, 무탈의, 현실에서 몇cm 공중에 떠 있는 듯한, 다른 종교에서 말하는 도사의 삶, 해탈한 자의 삶과는 전혀 다르다. 야곱은 여전히 현실에서 뒹굴고, 사람이 만들어 낸 사회의 구조 속에서 눈물짓기도 한다. 그런 세상살이에서 하나님과 동행한다는 점만 달라졌을 뿐이다. 사람이 완전히 영적인 존재였다면 이토록 힘들지는 않았을 것이다. 하지만 우리는 영육이 공존하는 매우 복합적이고 섬세한 존재이다. 그리고 하나님은 우리의 그런 약함을 아신다.

사람이 떡으로만 살 것이 아니라고 말씀하셨으며(눅 4:4), 염려함으로 무엇을 먹을까 무엇을 마실까 입을까 걱정하는 것은 하나님이 없는 자들이나 구하는 것이라(마 6:31~32) 말씀하신 예수님은 기도의 모범으로 알려 주신 주기도문에 "오늘날 우리에게 일용할 양식을 주옵시고"(마 6:11)라는 내용을 포함하셨다. 이러한 것들이 시사하는 바는 주님은 우리의 약함을 부정하고 꾸짖으면서 일하시는 분이 아니며, 오히려 우리의 약함을 이해하시고 그것을 시작점 삼아서 역사해 주신다는 것이다.

이러한 하나님의 결의는 일반적으로 신약에 와서야 우리에게 주어졌다고 오해하곤 한다. 하지만 믿음으로 사는 하나님 백성의 매뉴얼인 야곱의 이야기를 통해서 분명해지는 사실은 이미 율법이 있기 전 시대를 살았던 야곱에게도 주께서 사랑과 은혜를 계속 보여 오셨다는 것이다. 그러므로 예수님이 선언하신 "내가 율법이나 선지자나 폐하러 온 줄로 생각지 말라 폐하러 온 것이 아니요 완전케 하려 함이로라"(마 5:17)라는 말씀의 의미는 주께서 보여 주신 십자가와 공생애는 구약의 질서를 파괴하는 파격이 아니라, 구약을 통해서 진정 이뤄졌어야 할 것의 회복이라는 뜻이 된다. 다시 말해 예수께서 공생애를 통해서 전달해 주신 사랑과 은혜, 용서의 메시지는 이스라엘 백성에게 있어서 전혀 낯설거나 과거 율법을 폐하고 기존 성경의 이야기를 부정하는 것이 아니었다.

오히려 하나님을 중심에 두기 싫어하는 인간 죄성의 작용으로 당대 종교 지도자들이 집요하게도 최악의 방향으로만 그릇되게 해석하고 왜곡시킨 그 메시지를, 최초의 이스라엘인인 야곱도 경험했던 원초의 모습과 정합성을 이루는 방향으로 정립시키고 완성하신 것이다. 어제나 오늘이나 영원토록 동일하신 예수님은 신약에서나 구약에서나 할 것 없이 사랑이 많으시고, 또 인애하심과 은혜가 한량없으시기에, 수고하고 무거운 짐진 자들의 짐을 덜어 주기를 기뻐하신다.

주께서 어떻게 우리를 사랑하셨나이까?

사노라면 하나님이 멀게 느껴진다. 사노라면 그러기 싫어도 마음에 하나님에 대한 원망이나 서러움이 쌓이기도 한다. 그러한 감정이나 생각은 결코 긍정적인 것은 아니다. 결코 우리 신앙의 종착점이 되거나, 일반적인 양태가 되어서도 안 된다. 하지만 그런 것이 전혀 없는 삶이란, 우리의 관념상에서만 존재하는 매우 이상적인 것일 따름이다. 사노라면 배도 고프고, 사노라면 아프기도 하고, 사노라면 서러울 때도 있다. 왜 나쁜 일들은 꼭 힘겨울 때만 연이어 일어나는지, 왜 주변 사람이라는 존재는 내가 연약할 때 더욱 속을 썩이는 것인지, 내가 악을 품거나 못된 마음을 가진 것도 아닌데 왜 그렇게 틈만 나면 나를 오해하고 날 못되게 보는지….

그런 아픔의 홍수 속에서 우리는 자연히 가장 사랑하는 이들에게 투정을 부리곤 한다. 참았던 마음을, 남몰래 가졌던 서글픔을 결국 가장 믿고 있는 대상에게 터트리곤 한다. 그리고 그런 일이 어쩔 수 없이 발생할 수밖에 없다면, 차라리 탓할 대상이 다른 사람이 아니라, 다른 연약한 인간이 아니라, 하나님이신 게 낫다. 왜냐하면 인간은 아무런 힘이 없고 상처를 받을 수밖에 없는 연약한 존재이지만, 하나님은 그렇지 아니하시기 때문이다.

성경은 원망하는 것이 우리의 이상이거나 권장할 만한 행위가 아니라는 점을 분명히 밝힌다. 원망만을 일삼다가 멸망했던 광야에서의 이스라엘 백성들을 언급하면서 원망의 단계를 벗어나기를 권면했다(고전 10:10). 하지만 성경의 실로 놀라운 점, 혹은 여타 종교나 세속의 체계와 우리 신앙을 명확하게 구분하는 점은 바로 이 원망에서 발생한다.

우리는 앞서 원망이라는 감정은 연약한 육신을 가진 우리에게서 없이하기 어려운 것임을 이야기했다. 그리고 야곱의 이야기에서 야곱의 연약함을 시작점으로 삼아서 역사해 주신 하나님은 역시 우리의 연약함을 아시고 그것을 책망하시는 것이 아니라, 적극적으로 도우신다. 원망이라는 것, 특히 하나님을 원망하는 행위는 잘못이다. 옳지 못한 행위이다. 논리적이지도 못하며, 그 대상이 완전히 잘못되어 있다. 사회와 세상이 악하고 주변의 사람들이 못되고 내가 연약해서 그런 마음이 드는 것인데, 하나님을 왜 탓하는가?

하지만 하나님의 사랑에 폭 잠긴 사람들, 진정한 의미에서 하나님의 자녀된 사람들, 그리스도께서 함께하시며 성령께서 내주 역사하시는 거듭난 사람들이 때때로 하는 원망은 믿지 않는 사람들이 하나님을 탓하는 원망과는 전혀 다른 면이 존재한다. 이는 아주 어린 아기가 넘어지거나 무서운 것을 보거나 매운 것을 먹기라도 하면 울음을 터트리며 부모님에게 투정하는 것과 같다. 그 투정은 분명히 그리 권장할 만한 행위는 아니다. 하지만 그것은 부모에 대한 미움을 기반한 것이 아니라, 오히려 부모님이 자기의 전부이고 세계이며, 부모님이야말로 자신이 가장 사랑하는 대상이고 믿고 있는 대상이기에 발생하는 일이다. 아기에게, 그 어린 생명체에게 우주는, 세상은, 타인은 부모님밖에 없기 때문이다. 좋은 일이 발생하면 감사의 대상은 부모님이고, 나쁜 일이 발생하면 투정과 원망의 대상이 부모님일 뿐이라서 발생한 귀결적 감정일 따름이다.

그렇기에 하나님을 사랑하는 사람은, 하나님밖에 남지 않은 사람은 오직 하나님 외에 다른 존재를 의지할 수 없고, 의지하지도 않으며, 하나님밖에 없으므로 때로는 하나님을 원망하곤 한다. 예레미야도 그랬고 엘리야도 그랬다. 구약 시대 가장 큰 선지자라고 일컫는 모세도 그런 경험을 했으니 더 말해서 무엇하랴? 그들도 알고는 있다. 하나님은 한없이 좋으시고 그들을 사랑하시며 한 터럭도 잘못하신 것이 없다는 것을 안다. 하지만 세상 온 천지에 그들이 투정하고, 힘들다고 하고, 울음을 터트리고, 자신의 감정을 토로할 그 어떠한 존재가 없으므로, 자신의 전부인, 자신의 우주인, 자신의 세상인, 자신의 모든 것인 하나님께 그런 역설적인 원망에 가까운 말들과 감정을 토해 냈다. 그리고 하나님은 그들의 그런 것들을 원망으로 해석하지 않으셨다. 오히려 그들에게 새 힘을 주시기 위한 기회로 삼으셨다. 위로해 주셨고, 먹이셨으며, 함께해 주셨다. 또 그들의 상황이 그들의 생각만큼 나쁘지 않음을 참을성 있게 알려 주셨다.

> 야곱아 네가 어찌하여 말하며 이스라엘아 네가 어찌하여 이르기를 내 사정은 여호와께 숨겨졌으며 원통한 것은 내 하나님에게서 수리하심을 받지 못한다 하느냐 너는 알지 못하였느냐 듣지 못하였느냐 영원하신 하나님 여호와, 땅 끝까지 창조하신 자는 피곤치 아니하시며 곤비치 아니하시며 명철이 한이 없으시며 피곤한 자에게는 능력을 주시며 무능한 자에게는 힘을 더하시나니 소년이라도 피곤하며 곤비하며 장정이라도 넘어지며 자빠지되 오직 여호와를 앙망하는 자는 새 힘을 얻으리니 독수리의 날개치며 올라감 같을 것이요 달음박질하여도 곤비치 아니하겠고 걸어가도 피곤치 아니하리로다(사 40:27-31)

> 여호와께서 가라사대 내가 너희를 사랑하였노라 하나 너희는 이르기를 주께서 어떻게 우리를 사랑하셨나이까 하는도다 나 여호와가 말하노라 에서는 야곱의 형이 아니냐 그러나 내가 야곱을 사랑했고(말 1:2)

이사야와 말라기에는 그러한 '원망'을 경험한 하나님의 사람들에게, 또한 성경에는 미처 다 기록되지는 못했지만 야곱의 반열을 따라서 이스라엘이라는 이름으로 불렸던 무수한 자에게 답변하시는 내용이 담겨 있다. 그런 자들이 힘에 겨워 하나님께 묻는다. 상황이 사람을 만든다고 하던가? 상황은 사람뿐만 아니라, 신앙의 모습과 고백과 찬양의 메시지와 기도문을 결정하기도 하기에 그들은 결국 어째서 하나님이 나의 원통함을 알아주지 않으시며 나를 외면하시고 사랑하지 않으시는가 하는 서글픈 생각을 품었다.

그러나 그것에 대한 응답으로, 하나님은 그들에게 새 힘을 얻게 하시고 달음박질해도 곤비치 않게 하시며 걸어도 피곤하지 않게 해 주신다. 다시 말해 그들이 그 상황을 이겨 낼 수 있는 실질적인 도움을 주신다. 그리고 이는 야곱에게 보이신 사랑으로 대표된다. 후대의 그리스도인들을 위로하기 위해서 하나님께서는 야곱의 이름을, 야곱의 사례를 사용하시길 주저하지 않으신다. 야곱은 모든 믿는 이의 매뉴얼이기 때문이다. 야곱을 사랑하신 방식은 그 후손과 그의 반열을 따르는 모든 이를 위한 약속이다. 하나님이 당신의 이름을 부르는 자들을 사랑하시고 편애하시고 도우시는 방식이 어떠할는지 미리 보여 주시는 언약이다.

물론 벧엘에서 하나님을 만났을 시점의 야곱은 이러한 점을 인지하지 못했다. 설령 그의 영안이 열리고 예언의 은사가 생겨서 훗날 자기 삶이 하나님의 사랑을 입증하고, 또한 하나님의 행사를 선포하기 위한 매뉴얼이라는 사실을 알게 되었다고 해도 여전히 혼란스러웠을 터이다. 아직 야곱은 가야 할 길이 있었고, 야곱의 고단함은 아직 끝나지 않았기 때문이다. 야곱은 아직 도중이었기 때문에 그걸 다 알 수 없었다. 아무리 비빔밥을 잘 준비한다 한들, 그것을 최종적으로 비벼 보기 전에는 그 맛을 알 수 없듯, 아무리 피자를 정성스럽게 만들어 낸다 한들, 모든 재료가 다 어우러지기 전에 토핑 몇 개만 먹어서는 그 완성본이 줄 맛의 즐거움을 다 느낄 수 없듯, 야곱이라는 인물이 완성되어 가는, 야곱에게 임한 하나님의 사랑이 점점 형태를 갖추어 가는 도중이었기 때문에 그럴 것이다.

우리도 그렇다. 우리의 삶도 결국 훗날 누군가에게, 나의 자녀에게, 나의 후손에게, 나의 교우와 나의 사역 대상들에게 희망이 될 것이다. 하나님께서 어떻게 우리를 사랑하시고 당신의 백성을 위로하시는지에 대한 불멸의 기록이 될 것이다. 하지만 지금 당장, 아직 도중을 겪고 있는 상황에서 그것은 바로 와닿지 않는다. 그렇기에 믿음이라는 것이 역할을 한다. 모든 것이 다 이뤄지고 모든 것이 눈앞에 보이고 만져질 때는 믿음이라는 것이 필요 없다. 모든 것이 이뤄진 이후라면, 그 현실을 자각하고 인지하는 것으로 족하지 믿음은 필요가 없다. 다만 도중이기에 우리는 믿음을 활용하여 아직 성취되지 않은 것을 미리 보고 기대한다. 그리고 성경은 말한다. 믿음은 바라는 것들의 실상이며 보지 못하는 것들의 증거라고 말이다(히 11:1).

하나님이 우리를 사랑하신다는 것과 같이 성경에서 말하는 근거가 있는 '믿음'은 그저 인간적인 바람과는 다르다. 인간적인 바람은 뜬구름을 잡는 것처럼 허무하게 사라질 백일몽일 테지만, 성경에 근거한 하나님에 대한 믿음에는 실상이 있고 실체가 있다. 히브리서 기자는 그러한 점을 강조하기 위하여 보이지 않는 것을 통해서 세계라는 실체가 창조되었음을 지적했다(11:3). 우리가 살고 있는 이 세계가 하나님의 말씀으로 창조된 것과 같이, 하나님이 우리를 사랑하시고 우리를 편애하시며 결국 이 과정의 후반부에 더욱 좋은 것을 예비하셨다는 말씀을 믿는 것은 결국 우리의 내일에 구체화할 것들이다. 우리의 믿음이나 우리의 힘이 그것을 이뤄야 한다면, 우리의 바람이 현실화하는 것은 불가능한 일이겠지만, 오로지 하나님의 좋으심으로 말미암아 그것들이 반드시 이뤄질 것이다.

하란행 야곱

이 모든 경험을 끝으로 야곱은 하란으로 발걸음을 옮긴다. 벧엘에서 하란의 거리는 현대 정비된 도로를 통해서 가더라도 도보로 족히 한 달은 걸릴 거리이다. 야곱은 브엘세바에서 출발하여 벧엘에 당도했다. 이는 거리상 앞으로 갈 길의 10%밖에 안 되는 거리로, 간 길보다 갈 길이 훨씬 더 많이 남은 상태였다.

또 하란으로 향하는 이 여정을 거리로 판단하자면, 지쳐서 더는 가지 못할 것 같아 쓰러졌는데, 실상 그 지점은 야곱이 막 첫걸음을 뗀 자리다. 앞서 하나님께서 야곱에게 등장하신 시점은 야곱이 한계에 다다라서 지쳐 쓰러진 자리였다고 정의했는데, 애석하게도 여정의 초반부에 우리의 미달자 야곱은 이미 방전된 상태였다.

그렇지만 하나님은 그 순간에 등장하셔서 야곱에게 육체적인 그리고 심적인 회복을 허락하셔서 그 이후의 여정을 감당할 수 있게 하셨다. 이처럼 믿는 자들에게 그들의 힘에 부치는 장소, 쓰러진 시점 따위는 크게 중요하지 않다. 하나님이 개입하시면 결국 완주할 수 있으니 말이다. 중요한 것은 이 모든 것이 과정이라는 것이며, 하나님이 불꽃 같은 눈동자로 지키신다는 점이다.

그렇다. 과정이다. 벧엘에서 하나님이 야곱에게 사랑과 도움을 베푸신 것은 분명한 사실이다. 하지만 여기까지의 야곱의 이야기만을 가지고서는 "어떻게 야곱을 사랑하셨는가?"(말 1:2)에 대한 해답을 제공할 수 없다. 이 순간은 야곱이 비로소 하나님의 사람으로서 삶을 막 시작한 시점이기 때문이다. 이 지점을 육의 눈으로 본다면, 야곱의 삶은 끝난 것만 같다. 또한 그가 새로운 무엇을 하기에는 너무 늦어 버린 순간이라는 점에서는 변함이 없다. 하지만 하나님의 관점으로 살펴보니, 앞으로 하나님이 만들어 나가실 야곱이라는 걸작품이 시작하는 지점이다. 그리고 그저 그 긴 여정의 초입부, 모든 역사의 시작점이다.

이제부터 하나님은 당사자인 야곱도 주님이 자기를 편애할 정도로 사랑하신다는 것을 강렬하게 느끼도록 인도하신다. 본격적으로 영원 전부터 야곱을 선택하시고 야곱을 사랑하고 계신 하나님이 야곱의 삶에 관여하시며 역사하시는 장면이 펼쳐진다. 물론 앞서 잠시 나눴듯, 그렇다고 야곱이 무슨 레드카펫을 거닐게 되는 것은 아니다. 잔잔하게, 때로는 강렬하게 하나님께서 역사하시고 임재하시고 동행하심이 그의 삶에 펼쳐진다.

만약 강렬함만이 있었다면 개인으로서의 야곱의 삶은 사라지고 그저 어떤 영적 전사, 성경의 메시지를 위한 도구로서의 삶만 남았을 것이다. 하지만 하나님은 여전히 인간 냄새 풀풀 나는 야곱으로서의 삶을 살 수 있도록 배려하시면서 야곱과 동행하셨다. 그리고 그 모든 과정에서 야곱은 자기가 하나님께 사랑받고 있고 은혜를 입고 있으며 주께서 자기와 동행하심으로 모든 것이 합력하여 선을 이뤄 나가고 있음을 인지하게 된다. 벧엘에서 시작된 하나님의 좋으심을 맛보아 알아 가는 과정이 그야말로 주욱 이어지는 것이다.

그렇기에 그리스도인은 삶을 포기할 수가 없다. 모든 것이 과정이라면, 내가 쓰러짐도 과정이다. 또 내가 지쳐서 돌무더기에서 돌을 베개 삼아서 잠이 든 것도 과정이라면, 하나님이 그다음 날, 다음 순간, 바로 1분 1초 후에 무엇을 하실지 모르기 때문이다. 자살하면 지옥에 간다느니 하는 무슨 거창한 신앙적 명분과 여타 우화와 같은 이유가 필요하지 않다. 그저 하나님의 사람은 내 인생에 펼치실 하나님의 다음 수가 궁금할 뿐이다.

그리고 이후 야곱의 이야기를 통해서 드러나듯, 인간의 삶이라는 바둑판은 하나님께서 두시는 '수' 하나로 판세가 완전히 뒤바뀐다. 그런 기대야말로 그리스도인이 가진 소망이요 믿음이다. 그리고 아마 이 시점의 야곱도 부푼 기대를 안고서 한 걸음 한 걸음 험지와 광야 길을 지나며 하란에 가까워지고 있었을 것이다.

2부

/

씨름

6장 _____ 속이는 자가 속다: 야곱이 가득한 세계

동방 사람들의 땅 : 새로운 사회

야곱이 발행하여 동방 사람의 땅에 이르러 본즉 들에 우물이 있고 그 곁에 양 세 떼가 누웠으니 이는 목자들이 그 우물에서 물을 양 떼에게 먹임이라 큰 돌로 우물 아구를 덮었다가 모든 떼가 모이면 그들이 우물 아구에서 돌을 옮기고 양에게 물을 먹이고는 여전히 우물 아구 그 자리에 돌을 덮더라 야곱이 그들에게 이르되 나의 형제여 어디로서뇨 그들이 가로되 하란에서로라 야곱이 그들에게 이르되 너희가 나홀의 손자 라반을 아느냐 그들이 가로되 아노라 야곱이 그들에게 이르되 그가 평안하냐 가로되 평안하니라 그 딸 라헬이 지금 양을 몰고 오느니라 야곱이 가로되 해가 아직 높은즉 짐승 모일 때가 아니니 양에게 물을 먹이고 가서 뜯기라 그들이 가로되 우리가 그리하지 못하겠노라 떼가 다 모이고 목자들이 우물 아구에서 돌을 옮겨야 우리가 양에게 물을 먹이느니라(창 29:1-8)

야곱은 드디어 동방 사람들의 땅에 도착한다. 이 장면은 야곱이 광야에서 헤매는 처지에서 벗어났음을 묘사하는 의미만을 가진 것이 아니다. 창세기 기자는 우물에서 야곱이 경험한 '문화적 다름'을 매우 비중 있게 다룬다. 야곱의 유년 시절이나 에서와 거래 이후 삶에 대해서 대범하게 축약한 창세기 기자는 굳이 우물에서 야곱이 목자들과 대화한 부분과 문답한 내용을 상세히 기록한다.

지금이야 기록에 필요한 노력이나 비용이 기술의 발전으로 낮아졌다지만, 창세기를 집필할 당시 지면에 무언가를 기록하기 위해서는 상당한 비용이 필요했다. 필연적으로 한정된 자원과 지면에 중요한 내용을 할당해야 했고, 생략이 가능한 부분은 과감히 생략도 해야 했는데, 이러한 구성을 했다는 것은 창세기를 집필한 모세의 입장에서는 이 우물의 사건이 생략한 다른 이야기들보다 중요했다는 의미이다. 그 의미 있는 내용을 충분히 관조해 보도록 하자.

이 장면은 평생을 아버지의 법칙과 영향권 아래 살아오던 야곱이 최초로 외삼촌 라반의 세력권에 발을 내딛는 부분이다. 성경에서는 하나님의 개입 이후 소속이 바뀌는 경우가 빈번하게 등장한다. 그런 측면에서 이 장면은 겉보기에 별 특이한 점이 없어 보이기도 한다.

	아브라함	야곱	요셉	모세	출애굽 이스라엘
기존 소속	우르	이삭의 세력	야곱의 세력	이집트 궁정	이집트
하나님 개입 이후	정처 없음	라반의 세력	이집트	히브리 유목민	광야 / 토라

[하나님의 개입 이후 소속이 바뀌는 경우]

이처럼 성경에는 하나님의 개입 이후 익숙했던 기존 문화에서 떨어져 나와 외톨이가 되고, 낯선 세상에 적응해 나가는 서사적 구조가 빈번히 등장한다. 신약에 이르러서는 그리스도를 통해서 세상과 짝할 수 없는 나그네 된 그리스도인이라는 개념으로 정립된다. 따라서 크건 작건 나그네 됨(Stranger)을 경험하는 자들에게 성경은 공감하고 참고할 대상을 넘치게 제공한다. 비록 라반은 야곱의 외삼촌이고, 그도 목축업을 하기에, 생활방식이 비슷할 거라 넘겨짚을 수 있겠지만, 창세기 기자는 우물 사건을 소개하면서 실상 이삭의 세력과 라반의 세력은 그 문화적 구조와 목축의 방식에서 차이를 가지고 있었음을 드러낸다.

즉, 창세기의 가장 첫 독자였을 광야의 이스라엘 백성에게, 그들의 조상 야곱 또한 낯선 땅에 적응하는 과정을 겪었다는 메시지를 전달한다. 이는 이집트의 왕자로 지내던 모세가 유목하던 히브리인들에게 합류하면서 느꼈던 문화적 충격의 자전적 이야기이자, 출애굽 한 이스라엘 백성이 새 언약과 토라와 광야 생활을 통해서 당시 겪고 있는 삶에 적용하기 적합한 지침서다.

야곱이 도달한 하란의 한 우물은 돌로 그 입구를 막아 놓았다. 그곳의 목자들과 이야기해 보니, 정한 시간에만 양들에게 물을 마시게 한다고 한다. 하지만 우물가에 도착해서도 그들은 양에게 물을 마시게 하지 않고, 후속 양들이 도착하기만을 기다린다. 이에 대해 야곱은 먼저 온 양들부터 물을 마시게 하고, 그 양들이 다 마시면 초지에 풀들도 먼저 먹이고, 그 틈에 후속 양들도 물을 마시게 하는 식으로 일을 한다면 시간을 아낄 수 있어서 더욱 효율적일 것이라 권한다. 하지만 이에 대해서 목자들은 불가능하다 답변한다. 그들은 이곳의 규칙에 따라 양무리 중 일부가 먼저 도착했다고 먼저 먹어서는 안 되고, 오로지 모든 양이 도착하고 나서야 돌을 굴려 마시게 한다는 것이다. 그들은 단순히 일머리를 몰라서 가장 효율적인 방식으로 일하지 않은 것이 아니라, 어디까지나 하란의 규율과 법칙에 따라서 그랬다.

이곳의 유력자는 라반이었고, 아마도 이는 라반이 모종의 이유로 정한 법칙일 것이다. 수자원 보호라든지, 규칙이나 질서, 평등을 위해서 등 다양한 이유를 상상해 볼 순 있지만, 정확히 무엇 때문인지는 성경에 기록되어 있지 않다. 다만 이를 질서와 평등이라는 것을 추구하는 것이라 가정하고 해석한다면, 훗날 구성원 간의 혼인 순서를 중요시하는 문화적 관습과 집안의 질서를 명분으로 앞세워 야곱을 기망하는 라반의 논리 구조와도 흡사하다는 것이 흥미롭다. 진실이 어떻든 간에 이 장면에서 야곱은 그간 익숙했던 '이삭 부족'의 방식이 통용되지 않는 이질적인 세력권에 도착한 것을 깨달았다. 원래 '다름'이라는 것은 아예 클 때보다 자잘하고 사소한 것들이 쌓였을 때 더욱 이질적으로 느껴지는 법이다. 이제 야곱은 익숙했던 이삭의 방식과는 동떨어진, 라반의 방식에 익숙해져야 했다.

또 한편 이 장면에서 우리는 라반 세력의 어마어마한 규모를 예상할 수 있다. 메소포타미아는 당시에 여러 부분에서 가나안보다 발전한, 그야말로 문명의 요람이라 할 만한 곳이었고, 그렇기에 그곳을 떠나라 말씀하신 하나님께 순종한 아브라함의 순종이 돋보인다. 그런 곳에서 지배적인 세력을 유지한 것이니, 라반이 가진 세력은 야곱이 상상하던 것 그 이상이었다. 이는 그가 가진 양 떼로도 잘 설명된다. 야곱이 처음 만난 목자들은 라반의 소속이었던 것 같다. 그들이 치는 양만 하더라도 이미 한 세력의 전체 무리라 할 만한 숫자였기에 야곱은 그것이 그 양무리 전체라 생각하여 그들에게 더 효율적인 일의 방식, 그러니까 어서 물을 마시게 하고 추슬러서 밝을 때 들판으로 내 보라는 조언을 하였던 것으로 보인다. 하지만 그들은 아직 무리가 다오지 않았다고 대답한다.

이윽고 라헬이 도착하자마자 야곱이 우물에서 돌을 굴리는 것을 도와준 것으로 보아서, 라헬이 후위를 담당하고 있었고, 이는 라반이 가진 양무리의 규모가 야곱이 상상한 것에 적어도 두 배는 된다는 뜻도 된다. 물론 14년 뒤, 야곱이 라반의 세력을 위해서 일한 결과, 그 양무리는 그야말로 급증하여(창 30:30), 우물에서 처음 마주한 양무리 정도는 오히려 적은 것으로 여길 만한 수준이 되기는 했지만 말이다. 그만큼 하나님이 야곱을 통해서 라반 부족에게 주신 물질의 복은 상당했다. 다만 가축을 크게 불리려면 안정적인 보호와 그 기초가 되는 적정 숫자의 양무리가 필요하다. 다시 말해, 라반이 하란에서 가진 세력은 그 이후 하나님께서 야곱을 통해서 주실 복을 받아 누릴 만한 든든한 기반을 이미 갖추고 있었다는 얘기다.

정리하자면 이렇다. 야곱은 하나님의 인도하심에 따라 풍습과 문화가 다른 땅에 도착한다. 그 땅은 외삼촌 라반의 세력권이었는데, 라반은 이미 공고한 세력을 형성하고 있었다. 따라서 지팡이 하나만 들고 무일푼으로 도망하여 당도한 야곱이 그곳에서 어떤 영향을 끼칠 수는 없었다. 그렇기에 이후 야곱의 이야기는 그 라반의 원칙과 규율에 적응하고 소속하는 내용이 펼쳐진다. 그러는 과정에서 야곱은 그 환경에 적응은 해도 그 풍조에 속하지는 않으며, 하란에 소속은 해도 이삭의 아들로서 그 정체성을 잃지 않는 모습을 보인다.

이는 훗날 믿음의 민족된 그리스도인이 사회와 세상 속에서 유지하는 정체성과도 일맥상통한다. 신약에서 묘사하는 우리 그리스도인은 세상에 있지만 세상에 속하지 않은 자이다(요 15:19; 17:14). 그럴지라도 우리는 질서를 해치는 존재가 아니다. 우리는 하나님께 속한 자들이지만, 세상의 규칙과 법칙도 하나님의 뜻에 벗어나지 않는 선에서 준수한다(롬 13:1) 즉, 하란에서 살았던 야곱의 모습에서, 하나님을 만난 자가 결코 짝할 수 없는 세상 풍조에 경도되지 않으면서도 그 질서와 규칙을 존중하는 방식으로 이웃과 더불어 사는 지혜를 얻을 수 있다.

첫 종살이 : 순종

라반이 그 생질 야곱의 소식을 듣고 달려와서 그를 영접하여 안고 입맞추고 자기 집으로 인도하여 들이니 야곱이 자기의 모든 일을 라반에게 고하매 라반이 가로되 너는 참으로 나의 골육이로다 하였더라 야곱이 한 달을 그와 함께 거하더니 라반이 야곱에게 이르되 네가 비록 나의 생질이나 어찌 공으로 내 일만 하겠느냐 무엇이 네 보수겠느냐 내게 고하라 라반이 두 딸이 있으니 형의 이름은 레아요 아우의 이름은 라헬이라 레아는 안력이 부족하고 라헬은 곱고 아리따우니 야곱이 라헬을 연애하므로 대답하되 내가 외삼촌의 작은 딸 라헬을 위하여 외삼촌에게 칠년을 봉사하리이다 라반이 가로되 그를 네게 주는 것이 타인에게 주는 것보다 나으니 나와 함께 있으라 야곱이 라헬을 위하여 칠년 동안 라반을 봉사하였으나 그를 연애하는 까닭에 칠년을 수일 같이 여겼더라(창 29:13-20)

라반은 야곱을 받아들인다. 야곱은 자기의 모든 일을 라반에게 말한다. 숨기는 것 없이 야곱 자신에게 불리한 것이나 유리한 것, 그간 있던 모든 일을 다 전달한다. 그간 자신의 이익을 위해서라면 남을 속이거나 사실을 뒤트는 것도 서슴지 않았던 야곱의 행동 양식이 변한 모습이다. 그도 그럴 것이 지금의 야곱은 하나님을 만났다. 더는 인간의 잔꾀나 언어로 승부를 겨루지 않겠다는 결의가 드러난다. 현대의 그리스도인도 하나님을 체험하고 나면 새로운 삶을 살려 하지 않는가? 야곱도 그런 상황이었다. 회심하여 다시는 과거의 야곱으로 살지 않겠다는 결의로, 그는 자신의 모든 과거를 라반에게 사실대로 이야기했다. 라반에게 잘 보이기 위해서 그럴듯하게 꾸민 이야기를 했다면 어땠을까? 그랬다면 라반이 야곱을 더 살 가깝게 대해 주었을까? 한 사람이 사랑을 받는지 미움을 받는지 사람은 알지 못한다(전 9:1). 무엇을 통해서 사랑을 받을지, 누구에게 사랑을 받을지 인간이 어떻게 알겠는가? 그렇기에 야곱은 라반의 호감을 억지로 사려고 하거나, 자신을 좋은 사람으로 포장하지 않았다. 그렇기에 자기의 약점인 과거사조차 있는 그대로 고했다.

야곱은 그간 스스로 속아 왔다. 그러나 이제 야곱은 그저 정직한 모습으로 일관한다. 이 시점을 계기로 야곱에게서 누군가를 속이거나 얕은수를 쓰는 모습이 사라진다. 다행히도 당장 라반은 야곱의 행적을 딱히 책잡거나 그의 형 에서의 편을 들기보다는 그를 맞이하고 혈육으로 인정하고 받아들인다. 무일푼이었던 야곱은 한 달 동안 라반의 밑에서 일하며 지냈다. "네가 비록 나의 생질이나 어찌 공으로 내 일만 하겠느냐? 무엇이 네 보수겠느냐 내게 고하라"라는 라반의 발언으로 미뤄 보건대, 한동안 라반은 야곱에게 숙식만 제공했을 뿐, 별다른 품삯을 제공하지 않았던 모양이다. 이 부분에서 라반은 야곱을 나그네의 예로 대접한 것이 아닌, 무급으로 일하게 했다는 것이 확인된다. 이는 라반의 성품을 보여 주는 불길한 암시이기도 하다.

한 달 정도 지난 후에야 라반이 야곱에게 품삯 이야기를 꺼낸다. 이 장면에서 야곱은 처신을 잘했다고 볼 수 있다. 아마 야곱은 에서와의 관계를 통해서 타인에게 자신의 패를 먼저 공개하는 것이 어떤 문제를 낳는지 배운 것같다. 그렇기에 야곱은 그저 묵묵히 한 달이나 라반에게 아무런 대가도 받지 않고서 일을 했고, 그 와중에 어떠한 요구도 하지 않았기에 라반은 야곱에 대해 큰 경계를 가지지 않게 되었다.

그간의 야곱은 기회를 포착하면 그것을 얻으려고 먼저 움직이다가 손해를 보는 모습을 보여 줬다. 그러나 확실히 하나님과 대면하고 난 뒤의 야곱은 그런 습성이 사라졌다. 그에게는 하나님이라는 보장이 생겼기 때문이다. 사람에게 받지 않아도 하나님이 챙겨 주시리라는 근본적 믿음이 그에게 있었다. 그것은 그 이전에 늘 초조해하면서 일을 망쳐 온 그에게 안정감을 느끼게 했다. 이는 하나님을 대면한 자들에게서 흔히 보이는 특징이다. 그 비결은 매사에 하나님을 인식하고 인지하는 데 있다.

전지전능하신 하나님은 또한 무소부재하신다. 물론 무소부재라는 개념은 야곱에게 아직 낯선 것이었고, 그가 돌베개에서 일어나 "여기에" 하나님이 계신다며 그 계시는 곳을 벧엘로 한정한 고백을 한 것을 보면, 아직은 주님의 그런 속성을 정확히 이해하지 못했던 것 같다. 그럴지라도 하나님이 자기를 보고 계시며 늘 함께하신다는 신뢰를 갖기 시작한 것으로 보인다. 이러한 신뢰는 하나님을 믿는 자들에게 더 없는 안정감을 준다. 사람은 나의 잘한 것을 몰라주기도 하고 놓치기도 하지만, 하나님은 반드시 알아주신다고 믿게 하기 때문이다.

만약에 사람이 내 복의 근원이라 생각하거나 나를 잘되게 하는 근거라 생각하면, 응당 마음이 급해질 수밖에 없다. 내게 복을 줄 사람이, 내게 보답해야 할 사람이 나의 공을 몰라 줄까 봐, 나의 좋은 마음을 알아주지 못할까 봐, 늘 두려워하고 걱정한다. 그러나 하나님을 진정 신뢰하고 또 믿는다면, 결국 그런 것이 문제가 되지 않는다. 어차피 나의 잘됨을 결정하실 분은, 나의 선행에 보답하실 분은 하나님이실 테니까. 야곱에게도 그런 안정감이, 무소부재하신 하나님을 신뢰하는 모습이 이윽고 보이기 시작한 것이다.

이러한 야곱의 마음가짐은 라반이 야곱에 대하여 과도한 경계심을 품지 않도록 만들었다. 그도 그럴 것이 야곱은 라반에게 잘 보이기 위해서 애쓰지 않았다. 아첨하거나 자신을 스스로 포장하지 않았다. 그런 것들은 라반의 재산이나 이권을 감언이설로 빼앗으려는 자들이나 하는 짓이다. 야곱은 그저 라반에게 꾸밈없고 솔직한 모습을 보였다. 부족의 수장으로서 많은 사람을 대하고 부려 본 라반은 이러한 야곱의 솔직함이 마음에 들었을 것이다. 라반의 이런 통찰은 옳았다. 실제로 이 시점의 야곱은 라반의 것을 무엇 하나라도 거저 가질 마음이 없었다. 그저 그가 원하는 것은 에서의 손으로부터의 안전과 부모님의 바람대로 라반의 자녀와 결혼하는 것이었다. 이는 라반의 이해관계와도 맞아떨어졌다. 라반이 보기에 야곱은 꽤 믿음직하고 아주 효율성이 좋은 일꾼이었기 때문이다.

라반은 야곱에게 삯을 정하자고 제안한다. 그러자 야곱은 라반의 두 딸 중 동생인 라헬과 혼인하기 위해서 7년 동안 일할 것을 제안한다. 왜 7년인가? 그 숫자에 무슨 대단한 의미라도 있는 것인가? 성경에 무수한 상징성을 끌어와서 어떤 의미를 부여하는 건 어렵지 않겠지만, 그보다는 당시에 있던 지참금이라는 풍습으로 이해하는 것이 훨씬 더 적절하다. 야곱은 라반 밑에서 한 달 동안 일하면서 그 근방의 품삯 수준과 문화를 익혔다. 그것을 토대로 아버지 이삭이 어머니 리브가를 맞이하기 위하여 지급했던 지참금을 계산했을 때, 자기 정도면 7년 동안 일해서 벌면 된다고 생각했다. 형에게는 불공정 거래를 제시했던 야곱이 하나님을 만나고 난 뒤에는, 라반에게 공정한 거래를 제시한다.

이 장면도 야곱의 성품과 삶의 방식이 극적으로 변한 것을 보여 준다. 하나님을 만난 사람은, 하나님의 사랑과 은혜를 진정으로 경험한 사람은 그 누가 나무라거나 주님이 특별히 요구하시지 않더라도 그 마음에 죄짓는 것을 견디지 못해 이내 회개하고 자기 삶의 방식을 바꾸려고 노력한다. 그러한 경험을 지금 야곱이 하고 있다. 온통 엉망인 야곱을 하나님은 한마디 책망도 하지 않으시면서 이미 바꾸고 계셨다.

그럴 수 없느니라 죄에 대하여 죽은 우리가 어찌 그 가운데 더 살리요(롬 6:2)

삭개오가 서서 주께 여짜오되 주여 보시옵소서 내 소유의 절반을 가난한 자들에게 주겠사오며 만일 뉘 것을 토색한 일이 있으면 사배나 갚겠나이다(눅 19:8)

이어서 창세기 기자는 야곱이 라헬을 사랑하여 7년을 며칠같이 여겼다 기록하며, 7년의 고단했을 야곱의 종살이 세월을 축약한다. 이것은 은혜이다. 이 첫 7년의 종살이는 야곱이 단순히 라헬을 사랑했기에 발생한 것이 아니었다. 야곱이 도망을 결정했을 때 그에게 주어진 아버지 이삭과 어머니 리브가의 명령에 순종하려 한 것도 또 다른 하나의 이유였다. 그 과정에서 라헬에게 사랑이라는 감정을 느낀 것은 부차적인 것으로, 라헬을 마음에 두지 않았다 하더라도 라반 아래에서 종살이했을 것이라는 사실은 달라지지 않았을 것이다. 그렇지만 하나님은 야곱의 마음에 아주 열정적인 사랑의 감정을 넣어 주셔서 그 노동에서 느끼는 고단함을 제거하여 주셨다.

가장하여 속인 자, 가장에 속다

야곱이 라반에게 이르되 내 기한이 찼으니 내 아내를 내게 주소서 내가 그에게 들어가겠나이다 라반이 그곳 사람을 다 모아 잔치하고 저녁에 그 딸 레아를 야곱에게로 데려가매 야곱이 그에게로 들어가니라 라반이 또 그 여종 실바를 그 딸 레아에게 시녀로 주었더라 야곱이 아침에 보니 레아라 라반에게 이르되 외삼촌이 어찌하여 내게 이같이 행하셨나이까 내가 라헬을 위하여 외삼촌께 봉사하지 아니하였나이까 외삼촌이 나를 속이심은 어찜이니이까 라반이 가로되 형보다 아우를 먼저 주는 것은 우리 지방에서 하지 아니하는 바이라(창 29:21-26)

드디어 야곱이 고대하던 날이 찾아왔다. 외삼촌 라반과 약조한 7년의 노동이 끝나는 날이다. 라반은 잔치를 베풀었다. 어쩌면 야곱의 삶에서 가장 기쁜 날이라고 해도 좋은 날이었다. 하지만 다음 날, 그 기쁨은 결국 실망으로 탈바꿈하고 만다. 서글프게도 야곱은 사람에게 속았다. 야곱의 삶에서 사람의 말이 그에게 만족을 준 적이 없다. 사람의 약속이, 사람의 맹세가 그에게 어떠한 보장을 해 준 적이 없다. 야곱의 이름의 뜻은 뒤꿈치를 잡는 자, 훼방 놓는 자, 혹은 속여 빼앗는 자 등등 다양한 의미이다. 하지만 탄생했던 시점을 제외하고 야곱이 에서의 발꿈치를 제대로 잡은 적이 있었는가? 오히려 본전도 찾지 못하고 도망하지 않았나? 뭐 장자의 축복은 빼앗았다고 치더라도, 그것이 도대체 무슨 소용이 있었는가? 얻은 것은 없고 고작 고향을 잃고 외삼촌 집에 흘러들어와 종이 되지 않았나? 그런 삶에 찾아온 그나마 좋은 것인 사랑의 감정에 힘든 줄도 모르고 7년이나 노동했는데, 그 노동의 끝에 기다리고 있던 것이 배신이라니? 그것도 자기가 형에게 했던 그대로의 배신이라니….

그렇다면 도대체 그 아버지의 축복이라는 것이, 하나님께서 주신 복이 대체 무슨 의미가 있는가? 하나님의 사람이라는 지위도 도대체 무슨 의미가 있는가? 아무런 의미도 없지 않은가? 그렇지 않다. 분명 의미가 있다. 야곱의 인생에서 반복해서 나타나는 현상을 통해 하나님이 계속 말씀하신다. 믿음의 백성은 사람의 말로 사는 것이 아니며, 인간의 입술에서 나오는 약속으로 사는 것이 아니라는 것을 명백하게 웅변하신다. 물론 이런 교훈을 주시기 위해 주님이 억지로 야곱을 당하게 하셨다고 이해하면 곤란하다. 세상에는 정말 타인을 속이려고 안달 난 자들로 득실득실하다. 속여서 뺏으려는 자들로 늘 가득하다. 그런 자 중에서 라반은 특히나 앞선 자였다. 라반이라는 자는 참으로 만만하게 볼 대상이 아니었다. 주님이 은혜의 울타리로 지켜 주시지 않으면 우리는 그런 자들에게 당할 수밖에 없다.

야곱의 인생을 통해서 처절하게 얻을 수 있는 교훈은 바로, 사람은 의지할 대상이나 믿음의 대상이 아니라는 점이다. 오로지 하나님 외에는 그 어떠한 도움도 소망도 되지 못한다. 비록 야곱은 라반과의 관계에서, 그의 인생에서 최초로 더없이 올바르고 흠잡을 수 없게 행동하였으나, 결국 악의에 당했고 또한 속았다. 하지만 야곱은 쉽게 하나님을 원망하거나, 하나님이 벧엘에서 주신 언약을 다르게 고치셨다고 의심하지 않았다. 또는 선하게 사는 것은 아무런 소용이 없다며 절망하지도 않았다. 역설적으로 야곱이 보인 그런 믿음의 뿌리는 바로 자신의 과거 실수였다.

라반은 레아를 동생 라헬로 가장하여 속였다. 이는 야곱이 자기를 형 에서로 가장하여 속인 것과 형태적으로 완벽히 일치한다. 속아도 이런 구조로 속으니, 야곱은 다른 딴생각을 못 했다. '뿌린 대로 거뒀구나' 하면서 형 에서의 마음과 아버지의 마음이 어떠했을지 비로소 느낄 수 있었다. 라반이 졸속한 변명을 한다. "언니보다 아우를 먼저 주는 것은 우리 지방에서 하지 아니하는 바이라." 참으로 말도 안 되는 소리다. 그렇다고 한들 미리 야곱에게 알려야 했을 것이며, 레아를 다른 남자하고 혼인하게 했어도 됐다. 라반의 이러한 변명은 졸속하다 못해 아무런 해명도 되지 못한다.

이 장면에서 라반의 종들이 우물에서 특정한 법칙을 지키며 행했던 일이 떠오른다. 라반은 해당 지역의 실권자로서 자기 스스로 법을 만들고 자기 스스로 관습을 선택할 만한 권세를 가진 자였다. 그런 자가 야곱에게 부당한 행위를 해 놓고 부끄러운 줄도 모르고 떠든다. 아무리 부당해도 야곱은 더는 따지지 못한다. 그저 사람은 믿음의 대상이 아니라는 교훈이 그의 가슴에 더욱 선명하고 아프게 새겨질 뿐이다.

두 번째 종살이 : 욕심

이를 위하여 칠 일을 채우라 우리가 그도 네게 주리니 네가 그를 위하여 또 칠 년을 내게 봉사할찌니라 야곱이 그대로 하여 그 칠 일을 채우매 라반이 딸 라헬도 그에게 아내로 주고 라반이 또 그 여종 빌하를 그 딸 라헬에게 주어 시녀가 되게 하매 야곱이 또한 라헬에게로 들어갔고 그가 레아보다 라헬을 더 사랑하고 다시 칠년을 라반에게 봉사하였더라(창 29:27-30)

라반은 이제 야곱에게 두 번째 종살이를 제안한다. 둘째 딸 라헬과도 혼인시켜 주겠다고 한다. 이를 통해서 야곱이 라반에게 많은 이익을 가져다주는 꽤 유능한 존재라는 것을 확인할 수 있다. 야곱은 에서라는 걸출한 인물에게 비교해서 가주가 지녀야 할 능력이 모자랐을 뿐이지, 역시 야곱도 하나님의 사람 이삭의 자녀였다. 그가 빼어난 모습을 보이지 못했더라면, 라반이 그를 그런 식으로 속이면서까지 밑에 두려고 하지 않았을 테니까 말이다. 그 무렵 목축업자로서의 야곱의 재능은 만개했던 것으로 보인다. 우물에서 라반의 목자들과 만났을 때, 야곱이 먼저 도착한 양들을 마시게 하고 들판에 풀을 먹이라고 한 것에도 유추할 수 있듯, 야곱은 그저 주어진 일을 그대로 해내는 자가 아니었다. 야곱은 이를테면 사용 설명서만 보는 방식으로 일을 처리하는 사람이 아니었다.

아마도 아버지 이삭의 영향권에서 배운 다양한 목축 기술과 자신의 창의력을 조합하여 라반의 세력에 어떤 신선한 자극을 주었을 법하다. 다소 권위주의적인 라반의 수하에서 경직되어 있던 조직이 야곱이라는 시스템 외부 인물의 등장으로 다양성을 얻었고, 그것을 토대로 더욱 높은 수준의 효율성을 보았던 것으로 사료된다. 훗날의 묘사에 따르면 하나님의 복이 야곱과 함께하여 그가 하는 일마다 잘 되었으므로, 라반은 더욱 그를 곁에 두고 싶어 했다(창 30:27, 30 참조). 그 결과 야곱의 첫날밤에 그를 속인 라반은 야곱이 7일간 레아와 함께하고, 그 후에 라헬과도 결혼하되, 7년간 자신을 무급으로 섬기길 요구했다. 이를 통해서 야곱은 독자적인 세력을 구축할 기회를 놓쳤고, 예정에 없던 종살이를 7년간 더하게 된다.

이 모든 이야기에서 가장 큰 피해를 본 자는 야곱이 아니다. 바로 레아이다. 레아는 야곱의 유일한 아내일 수 있었다. 하지만 라반과 야곱, 두 사람 사이의 일방적인 거래로 레아의 바람과는 상관없이, 남편에게서 인정받지 못하고, 사랑받지 못하는, 그저 두 아내 중 하나가 되고 만다. 아브라함 – 이삭으로 대표되는 하나님 사람의 계보를 살펴보면 일부일처제였다. 아브라함은 첩이 있었는데 무슨 소리냐고 할 수 있겠으나, 족장 시대에 등장하는 첩의 개념은 그 이후의 첩의 개념과 매우 달랐다. 족장 시대의 첩은 어디까지나 여주인 소유의 종이 여주인의 의사에 따라서 남편에게 주는 것이었다. 그

첩에게서 나온 자녀는 여주인, 그러니까 아내의 자녀인 것으로 여겼다.

아브라함이 첩을 둔 상황을 살펴보면, 출산에 어려움을 겪던 사라가 아브라함에게 자기 여종 한 사람을 첩으로 들이게 했고, 그에게서 나올 자녀를 자신의 아이로 여길 것이라 말했다(창 16:2-5). 또한 남편이 첩을 들인 이후에도, 그 첩은 여전히 아내의 소속인 것을 아브라함이 확인시켜 줬다(6절). 그 첩과 아브라함의 관계는 사라가 더는 지속되길 원치 않으니, 이스마엘이라는 자녀를 낳았어도 청산되었다(창 21:9-14). 이후 등장하는 아브라함의 후처 그두라는 사라와 사별한 뒤에 재혼한 것으로 일부일처제를 침해하거나, 사라의 이권을 침해하지 않았다.

야곱의 경우를 보면, 특정 일자에 누구와 동침할지는 그 첩을 들이도록 제안한 여주인이 결정했다(창 30:4). 창세기 기자는 야곱의 첩이 된 두 여인은 레아와 라헬에게 속한 여종이었음을 명백하게 밝히며, 자녀 낳기 경쟁을 시작한 두 아내가 자기 자식들 숫자를 늘리려고 남편에게 첩을 들이길 요구한 사실을 빼놓지 않고 적었다.

	일반적인 인식의 첩	족장 시대의 첩
소속	남편	아내
들이는 여부 결정자	남편	아내
관계의 청산	남편의 결정	아내의 결정
낳은 자녀의 소속	첩의 자녀 or 남편	아내의 자녀

[일반적인 인식의 첩 vs 족장 시대의 첩]

레아와 라헬은 첩과는 경우가 사뭇 달랐다. 라헬은 어디까지나 두 번째 '정실' 아내였고, 첫째 아내인 레아와 동등한 관계였다. 이에 따라서 두 아내가 경쟁하게 되었는데, 이는 레아로서 달갑지 않은 일이었다. 두 번째 종살이 자체가 레아의 이권에는 모조리 반하는 것이었다. 더욱이 부부는 한 몸이므로,

남편 야곱이 라반에게 종살이를 한다면 레아도 그런 노동을 해야 했다.

야곱이야 둘째 아내를 얻기 위해 7년으로 연장한 노동을 하는 것이지만, 도대체 그래서 레아가 얻는 것은 무엇인가? 오히려 자신의 입지만 불안해졌고 또 이권도 침해된 데다가, 무급의 노동까지 해야 하는 불합리한 상황에 놓였다. 남편 야곱이 자신의 세력을 구축하기 위해서 정당한 품삯을 받으며 일을 시작한다면 전혀 다른 이야기가 되겠지만. 이러한 과정을 통해서 레아 또한 아버지 라반에게서 뿐만 아니라, 자기 가족들에게도 푸대접받기 시작한 흔적이 보이니, 레아는 불만을 가졌을 만하다. 그리고 레아에게 있어서 참으로 서글픈 것은 야곱이 일평생 라헬만을 사랑했다는 것이다. 야곱으로 말할 거 같으면, 평생 라헬만 있으면 되는 사내였다.

여기서 확실히 짚고 넘어가야 할, 우리가 가진 하나님에 대한 해묵은 오해가 있다. 하나님의 허용에 대한 오해이다. 어떤 일도 하나님의 허용이 없으면 이뤄지지 않는다는 생각에는 문제가 없다. 하지만 그 허용을 하나님이 적극적으로 조장하신 것이라 오해하면 곤란하다. 가령 야곱이 결혼하는 장면에서 하나님을 제외한다면, 야곱이 레아에게만 충실한 그런 남편이 되었을까? 하나님이 야곱의 마음에 강제로 그녀 대신 라헬을 사랑할 마음이라도 주셨단 말인가?

그리스도인은 눈에 보이지 않는 하나님이 계신다는 것과 그분이 전지전능하시다는 것을 믿지만, 그렇다고 해서 운명론자는 아니다. 기독인은 하나님의 선택하심과 작정하심이 있다고 믿지만, 결정론자는 아니다. 그런 좌(운명론)에도 속하지 못하고 우(결정론)에도 속하지 못해서 비틀비틀 좁은 길을 걷는 우리가 가져야 할 마땅한 생각이란 과연 무엇인가? 이 이야기에서 우리가 피해야 할 좌측은 하나님이 야곱에게 라헬을 향한 사랑이라는 감정을 억지로 넣어 주셔서 레아를 상대로 부당한 행동을 하게 하셨다는 억측이다. 이 이야기에서 우리가 피해야 할 우측은 하나님이 야곱이 많은 자녀를 가지게 하시기 위해서 레아에게 억울한 상황을 만드셨다는 것이다. 우측에서 레아가 처한 억울한 상황이란, 야곱이 사랑은 라헬과 하고 결혼은 레아와 한 것을 가리킨다. 그런 상황을 하나님이 조장하셨을까? 아니다. 그런 의견은 하나님의 섭리를 강조하는 측면에서 그리고 야곱의 행위를 정당화하는 측면에서는 더없이 편리하지만, 그런 구조 속에서 묘사하는 하나님은 온전히 전능하지도 않고 선하지도 않은 제한된 분이 된다.

성경이 일관적으로 표현하는 하나님은 누구신가? 과연 인간이 특정한 행동을 하도록 짜 놓고 그것을 실행하는 방식으로 당신 자신의 뜻을 이루는 분이신가? 아니면 무에서 유를 창조하며 임의대로 모든 것을 능히 이루고 또 결정하는 분이신가? 여기서 적용해야 할 성경 해석의 대원칙이 있다. 만약 성경 서사에 족쇄가 존재한다면 그것을 하나님이 아닌, 인간에게 채워야 한다는 것이다. 하나님은 그리스 신화에 나오는 큐피드가 아니시다. 당신의 뜻을 이루시기 위해서 인간에게 사랑의 화살을 날리실 필요 따위는 없으시다. 더욱이 그 화살이 두 여인에게 상처를 남기고 야곱에게는 죄의 오점을 남길 화살이면 더더욱 그렇다.

따라서 '야곱이 누구를 어떻게 사랑하느냐'라는 부분에 대해서 하나님은 허용이라는 방식으로 개입하셨다. 허용이란, 선을 넘지 않도록 울타리를 치시는 것을 의미한다. 이는 마치 목자가 양을 특정 들판에 이끌어 가서 자유롭게 풀을 뜯어 먹게 하는 것을 말한다. 양으로서는 자유롭게 풀을 뜯어 먹는 거지만, 그 지역의 생태에 따라서 자라는 풀의 종류는 한정되어 있다. 양에게 해롭고 먹어서는 안 될 것들이 없다는 것을 목자는 이미 아는 상태에서 양에게 자율권을 준다. 이런 과정을 통해서 양은 자유를 침해받지 않고 평안을 누릴 수 있다. 이 과정에서 당연하게도 목자의 능숙함이나 통제가 훼손되지 않는다. 오히려 아주 효율적이고 능숙하게 모든 상황을 통제하고 있다고 평가하는 것이 옳다. 여호와는 우리의 목자이시다.

따라서 야곱의 결혼에서 잘 들여다봐야 하는 부분은 명확하다. 야곱에게 무엇을 허용하셨는가? 어떤 울타리, 즉 어떤 안전망을 제공하셨는가? 하나님은 야곱이 누구를 사랑할지 결정할 자유를 존중해 주셨다. 야곱의 자유가 하나님의 계획을 일점일획이라도 무너지게 할 수 없기 때문이다. 그렇다면 어째서 야곱이 라헬이 아니라 속아서 레아와 결혼하게 되었는가? 이를 단순히 이삭을 속인 죄를 돌려받게 하셨다고 해석하는 것이 옳은가? 이 이야기에서 야곱의 이권만 침해된다면야 각자의 상상력과 믿음으로 그렇게 해석해도 무방하겠지만, 이 장면을 그렇게 해석하는 것은 아버지의 강압으로 어쩔 수 없이 그런 계획에 끼게 된 레아에게 부당하게 많은 슬픔을 겪게 하는 것이니 타당하지 못하다. 이는 성경 전반에서 묘사하는 공평하고 사랑이 많으신 하나님과 너무나도 다른 위화감을 느끼게 한다. 여기서 바로 허용의 실체가 드러난다. 하나님의 허용이란, 사실 개입하시지 않거나 무관심하신 것이 아니라, 사람의 생각과 다른 방향으로 개입하시고 사람이 상상하는 방법과 다르게 관심을 가지시는 것이다. 이러한 것을 역사 속에서 직간접적으로 경험한 이스라엘 자손은 허용하시는 하나님을 크고 비밀스러운 일을 하시는 감히 측량할 수 없는 분으로 인식했다.

> 하나님의 모든 행사를 살펴보니 해 아래서 하시는 일을 사람이 능히 깨달을 수 없도다 사람이 아무리 애써 궁구할찌라도 능히 깨닫지 못하나니 비록 지혜자가 아노라 할찌라도 능히 깨닫지 못하리로다(전 8:17)

이 장면에서 하나님은 라반이 야곱을 속이게 부추기시지도 않았고, 야곱이 라헬을 강제로 사랑하게 하시지도 않았다. 저마다 하나님이 마련하신 안전망 안에서 각자의 욕심과 각자의 꾀로 행동했다. 쉽게 말해 각자의 소견에 좋은 대로 행동했다고 보는 것이 타당하다. 그렇다면 하나님께서 마련하신 안전망은 무엇인가? 바로 하나님의 뜻을 그들의 삶을 통해서 이루시고, 각자의 행복과 입장이 침해되지 않도록 보호하심에 문제가 안 되는 선에서 모든 일이 이뤄졌다는 것이다. 이런 관점으로, 해당 서사를 바라보시는 하나님의 반응이 담긴 창세기 29장 31절 말씀을 살펴보자.

야곱, 무질서라는 씨를 뿌리다

여호와께서 레아에게 총이 없음을 보시고 그의 태를 여셨으나 라헬은 무자하였더라(창 29:31)

우리는 앞서 하나님의 전지하심이 이미 아브라함과 동시대인 욥기에도 명명백백하게 드러나 있고 통용되는 개념임을 나눈 바이다. 그렇다면 창세기의 전지하신 하나님께서 레아가 사랑받지 못함을 보시고 나서야 비로소 그의 태를 여는 행동을 하신 것으로 묘사한 이유는 무엇인가? 욥의 친구들도 아는 하나님의 전지하심을 구약 선지자 중 으뜸으로 꼽히는 모세는 몰랐단 말인가?

'보시고'의 히브리어 원어 '라아(ראה)'는 '미리 보셨다'라는 의미이다. 즉, 다 알고 계셨다는 뜻이다. 문장의 흐름으로는 '그래서 하나님이 알맞게 대응하신 것'이라는 뜻으로서 선후 관계를 설명하는 표현이다. 달리 말해 창세기 기자 모세는 이 장면에서, 레아는 다산을 하고, 라헬은 자녀를 낳지 못하는 이유를 분명히 밝히려 한 것이다. 여느 문화권이나 그랬지만, 의학이 충분히 발전하기 전에는 불임의 모든 책임을 여성에게 돌리는 것이 흔했다. 모세는 한 줄의 문장으로 미리 내다보아 모든 것을 다 알고 계시는 하나님께서 야곱이 비정할 정도로 레아에게 쌀쌀맞게 굴며 라헬만 편애하니 그에 합당한 조치를 하셨다는 의미이다. 또한 귀책 사유가 야곱에게 있다는 확언이기도 하다.

여기서 모세는 두 가지 목적을 이뤘다. 첫째로는 성경 서사에서 전달하고자 하는 메시지가 오염되지 않도록 하는 것이고, 둘째로는 귀책이 있는 자를 명확하게 함으로 레아와 라헬의 명예를 지켜 주는 것이다. 이러한 자상함은 리브가 때에도 있었다는 것을 기억할 것이다. 궁극적으로 이러한 것을 통해서 하나님에 대한 기초 지식 수준에 머물러 있던 출애굽 한 이스라엘 백성이 하나님의 자상하심을 배울 수 있었고, 그뿐 아니라 결국 생명 그 자체를 하나님이 주관하신다는 것이 뇌리에 각인되었을 것이다. 현대의 그리스도인들에게는 상식인 하나님이 생사화복을 주관하신다는 개념이 저렇게 태동했고 발전하여 우리에게 주어진 것이다.

> 레아가 잉태하여 아들을 낳고 그 이름을 르우벤이라 하여 가로되 여호와께서 나의 괴로움을 권고하셨으니 이제는 내 남편이 나를 사랑하리로다 하였더라 그가 다시 잉태하여 아들을 낳고 가로되 여호와께서 나의 총이 없음을 들으셨으므로 내게 이도 주셨도다 하고 그 이름을 시므온이라 하였으며 그가 또 잉태하여 아들을 낳고 가로되 내가 그에게 세 아들을 낳았으니 내 남편이 지금부터 나와 연합하리로다 하고 그 이름을 레위라 하였으며 그가 또 잉태하여 아들을 낳고 가로되 내가 이제는 여호와를 찬송하리로다 하고 이로 인하여 그가 그 이름을 유다라 했고 그의 생산이 멈추었더라(창 29:32 - 35)

주께서 레아에게 네 명의 자녀를 주셨다. 레아는 각 자녀를 낳을 때마다 큰 기쁨을 얻었고, 이를 하나님의 보답으로 굳게 믿었다. 그리고 창세기 기자인 모세도 이러한 레아의 해석을 지지한다. 네 명의 자녀를 낳게 하셨다는 점에서는 어떠한 문제도 없다. 하지만 라헬에게 자녀가 없었다는 점에는 고려할 여지가 있다. 창세기에 기록한 정보로 라헬이 임신하지 못하는 이유를 두 가지로 유추할 수 있다. 첫째로는 라헬은 임신할 수 있는데 하나님께서 의도적으로 태를 닫으셨다고 보는 것, 둘째로는 임신하기 어려운 신체적 결점이 있었다는 것이다. 전자로 해석하면 하나님의 형벌, 혹은 뜻이 있어서 지연하시는 것이 되는 것이고, 후자로 해석하면 다만 은혜나 기적을 베풀어 주시지 않은 것, 즉 하나님이 개입하지 않으신 것이다.

성경이 명백하게 어떠하다 말하지 않은 부분에서 우리가 확정적인 발언을 하는 것은 지양해야겠지만, 레아의 비극이 라반과 야곱의 계약, 그리고 야곱의 편애에서 비롯한 것이니만큼, 이것을 하나님의 형벌로 이해하면 라헬에게 너무 가혹한 처사가 아닐 수 없다. 따라서 이 지점에서 라헬이 자녀가 없는 이유는 하나님께서 이를 통해서 이루실 어떠한 뜻이 있으시거나 혹은 라헬이 불임이라는 신체적 가시를 가지고 있었다고 보는 것이 타당하다. 시점을 레아까지 확장한다면, 하나님이 이 정도로 편애를 보이셔야 할 만큼 라헬에게 기운 야곱의 한쪽으로 치우친 사랑은 지독했고, 레아로서는 부당한 결혼의 과정이었다는 것을 하나님도 인정하셨다는 것을 방증한다. 레아에게 자녀 넷을 주실 때까지도 라헬을 도우시는 것을 지체하셔야 둘의 균형이 맞을 정도였다고 해석할 수도 있다.

> 라헬이 자기가 야곱에게 아들을 낳지 못함을 보고 그 형을 투기하여 야곱에게 이르되 나로 자식을 낳게 하라 그렇지 아니하면 내가 죽겠노라 야곱이 라헬에게 노를 발하여 가로되 그대로 성태치 못하게 하시는 이는 하나님이시니 내가 하나님을 대신하겠느냐(창 30:1-2)

라헬은 야곱에게 불평을 늘어놓는다. 이는 당연하다. 내 배우자 이외에 누구에게 이러한 괴로움을 토로할 수 있는가? 다만 이 부분에서 야곱은 그녀가 임신하지 못하는 것을 자신이 해결할 수 없다고 분명히 밝혔다. 즉, 하나님만 도우실 수 있는 일이라 말했다. 다시 말해, 라헬의 태를 의도적으로 닫고 계시건, 혹은 불임이라는 신체의 한계에 개입하셔서 자기 할머니 사라나 어머니 리브가의 경우처럼 임신하게 해 주시건, 그 모든 열쇠를 하나님께서 쥐고 계신다며 강력한 어조로 대답한다. 앞서 언급했던, 생명을 하나님께서 주관하신다는 메시지가 다시금 강조된다. 이러한 야곱의 반응은 자매끼리의 경쟁을 촉발했다.

이제 레아와 라헬은 경쟁적으로 자기들의 여종, 실바와 빌하를 남편에게 첩으로 주면서까지 자녀 숫자로 경쟁하기에 이른다. 결과적으로 7년의 기간 동안 11명의 아들과 1명의 딸을 두게 된다. 막바지에 결국 하나님이 라헬의 염원인 자녀 생산을 도우셔서 결국 그녀는 요셉을 낳는다. 결과론적으로 본다면, 이러한 과정을 통해서 이스라엘 열두 지파를 이룰 자녀들을 생산했다 할 수 있겠지만, 그렇지 않더라도 충분히 하실 수 있으신 하나님이라는 사실을 잊어서는 안 된다. 게다가 이 경쟁은 앞으로 다가올 큰 비극의 전조가 된다.

부모는 자녀의 거울이다. 레아와 라헬의 경쟁 속에서 터울 차이가 얼마 나지 않는 12명의 이복 남매가 무엇을 배울 것인가? 아버지로부터 사랑받는 것에 목숨을 거는 어머니들의 모습에서 자녀가 학습할 것은 무엇인가? 이는 형제간에 극심한 경쟁을 초래했고, 질서 확립이나 공평한 대우를 함에 있어서 꾸준히 약점을 드러냈던 야곱의 처신에도 고스란히 영향을 주어 형제끼리의 서열이 확립되지 못하는 상태에 이르게 된다. 이는 다른 누구도 아닌 야곱이 뿌린 씨다. 무질서라는 씨앗이다. 야곱은 세상에서 형제라고는 오직 에서 한 명뿐이면서도 목숨줄을 걱정해야 했었다. 그리고 이제 그런 형제간의 위험천만한 관계를 그것보다 여섯 배나 큰 스케일로 자녀 대에 구현해 내고 말았다.

불평등 거래로 명분을 빼앗은 자, 불평등 거래로 노동을 빼앗기다

라헬이 요셉을 낳은 때에 야곱이 라반에게 이르되 나를 보내어 내 고향 내 본토로 가게 하시되 내가 외삼촌에게서 일하고 얻은 처자를 내게 주어 나로 가게 하소서 내가 외삼촌께 한 일은 외삼촌이 아시나이다 라반이 그에게 이르되 여호와께서 너로 인하여 내게 복 주신 줄을 내가 깨달았노니 네가 나를 사랑스럽게 여기거든 유하라 또 가로되 네 품삯을 정하라 내가 그것을 주리라 야곱이 그에게 이르되 내가 어떻게 외삼촌을 섬겼는지, 어떻게 외삼촌의 짐승을 쳤는지 외삼촌이 아시나이다 내가 오기 전에는 외삼촌의 소유가 적더니 번성하여 떼를 이루었나이다 나의 공력을 따라 여호와께서 외삼촌에게 복을 주셨나이다 그러나 나는 어느 때에나 내 집을 세우리이까 라반이 가로되 내가 무엇으로 네게 주랴 야곱이 가로되 외삼촌께서 아무 것도 내게 주실 것이 아니라 나를 위하여 이 일을 행하시면 내가 다시 외삼촌의 양 떼를 먹이고 지키리이다 오늘 내가 외삼촌의 양 떼로 두루 다니며 그 양 중에 아롱진 자와 점 있는 자와 검은 자를 가리어내며 염소 중에 점 있는 자와 아롱진 자를 가리어내리니 이같은 것이 나면 나의 삯이 되리이다 후일에 외삼촌께서 오셔서 내 품삯을 조사하실 때에 나의 의가 나의 표징이 되리이다 내게 혹시 염소 중 아롱지지 아니한 자나 점이 없는 자나 양 중 검지 아니한 자가 있거든 다 도적질한 것으로 인정하소서 라반이 가로되 내가 네 말대로 하리라 하고 그 날에 그가 수염소 중 얼룩무늬 있는 자와 점 있는 자를 가리고 암염소 중 흰 바탕에 아롱진 자와 점 있는 자를 가리고 양 중의 검은 자들을 가려 자기 아들들의 손에 붙이고 자기와 야곱의 사이를 사흘길이 뜨게 했고 야곱은 라반의 남은 양 떼를 치니라(창 30:25-36)

때가 이르렀다. 야곱의 결혼 이후 7년, 그러니까 햇수로 14년이 되었다. 이제 야곱은 라반에게 자신이 떠나는 것에 대한 허락을 구했다. 야곱은 자신의 세력을 키워야 했다. 하지만 두 번의 결혼을 위한 계약으로 야곱은 14년 간이나 무급으로 라반에게 얹혀살았다. 따라서 이 시점에 야곱은 자기 것 하나 없는 무일푼이었다. 이 둘의 대화에서 라반이 어째서 두 딸을 야곱에게 주었는지, 그리고 어째서 그가 야곱을 속여 레아부터 야곱에게 혼인시켰는지 드러난다. 그 이유는 하나님께서 야곱이 하는 것마다 복을 주셨기 때문이었다.

라반은 야곱을 통해서 오는 하나님의 복을 누리고 싶었다. 라반과 야곱 간의 계약 때문에, 야곱이 하나님께 받은 그 모든 복의 열매는 결국 라반에게 귀속하게 되었고, 야곱은 민족을 이루는 데 필요한 많은 자녀를 두었지만, 그 어떤 독자적인 세력이나 재산은 가지지 못했다. 하지만 이것에 대해 누구를 원망해야 하나? 두 번째 결혼을 하기로 하며 레아의 이권을 심각하게 침해하고, 독자적인 세력과 재산을 형성할 기회비용마저 날려 버린 것은 그 누구도 아닌 바로 야곱 본인이었다.

이제 야곱은 떠나게 해 달라고 청한다. 애초에 야곱은 라반에게 무엇을 받거나 재산을 빼앗을 의사가 없음을 첫 만남에서부터 일관되게 보여 왔다. 자기에게 어떠한 품삯도 주지 않았음에도 불구하고 무상으로 한 달이나 일을 했고, 오히려 민망해진 라반이 먼저 무엇을 원하냐 물었을 정도였다. 이에 야곱은 부모님께서 자기에게 당부했던 결혼 이야기를 꺼냈고, 지참금 대신

7년간의 무상 노동을 약속했다. 야곱이 한 달간 뛰어난 능력을 보여 주지 않았더라면 라반은 이런 제안을 승낙하지 않았을 것이다. "여호와께서 너로 말미암아 내게 복 주신 줄을 내가 깨달았노니 네가 나를 사랑스럽게 여기거든 그대로 있으라"라고 말하는 부분에서도 이러한 야곱의 능력이 확인되는 바이다.

라반은 야곱을 더 붙잡아 두기 위해서 꾀를 내었다. 야곱이 자기 부모님의 명령을 이행하기 위해서만 7년이나 일하지 않았음을 라반도 알고 있었다. 그리고 이를 이용하기로 마음먹었다. 레아를 라헬로 가장시켜 야곱의 처소로 들어가게 했고, 라헬마저 원한다면 7년을 더 무급으로 일하라 요구했다. 그 결과 라반이 14년 전에 가졌던 재산은 마치 별거 아닌 듯 여겨질 만큼 어마어마한 재산을 형성하기에 이른다. 물론 하나님을 만나기 이전 야곱의 모습을 생각한다면 이런 상황을 그냥 지나갈 리가 없었다. 게다가 실질적으로 자신이 이바지한 바가 크지 않던가? 지참금 이상의 노동을 했고 손자 손녀도 12명이나 되었다. 장인 라반의 재산에 일정분을 요구할 만하다. 현대의 인물이라고 할지라도, 이러면 퇴직금이라도 요구하지 않겠는가? 하지만 야곱은 다만 무일푼으로 떠나기만을 청했다. 그 어떤 노잣돈도 요구하지 않았다. 지금도 그렇지만, 무슨 일을 하든 밑천이 있는 것과 없는 것은 천양지차이다. 특히 지금과 같은 은행 시스템이 없어서 사업 밑천을 위한 대출조차 받을 수 없었던 고대에는 더더욱 그랬다. 게다가 야곱은 먹여 살려야 할 처자식이 잔뜩 있었다. 당장 하란에서 가나안으로 가는 길의 먹고 마실 걱정을 해야 할 판이었다.

이 장면에서 야곱은 상당히 내몰려 있던 것 같다. 자신은 태어나서 가정을 이루고 자녀를 양육하다가 손주 재롱을 보는 것만이 목적이 아님을 알고 있었다. 야곱은 민족을 이뤄야 한다. 민족을 이루기 위해서는 결혼도 해야 하고 자녀도 낳아야 하고 손주도 있어야 한다. 하지만 그렇다고 해서 모두가 민족을 이루지는 않는다. 아무리 대가족이라고 해도 민족을 이루는 경우는 아주 소수에 불과하다. 능력이 특출나게 뛰어나거나 재산이 대단히 많거나 아주 큰 운이라도 따라 줘야 한다. 비록 야곱은 라반의 세력 내에서 목축업자로서의 재능이 출중했지만, 그것만으로는 부족했다. 현대에서도 사원이 일 좀 잘한다고 바로 대기업 회장이라도 될 수 있겠는가? 그러한 바람은 규격 외의 일이다.

야곱의 초조함을 이해하기 위해서는 야곱의 나이를 상기해 봐야 한다. 야곱은 이제 90대의 나이다. 아브라함과 이삭도 장수했지만, 성경에서 그들이 주역에서 물러날 만큼 '늙었다'라고 표현한 시점이 보통 100세 근처였다는 것을 생각해 보면, 야곱도 초조할 만했다. 어떠한 세력도 없었고, 어떠한 재산도 없으며, 자기 명의로 된 것이 하나도 없었다. 하지만 야곱은 그렇게 초조한데도 눈앞의 재물에 미혹되지 않았다. 라반의 것을 탐하지 않았다. 라반에게 잘 보여서 상속이라도 받아 볼 생각도 하지 않았다. 애초에 야곱은 그러한 것을 기대하지 않았다. 하나님이 그에게 약속하신 민족의 터전은 가나안이지 하란이 아니었기 때문이다.

이 부분에 이르러서는 돌베개 사건이 야곱을 바꾸어 놓은 것이 단순히 일시적인 것은 아님이 명확해진다. 야곱은 어느덧 이 세상에는 속이고 훼방 놓는 자들이 가득하다는 것을 깨달았다. 온통 훼방 놓는 '야곱들' 천지인 세상에서 야곱은 결국 하나님만 의지하는 것만이 정답임을 깨닫고 하나님만을 의지했다. 실제로 돌베개 사건 이후로 야곱은 인간에게 어떠한 기대를 걸지 않는 모습을 보였다. 사람으로 인해서 기뻐하는 것조차 사랑에 빠져서 라헬을 위해 7년간 무급으로 일했던 장면으로 마지막이다. 그 이후부터는 모든 행복이나 기대를 사람에게서 거둔다. 그리고 그 모든 것을 오로지 하나님에게만 둔다. 사람에게 속고 자신에게 속은 이후에, 그리고 돌베개를 마주한 다음에 야곱이 의지할 수 있는 건 하나님뿐이었다. 야곱의 인생이 우리를 위한 매뉴얼임을 상기할 때, 야곱의 이러한 태도는 성경 전반을 관통하는 메시지임이 분명하다. 앞으로의 이야기로도 확인할 테지만 실제로 야곱의 이러한 태도는 야곱의 마지막 날까지 이어진다. 거기서 그치지 않고, 그 이후 모든 시대 모든 그리스도인의 삶에 찾아와서, 주님을 향해 마땅히 가져야 할 이상적인 마음으로 자리한다. 세상 속에서 우리는 어떤 처지이고 또 무엇 하는 사람인가?

나의 영혼이 잠잠히 하나님만 바람이여 나의 구원이 그에게서 나는도다 오직 저만 나의 반석이시요 나의 구원이시요 나의 산성이시니 내가 크게 요동치 아니하리로다 넘어지는 담과 흔들리는 울타리 같은 사람을 죽이려고 너희가 일제히 박격하기를 언제까지 하려느냐 저희가 그를 그 높은 위에서 떨어뜨리기만 꾀하고 거짓을 즐겨하니 입으로는 축복이요 속으로는 저주로다 나의 영혼아 잠잠히 하나님만 바라라 대저 나의 소망이 저로 좇아 나는도다 오직 저만 나의 반석이시요 나의 구원이시요 나의 산성이시니 내가 요동치 아니하리로다 나의 구원과 영광이 하나님께 있음이여 내 힘의 반석과 피난처도 하나님께 있도다 백성들아 시시로 저를 의지하고 그 앞에 마음을 토하라 하나님은 우리의 피난처시로다 진실로 천한 자도 헛되고 높은 자도 거짓되니 저울에 달면 들려 입김보다 경하리로다 포학을 의지하지 말며 탈취한 것으로 허망하여지지 말며 재물이 늘어도 거기 치심치 말찌어다 하나님이 한두번 하신 말씀을 내가 들었나니 권능은 하나님께 속했다 하셨도다 주여 인자함도 주께 속하였사오니 주께서 각 사람이 행한 대로 갚으심이니이다(시 62:1-12)

야곱이 라반을 의지하지 않고 라반의 재물에 대해 욕심을 품지 않으니, 아주 역설적인 서사 구조가 형성된다. 무일푼인 야곱이 라반을 의지하지 않고, 오히려 모든 것을 가진 라반이 무일푼인 야곱을 의지하여 그를 붙잡는다. 첫 만남과 같이 라반이 야곱에게 품삯을 정하라 제안하며 재차 야곱을 잡는다. 이에 야곱은 정규 품삯을 요구하지 않고 양과 염소 중에 그 털이 얼룩지고 점 있는 것, 그리고 검은 것만을 요구했다. 라반도 이에 동의했다. 계약의 표면적인 내용만 살펴보아도, 이것은 라반에게 매우 유리한 계약이다. 털이 독특한, 그러니까 얼룩지고 점이 있거나 검은 것은 그 수가 적다. 라반이 정상적인 사람이었다면, 사위 야곱이 참으로 욕심이 없으며 자기를 위한 배려를 보이는 것으로 생각하며, 역시 하나님을 믿는 사람은 뭔가 다르다고 생각했겠지만, 애석하게도 라반에게 그런 인품은 없었다. 우리 주변에는 타인의 배려를 호의로 이해하기보다는 힘의 위계로 이해하는 자들이 20명 중 한 명꼴로 있다고 한다. 라반도 그런 식으로 야곱의 제안을 이해하고 있었던 것 같다. 야곱이 라반의 위세에 눌려서 자기주장도 제대로 못 한다고 생각하며 얕봤다. 이러한 태도는 이후 라반이 야곱의 품삯을 10번이나 바꿈으로 재확인된다.

라반은 늘 그래왔듯 참으로 음흉한 자로서, 이 계약을 그대로 이행할 생각이 없었다. 성경 원문에 따르면, "내가 네 말대로 하리라"라고 했던 라반이 그날에 곧바로 태도를 180도 바꾼다(창 30:35, 수르 סור, turn aside). 그는 맹세를 하고도 자기의 무리를 둘러보며, 털이 얼룩지거나 점이 있거나 검은 양과 염소를 모두 구분해 내어 그것들을 자기 아들들에게 주었다. 그렇지 않은 양들만 추려서 야곱에게 준 다음 자기가 직접 관리하는 양무리와 야곱이 관리할 양무리를 3일 간격으로 거리를 멀리 떨어트려 놓았다. 야곱의 원했던 품삯을 살펴보면 두 가지다. 첫째로는 계약이 시작되는 시점에서 받는 선금적 성격의 품삯이다. 바로 현재 존재하는 털에 특색이 있는 양과 염소들이었다. 둘째로는 이후 태어나는 털에 특색이 있는 양과 염소 새끼였다. 이는 배당이나 이자에 해당한다 볼 수 있다.

라반은 선금적 성격을 가진 현존하는 양들을 야곱이 가려내기도 전에 선수를 쳐 모조리 아들들에게 넘김으로써 야곱에게는 일절 주지 않았다. 게다가 털에 특색이 있는 것은 당연히 유전의 산물로, 그런 형질을 가진 양과 염소를 제외함으로써 야곱이 칠 무리에서는 새로운 새끼가 그러한 유전적 특색을 가질 확률을 제로(0)에 수렴토록 만들었다.

라반이 한 행위는 야곱에게 아무것도 주지 않겠다는 선언에 가까웠다. 다시 말해 자기는 사위 야곱을 결코 독립하게 두지 않을 것이며, 자기가 죽을 때까지 자기를 보필하다 자기 눈에 흙이 들어갈 즈음에 유산이나 받게 할 요량이었던 것이다. 야곱을 몰래 속였다고 하기에도 민망한 것이, 라반의 양무리를 관리하던 야곱이 몇 마리나 털이 얼룩지고 점 있는 것, 그리고 검은 것인지 모를 리 없었다. 삯으로 약속한 양들을 자기 자녀들에게 대놓고 주면서 라반은 야곱에게 노골적으로 으름장을 놓고 있다. "너와 나는 동등하지 않다. 내가 지배하는 이곳에서는 내가 계약뿐만 아니라, 생사까지도 쥐락펴락할 수 있다. 목숨이 아깝지 않으면 불만을 말해 봐라. 말할 용기가 없다면 그저 내 밑에서 일해라." 라반은 자기 몫을 주장하기 시작한 야곱을 대놓고 감시하겠다고 공표했다. 이는 품삯을 얼마나 주고 말고의 문제가 아니라, 애초에 독립할 생각을 하지 말라고 엄포를 놓은 것이다. 이 시점에서 야곱과 라반의 힘의 균형은 이 정도로 무너져 있었다.

야곱이 여느 사람이었다면 그것도 나쁘지 않다. 처가살이가 서럽다지만, 무법 지대인 가나안, 그것도 자신에게 원한을 가진 형 에서가 있는 가나안으로 돌아가서 겪을 고초보다야 나았을 것이다. 따라서 야곱은 위험천만해 보이는 사명의 땅인 가나안으로 갈 것이냐, 안전한 하란에 머물 것이냐의 선택의 갈림길에 서 있는 존재였다. 그렇기에 라반에게 비록 부성애를 느낄 만한 모습은 찾아볼 수 없지만, 결과론적인 관점으로 보았을 때, 라반의 행위를 현대적 감각의 부성애로 해석해도 크게 하자가 있지는 않다.

자기 두 딸을 사위 하나에게 맡겼는데, 그 사위가 어린 손주들과 가나안이라는 전쟁과 싸움이 끊이지 않는 땅으로 아무런 대책도, 밑천도 없이 간다니, 오히려 그걸 그냥 두는 것이 더 문제 아닌가? 게다가 라반은 에서와 야곱의 사정을 다 알고 있다. 일이 잘못되면 에서가 자기 핏줄인 두 딸과 손자와 손녀에게 위해를 가하거나 포로로 사로잡을지도 모를 일이다. 그렇게 되면 아무리 불리한 내용이라도 에서 측과 협상해야 하는 것은 더는 부성의 문제만이 아니다. 한 부족의 우두머리로서의 위신과 체면이 달린 일이 된다. 이렇듯 라반도 그 나름의 정의와 고민이 있었다. 따라서 야곱과 라반의 입장을 각각 살펴본다면, 불공정 계약 부분을 제외하고는 선과 악의 대립이 아니라, 개인 대 개인의 갈등에 불과하다.

우리네 삶도 그렇지 않던가? 우화나 동화가 아닌 한, 타인과의 갈등은 대부분 선과 악의 대립보다는 이권과 이권의 대립, 합리와 합리의 대립, 또는 정의와 정의의 대립이지 않던가? 물론 계약 부분에 대해서 야곱은 불공정한 처사를 당했다. 야곱은 이 부분에서 자기 형 에서를 회상했을 것이다. 음식한 그릇에 장자권을 빼앗긴 형과 같이, 말 한마디에 노동을 빼앗겼다. 그래서 땀 흘려 노동한 보람도 없이 그저 무일푼 신세이다. 야곱에게 있어서 아버지 이삭의 품을 떠나 마주한 세상은 온통 '야곱들' 투성이다.

기적 : 하나님, 개입하시다

야곱은 라반에게 별다른 이견을 달지 않았다. 라반은 야곱의 침묵을 자신의 위세에 눌린 것으로 해석했을 것이다. 하지만 야곱이 이끄는 양무리에서 기기묘묘한 일이 일어나기 시작한다. 초자연적인 현상이 발현했다. 인간이 침묵하니, 야곱이 울분을 곰삭히니, 라반은 제 뜻대로 모든 것이 되어 간다 생각했다. 그것은 거대한 착각이었다. 모든 것이 라반의 뜻대로 되지도, 야곱의 뜻대로 되지도 않았다. 이제 하나님께서 개입하신다. 아주 노골적으로 하나님이 하셨다는 것을 숨기지도 않고 확률과 통계 그리고 유전적으로 말이 안 되는 방향으로 개입하신다. 애매하게 설득력과 개연성을 갖춘다면 어설프게 과학적으로 설명하려 들 것이다. 운이니 우연이니 하는 것들로 오물을 끼얹으려 할 것이다. 인간들의 그런 습성을 알고 계신 하나님은 다른 말이 나오지 못하는 형태로 개입하신다.

야곱이 버드나무와 살구나무와 신풍나무의 푸른 가지를 취하여 그것들의 껍질을 벗겨 흰 무늬를 내고 그 껍질 벗긴 가지를 양 떼가 와서 먹는 개천의 물구유에 세워 양 떼에 향하게 하매 그 떼가 물을 먹으러 올 때에 새끼를 배니 가지 앞에서 새끼를 배므로 얼룩얼룩한 것과 점이 있고 아롱진 것을 낳은지라 야곱이 새끼 양을 구분하고 그 얼룩무늬와 검은 빛 있는 것으로 라반의 양과 서로 대하게하며 자기 양을 따로 두어 라반의 양과 섞이지 않게 하며 실한 양이 새끼 밸 때에는 야곱이 개천에다가 양 떼의 눈앞에 그 가지를 두어 양으로 그 가지 곁에서 새끼를 베게 하고 약한 양이면 그 가지를 두지아니하니 이러므로 약한 자는 라반의 것이 되고 실한 자는 야곱의 것이 된지라 이에 그 사람이 심히 풍부하여 양 떼와 노비와 약대와 나귀가 많았더라(창 30:37-43)

하나님은 사건이 일어나는 당시의 사람들이 어리둥절하고, 후대에 읽는 자들이 혼란에 빠질 만한, 도저히 과학적으로나 이성적으로 설명할 수 없는 일들을 발생시키셨다. 성경은 우리에게 믿으라고 간청하지 않는다. 어떤 일이 발생했을 때, 성경은 그것이 어떻게 이뤄졌는지 해명하는 것에는 관심이 없다. 성경의 태도는 일관되게 "들을 귀 있는 자는 들으라. 믿을 믿음 있는 자는 믿으라"이다. 따라서 믿음 그 자체도 선물이라고 성경이 말한다. 믿음을 선물로 표현한 것은 우리가 믿을 수 없는 상태, 그러니까 전적인 타락의 상태임을 말하는 것도 있지만, 한편으로는 하나님의 도움이 없이는 믿을 수 없는 내용을 성경이 다루고 있다는 것을 의미하기도 한다. 다시 말해, 성령님의 조명하심이 없이는 믿을 수 없는 내용의 나열이라는 것이다. 그렇다고 반지성적이거나, 전적으로 비이성적으로, 또는 광신적이어야 믿을 수 있는 내용이라는 의미가 절대로 아니다.

성경은 놀랍게도 창세기부터 요한계시록까지 내용, 주제, 그리고 논리의 통일성을 갖추고 있다. 하지만 그와 별개로, 곳곳에 오로지 이성의 촛불만 의지하는 자들을 걸려 넘어지게 만드는 걸림돌이 배치되어 있다. 마찬가지로 반지성주의에 빠져서 맹신과 광신의 태도로 성경을 대하는 자들을 넘어지게 만드는 돌들도 배치되어 있음은 말할 것도 없다. 그렇기에 예수께서도 첫째 되는 계명을 '마음(카르디아 καρδία : 감성/감정), 목숨(프쉬케 ψυχή : 호흡/생명/혼), 뜻(디아노이아 διάνοια : 이성)을 다하여 하나님을 사랑하는 것'이라 말씀하셨다. 하나님을 대할 때, 하나님의 역사를 접할 때, 하나님의 말씀을 읽을 때, 오해하지 않고 이해하기 위해서 우리에게 필요한 것은 하나님을 사랑하는 감정만이 아니다. 온 생명을 내던지는 열정만으로도 불가능하며, 이성의 촛불만을 의지할 수도 없다. 그렇다고 해서, 각각 ⅓씩 필요한 것도 아니다.

온전한 100%의 감정, 혼, 이성 모두를 쏟아부어야 한다. 그래도 될까 말까인데, 여유를 부리며 남길 여력이 어디 있는가?

> 예수께서 가라사대 네 마음을 다하고 목숨을 다하고 뜻을 다하여 주 너의 하나님을 사랑하라 하셨으니 하셨으니 이것이 크고 첫째 되는 계명이요(마 22:37-38)

염소와 양의 털 상태가 유전적인 원인으로 결정된다는 상식을 당대의 사람들도 알고 있었다는 것이 라반의 언행을 통해서 드러난다. 라반은 야곱이 독립할 만한 세력을 이루는 것을 방지하기 위해서, 야곱에게 맡길 양무리에서 털에 그러한 특색을 가진 개체들을 제외했다. 당대 사람들도 경험칙으로 알았던 과학적 사실이다. 그렇기에 하나님의 개입으로 인해서 야곱이 맡은 양무리에서 털에 특색이 있는 형질을 가진 양들이 많아지자, 라반의 아들들은 야곱을 도둑으로 몰기 시작한다.

> 야곱이 들은즉 라반의 아들들의 말이 야곱이 우리 아버지의 소유를 다 빼앗고 우리 아버지의 소유로 인하여 이같이 거부가 되었다 하는지라(창 31:1)

털에 특색이 있는 형질을 가진 양과 염소를 제외하고 야곱에게 양을 주었으니, 야곱이 돌보는 무리에는 그런 특색을 가진 양과 염소는 나오지 않거나 개체수가 현저하게 적어야 했다. 양은 하얀색 털이 우성이고, 염소는 검은색 털이 우성이다. 털에 특색이 있는 양이나 염소가 나오기 위해서는 얼룩무늬를 띄는 열성 유전자를 가진 양끼리, 염소끼리 짝을 지어야만 가능하다. 실제로 현대 중동에도 얼룩무늬 양이나 얼룩무늬 염소는 흔하지 않다고 한다. 고대인들이 정확한 유전학적 지식을 가지고 있지는 않았을지라도, 몇 대에 걸쳐서 양과 염소를 쳤기에 그 경험칙으로 이 정도는 알고 있는 바였다. 이치에 맞지 않게 이런 일이 벌어지자, 라반의 아들들은 야곱을 의심했다. 누구라도 그럴 일이다. 1부터 6까지의 숫자가 나오는 육면체 주사위를 던졌는데 7이 나왔다. 근데, 그 7이 100번 연속으로 나왔다. 지금 이걸 믿으라고? 그들이 의심하는 것도 당연하다.

이를 달성한 야곱의 방식은 더욱 기가 찬다. 그는 참으로 말도 안 되는 일을 했다. 세 종류의 나뭇가지를 가공하여 양이 개천 물구유에 와서 물을 먹을 때, 그 앞에 세워 두면 털색에 특색이 생긴다니? 이것을 도대체 믿으라고 적어 놓은 것일까? 다만 여기서 나뭇가지는 모세의 놋 뱀과 같다. 광야에서 독사에게 물려 죽을 뻔한 이스라엘 백성을 위해서 모세가 세운 그 놋 뱀 말이다. 누구나 보기만 하면 살고, 그렇지 않으면 죽었던 바로 그 놋 뱀. 혹은 형틀로써의 십자가와 같다. 때때로 하나님은 그런 말도 안 되는 소재를 통해서 큰일을 이루셨다. 늘 그런 건 아니다. 아픈 자에게 당시에 약으로도 쓰이던 올리브유를 써서 치료하기도 하시고, 배고픈 자에게 먹을 것을 주시며 해결하기도 하신다. 하나님은 정상적인 해결법과 전혀 말도 안 되는 해결법을 다양하게 쓰시면서, 이성만을 신뢰하는 자, 맹신에 기대는 자, 제각각 자신의 것을 의지하며 더듬어 나가는 자들을 넘어뜨리신다. 그들을 겸손하게 하신다.

이번에는 다른 것들보다 야곱의 나뭇가지, 모세의 놋 뱀, 그리스도의 십자가와 같은 것들에 관해서 이야기해 보려 한다. 우상화에 대한 문제이다. 그런 소재들의 특징은 '미련함'이다. 그렇다. 그런 물건들은 미련한 것들이다. 십자가의 표면적 성질은 바울의 표현에 따르면 미련함이다(고전 1:18). 사람이 볼 때도 미련한 그것으로 하나님께서는 도움을 주시고 구원을 베푸신다. 그 미약한 것을 통해서도 일하시는 하나님을 우리가 알기 원하신다. 그것이 무력하기에 그 소재에 집중하지 않고, 그것을 통해서 일하신 하나님 손길만 우리 마음에 켜켜이 들어차게 하신다. 하지만 우리의 죄성은 하나님 두기를 싫어한다. 하나님을 인정하길 싫어한다.

그래서 어떤 오해를 한다. 기를 쓰고 소재에 집중한다. 만약에 놋 뱀에 효력이 있다고 생각해서, 이스라엘 백성이 놋 뱀을 만들어서 곳곳에 세워 둔다면 문제가 없을까? 놋에 효과가 있다고 생각해서 놋을 집안 곳곳에 두어서 신줏단지 삼는다면 그것은 우상 숭배가 아닐까? 성경에서 사용된 소재이기에 문제가 없을까? 구조적으로 같다. 태양도 하나님께서 쓰시는 소재이다. 그 소재를 숭배하기 시작하면 바로 그것이 우상 숭배이다. 그럼, 이 골자를 그대로 성전에 적용해 보자. 성전이 거룩하기에 하나님께서 거룩하신 것인가? 아니면 하나님께서 거룩하시기에 성전이 거룩한 것인가?

제아무리 성경적인 소재라고 하여도 우상 숭배의 대상이 되어 버리고 하나님보다도 귀하게 여기기 시작할 수 있다는 것을 예수께서 보여 주셨다(마 23:17-22). 그렇다면 십자가는? 초대 교회에서 십자가를 강조하는 것에 어떠한 제한을 두지 않았던 것은 무엇 때문인가? 당시에 십자가는 그야말로 사형을 집행하는 형틀이었다. 현대의 관점에서 십자가는 금목걸이나 형형색색으로 조합된 국기에 들어가는 아무래도 팬시한(fancy) 이미지를 가지고 있지만, 초대 교회 그리스도인들에게 십자가는 썩어 가는 살점의 냄새와 고통으로 몸부림치는 죄수의 참혹함을 연상시키는 형틀이었다. 사랑하는 이가 십자가에 매달려 죽은 경우에는 그 끔찍함이 더욱 대단했다. 심지어 죄수가 죽어도 본보기로서 그대로 매달아 놓기 때문에 자연스레 참혹하게 죽은 시체가 연상되기도 한다. 처참하고 추악하고 더럽기에 그 누구도 우상화의 대상으로 여길 수 없었다. 그것을 구원의 장소로 삼으신 하나님을 이야기했을 때, 메시지가 더 명확해진다. 무섭고 지저분한 형틀이지만 그것을 소재로 삼으셔서 놀라운 일을 행하신 하나님. 십자가의 상징은 단연 미련함이고 겸손함이다.

하지만 지금은 어떠한가? 많은 세월을 거쳐 오면서 십자가형이라는 형벌도 사라졌다. 십자가는 각종 국가의 국기로 사용되기도 했고 패션 디자인으로 사용되다 보니 세련된 이미지마저 입혀졌다. 적어도 신약이 쓰일 당시에 자기 십자가를 지고 예수님을 따라야 한다는 말에는 '절대로 지고 싶지 않은' 십자가를 자기가 지어야 한다는 의미를 내포하고 있다. 십자가를 자랑한다는 말에는 '자랑할 수 없는 너무나도 참혹하고 징그럽고, 터진 내장과 피 냄새로 얼룩져서 가까이하고 싶지 않은' 십자가를 자랑한다는 의미가 이미 함축되어 있다.

예배당에서 십자가를 전부 떼어 내자는 것이 아니다. 십자가를 자랑하는 행위를 멈추자는 이야기가 아니다. 십자가가 들어간 찬양에 반대하고자 함이 아니다. 주님의 십자가는 여전히 소중하다. 그것이 구원의 방편이었기에, 그곳이 예수께서 우리를 사랑하심이 터져 나온 장소였기에 회복하자는 것이다. 환기하자는 것이다. 원래 의미를. 원래 뉘앙스를. 그래서 달성할 수 있는 것이 무엇인가? 십자가가 녹고 사라지고 투명해지고 나면 무엇이 남는가? 예수 그리스도가 남는다. 하나님의 사랑이 남는다. 그의 구원과 놀라운 신묘막측하신 손길이 남는다. 부디 그 소재를 통해서 일하신 손길을 잊지 않기를 바란다.

소재는 때로는 왕이 되기도 한다. 앗수르의 왕이 되었건, 이집트의 왕이 되었건, 페르시아나 바벨론이 되었건, 왕들은 주께서 이스라엘을 다루기 위해서 사용하신 막대기다. 그 막대기가 막대기임을 망각하고 교만하였을 때, 하나님이 그들을 치셨다. 그 반대로 이스라엘 백성이 여러 정치 세력으로 분열하여 그 막대기를 막대기로 보지 않고, 하나님을 의지하지 않고 앗수르나 이집트나 페르시아나 바벨론을 의지하자며 배역하다가 남북 두 왕조 모두 멸망했다. 그들의 행위를 보면서 답답해하고 무지하다고 생각하는 우리가 바로 그런 모습을 보인다. 그 소재에 해당하는 것에 무엇을 집어넣어도 마찬가지다. 그렇다면 우리는 무엇을 의지해야 하는가? 그 답은 이미 우리의 매뉴얼인 야곱이 제시했다. 너는 삼가 하나님만 의지하라.

도끼가 어찌 찍는 자에게 스스로 자랑하겠으며 톱이 어찌 켜는 자에게 스스로 큰 체 하겠느냐 이는 막대기가 자기를 드는 자를 움직이려 하며 몽둥이가 나무 아닌 사람을 들려 함과 일반이로다(사 10:15)

결국 야곱의 세력이 급격하게 불어난다. 후에 야곱과 라반의 대화에서도 나오지만, 그 과정에서 라반은 열 차례나 조건을 바꿔 나갔다. 하지만 자신에게 유리하게 조건을 바꾼 것 같았어도, 그때마다 하나님은 그 바꾼 조건에서 야곱에게 가장 유리하도록 모든 상황을 주관하셨다. 아니, 아주 대놓고 조종하셨다. 따라서 창세기 기자는 본문만 읽어도, 오해하지 않도록 배려했다. 군이 양의 하얀색 털이 우성이고, 털의 특색이 발현하는 것은 매우 희귀하고, 하얀 양끼리 짝을 지었을 시에는 특색이 있는 털은 나오지 않는 것이 당연하다는 사실을 군이 모르더라도 등장인물들의 대화만 세세히 보더라도 그들 사이에 벌어진 일들이 전혀 말도 안 되는 것임을 알 수 있다. 그런 말도 안 되는 일을 하셔서 하나님이 라반의 가축을 빼앗아 야곱에게 주셨다고 성경은 아주 노골적으로 표현한다. 라반은 하나님의 사람 야곱을 대할 때, 얕잡아 보고 그를 속여 품삯을 열 번이나 변경했다. 겉으로 하는 말은 번지르르하게 해도, 속은 제 잇속만 챙기는 자였다. 하나님은 유전학적으로 도대체 말도 안 되는 일이 재차 일어나는 기적을 일으키셔서 야곱을 아주 큰 부자로 만드셨다. 그리고 이를 통해서 라반에게 분명한 메시지를 주신다.

"내 사람 야곱은 너하고 동등한 처지가 아니다. 우연까지도, 확률까지도, 노골적으로 조종하고 조정해서 내가 내 사람 야곱을 편애하겠다."

적개감, 질투, 독립

하나님이 개입하심으로 야곱의 세력은 점점 커졌다. 표면적으로는 라반에게 유리했던 불공정 계약이, 하나님의 개입으로 야곱에게만 일방적으로 유리한 불공정 계약이 되어 버렸다. 결국 야곱의 재산은 라반이 상정한 바 이상으로 크게 불어났다. 라반의 입장에서는 야곱을 독립만 시키지 않으면 어차피 그것들은 자신의 소유이고, 하나님이 야곱으로 인해 자기에게 복 주신 줄로 깨달았기에 당장 적극적인 제스처를 보이지 않았다. 하지만 워낙에 말이 안 되는 일이 야곱과 라반의 사이에서 벌어지고 있었기에, 라반의 아들들은 야곱이 어떠한 속임수를 쓰고 있다고 의심했다. 물증은 없지만 그런 의심이 힘을 얻는 것은 너무나 말도 안 되는 결과 때문이었다.

가령 동전 던지기를 1만 회 실시했다고 치자, 근데 1만 회 전부 앞면이 나온다면, 어떠한 증거가 없어도 동전에 뭔가 조작이 가해졌다고 생각하지 않겠는가? 양쪽 다 앞면이거나, 결과를 확인하는 과정에서 바꿔치기가 일어났다고 생각하는 것이 단순한 억측이겠는가? 그런 의미에서 라반의 자녀들의 의심에 대해 야곱은 마냥 억울하지는 않았을 것이다.

한 가지 확실해진 것은, 그리고 진정으로 중요한 점은, 야곱은 라반의 세력권에서 더는 안전하지 못하다는 것이다. 때로는 하나님의 복과 편애는 세상에서 우리를 질투의 대상으로 만든다. 많은 복이 우리의 안전을 위협하기도 한다. 이런 야곱의 입장은 신약 시대의 그리스도인들과도 닮아 있다. 다만 그 구조에서 야곱의 입장에는 이방인을 포함한 그리스도인들이, 라반의 아들들의 입장에는 초대 교회 시절의 유대인들이 대입된다는 점이 아이러니하다.

바울은 하나님이 노골적으로 그리스도인들을 편애하심으로 유대인들의 질투를 촉발하심은 결국 유대인들이 예수 그리스도의 십자가를 통해서 하나님의 자녀 된 그리스도인들을 따라 구원을 얻게 하시기 위함이라 했다(롬 11:14). 로마서의 표현을 빌리자면, 당시 시점에 그 구원을 획득하는 것은 유대인 전부가 아닌 일부이다(14절). 일부는 자신도 하나님께 그러한 사랑을 받고 싶어서 그리스도의 도에 참여하지만, 대다수는 시기와 질투를 못 이겨 그리스도인을 공격하고 괴롭히는 선택을 해서 할 수만 있거든 같이 망하려 한다. 애석하게도 이 시점에서 라반의 아들들은 그리스도의 도에 참여하는 일부가 아닌, 공격하는 대다수와 궤를 같이하는 모습을 보인다. 그들이 야곱에 대한 적개감을 더는 마음에 담아 두지 못하고 이리저리 흘리기 시작하며 대놓고 야곱을 비난하자, 야곱은 이윽고 떠나야 할 때임을 직감한다. 다만 야곱은 자신의 판단에 따라서 행동하지 않았다. 여전히 하나님의 신호를 기다렸다.

꿈에 하나님의 사자가 내게 말씀하시기를 야곱아 하기로 내가 대답하기를 여기 있나이다 하매 가라사대 네 눈을 들어 보라 양 떼를 탄 수양은 다 얼룩무늬 있는 것, 점 있는 것, 아롱진 것이니라 라반이 네게 행한 모든 것을 내가 보았노라 나는 벧엘 하나님이라 네가 거기서 기둥에 기름을 붓고 거기서 내게 서원하였으니 지금 일어나 이곳을 떠나서 네 출생지로 돌아가라 하셨느니라 라헬과 레아가 그에게 대답하여 가로되 우리가 우리 아버지 집에서 무슨 분깃이나 유업이나 있으리요 아버지가 우리를 팔고 우리의 돈을 다 먹었으니 아버지가 우리를 외인으로 여기는 것이 아닌가 하나님이 우리 아버지에게서 취하신 재물은 우리와 우리 자식의 것이니 이제 하나님이 당신에게 이르신 일을 다 준행하라(창 31:11-16)

기다림 끝에 야곱은 어느 날 영적인 꿈을 꾸었다. 그 꿈에서 하나님의 사자는 야곱에게 고향으로 가라는 명령을 전달한다. 그리고 야곱의 억울했던 그 과정을 주님이 다 보고 계셨고, 알고 계셨다는 것을 재확인시켜 준다. 또한 그것에 개입하셔서 털에 특색이 있는 양들이 무수히 나오게 하심으로 노골적으로 야곱의 편을 들어 주셨다는 것을 언급한다. 이 모든 메시지를 통해 야곱은 위로받았을 것이다. 또한 주께서는 야곱의 한없이 부족하고 미숙했던 종교 행위, 다듬어지지 않은 돌을 기둥 삼아 기름을 붓고 순전히 자기에게 유리한 내용만을 읊었던 야곱의 서원을 언급하신다. 서원의 핵심적인 내용, 그러니까 이삭이 출생지로 돌아올 때까지 자기를 지켜 달라 했던 것을 주님은 기억하고 계셨고 여전히 유효하다는 것을 말씀하신다.

이렇듯 하나님에게 있어서 명령을 주시는 것보다는 야곱을 위로하고 힘을 주는 것이 더욱 중요하신 듯 집중하셨다. 이 모든 과정에서 야곱이 혹 깊은 상처라도 입을까 노심초사하시는 모습처럼 보이기도 한다. 물론 하나님께서 그런 약한 면을 가지고 계실 리 없지만, 적어도 야곱의 감정과 마음에 지대한 관심을 가지고 계신다는 점은 더없이 분명하다.

꿈의 내용에 따라, 하란을 떠나 가나안 행을 하겠다는 야곱의 뜻에 그의 두 아내이자, 라반의 두 딸인 레아와 라헬도 동의한다. 만일 라반이나 라반의 아들들이 야곱과 그의 가족들에게 노골적인 적개감을 표출하지 않았더라면, 레아와 라헬이라도 야곱과 의견이 달랐을 수도 있다. 하지만 야곱의 세력을 향한 라반 일파의 공격적인 언행은 이미 그 도를 넘어서 있었고, 이에 괴로움을 당하던 야곱의 세력을 똘똘 뭉치게 했다.

이런 구조는 낯설지 않다. 십자가 이후를 살아가던 초대 교회 믿음의 선배들이 겪던 일이기 때문이다. 그들을 질투하는 유대인들은 그리스도인들을 무너트리기 위해서, 또 그들의 신앙과 인생을 파괴하기 위해서 형용할 수 없는 괴로움과 고통으로 핍박했다. 그러나 그것들은 결코 초대 교인들을 억제하거나 분열시키지 못했다. 오히려 신앙인들을 더욱 굳건하게 할 계기가 되었고, 그 결과 하나로 뭉치게 했을 뿐이다. 이윽고 당대 위정자들은 그리스도인들을 지하 묘지, 그러니까 카타콤까지 내몰았지만, 오히려 그곳에 그들은 마치 씨앗처럼 자리하여 무성하게 자라나더니 결국 제국 로마를 완전히 덮어 버렸다.

> 우리가 사방으로 우겨쌈을 당하여도 싸이지 아니하며 답답한 일을 당하여도 낙심하지 아니하며 핍박을 받아도 버린바 되지 아니하며 거꾸러뜨림을 당하여도 망하지 아니하고 우리가 항상 예수 죽인 것을 몸에 짊어짐은 예수의 생명도 우리 몸에 나타나게 하려 함이라(고후 4:8-10)

야곱 일파의 구성원은 원래 라반의 혈육이거나, 그의 영향권에 있던 자들이다. 그렇기에 구조적으로 그 응집력이 약할 수밖에 없었다. 더러는 라반에게 여전히 충성심을 가진 자도 있었을 것이다. 하지만 라반의 아들들이 위협적 언행으로 그들을 콩 볶듯 들들 볶아 대니, 오히려 야곱 일파는 똘똘 뭉쳐서 단합하게 되었다. 데릴사위에 불과한 야곱은 만에 하나 두 아내 레아와 라헬이 아버지 라반의 편을 들 경우, 자신의 모든 패와 수를 공개하고 불리한 게임을 진행해야 하는 상황이 되었겠지만, 질투심에 눈이 먼 라반의 일파는 혈육인 레아와 라헬에게까지도 안색을 달리하며 적개심을 표출한다. 결국 야곱의 일파에서 야곱을 따르지 않을 자는 하나도 남지 않았다. 라반의 아들들이 핍박하고 박대해 준 덕분에, 그들은 하나의 팀이 된 것이다. 자고로 콩도 사정없이 볶다 보면 팬에서 튀어 나가는 법이다. 그렇기에 풍요롭고 발전한 하란을 버리고, 무법천지에 전쟁도 끊이지 않던 가나안으로 향하자는 야곱의 말에 다들 일언반구 불만 없이 따르기로 한다.

> 야곱이 일어나 자식들과 아내들을 약대들에게 태우고 그 얻은바 모든 짐승과 모
> 든 소유물 곧 그가 밧단아람에서 얻은 짐승을 이끌고 가나안 땅에 있는 그 아비
> 이삭에게로 가려할쌔 그 때에 라반이 양털을 깎으러 갔으므로 라헬은 그 아비의
> 드라빔을 도적질하고 야곱은 그 거취를 아람 사람 라반에게 고하지 않고 가만히
> 떠났더라(창 31:11-20)

그리하여 야곱의 일파는 가나안으로 떠난다. 이때 야곱은 라반의 소유를
훔치거나, 자신의 몫 이상을 가져가려고 하지 않았다. 라반과의 계약에 따
라서 적법하고 정당하게 자신의 소유가 된 것들만 추려서 떠나려 했다. 다만
한 가지 변수로 작용할 만한 사건이 있다면, 바로 라헬이 비밀리에 아버지의
드라빔을 훔친 것이었다. 창세기에는 라헬은 라반이 양털을 깎으러 가서 부
재한 사이에 드라빔을 도적질했다고 묘사한다.

드라빔은 일반적으로 수호신이나 우상으로 번역한다. 하지만 당시에는
종교적인 의미만 있지 않았다. 그것은 마치 중세 시대 각 가문이 가졌던 특
색 있던 인장 혹은 문양처럼 가문과 세력을 상징하기도 했다. 따라서 라헬이
라반의 드라빔을 훔쳤다는 사실에는 여러 복잡한 의미와 사정이 담겨 있다.
다만 성경은 라헬이 드라빔을 훔친 동기나 그 내면에 대해서 유추할 수 있는
정보를 제공해 주고 있지 않기에, 이것은 우리에게 있어서는 풀지 못할 의
문이다. 다만 이 사건은 라반에게 단순히 신상이 도난당했다는 의미를 넘어
서는 것이었음을 예상할 수 있다. 어쩌면 그간 자기들을 박대하던 오라비들
과 아버지를 향한 반발감에 대한 보상 심리의 발흥일 수도 있고, 혹 자기 자
녀들을 위해 가문의 상징을 챙긴 것이거나 혹 종교적인 의미가 있을 수도 있
다. 어찌 되었든 이러한 경위를 통해서 야곱의 일파는 라반을 떠나 독자적인
세력이 되고자 했다.

라반의 꿈 : 선도 악도 아무 말도

> 그가 그 모든 소유를 이끌고 강을 건너 길르앗산을 향하여 도망한 지 삼 일만에
> 야곱의 도망한 것이 라반에게 들린지라 라반이 그 형제를 거느리고 칠일 길을 쫓
> 아가 길르앗산에서 그에게 미쳤더니(창 31:21-23)

야곱이 떠난 지 사흘 뒤에 라반이 그 사실을 안다. 사실 이 사흘이라는 시간적 여유가 야곱의 일파에게 허용된 것은 라반의 꾀 덕분이기도 했다. 6년 전, 야곱과 불공정 거래를 맺었을 당시 라반은 야곱의 양 떼에서 양털에 특색이 있는 개체가 등장하지 않게 하려고, 양무리 중에서 털이 아롱지거나 무늬가 있거나 검은빛이 있는 것은 모두 골라내어 자신의 양무리에 편입하고 자기와 야곱의 사이를 정확히 사흘 길이 뜨게 했다(창 30:36). 야곱의 일파가 떠난 지 사흘이 흐른 후에 라반의 귀에 그 소식이 들렸다는 것은 물리적으로 라반이 그 소식을 가장 빠르게 듣는 시점이 바로 그때였다는 뜻이다. 아마도 야곱이 머물던 지역에도 라반이 감시역으로 남긴 자나 혹은 자발적으로 라반에게 충성하는 자들이 있었을 것이고, 그들이 곧바로 라반에게 파발을 보내어 소식을 전달한 결과가 사흘 뒤였다. 그야말로 자기 꾀에 자기가 넘어가 버린 라반이었다.

다만 야곱의 무리에는 아이들과 부녀자 그리고 크고 작은 가축 무리가 섞여 있었다. 게다가 그중 태반은 가나안으로 가는 험준한 길을 처음 경험해 본다. 아무래도 먼저 출발했다 한들 그들이 낼 수 있는 이동 속도에는 한계가 있을 수밖에 없었다. 반면 라반은 특별히 날랜 무리를 구성해 맹렬히 추격했을 것이 분명했기에 더욱 빠를 수밖에 없었다. 그리하여 칠 일 뒤에 결국 그들은 길르앗 산에서 만났다. 따라잡힌 것이다.

비록 따라잡히긴 했지만, 라반의 잔꾀 덕분에 야곱에게 주어졌던 그 사흘간의 여유는 상당한 의미가 있다. 우선은 추격군들의 체력을 빼앗을 수 있었다는 점이고, 또한 따라잡힌 지점인 길르앗은 라반의 세력권을 벗어난 타지

였으므로 자기 세력권 안에서 제멋대로 야곱을 대했던 라반의 기세도 한풀 꺾일 만한 장소였다. 물론 하나님의 개입으로 그 어디에서 그들이 만났어도 결과는 달라지지 않았겠지만, 인간적으로 보기에도 야곱의 일파가 안전할 수 있는 형태로 하나님이 역사해 주신 것 또한 주목하여 볼 점이다. 하나님을 가둘 법칙이나 사회적 규범 따위는 존재하지 않지만, 때로 하나님은 그러한 것들을 침해하지 않는 방법과 방향을 택하셔서 역사하시는 것도 분명하다.

> 밤에 하나님이 아람 사람 라반에게 현몽하여 가라사대 너는 삼가 야곱에게 선악 간 말하지 말라 하셨더라(창 31:24)

이제 서로는 가시권 안에 있다. 이 갈등이 대화로 봉합될지 혹은 피가 낭자한 살육전이 될지 아무도 알 수 없었다. 따라서 맹렬하게 추격하던 라반은 바로 급습하기보다는 일정한 거리를 두고 하룻밤 쉬는 것을 택한다. 이는 군사적으로도 매우 정석적인 선택이었다. 그리고 숙영지에서 잠이 든 라반의 꿈에 하나님이 등장하신다. 그가 꾼 꿈에서 하나님이 하신 말씀은 참으로 인상 깊다. 우리 성경은 하나님의 명령을 "너는 삼가 야곱에게 선악간 말하지 말라"라고 번역했다.

영어 성경인 NIV, KJV, NASB의 경우는 해당 부분을 "야곱에게 그 좋은 것이건 나쁜 것이건 말하지 않도록 하라"(do not speak to Jacob either good or bad)라고 좀 더 포괄적으로 번역했다. 우리말 번역본 성경 중에서도 새번역의 경우는 영어 성경들이 취한 견지로 번역했다. 반면 공동 번역의 경우는 기존 개역 한글 번역인 시시비비를 따지고 평가하는 부분을 더욱 강조하는 방향으로 번역했다. 그 모든 번역은 원어가 가진 뜻을 벗어나지 않은 준수한 것이라 할 수 있다. 그러나 원문의 뜻은 더욱 광범위하고 포괄적인 의미를 띠고 있다는 것을 의식하고서 해당 구절을 본다면, 하나님께서 라반에게 말씀하신 바에 담긴 의미가 더 절절하게 와닿는다.

'선'으로 번역한 단어는 '토브(טוֹב)'로 단순히 선하다고만 번역하기에는 좀 섭섭하다. 이는 도덕적으로 선함만이 아니라 행복, 혜택, 복지, 풍요, 총체적인 의미에서 좋음을 뜻하기 때문이다. 이는 하나님께서 창조하신 세상을 보면서 "보시기에 좋았더라"(창 1:4)라고 하셨던 부분에서 사용한 단어이며, 선악과의 이름으로도 쓰였고(창 2:9), 질 좋은 순금을 묘사하는 단어로도(창 2:12) 활용되었다. 그 모든 뜻을 고려하였을 때, 하나님은 라반에게 야곱의 잘한 점이나 축복할 만한 것, 그리고 선했던 것을 말하지 말 것뿐만 아니라, 야곱을 기쁘게 할 만한 것, 야곱에게 혜택이 될 만한 것, 야곱에게 도움이 될 만한 것, 야곱에게 보탬이 될 만한 것 또한 함구할 것을 명령하신 것이 된다.

'악'으로 번역한 '라(רע)'는 도덕적으로 악한 것뿐만 아니라, 상하게 하는 것, 아픈 것, 쇠약한 것, 손상된 것, 슬픈 것, 상태가 좋지 못한 것, 고통, 어려움 등의 의미이다. 따라서 야곱의 잘못을 따지거나 죄를 드러내거나 저주를 퍼붓는 것을 하지 말라는 의미를 넘어서, 야곱에게 물리적으로나 정신적으로 위해가 될 만한 것, 슬프게 할 만한 것, 좋지 못한 것, 고통이나 어려움을 줄 만한 것을 말하지 말라고 금지하신 것이다. 쉽게 말해, 야곱에게 스트레스를 주거나, 감정을 상하게 하지 말라는 말씀이라고 보아도 틀리지 않는다.

그 모든 의미를 다 대입하면, 하나님은 라반에게 다만 야곱을 향해 시비를 가리는 말이나 선악 간에 대해서만 한정적으로 말을 아끼라 명령하신 것이 아니었다. 하나님이 궁극적으로 라반에게 하신 명령을 한마디로 요약하자면 "Don't touch", 그러니까, "손도 대지 말라"에 가깝다. "내 소유인 야곱에게 아무런 말도, 아무 상관도, 아무런 관여도 하지 말라"라는 명령이다.

하나님은 야곱을 특별한 소유로 여기시며, 마치 부모가 내 자녀니까 혼내도 내가 혼낸다는 마음으로 대하시는 것과 야곱을 철저하게 외부 세력에게서 지켜 내고 보호하시겠다는 뜻을 라반에게 하신 명령을 통해서 노골적으로 드러내신 것이다. 야곱의 일파에게 위협을 가하거나 위력을 행사하기 위하여 라반이 추격했으나, 그 목적을 달성하기 바로 직전에 하나님이 등장하셔서 오히려 라반에게 야곱의 머리털 한 올이라도 건드리려고 했다가는 위력 행사를 주저치 않으시겠다는 강한 의지를 보이심으로, 하나님이 누구의 편이신지, 누구를 편애하고 계시며, 누구를 눈동자처럼 지키시며, 특별한 소유로 여기시는지 노골적으로 보여 주셨다.

> 여호와께서 자기를 위하여 야곱 곧 이스라엘을 자기의 특별한 소유로 택하셨음이로다(시 135:4)

특별히 하나님이 꿈을 통해서 라반에게 명령하신 내용, 그러니까 삼가 조심하여 야곱을 기쁘게 할 만한 것(토브)도, 위해를 가할 만한 것(라)도 말하지 말라고 하신 것을 야곱이 이삭에게 받은 복과 연결하여 보면 더욱 의미가 새롭다. 아브라함의 복이라고 일컫는, "너를 축복하는 자에게 내가 복을 내리고 너를 저주하는 자에게는 내가 저주하리니"라는 내용은 앞서 이 책 4장과 5장에서 나눴던 것처럼, 서글픈 예언적 성격도 띤다. 그러니까 하나님의 사람조차도 사람에게 축복받아야 할 만큼 아쉬워해야 하는 시기가 있을 것이며, 반대로 자기를 저주하려고 시도하는 자, 즉 원수가 있을 수 있다는 의미를 내포한다.

그런데 하나님이 라반에게 야곱 앞에서 좋건 나쁘건 말 자체를 삼가라고 하신 부분은 아브라함의 복이 가졌던 약점이자 불안 요소가 하나님의 개입을 통해서 극적으로 보완되는 장면이다. 만일 사람이 문제라면 하나님이 그입을 막아 버리시면 그만이다. 원수가 있다면 하나님이 대신 싸워 주시면 그만이다. 한 걸음 더 나가서, 어떤 종류의 축복이건 반드시 하나님의 개입하심이 있어야 그 축복한 내용이 비로소 온전한 복으로 완성된다는 교훈도 이장면에서 배울 수 있다.

좋은 말조차 하지 말라는 것은 그동안 야곱이 받은 복에 빌붙어서 재물을 독차지하던 라반이라는 자에게 하나님께서 야곱을 통해서 더는 아무것도 주시지 않으시겠다는 의미도 있다. 라반이 야곱을 축복하거나 좋은 것으로 베풀면, 이삭이 야곱에게 한 아브라함의 복의 내용처럼 하나님이 라반에게도 복을 주셔야 한다. 하나님은 그것을 막아 버리신 것이다. 이는 후에 더 다루겠지만, 피조물로서 창조주인 하나님의 미움을 받는 것보다 더 무서운 것은 하나님이 그 사람을 상관하지 않고 그냥 내버려 두는 것이다. 하나님은 라반을 이제 야곱과 아예 떨어트려 놓으신다. 더는 야곱의 인생에 연관되게 하지 않으신다. 야곱의 급이 올라갔다. 영적으로는 말할 것도 없고, 이제 육적으로도 라반은 야곱에게 관여하지 못한다. 이는 민수기에서 발락이 발람에게 "하나님의 백성을 저주하지도 말고 축복하지도 말라"라고 말하는 장면의 전조이며 복선이다(민 23:25). 오로지 하나님 사람들의 생사화복은 하나님에게만 달려 있다. 이사야에서 주님이 선언하셨다.

> 나는 빛도 짓고 어두움도 창조하며 나는 평안도 짓고 환난도 창조하나니 나는 여호와라 이 모든 일을 행하는 자니라 하였노라(사 45:7)

하나님의 사람이 되었다는 것은 결국 모든 생사화복, 심지어 빛이나 어둠과 같은 자연환경까지도 모두 하나님이 보장하시며, 주관하신다는 것을 의미한다. 따라서 인간의 언어가 우리에게 더해질 필요가 없다. 인간의 인정이나 인간의 도움이 우리의 형편을 더 나아지게 하거나 더 못하게 할 수 없다. 하나님의 사람이 된다는 것은, 그리스도인이 된다는 것은 바로 그런 의미이다.

> 너희는 인생을 의지하지 말라 그의 호흡은 코에 있나니 수에 칠 가치가 어디 있느뇨(사 2:22)

대화

라반이 야곱을 쫓아 미치니 야곱이 산에 장막을 쳤는지라 라반이 그 형제로 더불어 길르앗산에 장막을 치고 라반이 야곱에게 이르되 네가 내게 알리지 아니하고 가만히 내 딸들을 칼로 잡은 자 같이 끌고 갔으니 어찌 이같이 하였느냐 내가 즐거움과 노래와 북과 수금으로 너를 보내겠거늘 어찌하여 네가 나를 속이고 가만히 도망하고 내게 고하지 아니하였으며 나로 내 손자들과 딸들에게 입맞추지 못하게 하였느냐 네 소위가 실로 어리석도다 너를 해할 만한 능력이 내 손에 있으나 너희 아버지의 하나님이 어제밤에 내게 말씀하시기를 너는 삼가 야곱에게 선악간 말하지 말라 하셨느니라 이제 네가 네 아비 집을 사모하여 돌아가려는 것은 가하거니와 어찌 내 신을 도적질하였느냐(창 31:25-30)

이윽고 마주한 라반과 야곱은 각자 고지대에 진을 치고 대치한다. 그야말로 일촉즉발의 긴장이 되는 순간이다. 그때 라반이 먼저 야곱에게 대화를 건넨다. 두 세력이 전투하기 전에 최후 협상을 하는 것은 드문 일이 아니다. 그 자체로 두 세력 사이에 고조된 긴장이 해소되지는 않았다. 라반은 아무 말도 하지 않고 자기를 떠난 야곱을 나무라며, 마치 야곱이 자기 딸들을 강제로 끌고 간 것처럼 매도한다.

이러한 발언은 라반이 어떠한 사람인지를 잘 보여 준다. 야곱은 그의 두 딸 레아와 라헬과 결혼한 지 근 20년이나 되었다. 아무리 그녀들의 아버지라 한들 성인이 되고 결혼도 하고 나면, 자녀는 자녀의 인생을 살아가며 자신들만의 가정을 꾸리게 된다. 하지만 라반은 마치 자녀들이 여전히 자신의 소유이며 소속인 것처럼 여기고 있었다는 것이 야곱을 비난하는 언어에서도 나타난다. 이처럼 사람은 타인에 대하여 그 내면을 추측하고 묘사하고 또 비난하면서 결국 자기 속마음을 내비치기 마련이다.

라반이 야곱이 가나안으로 떠난 행위를 "내 딸들을 칼로 잡은 자 같이 끌고 갔다"라고 매도한 것은 단순한 오해가 아니라, 실상 라반이라면 그러고도 남았을 테니까 야곱의 상황을 그렇게 제멋대로 해석한 것이다. 라반은 하란 일대에 강대한 세력을 가지고 있는 카리스마 넘치는 리더였지만, 한편으로는 자기 딸들의 의중도 제대로 살피지 못한 자였다. 라반은 딸들의 마음이 완전히 자기와 하란을 떠나서 야곱과 함께하고 있을 줄 짐작도 못했다. 자기 입장과 서운했던 점만 늘어놓는 라반이 딸들의 마음을 제대로 파악하지 못한 것은 우연이 아니다. 게다가 자기 휘하에 있는 자들을 힘으로만 이끌어봤지, 야곱처럼 가족 단위로 서로 의견의 합치를 이뤄, 하란이라는 살기 좋고 발전된 지역을 벗어나, 하란에 비해 낙후된 가나안이란 험지로 모두 함께 기꺼이 가도록 하는 것은 언감생심 꿈도 못 꿀 일이었다.

이어 라반은 야곱이 떠나겠다고 했으면 순순히 보내 줄 뿐만 아니라, 잔치라도 열어서 환송했을 것이라고 말한다. 물론 그 말은 새빨간 거짓말이다. 정녕 라반이 그러한 사람이었다면, 라반의 두 딸인 레아와 라헬이 그렇게 적극적으로 가나안으로 향하는 것에 동의하지 않았을 것이다. 곧이어 라반은 자기에게 야곱을 해할 만한 능력이 있다고 말한다. 애초에 라반이 야곱을 추격한 주된 이유, 바로 라반의 본심에 해당하는 속마음이 드러나는 부분이다. 사람이라는 존재는 좀체 자신의 속마음을 잘 지키지 못하는 법이다. 라반은 마음에도 없는, '자기에게 이별을 고했다면 잔치를 벌이며 환송하고 입을 맞추고 야곱의 일파들에게 축복하며 전송했을 것'이라는 뻔한 거짓말로 위장해 보려 했지만, 결국 그가 품은 그 적의를 다 가리지 못했다.

라반이 야곱을 추적한 것은 야곱을 위협하여 야곱의 일족과 그 무리를 모두 다시 끌고 하란으로 옮기려는 목적이었다. 그것에 대하여 야곱이 저항했다면, 라반같이 권위적인 인물은 그저 얌전히 야곱을 보내 줄 리 만무하다. 게다가 라반은 "그 형제"라고 기록한 주변 세력들까지 몽땅 동원했다. 각자의 무리를 지키고 또한 노동도 해야 할 자들을 몰고 와서 야곱을 쫓은 것이다. 그저 빈손으로 돌아갈 리 없는 상황이었다.

그런 라반에게도 하나님과의 만남은 강렬한 인상을 남겼다. 라반은 하나님을 "너의 아버지의 하나님"이라 지칭한다(창 31:29). 오늘날의 뉘앙스로 본다면 "널 당장이라도 죽여 버리고 싶지만, 네가 너의 아버지의 하나님이라고 하는 분이 내 꿈에 나타나서 널 건들지 말라고 하셨다. 내가 너에게 손을 대지 않는 건 순전히 그런 이유니까. 운 좋은 줄 알라."와 같다. 따라서 라반은 야곱에게 위해를 가하는 것이 본심이며 진정 원하는 바였다.

하지만 하나님이 라반의 꿈을 통해서 개입하심으로 라반은 마음에도 없는 미사여구를 써가면서까지 간신히 자기 체면을 지키면서도 야곱을 살리는 방향으로 상황을 전개해야 했다. 하나님을 대면한다는 것은 그런 의미다. 피조물은 자기 아집을 유지하지 못하고 결국 하나님의 의지에 굴복할 수밖에 없다. 그 어떤 무릎도, 그 어떤 혀도 하나님 앞에 저항하지 못한다. 그 대면한 장소가 꿈이라는 것은 아무런 문제가 되지 않았다. 그렇기에 명백하게도 라반의 애초 의사에 반하는 방향으로 이 추격전의 결말은 흘러간다.

> 내가 나를 두고 맹세하기를 나의 입에서 의로운 말이 나갔은즉 돌아오지 아니 하나니 내게 모든 무릎이 꿇겠고 모든 혀가 맹약하리라 하였노라(사 45:23)

창세기에서 이 지점까지 하나님께서 꿈에 등장하셔서 말씀하신 것을 경험한 인물은 대표적으로 아비멜렉, 야곱, 라반의 사례가 있다. 이 부분에서 한 가지 생각해 봐야 할 점이 있다. 꿈이라는 것은 우리의 의식과 무의식이 빚어 낸 것으로, 그 꿈의 재료는 어디까지나 그 꿈을 꾸는 대상의 경험과 평소 지닌 생각에 한한다. 따라서 꿈의 세계에 등장하는 모든 요소는 그 꿈을 꾸는 대상의 일부분일 따름이며, 그 내용은 꿈꾸는 자의 한계를 초월할 수 없다. 하지만 참으로 신비롭게도 아비멜렉, 야곱, 라반의 꾸었던 '하나님을 만나는 꿈'은 달랐다.

그들의 종교, 성향, 신앙적 수준, 꿈을 꾸었을 때의 내적 상태나 성숙함 따위는 달랐어도, 그들 모두 자기 꿈에 등장하신 하나님은 진짜 하나님이시지, 자신의 관념이 만들어 낸 허구의 존재이거나 무의식의 투영이 아님을 명확하게 인지했다. 다시 말해, 그들은 여타 꿈의 요소들과는 다르게 그 하나님은 자기들의 의식이나 무의식이 직조해 낸 대상일 수 없다는 '확신'을 했고, 그런 확신을 하기 위한 그 어떠한 신앙이나 믿음, 지식도 불필요했다. 하나님은 그들의 꿈에 그들이 도저히 오해할 수 없도록 아주 분명한 방식으로 등장하셨다. 그 결과 그들은 하나같이 모두 꿈에서 말씀하신 하나님의 명령을 거부할 수 없는 정언명령으로서 이해하고 충실히 이행했다. 설령 그 명령이 자신의 원이나 목적과 완전히 상반되거나 그들이 전혀 상상하지 못했던 내용을 담고 있다 하더라도 말이다.

사라가 자신의 누이라는 아브라함의 말을 믿고 그녀를 자기 궁에 들인 아비멜렉, 자신의 실책으로 지치고 괴로워서 하나님을 찾을 생각조차 못 했던 야곱, 하나님을 믿지도 않을뿐더러 야곱에게 위해를 가하겠다는 결심을 하고 맹추격하던 라반, 이렇듯 그들이 처한 상황이나 입장은 모두 달랐으나, 그저 자신의 꿈에 등장하신 하나님께서 하신 말씀을 완전한 하나님의 말씀으로 인정하고 그대로 따를 수밖에 없었다.

이는 크리스토퍼 놀란 감독의 〈인셉션〉이란 영화의 내용에 빗대어 생각해 보면 이해가 빠르다. 바로 기계 장치를 이용하여 타인의 꿈에 침투하는 집단의 이야기를 그려 공전의 흥행을 거둔 영화 말이다. 그 영화에서 주인공 집단은 타인의 꿈에 들어가 그 대상의 무의식에 어떤 메시지를 주입한다. 그리고 그것을 위해서, 잠을 자는 대상이 만들어 낸 꿈의 세계에서 자기들이 이질적인 외부의 존재임을 들키지 않고 활동한다.

하나님이 아비멜렉, 야곱, 라반의 꿈에 등장하신 방식 자체는 그 영화와도 같다. 하나님은 철저히 외부의 존재로서 당신께서 만나 주실 자들의 꿈에 등장하셨다. 즉, 그들은 하나님에 대한 꿈을 꾼 것이 아니었다. 이들에게 있어서 꿈은 그저 '매개' 내지는 하나님을 만난 '장소'이고, 그 꿈이라는 공간에 하나님께서 직접 '입장'하신 것이 된다. 다만 그 등장하신 방식에서부터 영화와는 결정적인 차이가 난다. 하나님은 꿈에 '침투'하신 게 아니라, 심상의 대문을 열고 당당히 입장하셨다. 하나님은 당신께서 이질적인 외부의 존재인 것을 아주 명확하게 드러내셨고, 하나님은 자기 뜻과 명령을 그 꿈을 꾸는 대상에게 숨김없이 전달하셨다.

영화 인셉션에서 타인의 꿈에 침투하는 자들은 그 대상을 설득하는 것이 사실상 불가능하기에, 그 심상에 메시지를 직접 주입하기 위해서 꿈속으로 그 번거롭고 위험천만한 침투를 하는 것이 필요했다. 하지만 창세기에 기록된 바에 따르면, 하나님은 그 무엇도 그들에게 주입하시거나 가장하시지 않으셨다. 따라서 꿈이라는 장소가 하나님께 이점으로 작용한 부분은 전혀 없었다. 그렇다면 어째서 하나님은 꿈이라는 장소를 통해서 그들과 만나 주셨을까? 하나님은 그들에게 나타나기 위해서 꿈이 필요하셨거나 그들을 더 효과적으로 설득하시기 위해 그들의 꿈을 만남의 장소로 택하신 것이 절대 아니다. 다만 그 꿈은 마치 '필터' 내지는 '보호막' 역할을 했다. 그것은 바로 아직 죄인으로서 하나님과 대면해 만나야 했던 자들의 생명을 지키기 위한 것이었다.

> 우리가 하나님을 보았으니 반드시 죽으리로다(삿 13:22 하)

이는 마치 시내 산에서 하나님이 모세를 대면하실 때, 모세와 이스라엘 백성들을 거룩하신 하나님의 영광의 빛으로부터 지키기 위해서 구름으로 그 산을 둘러싸게 하셨던 것과 같다(출 24:16). 물론 그 구름조차도 하나님의 모든 영광을 다 가리지는 못했고, 산 아래에서 모세를 기다리던 이스라엘 백성은 다만 하나님의 영광이라 표현한 맹렬한 불 같은 것을 보게 된다. 이윽고 그들의 마음에는 경외와 극심한 두려움이 엄습했다. 꿈 또한 하나님을 직접 대면하는 것을 감당할 수 없는 한낱 인간을 보호하기 위하여, 하나님께서 마련하신 일종의 '구름'이다. 하지만 구름이 하나님의 영광을 다 가리지는 못했듯 꿈이라는 필터조차 하나님을 다 가릴 수 없어서, 그 영광을 간접적으로나마 체험한 자들은 결국 그 내용을 부정하거나, 하나님을 만났다는 사실을 의심할 수 없었다. 그리고 마치 하나님을 직접 대면한 것처럼 그들의 의지는 바스러지고 그저 압도적 경외만 그들의 마음 가득 남았다.

아비멜렉의 경우, 자기 꿈에 등장하신 하나님을 너무나 두려워했고, 그 즉시 하나님께서 하신 말씀 전부를 이행하였을 뿐만 아니라(창 20:3-8), 단순히 명령의 내용에 순종하는 것을 넘어서 아브라함과 사라에게 자신이 저지른 무례를 사과하는 의미에서 물질적인 혜택을 주며 보상했다(20:14-16). 야곱 또한 꿈에서 하나님을 만나고, 그분께서 주신 언약의 말씀을 자신의 삶을 결정 짓는 기반으로 삼아 살게 되었다. 벧엘에서 하나님께 받은 약속이야말로 그 이후 야곱의 삶을 관통하는 삶의 바탕이자 새로운 인생관이 되어 야곱을 영구적으로 변화시켰다. 라반의 경우는 꿈을 꾸기 직전이나 그 직후에나 하나님을 '믿음'의 대상으로 삼는 그런 신앙인의 모습은 당장 보이지 않는다. 야곱과 대면하는 이 장면에서도 자신이 꿈에서 만난 하나님을 "이삭의 하나님"이라 지칭하면서도 자신의 드라빔을 신(אלהים, 엘로힘, 하나님, 신들, 또는 천사들)이라 여전히 부른다. 따라서 라반은 여전히 드라빔을 자기 신앙의 대상으로 여기고 있었다는 얘기다. 다만 라반이라고 하나님을 꿈에서 대면한 이후에 그 어떠한 두려움이나 경외를 느끼지 못한 것은 아니었다. 자기 마음에 차오르는 것이 경외인 것을 인지하지 못했을 뿐이다. 결국 라반도 하나님이 명령하신 대로 야곱에게 털끝 하나 손대지 못했다.

이것은 현대를 살아가는 우리 그리스도인들에게도 유용한 교훈을 준다. 우리는 종종 하나님을 꿈에서 뵈었다, 혹은 만났다고 주장하기도 하지만 꿈에서 하나님을 뵌 것 자체로 그것이 성경적인 체험이 되는 게 아니다. 그 형태만 같을 뿐, 내용물은 전혀 다를 수도 있기 때문이다. 성경에서 말하는 바에 따르면, 하나님이 누군가에게 현몽하실 때는 꿈에서 그분이 하나님이시라는 것을 인지할 수 있는 형태와 상황이라야 하며, 꿈꾸는 자의 신앙적 수준은 아무 상관이 없다(창 20:3). 그렇기에 진정한 의미에서 '하나님을 만나는 꿈'은 믿음의 영역이 아닌, 인지의 영역일 수밖에 없다. 즉, 성경에 기록한 하나님을 꿈에서 만난 자들의 체험은 일반적으로 말하는 하나님에 관한 꿈을 꾸는 것과는 다르다. 그렇기에 라반을 포함한 그 누구도 감히 자신의 꿈에 등장하신 하나님의 말씀을 거역할 수 없었다. 하나님을 만났다는 것은 하나님의 의지와 반하는 모든 의지의 소멸을 의미하니까 말이다.

드라빔

야곱이 라반에게 대답하여 가로되 내가 말하기를 외삼촌이 외삼촌의 딸들을 내게서 억지로 빼앗으리라 하여 두려워하였음이니이다 외삼촌의 신은 뉘게서 찾든지 그는 살지 못할 것이요 우리 형제들 앞에서 무엇이든지 외삼촌의 것이 발견되거든 외삼촌에게로 취하소서 하니 야곱은 라헬이 그것을 도적질한 줄을 알지 못함이었더라(창 31:31-32)

야곱은 라반의 억지 발언에 다만 라반이 강제로 자기 아내들을 빼앗을까봐 두려웠다고 대답한다. 이에 대해서 라반은 별다른 반응을 보이지 않았다. 아마 라반은 그럴 의도가 다분했었을 테니까. 오히려 라반은 정곡을 찔린 격이다. 라반은 꿈에서 하나님이 명령하신 대로 야곱에게 위해는 가하지 않았지만, 야곱의 일파 중에 누군가가 자신의 드라빔을 훔쳤다고 주장했고, 그 드라빔을 찾겠다며 나섰다. 야곱은 라반의 수색을 허용했고, 그 드라빔을 훔친 게 누구든지, 발각되면 그 대상은 죽음으로써 처벌할 것이라 말한다. 당시에는 야곱이나 라반 둘 다 그것을 훔친 사람이 라헬이라는 것을 까맣게 모르고 있었기에 이러한 대화가 오갈 수 있었다. 아마도 야곱의 경우는 라반이 괜스레 트집을 잡는다고 생각했을 터이다.

라반이 야곱의 장막에 들어가고 레아의 장막에 들어가고 두 여종의 장막에 들어갔으나 찾지 못하고 레아의 장막에서 나와 라헬의 장막에 들어가매 라헬이 그 드라빔을 가져 약대 안장 아래 넣고 그 위에 앉은지라 라반이 그 장막에서 찾다가 얻지 못하매 라헬이 그 아비에게 이르되 마침 경수가 나므로 일어나서 영접할 수 없사오니 내 주는 노하지 마소서 하니라 라반이 그 드라빔을 두루 찾다가 얻지 못한지라(창 31:34-35)

창세기는 독특한 방식으로 라반이 수색한 순서를 기록한다. 라반은 세력이 큰 장막부터 수색했다. 당연히도 라반 혼자서 수색한 것이 아니라, 추격대의 일원인, 병사에 가까운 장정들을 동원해서 그야말로 샅샅이 장막을 헤집어 놨다. 우선은 야곱, 그리고 레아, 라헬, 그리고 두 여종의 장막의 순서로 수색했다. 다만 창세기에서는 라헬의 장막에서 있었던 일을 따로 떼어 더 자세히 설명하기 위하여, 야곱, 레아, 그리고 두 여종의 장막을 먼저 언급하고, 그 이후 레아의 장막에서 나와 라헬의 장막에 들어갔을 때의 상황을 묘사했다.

라반이 야곱과 레아의 장막을 아직 수색하고 있을 때, 라헬은 꾀를 내어서 드라빔을 약대 안장 아래에 넣었고, 자신이 생리 중임을 핑계로 일어나서 영접할 수 없다고 함으로써 발각될 위기를 넘겼다. 그 말에 속아 넘어간 것은 석연치 않다. 대개 남을 속이는 자들은 의심도 많다. 게다가 추격전의 명분이 되어 버린 드라빔을 발견하지 못했을 때, 라반은 대단히 난처한 처지에 처하게 되는데, 인력이 귀했던 시절, 자기 형제들의 세력까지 동원하여 7일 길을 추격했으니, 그것이 그저 오해에 기반한 촌극이었다는 결론이 나면 그 체면이 손상될 것이 분명했다. 그렇게 간절했을 라반이 생리 때문에 약대 안장에서 앉아 있어야 한다는 라헬의 말에 어떠한 의구심도 가지지 않았다는 건 매우 이상하다.

우리는 세상에 우연이 없다는 것을 안다. 야곱의 일파가, 그중 특히 라헬이 위기를 넘긴 것은 하나님의 도움이 없었더라면 불가능했다. 라반은 부족의 장으로 잔뼈가 굵은 사람이었다. 몇 마디 말로 쉬이 속여 넘길 수 있는 상대가 아니었다. 그러나 하나님이 도우셨다는 결론을 내린다면 또 다른 문제가 생긴다. 바로 드라빔의 존재다. 드라빔이 제아무리 가문의 상징이라는 의미가 있다고 한들, 어찌 되었든 그것은 숭배의 대상으로도 쓰이는 '우상'이다. 더군다나, 라반은 그것을 신들, 그러니까 '엘로힘'이라고 지칭했기에, 라반의 일파는 그것을 신앙의 대상으로 여긴 것이 분명했다.

우상이라는 것은 별 게 아니다. 조그마한 조약돌 하나라도, 혹은 로마 시대의 형틀이더라도, 아니 그저 무형의 것이라 해도, 그것에 도를 넘어서는 종교적 의미를 부여할 때 그 어떠한 것도 우상이 될 수 있다. 비록 율법이 존재하기 이전의 시기이기에, 현대를 살아가는 우리가 그 자체를 비난하거나 정죄할 사안이 아닌 것은 분명하지만, 여전히 야곱이 도망하던 시점에 라헬이 드라빔을 숨기는 과정을 하나님이 도우실 이유는 없다. 오히려 그 드라빔이 들통났더라면? 그 이후에도 하나님은 얼마든지 야곱과 라헬을 구해 내실 수 있었다. 그런 방식으로 이야기가 진행되었다면, 후대를 살아가는 우리도 우상에 대한 경각심을 가져야 한다는 교훈까지 얻을 수 있으며, 야곱의 일파도 그것을 깨달을 기회가 될 수 있었을 것이다. 물론 그 과정에서 라헬이 고초를 겪거나 과도하게 손가락질의 대상이 될 수는 있었겠지만 말이다. 하지만 하나님은 율법을 통해서 명확하게 드러날 교훈은 잠시 미루시고 드라빔을 숨긴 라헬을 보호하시며 다른 교훈을 전달하시기로 결정하셨다.

그렇기에 드라빔 사건은 하나님이 하시는 일에 인간이 어떠한 변수를 창출하지 못한다는 교훈을 준다. 흔히 이런 이야기를 한다. "부정 탄다." "네가 의심하고 잘못해서 하나님이 돕지 않으신다." 하지만 드라빔 사건을 통해서 하나님이 분명하게 밝히시는 것은 주님이 하시는 일을 사람이 방해하거나 그르치게 할 수 없다는 점이다. 사람들은 아쉬움이 서려 있는 인생의 비극을 흥미삼아 구경하길 좋아한다. 주인공이 거의 목적을 성취하려 했지만, 누군가의 사소한 실수로 일을 그르치고 비극적인 결말로 흐르는 구조는 많은 서사에서 클리셰로 사용한다. 그만큼 그런 아쉬움은 '팔리는 이야기'라는 것이다.

하지만 야곱의 이야기에서는 그렇지 않다. 인간의 실수와 잘못조차 하나님이 어떤 뜻을 이루시는 데 아무런 문제가 되지 않으며, 오히려 모든 요소는 하나님 앞에서 결국 합력하여 선으로 이뤄질 준비가 되어 있음을 명백하게 보여 준다. 이 자체가 후대 믿음의 사람들을 위한 매뉴얼이 되므로, 그가 행하시는 일과 그가 이루시는 일을 감히 사람이 그르치게 하지 못하고 굽게 하지 못한다고 확실히 믿을 근거가 된다. 전도서 기자는 자기 삶과 이스라엘 역사를 꼼꼼히 살핀 후 결론을 내린다. 하나님이 하신 것을 인간이 한 터럭도 다르게 할 수 없다.

> 하나님의 행하시는 일을 보라 하나님이 굽게 하신 것을 누가 능히 곧게 하겠느냐
>
> (전 7:13)

그렇다고 라헬이 드라빔을 훔친 행위에 대해서 동조하거나 옹호할 필요는 없다. 혹은 하나님이 역사하시는 데 필요 불가결한 요소인 것처럼 여기는 것 또한 이치에 닿지 않는다. 이 지점에서 확인하고 지나가야 할 중요한 것은 하나님이 어떠한 일을 이행하시는 것에 있어서 그 어떠한 것도 변수가 될 수 없다는 점이다. 이는 모든 것을 완벽하게 다 아시는 하나님의 전지하심이라는 속성 덕분이다. 성경은 믿음을 가지고 기도하는 자들에게 두려워하지 말고 확신으로 구하라고 한다(마 14:31; 21:21; 롬 4:20; 약 1:6). 그런데 의심과 두려움을 벗는 것을 우리 자력으로 할 수 있는 일일까? 우리의 기도가 뭐 그리 대단하다고, 우리의 의지가 얼마나 튼튼하다고 세월과 상황을 넘어서 굳건한 믿음에 이를 수 있을까? 그것은 절대로 불가능하다.

그렇기에 오직 믿음으로 구원받는다는 개념조차도, 그 믿음을 주신 것은 하나님이시며(엡 2:8; 고전 12:9), 그 믿음이 유효하도록 성령께서 주도적으로 지키시고 도우신다(엡 4:30; 빌 1:19). 이는 구원에만 한정되는 바가 아니다.

신앙인은 모두 하나님께 간구하며 도움을 구하며 한 걸음 한 걸음 인생길을 걸어 나간다. 삶의 순간들은 의문투성이다. 까닭 없이 다가오는 적의와 어려움에 때로는 고개를 갸우뚱거리기도 하고 허망하게 눈물 흘리기도 한다. 이곳에 어떠한 사명이 있었으면 하고, 하나님의 뜻이라는 것이 있었으면 하는 것은 대단한 신앙심에 기인한 것이 아니라, 너무나 무의미하고 덧없이 흐르는 눈물로 괴로운 처지라 차라리 그러한 것이 있었으면 하는 절규에 가깝다. 그러한 삶 속에서 하나님을 붙잡는 마음가짐과 손짓이 한데 어우러져 결국 하나의 예배가 되고 기도가 된다. 발걸음 하나하나, 내쉰 숨과 들이마신 쉼마다 일일이 하나님께 드리는 간구가 서려 있다. 자신의 실책으로 돌황무지 광야를 헤매던 야곱의 때처럼, 하나님이 우리의 그런 것도 '상한 심령'으로 여겨 주셔서 예물로 받아 주실 것을 기대하곤 한다. 그러는 가운데, 도리어 하나님이 우리를 받아 주시지 않아야 할 이유가 떠오르다 못해 켜켜이 쌓이기까지 한다. 이사야서에는 이런 말이 있지 않던가?

여호와의 손이 짧아 구원치 못하심도 아니요 귀가 둔하여 듣지 못하심도 아니라 오직 너희 죄악이 너희와 너희 하나님 사이를 내었고 너희 죄가 그 얼굴을 가리워서 너희를 듣지 않으시게 함이니(사 59:1-2)

성경의 구절에는 때로는 우리가 버림받아야 할 명확한 이유가 담겨 있다. 그리고 우리의 죄성은 유독 그러한 구절에 우리의 의식에 머물러서 맴돌게 조장한다. 그리하여 하나님을 바라보지 못하게 한다. 하지만 이사야 59장 시점에는 무수한 은혜를 입고도 하나님을 의지하지 않는 자들을 책망하며, 그들이 겪어야 할 하나의 과정을 이야기한다. 그 과정이란, 이스라엘 백성들이 자신의 죄악으로 하나님과 거대한 담벼락을 쌓았어도, 결국에는 하나님께서는 보내실 구속자 그리스도를 통해 당신의 뜻대로 긍휼하게 여길 자를 긍휼하게 여기시는 것이다.

여호와께서 가라사대 구속자가 시온에 임하며 야곱 중에 죄과를 떠나는 자에게 임하리라(사 59:20)

모두 과정에 불과하다. 드라빔도 과정일 뿐이다. 하나님이 직조하셔서 만들어 내실 야곱 일파의 완성된 모습, 라헬이라는 인물의 완성된 모습, 야곱 최후의 모습, 그 모습은 아직 드러나지 않았다. 하나님이 전지하심으로 그것을 미리 다 내다보시고 구상하고 계시는 중이다. 그런 도중에 야곱처럼 형과 불화를 일으키고 아버지를 속이기도 한다. 그 '도중'이라는 은혜는 야곱처럼 하나님에게 편애받는 자에게만 허락된 은혜가 아니다. 라헬에게도 하나님은 동일하게 역사하셨다. 라헬 또한 언니 레아와 경쟁하기도 하고 드라빔을 숨기기도 한다.

하지만 그 과정에서도 우리가 죄책감에 겨워 아담과 하와처럼 하나님 앞에서 숨어 버리는 잘못을 하지 않기 위해서는 '다 아시는 주님', 곧 하나님의 전지하심에 의지하여 좀 당당해야 한다. 이는 뻔뻔함이나 염치없음과는 그 외향은 비슷할지언정 그 내면은 전혀 다르다. 이는 모든 죄악이나 모든 상황을 하나님만 해결하시고 개선하실 수 있다는 믿음에 기반한다. 이는 하나님이 그 전지하심으로 이 모든 것을 미리 아시고도 여전히 사랑하시는 것을 멈추지 않으시고, 결국에는 의의 길로 인도해 주시며, 진정한 의미에서 회개하는 길을 보여 주시리라는 믿음이다.

그러므로 죄를 사랑하고 행악을 자랑하는 생각은 믿음을 가진 자의 마음에 들어올 틈이 없다. 야곱 일파의 생존, 야곱과 라헬의 형통은 드라빔과 같이, 신도 아니고 아무것도 아닌 그저 형상에 불과한 것이 막아설 수 없다. 그러나 만약에 하나님이 계시지 않으면, 하나님에게 접 붙어 있지 않으면, 하나님의 품에 조금이라도 떨어진다면 단 한 순간도 생존하거나 단 한 발짝도 나아갈 수 없는 것이 우리이다.

드라빔을 훔친 행위가 당대 기준으로도 죄인가? 물론, 죄이다. 현대 그리스도인들이 우상, 그러니까 드라빔을 소유하는 것은 죄인가? 그렇다 죄이다. 하지만 그 자체에 거대한 의미를 부여하여 하나님이 우리 삶에서 역사하시며 그 죄과를 치워 주시지 못할 만큼 거대하다고 주장하는 것은 그것에 과도한 의미와 능력을 부여하여 더더욱 우상화하는 것과 다름없으며, 결국 하나님의 전능하심을 제한하고 전지하심을 부정하는 것이 된다. 드라빔 사건을 통해서 얻어야 할 진정한 교훈은 하나님의 은혜가 있으니 마음껏 죄를 짓자는 것이 아니다. 이는 이미 바울이 어리석은 접근이라 선언하지 않았는가?

율법이 가입한 것은 범죄를 더하게 하려 함이라 그러나 죄가 더한 곳에 은혜가 더욱 넘쳤나니(롬 5:20)

그런즉 우리가 무슨 말 하리요 은혜를 더하게 하려고 죄에 거하겠느뇨 그럴 수 없느니라 죄에 대하여 죽은 우리가 어찌 그 가운데 더 살리요(롬 6:1-2)

드라빔 사건을 통해서 하나님께서 보여 주시는 것은 그 과정에서 우리가 얼마든지 야곱처럼 라헬처럼, 그 옛날 아담과 하와처럼 실수하고 부지중에 실책을 저지를 수 있다는 것이다. 하지만 하나님은 우리가 그런 실수를 저지를지 전혀 모르셨던 것처럼 화들짝 놀라시며 우리를 내치시거나, 영영 우리를 버리시는 것이 아니라, 그 죄악과 죄과, 그 실책을 극복하여 더 나은 존재가 될 수 있도록 인도하여 주시고, 하나님이 구상하신 큰 계획, 우리를 향해 두신 벅찬 계획을 변경함 없이 이뤄 나가신다. 그러므로 그런 기준으로 우리는 하나님을 온전히 의지하며 하루하루 살아갈 수 있다. 더욱 나은 존재가 되도록 기회를 얻어 가면서 말이다.

물론 하나님은 영원히 참지는 않으신다. 그러하실지라도 하나님은 우리에게 충분히 오래 참으신다. 그렇기에 우리는 바울이 로마서 6장에서 선언했던 것처럼, 은혜를 얻었기에 죄에 거할 수 없는 아주 역설적인 존재가 된다. 죄 사함을 받았기에, 앞으로 범할 귀책도 용서해 주시리라 믿기 때문에, 오히려 죄를 범하는 것을 꺼리고 싫어하는 존재가 된다. 이 모든 것을 도우시는 성령을 의지하며 하루하루 살아가는 존재가 된다. 그의 사랑은 지지 않는 사랑이며, 그의 구원은 확증된 구원이다.

야곱의 분노

야곱이 노하여 라반을 책망할쌔 야곱이 라반에게 대척하여 가로되 나의 허물이 무엇이니이까 무슨 죄가 있기에 외삼촌께서 나를 불같이 급히 쫓나이까 외삼촌께서 내 물건을 다 뒤져 보셨으니 외삼촌의 가장집물 중에 무엇을 찾았나이까 여기 나의 형제와 외삼촌의 형제 앞에 그것을 두고 우리 두 사이에 판단하게 하소서 내가 이 이십년에 외삼촌과 함께하였거니와 외삼촌의 암양들이나 암염소들이 낙태하지 아니했고 또 외삼촌의 양 떼의 수양을 내가 먹지 아니하였으며 물려 찢긴 것은 내가 외삼촌에게로 가져 가지 아니하고 스스로 그것을 보충하였으며 낮에 도적을 맞았든지 밤에 도적을 맞았든지 내가 외삼촌에게 물어 내었으며 내가 이와 같이 낮에는 더위를 무릅쓰고 밤에는 추위를 당하며 눈붙일 겨를도 없이 지내었나이다 내가 외삼촌의 집에 거한 이 이십년에 외삼촌의 두 딸을 위하여 십 사년, 외삼촌의 양 떼를 위하여 육년을 외삼촌을 봉사하였거니와 외삼촌께서 내 품 값을 열번이나 변역하셨으니 우리 아버지의 하나님, 아브라함의 하나님 곧 이삭의 경외하는 이가 나와 함께 계시지 아니하셨더면 외삼촌께서 이제 나를 공수로 돌려 보내셨으리이다 마는 하나님이 나의 고난과 내 손의 수고를 감찰하시고 어제밤에 외삼촌을 책망하셨나이다(창 31:36-42)

야곱이 노했다. 라반이 레아를 라헬로 가장시켜 야곱을 속였을 때도 야곱이 라반에게 화를 냈다는 묘사는 없다(창 29:25). 물론 창세기 31장 시점이 야곱이 생애 처음으로 화를 냈다거나, 29장 시점에는 전혀 화를 내지 않았다는 것은 아니다. 다만 야곱이 그동안 라반에게 당하면서도 참아 왔던 울분이 터져 나온 장면이었기에, 창세기 기자가 특별히 야곱이 분노했음을 서술한 것으로 보인다.

그도 그럴 것이, 20년이나 자기를 몸종 취급하며 착취해 온 장인 라반이, 야곱이 레아와 라헬을 칼로 협박하여 끌고 갔다는 말도 안 되는 모함을 명분 삼아 장정들을 이끌고 맹추격했고, 하나님의 개입하심으로 더는 꼬투리를 잡을 것이 없자, 드라빔을 찾겠다는 명목으로 그 어떤 증거도 없으면서, 야곱 일파의 장막을 샅샅이 뒤졌다. 덕분에 애써 싸놓은 짐은 다 풀어헤쳐졌고, 그 장정들이 7일간의 추적과 야영으로 인하여 흙먼지와 땀으로 더러워진 손으로 이런저런 짐들을 헤집어 놓은 바람에 온통 엉망이 되었다. 게다가 야곱의 무리에는 어린 자녀들까지 있었다. 야곱은 라헬의 사정을 몰랐으니, 할아버지가 되어 손자 손녀들 앞에서 어쩌면 이럴 수 있는가 하며 속이 부글부글 끓었다. 아무리 야곱이 호인이라고 하더라도 가족이, 자녀들이 결부되었는데 마냥 참고 있을 수만은 없다. 야곱은 그동안 쌓여 왔던 말을 내뱉는다.

야곱은 분노에 차서 그간 서운했던 일들을 그저 두서없이 토로한 것은 아니다. 우선 야곱이 라반에게 항변하는 내용들에는 이전에 라반에게 이미 언급했던 말이나, 지금 와서 다퉈 봤자 소용없는 것들은 빠져 있다. 특히 레아를 라헬로 꾸며 야곱을 속이고, 7년을 더 일하게 만들었던 부분이나, 털에 특색 있는 양을 주기로 했으면서, 야곱의 무리에서 해당하는 양들을 모두 빼내어 버린 것 따위 말이다. 다 지난 일을 말해봐야 소용없다는 것을 야곱은 알고 있었다. 이를 통해 우리는 야곱이 그저 분노에 눈이 먼 상태가 아니라, 한 세력을 이끄는 수장으로서 그 침착함을 유지하고 있었음을 알 수 있다. 다만 그는 자기가 최선을 다하여 할 도리를 다했을 뿐만 아니라, 그 이상으로 노력하며 라반에게 이익이 가도록 행동해 왔음을 밝혔다. 자기가 지금 이렇게 하나의 무리를 이끌고 나올 수 있던 것은 오직 하나님께서 그런 자기를 불쌍히 여겨 줬기 때문이지, 결코 라반이 자기를 공평하게 대했기 때문이 아님을 분명히 역설한다.

이쯤 되니까 그동안 라반이 10번이나 품삯을 바꾸고 계약의 조건을 바꾼 것에 반발하지 않은 이유가 드러난다. 라반은 그간 넘겨짚어 왔다. 아무리 조건을 불리하게 바꿔도 그저 토를 달지 않고 따르는 야곱이 필시 자기를 무서워하거나, 혹 어딘가 어리숙해서 속여 넘기기에 손쉬운 상대라 생각했다. 다시 말해 라반은 그저 야곱을 얕보고 있었다. 그간 무장하지 않은 자기에게도 꼼짝하지 못했던 야곱이었으니, 무장한 장정들을 이끌고 온 자기가 그 어떤 억지소리를 한다 한들 무슨 반박을 할 수 있을까 예측했을 법하다.

하지만 야곱이 그간 라반에게 침묵했던 것은 라반의 위세에 눌렸거나 무서워서가 아니었다. 혹은 야곱이 유약하여 자신이 할 말도 못 하는 바보라서도, 야곱이 특별히 착해서도 아니었다. 야곱이 라반을 상대로 침묵했던 이유는 다만 야곱은 돌베개에서 하나님을 만나고 나서부터 사람에게는 그 어떠한 기대도 안 했기 때문이다. 야곱은 자기의 처지와 사정은 결국 하나님의 손에 달렸고, 사람은 자신의 창구가 아님을 알았다. 라반의 약속이 아무리 대단하고 유익해 보인다 한들 그것이 무슨 소용이랴? 사람은 거짓말을 한다. 혹 거짓말을 하지 않더라도, 그것을 이행할 능력조차 없다. 그렇다면 그들은 의지할 것이 무엇인가? 야곱은 사람을 의지하지 못한다. 아니 의지하지 않는다. 야곱은 야곱 자신도 의지하지 않는데 누구를 의지하겠는가? 하물며 10번이나 말을 바꾸는 라반이랴? 그런 그를 수려한 말로 논파한다 한들, 두들겨 팬다 한들 무슨 소용이 있을까? 야곱이 이런 믿음과 관점을 가진 존재임을 시편 146편의 기자는 통찰이라도 했는지, 당시 그의 심경과도 꼭 맞는 시를 남겼다.

방백들을 의지하지 말며 도울 힘이 없는 인생도 의지하지 말찌니 그 호흡이 끊어지면 흙으로 돌아가서 당일에 그 도모가 소멸하리로다 야곱의 하나님으로 자기 도움을 삼으며 여호와 자기 하나님에게 그 소망을 두는 자는 복이 있도다(시 146:3-5)

라반이 아무리 위세가 등등하고, 부유하고, 권세가 대단하다 한들, 야곱에게 라반은 그저 도울 힘이 없는 인생이다. 방백이라 번역한 그것은 귀인이라는 의미도 된다. 존귀한 자들이라는 의미도 있다. 살다 보면 우리는 때로 위대한 사람을 의지하고자 한다. 때로는 사람에게 기대고 싶어 한다. 그것이 잘못은 아니다. 우리는 약하기에, 혼자 살 수 없기에 때로는 사람을 의지하곤 한다. 그러나 그것은 장기적으로 우리에게 해결책을 주기보다는 사람으로 인한 실망과 서러움만 안긴다. 사람은 배신한다. 아니 배신을 하지 않더라도 그 능력에 한계가 있어서 다 돕지 못하기도 한다. 또한 최선을 다한다 한들 그 수명은 정해져 있으며 결국 그 힘이 닿는 곳까지만 도움이 있을 따름이다. 그렇기에 결국 허망하게 모든 기대는 끝나고 만다.

비록 사람을 의지하는 것은 지혜를 떠난 일임에는 분명하지만, 하나님은 우리가 사람을 의지하는 습성 자체를 책망하시거나 죄악으로 여기지는 않으신다. 아담이 혼자였을 때, 그는 매일 하나님과 동행하고 에덴동산에서 함께 산책할 만큼 친밀한 관계를 유지하면서도 외로움을 느꼈다. 하나님은 그런 아담을 위해서, 그에게 꼭 맞는, 그를 꼭 맞는 존재로 여겨 줄 '짝', 하와를 만들어 주셨다. 하지만 사람이 자기들끼리 의지할 때 사람은 함께 외로운 존재가 된다. 하나님과 멀어진다면 결국에는 함께 무너지는 존재이다. 사람은 혼자이건, 함께이건, 개인이건, 부부이건, 가족의 형태이건, 함께 하나님을 의지하는 존재로 만드셨다. 그렇기에 개인 단위로 하나님을 의지하더라도(렘 49:11), 가문 단위로도 하나님을 의지하며(시 115:10), 백성 단위로도 하나님을 의지한다(시 62:8; 115:9). 그러므로 홀로 있을 때나 함께 있을 때나 부유할 때나 가난할 때나 그 어떠할 때도 우리는 하나님이 필요하다.

야곱도 그러했다. 야곱이 라반과 굳이 다투거나 싸우지 않았던 것은 라반 밑에서 종살이하는 그 모든 과정에는 분명한 하나님의 뜻이 있다고 믿었기 때문이다. 자신을 밑도 끝도 없이 억울하게 하는 라반의 행위가 있었지만, 하나님만은 아시리라 하는 믿음이 있었다. 이것은 그저 다툼에 대한 두려움이나 혹은 귀찮음에 의한 넘겨짚음이 아니다. 성경에서 말하는 하나님이 선물로 주신 믿음의 결과였다. 여기서 얻을 교훈은 억울한 일을 당하고도 사회적으로 형성된 구제책을 사용하지 말고 기도만 하라는 의미가 아니다. 신고를 삼가거나 법적 제도를 이용하지 말라는 것은 더더욱 아니다. 이후 이스라엘에도 법 시스템이 존재했고, 바울도 로마의 사법 시스템을 활용했다. 하지만 그런 사회적 시스템에는 사각지대가 있는 법이다.

야곱이 살았던 고대의 하란, 그곳에서 데릴사위를 하던 야곱은 하나님의 개입하심 없이는 도무지 그 억울함을 풀 길이 없었다. 그곳에는 야곱을 보호할 노동법이나 고용할 변호사가 없었다. 하나님께서 만약 야곱에게 라반과 더불어 싸우라 말씀하셨더라면, 라반과 언쟁하여 정당한 몫을 되찾으라 명령하셨더라면, 싸움을 주저했을 야곱이 아니다. 하지만 그런 명령이 없는 상태에서 야곱은 자기 임의대로 그러한 일을 하지 않았다. 만약에 그런 행동이 필요했다면, 하나님이 명령해 주셨을 것이라는 믿음, 그런 믿음 또한 하나님이 야곱에게 선물로 주신 것이었다. 이어지는 야곱의 발언은 의로운 척은 다 하면서 마치 야곱은 배은망덕한 존재이고 자신은 매우 자애로운 존재인 양 포장하며 체면 차리기에 급급했던 라반에게는 정문일침과 같다.

우리 아버지의 하나님, 아브라함의 하나님 곧 이삭의 경외하는 이가 나와 함께 계시지 아니하셨더면 외삼촌께서 이제 나를 공수로 돌려 보내셨으리이다 마는 하나님이 나의 고난과 내 손의 수고를 감찰하시고 어제밤에 외삼촌을 책망하셨나이다(창 31:42)

야곱이 많은 가축 무리를 소유할 수 있었던 것은 라반의 주장처럼 라반이 무슨 대단히 좋은 조건으로 야곱을 선대했기 때문이 아니었다. 라반은 할 수만 있거든 야곱을 평생 착취하고 싶어 했다. 일이 잘못되어 야곱이 독립하고자 한다면, 부득이하게 그를 막을 수 없다고 한다면 무슨 트집을 잡아서라도, 어떠한 위협과 협박을 아끼지 않아서라도 빈손으로 내보내고 싶어 했다. 그러한 점을 야곱은 누구보다도 잘 알고 있다. 그리고 그 기가 막힌 형편에서 야곱의 권익을 지켜 주시며, 또한 눈동자처럼 그 세력과 그 생명을 지켜 주신 것은 오로지 하나님이셨다. 야곱은 그렇기에 앞서 라반이 "네 아버지의 하나님이 꿈에 나오셔서 너에 대해서 말씀하지 않으셨으면 넌 내 손에 죽었다"라는 뉘앙스로 말한 라반에게 "장인어른이 보았다는 그 하나님은 저와 함께하시는 하나님이십니다. 그리고 하나님은 제 아픔과 수고를 아시기 때문에 장인어른의 꿈에 등장하셔서 장인어른을 책망하신 것입니다"라고 되받아쳤다.

라반은 하나님께서 그저 자신에게 하신 말씀을 야곱과 시시비비를 가리지 말라 하신 것으로 일축했지만, 한편으로는 알고 있었다. 그 말씀의 진정한 의미는 "Don't Touch"였다는 것을…. 그리고 하나님의 사람 야곱은 그것을 통찰하여 라반에게 고한 것이다. 하나님이 라반의 꿈에 등장하신 것은 단순한 요구나 주문이 아니었다고, 그것은 분명 책망이었으며 경고였다고 야곱은 재확인시켜 준다. 결국 라반은 자기 형제들과 그들 휘하의 장정들까지 이끌고 7일 길을 왔지만, 이삭 가문의 하나님으로 알고 있는 분이 꿈에 등장했다는 이유만으로 빈손으로 돌아갈 모양새가 되었다. 라반의 위신이 크게 깎일 위험이 있는 상황임에도 라반이 그리 한 것은 라반이 인정하건 인정하지 않건 하나님께서 꿈에 등장하신 그 경험으로 라반에게 경외라고 해도 좋을 만한 엄청난 두려움이 생긴 것이다. 그 점을 자신이 평소 우습게 보던 야곱이 지적하자 라반은 더 이상 따질 수 없었다.

경계

> 라반이 야곱에게 대답하여 가로되 딸들은 내 딸이요 자식들은 내 자식이요 양 떼는 나의 양 떼요 네가 보는 것은 다 내 것이라 내가 오늘날 내 딸들과 그 낳은 자식들에게 어찌할 수 있으랴(창 31:43)

야곱이 해대는 구구절절 맞는 말에 대해 라반은 꽤 누그러진 반응을 보인다. 직접적인 대답은 하지 못하고 그저 원론적인 말을 한다. 야곱의 아내들은 자기 딸들이고, 그 아이들은 자기 손자, 손녀이며, 야곱의 양들은 자기 양 떼였다고, 그렇기에 그들을 해칠 의사가 없다는 취지에서 항변하기에 이른다. 라반이 이러한 발언으로 전달하고자 하는 메시지는 분명하다. 자기는 야곱의 일파에게 위해를 가하러 온 것이 아니다. 야곱이 20년간 노동하고도 빈손으로 쫓겨난 것이 아니다. 야곱이 이끌고 온 무리는 하늘에서 뚝 떨어진 것도 아니고, 다 라반의 소유였다. 그 중간 과정이 매끄럽지 않았다고 한들, 야곱은 결국 라반 밑에서 20년간 일한 덕분에 보통의 삯꾼이 얻을 것 이상을 얻지 않았는가? 그런 얘기다. 물론 직전에 자기에게 야곱을 해할 능력이 있음을 운운하며 협박조로 발언했던 것을 생각하면 졸속한 발언이다.

또한 이는 야곱의 발언에 대한 반박이 될 수 없다. 야곱 역시 자기가 가진 모든 것이 한때 라반의 것들이었음을 부정하지 않는다. 야곱의 입장은 일관된다. 그것은 라반의 것이었지만, 라반과 맺은 계약에 따른 20년간의 노동을 통해서 이제 야곱의 것이 되었다는 것이다. 야곱과 라반의 의견 차이는 그것을 라반이 기꺼이 지급하였는가 아니면 하나님께서 개입하심으로 야곱에게 넘어갔는가에 대한 점이다. 그러므로 라반의 논리는 야곱의 발언을 반박하기 위한 것이 아니다. 오히려 체면을 구긴 라반이 "어찌 되었든, 야곱, 자네가 많은 무리를 이루게 되었으니, 너무 그러지 말게"라며 타이르는 모양새이다. 라반이 그런 의도를 가지고 발언한 내용인 것은 바로 이어지는 제안에도 드러난다. 라반은 야곱과 언약을 세우자고 말한다. 라반의 애초 목표였던 계획, 야곱을 끌고 오거나 트집을 잡아 살해하려는 계획은 깨졌다. 라반은 각자 세력을 구축하고 있었을 형제들과 장정들을 동원한 입장에서 뭐라도 해야 했기에 드라빔 도둑으로 야곱을 몰았다. 하지만 결국 드라빔도 하나님의 도우심으로 찾지 못했다. 이제 라반의 체면을 살릴 수 있는 마지막 수단은 환송, 그러니까 라반의 자애로움을 보여 주는 쇼뿐이다.

> 이제 오라 너와 내가 언약을 세워 그것으로 너와 나 사이에 증거를 삼을 것이니라 이에 야곱이 돌을 가져 기둥으로 세우고 또 그 형제들에게 돌을 모으라 하니 그들이 돌을 취하여 무더기를 이루매 무리가 거기 무더기 곁에서 먹고 라반은 그것을 여갈사하두다라 칭했고 야곱은 그것을 갈르엣이라 칭하였으니 라반의 말에 오늘날 이 무더기가 너와 나 사이에 증거가 된다 하였으므로 그 이름을 갈르엣이라 칭하였으며 또 미스바라 하였으니 이는 그의 말에 우리 피차 떠나 있을 때에 여호와께서 너와 나 사이에 감찰하옵소서 함이라 네가 내 딸을 박대하거나 내 딸들 외에 다른 아내들을 취하면 사람은 우리와 함께할 자가 없어도 보라 하나님이 너와 나 사이에 증거하시느니라 하였더라(창 31:44-50)

라반은 야곱과 언약을 맺기에 이른다. 라반은 다른 신들도 섬기는 습성이 있었으나, 야곱과는 여호와 하나님으로 언약을 맺는다. 이는 필연적이다. 우선 야곱은 오직 하나님만을 섬기는 자인데, 여타 다른 신의 이름으로 언약을 맺을 리도 없으며, 또한 그런 종류의 약속이라면 야곱이 라반과 맺은 언약을 지킬 이유가 없다. 언약의 앞부분에는 오로지 야곱이 지켜야 할 내용, 그러니까 다른 아내를 취하거나 아내들에게 박대하지 말라는 내용이 있다. 그렇기에 여호와 하나님의 이름으로 언약을 맺는 것이 당연했다. 게다가 라반은 하나님의 두려움과 살아 계심을 맛보아 알게 된 직후다. 비록 하나님을 믿는 신앙에 대해서 완전히 다 이해하지는 못했을지라도 자기 행동을 극적으로 바꿔 놓으신 하나님을 찾는 것은 매우 자연스러운 반응이다.

내용적인 면에서는 라반의 애초의 목표가 이 언약을 맺기 위함이 아닌, 자신의 체면을 위해서 급조한 아이디어임을 유추할 수 있다. 야곱은 자기 아내들을 박대한 적이 없다. 오히려 라반과 라반의 아들들이 레아와 라헬을 마치 외인인 것처럼 박대했다. 오죽했으면 당시로서는 치안도 엉망이고 온갖 세력이 난립하고 있던 가나안행을 결심하게 되었을까? 게다가 야곱은 애초 라헬만 있으면 되는 자였다. 그런 사람으로 하여금 장가를 두 번이나 가게 만든 것은 라반이다. 따라서 라반에게도, 레아나 라헬에게도 그다지 필요하지 않은 내용의 언약이다. 다만 그로써 라반이 자기 딸들을 괴롭혀서 결국 사위의 가족들에게 독립을 꿈꾸게 몰아세웠다는 사실을 다소간 희석할 수 있었다. 라반이 귀중한 노동력이던 장정들을 이끌고 7일 길이나 추적했던 것이 딸들의 안위를 위해 언약을 맺으려 한 것이라고 한다면, 그것을 아버지의 사랑으로 포장할 수 있을 테니까 체면도 서고 위신도 서는 선택이 될 수 있었다.

언약이라는 급부가 있다면 반대급부가 있어야 할 텐데, 둘이 맺은 언약에는 라반이 야곱에게 약속하는 내용이 없다. 여전히 라반은 자신이 가지고 있는 힘의 우위를 은연중에 과시하고 있었고, 야곱에게 위해를 가하지 않는 것만으로도 언약에 대한 충분한 반대급부가 되어 준다고 생각했다.

> 라반이 또 야곱에게 이르되 내가 너와 나 사이에 둔 이 무더기를 보라 또 이 기둥을 보라 이 무더기가 증거가 되고 이 기둥이 증거가 되나니 내가 이 무더기를 넘어 네게로 가서 해하지 않을 것이요 네가 이 무더기, 이 기둥을 넘어 내게로 와서 해하지 않을 것이라(창 31:51-52)

라반이 제안한 두 번째 언약은 명목상의 내용만 보자면 야곱에게 지극히 불리한 내용이다. 그도 그럴 것이, 그들이 언약을 맺은 장소인 길르앗은 라반의 본거지에서 장정들이 맹추격하고도 7일 길이나 떨어져 있었기에, 라반의 영역과는 멀리 동떨어진 곳이다. 따라서 앞으로 야곱이 정착할 지역에 가까웠다. 물론 야곱은 아직 어떠한 땅을 가지지도 않았고, 하나님께서 가라고 명령했던 야곱의 고향과는 거리상으로 상당히 떨어져 있는 위치였다.

다만 라반의 경우도 생전에 해당 위치까지 세력을 확장할 역량이나 이유 따위는 없었을 터이다. 실질적으로 그 언약이 가지는 의미는 명목상 상호 불가침 조약에 가까웠다. 그렇기에 두 번째 언약이 야곱에게 불리한 구조인 것은 크게 문제가 안 되었다. 결과적으로 그 언약으로 인한 실익은 야곱에게 돌아갔다. 야곱의 세력은 가축 무리는 많을지언정 무력적 힘이 있는 집단이라 보기에는 아직 부족했고, 엄연히 라반과 그의 아들들로부터 신변을 위협받는 상황이었기 때문이다.

라반이 이러한 언약 내용을 요구한 이유에는 실질적인 이유보다는 정치적인 의미가 담겨 있었다. 라반이 명목이나마 자기 세력권에서 7일 길이나 떨어진 길르앗에 야곱과의 경계를 정한 것은 라반의 세력에 효익을 줄 수는 없지만, '군사적인 활동 끝에 경계를 확장'했다는 의미를 부여할 수는 있다. 인류사에서 여러 가지 제약으로 지배와 통치를 할 수 없는 영역이지만, 군사적으로 도달한 곳에 기념비를 세우고 세력을 과시하는 경우는 드물지 않다. 아마도 라반은 장정들을 동원하고도 빈손으로 돌아갈 수 없으니, 차선책으로 그러한 경계를 정한 것으로 해석할 수 있겠다.

앞서 언급했던 것처럼, 이러한 경계를 정한 것은 야곱에게는 라반으로부터의 안전을 보장하는 행위가 되었고, 또한 라반이 추격을 결정하게 만든 애초 목적과는 다르게 야곱의 독립에 정당성을 부여해 줬다. 일찍이 라반의 후계자가 되어 하란의 지배자가 될 라반의 아들들은 야곱이 아버지 라반의 것을 부당하게 도둑질하여 세력을 이뤘다는 오명을 뒤집어씌웠다. 이는 단순히 가십을 넘어서는 것이었다. 힘의 논리가 지배하는 사회에서 그러한 악의적으로 만들어진 풍문은 곧 실질적인 위협이 될 공산이 있다. 굳이 고대의 사례를 들지 않더라도, 국가와 국가, 부족과 부족이 전쟁하는 것에 무슨 거창한 명분이 필요하지 않다. 씨족, 혈족, 가문 등의 의미가 지대했던 시대의 전쟁 명분은 다소간의 억지 근거들로 만들어 내면 그만이었다. 하지만 라반이 자신의 체면을 위해서, 자신에게 전혀 위협이 될 수 없어 보이는 야곱의 세력과 상호 불가침 조약을 맺음으로 인해서, 사실상 야곱의 독립을 인정하고 수용한 셈이 되었다.

이는 사실상, 라반이 그간 야곱이 독자적인 세력을 구축하지 못하도록 라반이 견제해 왔던 모든 것이 오히려 역으로 야곱이 세력을 구성하도록 촉진했던 사례의 반복이다. 라반은 레아를 라헬로 가장하여 야곱에게 들여 14년 간이나 종살이하도록 함으로써 야곱이 이렇다 할 세력 없이 나이만 들게 하였으나, 그것으로 오히려 레아와 라헬이 경쟁적으로 자녀를 낳게 되어 야곱은 많은 자녀를 가지게 되었다. 그 이후, 털에 특색이 있는 소수의 양무리만을 야곱의 몫으로 하겠다는 불공정 계약을 맺고도, 만족하지 못하고 그러한 양들을 모두 빼돌리고 사흘 길이나 떨어트려 놓은 행위는 하나님의 개입이라는 결말을 마주하게 했다. 그 모든 결과로 하나님은 노골적으로 야곱 편을 들어 주셨고, 야곱이 돌보는 양들 가운데 건강하고 상품성이 뛰어난 양들은 유전학적으로 말이 안 되게도 털에 특색이 있는 새끼들을 낳았다. 어떻게든 야곱의 일파를 와해시킬 목적으로 헛소문도 퍼트리고 박대했으나, 그것은 오히려 그들을 하나로 똘똘 뭉치게 만들어, 야만과 혼란의 땅, 가나안으로 향하라는 하나님의 명령을 야곱 일파 모두가 한마음으로 순종하게 했다. 이처럼 이 언약도 라반이 무엇을 꾸몄든지 결국 야곱에게 이롭게 작용했던 것의 반복이었다.

아브라함의 하나님, 나홀의 하나님, 그들의 조상의 하나님은 우리 사이에 판단하옵소서 하매 야곱이 그 아비 이삭의 경외하는 이를 가리켜 맹세하고 야곱이 또 산에서 제사를 드리고 형제들을 불러 떡을 먹이니 그들이 떡을 먹고 산에서 경야하고 라반이 아침에 일찍이 일어나 손자들과 딸들에게 입맞추며 그들에게 축복하고 떠나 고향으로 돌아갔더라(창 31:53-55)

"하나님은 우리 사이에 판단하옵소서"라는 라반의 발언은 퍽 흥미롭다. 하나님은 그동안 역사하신 방식대로 라반의 꿈에 등장하셔서 야곱의 편을 들어 주셨다. 그런데도 라반은 야곱과 언약을 맺으면서 하나님의 판단을 구한다. 이는 라반이 상황 판단을 못 해서 그런 것이 아니다. 앞서 하나님이 야곱의 재산을 증식시키신 방식은 그야말로 노골적이어서 알아차리지 못할 수는 없을 지경이었다는 것을 이미 나눈 바 있다. 라반의 꿈에 등장하신 하나님이 말씀하신 바를 라반이 애써 다르게 이해하려 했지만, 야곱이 그 점을 명료하게 지적함으로 그 꿈 내용에서 라반의 행위를 이미 하나님께서 온당하지 않다 판결 내리시고 책망하셨음을 드러냈다. 라반은 자기 꾀에 자기가 넘어간 자였지만, 그것은 하나님이라는 인간의 상상 규격을 넘어가는 분의 개입이 있었기 때문에 발생한 것이지, 야곱이 그냥 예사 인물이었다면 모든 상황은 라반이 그린 그림대로 흘러갔을 것이다. 다시 말해, 라반 또한 만만히 볼 만한 범인이 아니라는 것이다. 그런데도 어찌하여 라반은 하나님의 판단을 구하였는가? 어찌하여 라반과 야곱, 양자의 언약은 하나님의 이름으로 시작하여 하나님의 이름으로 끝났는가?

이 부분에서 사람의 한계라는 것이 명확하게 드러난다. 사람은 하나님께서 자신에게 유리하게 판결하시건, 자신에게 불리하게 판결하시건, 혹 하나님이 자신을 사랑하시건, 자신을 미워하시건, 선택의 여지가 없이 하나님의 이름을 부르며 매달려야 하는 존재다. 하나님이 누구를 사랑하시며, 누구를 편애하시고, 누구를 선하게 보시고, 누구를 자기 사람으로 여기실지는 '나의 손'을 떠난 문제다. 하나님이 전지전능하시다는 말은, 그리고 하나님의 선택하심에는 후회가 없다는 말은 결국 우리의 어떠한 행동이 하나님을 실망하게 해 드릴 수 없다는 말과 동의어이며, 우리의 어떠한 노력이나 희생이나 눈물이 하나님을 놀라게 하시거나 마음을 돌이키시게 하거나 감동하시게 할 수 없다는 말과도 애석하게 동의어다.

하나님이 우리의 행동 때문에 변화하신다면, 우리의 언어에 놀라신다면, 하나님이 우리의 행동에 그 마음이 변하신다면 진정한 의미에서 전지하시지 않은 것이다. 그렇기에 인간으로서, 하나님이 우리를 사랑하실 것인지, 혹 그를 의지하는 우리를 기쁘게 받아 주실는지, 그리고 우리를 편애하실는지 여부 같은 것들은 고민의 대상도, 고려의 대상도 아니다. 그것들은 오로지 하나님의 주권적 선택에 달렸고, 우리가 감히 어떻게 하지 못하는 영역의 일이기 때문이다. 그렇기에 그런 의문들은 결국 믿음의 대상이다. 우리는 알 수 없기에, 우리는 모르기에, 우리는 어쩔 도리가 없기에, 그리고 우리의 손을 떠났기에 그저 하나님이 우리를 사랑하시고, 기쁘게 받아 주실 것이며, 또 편애해 주실 것이라 믿을 뿐이다. 우리가 모든 것을 알고 모든 것을 할 수 있다면 믿음이라는 것은 필요 없다. 그저 아는 것을 안다고 하면 그만이고, 하고자 하는 바를 하면 된다. 그렇기에 삶의 문제에 대해서 평생을 씨름하며 고민하던 전도자는 말한다.

> 너는 가서 기쁨으로 네 식물을 먹고 즐거운 마음으로 네 포도주를 마실찌어다 이
> 는 하나님이 너의 하는 일을 벌써 기쁘게 받으셨음이니라(전 9:7)

그러므로 인간이 할 수 있는 일은 딱 정해져 있다. 하나님이 우리를 사랑하신다고 믿는 것. 하나님이 우리를 기쁘게 받아 주시리라 믿는 것. 그리스도께서 나를 위해서 죽어 주셨다고 믿는 것이다. 지금까지는 내가 망쳐 왔지만, 지금까지는 내가 하나님과 반대쪽에 서 왔지만, 지금까지는 하나님과 원수였지만(골 1:21), 이제부터는 그분의 한량없는 은혜로 나를 변화시켜 주실 것이라고, 나를 받아 주실 만한 모습으로 다듬어 주실 것이며, 나를 회복해 주실 것이라 믿는 것, 나에게도 기회라는 것을 주실 것이라고 믿는 것, 그것뿐이다. 그러므로 내어 몰린 인간에게 믿는 것 빼고는 남는 것이 없다.

이삭은 하나님의 사람이다. 이스마엘은 그렇지 못했다. 결국 이스마엘은 광야로 쫓겨나서 죽을 위기에 처했다. 이삭은 사랑한 바 되었고 이스마엘은 버린 바 되었다. 죽어 가는 이스마엘이 할 수 있는 것은 무엇이었는가? 그런 자신도 하나님께서 불쌍히 여겨 주시고 사랑해 주시리라 믿는 것밖에 없었

다. 결국 어떻게 되었는가? 하나님이 살려 주셨다. 이스마엘은 살았다. 살아 남았다. 그리고 큰 민족을 이뤘다.

이후에 다룰 내용이지만, 하나님께서 미워하셨다고 공인한 에서의 삶은 어땠을까? 에서가 할 수 있었던 건 무엇인가? 그런 자신도 하나님께서 불쌍히 여겨 주시길 믿는 것. 그렇다면 야곱과 언약을 맺는 장면에서 라반이 믿을 수 있던 것은 무엇인가? 맞다. 지금까지는 잘 몰라서, 하나님의 뜻을 몰라서, 욕심 때문에, 못된 성정 때문에, 하나님의 사람을 알아보지 못하고 하나님께서 사랑하시는 자와 정반대에 섰지만, 이제부터는 하나님께서 자신도 불쌍히 여겨 주시길 믿는 것. 아무리 그간 하나님께 미운털이 박혔지만, 앞으로 자신의 행위를 고치도록 도와주실 것이고, 결국 이런 나도 공정하게 대해 주시고 용서해 주시길 믿는 것이다. 그리고 그 결과는 "아브라함의 하나님, 나홀의 하나님, 그들의 조상의 하나님은 우리 사이에 판단하옵소서"(창 31:53)라는 고백이었다.

야곱은 예배 인도자가 되어서 산에서 제사를 드리고, 라반의 형제들로 지칭되는 모두를 불러 떡을 먹이고, 도망하느라 지쳤을 자기 사람들, 추적하느라 지쳤을 라반의 사람들과 함께 두런두런 하룻밤을 보낸다. 그리고 라반은 아침에 일찍이 일어나 손자들과 딸들에게 입 맞추고 그들에게 축복하고 하란으로 되돌아간다.

아마 그의 발걸음은 무척이나 가벼웠을 것이다. 성경에 라반의 이야기는 더는 기록되지 않았지만, 부디 아브라함의 복처럼 야곱의 일파를 축복하는 자에게 복 주겠다고 약속하신 하나님의 복이 라반과 그의 모든 자녀에게 임하기를 바란다.

7장 _____ 이상한 룰의 씨름:
하나님과 야곱

벧엘과는 다르게 : 이번에는 천사만으로는 부족해요

20년간 야곱의 가장 큰 고민거리였던 라반과의 문제가 해결되었다. 라반과의 언약을 통해서 야곱의 세력은 독립을 공인받았고, 두 세력 간의 경계를 정함으로 독립의 정당성을 확보했다. 결국 라반과 그 휘하의 세력에서 벗어나 안전을 확보했다. 그렇다고 해서 야곱의 마음이 마냥 편치만은 않았다. 현 상황을 다르게 생각하면 야곱은 유사시에 돌아갈 곳, 그러니까 퇴로를 잃은 셈이다. 메소포타미아로 향하기 위해서는 필연적으로 하란을 거쳐 가야 한다. 그렇다고 해서 하란을 피해 해안가를 따라 북상하면, 결코 야곱에게 우호적일 리 없는 에서의 처가인 헷 족속의 땅이 나온다. 그러므로 라반과 언약으로 세운 경계는 야곱에게 있어서 되돌아갈 수 없는 루비콘강, 혹은 배수진과 같다. 이제 야곱에게 남은 길은 그 두려운 형 에서가 자리한 가나안으로 향하는 것뿐이었다.

이때의 야곱은 아직 형 에서의 의중을 완전히 알 길이 없었다. 하란은 어머니 리브가의 친정이며, 가나안과 하란은 당시 두 문명의 중심지, 이집트와 메소포타미아를 관통하는 길이었기에 소문과 소식이 피차간 오갔을 것이다. 다만 소문은 어디까지나 소문이다. 실체로서의 에서의 모습은 야곱에게는 여전히 미지수였다. 마지막으로 기억하는 형 에서의 모습은 살기등등했다.

그로부터 20년의 세월이 흘렀다. 그 사이에 필설 할 수 없을 만큼 많은 일들이 있었다. 그리고 야곱의 내면에는 더 많은 변화가 있었다. 이는 비단 신앙적인 면에만 국한되지 않는다. 에서와 갈등을 겪을 무렵 야곱은 가정을 이루지 못했던 시기이다. 반면 에서는 나이 40에 결혼하여 자녀도 낳았다. 비록 둘은 쌍둥이였지만, 서로 처한 상황이 다르다 보니 야곱은 형 에서를 온전히 이해하지 못했다. 그러나 야곱은 고향을 떠나서 하나님을 만났고, 다양한 사람과 사건을 겪으면서 차츰 성숙해졌다.

과거 야곱이 저지른 잘못들이 지난 20년간 비슷한 형태로 고스란히 야곱에게 되돌아왔다. 형의 궁박을 틈타 불공정한 거래를 제의했던 것은 라반과의 계약에서 야곱이 당하는 처지가 되는 것으로 반복되었고, 형 에서로 가장하여 아버지를 속였던 것은 라반이 레아를 라헬로 꾸며서 동침하게 할 때 야곱이 속는 자가 되게 했다. 그런 과정을 겪으면서 야곱은 가정을 이루고 자녀를 양육하며 자신 또한 아버지와 남편의 입장이 되었다. 그러니 이제 그도 에서의 상황과 입장을 이해할 수 있게 되었다. 그리고 과거 자신의 과오 때문에 에서의 마음이 어땠을지 통감하게 되었다.

사람이라는 늘 그렇다. 당시 상황에서는 다 알 수 없던 것들도 반추하다 보면, 또 살면서 다양한 경험을 하다 보면 시야는 넓어지고 내가 생각했던 것, 내가 느꼈던 것, 나의 입장이 전부가 아님을 깨닫는다. 그 모든 실책과 실수, 타인의 마음에 준 상처, 그리고 그간의 잘못과 죄의 결과(죄과)를 되돌릴 수 없기에 괴로워하게 된다.

그 외에도 야곱은 약속했던 삯도 제대로 받지 못하고 10번이나 계약 내용을 무단으로 바꾸는 무시를 당했고, 라반의 아들들은 그에게 도둑이라는 전혀 근거 없는 누명을 씌웠다. 게다가 장인은 야곱이 사랑하는 아내들과 자녀들에게도 위협이 되는 언행을 일삼기도 했다. 경쟁자로 여겼던 형 에서, 필생의 숙적으로 여기던 에서, 하필이면 쌍둥이 형제로 태어났고 모든 면에서 뛰어났기에, 사사건건 자기의 앞길을 막아서는 존재라 생각했던 에서, 그런 에서만 없으면 세상만사에 고민이란 없을 것이고 제 맘대로 다 되겠다고 생각했었지만, 막상 삶을 살다 보니, 다양한 사람들을 만나 보니, 그게 아니었다. 어떻게 보면 야곱에게 형 에서만한 사람은 없었다.

장자의 명분 사건에서도 에서만은 그 거래의 존재를 인정했고 장자의 명분이 야곱에게 넘어갔다고 인정해 줬다. 그 자체로 야곱이 사람들에게 장자로 대우받지는 못했다. 하지만 형 에서만은 솔직하게 그 거래가 있던 사실을 인정해 줬다. 비록 에서가 장자의 축복권 사건의 결과로 야곱에게 살의를 품긴 했지만, 그것은 어디까지나 야곱의 잘못 때문이었다. 후계 구도 때문이라서 에서가 살의를 가졌다는 점을 참작하면 이해가 가지 않는 것은 아니었다. 일족의 수장이 된 야곱은 이제 그런 에서 형의 마음을 이해하고 공감할 만한 입장이 되었다. 하지만 에서 이외의 사람들은 달랐다. 맹세나 약속을 너무 손쉽게 어겼고, 충분히 이행할 수 있음에도 자기들의 이익에 따라서 임의로 이행 약속을 백지화했다. 세상에는 그야말로 믿을 사람 하나 없는 '야곱'투성이의 세상, 그러니까 속이는 자투성이의 세상이었다. 게다가 에서와의 관계에서 야곱은 까닭 '있게' 미움을 받고 살의의 대상이 된 존재였지만, 라반 밑에서 야곱은 아무리 노력하고 순전해지려 해도 까닭 '없이' 미움받는 적의의 대상이 되었다.

이쯤 되니까, '에서가 진정 야곱의 원수였는가?'라는 의문이 든다. 오히려 하나님의 개입 없이도 야곱을 진정 공정하게 대했던 것은 부모님을 제외한다면 어쩌면 오직 에서가 아니었을까? 야곱과 에서와의 다툼은 오직 당시 시대적 상황 때문에 형성된 적자독식의 관습으로 말미암아 발생한 것이 아니었을까? 그 모든 것을 차치하고서 야곱과 에서 둘만을 생각한다면, 그 둘은 아무런 문제가 없는 형제였을지도 모른다. 야곱도 자신의 덧없던 그 행동들을 후회하며 어떻게 하면 형 에서와 화해할 수 있을지, 어떻게 하면 형 에서에게 용서를 구할 수 있을지, 그런 고민으로 그 내면이 온통 범벅이 되어서 복잡해졌다. 물론 야곱의 내면이 창세기에 묘사되어 있지 않기에, 이것은 추론에 가깝다.

다만 가나안을 향하는 야곱이 지킬 아내들과 자녀들이 있었음에도, 에서를 상대할 그 어떠한 무력을 갖추지 않은 점이나, 하란에서 떠나기 전 하나님께서 분명 안전을 약속하셨음에도 불구하고 에서에게 용서를 당연하게 주문하거나 요구한 것이 아니라, 자신이 가진 모든 것을 총동원하며 최선을 다하여 형 에서의 마음을 풀고자 노력한 점, 그리고 에서의 만류에도 불구하고 라반 밑에서 형성한 재산의 상당량을 형 에서의 몫으로 건넨 점을 고려할 때, 그가 진정으로 에서와의 화목을 바라며 용서를 구하는 태도를 고수했다는 것은 분명하다. 야곱은 더는 형과 경쟁하고 싶지 않았다. 야곱은 다만 형과 화해하고 싶었다. 그런 마음을, 이제는 달라진 자신을 형에게 증명하고 싶었다. 하지만 그것을 어떻게 전달할 수 있을까? 수백의 언어로 수천의 단어로 이뤄진 편지를 보낸다 한들, 그런 것에 진심이 담길 수 있을까? 그런 와중에 야곱 일행은 놀라운 일을 겪는다.

> 야곱이 그 길을 진행하더니 하나님의 사자들이 그를 만난지라 야곱이 그들을 볼 때에 이르기를 이는 하나님의 군대라 하고 그 땅 이름을 마하나임이라 하였더라
>
> (창 32:1-2)

야곱은 하란에서 가나안으로 향하는 도중에 하나님의 사자들을 만난다. 그들을 만난 땅의 이름을 마하나임으로 지었는데, 이는 대군이라는 뜻이다. 일찍이 야곱은 라반에게 지급할 결혼 지참금을 대신한 14년간의 노동을 끝마친 시점에 가나안 행을 결심했었다. 제아무리 무일푼으로 위험천만한 가나안 행을 결정할지라도, 하나님이 지켜 주시리라는 믿음이 있었기 때문이다. 6년 전 당시 라반의 만류로 비록 애초의 결심은 이행되지 못했다. 하지만 그때 야곱의 그 결심은 단순한 만용이 아니었다. 주님은 가나안으로 남진을 시작한 야곱의 일파를 거대한 천사의 군대로 지켜 주고 계심을 보이셨다. 이는 벧엘에서의 사건을 떠올리게 한다. 사회적, 육체적, 물리적으로 가장 위험한 처지에 있었던 야곱, 하지만 영적인 눈으로 보니 하나님의 천사들이 나무 사다리를 타고 오르락내리락하며 자신을 지키고 있었던 것 말이다. 다만

이번에는 더욱 커다란 무리를, 아예 군대를 보내셨다.

야곱은 이미 예전부터 하나님이 자기를 지켜 주실 것이라 확신했다. 애초에 하나님께서 야곱의 꿈에 천사를 보내사 가나안으로 향하라 명령하실 때 당신을 "벧엘의 하나님"이라 지칭하시고, 야곱이 기둥에 기름을 부으며 서원한 것을 근거로 하여 가나안으로 가라 하셨다(창 31:13). 그 서원에서 야곱은 하나님께 자기가 집으로 돌아오는 날까지 먹을 것과 입을 것 그리고 안전을 보장해 주시길 간청했다. 하나님은 그 서원을 기억하셨다. 당시 야곱이 간청했던 모든 것을 이행하시겠다고 말씀하셨다. 따라서 이 여행에는 안전이 보장되었다. 다만 이것은 오직 야곱만 꿈을 통해 받은 응답이다. 그를 따르는 자들은 이에 대해서 그저 야곱의 말을 전해 들었을 뿐이다. 그런데, 하나님은 천사들의 군대를 눈으로 보도록(라아 ראה) 하심으로 그 약속이 이행되고 있음을 야곱뿐만 아니라, 그의 모든 무리가 알 수 있게 하셨다.

애초 야곱의 서원에 따르면, 보호받을 대상은 표면적으로는 야곱 한 사람뿐이었다. 그 당시 야곱은 벧엘에서 하나님에게 서원하기를, "나를 지키시고"(창 28:20), "나로 평안히 아비 집으로 돌아가게 하시오면"(28:21)이라고 하면서 '자기' 한 사람으로 대상자를 한정했다. 따라서 그 하나님의 보호하심의 범위가 어디까지일지는 야곱에게 여전히 위험 요소였다. 현대 그리스도인들은 성경을 통해 주님이 우리가 드리는 기도의 말과 소리에 갇혀 계신 분이 아님을 잘 안다. 주님은 우리가 '입력'한 '조항'을 기계적으로 이행하는 분이 아니시다. 언제나 능동적이고 주도적으로 우리의 언어와 생각을 뛰어넘어 최상의 것으로 응답하신다. 그러하신 주님의 은혜 가운데, 한 사람의 믿음으로 온 가족이 구원받고, 한 사람의 기도로 온 사회에 평안이 임한다.

주 예수를 믿으라 그리하면 너와 네 집이 구원을 얻으리라(행 16:31)

따라서 하나님이 약속하신 도움의 범위는 개인에 한정되지 않는다. 주께서 베푸시는 구원이나 풍성한 은혜는 내 가족, 내가 속한 공동체, 내 사회,

더 나아가 국가에도 미친다. 사람은 혼자 살 수 없으며 집단에 소속되어 있기에, 가정과 사회의 평안이 개인의 안정과 행복에 지대한 영향을 준다는 것을 주님이 알아주시기 때문이다. 그렇기에 마하나임에서 천사의 군대를 야곱만이 아니라, 야곱의 일파에게 보이심으로 하나님이 그러하시다는 것을, 그것을 보던 야곱 세력의 구성원에게 알려 주시고, 또 그 이야기를 듣고 읽을 후대에 교훈하시는 기회로 삼으셨다.

> 야곱이 세일 땅 에돔 들에 있는 형 에서에게로 사자들을 자기보다 앞서 보내며 그들에게 부탁하여 가로되 너희는 이같이 내 주 에서에게 고하라 주의 종 야곱이 말하기를 내가 라반에게 붙여서 지금까지 있었사오며 내게 소와 나귀와 양 떼와 노비가 있사오므로 사람을 보내어 내 주께 고하고 내 주께 은혜받기를 원하나이다 하더라 하라 하였더니 사자들이 야곱에게 돌아와 이르되 우리가 주인의 형 에서에게 이른즉 그가 사백 명을 거느리고 주인을 만나려고 오더이다(창 32:3-6)

남하하던 야곱은 형 에서가 세일 땅 에돔 들에 있다는 소식을 듣는다. 당시 여전히 가나안을 본진으로 삼고 있던 에서가 그곳에서 무엇을 하고 있었는가는 상상의 영역이다. 하지만 야곱의 사자가 이르자마자 별다른 동원 절차 없이 사백 명을 이끌고 북상했다는 점, 그리고 그들은 모두 장정들이었다는 점(창 33:1), 훗날 에서의 세력이 호리 족속을 완전히 멸하고 세일 땅을 결국에 정복한 점 등을 고려하였을 때(신 2:22), 에서는 세일에서 정복 사업을 벌이고 있던 것으로 보인다. 그렇기에 에서는 무리 전부를 이끌고 오지는 않았다. 점령지와 본대를 지킬 만한 병력은 두고, 무리 중에서 빼어난 정예를 추린 것이 400명이었을 것이다. 그렇게 에서는 정예를 이끌고 야곱의 무리에게 진격해 오고 있었다. 이는 형태적으로는 라반이 했던 추격전의 반복이지만, 규모로나 그 위급함에서 비교할 바가 아니다.

주님은 다양한 방식으로 우리를 위로하시고 용기를 주시는 분이다. 마하나임에서의 일과 바로 직후의 상황을 연결해 보면 이야기 구조가 상당히 독특하다. 일반적인 성경 이야기라면 에서에 대해서 두려워하는 것이 먼저고, 천사의 군대를 보고 위로를 받는 게 나중이어야 하는 거 아닌가? 하지만 여기서는 그 순서가 정반대이다. 야곱의 세력은 라반을 상대로 거대한 승리를 거두고 평온한 상태에서 천사의 군대를 만난다. 아직 아무 일도 일어나기 전에 하나님은 야곱의 일파에게 천사의 군대를 보여 주심으로 위로와 용기부터 주셨다. 주님은 자신의 존재감을 드러내기 위하여 억지로 사람을 위기에 넣으시거나 아픔을 주시는 분이 아니다. 오히려 어떠한 일이 발생하기 이전에, 우리가 간구하기 전에 우리에게 필요한 것을 미리 아시고, 구한 것이나 구하지 않은 것이나 할 것 없이 풍성하게 공급해 주시는 분이다(마 6:32; 눅 12:30). 인간은 타인의 환심을 사기 위해서, 또한 그루밍(길들이기) 하기 위해서 누군가를 위기에 방치하기도 하고, 아픈 상처도 입히지만, 주님은 까닭 없이 우리에게 고난을 주시거나, 우리가 망할 때까지 가만히 기다리지 않으신다. 그는 우리보다 앞서 행하시고, 우리보다 앞서 일하신다(신 1:30; 미 2:12-13).

하나님은 곤고한 자를 그 곤고할 즈음에 구원하시며 학대 당할 즈음에 그 귀를 여시나니(욥 36:15)

물론 그 위로와 용기는 에서가 400명의 장정을 이끌고 북상하면서 곧바로 무너져 내렸다. 하지만 그 천사의 군대를 본 것이 아무런 의미가 없었을까? 아니다. 야곱의 세력은 천사의 군대를 두 눈으로 보았기에 그나마 그 정도 침착함과 사기를 유지할 수 있었다. 야곱의 세력은 에서의 세력을 앞에 두고 공황에 빠지거나 와해하지 않았다. 섣부르게 도망하여 그들의 사냥꾼 본능을 자극하지도 않았다. 온 세력이 하나로 침착함을 유지했다. 완벽하지는 않더라도, 여전히 두렵더라도, 그들의 마음은 최소한 지켜야 할 지점을 지킬 수 있었다. 그래, 여전히 두렵긴 했다. 그 두려움이 에서의 위세를 경험해 알고 있는 야곱에게서 도드라진다.

돌베개를 경험하고도, 라반과의 관계에서 결국 믿음으로 이겨 냈어도, 야곱이라는 인물이 가진 인간적 약점은 여전히 존재했다. 야곱은 그 모든 과정을 극복하며 성숙에 이르렀고, 하나님과 동행하는 믿음의 사람이 되었지만, 그렇다고 해서 그의 재질이 바뀐 것은 아니었다. 그는 여전히 살과 뼈로 이뤄진 인간이었다. 그의 심장이 강철로 변한 것도 아니었다. 그것은 여전히 자맥질하면서 붉은 피를 몸 곳곳으로 보낸다. 그리고 공포에 질리면 잔뜩 위축되어서 얼굴이 새하얗게 질리기도 한다. 이는 주님이 지켜 주신다는 사실에 대한 불신의 방증이 아니다. 다만 야곱은 여전히 그저 사람이라는 증거이며, 그래서 아프기도 하고 춥기도 하고 배고프기도 하다는 것을 보여 주는 실례이다. 물론 그조차 초월할 수만 있다면 더 없이 이상적이겠지만 말이다.

또 고려해야 할 것은 벧엘의 때와는 다르게 지금의 야곱은 '안정된 상황'에서 벗어나 위험 그 자체이자 필생의 경쟁자였던 형 에서의 손아귀로 들어간다. 하란에 있을 때도, 가나안의 소식을 들었겠지만, 소식이라는 건 어디까지나 소식일 뿐이다. 가나안 땅에 가까워지자 이 험한 땅에서 더욱 강대한 세력을 키워 낸 형의 영향력이 곳곳에서 느껴졌다. 자기가 알던 형보다 더욱 강해져 있었고 예측한 것보다도 더욱 대단한 리더가 되어 있었다. 자기 세력도 커졌지만, 형의 세력은 더욱 커져서 이제는 세일 땅의 호리 족속과 전쟁을 벌이며 하나씩 정복하고 있다고 한다.

일순 자신이 가진 모든 것이 초라하게 느껴진다. 하나님이 함께하셔서 세상 모든 것을 가진 것 같고 다 할 수 있을 것 같았지만 막상 세상에 발을 내디디면 이내 실망이 엄습하는 것을 야곱 또한 경험하고 있다. 벧엘에서는 잃을 것이라고는 자기 몸뚱어리뿐이었는데, 이제는 지킬 대상이 너무나도 많이 늘어난 것도 한몫했다. 소중한 대상이 많아졌다. 아내들과 자녀들, 식솔들, 수하에서 자기를 따르는 자들. 그러니까 별별 생각이 다 든다. '왜 벧엘에서 서원할 때 나만 안전하게 지켜 달라고 했을까?', '하나님의 약속이 과연 내 가족들에게도, 내 사랑하는 아내들과 내 자녀들에게도 적용되는 걸까?' 생각은 꼬리에 꼬리를 물고 공포를 낳는다. 상상 속 형의 모습에 현실의 살이 붙는다. 그리고 다시 그 현실의 형 모습에 상상이 결합한다. 이제 야곱은 완전히 두려움에 사로잡힌다.

> 야곱이 심히 두렵고 답답하여 자기와 함께한 종자와 양과 소와 약대를 두 떼로 나누고 가로되 에서가 와서 한 떼를 치면 남은 한 떼는 피하리라 하고 야곱이 또 가로되 나의 조부 아브라함의 하나님, 나의 아버지 이삭의 하나님 여호와여 주께서 전에 내게 명하시기를 네 고향, 네 족속에게로 돌아가라 내가 네게 은혜를 베풀리라 하셨나이다 나는 주께서 주의 종에게 베푸신 모든 은총과 모든 진리를 조금이라도 감당할 수 없사오나 내가 내 지팡이만 가지고 이 요단을 건넜더니 지금은 두 떼나 이루었나이다 내가 주께 간구하오니 내 형의 손에서 에서의 손에서 나를 건져내시옵소서 내가 그를 두려워하옴은 그가 와서 나와 내 처자들을 칠까 겁냄이니이다 주께서 말씀하시기를 내가 정녕 네게 은혜를 베풀어 네 씨로 바다의 셀 수 없는 모래와 같이 많게 하리라 하셨나이다(창 32:7-12)

야곱의 마음은 녹아내렸다. 일단 야곱은 자신이 할 수 있는 것을 했다. 무리를 두 덩이로 나눴다. 유사시에 절반은 살아남을 수 있도록 말이다. 그리고 기도했다. 하나님을 찾았다. 그의 기도 언어를 살펴보면, 완전히 녹아내리고 공포에 사로잡힌 야곱이라 하더라도 그 믿음은 전혀 훼손되지 않은 것을 볼 수 있다. 애초에 주께서 라반을 떠나 가나안으로 향하라 하시면서 서원을 언급하셨던 사실을 언급하고, 그 서원의 내용을 그대로 되읊는다. 그간 자기가 경험했던 하나님을 고백한다. 주님은 늘 감당치 못할 정도로 많은 은총과 진실하심으로 자기를 대해 주셨다고 증언한다. 지팡이 외에 아무것도 없던 야곱과 함께하셔서 결국 많은 떼를 이루게 하셨다는 기도 말에는 야곱의 인식, 그러니까 자신의 모든 것은 결국 하나님으로부터 기인했다는 것이 명확하게 드러난다. 주님은 약속하신 바를 넘치도록 이뤄 주시는 분이셨고 야곱은 그런 주님이 앞으로도 그렇게 해 주실 것을 굳게 믿었다. 입을 열어 그동안 도와주셨던 것처럼, 에서의 손에서도 지켜 달라고 주께 간구한다. 궁극적으로 하나님이 돌베개에서 주셨던 약속, 바로 자기를 지금까지 살게 했던 사명이자 근간이 된 민족을 이루리라 하신 약속으로 기도를 마무리한다.

야곱의 이러한 기도를 통해서 알 수 있는 것은 우리의 감정과 믿음은 때로는 별개라는 것이다. 믿음이 있어도 슬플 수 있다. 믿음이 굳건해도 아플 수 있다. 믿음이 아무리 대단해도 공포에 질릴 수 있다. 야곱의 마음이 녹았다 한들 믿음이 없어지지 않았다. 오히려 야곱의 기도는 매우 모범적이다. 기도의 구조가 제2의 주기도문이 될 만한 것이라는 얘기가 아니다. 야곱의 기도를 진정으로 훌륭하게 만드는 고백은 11절에 담겨 있다. "내가 주께 간구하오니 내 형의 손에서, 에서의 손에서 나를 건져내시옵소서 내가 그를 두려워함은 그가 와서 나와 내 처자들을 칠까 겁이 나기 때문이니이다"(11).

야곱은 주님 앞에서 솔직한 감정을 토로한다. 앞서 하나님의 약속을 언급했다. 이어 주께서 자기 삶에서 해 오신 대단한 일들을 읊는다. 그것을 못 믿는 게 아니다. 그것을 몰라서가 아니다. 믿고 있다. 더 믿고 싶다. 그 믿음만큼 내 몸도 심장도 강했으면 좋겠다. 하지만 그렇지 못하다. 형 에서와 대면할 시간이 가까워져 오자 주책맞은 심장은 과거 겁쟁이 야곱의 것으로 돌아가서 가파르게 자맥질하다가 새파랗게 질린 얼굴을 만들어 낸다. 그리고 자신이 두려워하고 있다는 것, 자신이 천사의 군대를 봤음에도, 라반을 상대로 대단한 승리를 얻었음에도, 주께서 늘 함께해 주심에도 불구하고, 에서를 여전히 두려워하는 나약함을 가지고 있음을 숨기지 않고 솔직하게 하나님께 고백하고 하나님께 해결해 달라 간구하는 것이 야곱의 기도를 진정 모범적으로 만든다.

우리의 약점과 부족함을 전지하신 하나님은 이미 다 알고 계신다. 필연적으로 그런 것이 하나님과 우리 사이에서 핵심적인 문제가 될 수 없다. 진정으로 핵심적인 문제는 우리의 약점을 하나님 앞에서 숨기는 것이다. 첫 사례는 아담과 하와가 죄를 범한 이후, 자신들이 죄악으로 물들고 벌거벗으며 인간적인 치부와 약점이 다 드러난 것을 깨닫고 자신을 스스로 하나님 앞에서 숨기려 시도했다. 이는 하나님과 인간의 관계가 무너지는 것의 시작이었다.

애석하게도 아담과 하와의 행위는 우리의 죄성의 일부가 되었다. 따라서 사람들이 가장 하나님을 필요로 하는 순간들, 그러니까 자신의 약점이 드러난 때, 죄의 문제를 겪고 있는 때에 오히려 하나님에게서 멀어지고 자신을 스스로 감추는 모습을 보이곤 한다.

그런데 이 장면에서 야곱은 아담과 하와의 실수를 반복하지 않는다. 자신의 나약함을 하나님께 고스란히 드러낸다. 오히려 더 간절히 하나님께 매달리며 하나님께 모든 감정과 생각을 가감 없이 쏟아 놓는다. 그래서일까? 이 야곱의 기도는 마치 창세기에 미리 기록한 시편이라 할 정도로 다윗의 기도시 한 편과 쏙 빼닮았다. 어쩌면 이 지점에서 야곱의 영성은 후대 다윗이 가졌던, 오직 여호와만이 자기 목자이심을 고백했던 영성과 너무나 닮아 있다.

지금의 언어로 야곱의 기도를 풀면 이런 이야기가 된다. "저는 하나님의 약속을 믿어요. 지켜 주신다고 하신 그 약속을 믿어요. 하나님. 진심으로 믿으니까 이렇게 가나안으로 향하고 있지요. 그리고 말이죠, 언제 하나님이 약속을 지키지 않으신 적이 있었나요? 하나님, 제 삶을 돌아보면요. 온통 감사할 것밖에 없어요. 주님은 언제나 제가 상상하는 거 이상으로 역사해 주셨어요. 제가 가진 모든 것은 결국 주님이 주신 것인 걸요. 근데 하나님, 저 믿고 있는데, 저, 주님을 정말로 신뢰하고 있는데요. 무서워요. 혹여나, 주님이 제게 주신 사랑하는 아내들, 제 자녀들이 다칠까 봐요. 그들에게 생채기라도 날까 봐 저 너무 무서워요. 하나님 도와주세요. 저는, 그리고 제 자녀들은 모래알같이 많은 민족이 되어야 할 사명도 있는걸요."

앞으로의 이야기는 하나님이 이런 야곱의 기도에 어떻게 응답하셨느냐가 되겠지만, 애석하게도 야곱에게는 곧바로 응답이 주어지지 않았다. 하나님의 사람이며 라반을 상대로 대단한 승리를 경험한 야곱이라 할지라도, 매우 모범적인 기도를 드렸을지라도 때로는 응답의 지연을 겪는다. 우리는 때때로 착각한다. 위대한 하나님의 사람은 지체 없이 응답받을 수 있으며, 내가 응답을 제때 받지 못하는 것은 내 영적 부족함 때문이거나 기도 내용의 문제 때문일 것이라고 넘겨짚는다.

하지만 절대 그렇지 않다. 성경에 공인된 의인 중 하나인 다니엘(겔 14:14, 14:20)조차도 응답의 지연을 경험했으며, 그것은 다니엘 개인의 문제이거나 혹은 그의 기도 내용의 문제가 아니었다(단 10:12-13). 다만, 한 치 앞도 알 수 없고 한정된 시간을 살아가는 인간의 감각과 전지하신 하나님의 시간에 대한 감각의 차이로 인해서 발생하는 착각일 따름이다. 하나님과 우리 사이에서 지체된 응답이란 사실 존재하지 않는다. 경험하는 당시에는 그것이 지체된 응답이지만, 모든 일이 합력하여 선을 이루고 난 결말에 그것은 가장 적기에 도달한 응답이었을 테니 말이다.

이 장면에서 야곱은 응답 지연을 경험한다. 형 에서가 빠르게 자기에게로 다가오는 와중인데 그 어떠한 응답도 하나님으로부터 오지 않았다. 하나님은 다양한 방식으로 당신의 사람들에게 응답하신다. 그 응답을 받는 대상의 기호나 배경 그리고 인지 능력 등을 고려하여 가장 효과적인 방식으로 역사하신다. 야곱에게는 꿈을 통해서 응답을 주신 경우가 많았다. 그래서 그랬는지, 야곱이 "밤을 지냈다"라는 표현이 야곱의 기도 이후에 두 번 등장한다(창 32:13, 21). 하지만 응답은 없었다.

그 사이에 야곱은 사람으로서 할 수 있는 최선을 다한다. 지혜를 짜낸다. 훗날 잠언과 전도서, 그리고 서신서들에서 밝혀지는 것이지만, 지혜를 활용하는 행위를 주님이 기뻐하신다. 그간 야곱은 하나님의 침묵 앞에서 행동부터 앞서며 인간의 잔꾀를 의지하는 못된 버릇이 있었으나, 자기의 가축 무리를 나눠 종들에게 맡기는 행위는 그런 짓과는 결이 달랐다. 야곱은 현 상황을 극적으로 바꾼다거나 주께서 정하신 궤도에서 벗어나려고 그런 행동을 한 것이 아니다. 누군가를 속이거나 부당한 이득을 취하는 잔꾀는 더더욱 아니었다. 주께서 가나안으로 향하라고 명령하셨다. 그것을 이행하는 과정에서 야곱은 형과의 화목을 원했다. 그것은 창세기에서 주님이 그간 보여 주신 모습과 이후 성경의 내용을 살펴보았을 때 주님이 기뻐하시는 선한 행위이다.

화목하기 위해서 화해의 예물을 특별히 선별하여 종들에게 맡긴다. 그리고 원한이 있는 자기를 만나기 이전에, 형 에서가 자기 종들과 먼저 만나게 된다면, 그 화친의 선물을 받아 달라는 말을 전해 달라고 종들에게 당부한다. 이는 상대의 감정을 고려한 행위였다. 자기에게는 에서를 해할 의사가 없다는 표시이다. 에서 측면에서 보면 자기 장자의 축복을 가로챘던 찬탈자 야곱이 큰 무리를 이뤄서 하란으로부터 남하하고 있다. 에서는 자기 후계를 위해서라도 조속히 처리할 일이 생긴 것이다. 야곱이 용병을 동원했을지, 군대를 이끌고 왔을지 에서로서는 알 수 없었다. 야곱은 그런 에서의 형편을 고려해서 지혜롭게 행동하고 있다. 거듭 언급한 바 있지만, 그간 야곱의 행위에는 지혜가 부족했다. 그러나 이번에는 달랐다. 후대에 생긴 율법의 기준으로 보더라도, 야곱은 흠 없이 행동했다.

야곱은 가려 뽑은 좋은 가축과 예물을 나눠 종들에게 맡겼다. 그리고 그들을 앞서 보냈다. 그런데 그들은 누구 하나 도망하거나 다른 마음을 품지 않았다. 그것만 보더라도 라반 밑에서 동고동락하며 하나의 팀이 된 자들의 끈끈함을 볼 수 있다. 야곱은 아내들과 열두 자녀들과 함께 후미에서 움직였다. 이는 야곱의 안전을 위함이기도 했지만, 장자의 축복권 사건에서 야곱이 받았던 "너를 저주하는 자는 저주를 받고, 너를 축복하는 자는 복을 받는다"라는 아브라함의 복까지 포함해서 생각한다면, 에서를 지켜 주기 위함이기도 했다. 만에 하나 야곱의 의도를 충분히 파악하지 못한 에서가 야곱에게 위해를 가하기라도 한다면 어떻게 되겠는가? 그러기에 마주치기 전에 화친의 언어와 선물을 전달하기 위한 배치이기도 했다.

이후 시간은 속절없이 흐르고, 에서와의 거리는 점점 더 가까워졌다. 하지만 하나님의 응답이나 천사의 군대와 같은 것은 더 이상 나타나지 않았다. 그리고 야곱은 얍복 강에 이른다.

얍복 강 나루

당시 메소포타미아와 이집트는 그야말로 문명의 요람이라는 타이틀이 어울리는 곳이었다. 그리고 세계적으로 가장 발전한 두 문명을 잇는 길목이라는 의미에서 가나안이 있었다. 그렇기에 많은 물류가 야곱이 여정을 위해서 선별했던 길을 통해 오갔다. 얍복 강 나루도 어디 한적한 강가가 아니라, 많은 사람과 물류가 오가는 필수적인 길목이었다.

그곳에서 야곱은 자기의 가축 무리와 종들부터 보냈다. 가장 선봉은 형 에서 몫으로 가려 뽑은 가축 무리였다. 혹여나 야곱의 무리가 다 건너기 전에 에서가 당도하면, 에서에게 화친의 뜻을 보이고 전달하기 위한 외교 사절 격의 선발대였다. 고르고 고른 가축도 건강하고 상품 가치가 충분하며, 약하거나 어린 개체를 포함하지 않은 가장 좋은 것들이었다. 이는 후에 에서에게 예물로 건넨 가축 무리는 에서 무리의 강행군을 견딜 수 있지만, 자기 몫으로 남긴 것들은 하루만 과하게 몰면 모든 떼가 죽는다는 야곱의 발언으로 확인된다(창 33:13).

야곱은 그들에게 강을 건넌 이후에는 각각 떼로 나눌 것과 서로 거리를 두고 이동할 것을 명했다. 만약 에서를 만나게 되거든 각각의 무리는 야곱이 에서에게 건네는 예물이라 말하고 야곱도 곧 에서를 맞이하러 갈 것이라 전하라고 당부했다. 이어 두 번째 떼, 세 번째 떼, 그리고 각 떼를 따라가는 자들에게도 동일하게 할 것을 주문했다. 이는 일종의 병법에서 나오는 진이라고 해도 된다. 다만 야곱이 펼친 진은 전투를 위한 진이 아니라, 화해를 위한 진이었다.

이는 하나님의 응답이 없기에 야곱이 인간적으로 할 수 있는 것을 하는 지혜를 발휘한 장면이다. 아무래도 여러 떼로 나뉜 무리가 에서를 위한 '예물'로서 주어지면, 그것들을 갈무리하기 위해서도 에서의 진군이 늦춰질 것이며, 만약에 에서가 그들을 도륙하기 시작하기라도 한다면 이후 후발대가 도망하기 시작할 것이고, 이는 야곱의 무리 또한 도망할 기회가 되기 때문이다. 추격하는 입장에서도 어느 무리가 야곱의 것인지 파악하기 어려웠을 테고, 적어도 야곱의 종들과 모든 가족이 붙잡히는 확률을 크게 줄일 수 있었을 것이다. 생존을 위해서 최선을 다한 것이다. 믿는다는 이유로 무지한 행위를 하거나 무책임하게 생명을 내던지는 것은 도리어 하나님을 시험하는 것이다(눅 4:9-12).

하지만 야곱의 행위는 단지 살기 위한 발버둥이거나 지혜로운 전략으로서의 의미만 있는 것이 아니다. 앞서 언급한 일들은 어디까지나 유사시, 그러니까 최악을 대비한 것이다. 이 장면에서 야곱은 그저 잔꾀로 도망할 생각을 하거나, 에서를 대할 때 마치 에서에게 용서를 맡겨 놓은 듯 당연하게 용서를 요구하는 뻔뻔한 모습을 보이려 하지 않았다. 그는 형의 처지에서 생각하는 자가 되어 있었다. 후계자를 위해서라도 잠재적 위험 요소인 야곱을 그냥 보낼 수 없는 에서의 입장이나, 자기가 에서에게 준 피해들과 배신으로 상처받은 형의 감정을 이해하고 있었다. 그렇기에 효과적으로 형의 화를 풀고, 또한 자기가 형과 형의 자녀들에게 위해를 가할 의도가 없음을 보이는 제일 나은 방법을 고민했고, 그것을 실행한 것이 바로 화해의 진을 펼치는 것이었다.

이는 잘 구성한 일종의 연출이기도 했지만, 야곱의 진정성을 보이는 방식이기도 했다. 에서에게 여러 떼로 구성한 예물을 어떠한 무장도 하지 않은 종들을 통해 전달하는 방식은 에서에게뿐만 아니라, 에서를 따르는 장정들에게도 깊은 인상을 남겼을 터이다. 연이어 도달하는 예물들과 야곱에 속한 자들의 공손한 태도에 자기들의 리더인 에서의 위세가 대단하다고 생각할 것이며, 그 과정에서 에서의 면이 살게 되었을 것이 당연하다. 이러한 일련의 행위는 결국 에서의 마음뿐만 아니라, 에서가 야곱을 용서한다는 결정을 했을 때 야기될 여러 정치적인 문제도 미리 방지케 한다. 야곱이 에서를 반하는 인물이 아닌, 에서에게 귀의한 인물로 에서에 속한 사람들이 인지한다면, 에서가 야곱을 용서하는 선택을 했을 때, 에서가 감수해야 할 정치적 부담이 줄어들 것이기 때문이다.

우리는 때로는 하나님을 믿기에, 우리의 몫에 해당하는 행위를 하지 않으려 한다. 물론 하나님을 믿기에 아무것도 하지 않아야 할 때도 있다. 하지만 우리의 몫과 책임이 있는 경우, 여전히 우리에게 있는 사람으로 해야 할 도리를 감당해야 한다. 사람과 사람 관계에서 마땅히 해야 하는 행위를 하나님을 핑계 삼아 감당하지 않는 것은 지혜롭지도 않고 성경적이지도 않다. 성경에서 그러한 예를 찾자면 바로 그 유명한 고르반이다.

> 또 가라사대 너희가 너희 유전을 지키려고 하나님의 계명을 잘 저버리는도다 모
> 세는 네 부모를 공경하라 하고 또 아비나 어미를 훼방하는 자는 반드시 죽으리라
> 하였거늘 너희는 가로되 사람이 아비에게나 어미에게나 말하기를 내가 드려 유
> 익하게 할 것이 고르반 곧 하나님께 드림이 되었다고 하기만 하면 그만이라 하고
> 제 아비나 어미에게 다시 아무 것이라도 하여 드리기를 허하지 아니하여 너희의
> 전한 유전으로 하나님의 말씀을 폐하며 또 이같은 일을 많이 행하느니라 하시고
> (막 7:9-13)

현대에도 이런 고르반과 같은 오해가 만연한다. 그런 오해를 기반한 신관
에서, 하나님은 인간의 것을 빼앗고 사람과 사람 사이의 애정과 정, 친절 따
위에 질투하는 분으로 묘사된다. 인간에게 무언가 줄 여력이 있다면 하나님
에게나 드리라는 것 이면에는 하나님을 왜곡된 형태로 이해하게 조장한다.
하지만 정말 그럴까? 전혀 아니다. 성경 곳곳에는 신구약을 가리지 않고 서
로를 친절과 사랑으로 대하라는 명령이 담겨 있다(출 22:22; 신 16:14; 24:17, 20;
잠 23:10; 시 82:3; 사 1:18; 10:14; 렘 7:6; 22:3; 호 6:6; 슥 7:9; 말 3:5; 요 13:34, 15:12; 갈
5:13; 요일 4:8, 11; 벧전 1:22; 4:8; 롬 12:10; 13:8; 엡 6:4; 골 3:21).

그런데도 "아비나 어미를 나보다 더 사랑하는 자는 내게 합당치 아니하
고 아들이나 딸을 나보다 더 사랑하는 자도 내게 합당치 아니하고"(마 10:37)
라는 그리스도의 말씀에 담긴 의미를 곡해하여 결국 모조리 "고르반"(하나님
의 것)이라고 말하면서 예수님 시대의 종교 지도자들이 범했던 실수를 오늘날
도 반복하려 한다. 이는 가족을 미워하라는 말씀이 절대 아니다. 앞서 인용
한 무수한 구절에 기록된 것처럼, 하나님의 도우심을 힘입어 사람들에게 더
욱 높은 수준의 사랑과 친절을 베풀면서 그보다도 더 그리스도를 사랑한다
면, 으뜸 되는 계명 둘을 모두 지키게 된다. 그리하여 로마서에 기록한 대로
사랑을 방편으로 율법을 다 이룬다는 것이 우리 삶에 실현된다.

예수께서 대답하시되 첫째는 이것이니 이스라엘아 들으라 주 곧 우리 하나님은 유일한 주시라 네 마음을 다하고 목숨을 다하고 뜻을 다하고 힘을 다하여 주 너의 하나님을 사랑하라 하신 것이요 둘째는 이것이니 네 이웃을 네 몸과 같이 사랑하라 하신 것이라 이에서 더 큰 계명이 없느니라(마 12:29-30)

피차 사랑의 빚 외에는 아무에게든지 아무 빚도 지지 말라 남을 사랑하는 자는 율법을 다 이루었느니라(롬 13:8)

사랑은 이웃에게 악을 행치 아니하나니 그러므로 사랑은 율법의 완성이니라(롬 13:10)

야곱이 나름대로 지혜를 짜내어 주어진 조건 아래, 에서와 화해하기 위해서 최선을 다한 것은 하나님의 도움을 구하면서 불신으로 인해 내 소견에 좋은 대로 일을 저지르는 것과는 결이 다르다. 오히려 주님의 도와주심을 믿기에 내가 할 도리를 하는 것이고, 내 몫을 감당하는 것이다. 용서를 구해야 할 대상이 있는 경우, 이러한 점은 더욱 두드러진다. 나로 인해서 피해를 본 대상은 어디까지나 나로 인해서 상처를 입고 마음이 상했으니, 먼저 행동 양식과 마음을 고쳐먹어야 할 것은 나이지, 상대방이 아니다. 하나님이 그 대상에게 나를 용서할 마음을 가지도록 바꿔 놓으실 거라는 기대는 '믿음'이 아니라, 오히려 비현실적이고 비성경적인 바람으로 점철된 '무책임'일 따름이다(마 5:23-24).

야곱은 그저 하나님의 개입하심으로 인하여 에서가 인애와 자애로운 마음을 가지기만을 구하지 않았다. 자신이 할 도리가 무엇인지 고민했으며, 자기에게 주어진 지혜와 지식 그리고 여력으로 최선을 다했다. 물론 그런다 한들, 에서의 마음이 풀릴는지는 알 수 없었다. 야곱과 에서가 각각 그저 개인이었다면 이런 걱정이 덜했을 것이다. 하지만 이미 다룬 바와 같이, 야곱과 에서는 각각 세력의 지도자였다. 그렇기에 야곱이 할 도리를 다한다 한들,

최선을 다한다 한들, 그것 자체가 안전을 보장하지는 않는다. 거룩한 백성의 시조, 하나님의 사람, 야곱은 만반의 준비와 최선의 수를 다 두고도 여전히 하나님께 도움을 구한다. 이런 야곱의 행위는 잠언의 한 구절을 떠오르게 한다. 어쩌면 야곱이 이런 위기에서 행한 것들이 결국 후대 이스라엘 백성의 이상적인 행동 양식의 모범이 되었다 할 수 있다.

싸울 날을 위하여 마병을 예비하거니와 이김은 여호와께 있느니라(잠 21:31)

에서의 몫이 될 선발대를 보낸 뒤에, 야곱은 얍복 나루에 캠프를 차리고서 밤을 맞는다. 야곱은 온 맘 다해 기도하고 있었을 것이고, 하나님께서 꿈을 통해서 응답을 주시길 기대했을 것이다. 하지만 응답은 없었다. 아직 어두울 때 야곱은 일어나 아내들과 자녀들을 보내고 이어 자기 몫으로 남겨 둔 가축과 재물을 얍복 강 너머로 도강하게 했다. 얍복 강 나루에는 이윽고 야곱 혼자 남았다. 야곱이 먼저 넘어가지 않은 것은 이사 할 때 주인이 가장 마지막까지 집을 확인하여 짐이 전부 나갔나 파악하는 것과 일맥상통할 것이다. 모두가 건넌 것을 확인한 야곱은 혼자가 되었다.

아마도 그때 야곱은 속으로 기도하고 있었을 것이다. 우리라 하더라도 그런 위기의 상황에서, 도저히 자기 힘으로 해결할 방법이 없는 상황 속에서 응답까지 지연되고 있다면, 속이 타들어 가는 마음으로 간절히 기도하니까 말이다. 얍복 강을 마주한 야곱의 마음에 담긴 것은 분명 감사만은 아니었을 것이다. 성경에 기록한 야곱의 진솔한 기도에 담긴 내용과도 같이, 그의 마음에는 감사와 두려움 그 둘이 공존하고 있다(창 32:9-12).

고난 중에 맞이하는 지체되는 응답은 여느 사람에게나 힘든 일이다. 걸출함의 대명사인 다윗도 시편 6편에서, 헤만은 시편 88편에서 이런 마음을 표현했다. 그리고 그 둘이 처한 상황은 달랐으나, 모두 하나님의 도우심이 없다면, 자기에게는 곧 죽음이 임박할 것이라고 여겼고, 주께서 더 지체하시면 너무 늦은 바람에 결국 죽임을 당해, 이후 하나님의 응답과 도우심이 도달하더라도 소용없다며 탄원한다(시 6:5; 88:5, 10).

사망 권세를 이기신 예수님 이전 시대에는, 하나님의 사람들조차 '죽음'을 모두를 완전히 끝장내는 절대적 시간 제한으로 여겼다. 현대 그리스도인들이야 그것이 아니라는 것을 알고 있지만, 십자가 사건 이전에는 죽는다고 다 끝나는 것이 아니라는 사실을 깨달을 만한 충분한 힌트가 제공되지 않았기에 얼마든지 그렇게 오해할 수 있다. 그렇기에 야곱의 마음도 시편 기자들처럼 간절했을 것이다.

이제 얍복 강을 건너면 확실하게 야곱의 퇴로는 막힌다. 하지만 하나님의 응답이 있건 없건, 하나님께서 애초에 가나안으로 가라 명령하신 것을 기억하며 건널 수밖에 없다. 이미 야곱은 하나님을 떠나서 살 수 없다는 것을 절실히 깨달은 존재였다. 하지만 전술했듯, 야곱이 받았던 약속, 그러니까 야곱이 벧엘에서 했던 서원을 지켜 주시겠다는 하나님의 약속에는 야곱 나름의 불안 요소가 있었다. 야곱이 했던 그 서원에는 야곱 자신만을 지켜 달라는 내용으로 한정되어 있었기 때문이다. 이 시점에서 야곱은 하나님의 도우심이라는 것이 개인에게만 적용될는지, 혹은 언어에 근거하여 그 내용대로만 한정하여 적용될는지, 아니면 그 이상으로 역사하실는지 알 수 없었다. 과거에 풍성하게 도와주심을 기억하며 이번에도 다만 자기의 사랑하는 아내들과 자녀들 그리고 종들을 지켜 주시리라 넘겨짚을 수밖에 없었다. 그 넘겨짚음은 당시로서는 어떠한 성경적 근거를 갖춘 것도 아니었고, 그저 개인의 바람에 기반한 염원에 가까웠다. 엄연히 말해서 확고하게 가질 수 있는 성경적 근거가 있는 믿음은 아니었다. 따라서 야곱은 두려웠다.

지금까지 지내온 것

〈오 신실하신 주〉라는 복음성가는 "하나님 한 번도 나를 실망시킨 적 없으시고"라는 가사로 시작한다. 그 화자는 하나님이 그간 자기 인생 속에서 보호해 주셨고 인도해 주셨음을 고백하며 감사를 돌리는 내용이다. 그 찬양에 담긴 메시지는 아름다울 뿐만 아니라 참되기에, 많은 사람의 사랑을 받고 있다. 찬양의 가사처럼 우리 삶의 시작과 끝, 그 모든 것을 포함해서 본다면 하나님은 한 번도 우리를 실망하게 하지 않으시리라 믿는다.

하지만 문제가 있다면, 사람은 지금을 산다. 애석하게도 사람은 도중을 산다. 그리고 사노라면 그 도중이 전부인 것처럼 느껴진다. 인생이라는 전체적인 관점에서 보았을 때, 도중은 그저 한 시점에 지나지 않는 것이지만, 한 치 앞도 알 수 없는 한 개인이 살아가는 당시에는 결국 그 도중이라는 것을 전부로 인지한다. 다시 말해 우리네 인생은 내일 일을 알 수 없고 어제 일도 가물가물하다는 그런 서글픈 속성을 가진다.

그렇기에 많은 기쁨이 아주 작은 슬픔에 무너지기도 한다. 좋은 기분을 망치는 것은 작은 통증이면 족하다. 작은 압정 하나만 발바닥에 박혀도 희락은 무너지고 아픔이 그 마음을 가득 채운다. 그렇다. 하나님께서 삶이라는 길고 긴 여정에서 우리를 실망하게 하지 않으신다고 하더라도, 우리를 실망하게 하신다는 '기분'이 때때로 들 수 있다. 원망하고 싶은 마음, 감히 따지고 싶은 마음, 하나님께 의문투성이의 기도를 드리고 싶은 마음에 사로잡힐 때도 있다. 그런 마음은 확실히 긍정적이거나 바람직하지 않다. 어느 면으로 판단하더라도 분명 이상적이지 않다. 그런 것도 극복하고 "지금까지 지내온 것 주의 크신 은혜"라며 찬양을 드릴 수 있으면 좋겠지만, 억지로 추스른 입술로 드리는 고백이 과연 중심을 보시는 하나님을 만족시킬 만한가? 설령 나 자신은 속일 수 있다고 해도, 하나님께 마저 마음에 담긴 것을 숨길 수 있을까?

그런 해결할 수 없는 감정과 생각이 들 때 우리는 도대체 어떻게 해야 하는가? 그저 그런 감정을 곰삭혀야 할까? 이내 마음에 그저 묻어 둔다면, 시간의 도움을 통해서 그러한 감정은 소멸할까? 혹 영적인 접근을 하여 회개하거나 기도를 받거나 방언을 토해 낸다면 사라질까? 그런 감정을 우리는 도대체 어떻게 다뤄야 할까? 슬프게도 그것들은 그저 방치한다고 사라지지 않는다. 켜켜이 내면에 쌓여 응어리진다. 그리고 그 응어리는 우리 마음 밑바닥에서부터 강렬한 독소를 방출하여 하나님과의 관계마저도 무너트린다. 이스라엘 백성에게도 그러한 응어리가 하나의 질문이 되었다.

> 여호와께서 가라사대 내가 너희를 사랑하였노라 하나 너희는 이르기를 주께서
> 어떻게 우리를 사랑하셨나이까 하는도다(말 1:2 상)

우리가 모두, 모든 순간에, 그 어떤 조건에서도, 그런 감정적인 것과 상황적인 것을 초월하여 초인과 같은 신앙을 가진다면 참 좋겠다. 하지만, 애석하게도 대다수의 우리는 그렇지 못하다. 그러한 것은 성경에 등장하는 저 위대한 하나님의 사람 중에서도, 극히 일부의 사람만이 보여 준 대단함이다. 하나님과 평생을 동행하다 이스라엘의 시조가 된 야곱조차 초인이나 철인이 아니었다. 야곱 또한 마음이 바스러지고 녹아내린 편린들이 말끔히 밖으로 빠져나갔을 리 없다. 여느 사람처럼 야곱도 그의 쪼개진 조각들이 마음 밑바닥에 침전물처럼 쌓였다. 그 밑바닥은 어머니 리브가에게 응답을 주시고 오랜 세월을 기다리게 하셨을 때 느꼈던 감정들, 라반의 집에서 20년간 고초를 겪으며 깎였던 마음들, 남몰래 삼키던 서글픔 등 그의 인간적 아픔이 이미 자리한 곳이었다. 이제 거기에 자식들에 대한 두려움이 범벅 되자, 이윽고 응어리가 되어서 서서히 떠오르기 시작했다.

만약 하나님께서 얍복 강까지만 인도하시는 것이 뜻이었다면, 야곱의 이야기는 어떻게 될까? 야곱의 평생은 어떤 의미가 있을까? 야곱이 경험한 승리는 어쩌면 에서를 위해서 마련한 것이 될지도 모른다. 욥의 이야기가 야곱에게 어느 정도 전달되었을지는 상상의 영역이지만, 충분히 전달되었다면, 야곱은 욥이 묘사했던 악인의 결국을 상기했을지도 모를 일이다.

> 그가 비록 은을 티끌 같이 쌓고 의복을 진흙같이 예비할지라도 그 예비한 것을 의
> 인이 입을 것이요 그 은은 무죄자가 나눌 것이며(욥 27:16–17)

야곱의 감사가 진정한 감사가 되기 위해서는 생존해야 한다. 에서의 손에

야곱의 세력에 속한 자들이 모두 살해당하고, 라반에게 얻은 모든 것을 빼앗긴다면, 야곱이야말로 욥기에 묘사한 악인 그 자체일 뿐이다. 바로 이 순간, 그 어느 때보다도 하나님께서 역사해 주셔야 한다. 야곱은 그저 〈지금까지 지내온 것 주의 크신 은혜라〉라는 찬양을 부르며 "지금까지 지켜 주신 것만으로도 감사합니다" 하고 넘길 수 없었다. 그렇기에 앞서 다뤘던 야곱의 기도도 결국 "지금까지 주신 크신 은혜에 감사합니다. 그렇지만 또 은혜를 주세요. 더 주세요"였다. 사실 늘 그렇다. 이상적인 찬양이나 기도문은 언제나 만족과 감사를 이야기하지만, 삶의 현장에서는 실상 더 많은 필요를 더 구할 수밖에 없는 것이 우리다. 우리는 약하고, 또 절박하고, 늘 급박하기 때문이다. 하나님의 도우심이 없다면 아무런 소망이 없는 존재이기 때문이다.

모든 일의 시작은 장자의 명분 거래였다. 출생의 과정이나 리브가가 받은 응답 등의 전조는 있었으나, 그것을 현실에 적용하여 삶 그 자체가 되게 만든 사건은 장자의 명분 거래였다. '붉다' 혹은 '털이 많다'라는 의미가 있는 형 에서, 그 에서가 하필이면 자기가 붉은 죽을 쑤고 있을 때 굶주려서 돌아왔다. 능숙한 사냥꾼이자 더없이 대단한 형이 아무것도 사냥하지 못하고 초주검이 되어서 돌아온 모습은 낯설면서도 묘한 신적 존재의 개입이라 느껴졌다. 마치 이 순간을 위해서 에서가 에서라는 이름을 가졌고, 야곱은 야곱의 이름을 가졌다 생각이 들 정도였다. 기회라 생각했다. 그리고 그 기회를 잡았다. 어머니 리브가에 따르면 그것이 하나님의 뜻이 아니던가?

하지만 지나고 보니― 자기가 형 대신 할아버지 아브라함이 약속받은 언약의 민족을 이루는 것은 하나님의 뜻이 맞았지만, 그것을 이루는 방법은 사람의 맹세를 받아 내는 형태가 아니었다. 결국 야곱은 아무것도 얻지 못했다. 그 이후 야곱의 삶은 어떠했는가? 야곱은 참으로 이름값도 못 한 자로 살았다. 야곱은 속이는 자가 아니라 끝없이 속는다. 리브가의 책략을 따르면 장자가 될 수 있으리라 기대했지만, 실제로는 그러지 못했다. 자기가 바라는 것은 이삭의 축복과 장자의 명분이라 생각했지만, 실제로 그를 만족시킨 복은 하란을 가는 도중에 하나님이 주신 언약의 복이었다.

실로 야곱도 우리처럼 구할 바를 알지 못하는 자에 불과했다. 하나님의 언약의 복조차도 그를 무적으로 만들어 주지는 못했다. 아니, 무적은 고사하고 마음 편한 하루도 보장해 주지 못했다. 그 이후에 외삼촌에게 속고 또 속으며 이용당했다. 물론, 하나님의 복이 자기 일상에 체감되기는 했다. 자기가 손대는 것마다 잘되었고, 자기가 있는 쪽으로 복이 밀려 들어온다는 것을 야곱도, 외삼촌 라반도 체감할 정도였다. 하지만 그 열매와 실익은 전부 라반에게 돌아갔다. 그야말로 착취당했다. 나무의 울창함은 나무의 기쁨이다. 많은 열매를 맺으면, 결국 그 열매가 품은 씨앗이 퍼져 나가서 더욱 울창한 수림을 이룰 수 있을 테니까 말이다. 그러나 그 나무에 누군가 명인 방법(나무에 소유권을 표시하는 짓)으로 나무 몸통에 이름을 새겨 넣고 울타리를 둘러서 그 모든 열매를 착취하기 시작하면 무슨 소용일까. 야곱 또한 이 나무와 같았다. 주님이 주신 복된 약속은 야곱에게 많은 열매를 허락했지만, 그 열매는 오랜 기간 착취당할 뿐이었다.

　복만 중요한 게 아니다. 복을 누리는 은혜까지 필요하다. 우리는 하나부터 열까지 필요한 것과 갖출 것이 너무나 많기 때문이다. 야곱이 구한 바가 성취되었다. 하지만 그것이 야곱에게 행복이나 만족을 주지는 못했다. 야곱은 진실로 구할 바를 알지 못하는 자였다. 이리저리 헤매는 과정 중에 야곱은 점차 늙어 간다. 이렇다 할 세력도 이루지 못하다가 하나님의 개입으로 많은 재산은 형성했다. 하지만 많은 재산도 자신의 안전이나 평안, 자신과 자기 가족이 안심하고 지낼 안식처, 다른 표현으로는 지경을 마련해 주지 못했다. 외삼촌 라반에게서 도망했다. 그 과정에서 하나님이 개입해 주셔서 추격대에게 따라잡혔음에도 불구하고 살아남았다. 그로써 야곱이 얻은 것은 무엇인가? 라반으로부터의 안전일 수도 있지만, 그것은 막힌 퇴로이기도 했다. 라반과 에서 사이에 껴 있던 야곱은 이제 라반과의 거래로 세운 경계석과 에서 사이에 껴 있을 뿐이다.

　물론 야곱은 주님이 지켜 주신다는 것을 믿었다. 주께서 천사로 이뤄진 군단도 보여 주셨다. 그 천사들이 여전히 야곱의 무리 주변에서 야곱을 호위하고 있다는 것도 믿었다. 하지만 이미 마음은 녹았고, 야곱은 더 현실적인 도움이 필요했다. 먼 미래의 약속이 다 무엇인가? 영적인 도움도 때로는 힘을 주지 못한다. 야곱이 받은 약속이라는 것도 살펴보면 과정이 생략되어 있지 않은가? 하나님께서 약속을 이행하시는 데에 가족 전부를 챙겨 주실 이유는 없을지도 모른다. 하나님께서 민족을 이루신다는데 야곱은 그저 시조로 남고 야곱의 이름만 간신히 전해지게 하실 수도 있다. 얼마든지 가능하다. 하나님께서 야곱을 그저 한 민족의 조상 중 한 사람으로, 징검다리, 중간 다리로 삼으실 수도 있다. 그래도 전혀 모든 약속과 어긋나지 않는다. 민족만 이뤄 주시면 됐지 굳이 그 작고 사소한 야곱의 일파를 지켜 주실 이유가 따로 있을까? 야곱이 온몸이 정상적이어야 할 이유는? 야곱이 장애를 얻는다 한들 민족의 선조가 되는 것에 문제가 있을까? 이러한 생각들은 야곱의 처지를 생각하면 못 할 생각도 아니다. 야곱의 나이는 어떠한가? 이제 백 세다. 이제와서 무슨 세력을 만들까? 고작해야 재산이나 지키면 다행이다. 다 너무 늦었다.

생각은 꼬리에 꼬리를 문다. 근거가 없어도, 이해할 만한 증거가 없어도, 말이 말을 낳고 생각이 생각을 낳는다. 서운함은 곧 울분이 되어서 고달파진 심신을 괴로움으로 가득 채운다. 야곱은 곰삭히고 곰삭혔다. 라반이 속여도, 라반이 삯을 바꿔도, 라반이 자신의 시간을 강탈해도, 곰삭히고 곰삭혔다. 라반이 창구가 아님을 알고 있었기 때문이다. 창구는 하나님이시다. 하나님. 사람은 어차피 기대할 것도 없다. 사람에게는 얻을 것도 없다. 따라서 사람을 원망해 봤자 무슨 소용일까? 하지만 그런 생각은 역설적으로 그 탓함의 방향이 하나님으로 향하게 만든다. 그간 응어리진 의문들과 서운함을 야곱은 하나님께 내어 뱉을 수밖에 없다. 돌베개 사건 이후 야곱의 인생에서 어떤 변수를 창출할 수 있는 존재는 이제 하나님밖에 없으시니 말이다. 물론 그것을 원망이라고 표현하고 싶지는 않다. 하나님께서 원망이라고 여기셔야 원망일 터이다. 하지만 제삼자의 눈으로 보았을 때 이때 야곱이 품었던 마음은 한없이 분출하는 원망에 가까웠을지 모른다. 걱정과 불안 그리고 기도 소리, 그 모든 것으로 범벅된 야곱을 수수께끼의 남성이 덮친다.

이상한 룰의 씨름

야곱은 홀로 남았더니 어떤 사람이 날이 새도록 야곱과 씨름하다가 그 사람이 자기가 야곱을 이기지 못함을 보고 야곱의 환도뼈를 치매 야곱의 환도뼈가 그 사람과 씨름할 때에 위골되었더라(창 32:24–25)

야곱은 자기를 습격한 의문의 사람과 씨름을 시작한다. 이 씨름을 전통적으로는 기도의 과정으로 해석하기도 한다. 하지만 단순히 기도로 설명하기에는 그 양상이 무척 독특하다. 이 씨름에는 당사자들 사이에 승패가 존재했고(27절), 야곱은 온통 엉망이 되다 못해 결국 다리를 저는 영구적인 장애를 얻은 듯하다(25절). 이를 통해서 야곱이 얻게 된 이름인 '이스라엘'을 번역하면, 그 뜻은 '하나님께서 압도하시다, 하나님께서 이기시다, 하나님께서 우세하시다'로서 다분히 전투와 전쟁을 연상시키는 단어이다. 따라서 일반적인 기도와는 전혀 다른 전개와 결말을 가진다.

다만 그렇다고 해서 이것을 온전히 격투기나 스포츠로 이해하기에도 무리가 따른다. 여기서 씨름으로 번역한 '에아베크(יאבק)'는 성경에서 유일하게 야곱과 수수께끼의 인물이 한 행위를 지칭하는 것에만 사용한 단어이다. 이 단어의 원형인 '아바크(אבק)'는 먼지나 티끌 따위의 의미로 성경에서 쓰인다(출 9:9; 신 28:24; 사 5:24; 29:5; 겔 26:10; 나 1:3). 만약 성경의 다른 부분에서도 야곱과 그 남자가 한 씨름을 지칭하는 단어인 '에아베크'가 사용되었다면, 그것과 대조함으로 어느 정도 그림을 그릴 수 있겠지만, 애석하게도 그렇지 못하다. 많은 전쟁과 전투 그리고 싸움 이야기를 담고 있는 성경에서 해당 단어가 쓰이지 않는다는 것은 야곱과 의문의 사람이 했던 씨름이 평범한 일상에서는 아예 존재하지 않는 격투 방식이라는 의미도 있고, 여타 싸움과는 따로 거룩하게 구분하기 위해서 그런 것일 수도 있다.

따라서 이 독특한 씨름의 모습을 정확하게 그릴 재료는 성경에 제공되어 있지 않다. 다만 그 씨름을 지칭하는 것에 사용한 먼지나 티끌이라는 뜻인 '아바크'라는 단어를 통해서, 그 둘이 한 씨름이 먼지투성이, 티끌투성이, 뒹굴고 때리고 무너지고 부수어지는 모습이었음을 연상할 수 있다. 흙먼지와 티끌을 뒤집어쓰고 두 사람이 힘을 겨루는 것이니, 씨름이라는 단어로 그것을 번역한 것은 나쁘지 않은 선택으로 보인다. 물론 그 단어를 주로 티끌이라는 의미로 사용하는 것을 보니, 서로 싸운 결과 둘 다 흙먼지를 뒤집어쓰게 되었다기보다는 아예 처음부터 흙먼지를 일으키면서 치열하게 싸웠던 것으로 보인다. 야곱이 겪었던 그 씨름은 신사적이고 체계적인 힘겨루기가 아니었을 것이라는 얘기다. 오히려 원시적 투쟁에 가까웠을 것이다.

야곱의 씨름에는 당연히 샅바도 없었다. 해서 옷도 북북 찢어졌을 것이고, 살갗도 터져 나갔을 것이다. 또한 야곱의 씨름에는 룰도, 심판도 역시 없었다. 그렇기에 넘어져서 흙투성이가 된들 끝나지 않는다. 필연적으로 투박하고 거칠며, 또한 서글플 만치 처절했을 것이다. 그도 그럴 것이 야곱은 역전 용사의 체형을 가진 것도 아니었고, 이제 인생의 마지막을 바라보는 노인, 그것도 잔뜩 기가 죽은 자에 불과하니 더욱 그러했다.

종합하자면 야곱이 의문의 사람과 밤새도록 했던 "씨름"은 영적인 의미를 부여하여 기도라고 지칭하기에도, 온전한 정식 힘겨루기나 격투기 시합이라고 규정하기에도 애매한 아주 이질적인 무언가였다. 실상 하나님과 만난 성경 인물들의 경험을 살펴보면, 우리 관념상에 존재하는 경건이나 진중한 모습이 아닌, 파격과 새로움의 연속이다. 하나님은 각 인물의 상황과 성향에 맞춰서 다양한 방식으로 만나 주셨고 그들의 삶에서 역사하셨다. 때로 우리는 하나님에 대해서 신앙의 공식을 도출하거나 모범적인 기도문을 만들어 내려 한다. 하지만 하나님은 늘 함께하시는 대상을 각 상황에 맞춰서 가히 사람이 예측할 수 없는 신묘막측한 방식으로 일하시기에 그런 노력은 무색할 뿐이다.

야곱의 사례를 통해서 알 수 있는 것은 우리가 하나님을 찾는 방법은 일정한 방식이 필요하지 않은 법률 행위인 불요식 행위와 같다는 점이다. 하나님께 매달리는 것 또한 어떠한 형태나 절차를 요구하지 않는다. 만약 그러한 절차나 충족 조건이 있었더라면, 다양한 삶의 모습을 가진 다양한 사람 중에 극히 일부만 하나님을 만날 수 있을 것이다. 하지만 우리가 하나님이 가장 필요한 순간은 늘 그렇듯, 여타 절차나 예의를 차릴 여지가 없는 시기가 대부분이다.

그런 면에서 하나님의 역사를 피아노 연주에 비유하자면, 연주와 악보와의 정합성을 목표로 하는 클래식 연주가 아닌, 절륜한 솜씨를 가진 달인이 연주하는 재즈에 가깝다. 그 멜로디는 관객이 원하는 방향으로 흘러가지 않는다. 매번 신곡 같고 매번 신선하다. 하지만 그 어떤 불협화음이나 실수는 없다. 아슬아슬 줄타기하는 곡예사처럼 보는 이들의 가슴을 졸이게 하지만, 그것을 실행하는 이의 움직임에는 주저함이 없다. 그저 모든 것이 끝난 이후에 "결국 당신은 그 측량 못할 행하심으로 모든 것이 합력하여 선을 이루게 하시는군요!" 하고 감탄하게 만든다. 즉흥적인 것 같고 그것을 경험하는 사람들은 도중 내내 그 큰 그림을 다 이해할 수 없어 영문을 몰라 하지만, 결국 그 어떠한 측면에서 판단을 받더라도, 평가해 보더라도 하나님이 모조리 이기신다.

> 주께서 주의 말씀에 의롭다 함을 얻으시고 판단받으실 때에 이기려 하심이라(롬 3:4 하)

야곱의 사례도 그랬다. 에서와의 전투가 있을지도 모를 야곱과 하나님은 씨름을 시작하셨다. 수능을 앞두고 밤을 새우는 사람이 어디 있겠는가? 도대체 그 씨름이라는 것을 통해서 하나님께서 무엇을 이루려고 하신 걸까? 다 늙은 야곱이 씨름하는 법을 배워서 에서랑 싸울 수나 있다는 말인가? 더군다나 도중에 야곱에게 다리를 저는 장애까지 안겨 줬다. 이 모든 재료가 합력하여 어떠한 방식으로 선을 이룰지를 아직 도중을 경험 중인 야곱은 알 수 없었다. 이는 마치 드넓은 대지에 거대하게 그린 그림과 같다. 그곳을 거니는 사람은 도저히 알 수 없다. 아주 높은 창공에서 그것을 내려다보아야 결국 그것이 그림이었다는 것을 알 수 있는 그런 종류의 사건이었다.

유일한 룰 : 시간 제한

> 그 사람이 가로되 날이 새려하니 나로 가게 하라 야곱이 가로되 당신이 내게 축복
> 하지 아니하면 가게 하지 아니하겠나이다(창 32:26)

이 도무지 의미도, 이유도, 룰도 알 수 없는 씨름에도 시간 제한이라는 숨겨진 규칙이 하나 있었다. 바로 날이 새기까지만 지속되는 것이었다. 그 의문의 인물이 야곱에게 말한다. "날이 새려 하니 이제 가게 하라." 야곱은 말도 안 되는 소리로 대답한다. "당신이 내게 축복하지 아니하면 가게 하지 아니하겠나이다." 자기를 습격하고 밤새도록 이상한 룰의 씨름에 몰아넣은 대상에게 하는 말로는 적합하지 않다. 자기를 공격한 자에게 축복을 구하다니? 게다가 이미 야곱은 이 시점에서 그 수수께끼의 인물에게 완전히 제압당한 상태였다. 그자는 야곱의 허벅지 관절을 쳐서(다른 번역으로는 만져서) 어긋나게 했다. 그 어긋남의 정도는 대단해서, 이 일을 계기로 야곱은 장애를 얻어 다리를 절었다. 그런 야곱이 무슨 수로 그를 가지 못하게 막겠는가?

하지만 이 지점에서 야곱은 이미 어떠한 확신을 품었다. 상대하고 있는 대상은 보통 인물이 아니다. 아주 이질적인 존재이다. 자기가 만나 보거나 만져 본 여느 사람과는 달랐다. 그렇기에 야곱은 사력을 다해 그를 가지 못하게 막아야 했다. 그는… 틀림없이 하나님이셨다.

삶에는 투쟁이 있다. 우리가 사는 삶에는 어쩔 수 없이 싸워야 하는 다툼이 있다. 아담과 하와의 타락 이후, 우리의 그러한 본성과 죄성을 가지고 싸우지 않고는 버틸 수 없는 세상이 되었다. 그런 세상에서 투혼은 중요하다. 싸우려는 의지 말이다. 도전하지 않고는, 싸우지 않고는, 승부를 걸지 않고는

달성할 수 없는 일도 있다. 야곱에게 있어서 씨름이 바로 그런 순간이었다.

야곱의 일평생을 두고 이야기하자면, 야곱은 평생에 투쟁심을 보이며, 싸움을 주도한 적이 없다. 에서와 맞서서 감히 싸울 수도 없었지만 싸우려 시도하지도 않았다. 그는 장자의 명분 사건 이후 상황처럼 그저 침묵하거나, 장자의 축복 사건 때처럼 감당하기 어려운 상황이 되면 싸움을 피해 도망했다. 라반하고도 마찬가지였다. 라반이 계약 내용을 번번이 바꿔 가며 야곱의 권리를 침해함에도 제대로 불만을 표현하지 못했다. 훗날 가나안에서도 전쟁이나 분쟁을 즐겨하지 않았다. 야곱은 늘 싸움 앞에서 도망하거나 침착하게 피하려 노력하던 자였다.

이 장면이 처음이자 마지막으로 야곱이 육탄전을 벌이며 투혼을 불사르는 순간이다. 야곱이 처음으로 투혼을 발휘한 이유는 상대방이 미워서도 아니고 상대하기 쉬워서도 아니었다. 야곱은 그 대상이 하나님이시라 믿었고, 그렇기에 죽더라도 그분께 죽겠단 일념으로 투쟁한 것이다. 묘하게도 하나님이시라는 사실이 야곱이 죽음을 각오하고 싸우게 했다. 즉, 야곱이 투혼을 보인 이유는 단 한 가지 그분이 하나님이시라는 이유에서였다.

성경의 다른 부분에서는 이 신비로운 인물을 때로는 천사로, 때로는 하나님으로 묘사한다. 어쩌면 욥기에 등장한 수수께끼의 인물이었던 엘리후와 같은 분위기도 감돈다. 마치 하나님이시면서 사람이신 예수님과 같기도 한 묘한 분위기였다. 동이 틀 무렵까지 그를 직접 상대해 본 야곱은 상대방은 단순한 인간이 아니며, 하나님이시라 확신했다. 그랬기에, 자신이 싸웠던 그 일대를 브니엘, 즉 '하나님과 대면하여 보았으나 내 생명이 보전되었다'라는 뜻을 가진 이름으로 불렀다(32:30).

창세기 저자 모세도 야곱의 발언이나 그 이후 행보에 별다른 정정을 하지 않은 것을 보면 야곱의 그러한 견해에 손을 들어 줬다고 볼 수 있다. 그렇기에 창세기에서 그분을 하나님으로 지칭했다. 한데 모세 오경의 일점일획도 소중히 여기는 이스라엘 사람들이지만, 그런데도 이 장면에서는 천사(מלאך 말라크, 메신저, 왕)나 하나님께 속한 영적 존재로 묘사하곤 한다(호 12:4). 하나님이 직접 야곱과 상대해 주시고, 심지어 야곱에게 졌다고 선언하시는 것은 도무지 이해할 수 없는, 그들의 신앙 체계와 상상의 한도를 넘어가는 대사건이기 때문이다. 하지만 정작 야곱 자신은 자기의 상식이나 상상의 범위 따위는 신경을 쓸 여력이 없었다. 그저 그분이 하나님이시라 믿게 됐고, 믿을 수밖에 없었고, 달리 생각할 여지 따위는 없었다. 게다가 상대가 천사였다면, 뒤에서 다룰 더없이 괴상한 판정을 내렸을 리 만무했을 테니까(창 32:28).

종종 신앙인들은 하나님을 직접 뵙게 되면, 예수님을 만나게 되면, 어떤 질문을 던질지, 무엇을 할지 상상하곤 한다. 반면 우리가 속한 믿음의 민족의 시조, 야곱은 하나님과 싸웠다. 밤새도록 피투성이가 되고, 먼지투성이가 되면서까지, 결국 부상을 입기까지 격렬하게 싸우면서 끝까지 그 승산 없는 씨름을 했다. 날이 새건 말건, 시간 제한의 룰이 있건 없건 상관없이 끝까지 싸우며 붙잡고 늘어졌다.

이렇듯 이스라엘은, 그리고 믿음의 민족에게 속한 자들은 하나님과 치열하게 싸우고 씨름하는 존재다. 적자생존, 약육강식의 세상에서 싸우지 않고는 살 수 없다고 앞서 말했는데, 역설적으로 이스라엘은 세상과 싸우지 않는다. 오로지 하나님과 싸운다. 그리고 하나님은 대신 우리를 위하여 우리 외부의 적과 싸워 주신다. 하나님만 우리의 창구이며 투쟁 대상이시다.

야곱이 그간 사람과의 분쟁과 싸움을 피해 온 것은 그들과 싸워서 이길 수 없기 때문이 아니라, 그들은 창구도 아니고 그들을 이긴다 한들 변할 것도 없기에, 다시 말해 그들과는 싸울 가치가 없기 때문이라 할 수 있다.

이스라엘이라는 이름에는 '하나님이 압도하신다, 우세를 점하신다, 이기신다' 등의 다양한 의미가 담겨 있다. 이를 이스라엘 백성은 전통적으로 하나님이 우리를 위해서 싸워 주신다고 의역해 왔다. 따라서 세상이 우리의 창구가 아니라는 것, 인간이 우리의 주적이 아니라는 것, 우리가 싸우는 전쟁은 육의 싸움이 아니라는 것은 서신서에 이르러서야 확인되는 개념일 뿐만 아니라(엡 6:12), 그 기원을 야곱의 씨름에서부터 찾을 수 있다고 하겠다.

다만 문제가 있다. 우리는 하나님의 상대가 되지 않는다. 직접 대면만 해도 죽을 수밖에 없는 죄인인 우리가 하나님과 싸움의 상대가 될 리 만무하다. 차라리 중화기로 무장한 특수 부대원과 맨손으로 싸우는 것이 더 승률이 높을 것이다. 그런데도 하나님과 싸우는 것을 선택하는 것은 승기가 우리에게 있기에 그런 것이 아니다. 먼저 우리의 생사화복은 하나님께서 결정하시기에 하나님과 싸우는 것이고, 또한 우리의 나라는 이 세상에 속한 것이 아니기 때문이다. 그렇기에 우리의 싸움은 절대로 이 땅에 속하지 않았다. 이는 예수님이 공생을 통해서 보여 주신 모범에도 잘 드러나 있다.

> 예수께서 대답하시되 내 나라는 이 세상에 속한 것이 아니니라 만일 내 나라가 이 세상에 속한 것이었더라면 내 종들이 싸워 나로 유대인들에게 넘겨지지 않게 하였으리라 이제 내 나라는 여기에 속한 것이 아니니라(요 18:36)

기도나 격투기라는 개념으로는 다 설명이 불가능한 이 기기묘묘한 씨름을, 하나님께서 이후 야곱을 통해서 형성하실 믿음의 민족들과 소통하고 역사할 신묘막측한 방편들에 대한 암시로 해석한다면, 날이 새기까지만 씨름을 지속한다고 언급한 시간 제한이라는 것은 우리에게 희망으로 다가온다. 이 세상에 영원한 것은 없고, 오직 하나님만이 영원하시다는 사실은 우리의 고난과 분투, 간구와 기도, 그러한 것들에는 끝이 있다는 것이다. 아무리 야곱이라도 그 씨름이 더 길게 지속되었다면 살아남을 수 없었을 것이다. 따라서 그 시간 제한은 야곱을 살린 복싱 경기의 '벨'이었다.

괴상한 승자 판정 : 하나님도, 사람도 이긴 자

야곱은 날것 그대로 하나님께 매달렸다. 그것은 애석하게도 씨름 혹은 레슬링의 형태였다. 당시에는 율법도 없었는데, 고대의 싸움에 룰이 있을 리 만무했다. 심판도 존재하지 않았다. 아마 그 싸움은 우리의 생각보다 볼품이 없었을 것이고 졸속한 부분투성이였고, 더없이 처절하고 서글펐을 것이다. 노인이 밤새도록 두들겨 맞고 뒹굴고 결국 뼈가 어긋나서 다리를 절게 되는 과정을 상상해 보라. 결코 유쾌한 구경거리는 아니다. 그 과정에서 야곱이 온몸으로 내뿜은 것은 돌베개에서 하나님께서 자신에게 주신 사명들에 대한 의문과 비록 그간 자기를 편애해 주시기는 했지만, 에서를 넘을 만큼은 편애해 주지 않으신 하나님에 대한 서러움, 한편 도와주시고 이끌어 주셨으나, 육적인 눈으로만 보았을 때는 이대로 가다간 에서라는 가장 큰 산에서 결국 좌절케 하실 것으로 보이는 하나님에 대한 온갖 복잡한 감정들이었다. 거기에는 어떠한 종교적인 엄숙함이나 우리가 생각하는 경건, 도덕, 예의 그런 것 따위는 없었다. 성경이 증언하길, 야곱과 싸움을 하던 자는 제한 시간이 다 지났음에도 불구하고 가게 하지 않겠다며 붙잡는 야곱에게 참으로 말도 안 되는 소리를 한다.

> 그 사람이 그에게 이르되 네 이름이 무엇이냐 그가 가로되 야곱이니이다 그 사람이 가로되 네 이름을 다시는 야곱이라 부를 것이 아니요 이스라엘이라 부를 것이니 이는 네가 하나님과 사람으로 더불어 겨루어 이기었음이니라(창 32:27-28)

한 것이라고는 밤새 두들겨 맞고, 결국 다리를 저는 장애까지 얻은 야곱이 이겼다니? 그것도 사람하고도 이겼고, 하나님하고도 이겼다니? 싸움은 누가 이기는가? 멀쩡히 걸어 나간 사람이 이긴 것인가? 아니면, 다리를 절뚝거리며 싸움의 결과로 심각한 장애를 얻은 사람이 이긴 것인가? 누가 과연 심판인가? 누가 룰을 정하는가? 이 고대 씨름, 즉 야곱과 하나님이 겨뤘던 그 어떤 규칙도 없는 씨름의 승자를 규정할 룰이 어디 있는가? 결국 세상의 재판관은 오직 한 분, 하나님뿐이시다. 그런 하나님께서 야곱이 승리했다고 여겨 주신다. 그렇게 판정하기로 하셨다.

인간적인 관점에서 본다면 야곱과 같은 패배자도 없다. 그는 간신히 가족만 하나 꾸렸을 뿐이고, 이어지는 창세기 33장을 보면 에서가 야곱을 만나기 위해서 동원한 400명은 모두 장정이었다. 그러니까 에서는 그 세력의 일부만 해도 400명이나 되는 병사를 거느렸다. 야곱에게 속한 전체 인원이 달라붙어도 그 400명의 장정과 상대가 안 된다. 야곱에게는 에서의 장정들에 비해 병력이라 부를 것도, 그 어떤 용병도 없었다.

하지만 하나님께서 야곱에게 말씀하신다. "너는 이날, 하나님뿐만 아니라 인간에게도 이겼다. 너는 이스라엘이다." 재판장이신 하나님께서 야곱이 이 씨름의 승리자라고 선언하신다. 참으로 기묘한 룰의 씨름이다.

이 장면은 시련 중의 욥을 연상하게 한다. 욥도 자신의 괴로움을 토로하며 하나님을 직접 만나고 싶다고 말한다. 하나님과 시시비비를 직접 가리고 싶다고, 그래서 그분의 판결을 듣고 싶다고 한다. 자신이 죽건 살건 하나님께서 결정하실 일이지 자기가 자결하거나 사람이 관여할 일이 아니라고 굳게 믿는다. 그리고 욥기 38장 시점에 그토록 바라 마지않던 하나님과의 대면을 경험한다. 할 수만 있다면 하나님과 법정에 가서 변론해 보고 싶었다고 말했던 욥, 하지만 막상 하나님을 대면하자 하나님은 욥에게 하나님의 위엄과 창조주로서의 권위를 보이시며 잔뜩 기를 죽이신다. 그리고 놀랍게도 그 과정에서 욥은 회복된다. 욥을 매섭게 몰아붙이시던 하나님은 욥의 최후 변론 이후(욥 42:1-6), 재판의 판결과 주문에 해당하는 것을 욥의 친구들에게 선고하신다.

여호와께서 욥에게 이 말씀을 하신 후에 데만 사람 엘리바스에게 이르시되 내가 너와 네 두 친구에게 노하나니 이는 너희가 나를 가리켜 말한 것이 내 종 욥의 말 같이 정당하지 못함이니라(욥 42:7)

38장부터 41장까지 4장이나 할애하여 기록한 하나님의 말씀은 결코 욥에게 유리해 보이지 않는다. 모든 부분에서 욥은 하나님께 비할 바가 아니었으며, 욥의 어떤 면을 보더라도 하나님께서 지으신 대자연이라고도 하는 여타 피조물들에 비하자면 초라할 뿐이었다. 그리고 하나님은 그 점을 숨기지 않으시고 지적하신다. 그 내용을 요약하자면 결국, "네가 나하고 법정에 서서 변론을 할 수 있을 것 같으냐?"라는 말씀이나 다름없었다. 다시 말해 욥의 기를 더없이 죽이시고 낮추셨다.

하지만 욥과 욥의 친구들의 관계에서만은 달랐다. 하나님은 욥의 바람대로 이뤄진 이 '재판'에서 욥의 승리를 선언하신다. 결국 욥이 "무지한 말로 이치를 가리우는 자가 누구니이까 내가 스스로 깨달을 수 없는 일을 말했고 스스로 알 수 없고 헤아리기 어려운 일을 말하였나이다"(42:3)라는 고백을 하게 만드셨던 하나님은 기묘하게도 욥의 말을 "정당하다"(42:7)라며 인정하셨고, 결국 하나님과 관계에서는 아무런 변론도 할 수 없었던 욥에게 그 친구들에 대한 생살여탈권을 부여하시며 승자로 만드셨다.

이 장면은 제아무리 인간이 정당하다 한들, 인간의 논리가 대단하다 한들, 결국 하나님을 꺾을 만한 것은 없다는 인간의 태생적 한계를 보여 준다. 인간이 아무리 완벽하고 완전하다 한들 하나님이 의롭게 여겨 주지 않으시면 의에 도달할 수 없다는 신약의 개념과도 일맥상통한다. 이후 이 책 12장에서 더 자세히 다루겠지만, 욥은 인간이 가진 의의 최고점을 보여 준다. 그리고 그 의의 한계도 보여 준다. 하지만 이는 하나님과 상대했을 때의 기준이다. 인간의 기준으로 보았을 때는 욥은 걸출한 인물이다. 당대 가장 빼어난 인물이며 그와 같이 순전한 자가 없다고 하나님이 공언하신 인물이다. 육체적으로나 정신적으로 벼랑에 몰려 있던 욥의 절규조차도, 거기에 담긴 하나님에 대한 발언들은 하나님 보시기에 정당했다.

그래서일까? 욥기를 살펴보면 신약에서야 구체화한 개념들이 곳곳에 등장하는 것을 볼 수 있다. 여러모로 욥은, 심지어 욥의 친구들조차 하나님에 관한 지식에 있어서는 시대를 초월한 자들이었다. 그렇다고 한들, 하나님은 당신께 완전히 논파당하고 기세에 눌린 욥이 정당하다며 욥이 완전히 승소한 것과 다를 바 없는 주문을 욥의 친구들에게 선고하셨다. 욥의 생살여탈권을 하나님께서 가지셨듯, 욥에게 욥 친구들에 대한 생살여탈권을 위임하신다. 그리고 극적으로 욥을 회복시키신다.

욥의 이야기와 야곱의 이야기에서 등장한 하나님의 판결에서 도출할 수 있는 공통적인 결론은, 하나님의 사람의 성패는, 그리고 승패는 하나님을 이기고 하나님 앞에서 자기의 위세를 증명함에 달리지 않았다는 것이다. 하나님의 사람의 승리는 하나님을 만난 지점에서 이미 확정된다. 욥이 확인하고 싶었던 것은 다른 것이 아니었다. 하나님이 자기의 아픔을 알고 계시며 억울함도 알고 계신다는 것, 그분께서 여전히 재판하고 심판하신다는 것, 자기의 시련에는 하나님의 뜻이 있는지의 여부였다. 그래서 자기에게 일어난 일들이 그저 불운이나, 우연에 기인한 일이 아니라는 것을 확인하고 싶었다.

야곱도 마찬가지였다. 에서를 앞에 두고 하나님께서 자기를 버리지 않으셨다는 것, 그리고 자기 삶은 이리저리 티끌을 모아다가 세력을 이루곤 결국 에서에게 다 빼앗기기 위해서 존재하지 않는다는 것, 바로 그것을 확인하고 싶었다. 다시 말해, 나에게는 여전히 하나님이 계신다는 것을 확인하는 것이 주된 목적이다. 그러므로 하나님의 등장으로 인해서 욥처럼 장장 4장에 걸쳐서 기를 죽이는 엄한 발언이 쏟아지건, 야곱처럼 밤새도록 두들겨 맞고 장애를 얻는 것이건, 그 자체가 중요한 것이 아니다. 앞서도 인용했던 구절이지만, 이사야 1장 18절의 하나님 말씀은 이러한 성경적, 역사적 통일성을 응집한 결과이다.

여호와께서 말씀하시되 오라 우리가 서로 변론하자 너희 죄가 주홍 같을찌라도 눈과 같이 희어질 것이요 진홍같이 붉을찌라도 양털같이 되리라(사 1:18)

이사야 43장 26절에도 이 변론이 다시 한번 언급된다. 그리고 이 변론 자체는 사람이 도저히 이길 수 없는 것임이 명백하다.

너는 나에게 기억이 나게 하라 우리가 함께 변론하자 너는 말하여 네가 의로움을 나타내라(사 43:26)

하나님께서 공언하시고 공인하신 의인(義人) 욥조차 하나님 앞에서 의로움을 나타내지 못했거늘 그 누가 하나님 앞에서 의로움을 나타낼 수 있을까? 하지만 표면적으로 우리의 패배가 확정된 그 변론의 결과는 놀랍게도 죄가 주홍 같더라도 눈과 같이 하얘지는 것이다(사 1:18). 이사야서의 구조에서 이는 당시 이스라엘 백성이 처한 위기와 시련을 해결해 주는 결정적인 요소였다.

> 여호와의 손이 짧아 구원하지 못하심도 아니요 귀가 둔하여 듣지 못하심도 아니라 오직 너희 죄악이 너희와 너희 하나님 사이를 갈라 놓았고 너희 죄가 그의 얼굴을 가리어서 너희에게서 듣지 않으시게 함이니라(사 59:1-2)

이사야서에 따르면 죄악이 하나님과의 관계에서 문제가 된 결과, 하나님의 구원이 그들에게 임하지 못했으며 하나님께 그들의 기도와 울부짖음이 상달되지 못했다. 그 죄의 문제를 해결할 길이 없는데, 하나님과 만나 대면하여 변론함으로 해결된다. 따라서 변론에서 패배한들, 결국 욥처럼, 야곱처럼, 승리가, 성공이, 확정된다.

야곱이 씨름에서 이긴 것을 이해하기 위해서 우리는 욥기와 이사야서를 살펴보았다. 야곱은 씨름에서 분명히 졌다. 싸움이라는 관점에서 보더라도, 스포츠의 관점에서 보더라도 그러했다. 하지만 승리자는 야곱이었다. 그 씨름의 결과로 하나님께서 얻으실 것은 전혀 없다. 이는 당연하다. 창조주이신 하나님께서 버러지 같은 야곱과 싸워 이기신다고 무슨 이득이 있겠는가?

반면 야곱은 이를 통해서 얻은 것 천지이다. 에서가 되었건 야곱에게 위해를 가하고자 하는 그 어떤 적이 되었건, 그들은 이제 야곱의 신변에 그 어떤 부정적 영향을 줄 기회를 상실했다. 하나님과 만나서 하나님과 겨룬 자에게, 하나님께서 '승자'라고 선언하셨고, 하나님께서 대신 싸워 주신다는 의미가 담긴 이스라엘이라는 이름을 주셨으며, 모래알같이 많은 사람이 속한 민족을 이루게 하실 자라 공언된 자에게 그 누가 그 어떤 위해를 가할 수 있을까?

그러므로 야곱은 하나님과 만나는 순간 이미 하나님에게나 사람에게나 '승리'했다. 이처럼 신앙인은, 그리스도인은 삶 속에서 하나님을 만나는 순간, 만난 것 자체로도 이미 이긴 것이다. 믿는 자는 하나님을 만난 것이, 그분의 옷자락에 손을 댄 것이 이미 회복이고 구원이며, 또한 극적 역전과 승리의 시작이요 완성이다.

무의미한 씨름

앞서 이 씨름은 야곱이 잘 싸워서 이긴 것이 아니며, 애초에 하나님께서 야곱의 승리를 정해 놓고 그의 삶에 등장하여 밤새워 상대해 주신 것이라 이야기했다. 야곱은 이미 이긴 싸움을 싸웠고, 그가 원하는 바를 이뤘다. 그런데 하나님을 대면한 순간 야곱의 승리가 확정된 것이라면, 씨름이 어째서 필요했을까? 하나님은 이 씨름을 통해서 얻을 것이 없으시다. 야곱도 실상 씨름을 통해서 얻은 것이라고는 냉정하게 말해서 장애뿐이었다. 이 씨름 사건 이전부터 하나님은 야곱을 민족의 시조로 만드실 것이며, 그것은 이미 하나님 선에서 확정된 것임을 재차 말씀해 주셨다. 당연하게도 이는 한 치의 오차도 없이 이뤄지고 있었다. 이는 야곱과 에서가 태어나기 전부터, 리브가를 통해서 최초로 고지되었으며, 이 씨름 사건으로부터 20년 전 벧엘에서 야곱에게 이미 주어진 약속일 뿐만 아니라, 가나안 행을 하도록 명령하실 때 꿈을 통해서도 재확인해 주신 것이었다. 즉, 이 서사가 시작되던 처음부터 이미 완성되고 결정된 부분이지, 야곱이 씨름에서 이겨서 쟁취한 것이 전혀 아니다. 그렇다면 야곱에게는 왜 폭력적이기도 하고, 고되기도 하며, 의료 기술이 부족했던 고대에 장애와 위험천만한 부상까지 안겨 준 씨름이라는 과정이 필요했던 것일까?

이는 구원이라는 주제를 다룰 때 자주 도출되는 질문과 일맥상통한다. 성경의 구원론에는 하나님의 선택하심이 빠질 수 없다(벧전 1:2). 이는 하나님은 전지하시다는 속성(욥 9:4), 구원을 이루기 위해서 필수적인 믿음은 실상 하나님이 주신 선물이라는 사실에 비춰봤을 때(엡 2:8; 롬 4:16), 구원에 대하여 우리가 할 것은 전혀 없고 오직 모든 것이 하나님의 은혜이며 그리스도의 공로라는 결론은 필연적인 논리이다. 그런데도 그 확정된 구원은 삶을 살아가는 우리에게 바로 임하지 않는다. 다시 말해 구원을 받자마자 세상에서 우리가 소멸하여 천국으로 들림받는 것이 아니라, 삶이라는 여정이 여전히 우리 앞에 남아 있다. 바울의 경우 그러한 구원받은 자들에게 주어진 삶을 '경외로 구원을 이뤄 나가는 과정', 혹은 '결승선을 향해서 달려가는 경주'에 비유했다(빌 2:12; 3:14).

바울은 구원이 어디까지나 오직 은혜를 통해서 주어졌다는 사실을 전제하고서 경주에 비유한 것임을 유념해야 한다. 이는 신앙 경주의 비유가 수록된 빌립보서의 도입부 가운데 1장 28절을 보더라도 명확하다. 따라서 바울은 경주의 비유를 통해서 구원을 이루는 주체가 우리라는 말을 하려는 것이 아니다(빌 1:28; 엡 2:5, 8; 4:30; 롬 3:24; 11:6). 하나님이 우리를 구원하셨다면, 그것은 이미 완성된 상태의 구원으로 주어진다. 이는 하나님은 전지하시기 때문이다. 전지하신 하나님이 구원을 잃어버릴 대상에게 구원이라는 선물을 애초에 주실 이유가 어디 있겠는가? 다만 그것은 하나님의 관점에서 구원을 보았을 때 이미 완성된 상태라는 의미이다. 우리는 여전히 삶의 '도중'을 살고 있기 때문에 그 도중에서 우리는 마치 경주하듯 구원을 완성하는 단계에 있다고 인지할 수밖에 없다. 그 결과 우리는 바울의 표현처럼 두려움을 가지고 매일 구원을 이뤄 나가는 입장에 있다.

따라서 구원이 확정되었으니까 마음대로 죄를 짓고 살자고 주장하는 여타 이단들과는 다르게, 우리는 하나님에 대한 경외와 감사로 하루하루의 삶을 은혜받은 자에 걸맞게 수놓는다. 그런 견지에서 바울이 구원을 달리기 경주로 비유한 것은 절묘하다. 그저 뜀박질이 아니라, 정한 구간을 달리는 올림픽 육상 경기이다. 거기에는 정해진 트랙이 있고, 시작점과 결승점이 있다. 아무나 출전하는 것도 아니다. 연습 과정에서 수도 없이 해당 트랙을 완주했을 것이고, 경기 당일에 최상의 컨디션을 유지하도록 훈련받았을 터이다. 경주하기에 걸맞은 최상의 건강 상태를 유지하려고 온갖 노력을 다한다. 제아무리 경주 참가자들이 각각 '자유 의지'를 가지고 뛴다 한들, 그들이 달리는 방향과 트랙은 시스템적으로 정해져 있다.

다만 바울 서신서가 고수하는 총체적 통일성을 애써 무시하고, 경외 속에서 구원을 이룬다는 표현과 경주라는 비유에 경도되면, 오직 믿음으로 의롭다고 하심을 얻는다는 이신득의 교리를 놓고 혼란스러워하기도 한다. 어쩌면 이러한 혼란은 자연스러운 것이다. 하나님이 베푸시는 구원의 방식은, 하나님의 모든 신묘막측한 역사 중에서도 특히 십자가라는 요소는 구약을 통해서 몇 대에 걸쳐 하나님의 구원을 기다리고 연구한 당대 종교 지도자들을 경악하게 만들 정도였다. 그 결과 토라에 대한 조예가 깊을수록 그리스도를 믿는 것을 어려워하는 현상이 발생하기도 했다. 신약에서 그들이 보일 그러한 반응은 전지하신 하나님의 계시로 말미암아 구약의 선지자들을 통해서 이미 예언되어 있었다.

> 만군의 여호와가 말하노라 이 일이 그 날에 남은 백성의 눈에는 기이하려니와 내 눈에 어찌 기이하겠느냐 만군의 여호와의 말이니라 만군의 여호와가 말하노라 내가 내 백성을 동방에서부터, 서방에서부터 구원하여 내고 인도하여다가 예루살렘 가운데 거하게 하리니 그들은 내 백성이 되고 나는 성실과 정의로 그들의 하나님이 되리라(슥 8:6–8)

> 이것은 주로 말미암아 된 것이요 우리 눈에 기이하도다 함을 읽어 보지도 못하였느냐 하시니라(막 12:11)

세상에 전지한 존재라는 없다. 오직 하나님 한 분만 전지하시다. 그러므로 그분의 전지하심에 기반한 계획은 비록 시작부터 이미 완성되었으나, 인간의 인지 능력으로는 '도중'이라고 하는 기묘한 시차로 인해 손쉽게 와닿지 않는 것이 당연하다. 눈에 보이지 않고 익숙하지 않은 개념을 설명하고 또 이해하려면, 현존하는 익숙한 것에 비유하는 것이 가장 좋으나, 애석하게도 하나님에 빗댈 것이 전혀 없다(삼상 2:2; 시 71:19; 사 40:18; 46:5).

그런즉 너희가 하나님을 누구와 같다 하겠으며 무슨 형상에 비기겠느냐(사 40:18)

따라서 하나님의 행하심에 대해서, 사람은 그들이 가진 지식이나 지능의 수준과는 관계없이 늘 당황하고 혼란을 느껴 왔다. 세상에는 하나님과 비교할 게 없다는 말은 결국 이 세계를 살아가는, 시간과 물리적 장소에 귀속되어 도중을 살아가는 인간에게 하나님이라는 분은 너무나 이질적이고 인지의 규격을 넘어가는 대상이라는 의미이다. 그렇다면 그분의 행하심을 이해하여 신앙적 의문을 해소하는 것은 영영 불가능할까? 다행스럽게도 그런 혼란에 기반한 의문은 상당히 규격화되어 있다. 따라서 하나님을 속속들이 이해하고 분석하여 모든 의문을 해소하는 것은 인간으로서는 불가능하겠지만, 우리가 보편적으로 가진 의문과 오해를 살피어 그것들을 해소하는 것은 가능하다. 그러므로 이 해묵은 의문들을 해소하기 위하여 인간의 인지 능력으로는 불가해한 신비의 영역, 즉 하나님 고유의 영역을 넘어설 필요가 없다. 이는 '넘어가 봤자, 이해할 수 없다. 인간이 하나님에 대하여 오해해 봤자, 다오십보백보에 불과하다'라는 뜻이다. 달리 말해, 오해하고 있는 부분이 무엇인지 파악하여 정리하는 선에서 멈추고, 그것에 대하여 마땅히 생각할 그 이상의 생각을 품지 말아야 한다.

내가 마게도냐로 갈 때에 너를 권하여 에베소에 머물라 한 것은 어떤 사람들을 명하여 다른 교훈을 가르치지 말며 신화와 끝없는 족보에 착념치 말게 하려 함이라 이런 것은 믿음 안에 있는 하나님의 경륜을 이룸보다 도리어 변론을 내는 것이라 경계의 목적은 청결한 마음과 선한 양심과 거짓이 없는 믿음으로 나는 사랑이거늘 사람들이 이에서 벗어나 헛된 말에 빠져 율법의 선생이 되려 하나 자기의 말하는 것이나 자기의 확증하는 것도 깨닫지 못하는도다(딤전 1:3-7)

일각에서 하나님의 전지하심이 의도적으로 구원에 있어서는 제한되어 있다고 주장하곤 한다. 이는 하나님을 제한하여 인간의 의지를 자유롭게 묘사하기 위함이다. 이러한 억지 주장은 우리의 인지 능력의 한계상 규명할 수 없는 하나님의 행하심을 그 한낱 인간의 사고와 판단으로 그럴싸하게 풀어보려는 괴변에 불과하다. 구원에 있어서 선택과 유기는 전지하신 하나님만이 결정하신다. 거기에 인간의 자유 의지가 끼일 틈바귀가 없다. 이는 근본적으로 오랫동안 고대하며 기다리던 그리스도께서 자기들이 구성한 신학적인 메시아 상과 일치하지 않는 면이 보이자, 자신들의 메시아 상을 교정하는 것이 아니라, 예수님께 칼을 들이대며 그분을 교정하려고 시도하다가 결국 불가능함을 깨닫고 십자가에 못 박아 죽인 행동 양식과 다르지 않다.

대표적인 예로는 사두개인들이 있다. 그들은 토라에 대한 학적 지식은 그 누구보다도 뛰어났지만, 부활은 믿지 않았다. 이는 하나님의 나라가 만들어지는 때에 부활이라는 것이 존재한다면, 율법의 원리가 훼손된다는 이유에서였다. 예수께서 가르치신 부활과 하나님의 나라에 대한 반박으로 예수께 제기한 질문에는 이러한 그들의 신앙관이 잘 담겨 있다.

사두개인은 모세의 율법에 기반한 형사취수제를 언급하며, 7형제 중 첫째와 결혼한 한 여인의 비극적 사례를 창작해 냈다. 처음 결혼에서 후사를 얻기 전에 남편이 죽자, 과부가 된 여인을 보호하기 위한 형사취수제의 원리에 따라서 둘째와 결혼했으나, 둘째도 죽고, 셋째와 결혼했으나, 셋째도 죽고, 결국 일곱째까지 이를 동안 후사가 없이 죽었다는 말도 안 되는 아주 극단적인 가상 사례였다. 이들이 이러한 예를 들면서 자아낸 질문은 결국, 만약에 부활이라는 것이 있어서 그들이 천국에서 모두 부활한다면 그녀는 도대체 누구의 아내냐는 것이었다(마 22:23-33). 이 질문은 실상 누구의 아내가 되는지가 핵심이 아니었다. 사두개인뿐만 아니라, 당대 종교 지도자들이 기다리는 메시아가 이룰 하나님의 나라란, 그전에 존재하던 이스라엘보다도 모든 면에서 우월하며 정의와 공의가 넘쳐 나고 하나님의 뜻에 합한 가장 완벽한 나라이다. 물론, 실제로 하나님의 나라는 정의와 공의가 넘치는 곳이다.

하지만 사두개인들로서는 그러한 완벽한 나라에 부활이 있으면 문제가 발생한다. 인간 사회의 다양한 문제로 인해서, 아담과 하와 때 주어진 일부일처제의 원칙이 제대로 이행되지 못해 왔는데, 천국, 그러니까 하나님의 나라에서 부활이 발생한다면, 결혼만 보더라도 하나님 왕국의 양태는 그간 이스라엘 왕국이 보여 준 것에 결코 낫지 못하다. 일부일처제는커녕 7명의 남자와 한 여자가 부부 관계로 묶인다면, 이는 율법적으로 용납될 수 없고, 이방인들에게서도 도무지 찾기 힘든 기이한 형태가 된다는 것이다.

이에 대해서 예수님은 그들의 오해를 지적하신다. 바로 부활 이후에는 장가도 시집도 아니 가며 새로운 몸을 입을 것이라는 말씀을 하셨다.

> 예수께서 대답하여 가라사대 너희가 성경도, 하나님의 능력도 알지 못하는고로 오해하였도다 부활 때에는 장가도 아니 가고 시집도 아니 가고 하늘에 있는 천사들과 같으니라(마 22:29)

사두개인들은 자기들이 가진 정보를 통해서 저들 나름대로 이룩한 체계에 걸맞은 논리적인 결론을 도출했다. 그것은 그들에게 매우 의미 있는 것이었다. 다만 때때로 우리는 우리가 완성한 유무형의 인공 창조물에 경도되곤 한다. 그것이 유형일 때나 무형일 때나 다를 바 없이 우상이 되어 버린다. 앞서 우리가 욥의 사례를 통해서도 가볍게 다뤘듯, 인간이 아무리 대단한 체계와 정당성 그리고 논리를 확보한다 한들, 그것으로 하나님을 조정하거나, 마치 더 좋은 것을 만든 양 하나님께 '귀의'하시라 요구하거나, 하나님을 교정할 수 없다.

> 깊도다 하나님의 지혜와 지식의 풍성함이여, 그의 판단은 헤아리지 못할 것이며 그의 길은 찾지 못할 것이로다(롬 11:33)

> 또 내가 하나님의 모든 행사를 살펴 보니 해 아래에서 행해지는 일을 사람이 능히 알아낼 수 없도다 사람이 아무리 애써 알아보려고 할지라도 능히 알지 못하나니

비록 지혜자가 아노라 할지라도 능히 알아내지 못하리로다(전 8:17)

하나님의 미련한 것이 사람보다 지혜 있고 하나님의 약한 것이 사람보다 강하니라(고전 1:25)

우리는 여전히 생각하고 분석하고 논리적인 결론을 도출하려고 힘쓴다. 최선을 다하여 하나님을 아는 지식에 이르기 위해서 발버둥 친다. 하지만 우리의 하나님을 아는 지식은 결코 완전할 수 없다는 것을 인지해야 한다. 애초에 인간의 연구로 다 규정하고 규격화할 수 있다면, 그것은 성경이 말하는 하나님이 아니다. 그것은 '만들어진 신', 즉 우리가 감히 하나님이라고 이름을 붙인 무형의 우상일 뿐이다. 우리의 인지 능력은 한계가 있으며, 하나님을 감히 다 담을 신앙적 체계나 말의 묶음은 없다는 것을 늘 의식해야 한다(고전 13:12). 우리가 보는 것은 희미하다. 영화로 치면 예고편이다. 그 예고편을 아무리 연구한다 한들, 본편의 내용을 다 구현해 낼 리 만무하다. 판에 박힌 양산형 영화라면 모를까. 거장이 만들어 낸 영화는 단순히 예고편이나 우리의 예측만으로 다 담을 수 없기에 명작이다. 다시 말해 거장이 감독한 영화의 예고편을 통해서 형성된 우리의 예상이 본편에서 흥미롭고 놀라운 방식으로 깨지고, 그 예측을 뛰어넘는 경험을 제공해 주기를 기대하고 본다. 이는 그리스도에 대한 예언과 암시가 담긴 성경을 대하는 자세와 같다.

우리가 이제는 거울로 보는 것 같이 희미하나 그때에는 얼굴과 얼굴을 대하여 볼 것이요 이제는 내가 부분적으로 아나 그때에는 주께서 나를 아신 것 같이 내가 온전히 알리라(고전 13:12)

애석하게도 예수님의 공생애 기간에 대다수 종교 지도자는 자기들이 가진 것은 결국 희미한 이미지이며, 하나님께서 이루실 신묘막측한 일의 예고편임을 알지 못했다. 부분적으로 안다는 사실을 부정하며, 그들이 가진 하나님에 관한 지식 자체를 우상화한 결과, 예고편에서 형성된 기대 중에서 본편과 달랐던 점을 덜어 내는 것이 아니라, 예고편에 경도되어서 본편을 수정하기에 이른다. 자기들이 구성해 낸 종교적 체계와 실제 마주한 그리스도의 차이점을 통해서 자기들의 종교적 체계를 바꾼 것이 아니라, 도리어 그리스도를 바꾸려 했다.

그런 종교적 체계라는 부분에서도 정점에 도달했던 바울은 정확히 반대의 태도를 보였다. 바로 자기가 가진 모든 것, 과거 자기를 자기 되게 했던 온갖 유익한 것이라도, 사회적으로나 종교적으로나 빼어난 것이라도, 그리스도를 위하여 전부 배설물로 여기고 버렸다.

> 그러나 무엇이든지 내게 유익하던 것을 내가 그리스도를 위하여 다 해로 여길뿐더러 또한 모든 것을 해로 여김은 내 주 그리스도 예수를 아는 지식이 가장 고상함을 인함이라 내가 그를 위하여 모든 것을 잃어버리고 배설물로 여김은 그리스도를 얻고 그 안에서 발견되려 함이니 내가 가진 의는 율법에서 난 것이 아니요 오직 그리스도를 믿음으로 말미암은 것이니 곧 믿음으로 하나님께로서 난 의라 (빌 3:7-9)

따라서 우리는 신학적으로, 신앙적으로, 성경적으로 최선을 다해 준비하면서, 또한 그것은 본편이 등장하면 본편에 기반하여 재해석되어야 할 예고편이며, 하나님께서 진정한 것을 보이실 때 교정해야 할 불완전한 것임을 인정해야 한다. 사람의 눈과 제한된 인지 능력에서는 빼어나고 뛰어난 것이라 한들, 하나님 앞에서도 그러하겠는가? 하나님을 가르치고 귀의시키겠는가? 그분을 계몽하고 일깨우려는가? 예고편을 분석한 것을 토대로 본편이 이러저러해야 했다고 가르쳐야 할 대상이신가?

우리의 야곱에게도 예고편이라는 것이 있었다. 그에게도 기대가 있었다. 그도 하나님께서 주신 확실한 약속이 있었다. 그것은 인간이 감히 다르게 고칠 수도 없고, 야곱 본인조차 막을 수 없는 하나님의 놀라운 역사였다. 야곱의 무수한 실책이 하나님의 마음을 바꾸지 못한다. 계획을 바꾸지 못한다. 전지하신 하나님은 이미 그러한 것들도 다 알고 계시기 때문이다. 따라서 하나님은 실망하시지도 그 뜻을 바꾸지도 않으신다.

그렇기에 이후 발생한 변수들도 인간에게 있어서나 변수이지, 하나님에게는 아무런 변수도 되지 못했다. 야곱이 라반에게 속아 라헬 대신 레아를 맞이했어도, 그래서 각오했던 7년의 종살이가 14년, 아니 결국 20년이 되었어도, 라반에게 도망하는 과정에서 라헬이 드라빔을 훔쳐 왔어도 에서의 북상 소식에 야곱의 마음이 녹았고, 이윽고 등장하신 하나님께 납작 엎드려도 모자랄 판에 끝끝내 싸움을 걸고 상대도 되지 않으면서 그분과 맞서서 함께 흙먼지를 일으키며 씨름했어도 그 모든 것이 하나님의 행하심에 어떠한 변수도 창출하지 못했다. 하나님의 계획을 막지도, 가속하게 만들지도 못했다.

그렇지만 하나님이 주신 예언은 당신께서 야곱의 인생을 통해서 궁극적으로 이루실 결말 위주였다. 다만 야곱은 그 과정에서 스스로 상상하고 규정해 왔을 뿐이다. 하나님은 오메가만이 아니시다. 알파도 되신다. 시작과 끝, 그리고 그 사이의 모든 과정이시다. 그래서 우리에게는 매일 기도가 필요하다. 확정적인 응답을 받고도 그 결과를 의심하지 않더라도, 생명을 다해 믿더라도, 하루하루 그것을 이뤄 나가시는 하나님, 즉 매 순간 동행하시는 성령님의 방식은 우리가 매일 경외심을 가지고서 길을 더듬어 나가는 것이다. 그 과정을 '기도'라고도 하고, '두려움으로 구원을 이뤄 가는 과정'이라고도 하며 또한 '푯대를 향해서 달음박질하는 달리기 경주'라고도 한다.

그러므로 바울이 말한 우리의 구원이라는 것은 전지전능하신, 즉 미래까지 모든 것을 다 아시고 심지어 그 과정과 결과를 직조할 권능을 가지신 하나님이 확정해 놓으셨지만, 마치 달리기 경주 선수처럼 그 결승선을 통과할 때까지 두려움으로 완주하라는 것에 담긴 의미는 구원의 결과에 대한 의심이나 두려움을 가져야 한다는 것이 아니다. 그것은 과정에 대한 것이다. 이는 지옥에 대한 무서움 때문이 아니다. 우리에게 한없이 인애하신 하나님에 대한 사랑과 믿음이 있기에 오히려 형성된 경외로서의 두려움이다. 사랑하는 연인에게 건네는 말 한마디가 그토록 조심스러운 이유는 상대방의 마음에 담긴 사랑의 영속성을 믿지 못함인가? 아니다. 나를 언제까지고 받아 주고 이해하리라 믿는다면 진정으로 신뢰한다면 오히려 조심스럽다. 소중하기에….

이런 부분에서 야곱은 부족했다. 하나님의 언약의 복을 위해서, 그가 이스라엘로 거듭나기 위해서 겪어야 했던 서릿발 길을 간과했다. 전혀 준비되지 못했다. 따라서 야곱은 자기의 기대에 스스로 속았다. 먼 훗날 야곱은 자녀들에게 사랑하는 자녀인 요셉에 대해서도 거짓말을 듣는다. 야곱의 이야기에서 야곱의 인생에서 야곱을 속이지 않는 이는 야곱 본인도 아니고 오로지 속지 않으시고 속이지도 않으시는 하나님뿐이셨다. 그러므로 야곱, 우리의 미달자, 우리의 무능자 야곱, 그 야곱이 의지할 이가 누구인가? 그 울분이 폭발하는 장면이 바로 야곱의 씨름이다.

돌베개 사건 때에 들은 약속을 굳게 믿었는데. 야곱은 이제 늙었다. 하나님의 복으로 큰 부자가 되었지만, 형 에서는 더욱 강대해져 있었다. 다시 말해 야곱은 에서에게 저항할 세력이나 힘이 없었다. 리브가의 예상과는 다르게 오랜 세월이 흘러도 에서의 분노는 끝나지 않아서 여전히 자신을 죽이려 한다. 장자의 축복은 말뿐이었다. 이삭의 복을 소유한 자신은 그저 가정 하나를 이뤘을 뿐이지만, 에서는 강대한 세력을 이루었다. 이렇게 되어 버리자, 이야기는 마치 야곱이 일평생 가까스로 모은 모든 것을 에서에게 빼앗기고 죽는 이야기가 되고 만다. 이대로 흘러간다면, 하나님의 개입이라는 반전이 없다면 말이다.

야곱은 돌베개 사건에서 받은 약속을 굳게 믿었다. 세상 전부가 자신을 속여도, 미달자, 무능력자, 이름값도 못 하고 맨날 속는 자, 이용당하는 자일지라도 하나님만은 믿었는데, 하나님만은 자신에게 선하시리라 믿었는데, 이제는 늙어 버렸다. 그 불가사의한 인물이 야곱을 찾아오시자, 야곱은 차라리 죽어도 하나님한테 죽어야 한다는 심정으로 매달린다. 에서에게서도 지켜 주신다는 믿음도 보이고, 예의를 차리기에는 너무 늙은 야곱에게는 이제 여유마저 없다. 당장 자기에게 복을 주시지 않을 거면 죽여 달라는 식으로 달려든다.

　앞서 믿음을 우상화하며 내가 뭔가 믿는다는 이유로 하나님께 그것을 청구하는 것은 불가하다고 밝혔다. 그렇다면 이 야곱의 씨름은 어떻게 이해해야 할 것인가? 야곱은 도대체 어떤 결의를 보인 것인가? 목숨마저 내놓은 야곱의 간절함에 하나님이 감동이라도 하셔서 마음을 바꾸셔야 한다는 것인가? 그렇다면 하나님은 전지하신 것이 아니지 않은가? 하나님의 전지하심을 믿는 자들은 모두 동의하겠지만, 단언컨대 야곱의 전부가 폭발한 이 순간은 하나님이 야곱의 인생을 통해서 하실 일에 대해서 그 어떠한 변수를 생성하지 못했다. 거듭 말하지만, 이스라엘이라는 이름도, 모래알같이 많은 자들로 이뤄진 민족의 시조가 되는 것도, 이 씨름의 결과나 씨름에서 보여 준 투쟁으로 쟁취한 것이 아니다.

　따라서 이 씨름은 야곱이 민족의 시조가 되는 것에 어떠한 이바지도 하지 못했으며 하나님이 역사하시는 것에서도 아무런 의미가 없다. 이를 기도로 보거나 투쟁으로 보더라도 마찬가지다. 씨름이나 기도, 즉 우리의 투쟁은 본질적으로 바울이 구원받은 이후의 우리 삶을 달리기 경주로 비유한 것과 같은 의미가 있다. 이미 구원은 확정되었고, 달리는 것은 구원을 만들기 위함이 아니다, 다만 구원이 확정되었다는 표징일 뿐이며, 구원받았기에 달릴 수 있는 것뿐이다. 기도도 하나님의 뜻을 바꾸거나 그분을 조정하기 위해서 존재하지 않는다. 그분께서 우리의 필요를 미리 아시고 간구하게 하심을 믿기에 확신하고 기도하는 것이다(마 6:25-32). 야곱 또한 씨름을 통해서 이스라엘이 된 것이 아니라, 이스라엘이기 때문에, 믿음의 민족의 시조이기 때문에 씨름을 할 수 있었다.

　하지만 문제는 그 씨름이라는 것이 단순히 야곱에게 주어진 언약이 성취될 표징으로의 역할만 했다고 하기에는 야곱이 지급한 반대급부가 너무나 값비쌌다. 그 싸움의 결과로 결국 야곱은 환도뼈가(고대와 현대의 해부학 분류가 다르기에 정확하게 특정하기에는 무리가 있지만) 치명적으로 손상되었다. 어차피 삶의 방향성과 대세에 영향을 전혀 줄 수 없는 그저 예고편이라는 의미가 있다면, 장애까지 입는 씨름으로 보여 주지 않으셨어도 그저 꿈으로 말씀해 주셨더라면, 이미 성숙함에 도달한 야곱의 오해와 서러움을 풀어 주시기에는 충분했을 것이다. 그런 견지에서 씨름이라는 것은 필수적으로 보이지도 않으며, 최선도 아니었으며, 심지어 무의미해 보인다. 그리고 실제로도 그랬다. 야곱을 보전하고 이스라엘이자 이스라엘의 시조로 만드시는 것을 달성하시는 것에 한정한다면 무의미했다. 이런 견지에서만 보면, 야곱은 무의미하게 장애를 얻게 된 것이다.

왜 씨름인가요 주님 : 건국 신화

앞서 우리는 씨름이라는 것이 하나님께서 야곱의 삶에 역사하시기 위해서, 또한 야곱에게 확신을 주시기 위해서 꼭 필요한 것이 아님을 나눴다. 그리고 씨름은 그저 하나님께서 야곱을 향한 하나님의 뜻, 그러니까 모래와 같이 많은 백성으로 구성된 믿음의 민족의 시조가 되게 하시는 뜻에 한정하여서는, 그저 그것을 반드시 이루실 것이라는 하나님의 뜻에 대한 표징이자 암시라는 의미만을 가진다고 했다. 문제는 그 씨름으로 야곱이 잃은 것이 너무 많고 치명적이라는 것이다. 그간 하나님이 야곱과 동행해 주신 방식을 고려해 보면, 그런 표징과 암시는 언어적으로도 얼마든지 전해 주실 수 있었다. 그러므로 그 씨름이라는 것이 가장 효과적이거나 뛰어난 방법으로 보이지는 않으며, 도리어 불필요해 보이기까지 하다. 도대체 왜 하나님은 씨름이라는 아주 '값비싼 방법'을 택하셔서 야곱에게 응답하신 것일까?

이 이야기를 이해하기 위해서 전제해야 할 몇 가지 믿음이 있다. 바로 하나님의 행하심에는 어떠한 낭비도 없다는 것이며, 결코 우리에게 까닭 없는 아픔을 허락하지 않으신다는 것이다. 즉, 하나님이 택하신 이 씨름이라는 것이 비록 야곱을 이스라엘로 만드시고, 야곱에게 주신 것들을 이루시는 것에는 아무런 효용이 없다. 그렇다고 해도 야곱이 장애를 얻은 것이나 씨름을 벌이기 직전까지 응답이 지연됨으로 인해서 극심한 마음고생을 했던 부분에 분명 다른 어떠한 의미가 있을 것이다. 야곱이 그런 고통을 감내해서라도 씨름을 통해서 얻을 효익이 있었을 것이다. 그 씨름을 세세히 관조하면 분명 그 의미를 발견할 수 있을 것이다.

이는 죽은 나사로 이야기나 십자가에도 동일하게 적용된다. 그것을 겪는 도중만 떼어 내서 보면 도무지 이해가 안 되는 낭비투성이의 이야기이다. 당시를 살아가던 마르다와 마리아는 나사로의 죽음과 소생을 통해서, 그 일이 그리스도의 십자가 죽음과 부활의 예고편일 뿐만 아니라, 이후 모든 그리스도인의 부활에 대한 예로서 회자할 것임을 알지 못했다. 예수님의 십자가도 수제자 베드로가 보기에는, 하나님의 나라를 이루기 위해 감당하기에는 더 나은 방법이 얼마든지 있는 '미련한' 것이지만, 예수님은 단순히 하나님의 나라를 이루기 위해서만 오신 것이 아니라, 아담과 하와의 타락 이래 모든 인류를 괴롭혀 왔던 죄 문제를 대속하심으로 말미암아 해결하시려는 더욱 원대한 뜻도 가지셨음을 그때에는 알 수 없었다. 하지만 하나님이 모든 것을 이루신 이후에는 그들도 그것이 필수 불가결한 하나님의 지혜였음을 깨닫게 되었다. 즉, 표면적으로 부여된 의미만을 살폈을 때는 턱없이 커다란 희생과 낭비로 보이는 사건도, 하나님께서 결국 합력하여 선을 이루게 하신 결말까지 살핀다면 가장 효율적이고 효과적인 방편이었음을 부정할 수 없게 된다.

그렇기에 당시 야곱은 알 수 없었지만, 야곱의 시작과 끝을 모두 알고 있는 우리, 그뿐 아니라 이스라엘의 역사와 예수 그리스도의 구속사를 모조리 알고 있는 우리는 씨름이 필수 불가결했으며, 귀결적으로 이 시점에 표면적으로 드러난 하나님의 뜻과 아직은 감추어진 뜻들을 모두 이루기 위해서는 가장 뛰어난 방편이었음을 전제하고 보아야 한다.

밤새 티끌을 함께 뒤집어쓰시면서 겨뤄 주셨고, 또한 야곱의 힘을 감당하지 못해서 환도뼈를 친 것처럼 인간의 관점으로 보기에 느껴지도록 싸움의 과정과 결과를 이끌어 가신 것과 야곱이 다리를 절게 된 것도 모두 필수 불가결한 일이었으며, 그것이 없었다면 이룰 수 없는 의미가 있었다고 믿는 자세로 내용을 살펴야 한다. 이런 신뢰가 없이 이 씨름 이야기를 대한다면, 물음표밖에 남지 않는 전래 동화와 같은 이야기가 될 것이다. 그렇다면 야곱의 사명인, 이스라엘 민족의 시조가 되는 것에 아무런 도움이 되지 않은 '씨름'이라는 과정이 왜 필요했는가?

첫째로, 이를 통해서 당대 사람들에게는 감추어졌던 하나님의 속성이 드러난다. 창세기를 대하는 현대인들이 종종 잊는 점이 있다. 바로 성경책이 천지창조로부터 존재하지 않았다는 점과 하나님에 관한 지식 또한 처음부터 완제품으로 제공되지 않았다는 것이다. 따라서 성경 구절을 대할 때, 그 말씀을 실시간으로 대했던 당대 사람들의 관점과 입장에서 충분히 내용과 맥락을 파악한 이후에, 신구약을 모두 소유한 현대의 관점을 차분히 적용해야 한다.

앞서 다뤘듯 현대의 관점에서 보면 야곱이 씨름한 부분은 불필요해 보인다. 기도면 족하고 말씀 묵상이면 족한데 굳이 그런 위험천만한 씨름을 해야 했을까도 싶다. 하지만 야곱 당대의 상황에서는, 기도의 방식이 정립되어 있지 않았다. 성경책 자체가 없는데, 도대체 무슨 말씀을 묵상해야 할까? 그 어떤 종교 지도자가 있어서 야곱에게 하나님의 뜻을 전달할 수 있었겠으며, 야곱이 그 어떤 믿음의 선진을 참고하여 자기의 상황에 적용할 수 있었겠는가? 창세기에 나오는 숱한 사람은 대부분 상황을 최초로 겪는 인물들이었다. 오히려 그 이후의 인물들이 야곱이 만난 하나님을 간접적으로 체험하며, 어제나 오늘이나 영원토록 동일하신 하나님을 기대하고 기록한 성경 말씀을 토대로 기도할 수 있는 것이다. 야곱이 하나님께 드릴 수 있는 것은 제한적이었다. 그리고 우리의 야곱은 애석하게도 족장 시대에 뛰어난 자로 정평 나 있던 욥과 같이 시대를 뛰어넘는 통찰력이나 하나님에 관한 지식을 가지고 있지 않았다.

그래서 무능하고 무지한 야곱으로서 그가 할 수 있는 최후의 수단은 오직 '옷자락 붙들고 늘어지기', 다른 말로 '씨름'이었다. 그리고 여기서 우리가 주목해야 할 점은 '야곱이 씨름을 했고, 그 씨름의 승패가 어떻게 되었고'가 아니다. 하나님께서 미달자, 버러지, 에서조차 이길 수 없는 허접한 자인 야곱을 상대해 주셨다는 것이 중요하다. 얼마만큼? 밤새도록. 그가 만족할 때까지, 그의 응어리가 녹을 때까지. 이를 통해서 우리는 우리를 상대해 주시는 하나님을 발견한다.

하나님을 찾는 자는 오로지 믿음만 필요하다는 점이 이 씨름의 이야기를 통해서 다시금 드러난다. 우리는 '하나님을 만나기 위해서는 정결해야 한다'라고 생각한다. 우리는 '하나님을 만나기 위해서는 신학적으로 뛰어나며 성경에 대해서 해박해야 한다'라고 착각한다. 그렇게 넘겨짚기에, 하나님을 만나기 위해서는 많은 봉사와 수고를 통해서 그 능력을 입증해야 한다고 주장한다. 하지만 그 씨름의 당사자인 야곱은 당시 그 어떠한 조건도 충족하지 못했다. 라반 아래에서 중노동을 겪으며 유목 생활하다 먼 귀향길에 오른 야곱이 깨끗하면 얼마나 깨끗하겠는가? 그를 정결하게 할 물이나 충분했을까? 토라도 알지 못하고, 하나님에 대한 속성도 완전히 드러나 있지 않은 족장 시대의 인물로서, 신학적으로 뛰어나면 얼마나 뛰어나겠는가? 그런데도 하나님께서는 야곱과 밤이 새도록 상대해 주셨고, 그에게 결국 복과 응답까지 주셨다.

야곱의 씨름 이야기가 왜 존재해야 했는가? 야곱 개인의 내면이 치유되고 하나님에 대해서 이해하는 데 필요했다. 또한 야곱의 이야기를 자기들 민족 시조의 이야기로서 배울 이스라엘 백성들이 하나님이라는 존재는 과연 어떤 존재이신가. 이스라엘에 있어서 하나님은 어떤 분이신가, 하나님은 과연 이스라엘과 어떤 관계를 맺으시며, 어떤 이와 소통하시는지에 대한 지식을 얻기 위해서 꼭 필요했다. 아브라함의 이야기를 통해서는 주신 약속을 반드시 지키시며 그 은혜가 한량없으신 하나님을 발견했다면, 야곱의 이야기를 통해서는 그 하나님께서 미달자조차 받아 주시고 당신의 뜻에 따라 선택해 주셨다는 명확한 메시지를 깨닫는다. 이것을 잊지 않고 마음에 새긴 자들은 이스라엘을 선택하신 하나님의 선택이 그 어떤 인간의 노력으로 된 것이 아니라, 오로지 하나님의 은혜였음을, 하나님의 주권에 의한 은혜였음을 절절히 깨닫는다.

이는 신약에서도 적용되는 부분으로, 바울도 야곱과 에서의 이야기를 통해서 하나님의 선택은 오로지 하나님의 주권으로 인해서 이루어졌다는 것을 분명히 하는 것에 활용했다. 후에 구약이나 신약에 언급되는 하나님을 만나는 무수한 조건을 뛰어넘어 한낱 피조물인 우리를 만나 주시고 '임마누엘' 해 주시는 하나님의 성품을 예표하는 대표적인 사례는 야곱의 씨름 사건이다. 야곱 이전에 하나님을 대면하고 동행했던 인물들은 모두 어떤 합당한 이유를 붙일 수 있었다. 아벨은 믿음으로 가인보다 더 나은 제사를 드렸으며, 에녹은 당대에 믿음으로 둘째가라면 서러운 자였다. 이 외에도 노아, 아브라함, 이삭, 욥 등 창세기 시대의 인물들은 저마다의 뛰어난 점을 보인 자들이었다.

다만 야곱만은 그런 모습을 보여 주지 못했다. 그런데 그런 야곱을 하나님이 밤새워 상대해 주시고 그의 모든 울분을 받아 주신다. 이는 우리의 시작점은 철저한 무자격자이자 미달자이며, 하나님의 선택을 받을 가치가 없으나, 오로지 은혜로 선택하심을 받았다고 주장하는 바울에게 더없이 효과적인 예시가 되었다.

이러한 야곱의 사례는 훗날 선지자들이 이스라엘 백성에게 전한, '소와 양과 각종 번제물이 하나님이 이스라엘 백성들을 보게 하는 것이 아니라, 하나님께서 이스라엘을 기뻐 받으시기로 이미 먼저 작정하셨기 때문에 이스라엘 자손이 하나님께 소와 양과 각종 번제물을 드릴 수 있었다'(사 1장, 62장 참조)라는 메시지를 이해할 근거이자 예시가 되었다.

특히 야곱의 씨름과 그의 일생은 하나님을 만나는 '조건'으로 오용되는 각종 구절, 특히 산상수훈(마 5:3-12)에 대한 일각의 해석과 정면으로 충돌하는 반례이다. 예물이건 헌물이건 아무것도 준비하지 않은 야곱과 밤새 겨뤄 주시는 하나님, 그리고 그를 '이스라엘'로 만드신 하나님을 '기준'으로 두고 산상수훈의 내용을 보면 그 안에는 일각에서 전하는 것들과는 사뭇 다른 메시지가 담긴 것을 알 수 있다. 그 안에는 하나님은 결핍한 자들을 기꺼이 만나서 위로해 주시고(마 5:3-4), 그들을 복 있는 자로 여기실 만한 의로운 자로 만들어 주신다(마 5:3-12)는 약속이 담겨 있다.

신구약을 모두 소유한 우리도 때로는 하나님의 은혜를 축소하는 실수를 저지르곤 한다. 하물며 구약조차 제대로 정립되어 있지 않았던 과거 이스라엘 백성들은 더욱 많은 오해와 혼란을 느낄 수밖에 없는 구조적인 처지에 놓여 있었다. 따라서 당대 기준에서도 너무나 파격적이고 기묘한 야곱의 씨름이라는 사례가 없었더라면, 쉽사리 하나님은 자녀 삼은 자들을 그 어떠한 조건 없이 만나 주신다는 사실을 이해하기 어려웠을 것이다. 따라서 하나님은 굳이 함께 먼지투성이가 되시는 것을 감수하시며 야곱을 상대해 주시면서, 이 이야기를 접할 후대의 이스라엘 백성과 우리 믿는 자들에게 말씀하고 계신 것이다.

"너희가 어떤 상황에 부닥쳤어도, 너희 처지가 아무리 미달되더라도, 내가 이렇게 만나 주겠다."

둘째로는 야곱이라는 인물이 이스라엘의 시조로서 가치가 있는 인물임을 증명했다. 이는 야곱이라는 인물이 '이스라엘'이라는 칭호를 받기에, 한 민족의 시조가 되기에 걸맞은 모습을 보인 장면이다. 얕은 지혜와 꾀로 평생 지름길만을 찾다가 결국 빙빙 돌아서 다 늙어 버린 야곱은 그 어디를 보더라도 한 민족의 시조가 될 만한 그릇은 못 되었다. 라반 밑으로 들어갈 무렵에 그는 그러한 인생의 방식을 멈췄으나, 그것은 무지를 멈춘 것에 불과했으며, 그 밑에서 증명한 것은 목동으로서의 빼어남이었지, 리더로서의 빼어남을 보여 주지는 못했다. 우리 이 염치 없는 스펙 미달자 야곱은 한 민족은커녕, 가나안의 무수한 무리 중 하나인 이삭의 일족을 이끄는 가주가 될 어엿함조차 보이지 못한 자였다. 단언컨대 야곱의 봉사는 자기 아내를 얻기 위해서 한 봉사가 전부이며, 그의 수고는 자신의 얕은꾀와 욕심을 버리지 못해서 한 수고밖에 없는 자였다.

하지만 씨름을 감행한 야곱은 달랐다. 자신의 꿈과 욕심 그리고 자신의 안

위만을 생각해 왔던 그간의 야곱이 아니었다. 이제는 형 에서에게서 지켜야 할 가족이 있다. 식솔이 있다. 그뿐이랴? 자신을 통해서 약속하신 하나님의 거룩한 이름까지 달렸다. 자기 후손을 통해서 모래알같이 많은 민족을 이루리라 하신 하나님의 약속이 그에게 평생 처음으로 누군가와 정면으로 싸울 결심을 하게 했다. 공교롭게도 그 대상이 하나님이었을 뿐이었다. 아니 공교로움이 아니다. 하나님은 이 씨름의 자리를 위해서 미달자 야곱에게 두려움을 허락하셨고, 인간에 대한 숱한 실망을 경험케 허용하심으로 사람을 창구로 여기지 않게 하셨다. 그 결과 야곱은 평생 하나님 이외에 다른 대상하고는 싸우지도, 다투지도, 투쟁하지도 않았다. 그들이 창구가 아님을 굳이 신학교를 다니지 않아도, 성경을 읽지 않아도 알 수 있었다. 그렇기에 신학교도, 성경도 없던 시대에 야곱은 그 어떤 인간의 도움 없이 하나님만을 바라보는 존재가 되었다.

야곱이 좀 더 신학적으로 발전하고 더욱 많은 계시가 누적되어서 세련된 후기의 인물이었다면 "주여, 당신의 거룩하신 이름을 위하여 나를 불쌍히 여기소서"라고 표현했을지도 모른다. 아니, 야곱이 기세등등한 에서를 앞두고 있지 않았다면 좀 더 온건한 표현으로 자신의 심경을 토로했을지도 모른다.

하지만 그때는 토라도 없었고, 선지서도 없었다. 이는 훗날 이스라엘 백성이 스가랴 1장의 시점에 겪었던 응답의 지연, 그리고 선지자 부족 현상과 일맥상통한다. 포로기에도 많은 사람이 이스라엘의 회복을 바라며 기다렸으나, 세월은 속절없이 흘러갔고, 자신들이 생각했던 시기보다 늦어지고 있었다. 포로 귀환을 바랐으나, 귀환이 가지는 진정한 의미, 다시금 펼쳐질 자립을 위한 수고와 고통의 과정을 충분히 상정하지 못했기에, 모두 괴로워하던 시기였다. 성전 재건에 착수했으나, 해당 지역에 영향력을 발휘하고 있던 사마리아인들과 이방 족속들로 인하여 건축이 중단된 상태였다. 그들이 의지했던 불세출의 선지자이자 강력한 정치력까지 있었던 다니엘은 이미 죽었다. 그런 상황에서 하나님의 말씀이 임한다.

너희 열조가 어디 있느냐 선지자들이 영원히 살겠느냐(슥 1:5)

훌륭한 일들을 해냈던 열조의 흔적이 옅어져서 괴로워하는 자들에게, 자신들이 희망을 걸었던 선지자들이 하나둘 죽어 남지 않아 괴로워하던 민족에게 하나님은 "인간은 죽는다"라고 위로하신 것이다. 그런 상실투성이인 이스라엘 백성이 잃지 않은 것이 있다. 죽지도 않고 피곤하지도 않으며 사라지지도 않으시는 분, 하나님.

그러므로 너는 무리에게 고하기를 만군의 여호와께서 이처럼 이르시되 너희는 내게로 돌아오라 나 만군의 여호와의 말이니라 그리하면 내가 너희에게로 돌아가리라 나 만군의 여호와의 말이니라(슥 1:3)

하나님은 아담과 하와를 지으실 때, 서로가 도울 수 있도록 돕는 배필(suitable helper), 즉 꼭 맞는 도움으로 지으셨다(창 2:18). 그리하여 사람들에게 피차에 도움을 주고 위로를 주도록 하셨다(사 40:1). 하지만 사람이 서로 돕는 것에는 분명한 한계가 있다. 사람이라는 존재는 본디 영원할 수 없으며 또한 스가랴 1장 시점에 이스라엘 백성을 괴롭혔던 '죽음', 곧 한정된 수명이 위로가 필요한 모든 사람과 사랑하는 자들을 괴롭힌다. 부모는 사랑하는 자녀를 평생 지키고 싶지만, 평생 함께하고 싶지만, 그 힘이 부족해서, 때로는 생명이 부족해서 그렇게 안타까운 마음을 가지고 사그라지지 않던가.

사람은 서로를 위로하는 존재이지만, 한편으로는 함께 하나님만을 의지하는 존재이기도 하다. 이를 넘어서 서로를 의지의 대상으로 여길 때 우리에게 엄습할 실망과 아픔은 형용할 수 없다. 따라서 하나님의 사람들이 피차간 나누는 위로와 도움을 통해서 도달해야 할 영역은 '인간 상호 간에 의지'가 아니라, 모두 함께 하나님을 찾는 것과 하나님께 돌아가는 것이다. 그리하면 하나님은 "내가 너희에게로 돌아가리라"라고 약속하신다(슥 1:3).

결국 씨름을 통해서 야곱은 평생 오직 하나님을 상대로만 싸우고 투쟁한 자, 벧엘에서 하나님을 만난 이후로는 하나님 이외의 존재를 창구로 여기지 않은 불굴의 의지를 가진 존재가 되었다. 걸출함의 상징인 예레미야도, 엘리야도 사람으로 말미암아 괴로워하고 외로움을 느낀 자였지만, 야곱은 그런 모습을 보이지 않았다. 야곱이 괴로웠을 때는 오직 하나님께서 응답을 지연하셨을 때뿐이고, 야곱이 싸움을 할 만큼 서운함의 대상도 하나님뿐이셨다. 사람에게 기대하지 않는 것, 사람을 바라보지 않는 것, 사람을 의지하지 않는 것은 이상적 지혜를 담은 시편, 잠언, 전도서에서 거듭 권면하는 것이지만, 그것을 삶 전체를 통해서 실천한 선지자가 드물었다는 것을 생각해 보면, 야곱은 단숨에 걸출한 자가 되고도 남는다. 이는 죄다 좌충우돌 야곱이 실수하고 실책을 저지르며 자초한 것들이었지만, 하나님은 오히려 야곱의 단점을 재료 삼아서 그를 걸출함으로 직조해 내셨다. 그러기 위해서 필수적으로 필요했던 것이 하나님께서 일하심, 그러니까 야곱을 통해서 이스라엘 민족을 만드시는 것에는 무의미했던 바로 그 '씨름'이다. 이는 고스란히 건국 신화이자 이스라엘이라는 아직 존재하지 않는 민족의 기틀이 되는 정신을 구성한 사건이었다.

야곱의 이 이야기만으로도 야곱이 이스라엘 민족의 시조가 된다는 것, 그 자체를 이제 부정할 수 있는 여지는 없어졌다. 마치 아브라함이 이삭을 바치러 가면서 그의 믿음의 조상 됨을 증명했던 사건과 기능적으로 유사하다. 전지전능하신 하나님은 아브라함에게서도, 야곱에게서도 그 어떠한 증명을 요구하실 필요가 없으시다. 미리 정확하게 아시며 모든 것을 선택하시고 정하실 수 있는 분이기 때문이다. 그렇다면 아브라함이나 야곱은 누구에게 자기 자신을 증명해야 했던 걸까?

먼저, 당사자인 아브라함과 야곱이었다. 그리고 한 걸음 더 나아가서 그들의 이야기를 들을 당대와 후대의 사람들, 그리고 심지어 원수인 마귀에게도 증명해야 했다. 아브라함은 자신을 포함한 모든 존재에게 아브라함이 믿음의 조상이 될 만한 믿음이 있다는 것을 증명했다. 하나님께서는 아브라함이 이삭을 바치는 시험이라 쓰고, 하나님이 직접 보여 주시는 시연이라고 읽어도 되도록 하셨다. 야곱의 경우에서도 역시 '씨름'이라고 쓰시고, '시연'이라고 읽어도 되게끔 몸소 다 해 주셨다.

야곱이 느끼는 것과는 다르게, 실상 야곱은 약하지 않았다. 야곱이 생각하는 것과는 다르게, 야곱이 이룬 것이 형편없거나 에서의 세력에 비해서 모자라지 않았다. 눈으로 보이는 현실의 병력만을 봤을 때 야곱의 세력은 아주 미약했고, 어린아이와 여인들 그리고 목동들로 이뤄진 집단에 불과했지만, 실제로는 영적인 군대인 천사까지 보유한 집단이었다. 그렇기에 하나님께서 보시기에는 야곱이 결코 에서에 대하여 두려움을 느낄 자가 아니었다.

그래서 하나님은 야곱이 밤새 하나님과의 싸움에서도 전혀 밀리지 않는 자라 느낄 만한 상황을 허락하신 것이다. 오죽했으면 하나님이 그를 다치게 하신 이유가 '도저히 그를 굴복시킬 수 없어서'라고 모세를 통해서 기록하게 하셨을까? 그리고 결국 하나님은 그에게서 야곱이라는 이름을 가져가시고 하나님에게서도 사람에게서도 모두 이긴 '이스라엘'이라는 새 이름을 주셨다. 결국 이는 이전에는 없었던 이스라엘이라는 민족이 야곱을 통해서 탄생하는 순간이다.

육의 눈으로 판단하기에는 야곱은 민족을 이룰 만한 자가 아니었다. 그것은 야곱이 느끼기에도 그랬다. 그래서 야곱에게 있어서 하나님의 약속, 이스라엘에 대한 언약은 아직 뜬구름 잡는 것 같았고 멀게만 느껴졌다. 먼 미래의 일이라고 생각하여. "언제나 끝나려나 이 칠흑 같은 고통"이라는 생각을 하고 있었을 것이 분명했다.

하지만 야곱에게는 이미 저력이 있었다. 피투성이가 되더라도, 영구적인 장애로 이어질 만큼의 상처를 입었어도, 밤새 만군의 여호와 하나님을 상대하면서도 그 투쟁이 꺾이지 않았다. 사람들에게는 좀처럼 투지가 일어나지 않아서 늘 도망 다니던 야곱이 하나님께는 그 투지가 꺾이지 않았다. 그 누구도 감당하지 못하며 마귀조차 그분이 존재하신다는 사실만으로 두려워 떨게 만드시는 하나님을 상대하면서도 항복하지 않았다. 이 씨름이 있기 전에 야곱은 10번이나 조건을 바꿔도 말 한마디 못 하는, 라반을 무서워하는 '호구'였다면, 이제는 하나님 아니면 상대를 하지 않는 불굴의 믿음을 가진 자로 승격했다.

야곱의 이야기를 전해 들을 그의 후손들도 이제 자기들의 조상 야곱이 적법하고 적합한 이스라엘 민족의 시조임을 씨름의 이야기를 통해서 부정할 수 없게 되었다. 훗날 성경을 읽을 우리 그리스도인들도 드디어 어째서 야곱이 이스라엘의 시조인지, 믿음의 민족의 시조가 된 것인지 이견을 가질 수 없게 되었다. 야곱 이외에 하나님이랑 싸워 이긴 자라는 말도 안 되는 타이틀을 받은 자가 또 존재하는가? 평생을 하나님 외에는 상대도 하지 않았고, 남과 싸운 적도 없다는 걸출한 위업을 달성한 자가 있던가? 하나님과도 싸운 그 같은 사람이 이제 에서가 무섭겠는가?

왜 내 이름을 물어보느냐? : 하나님의 얼굴

야곱이 청하여 가로되 당신의 이름을 고하소서 그 사람이 가로되 어찌 내 이름을 묻느냐 하고 거기서 야곱에게 축복한지라 그러므로 야곱이 그곳 이름을 브니엘이라 하였으니 그가 이르기를 내가 하나님과 대면하여 보았으나 내 생명이 보전되었다 함이더라 그가 브니엘을 지날 때에 해가 돋았고 그 환도뼈로 인하여 절었더라(창 32:29-31)

공식적으로 이스라엘이 된 야곱이 이스라엘로서 하나님께 처음으로 질문한 것은 그분의 이름이었다. 야곱이 하나님께 자기 이름을 아뢴 직후의 상황이기 때문에, 통성명이라는 의미에서도, 야곱이 자기를 무사히 귀환하게 해 주시면 하나님이 자기 하나님이 될 거라 서원했던 내용을 충족하기 위해서라도 하나님의 이름을 여쭙는 것은 자연스러워 보인다. 다만 하나님이라고만 알고 있는 그분을 어떻게 불러야 할지, 자기의 하나님이라면 알고 있어야 할 터이다. 더욱이 야곱은 무수한 문명권의 사람들이 오갔을 하란에서 세상에는 그의 상상 이상의 많고, 다양한 이름의 '신들'이 존재함을 알게 되었다.

비록 야곱 자신에게는 하나님은 한 분뿐이지만 세상에는 무수한 신들이, 그러니까 "하나님"(엘로힘)이라 불리는 대상들이 존재한다는 것을 절감했다. 게다가 당시는 하나님만이 유일하게 하나님이시라는 것은 하나님을 믿는 자들 사이에서도 보편적인 상식이 아니었거나 적어도 확실히 정립되지 않았던 시기였다. 그렇기에 마치 어떤 신적 존재를 '나의 하나님'으로 섬길지 선택할 여지가 있다는 뉘앙스를 띠는 표현이 창세기에 종종 등장한다. 심지어 과거 벧엘에서 야곱이 드린 서원, 즉 여호와로 불리는 '하나님'을 자신의 '하나님'이 되실 것이라고 했던 서원도, 보기에 따라서 야곱이 자신의 하나님을 '선택'할 여지가 있는 듯한, 아직은 짧은 생각을 담은 발언으로 읽힐 수 있다.

> 나로 평안히 아비 집으로 돌아가게 하시오면 여호와께서 나의 하나님이 되실 것이요(창 28:21)

이는 모세가 처음 하나님을 만났을 때도 거의 동일한 구조가 반복됨으로써 재확인된다.

> 모세가 하나님께 고하되 내가 이스라엘 자손에게 가서 이르기를 너희 조상의 하나님이 나를 너희에게 보내셨다 하면 그들이 내게 묻기를 그의 이름이 무엇이냐 하리니 내가 무엇이라고 그들에게 말하리이까 하나님이 모세에게 이르시되 나는 스스로 있는 자니라 또 이르시되 너는 이스라엘 자손에게 이같이 이르기를 스스로 있는 자가 나를 너희에게 보내셨다 하라 하나님이 또 모세에게 이르시되 너는 이스라엘 자손에게 이같이 이르기를 나를 너희에게 보내신 이는 너희 조상의 하나님 곧 아브라함의 하나님, 이삭의 하나님, 야곱의 하나님 여호와라 하라 이는 나의 영원한 이름이요 대대로 기억할 나의 표호니라(출 3:13-15)

모세 역시도 하나님과의 첫 만남에서 이스라엘 자손에게 자기를 보내시는 하나님을 특정할 수 있는 이름을 여쭙는다. 13절에는 모세가 하나님의 이름을 여쭙는 이유가 담겨 있는데, 그것은 바로 이스라엘 백성에게 조상의 하나님이 나를 너희에게 보내셨다 했을 때, 그의 이름이 무엇이냐 물어보면 무엇이라고 대답해야 하는지 알기 위해서였다. 이는 당시의 사람들이 인지하고 있던 하나님이 스스로 계신 그분(히브리어로 여호와)뿐이 아니라, 다수였음을 보여 준다.

당연하다면 당연한 것이, 당시 이스라엘 백성은 무수한 신들이 존재하던 이집트에 430년이나 머물면서 살았다. 하나님께서는 아브라함, 이삭, 야곱의 계보에서 그 누구에게도 당신을 특정할 수 있는 이름을 드러내지 않으셨다. 그저 보편적으로 신을 의미하는 '하나님'(אלהים, 엘로힘)이나 그저 스스로 존재하는 분이라는 의미가 있는 '여호와'라는 명칭으로만 지칭하셨다. 따라서 모세가 하나님을 특정할 만한 이름을 들었다 한들, 당시 이스라엘 백성은 그 이름으로 지칭되는 분이 누군지 알 길이 없었다.

야곱의 사례와 모세의 사례 둘 다 하나님의 이름을 여쭈어 보았으나, 그 자체로는 어느 신적 존재를 부르는 단어인지 알 수 없는 '엘로힘'이나 '여호와'라는 명칭만을 주시며, 당신을 특정할 만한 이름을 밝히는 것을 거부하셨다.

다만 훗날에 하나님만이 홀로 존재하시는 하나님이시라는 사실이 확고하게 정립된 것으로 미뤄 보면, 그것은 이름 밝히는 것을 거부한 것이 아니라, 당신을 특정할 만한 이름을 가지실 필요도, 만드실 이유도, 알려 주실 의무도 없었기에 그리하셨다는 것을 알 수 있다.

세상에는 무수한 사람이 존재하기에, 그저 사람을 사람으로만 지칭할 수 없다. 그저 사람이라 부른다면 그 무수한 사람 중에서 누구를 지칭하는지 알 수 없기 때문이다. 따라서 우리는 이름을 부여하여 그 대상을 특정한다. 하지만 만약에 유일하게 존재하는 사람이라면, 과연 특정할 이름이 필요할까? 이러한 관점으로 야곱의 사례와 모세의 사례를 관조하면 이름을 특정하여 말씀하지 아니하심으로 당신만이 유일한 하나님이시라는 것을 행간을 통해 드러내신 것이 된다.

그렇기에 하나님이 야곱에게 이상한 듯 되물으신 "어찌 내 이름을 묻느냐"라는 말씀에는 많은 의미가 담겨 있다. 우선, 야곱이 그분을 이미 하나님 이라고 확신하고 있다는 것을 하나님도 알고 계신다는 것과 함께, 그 확신이 맞다고 확인해 주신 것이기도 하다. 더불어, 이미 하나님이라 알고 있으면서 왜 묻고 있느냐는 의미도 담겨 있다. 그리고 마지막으로, 하나님이라 지칭할 대상은 하나님뿐이신데, 그런 하나님이 자신을 특정할 이름을 굳이 가지실 이유가 있냐는 되물음이기도 했다.

하나님만이 유일하신 하나님이시라는 것은 십계명의 첫 계명이 될 정도로 신앙의 근간이 되는 핵심적인 내용이다. 하지만 가장 처음 이야기를 다루고 있는 창세기를 보자면 하나님은 그것을 그저 언어적인 방식으로 주입하고 알려 주는 것에는 관심이 없으시다는 것을 알 수 있다. 하나님은 그러한 영 적 사실을 아브라함-이삭-야곱의 계보에서 일어난 사건과 출애굽기의 사 건을 통해서 이스라엘이 느끼고 유추하여 알 수 있게 하셨다.

다시 말해 이스라엘의 선조들과 함께하시고 그들을 도우셨을 뿐만 아니 라, 출애굽기에서 전례 없는 기적을 통해서 이스라엘 백성에게 자유를 주심 으로 인하여 당신만이 유일한 하나님이심을 완벽히 입증하셨다. 또한 광야 에서 구름 기둥과 불기둥으로 대표되는 기적을 통해서 이끄신 이후에야 당 신만이 오로지 하나님 되심을 밝히신다. 그렇기에 어제나 오늘이나 영원토 록 동일하신 하나님께서 우리 삶 속에서도 그저 언어로 주입된 분이 아닌, 우리 삶 속에서 친히 역사하시며 성경 말씀이 우리 삶 속에서도 사실임을 깨 달을 수 있게 인도하여 주실 것을 기대할 수 있다.

> 또한 그가 말씀하시기를 그들의 신들이 어디 있으며 그들이 피하던 반석이 어디 있느냐 그들의 제물의 기름을 먹고 그들의 전제의 제물인 포도주를 마시던 자들 이 일어나 너희를 돕게 하고 너희를 위해 피난처가 되게 하라 이제는 나 곧 내가 그인 줄 알라 나 외에는 신이 없도다 나는 죽이기도 하며 살리기도 하며 상하게도 하며 낫게도 하나니 내 손에서 능히 빼앗을 자가 없도다(신 32:37-39).

당시의 야곱은 하나님께서 "왜 나의 이름을 물어보느냐?"라고 되물으신 말씀에 담긴 바를 다 이해하지는 못했으나, 모세를 통해서 창세기를 포함한 모세 오경을 얻고, 하나님이 놀라운 기적을 행하시는 것을 체험했을 뿐만 아니라, 야곱의 이야기를 자기들 민족의 건국 신화로 관조한 이스라엘 백성은 "나 외에는 신이 없도다 나는 죽이기도 하며 살리기도 하며 상하게도 하며 낫게도 하나니 내 손에서 능히 빼앗을 자가 없도다"(신 32:39)라는 말씀을 이해하는 것이 가능했을 것이다.

우리 삶도 그러하다. 우리 삶에서 당장 이해가 안 되는 부분이나, 하나님과 영문 없는 씨름을 하므로 밤새 뒹굴던 야곱과 같은 마음으로 하나님을 대하게 되는 경우도 있을 수 있다. 그중 태반은 우리가 생애 가운데 해소되고 해결될 것이라 믿는다. 하지만 그런데도 남는 의문들이 있다면, 그건 그저 혼란이나 의문으로 끝나는 것이 아니며, 그저 까닭이 없는 고통이나 외로움으로 남는 것이 아니라, 훗날 나의 자녀나 자손 그리고 사명의 대상자들 혹 동료 교인들에게도 하나님을 더 잘 이해할 수 있는 재료와 근거가 되어줄 것이다.

나의 잘못으로 인해서 슬픔이 찾아오거나, 또는 아무런 의미 없이 공연히 눈물이 흐른다면 너무나 괴롭지만, 그로 인해서 내 사랑하는 자녀와 내 자손이, 내 교인이, 내 사역 대상자들이, 내 제자들이 같은 의미의 눈물을 흘리지 않아도 된다면, 그런 의미가 부여된다면, 그런 방편으로 하나님이 나의 덧없는 눈물을 사용해 주신다면, 그것이야말로 모든 슬픔도 능히 이길 희망이 될 것이다.

하나님식 싸움 준비

하나님식 싸움 준비는 하나님의 도우심 없이는 그 어떤 상대도 이길 수 없음을 인정함으로 완성된다. 하나님은 야곱과 밤새 싸워 주심으로 야곱의 체력을 전부 소진시키셨다. 그에게 장애까지 입히심으로 도저히 싸울 수 없는 상태로 만드셨다. 애초부터 형 에서에게 저항조차 할 수 없는 상태였지만, 이제는 겉으로 보기에도 전혀 승산이 없는 상태가 되었다. 그것이 하나님이 야곱을 싸움에 준비시킨 방식이다. 이 시점에 야곱은 완전히 무장 해제 상태였다. 때때로 우리는 스스로 무장해야 할 때도 있다. 그러나 하나님이 우리를 무장 해제시키신다면 그것에는 분명한 뜻이 있다.

이윽고 야곱은 엉망이 된 몰골로 그를 초조하게 기다리던 가족의 품으로 돌아왔다. 상황은 변한 게 하나도 없다. 오히려 더 악화하여 있었다. 하나님이 씨름 끝에 복을 주셨다는 사실은 당장 아무것도 바꾸지 못했다. 이는 마치 장자의 명분 거래 사건에서 에서가 맹세했을 때와 같고, 장자의 축복권 사건에서 이삭이 축복했을 때와도 같다. 야곱의 현실은 변한 것이 없다. 변한 것이 있다면 오직 야곱뿐이다.

그는 밤새워 씨름하느라 온통 엉망이 되었고, 쩔뚝거리는 장애인이 되었다. 그런데도 야곱은 용기를 내었고 위로를 얻었다. 그야 야곱 입장에서는 하나님이 자기를 살리실 것을 확인만 하면 그만이었다. 하나님의 계획이 자기가 많은 재물을 모아서 결국 에서에게 전부 바치고 끝마치는 그런 것이 아님을 확인한 것으로 만족했다. 애초에 야곱이 최선을 다해서 자기 세력을 무장시킨다 한들, 에서의 상대가 될 리 없다. 야곱이 씨름으로 몸을 단단하게 단련했다 해도 에서를 힘으로 싸워서 이기는 것은 불가능했다.

어쩌면 하나님의 사람은 야곱의 반차를 따라 믿음의 민족에게 소속한 우리는 죽을 위기가 생겨도 그것을 능히 피할 수 있고, 또 복을 받아 만사형통할 것이기에 희망에 차는 존재가 아니다. 주님의 십자가 공로를 통해서 구원받은 그리스도인이라고 해도 첫째 죽음을 피하지 못한다. 첫째 죽음을 경험하지 않는다는 것은 에녹이나 엘리야 같은 인물들에게나 허락된 특별한 표징이다. 만일 죽음을 피하는 것이 우리의 소망이라고 한다면, 씨름 이후에 야곱이 느낀 위로와 만족을 설명할 길이 없다. 씨름이 진행되는 동안 도리어 야곱은 죽을 확률이 높아진 것 아닌가? 오직 죽음을 피하는 것이 우리의 소망이라고 한다. 초대 교회의 믿음의 선진들이 극한 상황 속에서도 가졌던 희망을 설명하지 못한다.

> 기록된바 우리가 종일 주를 위하여 죽임을 당케 되며 도살할 양 같이 여김을 받았
> 나이다 함과 같으니라(롬 8:36)

야곱이 가졌던 소망의 근거, 초대 교회 믿음의 선배들이 가진 희망의 정체는 무엇인가? 그리스도인은 무엇으로 위로를 얻고 무엇으로 다음 날을 맞이할 힘을 얻는가? 그것은 우리가 죽어도 주로 인하여 죽고 살아도 주로 인하여 산다는 것(롬 14:8)을 믿고 기대하는 신앙이다. 그런 관점에서 다윗의 유명한 고백인 "여호와는 나의 목자시니"(시 23:1)를 다시 읽으면, 새롭게 와닿는다.

여호와께서 진정으로 나의 목자시라면, 그분은 더없이 훌륭하고 유능한 목자이실 것이다. 그 누구도 힘으로나 지혜로나 권력으로나 그 어떠한 면에서도 비할 수 없다. 그리고 그런 목자는 양을 잃어버리지도 않으며, 그 어떤 맹수나 강도에게 뺏기지도 않는다. 그렇다면 양의 생사화복은 오로지 목자를 통해서만 이뤄진다. 그 양에게 짝짓기를 허용하여 새끼 양을 얻게 결정하는 것도 목자이며, 그 양의 털을 깎을 때를 결정하는 것도 목자이다. 양이 무엇을 먹을지, 얼마나 먹을지, 어디에서 휴식을 취할지 결정하는 것도 목자이다. 목자와 양의 관계는 당연하게도 그러한 것이니까. 그리고 목동 출신인 다윗은 이러한 점을 알고 있기에, 세상 많은 단어 중에서 하나님을 목자로, 자신을 양으로 표현한 것이다.

그렇다고 양이 영원히 사는 것은 아니다. 사노라면 나이가 들고, 그러다 보면 죽음도 찾아온다. 그리고 필연적으로 양은 가축이기에 그저 늙어 죽게 두는 경우는 드물다. 그 양의 도살 시점을 결정하고 이행하는 것도 그 목자이다. 따라서 다윗의 고백은 단순히 하나님께서 자신의 필요를 충족시켜 주시며 자신이 하나님을 의지한다는 의미는 아니었을 것이다. 생사화복을 오로지 하나님께서 주관하시고 결정하신다는 의미이기도 했을 것이다. 만약 그러하다면, "여호와는 나의 목자시니"라는 고백은 앞서 인용했던 신명기의

말씀을 훌륭히 요약한 표현이라 할 수 있다.

> 이제는 나 곧 내가 그인 줄 알라 나 외에는 신이 없도다 나는 죽이기도 하며 살리
> 기도 하며 상하게도 하며 낫게도 하나니 내 손에서 능히 빼앗을 자가 없도다(신
> 32:39)

야곱과 다윗이 하나님 안에서 같은 영성을 가진 존재라 한다면, 그렇게 시
편 23편 시점의 다윗의 고백을 씨름 이후에 소망을 얻은 야곱에게 대입해 보
면, 야곱은 자기 자신이나 일족이 죽더라도 하나님 손에 죽을 터이지, 결코
외부의 손에 넘어가 험한 꼴을 당하지 않게 된다고 확신했다고 유추할 수 있
다. 야곱이 씨름 사건에서 체득한 그런 신앙관이 신명기를 포함한 모세 오경
과 율법에 반영되었으며, 훗날 이스라엘 민족 정신의 기반이 된다. 그런 문
화적 배경에서 성장한 다윗과 그가 쓴 시편에도, 그리고 신약의 서신서에도
그러한 야곱의 신앙관이 묻어난다.

죽어도 하나님 손에 죽을 것이라는 확신을 가졌던 다윗은 골리앗으로 대
표되는 존재, 물리적으로는 자신이 당해 낼 수 없어 보이는 존재들 앞에서도
용기와 당당함을 잃지 않았다. 야곱도 같은 확신과 소망을 가졌으나, 야곱이
싸워야 할 싸움은 세상의 일반적인 전투와 결이 달랐다.

그것은 밤새 하나님을 붙들고 늘어져 버티기만 하면 되는 싸움이었다. 하
나님이 야곱에게 직접 준비시키신 싸움, 즉 야곱이 에서와 싸워야 할 싸움은
투쟁이나 분쟁이 아니었다. 만약 야곱이 에서와 전투를 벌인다면, 야곱에게
부여된 "평생 하나님하고만 투쟁한 자"라는 타이틀이 무색해진다. 이미 하나
님이, 세상을 창조하신 여호와가, 야곱을 사랑하시며 그리고 우리를 사랑하
시는 하나님 독생자 예수님을 대속물로 희생시키기까지 사랑하신 하나님이
이미 야곱이 당신뿐만 아니라 사람도 이겼다고 선언하셨는데, 야곱이 피를
흘려서 쟁취할 전쟁이 남아 있다면, 이치에 맞지 않는다. 하나님은 여타 다
른 존재가, 권력자가, 사람이, 천사나 마귀, 그 어떤 존재라도, 야곱과 씨름

하게 두지 않으시려는 뜻이 있으시다. 그렇기에 야곱에게 하나님뿐만 아니라 사람에게도 이겼다는 판정을 내리셨다.

야곱에게 남은 싸움은, 야곱이 준비했어야 하는 그 싸움의 실체는 과거 자신의 죄과와의 싸움이었다. 에서의 마음을 뒤틀어 놓고, 그에게 20년의 세월로도 씻겨지지 않을 상처를 입혔고 에서의 자녀들, 그에게 있어서 조카인 아이들에게 삼촌이 찬탈자로서 귀환하면 어떻게 하나 하며 괜히 두려움을 안겼던 실책을 박살 내기 위한 싸움이었다.

그렇게 야곱과 에서의 아침이 밝았다. 곧 20년의 세월을 딛고 둘이 마주할 순간이 다가오고 있다.

8장 _____ 형제의 재회, 그리고 두 민족의 첫 만남: 이제는 야곱과 에서

붉은 형과 붉은 동생 재회하다

붉은 자라는 별명을 가진 에서는 400명의 장정과 함께 북진하고 있었다. 그 도중 만났던, 야곱이 보낸 많은 가축과 사절들 또한 에서와 합류한 상태로 같이 진격하고 있었기에, 북진할수록 그 무리가 점점 커져만 갔다. 그러다 이윽고 멀리 야곱의 무리가 보이는 곳에 당도했다.

야곱이 가려 뽑은 자들의 공손한 태도와 부드러운 언어에 따르면, 그들의 주인 야곱은 그 어떤 야심이나 원도 없으며, 다만 에서의 은혜와 용서만을 구하고 있다 했다. 하지만 야곱은 틈만 나면 자기를 속이려 했을 뿐만 아니라, 아버지 이삭의 육체적 약함까지도 틈타 기망하는 자였다. 에서가 기억하는 야곱의 모습에는 정도라는 것을 찾아볼 수 없었다. 야곱은 죽음을 앞둔 것으로 보이던 아버지 이삭이 했던 어쩌면 유언이 될지도 모를 명령까지 오로지 자기 이익을 위해서 뒤틀어 놨었다. 그런 위험 분자를 에서가 어떻게 믿을 수 있을까? 사람의 본성과 습성이 세월이 좀 흘렀다고 극적으로 변할 수 있겠는가? 그렇기에 야곱의 전언이나 많은 '선물'만을 보고 안심할 수는 없었다. 게다가 야곱의 그런 처신은 에서의 사적 감정을 넘어간 일이었다. 야곱의 존재가 에서의 세력이나 에서 자녀들의 세력에 조금이라도 위협이 된다면, 아니, 후환이 될 아주 약간의 여지라도 있다면, 도저히 못 본 척

할 수는 없었다. 그것이 부족의 안녕과 평안을 지켜야 할 족장으로서 에서가 가진 책무였다.

큰 집단에서 떨어져 나온 한 무리가 멀리에서부터 에서에게 다가오기 시작했다. 에서는 자기 부하들을 멈추게 하고 다가오는 무리를 직접 살펴보기 위해서 맨 앞에 자리했다. 형상으로 보건대 여자와 아이들이 포함된 작은 무리였다. 에서가 손짓으로 야곱의 종들에게 발언하라 표시하니, 그중 하나가 말했다.

"그 모습과 체형을 보건대, 저희 주인 야곱과 그분의 아내와 자녀들임이 틀림없습니다. 제일 앞쪽에서 오는 분이 저의 주인 야곱입니다."

에서는 아직 멀찍이 있는 그 무리를 주시했다. 그들에게서 풍기는 첫인상부터 야곱과 그의 가족의 생사가 이제 전부 에서에 의해서 평가받게 될 것이다.

에서는 조용히 자기 심상에 저울을 준비했다. 자기가 생각하는 기준에 미달하는 순간 400인의 장정들에게 명령하여 그들을 몰살시킬 심산이었다. 그런데 걸음이 뭔가 이상했다. 맨 앞에 야곱으로 추정되는 자는 다리를 저는 듯 절뚝거렸다. 에서가 야곱의 종에게 물었다.

"너희 주인 야곱이 다치었느냐? 혹 절뚝거리지 않느냐?"
"제가 모든 예물과 가축, 그리고 제 주인의 화친 뜻을 가지고서 나의 주, 에서 나리께 향하였을 때만 해도, 저의 주인 야곱은 다치지 않았습니다. 하지만 그 이후에 어떤 일이 있었는지 저로서는 알 수 없습니다."

에서의 물음에 가장 마지막으로 합류했던 야곱의 종이 답변했다. 그 답변에 에서는 야곱이 얕은 계책이라도 꾸미는 것인지, 아니면 못된 버릇을 여전히 버리지 못하고 그저 동정을 사기 위해서 연기를 하는 것인지 생각했다.

그러다가 맨 앞에서 절뚝거리던 사내가 엎어졌다. 그리고 다시 일어나 어느 정도 걷다가 다시금 엎어졌다. 세 번째 엎어질 무렵, 에서는 그것이 자신을 향해 몸을 굽히며 절을 하는 것임을 알 수 있었다. 네 번째 엎어질 무렵에는 그 사내가 한때 자신의 밉상인 동생이었고, 지금은 내 사랑하는 자녀들의 잠재적인 위협이 된 야곱임을 알아볼 수 있을 정도로 서로의 거리가 가까워졌다. 다섯 번째 절을 할 무렵, 그의 머리는 헝클어져 있었고, 먼지투성이였으며, 그저 무늬라고 생각했던 옷의 얼룩은 핏자국과 강한 힘으로 찢긴 흔적임을 알 수 있었다. 여섯 번째 절, 그곳에는 너무나도 변해서 마지막으로 헤어졌던 20년 전의 모습은 찾아볼 수 없는 야곱이 있었다.

장막에만 거해서 허여멀겠던 야곱은 오간 데 없고, 20년간 중노동이라도 감당해야 했는지, 처량할 정도로 태양과 비바람에 검게 그은 피부가 눈에 들어왔다. 그 피부에는 온통 멍과 피딱지와 긁힌 자국으로 얼룩져 있었다. 심하게 저는 다리는 도저히 연기일 수가 없었다. 에서가 기억하는 20년 전의 얄미웠던 야곱은 온데간데 없었다. 샌님 같았던 야곱은 처참하게 망가져 있었다. 강도라도 당한 것인지 누군가에게 위해를 당한 것인지 알 수 없지만 눈앞의 동생은 성한 구석이 하나 없다. 원래부터 야곱은 강골이라 할 수 없었다. 그런데 20년의 세월에다 이렇게 온통 붉어지고 찢어지고 시퍼렇게 멍이 들고 티끌투성이가 되어 다리까지 절고 있는 모습을 보자니, 더욱 초라하고 가여워서 가만히 눈을 뜨고 볼 수가 없었다.

이윽고 다리를 질질 끌며 발걸음을 옮기던 야곱이 일곱 번째 엎어졌다. 가까이서 보니, 그것은 절이라고 할 수도 없었다. 몸으로 내지르는 비명에 가까웠다. 통증으로 삐걱거리는 몸을 간신히 추스르며, 상처를 입은 듯한 다리를 절룩거리며 몸을 굽히는 것은 대지에 몸을 내던지는 거라 해도 과한 표현이 아니었다.

에서는 도저히 참을 수 없었다. 족장으로서의 체면이나 입장 같은 건 더는 안중에 없었다. 장자권이니, 장자의 축복이니 하는 것들은 심장도 피도 없는 말뿐 아닌가? 내 앞에서 주눅 들어 있는 자는 아직 살아 있는 내 혈육이다.

에서는 더는 참지 못하고 이내 붉어진 눈시울이 되어서는 말에서 뛰어내렸다. 그리고 핏자국으로 이리저리 붉게 얼룩진 옷과 찢긴 상처와 피멍으로 엉망이 된 야곱에게 내어 달렸다. 그를 일으켜 세우고 꺼안고 입을 맞추고 뺨을 맞대고서 서로 울었다. 야곱이 울음 섞인 목소리로 에서가 그간 야곱에게 듣지 못했던 사과의 말을 내어 뱉었다. 그것이 에서를 더 견딜 수 없게 만들었다. 그저 괜찮다며 등을 두드려 주며 어루만질 수밖에 없었다. 그리고 도대체 이 꼴이 다 무어냐고 누가 니에게 위해를 가한 것이냐고 울부짖듯 물었다.

야곱 또한 울먹이며, 하나님에게서 맞았다고 했다. 내 주 에서에게 자신이 범한 모든 잘못과 죄과로 인해서 매를 맞았다고 대답했다. 이제 에서의 마음은 완전히 녹았다. 아버지 이삭의 하나님이 직접 동생을 벌했다는데, 자신의 억울함을 갚아 주셨다는데, 자신이 또 무슨 말을 할 수 있을까? 그저 오랜만에 만난 동생을 얼싸안고 울뿐….

그렇게 20년의 세월을 통해서 서로 똑 닮아 버렸다. 들사람 에서와 같이 야곱의 피부도 발갛고 까맣게 타 있었고, 붉은 에서와 같이 야곱도 온몸이 피 얼룩으로 붉어져 있었다. 그 두 형제는 처음으로 한마음이 되어 피차 꺼안고 울었다.

> 자기는 그들 앞에서 나아가되 몸을 일곱 번 땅에 굽히며 그 형 에서에게 가까이하니 에서가 달려와서 그를 맞아서 안고 목을 어긋맞기고 그와 입맞추고 피차 우니라(창 33:3-4)

생사화복을 결정하시는 분

어머니 리브가가 형제의 관계에 손을 대어 무너지고 박살 났던 것이 하나님께서 야곱의 환도뼈를 어긋나게 하심으로 재건되었다. 인간의 사랑이나 친절로는 죽은 것을 살릴 수 없지만, 하나님으로 말할 것 같으면 그의 견책조차, 그가 주시는 시련조차, 그가 주시는 괴로움조차, 그가 원하시기만 하면 얼마든지 그 대상을 살리는 방편이 된다.

이쯤 되면 약속을 믿는 이에게는 복이나 저주, 생명이나 죽음 따위를 구분할 이유가 없다. 그저 우리의 생사화복을 오로지 하나님께서 주관하신다면 그런 것들은 상관없어진다. 우리가 믿는 하나님은 우리에게 선한 뜻을 가지고 계시기 때문에 당장 오늘날 주어진 것이 죽음이건 저주이건 상관없다. 그저 주가 주시는 것이라면 그 모든 것들은 과정일 뿐이며, 그 과정이 어떠하든 그 결국은 하나님이 우리에게 선하게 약속하신 대로 이뤄 주시는 결말을 맞이할 것이라 믿는다. 이러한 결론에까지 이른다면, 결국 우리 삶의 재판관은 오직 하나님뿐이시라는 성경의 고백과 일맥상통하게 된다. 내 판단에 지금 보이는 현상이 생이건 사이건, 복이건 화이건 그것은 내 눈의 판단일 따름이다. 눈앞에 보이는 것이 곧 현실은 아니다.

눈은 속이고, 사람의 인지 능력은 심각하게 제한되어 있다. 우리가 세상을 있는 그대로의 모습으로 보는 것이 아니라, 주입되고 학습되어 형성된 주관으로 보니까 그렇다. 따라서 우리가 평가하는 생사화복이라는 것은 무의미하다. 사람이 무엇이 살길이고, 무엇이 죽을 길인지 알지 못하듯, 무엇이 복이고 무엇이 저주인지 결말이 나기 전에는 어떻게 알겠는가? 그래, 그렇기에 그 어떤 상황이라 할지라도 하나님이 죽음이라 하시기 전에는 죽음이 아니며, 저주라고 하시기 전에는 저주가 아니다.

미달자인 우리는 어차피 살아도 하나님 손에 살고 죽어도 하나님 손에 죽는다. 사람이 빌어 주는 복은 그것이 제아무리 대단한 인물일지라도, 심지어 죽은 자 가운데서 살아나서 내게 복 준다고 해도 내 형편을 조금도 낫게 할 수 없다. 오직 하나님의 복이 나를 살게 한다. 그럴진대 사람의 저주는 내게 무슨 소용인가? 세상이 전부 나를 저주해도 하나님께서 저주가 아니라고 하시면 저주가 아니다.

야곱은 다리를 절게 되었다. 밤새도록 하나님께 두들겨 맞았다. 온몸은 삐걱거리고 성한 곳이 하나도 없었다. 그것은 얼른 보기에는 분명히 재난이요 형벌이고 고통을 수반한 괴로움이지만, 결국 그것은 하나님이 야곱을 복 주시려는 방편이었다. 하나님은 분명히도 그 씨름을 야곱에게 복을 주심으로 완성 지으셨다. 기묘하게도 야곱이 거의 죽기 직전까지 두들겨 맞았기에 그에서의 마음조차 녹았다. 그 씨름이라는 부분의 단면만 떼어 놓고 보면, 그것이 야곱에게 있어서 저주스러운 상황이지만, 그것은 결국 야곱과 그의 일족 모두를 살리는 복이었고 그의 발걸음에 생환이라는 목적지를 보장한 구원이었다.

에서는 평생 전장을 누빈 자였다. 무수한 주검을 봤고 부상자를 보는 것은 일상이었다. 그렇기에 야곱이 아무리 처량하고 다쳤다 한들 그 즉시 가엾게 여기는 마음이 들 리는 없었다. 게다가 피붙이이기 때문에 더욱 야곱이 에서의 일파에게 위협이 되는 상황이니, 혈연이라는 것도 용서라는 선택을 하기에 아무런 도움이 되지 않는 상황이었다. 그렇기에 야곱이 두들겨 맞았거나 다쳤다는 것은 에서의 마음이 녹은 것의 핵심이 아니다.

진정 중요한 것은 야곱이 하나님과 다툰 결과로 그러한 몰골이 되었다는 것이다. 하나님이 야곱을 친히 다루셨다는 것. 그것은 에서에게도 응답이었고 위로였다. 비록 에서는 하나님의 사랑을 받지 못한 대상이었다. 하나님의 사랑은 오로지 야곱에게 향했다. 그런데도 하나님은 에서를 불공평하게 대하지 않으셨다. 오히려 에서의 억울함을 아시고, 그 처지를 아시고, 그의 편이신 것처럼 대신 야곱과 씨름해 주셨다. 에서의 괴로움을 아시고 야곱을 성숙에 이르도록 그의 삶을 통해 인도하셨다. 하나님은 당신이 미워한다고 공언하신 에서의 상처조차 가볍게 여기지 않으셨다. 하나님의 미워하심도 사람의 기준에서는 극상의 사랑에 가까운 법이다. 그렇기에 에서에게는 희망이 생긴다. 자기의 사후에 자기 자녀들에게도 하나님이 공평하게 대해 주실 것이라는 믿을 근거가 생겼다. 하나님이 그저 에서의 억울함을 무시하셨다면, 에서의 일파에게는 소망은 없다. 그저 야곱에게, 이스라엘에게 착취당하기 위해서 태어난 가축 같은 존재가 되었을 것이다. 하지만 하나님은 에서에게 그러지 않으셨다. 그리고 실제로 에서의 믿음은 적중했다. 먼 훗날 가나안에 당도한 이스라엘 백성에게 에서를 미워하시는 하나님이 명령하신다.

너는 또 백성에게 명하여 이르기를 너희는 세일에 거하는 너희 동족 에서의 자손의 지경으로 지날찐대 그들이 너희를 두려워하리니 너희는 깊이 스스로 삼가고 그들과 다투지 말라 그들의 땅은 한 발자국도 너희에게 주지 아니하리니 이는 내가 세일산을 에서에게 기업으로 주었음이로라(신 2:4-5)

하나님이 그 미워하는 자들에게도 공평하신 것은, 악인에게도 차별하지 않으시며 늦은 비와 이른 비를 내려주시는 것은, 그리고 때로는 사랑하는 자들에게도 엄격하신 것은 결국 당신의 선하심을 드러내시기 위함이기도 하지만 그 결과로 의인이, 하나님께서 사랑하시는 자들이, 더욱 안전을 얻고 안녕할 수 있는 길이기에 그러하다. 또한 미움을 받는 자라 할지라도, 당장은 죄인이라 할지라도, 그들의 삶에 제공해 주시는 은혜를 통해서, 자비를 통해서, 그들도 돌이켜 회개하게 하실지 누가 알까? 이 부분에 대해서는 이후 '하나님께서 미워하시는 방법'에서 더 자세히 다뤄 보도록 하겠다.

야곱과 에서의 이야기로 돌아와서 살펴보자면, 하나님이 야곱을 다루시고 에서의 억울함을 알아주심으로, 또한 그 후손의 권리를 보호해 주심으로 인하여, 야곱의 생존이 확보되었을 뿐만 아니라, 에서의 생존도 확보되었다. 야곱이 이삭을 통해서 받은 아브라함의 복이 작용하여, 행여라도 에서가 야곱을 해치려고 했다면 에서는 무사하지 못했을 테니 말이다.

하지만 하나님이 역사해 주신 결과로 불가능해 보이던 화해를 이룬 야곱과 에서가 이 사건의 가장 큰 수혜자는 아니었다. 진정으로 이 이야기를 통해서 즐거움을 얻은 수혜자는 따로 있었다. 이는 조금 뒤에 밝혀질 이야기이지만 말이다.

두 형제, 두 민족

에서가 눈을 들어 여인과 자식들을 보고 묻되 너와 함께한 이들은 누구냐 야곱이 가로되 하나님이 주의 종에게 은혜로 주신 자식이니이다 그 때에 여종들이 그 자식으로 더불어 나아와 절하고 레아도 그 자식으로 더불어 나아와 절하고 그 후에 요셉이 라헬로 더불어 나아와 절하니 … 야곱이 가로되 내 주께 은혜를 입으려 함이니이다(창 33:5-8)

야곱과 한참을 얼싸안고 울면서 형제께서 대화를 하고 난 다음, 에서는 그 뒤에 서 있는 한 무리의 여인과 아이들에게 관심을 돌렸다. 그리고는 한 명 한 명 바라보며 그들이 누구인지 물었다. 현대 우리말의 어투로 하자면, "여기 너랑 꼭 닮은 아이들은 누구니?"라고 하며 친근감을 보인 것이다. 야곱은 그들을 하나님께서 자기에게 은혜로 주신 자녀들이라 소개한다. 그 짧은 대답에도 20년의 세월을 통해서 성장한 야곱의 성숙함이 묻어 나왔다. 그저 나이가 차면, 그저 상황이 되면 결혼하고 자녀를 낳은 것이 아니었다. 어디까지나 야곱이 가정을 이룰 수 있었던 것은 하나님의 은혜였다. 비혼이라는 개념조차 없던 그 시절 다들 당연하듯 하는 것들조차 하나님의 은혜가 없다면 할 수 없던 야곱이었고 야곱 자신도 그것을 알고 있었다.

얼마나 많은 사람이 그분의 은혜를 잊고 그 은혜를 은혜로 생각하지 않는가? 이는 오늘날 우리의 이야기일 뿐만 아니라, 성경에서도 수없이 반복되는 이야기이다. 은혜로 주어진 구원이라 하여도 사람은 심지어 신앙인이라는 사람들이나 종교 지도자들도 틈만 나면 자신의 공로를 내세우려 하지 않던가? 그런 면에서 야곱의 이런 태도는 더없이 모범적이다.

추가로 에서가 가진 장자로서의 권위를 인정하지 않고 임의대로 대했었던 야곱은 이 부분에서 에서를 '나의 주'(아도나이, אדני)로 칭한다. 이는 '다스리다', '통치하다'라는 어근에서 파생한 단어로 '주군', '주인'을 뜻한다. 상대의 지위가 자기보다 높을 때 자신을 스스로 낮추며 사용하는 용어이다. 이스라엘 사람들은 리더나 통치자, 왕에게 이러한 단어를 사용했다.

우리는 앞서 야곱이 이미 에서에 대한 공포를 극복했다고 선언했다. 따라서 야곱이 에서를 주라 칭한 것은 그저 살기 위해서, 그 위세에 눌려서 내뱉은 말이 아니었다. 야곱이 에서를 주라 칭한 것은 자기 형 에서를 진정으로 존중하고 그의 사회적 지위를, 가정 내의 지위를 인정하기 때문에 주라 불렀다. 이 지점은 매우 묘하다. 야곱은 만유의 구주이신 하나님을 직접 만났다. 씨름까지 했다. 게다가 하나님께 직접 복도 받았고, 하나님의 판정에 따르면 하나님뿐만 아니라 모든 사람에게도 이겼다. 그야말로 하나님께 완전한 승리의 판정을 받았다. 게다가 하나님은 그에게 이스라엘이라는 이름을 주셔서 그야말로 선택받은 민족의 시조가 되게 하셨다. 그런데 그 모든 것의 결과로 야곱은 거만해진 것이 아니라, 하나님과 상대해 봤으니 사람들이 우스워지는 게 아니라, 오히려 타인을 존중한다. 오히려 에서에게 몸을 낮추며 그 앞에서 겸손함을 보인다.

흔히 누구라도 권력을 잡고 그 맛을 보면 사람이 변한다고 말한다. 권력이라는 것이, 분에 넘치는 재력이라는 것이, 얼마나 달콤하고 치명적인지, 그것을 굳이 소유할 필요도 없이 그저 권력자와 가까워지는 것만으로도 고개가 꼿꼿해지고 어깨가 올라가는 사례가 주변에 얼마나 많은가? 오죽했으면 호가호위(狐假虎威, 남의 권세를 빌려 위세를 부림)라는 사자성어까지 있던가? 이렇듯 사람의 절대 권력은 그것을 소유한 자를 타락시킬 뿐만 아니라, 그 주변인까지 타락시킨다.

하지만 무엇에 비할 수 없는 주권과 권력을 지니신 하나님은 사랑과 인애가 풍성하신 하나님이실 뿐만 아니라, 그와 가까이하는 자들, 그와 함께하는 자들 그와 동행하는 자들의 내면에 사랑과 인애가 풍성하게 만드신다. 그와 같이 야곱도 하나님을 만난 수혜를 보았다. 창조주 하나님의 얼굴을 보았지만, 에서를 무시하거나 얕보지 않았다. 오히려 하나님을 보았고 하나님과 만났기에, 에서 앞에서 뻣뻣하게 자존심을 부릴 필요가 없어졌다. 자신이 형 에서를 존중하고 높여 준다고 자신이 낮아지는 것이 아니다. 왜냐하면, 야곱을 높이는 것은 이제 야곱이 할 일이 아니기 때문이다. 야곱을 높이시는 것은 오로지 하나님이시다.

그러므로 하나님의 능하신 손 아래서 겸손하라 때가 되면 너희를 높이시리라(벧

전 5:6)

야곱에게 임한 겸손은 야곱 일파 모두에게 영향을 미쳤다. 야곱뿐만 아니라, 야곱의 모든 가족은 집안의 손윗사람이자 한 세력의 리더인 에서에게 절하며 예를 표했다(창 33:6-7).

에서가 또 가로되 나의 만난바 이 모든 떼는 무슨 까닭이냐 야곱이 가로되 내 주께 은혜를 입으려 함이니이다 에서가 가로되 내 동생아 내게 있는 것이 족하니 네 소유는 네게 두라(창 33:8-9)

처제들, 그리고 조카들과 인사를 나눈 에서는 이어 야곱을 만나기 전까지 도중에 자기에게 도착했던 무수한 가축들에 관해서 물었다. 야곱은 그것은 에서에게 은혜를 입기 위해서 준비한 선물이었다고 대답한다. 하지만 야곱도 그저 위기를 모면하기 위해서 에서에게 저자세로 나온 것이 아니었듯, 에서도 그저 야곱에게 무언가를 얻기 위해서 야곱에게 당도한 것이 아니었다. 그렇기에 에서는 자기에게는 재산이 이미 충분하니, 야곱이 보낸 가축들을 모두 돌려주려 한다.

그랬다. 이런 에서의 모습으로 미뤄 보건대, 에서는 야곱이 건넨 많은 가축이나, '화해의 진' 때문에 야곱을 용서한 것이 아니었다. 에서는 그저 야곱의 진정성 있는 사과와 새 사람이라고 해도 좋을 만큼 달라진 모습 때문에 용서한 것이다. 과거 야곱의 기만적 행위가 둘의 관계를 망쳐 놨는데, 이제 두 형제 사이에는 피차 진정성만 남았다. 동생은 형에게 제대로 된 사과와 형이 입은 피해를 원상 복구하겠다는 뜻만을 내비치며 용서를 구한다. 그리고 형은 동생을 여타 다른 이유나 예물 때문이 아니라, 그저 동생이 진심 어린 사과를 하고 뉘우치고 있으며 또한 성숙한 모습으로 변했다는 이유만으로 용서하고 있다.

야곱이 가로되 그렇지 아니하니이다 형님께 은혜를 얻었사오면 청컨대 내 손에서 이 예물을 받으소서 내가 형님의 얼굴을 뵈온즉 하나님의 얼굴을 본 것 같사오며 형님도 나를 기뻐하심이니이다 하나님이 내게 은혜를 베푸셨고 나의 소유도 족하오니 청컨대 내가 형님께 드리는 예물을 받으소서 하고 그에게 강권하매 받으니라(창 33:10-11)

야곱은 제발 받아 달라 간청한다. 야곱이 말하는 에서가 자신의 예물을 받아야 하는 이유 또한 흥미롭다. 야곱의 말을 지금의 언어로 옮기자면, 하나님이 야곱을 애정이 넘치는 시선으로 보아 오셨던 것처럼, 형인 에서도 그런 시선과 표정으로 야곱을 보고 있으니, 마치 형의 모습에서 하나님을 보는 것 같다고 한다. 이는 에서가 야곱을 친절하고 자상하게 맞이하고 있다는 의미이다. 이제 두 형제 사이에서 예물은 화해의 조건도 아니고 방편도 아니다. 둘은 이미 화목을 이뤘다. 에서가 야곱의 예물을 거절한 것에 담긴 의미는 "예물 같은 것 없어도 널 용서할 것이니, 이런 건 필요 없다"이다.

그리고 재차 권하는 야곱의 말에 담긴 바는 "알아요. 형, 형이 저를 이미 용서하셨을 뿐만 아니라 제게 자상하게 대해 주시니까, 그저 감사한 마음에 이 모든 선물을 드리고 싶은 거예요"이다. 야곱은 덧붙인다. "넉넉하지 못한 형편에 남김없이 형에게 무리해서 드리는 거로 생각해서, 거절하지 마세요. 하나님께서는 엄청난 복으로 제게 제 몫뿐만 아니라, 형의 몫까지 넉넉하게 주셨어요. 제가 건넨 건 다 형의 몫이고, 그것을 제외하더라도 남은 제 몫이 넘치도록 많아요." 야곱이 재차 권하자, 결국 에서는 야곱의 예물을 받기로 한다. 아마도 그 많은 예물을 에서에게 주고도 야곱도 한 세력을 유지할 만큼 많은 가축 무리가 남아 있음을 눈으로 확인하고서야 야곱의 선물을 받기로 했을 것이다.

적자독식의 사회에서 경쟁하며 서로 빼앗으려 했던 두 형제는 하나님의 개입하심으로 당대에 아주 기묘하고도 이질적인 존재가 되었다. 그 둘은 서로에게서 조금이라도 더 빼앗으려는 것이 아니라, 각각 세력을 이뤄 부요한 가운데 피차 살펴주는 관계가 되었다. 자기 몫으로 할당된 것을 내어 주고 서로 더 가지라 하는 모습이 되었다.

이는 단순한 '우애'로 해석할 수 없다. 하나님께서 그들의 어머니 리브가에게 주신 예언은 각각 민족을 이루는 것이었다. 그리고 그 두 형제가 비극을 겪고 갈등을 겪은 것은 각각 민족을 이루게 하신다는 예언과 상반되는 적자독식의 논리로 서로의 것을 빼앗으려 했기에 발생했다는 점을 상기했을 때, 이윽고 그 둘이 도달한, 서로를 챙기는 모습은 드디어 두 형제가 하나님이 주신 언약과 합치되는 모습을 보이기 시작했다는 의미도 가진다. 따라서 그 둘이 서로를 돕고 서로에게 더욱 많은 것을 내어 주고자 하는 모습은 단순히 형제애가 아니다. 이는 두 형제가 한마음으로 하나님의 뜻에 순종한다는 의미도 있다. 그리고 둘을 민족의 시조라는 관점으로 해석하자면, 결국 이스라엘과 에서의 민족이 상부상조하며 지내는 것이 하나님의 뜻임을 보여 주는 장면이기도 하다.

두 형제가 하나님 뜻과 예언에 부합하는 모습과 마음이 되어서 함께할 수 있던 것은 단순히 20년의 세월 덕분이 아니었다. 우리는 으레 시간이 문제들을 해결해 준다고 말하곤 하지만, 사실 시간이 해결해 주는 것은 많지 않다. 특히 분쟁으로 생긴 상처나 쓴 뿌리와 관련해서는, 미움과 오해가 결부된 감정과 관련해서는, 시간은 도리어 모든 것을 악화시키는 것이 일반적이다. 야곱과 에서가 원수가 아닌 형제로서 재회할 수 있었던 것은 오로지 하나님이 역사하신 덕분이다. 특별히 화목을 통해서 형성한 그 형제의 모습이 당시 시대적 한계였던 적자독식의 굴레까지 초월한 양태를 갖출 수 있었던 것은 근본적으로 하나님이 야곱에게 넘치는 복을 주지 않으셨다면 불가능했다.

앞선 장들에서 다룬 바와 같이, 적자독식의 문화는 결국 당대의 부족한 재원과 인력이 원인이다. 모든 형제에게 공평하게 나누어 가문의 전력을 분산한다면, 자칫 그 누구도 살아남지 못하고 결국 그 세력이 소멸하여 형제 모두가 공멸할 수 있었다. 따라서 한정된 자원을 가장 유력한 자에게 몰아주는 것은 필연적인 시대의 한계였다. 하나님께서 이러한 사정을 모르실 리 없다.

그런데도 야곱과 에서를 각각 민족의 시조로 삼으셔서 강대한 민족 둘을 하나의 형제를 통해 이루실 거라는 뜻을 리브가에게 주신 것은 하나님께서 그것을 넉넉히 이루기로 결정하셨기 때문이다.

한정된 자원 때문에 적자독식의 방식이 필요하다? 그런 인간들이 제시하는 구조적 한계는 하나님에게서 문제가 되지 않는다. 하나님은 야곱도 두 떼를 이루게 하셨고, 그런 야곱조차 인간적인 눈으로 본다면 기가 죽을 만큼 강대한 군사력과 세력을 에서에게 주셨다. 둘은 적자독식이니 뭐니 하면서 싸울 필요가 없었다. 오히려 서로에게 양보할 여유까지 있었다. 이 모든 것은 그 둘에게 하나님이 넘치도록 재물과 인력, 부와 명예를 부어 주셨기 때문이다.

야곱과 에서가 적자독식의 문화에서 성장하고 활동했기에 공생하는 법을 모른다는 현실적 문제도 있다. 하지만 그조차 하나님께서 야곱과 에서, 각각과 함께하시면서 그들을 성숙하게 하시고 새로운 길을 알게 하시면 된다. 야곱은 하란에서 다른 민족과 소통하는 법을 배웠고, 에서는 가나안의 뛰어난 족속들과 세일의 호리 족속과 경쟁하고 투쟁하는 과정에서, 이해할 수 있고 믿을 수 있는 동맹 세력의 필요성을 절절히 느끼게 되었다.

하나님이 모든 상황을 초월하여 역사하신다는 것은 모든 시대적 상황과 우리의 사정을 무시하고 당신께서 맘대로 하신다는 의미가 아니다. 주어진 상황 속에서 사람은 도저히 상상도 못 하고 생각도 못 했던 것을 이루신다는 뜻이다. 상황이나 사람, 그리고 그 시작점이 어떠하든, 내 현실이 어떠하든 그것이 하나님께서 우리에게 주신 원대한 계획과 뜻을 믿지 못할 이유나 변명거리가 되지 못한다. 하나님이 내 사정과 상황, 그것이 얼마나 말이 안 되고 불가능한 일인지 모르셔서 내게 그런 약속을 하신 것이 아니기 때문이다. 오히려 하나님은 그것이 얼마나 말이 안 되고 불가능한 일인지, 사람으로서는 감당할 수 없는 일인지 잘 아시기에 그 일을 하신다. 도저히 사용할 수 없어 보이는 재료들만 가지고도 미증유의 일들을 이루시며 우리에게 놀라운 기쁨을 안겨 주는 것을 즐거워하신다.

우리를 구원하신 방편도 로마의 형틀인 십자가를 재료 삼아서 이루시지 않았던가? 그와 마찬가지로 하나님께서 야곱과 에서를 각각 민족으로 이루실 뿐만 아니라, 아무도 신뢰할 수 없는 난세가 한창인 가나안에서 서로서로 등을 맞대고 의지할 수 있는 형제로 만드시기 위해서 고르신 재료는 다만 각자의 욕심으로 완전히 파탄 난 관계와 다듬어지지 않은 돌과 같은 야곱이었다. 그런 재료를 가지고도 하나님은 넉넉히 이루신다. 인간으로서는 불가능한 일을….

예수께서 저희를 보시며 가라사대 사람으로는 할 수 없으되 하나님으로서는 다할 수 있느니라(마 19:26)

용서

야곱과 에서가 서로 믿을 수 있는 형제가 되어, 그리고 각각의 민족을 이룰 수 있었던 것은 에서가 야곱을 용서하는 그런 멋진 용기 있는 선택이 결정적이었다. 애초에 에서가 야곱을 용서하지 않았다면, 그러지 못했다면, 전체 서사는 완전히 다른 메시지를 남기며 전혀 무의미한 방향으로 흘러갔을 지도 모른다. 따라서 이 에서의 용서를 자세히 살펴볼 필요가 있다.

창세기에 기록한 야곱과 에서의 이야기는 철저히 야곱의 시점에서 집필했기에, 에서가 야곱을 용서하는 선택을 하기 위해서 감내했어야 할 희생과 결심은 좀처럼 주목을 받지 못했다. 그저 야곱이 많은 예물을 주었으니, 그저 하나님이 개입하셨으니까, 에서가 당연히 야곱을 용서했겠거니 하고 막연하게 생각한다. 하지만 그러한 관점은 에서를 하나의 인격체로 보는 것이 아니라 야곱의 이야기에 등장하는 하나의 소품 정도로 여기는 것이다. 단언컨대 하나님은 결코 그 어떤 존재도 그러한 방식으로 대하지 않으신다.

에서의 용서가 주목받지 못하는 것은 비단 이 담론을 야곱의 시점으로 집필했기 때문만은 아니다. 용서라는 개념은 기독교에서 꽤 많이 오해하는 개념이며, 그러한 오해가 작용한 결과 에서의 용서가 지나치게 축소된 측면이 있다. 타인에게 진심 어린 사과와 함께 재발 방지, 그리고 어떠한 방식으로 원상 복구를 해 줘야 할지 논의해야 할 상황에서도, 용서에 대한 오해로 인하여 "하나님에게 용서받았으니, 당신도 날 용서하라"라는 식의 후안무치 안하무인 같은 강요를 세칭 '그리스도인들'이 흔히 한다.

성경은 정말 그러한 뻔뻔함을 긍정하는가? 하나님은 과연 피해자에게'만' 무한한 용서를 강요하는 분인가? 물론 이상으로서, 바람직한 태도로서, 원수조차 사랑하고 나에게 죄지은 사람들을 용서하는 것은 '칭찬'받고 '상급' 받을 만한 행위라고 예수님이 말씀하셨다. 하지만 그 자체를 청구서로 만들어 타인에게 나를 용서할 것을 주문하며 강요할 수 있을까? 과연 타인에게 손해를 끼쳤을 때, 하나님께 뭔가 종교 행위를 하는 것이 우선이고, 그 대상에게는 용서를 '청구'하는 것이 성경이 말하는 바일까? 예수님은 무엇을 말씀하셨는가? 이에 대하여 산상수훈에 그 우선순위가 분명하게 적혀 있다.

> 그러므로 예물을 제단에 드리다가 거기서 네 형제에게 원망 들을만한 일이 있는
> 줄 생각나거든 예물을 제단 앞에 두고 먼저 가서 형제와 화목하고 그 후에 와서
> 예물을 드리라(마 5:23-24)

땅에서 매면 하늘에서도 매인다고 말씀하신 예수님은 또한 일관되게 형제와의 화목에도 같은 우선순위를 견지하신다. 제단보다 화목이 우선이다. 이는 하나님이 그 형제보다 덜 중요하다는 뜻이 아니다. 마치 부모에게 할 도리는 하지 않고, 고르반이라고 말하면서 다 하나님을 위해서 그러는 것이라고 변명하며 부모를 무시하던 그 시대 종교인들의 그릇된 예처럼, 우리의 죄성이 하나님을 위한다는 명분으로 상대적 약자들을 착취하고 경홀히 여기는 것을 주님은 막으신다. 사울 왕은 종교 의식으로 자기 죄를 덮으려 허망한 시도를 하다가 망했다. 그러한 행위를 하나님은 받아 주지 않으신다. 즉, 어제나 오늘이나 영원토록 동일하신 주님은 마찬가지로 사람에게 저지른 잘못

을 종교 행위로 덮지 말라고 교훈하신 것이다.

늘 원수를 용서하는 것이 가능하면 참 좋겠다. 그러나 그것이 얼마나 어렵고 고된지 하나님은 아시기에 만일 우리가 원수를 용서하면, 한 걸음 더 나아가 원수조차 사랑하면, 그분은 우리를 칭찬하시고 얼마나 힘들었냐며 품어 주신다. 혹시라도 우리가 당장은 용서하지 못한다 해도 우리에게 감점을 주거나 실망하고 책망하며 벌하는 분이 아니시다. 만약 그런 분이라면, 몇몇 사람들이 주장하듯 하나님이 우리의 한계를 넘은 것을 요구하는 분이라면, 시편에 나오는 원수를 향한 화자들의 울부짖음이 기록되지 않았을 것이다.

주께서 내 원수에게 악으로 갚으시리니 주의 성실하심으로 저희를 멸하소서(시 54:5)

물론 시편의 고백들은 예수님 전, 십자가 전, 성령님이 오시기 전이니까 그렇다 할 수 있다. 스데반 집사처럼 저들의 죄를 저들의 머리에 돌리지 마소서 하면서 죽어 가는 것이 당연하다고 우리도 주장할 수 있다. 하지만 하나님조차 우리를 받아 주시고 죄 없다고 하시기 위해서 십자가가 필요했다. 예수 그리스도께서 십자가에 매달리셔야 했다. 이어 요한계시록을 잠깐 살펴보자.

… 내가 보니 하나님의 말씀과 저희의 가진 증거를 인하여 죽임을 당한 영혼들이 제단 아래 있어 큰 소리로 불러 가로되 거룩하고 참되신 대주재여 땅에 거하는 자들을 심판하여 우리 피를 신원하여 주지 아니하시기를 어느 때까지 하시려나이까 하니(계 6:9-10)

이미 하나님 곁으로 간 영혼들이 울부짖는 소리를 요한이 들었다. 물론 환상으로 임한 것이기에, 그것이 어떤 의미인지는 조심스럽게 해석할 필요가 있다. 이 말씀이 주는 교훈은 원수를 원망하고 미워하고 저주하라는 것이 아니다. 하나님은 우리의 감정을 소중히 여겨 주신다는 것이 이 환상에 담긴 의미이다. 우리의 영혼을 뼈와 살의 틀에 불어 넣은 것은 하나님이시다. 우리는 흙으로 만들어졌다. 그렇기에 누군가 내뱉은 성난 말로 마음에 얼기설기 상처가 나기도 한다. 남모를 아픔과 슬픔에 눈물짓기도 한다. 때로는 그래서 아무리 몸부림치고 노력해도 도저히 용서하거나 사랑할 수 없는 존재도 있다. 하나님도 그것을 아신다. 하나님은 우리를 무슨 강철로 만든 초인으로 여기지 않으시고 우리의 연약함을 가엾게 여기신다.

개중에는 우리가 용서해야만 하는 원수도 있다. 예를 들면 초대 교회 신자들에게 바울이 그랬다. 바울은 초대 교회 성도들을 핍박했던 자가 아니던가? 그렇기에 하나님은 바울을 용서할 수 있도록 초대 교회 신자들을 도우셨다. 바울에게 특별히 성도들을 사랑하는 마음을 주셨다. 바울은 그들을 영적으로 낳은 부모처럼 지극정성으로 대하는 사도였다. 그것을 위해서 가정을 이루는 것도 포기했다. 그도 부족해서 하나님은 바울에게 많은 환란과 고난을 허락하셨다. 그 풍성한 시련과 슬픔 속에서 바울은 살을 에는 듯한 고통을 받았다. 그렇지만 바울은 끝없이 복음 전하는 것에 매진하고 신자들을 구제하는 일에 매달렸다. 그러면서 초대 교회 성도들의 마음이 녹아 갔다. 바울의 마음을 사랑으로 가득하게 하셔서, 복음에 대한 열정과 초대 교회 성도들에 대한 정성으로 온통 물들게 하셔서, 결국에 초대 교인들에게 용서받을 수밖에 없는 존재로 빚어 가셨다. 하지만 그 과정에서 그 누구 하나에게 강제로 바울을 용서하게 하시진 않았다. 다만 바울은 성령님의 도우심에 기반한 끝없는 섬김으로 자신의 실수를 만회해 나갔을 뿐이다.

에서는 야곱을 용서해야 했다. 야곱에게는 사명이 있었다. 그리고 에서에게도 사명이 있었다. 각각 민족을 이뤄야 할 사명이다. 그러기 위해서는, 그 두 민족이 공멸하지 않고 공존해야 한다. 그렇기에 피차의 원수 맺음을 청산할 필요가 있었다. 둘의 관계에서 야곱은 가해자였다. 에서는 피해자였다. 야곱은 용서를 빌어야 했다. 하나님은 야곱이 스스로 에서와의 관계를 파탄내자, 이후 20년간 야곱과 동행하시면서 야곱이 속이거나 무책임하게 도망가는 습성을 버리고, 두려움이 있더라도 에서를 찾아가서 용서를 구하는 것이 가능하도록 훈련하셨다. 그래서 야곱은 예물과 종들을 먼저 보내서 용서를 구한다.

에서는 곧 바로는 용서할 수 없었다. 그런데 어째서 하나님은 강제로 에서에게 등장하셔서 에서에게 야곱을 용서하라고 강요하지 않으셨는가? 강권하여 용서하라 명령하시지 않았는가? 천사의 군대가 야곱의 무리 주변을 배회하고 있었는데 어째서 그들로 에서를 제압하거나 겁에 질리게 하지 않으셨는가?

하나님은 라반과의 관계에서 야곱의 억울함을 가엾게 여겨 주셨듯, 야곱과 에서의 관계에서 에서의 억울함도 가엾게 여겨 주셨다. 남들 보기에 에서는 그저 강철로 만들어진 용사에, 힘세고 강인한 사나이였지만, 하나님에게는 그도 소중한 감정을 가진 존재였다. 그래서 하나님은 야곱을 다루셨다. 밤새 한 씨름으로 야곱은 하나님을 만났다는 기쁨을 얻었다. 적어도 그것은 야곱 개인에게 있어서는 형벌이 아니었다. 하지만 에서가 보기에 그것은 형벌이었다. 그렇기에 하나님은 야곱은 야곱대로 사랑하신 것이고, 에서는 에서대로 사랑하신 셈이다. 그리하신 하나님에게서 얻어맞아 터진 상처로 온통 피로 붉게 물든 동생을 보니 에서의 마음은 녹아내렸다.

야곱이 용서를 받을 수 있던 것은 에서의 마음이 녹은 것은. 전부 하나님이 개입하시고 기적을 행하지 않으시면 불가능한 것이었다. 하지만 야곱이 그저 기적만 바라고 하나님의 기적을 행하심만 기대했던가? 아니다. 야곱도 야곱 나름대로 최선을 다했다. 외적으로나 내적으로 용서를 구하고 죄를 뉘우치고 에서가 본 피해에 대해 보상하기 위해서 인간적으로 할 수 있는 모든 것을 했다. 그런 야곱을 하나님이 도우셨다. 가장 큰 도움은 에서에게 형제애를 강제로 넣으신 것이 아니었다. 그것은 씨름을 통해서 야곱을 다루시면서, 그로 하여금 자신의 생사가 하나님께 달려 있다는 소망을 갖게 만드신 것이었다. 그 결과 야곱은 에서에게 용서를 구하는 것이 단순히 자기가 처한 위기를 극복하기 위해서, 에서에 대한 두려움에 의해서가 아니게 되었다.

에서에게 진정성 있는 용서를 구하기 위해서는 필연적으로 야곱이 가진 에서를 향한 두려움을 극복할 필요가 있었다. 그저 에서가 무서워서 그 위세와 그의 400명의 장정에 대한 공포에 용서를 구하는 것은 화해를 위함이 아니라, 그저 목숨을 부지하기 위한 항복에 불과하다. 그런 유의 목숨만을 부지하려는 사과가 에서의 상한 마음을 갈무리하고 둘의 관계를 봉합하기 위한 진정성을 갖춘 사과가 될 수 있을 리 만무했다. 이것은 그저 당장 생명을 부지하기 위해서 굴복한 것에 불과하다. 그러하다면 형의 민족이 동생의 민족을 섬길 것이라는 리브가가 하나님께 받은 예언도 틀린 것이 될 뿐만 아니라, 에서의 마음을 녹일 만한 진정성 있는 사과가 될 수도 없었다.

그간 에서는 무수한 사람과 세력을 상대했다. 에서의 무력과 위세에 눌려서 마음에도 없으면서 그저 목숨을 부지하려는 의도에서 올리는 절은 지겨울 만치 빈번히 받아 왔다. 에서 정도 되는 노련한 족장이 그러한 것을 통찰하지 못할 리 없다. 그렇기에 하나님은 야곱이 에서에 대한 공포, 그리고 죽음에 대한 공포까지 극복하게 만드셨다. 그 결과 야곱의 사과는 자신의 처지를 나아지게 하기 위해서가 아니라, 에서의 마음을 풀기 위해서, 진심으로 그의 상처를 보듬고, 고통을 겪었을 세월을 조금이나마 보상하는 목적의 사과가 될 수 있었다. 그야말로 이를 통해 야곱의 사과는 흠잡을 수 없는 진정성을 확보할 수 있었다.

야곱과 에서의 이야기에서도 하나님은 피해자인 에서를 강제로 바꾸셔서 그의 의사와 이권과는 상관없이 야곱을 용서하도록 초자연적으로 강요하신 것이 아니라, 가해자인 야곱을 오랜 세월을 통해서 변하게 만드셨고 그를 성숙함에 이르게 하셨으며, 하나님과의 관계와 씨름을 통해서 진정한 의미에서 에서조차 감동하게 하고 그의 마음도 녹일 만한 사과를 할 수 있도록 만드셨다. 그리고 이윽고 에서가 그토록 어려운 야곱을 용서하는 선택을 하자, 앞으로의 에서의 인생뿐만 아니라, 그의 후손들까지 책임져 주시는 복을 주셨다.

용서라는 것은 고단하며 더없이 힘들다. 내가 누군가를 용서하는 것도, 용서를 받는 것도 힘들다. 용서는 대단한 결심과 용기 그리고 믿음이 필요한 과정이다. 그렇기에 하나님은 용서해 낸 자들을 칭찬하고 보답해 주신다. 용서의 어려움과 그 고단함을 이해하는 것은 우리가 남들에게 용서받았을 때, 그것에 대해 진정한 감사를 표할 수 있음에 유익하며, 또한 하나님이 보이신 십자가 구원의 은혜가 진정한 은혜 될 수 있게 하는 비결이다. 그리고 그러한 것을 우리의 매뉴얼인 야곱의 삶에 하나님이 기록해 두셨다. 오늘도 우리가 모두 각 처소에서 피차에 하나님이 바라시는 용서를 구하고 하나님이 인정하시는 방식으로 용서하여, 하나님이 계획하신 화목을 이루기를 바라 마지않는다.

이제 각자의 길로

야곱과 에서는 화목을 이뤘다. 극적인 화해와 화합으로 둘은 이제 믿을 수 있는 동맹이자 진정한 의미에서 형제가 되었다. 하지만 그렇다고 해서 그들이 하나의 세력이 되거나, 하나의 길을 간다는 의미는 아니다. 용서나 화해가 반드시 세력의 통합을 의미하지는 않는다. 갈 길을 결정하는 것은 관계가 아니라, 하나님이 각자 인생에 주신 사명이다. 그렇기에 때로는 사랑하는 이들과 이별을 경험하기도 하고, 형편에 따라서 떨어져 지내기도 한다. 이러한 원리를 이해하는 것은 우리가 가진 편견을 극복하는 데 도움이 된다.

그 편견은 "함께할 수 없으면, 적", "함께할 수 없으면 화목할 수 없다"라는 전란의 시대, 과열된 경쟁의 시대에서는 더없이 흔한 논리이다. 이는 심지어 사역자들 사이에서도 횡행한다. 교단이 다르다고, 사역의 방식이 다르다고, 지향하는 바가 다르다고 얼마나 대립하는가? 이런 편견은 실상 예수님의 공생애 시절까지 거슬러 올라가는 해묵은 것이다.

요한이 여짜오되 주여 어떤 사람이 주의 이름으로 귀신을 내어 쫓는 것을 우리가 보고 우리와 함께 따르지 아니하므로 금하였나이다 예수께서 가라사대 금하지

말라 너희를 반대하지 않는 자는 너희를 위하는 자니라 하시니라(눅 9:49-50)

하나님은 우리를 어떠한 획일화한 존재로 만들지 않으신다. 하나님의 사명은, 우리를 어떠한 규격화한 존재로 만들지 않는다. 하나님의 사명이 야곱에게 임하고, 야곱이라는 특성이 모두 사라졌을까? 아니다. 야곱은 가장 야곱다운 방향으로 성숙했다. 마찬가지로 공생애 시절 제자들의 성품과 특색은 십자가 이후 그들에게 찾아온 성령님과의 동행으로 훼손된 것이 아니라, 사도로서의 삶에도 성숙한 모습으로 승화하여 유지되었다.

사도 요한을 예로 들자면, 제자 시절에 그는 그리스도에 대한 사랑이 넘쳤다. 하지만 그 반대급부로 그리스도에 반대하는 사람들에 대한 분노도 주를 향한 사랑만큼 컸다. 때로 그의 정제되지 않은, 사랑하기 때문에 발생한 분노는 반대자들을 태워 죽이길 그리스도께 구하는 아주 극단적인 형태로 발현하기도 했다(눅 9:54). 성령은 그런 요한의 사랑 자체를 제거하지 않으셨다. 요한의 성품을 어떤 획일화한 것으로 바꿔 놓지 않으셨다. 다만 요한을 성숙시키셔서, 그 성품으로 인해서 발생하는 부작용을 스스로 통제할 수 있도록 하셨다. 결국 요한은 사랑의 사도라는 별칭을 얻는다.

이는 한편으로는 위험 요소이기도 하다. 개인의 개성과 특색을 유지한다는 것은 또한 그 부작용에서 완전히 자유롭지 못하다는 말이기도 하다. 바울도 마찬가지였다. 바울도 오랜 세월 사도로서 큰 열정으로 사명을 감당해 왔지만, 본디 그의 불같은 열정이 가득한 성품이 작용하여 대제사장에게 저주에 가까운 '비방'을 하고 뒤늦게 사과하기도 했다(행 23:3~5). 이처럼 사도의 경우조차 성령이 그들 안에서 내주 역사하시는 방식은 그리스도의 모습만 남기고 인간적인 특색을 모두 제거하는 것이 아니었다. 오히려 그들의 개성과 인격을 존중해 주시는 형태로 동행하셨다.

성령이 우리의 개성을 모두 제거하시고 천편일률적으로 획일화한 존재로 만들지 않으시기 때문에, 필연적으로 사도들끼리도, 초대 교회의 교인들 사이에서도 의견의 충돌이 있었고, 합치되지 않는 때도 있었다(갈 2:11-21). 이것이 건강하지 못하게 발현했을 때는 소모적인 분쟁이 되었으나(고전 1:11-13), 건설적으로 발현했을 때는 공동체를 더욱 풍성하게 하는 다양성이 되었다.

그렇다. 다양성. 이방인으로서 그리스도인이 된 교인들에 대한 견해 차이는 초대 교회 사역자들의 사역지가 특정 지역에 국한되지 않게 만들었고, 당시 로마 제국과 그 주변국에 존재하는 다양한 문화와 민족을 아울러 복음이 전파되게 했다. 우리의 차원을 넘어서 역사하시는 하나님의 주권의 영역이기에, 필연적으로 입체적일 수밖에 없는 '칭의'를 설명하는 바울과 야고보의 시점이 서로 일치하지 않았기에, 우리는 오직 은혜와 믿음으로만 의롭다 하심을 얻으며, 또한 그러하기에 의롭게 살 수밖에 없는 역설적인 상황을 다각적으로 이해할 수 있다.

야곱과 에서는 다사다난한 세월을 거치다 불가능해 보이던 화해에 이르렀다. 하지만 그렇다고 해서 그들의 사명이 획일화된 것은 아니었다. 야곱은 이스라엘 민족을 만드는 것이 사명이었고, 에서는 에돔 민족을 만드는 것이 사명이었다. 그렇기에 그들은 하나의 세력으로 통합될 수 없었다. 다만 세상 풍파 속에서 힘이 들 때 서로 돕고 서로 마음으로나마 의지할 수 있는 존재가 된 것이다. 그들이 화목을 통해서 형성한 관계는 창세기 지면에 기록한 그들의 대화를 통해서도 유추할 수 있다.

에서가 가로되 우리가 떠나가자 내가 너의 앞잡이가 되리라 야곱이 그에게 이르되 내 주도 아시거니와 자식들은 유약하고 내게 있는 양 떼와 소가 새끼를 데렸은즉 하루만 과히 몰면 모든 떼가 죽으리니 청컨대 내 주는 종보다 앞서 가소서 나는 앞에 가는 짐승과 자식의 행보대로 천천히 인도하여 세일로 가서 내 주께 나아가리이다 에서가 가로되 내가 내 종자 수인을 네게 머물리라 야곱이 가로되 어찌하여 그리 하리이까 나로 내 주께 은혜를 얻게 하소서 하매 이 날에 에서는 세일로 회정하고 야곱은 숙곳에 이르러…(창 33:12-17)

에서는 야곱에게 길잡이가 되어 주겠다 제안한다(12절). 야곱에게는 군사력이 없으니, 그것은 형으로서 아우에게 줄 수 있는 가장 큰 도움이었다. 13 절에는 정중히 사양하는 야곱의 답변이 담겨 있다. 정중함보다 그 거절의 이유에 더 많은 의미가 내포되어 있다. 야곱의 양 떼와 소 무리가 새끼를 데리고 있으므로, 에서 세력의 행군 속도를 따라갈 수 없다는 말은 야곱이 에서에게 예물로 건넨 가축의 무리가 야곱이 자신을 위해서 남긴 무리와는 달랐다는 것을 보여 준다. 그저 같은 수준의 가축을 둘로 나눴다면, 행군 속도에 차이가 있을 리 만무했다. 야곱은 이미 장성해 있으며 또 건강하고 힘 있는 가축만을 추려서 에서에게 건넸다는 것을 알 수 있다. 유약하고 여린 것들은 자기 쪽에 두었다.

영적인 의미를 부여하자면, 세상의 약한 것들을 택하실 하나님의 구원 방식을 암시한다고도 할 수 있다. 하지만 창세기 본문 그 자체에만 의미를 한정한다면, 이 또한 야곱의 배려이다. 야곱은 자기중심적인 처리 곤란한 선물이나 짐이 될 만한 예물을 에서에게 선사한 것이 아니다. 에서의 상황에 꼭 맞는, 에서가 즉시 활용할 수 있는 가축만을 추려서 예물로 건넸다. 에서가 기꺼이 야곱에게 군사적 도움을 제공할 용의가 있듯, 야곱 또한 에서에게 물질적 지원을 아끼지 않았다는 것을 알 수 있다. 그런 배려 덕분에 에서는 야곱의 선물인 가축 떼를 몰면서도 400 장정의 행군 속도가 늦춰지지 않을 수 있었다.

게다가 에서는 세일 땅을 공략 중이다. 새로운 환경에서 적응해야 할 처지다. 마침 야곱은 하란이라는 당대 매우 발전한 지역에서 다양한 목축 방식을 배웠다. 그곳에서 매우 성공적인 목동으로, 라반도 탐내던 인재였다. 야곱과 그의 일파는 앞으로 에서의 세력에 많은 도움이 될 것이 자명했다. 그런 야곱은 자신의 양 떼와 소 떼가 유약함을 표면적 이유로 내세웠지만, 실상 노동력이 매우 귀중했던 과거 400명이나 되는 장정, 그 대체 불가한 인력을, 자기를 호위하는 것만을 위해 에서가 사용해야 하는 것에 대해 배려한 것이기도 했다.

야곱의 배려에 에서는 또 다른 제안을 한다. 정 그러하다면, 정예라 할 만한 자들을 남겨서 야곱을 호위하게 하겠다 제안한다. 이에 야곱은 "어찌하여 그리 하리이까 나로 내 주께 은혜를 얻게 하소서"(15절)라고 대답한다. 현대의 우리말로 하자면, "형의 배려와 친절만으로 충분합니다. 마음만 감사히 받을게요"라고 대답한 것이다. 하지만 가나안은 무법 지대이고 다양한 세력이 각축전을 벌이는 곳이다. 아무리 야곱이 가나안 출신이라 할지라도, 20년이라는 세월이 흘렀다. 세력의 구도와 지역의 사정은 극적으로 달라졌다. 야곱이라고 해서 그곳에서 안전을 담보할 뾰족한 수가 있는 건 아니었다.

왜 야곱이 거절을 했을까? 야곱은 믿는 구석이 있었다. 바로 마하나임, 천사의 대군, 하나님께서 보내신 군대가 있었다(창 32:2). 야곱에게는 라반에게서도 지켜 주시고, 자기와는 직접 만나서 밤새 씨름도 해 주시고, 또한 에서와도 극적으로 화해를 이루게 해 주신 하나님이 계셨다. 그것을 굳게 믿고 있지 않았다면, 에서의 제안을 거절할 이유가 없었다. 이 시점 야곱은 자녀들과 아내들이 혹여 다칠까 봐 걱정하고 두려워할 줄 아는 가장이 되어 있었고(창 32:11), 단순히 에서에 대한 두려움이나 자기 체면 때문에 에서의 제안을 거절할 만큼의 무모한 자는 더욱 아니었다. 하지만 야곱 입장에서는 하나님이 이미 보호하고 계신다는 확신이 드는데, 인간의 도움이 추가로 필요하겠는가? 게다가 그 도움이 형의 희생이나 손해를 감수해야 하는 것이라면 더욱 원치 않았을 것이다.

따라서 이 둘의 대화는 결국 두 형제가 피차의 유익을 구하는 과정을 담은 장면이다. 하나님이 주신 화목은 우리를 획일화시키지 않는다. 다만 자발적으로 피차 서로의 유익을 구하게 한다(고전 10:24). 두 형제가 화해한 이후에, 서로 각기 사명이 있는 장소로 향하는 것은 둘 사이의 불화를 의미하지 않는다. 신약의 사례를 참고하여 설명하자면, 당시 바울은 이방인들의 사도가 되었고, 베드로는 유대인들의 사도가 되었다. 이는 이들의 불화나 의견의 대립을 상징하는 것이 아니라, 사명의 차이를 의미했다(물론, 이후 바울 또한 유대인을 대상으로, 베드로 또한 이방인을 대상으로 각자 사역하기도 했다). 결국 이 모든 과정은 리브가를 통해서 주신 약속, "야곱과 에서 둘 다 각각 독자적인 민족을 이룰 것이다"라는 약속이 이뤄지기 위한 필수 불가결한 요소였다.

이를 통해서 명확하게 드러나는 메시지는 인간이 서로 아무리 반목하고 다를지라도. 하나님이 개입하시면 결국 모든 것이 합력하여 선을 이룬다는 것이다. 그 합력이라는 것은 결코 개개인의 사명이나 개성을 무너트리는 방식으로 이뤄지지 않는다. 나는 하나님의 개입을 통해서 더욱 나답게 된다. 나의 개성은 일개 획일화한 어떤 집단 안에서 뭉개지는 것이 아니라, 세상에, 주변인들에게, 사역 대상자들에게, 가족들에게, 다양한 사회에, 찬란한 영향을 줄 수 있는 방향으로 다듬어지고 발전된다.

하나님의 개입하심으로 하나가 된 형제, 각각 사명을 위하여 각자의 길로 가다.

나의 가는 길을 오직 주가 아시나니

구약에서도 시대적으로 매우 앞부분에 있는 이야기, 고릿적 이야기, 그러니까 창세기의 이야기를 다루면서도 부득이하게 신약의 개념들을 끌어와서 이해하고 설명하고 있다. 이는 야곱과 에서의 이야기가 신약까지 소유해야지만 성령님의 존재까지 이해해야지만 온전히 설명되는 이야기이기 때문이다.

바울은 로마서에서 그리스도의 십자가를 통해서 발생한 선택과 유기에 대한 의문을 야곱과 에서의 사례를 통해서 설명한다. 해당 주제는 현대까지도 많은 그리스도인을 혼란스럽게 만드는 더없이 까다롭고 어려운 신학과 교리의 주제이다. 그러한 선택과 유기를 설명할 만한 사례, 즉 하나님의 주권적인 선택과 유기하심이 발생한 대표 격인 예시가 아직 족장 시대에 불과한 창세기 시기부터 등장하니, 이를 대하는 많은 사람이 당혹감을 감추지 못한다. 야곱과 에서의 이야기가 이 책 1장에서 다뤘던, 선하심의 논쟁을 촉발한 것은 우연이 아니라 필연이다.

결국 그런 논쟁은 후대를 살아가는 자들을 위한 것이다. 당시를 살아가던 야곱과 에서는 그런 것을 생각할 여력이 없었다. 삶이라는 그렇다. 때로는 그저 살아가는 것만으로도 벅차다. 기억도, 예측도, 상황 파악도 때로는 완벽하지 못해서, 도중을 살아가는 당시에는 도무지 어떤 일이 펼쳐질지 예상하지 못하는 경우가 허다하다. 그렇다면 그들의 이야기에서 신학적 의미만을 도출하는 것은 후대의 편의만을 위한 행위일 뿐이다. 당대를 살아가는 야곱과 에서에게 신학적인 기호가 되기 위해서 선택과 유기를 경험하라고 한다면 이해할 수 있겠는가? 성경에 이르기를, 하나님은 모든 재판, 즉 모든 판단에서 이기신다고 한다(롬 3:4). 그 결과 그 어떤 기준에서 보더라도 하나님이 하시는 모든 일은 결국 옳고 선하시다는 결론이 난다. 그렇다면, 신앙인으로서 야곱과 에서의 이야기 또한 하나님의 선하심이 드러날 것을 기대하고 볼 필요가 있다.

삶의 많은 부분은 제아무리 영적이고 성경적인 접근을 하더라도 전부 이해되고 설명되지는 않는다. 야곱과 에서도 그들의 인생 도중에서는 전혀 이해하지 못할 것들이 산재했듯, 우리도 그렇다. 오늘 우리는 모두 도중을 살아가고 있지 않은가? 그래서 성경의 인물들에 대해서 평가할 때는 명확한 것들도 나의 인생에는 좀처럼 적용하기 힘들다. 성경을 통해서 도출된 결론이 제아무리 커다란 감동과 희망을 준다고 하더라도 때로는 그것이 우리가 살아가는 오늘에는 아무런 가치가 없게 느껴지곤 한다. 우리 삶의 많은 것도 의당 구약과 신약을 전부 아우를 뿐만 아니라, 인생의 경험, 그리고 성령이 시절을 따라 주시는 지혜와 영감을 모두 활용해야 이해할 수 있다. 하지만 그런데도 결국 이 세상 살 동안에는 설명하지 못하는 것들이 즐비하다. 그래서 우리 내면에 남은 의문들은 천국에 가서야 설명이 되려나 기대할 뿐이고, 비록 우리가 잘 모름에도 불구하고 계속 걸어서 전진해야 하고 오늘이라는 도중을 살아가야 한다는 어려움이 있다. 끝없이 하나님의 좋으심을 찬양하면서도 한편으로 마음의 그늘진 부분에 자리한 삶과 하나님에 대한 의문과 마주할 때면, 남몰래 홀로 앉아 그분의 선하심에 대한 논쟁을 진행하곤 한다.

"하나님은 과연 선하신가?"

"하나님은 나를 버리신 것인가?"

"나의 감정에 신경을 쓰긴 하실까?"

이 모든 것은 흔하디흔한 의문이며 홀로 겪는 선하심에 대한 논쟁의 주제이다.

그렇다. 이러한 것은 애석하게도 홀로 겪을 수밖에 없다. 이러한 주제는 보편적임에도 불구하고 자칫하면 하나님에 대한 불신앙으로 비칠 수 있다. 그렇기에 쉬이 누구와 나눌 수가 없다. 이러한 감정이 든다 한들 그것을 교우와 쉽게 나눌 수 있을까? 종교 지도자와 선뜻 나누는 것이 가능할까?

현대의 기준으로 보더라도 매우 뛰어난 하나님에 관한 지식을 소유하고 있어서, 많은 발언이 후대에 인용되어 온 욥의 친구들조차도 욥이 그 내면에 '선하심의 논쟁'을 진행하고 있음이 발견되자 그를 공격하기에 이르지 않았는가? 물론 욥의 결국을, 야곱의 결국을 우리는 알고 있다. 그 둘이 가졌던 고독한 '선하심의 논쟁'과 하나님을 대상으로 한 처절한 투쟁은 결국 하나님과 대면하고 독대하기 위해서 존재했다는 것도 안다. 하나님을 만나기 위함이기에, 홀로일 수밖에 없었다는 것도 알고 있다.

다만 미달자인 야곱도, 그리고 당대에 비교할 자가 없던 순전한 자 욥도, 자력으로는 그 '선하심의 논쟁'이라는 형태의 투쟁을 극복하지 못했다. 두 인물의 지식 수준이나 성숙함, 믿음과 신앙 등에는 현저한 격차가 있었으나, 모두 하나같이 괴로워하고 힘들어했으며 그 삶의 무게와 고민을 이기지 못하고 비틀거렸다. 그 둘 다 도중에서는 도저히 그 과정이 가진 의미나 하나님의 뜻을 완전히 알 수 없었다.

그렇기에 욥조차 하나님의 뜻을 깨닫고 나서는 하나님을 향한 마지막 변론에서 "무지한 말로 이치를 가리우는 자가 누구니이까 내가 스스로 깨달을 수 없는 일을 말했고 스스로 알 수 없고 헤아리기 어려운 일을 말하였나이다"라고 고백한다(욥 42:3). 이것은 욥기 3~31장에서 제법 오랫동안 진행한, 욥과 욥 친구들의 논쟁 의의를 부정하는 욥의 선언이다. 다시 말하면 그 과정에서 욥과 욥의 친구들은 제각각 치열하게 다투면서 어떤 의미 있는 주제를 다룬다 생각했으나, 의미 있는 것을 이루고 계신 것은 오직 하나님뿐이셨다는 것이고, 인간은 모두 다 함께 헛된 바람을 잡고 있었다는 것이다.

욥처럼 걸출한 인물조차 무엇이 중요한지 알지 못하고 그 도중을 완벽히 이해하지 못했다. 그조차 최선을 다해서 그 도중에 짜낸 답은 결국 "나의 가는 길을 오직 그가 아시나니 그가 나를 단련하신 후에는 내가 정금 같이 나오리라"하는 정도가 한계이다(욥 23:10). 너무나 멋진 믿음의 언어지만, 이는 자기가 가는 길은 하나님만 아시고, 자기를 포함하며, 그 어떤 인간도 알지 못한다는 것을 인정하는 것이기도 하다. 자기는 그저 이 모든 이해할 수 없는 삶의 여정의 끝, 그 결말에는 하나님이 어떠한 의미를 부여해 주시고 선하게 역사하시리라는 기대와 믿음만을 가지는 것밖에 할 수 있는 것이 없는 처지임을 토로한 것이다. 그러므로 욥기에서 묘사하는 인간은 비록 하나님을 믿는다고 하여도, 하나님과 함께한다고 하여도, 그분의 뜻이 우리의 삶에 있고, 그분이 주신 사명으로 우리가 산다고 하여도, 도중에서는 미처 알지 못하고 비틀비틀 내적으로 '선하심의 논쟁'을 겪으며 인생길을 걷는 존재다.

그렇기에 야곱과 에서의 이야기가 우리에게 소중하고 유용하다. 하나님이 당신의 뜻을 인간의 삶에 이루심에 있어서, 그 대상의 미달함이나 약함, 그리고 무지가 아무런 방해 요소가 되지 않는다는 진리가 명확하게 드러난 이야기이기 때문이다. 욥의 무지나 욥 친구들의 오해가 하나님이 욥을 통해서 이루실 것들에 전혀 손상을 주지 못했듯, 그것을 늦추거나 재촉하거나 막을 수 없었듯, 야곱과 에서의 이야기에서도 하나님의 능하심을 그 누구의 미달함이나 죄악으로도 막을 수 없었다. 특별히 우리에게 야곱의 이야기가 와닿는 것은 그것에 이스라엘 민족의 시조, 믿음의 민족의 시작점이라는 신학적 의미가 있다는 것에만 한정되지 않는다는 점 때문이다. 야곱에게 실로 공감하고 동질감을 느낄 수 있는 것은 이방인으로서 그리스도인 된 우리와 마찬가지로 구원받고 하나님의 사람이 되는 조건들을 기준으로 판단하였을 때, 한없이 미달한 자로서 하나님과의 동행을 시작했다는 공통점 덕분이다.

하나님이 왜 이런 말씀을 주셨나? 왜 야곱의 이야기를 기록하셨는가? "나를 찾을 자는 다 나를 찾아라. 내게 바칠 것이 없어도 나를 찾아라. 값없이 오라 공짜로 주겠다. 죄가 문제냐? 해소해 주겠다. 내게 서운함과 원망이 있느냐? 이사야서에 기록한 말처럼 나랑 논쟁해 보자. 그러면 너희를 양털처럼 희게 해 주겠다. 아니면 옛적 야곱처럼 나랑 씨름이라도 해 보자. 너희의 응어리가 다 풀어질 때까지 밤이 새도록 너희와 함께하겠다"라는 말씀을 주시기 위함이다.

그러므로 내 안에 '선하심의 논쟁'이 촉발될 때 하나님 앞에서 숨는 것이 아니라, 오히려 이사야서의 명령처럼, 야곱처럼 하나님께 나아간다. 그 미달한 상태로 하나님을 마주한다. 내 모든 것을 내어 맡긴다. 그 과정이 눈물범벅에 가령 피까지 흘릴지라도, 그 무엇하나 낭비되는 것 없이, 그 방울 방울은 나를 위로하건, 타인을 위로하건, 그 어떤 회복을 이루건, 합력하여 선을 이루게 하신다. 그렇기에 아직 내면에 '선하심의 논쟁'이 있는 상태로, 아직 응어리가 있는 상태로, 아직 외면에 부족함이 있는 상태로, 혼란스럽고 아무것도 모르는 상태로, 그러한 미달한 상태로 나아간다. 우리 구속자, 구원자, 우리 하나님께….

> 야곱아 이스라엘아 이 일을 기억하라 너는 내 종이니라 내가 너를 지었으니 너는 내 종이니라 이스라엘아 너는 나의 잊음이 되지 아니하리라 내가 네 허물을 빽빽한 구름의 사라짐 같이, 네 죄를 안개의 사라짐 같이 도말하였으니 너는 내게로 돌아오라 내가 너를 구속하였음이니라(사 44:21-22)

하나님께서 미워하시는 방법 : 선택과 유기

앞서 우리는 선택받은 자의 입장에서 불가해한 삶의 도중을 대하는 것, 그리고 그것을 통해서 촉발한 남모를 내면의 '선하심의 논쟁'에 대해 나눴다.

하지만 야곱과 에서의 이야기는 거기서 그치지 않고, 또 다른 측면을 보여 준다. 그것은 단순히 선택받은 하나님의 사람이 겪는 영적 갈등뿐만 아니라, 유기된 자, 그러니까 미움을 받는 자가 겪는 내면의 '선하심의 논쟁'까지 담고 있다.

야곱도 에서도, 이삭도 리브가도, 당대 그 누구도 하나님의 선택하심과 유기하심을 완벽히 이해하지 못했다. 각자가 모르면 모르는 대로 두려우면 두려운 대로 어두운 길을 더듬어 가듯 나갔다. 그렇기에 그들의 발걸음에는 온전히 믿음만 담기지 않았다. 그 믿음에는 성경에 근거한 앎에서 비롯한 신앙이 아니라, 온갖 인간적인 바람이 점철되어 있었다. 하나님이 미워하시기로 작정하신 에서조차도 그저 야곱과의 관계에서 자기 억울함을 알아주시고 공평하게 대해 주신 것이, 자기 자녀들에게도 임하기를 바랐을 것이다. 하나님이 그 후손까지도 책임져 주신다는 '계시'가 아직은 존재하지 않던 시대에 그저 자기의 후환거리인 야곱, 어머니 리브가에 따르면 자기 자녀들이 이룰 민족을 굴복시킬 거대한 민족이 될 야곱의 자녀들을 미리 궤멸시키는 것이 아니라, 그들의 목숨을 건져 준다면, 하나님이 자기 자손들을 불쌍히 여겨서 공평하게 대해 주실 것이라 기대했다. 그런 기대를 지지해 줄 성경 말씀이나 선지자도 당시에는 없었다. 어떠한 계시도 없었다. 그런 제멋대로 가진 에서의 미흡한 바람을 하나님은 신명기 시점 모세를 통해서 실현해 주심으로 훗날 '믿음'이 되도록 해 주셨다. 하나님은 세일 땅에 거주하는 에서 자손들을 출애굽 한 이스라엘 백성의 손에서 보호하셨다. 당시 이스라엘 백성은 당도하는 곳마다 파괴하며 공격했기에 에돔 족속들에게 있어서 그 보호의 의미가 남다르게 와 닿았을 것이다.

하나님 앞에서는 그 어떤 대단하고 잘난 사람도 미달한 자에 지나지 않기에, 하나님은 그 인간의 모자람과 부족함을 감안하고 역사하신다. 그것을 믿고 비록 부족한 것이 많음에도 불구하고 절대로 포기하거나 굴하지 말고 제아무리 상황이 나쁘고 나의 눈으로 보기에 그것이 저주와 같고 사망과 같아도 하나님이 끝이라고 하시기 전까진, 하나님이 나를 결국에 불쌍히 여겨 주시고 구해 주실 것이라 신뢰하며 앞으로 나아가는 것이 인간의 본분이다. 그러다가 사그라지는 것을, 그러다가 하나님이 정하신 때에 첫째 죽음을 죽는 것을 우리네 '인생'이라 부른다.

그런 견지에서 하나님의 선택과 유기는 어쩌면 호사가들이나 신학자들이 원탁에 둘러앉아 지식을 뽐내기 위한 장치에 불과해 보인다. 설령 누가 유기되었고 누가 선택받았다 확실히 정한 바 되었다고 해도, 인간은 그것을 알 수도 없고, 미래도 알 길이 없다. 애초에 하나님을 떠나서는 살 수 없는 인간이 제대로 할 수 있는 것이 무엇인가? 이 책 2장에서 우리는 이삭이 자기가 사랑하는 자녀 에서가 하나님께 미움받는 존재, 유기된 존재라는 것을 알았다 하더라도, 부모로서는 결국 언젠가 하나님이 에서를 가엾게 여겨 주실 것이라 믿고 사랑하고 기도하는 수밖에 없음을 나눴다. 그것은 야곱과 에서도 마찬가지다. 하나님이 선택하셨거나 유기하신 대상자들은 자신의 노력으로 그 결정을 바꿀 수 없다. 어차피 선택과 유기는 하나님의 주권에 달린 것이고 인간은 그저 하나님이 나를 불쌍히 여겨 주시고 가엾게 여겨 주셔서 은혜를 베풀어 주실 것이라 믿는 것밖에는 선택의 여지가 없다. 그것이 착각이라 한들, 나를 불쌍히 여기실 것을 굳게 믿으며 또 최선을 다하여 살아남는 선택을 하면서 생존하고 또 생존하다가 하나님이 정하신 그때 그 자리에서 쓰러져 첫째 죽음을 맞이하는 것밖에 할 수 있는 것이 없다.

야곱과 에서의 이야기는 같은 조건 아래 태어난 쌍둥이가 각각 선택받거나 유기당한 상황을 보여 준다. 이를 통해서 우리는 선택받은 자의 삶뿐만 아니라, 유기당한 자의 삶 또한 관조할 수 있다. 선택은 왜 등장한 개념인가? 모든 사랑은 선택으로 시작한다. 하나님은 야곱을 사랑하기로 선택하셨고 에서를 미워하기로 선택하셨다. 그 선택의 이유는? 바울에 따르면 '없다'. 그들이 무슨 행동을 하기도 전에 전지전능하신 하나님이 주권을 행사하셨다. 이를 보면서 사람들은 하나님이 과연 선하신가 하며 고민한다.

인간이 말하는 소위 사랑도 마찬가지다. 영속하는 사랑에 빠진 연인이 있다고 가정해 보자. 죽음마저도 갈라놓을 수 없는 드라마 같은 사랑으로 서로를 사랑하는 아주 이상적인 부부를 상정해 보자. 그들은 왜 서로를 사랑하는가? 왜 서로를 기뻐하는가? 상대방이 도대체 어떤 사랑받을 만한 행위를 하였는가? 진정 그러한 행위나 가치만으로 사랑을 다 설명할 수 있는가? 보통 어떤 외부적 연유를 가진 사랑은 오래 지속되지 못하는 법이다. 그 외부적 요인도 여느 물질세계에 존재하는 것들과 같이 영속할 수 없기 때문이다. 따라서 사랑의 조건을 지정하는 것은 결국, 그 조건에 유효한 유통 기한을 부여하는 것이 된다.

모든 사랑은 어느 시점이 되면 반드시 선택과 결심을 해야 한다. 누군가를 사랑하기로 선택한 순간, 상대방이 한없이 좋아 보인다. 누군가를 미워하기로 선택한 순간, 상대방은 한없이 미워 보인다. 사람들은 이 과정을 무의식적으로 진행할 뿐이고, 하나님은 명확한 주권을 가지고 선택하실 뿐이다. 과연 우연히 사랑했다거나 사랑하기 싫었는데 어쩔 수 없이 사랑했다 같은 순정 만화의 클리셰가 없이는 순수한 사랑이라 할 수 없는가? 만나고 헤어지고를 반복하며 자기감정도 추스르지 못하고, 그 했던 약속마저도 이행하지 못하는 인간들이 하는 사랑의 방식이 하나님의 방식보다 뛰어나다고 할 수 있는가?

하나님이 그 사랑하실 자를 선택하신다는 부분에서 선하심의 논쟁이 촉발하는 이유는, 사람은 누구나 사랑받고 싶고, 누구나 선택받고 싶어 하기 때문이다. 그런 심리에서 우리는 기본적으로 당연히 자기가 사랑받고 선택받아야 할 자라도 되는 양 넘겨짚는다. 물론 은혜로 주신 믿음 덕분에 우리 그리스도인들은 사랑받기 위해 태어난 사람이 된다. 하지만 자칫 그것이 당연한 상태가 되어 버리면, 은혜가 은혜 될 수 없다. 내가 사랑받는 것이 당연하다면, 내가 선택받는 것이 당연하다면, 하나님께 감사할 것이 무엇인가? 하나님은 그저 당연한 것을 하셨을 뿐이다.

이는 부부 관계에도 부모와 자녀 간에도 마찬가지다. 사랑을 주는 자는 주는 것이 당연한 듯 사랑을 주지만, 받는 대상은 당연한 것이 아님을 인지하고 감사함으로 받아야 그것이 이상적인 관계가 된다. 당연하지 않다는 것을 인지하는 것은 다르게 말한다면, 상대가 나를 사랑하거나 선택할 의무가 없다는 것, 내겐 사랑받고 선택받을 권리가 없다는 것을 인지하는 것을 말한다. 그렇기에 그 결과는 오직 은혜로서, 진정한 감사를 자아내게 한다. 부부 관계에서, 부모와 자녀의 관계에서 감사를 잊지 말고 늘 감사와 사랑을 표현하라는 전문가들의 조언은 이러한 속성에 근거한다. 그리고 우리의 기도도, 우리의 찬양도, 예배의 본질도 실상 거창한 종교 행위나 의식이 아니라, 마치 야곱이 자신이 베고 자던 돌을 제단 삼아서 하나님께 드렸듯, 그분께 받아들여지는 것 자체가 은혜임을 인정하고 감사하는 것이다.

하지만 여기까지는 야곱과 그의 반열을 따라서 믿음의 민족 된 우리에게 적용되는 내용이다. 에서에게는 어떠할까? 에서는 성경에서 몇 안 되는 하나님께서 미워하신다고 공식적으로 표현한 인물이다. 물론 이는 야곱과의 관계에서 볼 때, 상대적으로 그렇다는 것이다. 시작점 당시에 도저히 양립될 수 없었던 두 형제, 삶의 도중에는 도저히 화목할 수 없어 보이는 두 형제의 관계에서 하나님은 야곱을 사랑하고 에서를 미워하기로 하셨다. 하나님이 미워하기로 작정하신 자의 삶은 어떠할까? 야곱도 많은 위기와 고생을 겪었으니, 에서의 삶은 더없이 비참했을까? 하나님이 미워하신 인물인 에서가 과연 불행하게 살았는가? 이삭의 축복을 받지 못한 에서가 과연 절망에 겨워하며 살았는가?

야곱이 정상적인 범주를 벗어나 이례적인 삶을 살았다면, 반면 정상적인 범주와 궤도, 그러니까 왕도는 형 에서가 걸었다. 에서는 아버지 이삭의 사랑을 담뿍 받으며 후계자로서 지도자 교육을 받았다. 야곱이 장자의 명분을 부당 거래로 탈취한 이후에도, 아버지를 속이면서 장자의 축복을 가로챈 이후에도 이점은 변함이 없었다. 야곱이 하란으로 도망하여 발생한 20년간의 세월 동안, 이삭을 대신하여 에서가 실질적인 부족의 장 역할을 했다. 그 휘하에서 에서의 세력은 폭발적으로 성장한 것으로 보인다. 세일에서 호리 족속과 경쟁하면서도 도중에 400명의 장정을 동원하여 야곱에게 갈 여력이 있었으니, 야곱이 하란에서 세력을 얻은 것에 비해서 결코 모자람이 없었고,

군사적, 외연적인 부분에 한정한다면, 야곱보다도 훨씬 대단한 성장을 이뤘다. 당연히도 그 세력이 팽창하는 과정에서 크고 작은 전투와 분쟁을 겪었을 것이다. 그리고 그 과정에서 이겨서 그 세력을 보존했을 뿐만 아니라, 성장할 수 있었던 것은 성경적인 관점에서 보았을 때, 하나님의 도우심이 없다면 불가능했다.

> 또 여호와의 구원하심이 칼과 창에 있지 아니함을 이 무리로 알게 하리라 전쟁은 여호와께 속한 것인즉 그가 너희를 우리 손에 붙이시리라(삼상 17:47)

> 싸울 날을 위하여 마병을 예비하거니와 이김은 여호와께 있느니라(잠 21:31)

그들이 사는 삶의 도중을 한 부분을 끊어 놓고 외연적인 측면만으로 판단한다면, 미움을 받는 에서가 사랑을 받는 야곱보다도 더 잘되고 있는 것으로 보인다. 그렇기에 이 지점에서 고개가 갸우뚱해진다. 어째서 선택받은 야곱보다 유기된 에서가 더 잘되는가? 어째서 사랑받는 야곱의 세력이 미움받는 에서보다 못해 보이는가? 그렇다면 야곱에게는, 에서가 하나님께 은혜를 입어서 잘된다는 사실이 어떤 의미가 있겠는가?

우리는 많은 순간 사랑받기로 선택받은 입장이라고 생각하면서 성경을 보기 때문에, 그런 경우 하나님이 불공평하시다고 생각하기도 한다. 하지만 바울의 비유에 따르면, 십자가 구원 앞에서 이방인으로서 그리스도인 된 자들은 물리적인 측면만 나열하여 본다면 에서에 가깝고, 유대인이야말로 야곱에 가깝다. 혈연적으로 야곱의 직계 후손인 유대인들이 율법이라는 전통까지 소유했으니 야곱에 비유되는 게 당연하다. 그러나 영적인 측면으로 본다면 그리스도인은 야곱에 가깝고 믿지 않는 자들은 에서에 가깝다. 이렇듯, 야곱과 에서에 빗대는 선택과 유기는 관계성과 맥락에 따라서 유동적인 상태이다. 그렇다면 야곱에 가까운 입장일 때, 우리는 에서의 잘됨을 보고 무슨 생각을 해야 할까?

훗날 선지자 요나는 다만 니느웨의 멸망을 바랐다. 과연 택함을 받는 자가 선민임을 확증하기 위해서, 사랑을 받기로 한 자가 사랑을 확인하기 위해서 유기된 자, 곧 미움받는 자의 멸망을 볼 이유가 있는가? 유기된 자들이 구원받고 잘되는 꼴을 보는 것이 선택받은 자들에게 고통이 될까? 요나서에서 얻는 교훈은 무엇인가? 니느웨의 회복을 보고 분노한 요나의 내면에는 이스라엘은 회복하지 못했다는 서글픔이 담겨 있다. 그런 요나에게 하나님이 주시고자 한 메시지는 무엇인가? '바로 니느웨도 소중하게 여기신 하나님이, 선민이고 사랑하기로 작정하신 이스라엘에는 얼마나 더 큰 회복을 약속하셨을까?' 하며 기대하라는 메시지이다.

이러한 메시지는 리브가를 통해서 결국 형의 민족에게 섬김을 받을 것이라는 예언의 약속을 소유한 야곱의 경우에 더욱 선명하게 와닿는다. 간신히 숨만 붙어 있는 자에게 섬김을 받아 봤자 무슨 대단한 영예가 있을까? 저주받은 자에게 섬김을 받게 하신 하나님은 찬양의 소재도 되지 않는다. 에서가 빼어난 인물이어야 그를 극복하고 능가하는 야곱이 더욱 빛난다. 따라서 미워하시는 에서조차 선대하셨고 한량없는 은혜를 베푸셨다는 사실을 보면서 야곱, 곧 이스라엘은 절망할 것이 아니다. 하나님의 선택과 사랑은 의미가 없다고 하며 절망할 것이 아니라, 기대해야 한다. 미워하신다는 에서에게도 복을 주신 하나님이 사랑하는 나에게는 얼마나 더 많은 것을 주실까 희망을 품어야 한다.

믿음으로 이삭은 장차 오는 일에 대하여 야곱과 에서에게 축복하였으며(히 11:20)

당시 에서를 울부짖게 했던 이삭이 에서에게 건넨 볼품없는 언어는 히브리서에 따르면 분명한 축복이었다. 그도 그럴 것이 그 축복은 에서가 넉넉하게 민족을 이루게 하기에 충분하였기 때문이다. 그 축복은 실상 전쟁 상황에 부닥친 전란 속 족장인 에서에게 매우 큰 도움이 되었다. 그의 칼, 그러니까 군사력은 한 민족을 이루며 번영하면서 지낼 만큼 강대했다.

그런 큰 축복이 마치 저주처럼 보이는 것은 야곱이 받은 것이 대단했기 때문이지, 에서가 받은 것이 저주라서가 아니었다. 아우인 야곱이 만들 민족을 에서가 섬기게 되리라는 것도, 에서의 민족을 볼품없게 하면서 그러시는 것이라면 저주다. 하지만 하나님은 그렇게 하지 않으셨다. 에서의 후손이 이룰 에돔 민족은 걸출함의 대명사였다. 잠시 뒤에 더 나눌 테지만, 에돔은 고대 이집트조차 경계했어야 할 강대한 세력이었다.

> 그 아비 이삭이 그에게 대답하여 가로되 너의 주소는 땅의 기름짐에서 뜨고 내리는 하늘 이슬에서 뜰 것이며 너는 칼을 믿고 생활하겠고 네 아우를 섬길 것이며 네가 매임을 벗을 때에는 그 멍에를 네 목에서 떨쳐버리리라 하였더라(창 27:39-40)

다만 에서가 야곱의 복을 부러워하며 울부짖을 만했다. 야곱은 칼을 믿고 생활하지 않는다. 이스라엘은 그 씨름을 통해서 주어진 약속과 같이, 하나님께서 대신 싸워 주시는 민족이다. 오직 하나님하고만 싸우는 민족이다. 그 결이 달랐다. 거듭 말해 에서가 받은 복이 볼품없는 것이 아니라, 야곱이 받은 복이 너무나 거대했을 뿐이다.

하나님의 사랑이 풍성해지는 지점은 사랑하는 사람을 사랑하시고 미워하는 사람을 학대하실 때 발생하지 않는다. 오히려 미워하는 사람조차 선대하실 때 비로소 확증된다. 따라서 에서가 미움받았다는 것은 야곱이 이룰 이스라엘 민족의 결국, 그러니까 그 민족을 통해서 그리스도까지 오실 것까지 살핀 후에 도출한 결론에 불과하다. 도중을 살아가는 우리가 하나님의 선택하심이나 여타 우리 인지 능력을 벗어난 영적인 것들을 다 알 수 없듯 에서도 그러했다.

어느 면에서 보더라도 하나님은 에서가 불행할 만한, 에서가 슬픔 많은 삶을 살게 하지 않으셨다. 에서가 야곱에게 당한 배신으로 받은 상처는 하나님이 야곱을 변화시키심으로 회복하게 하셨다. 또한 하란에서 얻은 몫의 상당량을 에서에게 할당해 주셨다. 다투는 민족들을 상대로도 넉넉하게 이기게 하셨다. 그렇기에 도중에서의 야곱과 에서는 다르지 않았다.

에서와 우리 또한 다르지 않다. 우리도 그저 하나님께서 우리를 사랑하시고 도우신다고 믿으며 허락하실 새로운 은혜와 더 나은 내일을 기대하며 감사함으로 하루하루 살아갈 뿐이다. 하나님이 나를 사랑하신다고 아니, 나를 가장 사랑하신다고 믿으며 살아간다. 그것이 착각이든 아니든 알게 무엇인가? 어차피 인간은 결국 하나님의 사랑을 믿을 수밖에 없다. 그렇다면 기왕이면 가장 사랑하신다고 믿어 보는 것이다. 어차피 하나님의 주권에 속한 것은 나의 손을 떠난 것이니까. 기왕이면 평생을 하나님이 나를 가장 사랑하신다고 믿으며 나아가자. 그리고 신약의 관점까지 모두 포함하여 알고 있다. 믿을 수 있다면, 믿어진다면, 그것은 하나님이 주신 것이다. 믿어지는가? 하나님이 나를 가장 사랑하신다는 것, 하나님이 독생자 예수 그리스도를 희생하시면서까지 날 사랑하신다는 그것을. 그렇다면, 예수님이 우리에게 말씀하신다. "네 믿음대로 될지어다."

> 시몬 베드로가 대답하여 가로되 주는 그리스도시요 살아 계신 하나님의 아들이시니이다 예수께서 대답하여 가라사대 바요나 시몬아 네가 복이 있도다 이를 네게 알게 한 이는 혈육이 아니요 하늘에 계신 내 아버지시니라(마 16:16-17)

> 그러므로 내가 너희에게 알게 하노니 하나님의 영으로 말하는 자는 누구든지 예수를 저주할 자라 하지 않고 또 성령으로 아니하고는 누구든지 예수를 주시라 할 수 없느니라(고전 12:3)

에서, 떠나다

에서는 결국 어떻게 되었을까? 그 뒤로 야곱과 에서는 에서가 세일 땅 정복을 마무리하기까지 상당한 기간을 가나안에서 함께 지냈다. 물론 에서는 세일, 그러니까, 에서의 이름을 따라 훗날 에돔으로 불릴 곳을 차지하기 위해서 거점도 확보하고, 그 지역에서 거주하는 호리 족속을 상대로 정복전을 벌였다. 그 와중에 야곱과 에서 두 세력의 공동 본진인 가나안은 야곱이 관리했을 것이다. 야곱은 하란이라는 발전한 곳에서 진보한 목축 노하우를 습득했을 뿐만 아니라, 그곳의 기준으로도 썩 유능하여서 라반이 수하에 두고 보내고 싶어 하지 않던 자였다. 그런 야곱이 인솔하는 무리가 에서의 세력과 교류하면서 목축 기술과 세련된 다양한 선진 문화를 제공했다. 이 책 6장에서 다뤘던, 야곱을 통해서 확충한 다양성을 통해서 라반의 세력이 시너지 효과를 누린 것처럼, 에서의 세력도 마찬가지로 여러 시너지를 누렸다. 그리고 그 결과 당연하다면 당연하게도 야곱과 에서의 무리는 함께 매우 빠른 속도로 성장해 나갔다.

예나 지금이나 군사 작전의 성패는 '보급'이 결정적인 역할을 한다. 따라서 믿을 수 있는 동맹 야곱의 존재가 주는 효익은 비단 에서가 안심하고 많은 전력을 세일 정복에 투사할 수 있음에 국한되지 않는다. 야곱이 효과적으로 후방을 관리함으로써 세일에서 정복 사업을 벌이는 에서에게 풍부한 물자가 안정적으로 공급될 수 있었다. 이 함께하는 시기는 물론 야곱의 세력에게도 효익이 있었다. 당장 군사적 기반이 부족했던 야곱에게 에서의 세력 체계는 참고할 만한 모델이 되었을 것이고, 에서의 사람들은 야곱에게 훌륭한 군사 고문이 되었을 것이다. 게다가 에서의 명성과 군사력을 통해서 확보한 지경을 야곱의 세력과 공유함으로써, 야곱의 세력 또한 주변 세력들의 견제에 시달리지 않고 군사적으로 충분히 성장할 기회를 얻을 수 있었다.

살기등등한 세력들이 각축전을 벌이는 고대의 가나안, 그 약육강식의 논리가 지배하는 곳에서는 당시 한 지역에서 함께 협력하면서도 각각의 세력을 이룬 경우는 상당히 이례적인 일이었을 것이다. 적자독식을 생존에 유리한 것으로 여기는 시대였으니 말이다. 하지만 야곱과 에서는 하나님이 허락해 주신 화목으로 인해 각각 세력을 유지하면서도 공공의 이익을 추구하는 동맹이 될 수 있었다. 오히려 각각 구분되어 있기에, 오히려 각자의 개성이 있기에, 여타 경쟁 부족은 가질 수 없는 유연함과 다양성을 확보할 수 있었다. 그리고 세월이 흘렀다. 이 두 민족의 동거는 결국 각각의 세력이 너무나 성장함으로 인해서 끝나게 된다. 그 둘의 세력이 거대해진 탓에, 물리적인 이유로 이제는 도저히 가나안에서 함께 지낼 수 없었기 때문이다.

> 두 사람의 소유가 풍부하여 함께 거할 수 없음이러라 그들의 우거한 땅이 그들의 가축으로 인하여 그들을 용납할 수 없었더라(창 36:7)

이에 에서가 세일 땅으로 이주하기를 결정한다.

우리는 앞서 4장에서 이삭과 이스마엘의 관계가 야곱과 에서의 관계에서 반복되었음을 살펴보았다. 그리고 장자의 축복권 사건 직후 그 두 사례의 공통점과 차이점을 관조했다. 그 두 사례의 표면적 공통점이 진실로 드러나는 지점은 바로 헤어지는 장면이다. 가나안은 하나님께서 아브라함에게 약속의 땅으로 주신 것으로, 아브라함의 복과 하나님의 사람이라는 영적 지위의 정통성을 계승한다는 의미가 있는 땅이다. 따라서 이삭과 이스마엘의 관계에서 하나님으로부터 선택받은 이삭은 가나안에 남았고, 이스마엘은 가나안을 떠나 독자적인 세력을 구축했어야 했다. 이 또한 야곱과 에서의 대에도 반복된다. 선택받은 야곱은 가나안에 남았고, 에서는 가나안을 떠나 그간 심혈을 기울여 정복하고 기반을 다진 세일로 이주하여 정착한다.

표면적으로는 같은 구조인 이 장면에는 또한 결정적인 동기적 차이도 존재한다. 이스마엘과는 다르게 에서가 떠나는 장면은 가나안에서 쫓겨나는 형태가 아니었다. 에서는 자율적인 판단으로 가나안을 떠나는 선택을 했다. 에서가 이런 선택을 한 배경에는 단순히 우애나 형으로서의 배려를 연유한 것은 아니다. 에서는 야곱이 가나안으로 돌아오기 전부터 세일에 기반을 마련하기 위해서 장정들을 동원하고 있었다(창 32:3, 6). 따라서 이는 크게 성장한 자신의 세력과 야곱의 세력이 공존하기에는 가나안의 지경이 좁다고 판단한 이후에 내린 즉흥적인 결정이 아니라, 오랜 세월 심사숙고하면서 재원과 인력을 투입하고 달성해 낸 족장으로서의 숙원 사업이라 보는 것이 타당하다. 또 논리 필연적으로 부족의 이익을 위한 최선의 결정이라 판단하여서 행한 것이라 해석하는 게 옳을 것이다. 그리고 이러한 에서의 선택은 가나안의 지질적인 특성과 지정학적 한계를 기반한 것으로 보인다.

지질학적인 특성을 고려하자면, 가나안만을 가지고서는 독자적인 세력이 유지되기 어려웠다. 당시의 기술력과 생산력으로 그 일대에 하나의 국가가 굳건하게 유지되기 위해서는 안정적인 식량을 공급책이 되어 줄 이집트 혹은 소아시아 일대를 아울러 취해야 했다. 가나안은 물이 빠져나가는 부드러운 토질의 토양을 가지고 있었다. 그렇기에 당시로서는 늦은 비와 이른 비로 대표되는 비 외에는 마땅히 수자원을 확보하기 쉽지 않았다(신 11:11). 다만 가나안의 토양 자체는 비옥하였기에, 늦은 비와 이른 비만 시기마다 적절하게 내려준다면 그 잠재적 생산량은 상당했다. 과학 기술의 발달로, 수자원의 문제가 해소된 오늘날의 이스라엘은 농업이면 농업, 목축업이면 목축업, 무엇하나 빠지는 것 없이 매우 효율적이고 풍부한 생산량을 자랑한다. 다만 그런 것을 해소할 방법이 없던 고대에는 그것이 그저 이상적인 이야기일 뿐이었다. 이러한 점은 신명기에도 잘 묘사되어 있다.

> 여호와께서 너희 땅에 이른비, 늦은비를 적당한 때에 내리시리니 너희가 곡식과 포도주와 기름을 얻을 것이요 또 육축을 위하여 들에 풀이 나게 하시리니 네가 먹고 배부를 것이라 너희는 스스로 삼가라 두렵건대 마음에 미혹하여 돌이켜 다른 신들을 섬기며 그것에게 절하므로 여호와께서 너희에게 진노하사 하늘을 닫아 비를 내리지 아니하여 땅으로 소산을 내지 않게 하시므로 너희가 여호와의 주신 아름다운 땅에서 속히 멸망할까 하노라(신 11:14-17)

신명기의 말씀을 요약하자면, 가나안은 하나님께서 기적적으로 늦은 비와 이른 비를 매번 주시면 풍족함이 있는 땅이지만, 그렇지 못하면 그곳에 정착한 자들은 멸망을 피할 수 없는 땅이라는말이다. 하나님의 도우심을 통해서 가나안이 풍족한 땅이 될 수 있는 조건인, 늦은 비와 이른 비를 그치지 않게 해 주시겠다는 언약은 모세를 통해서 이스라엘 백성에게 주신 약속임으로, 에서에게는 해당하지 않는 것이었다. 그리고 훗날 결국 대흉년이 들었을 때, 안정적인 수자원을 확보할 수 없던 가나안은 극심한 기근에 시달릴 수밖에 없었고, 결국 그 일대 야곱을 포함한 무수한 가나안 세력이 파라오에게 귀속 당한 것을 생각하면, 에서가 가나안을 떠난다는 선택은 시의적절하고 선구자적 안목을 가진 것이었다.

지정학적인 관점에서 보자면, 에서는 가나안 땅이 세력을 성장시키시는 것에는 적합했지만, 자기와 자기 후손을 위한 항구적인 세력권으로 삼는 것에는 부적절한 위치로 판단했다. 이는 비단 가나안 땅이 다양한 세력이 난립해 있는 난세를 겪고 있어서만은 아니었다. 가나안은 주변에 강대한 세력을 이루고 있는 헷 족속, 이집트인, 메소포타미아인 등 다양한 민족이 진입하기에도 좋은 교통요지이었다. 이는 다방면의 인재를 포섭하고 교류하며 세력을 키워야 할 때는 이점이 된다. 하지만 이후 역사에서 가나안은 강대한 왕국과 제국이 각축전을 벌이는 전장이 된 점을 생각하면, 이는 그곳에 정착한 국가에 있어서 양날의 검과 같다. 물론 그런 입지라 하더라도, 에서와 같은 강력한 족장이 다스릴 때는 문제가 없다. 다윗이나 솔로몬의 때와 같이, 세력이 강할 때는 사방으로 뻗어나가고 그 힘을 투사하기 좋은 위치이다.

하지만 그 시기가 지나가면 그야말로 사방에서 적이 몰려오는 위치였다. 강대한 족장 에서도 시시각각 나이가 들고 있다. 후사를 생각하며 자신의 부를, 자신의 세력을 자녀들에게 물려줘야 할 시점이 다가오고 있었다. 모든 자녀가 에서와 같을 수는 없을 것이며, 모든 후손이 에서처럼 걸출한 인물만 있지는 않을 것이다. 따라서 에서는 대대손손 정착할 만한 곳, 방어에 쉬우며 외부 세력의 영향을 덜 받을 수 있는 곳을 물색했을 것이고, 그것은 천혜의 요새로 이름 높은 세일, 그러니까 에서의 이름을 따서 에돔으로 불릴 곳이었다. 에서는 이제 나름대로 합리적이고 지혜로운 판단을 거쳐 가나안을 떠나기로 했다. 그 결과로 에서는 에돔 민족이 안정적으로 정착하고 성장할 터전을 마련할 수 있었다. 따라서 그것은 매우 현명한 선택이었다고 평가할 수 있다.

하지만 그렇다고 해서 동생 야곱에게 좋지 못한 땅을 떠넘긴 것은 아니었다. 가나안은 여전히 아브라함의 복과 언약을 계승한다는 의미가 있었고, 야곱이 인적 자원을 확보하고, 목축에 집중하기에는 아주 적합한 땅이었다. 자신이 가나안에서 다른 지역을 공략할 수 있을 만한 세력을 키웠던 것처럼, 야곱에게도 그런 기회를 준 것에 가까웠다. 게다가 앞서 언급한 가나안의 단점과 한계는 하나의 조건이 추가되면 극적으로 반전되는 것들이다. 바로 하나님의 존재가 늘 함께하신다는 조건이다.

안정적인 수자원이 확보되지 않는 문제에 대해서는, 신명기 11장에 모세가 해결책을 제시했다. 그저 기적적으로 매년, 매 시기 빠지지 않고 하나님께서 늦은 비와 이른 비를 내려주시면 모든 문제가 해결된다. 그런 이상적이고 확률적으로 설명이 안 되는 기적만 늘 함께한다면, 가나안은 젖과 꿀이 흐르는 비옥한 땅일 것이고 오히려 이집트의 농사법이 수고롭게 보일 정도로 손쉽게 작물도 키우고 목축도 할 수 있다(신 11:9-10, 14-15). 그리고 그 힘을 유지하지 못하면, 사방의 적에게 침략당할 수밖에 없는 지정학적 위치에 자리한 것은 하나님이 이스라엘을 위해 대신 싸워 주시면 된다. 마하나임에서 보여 주신 군대를 매번 보내 주신다면, 아니 그분이 눈동자처럼 매 순간 지켜 주신다면, 그 날개로 야곱의 민족을 지켜 주신다면, 아브라함에게 주신 복으로, 이스라엘을 저주하고자 하는 자를 저주하시고, 축복하는 자에게는 복 주신다면 아무런 문제가 없다. 말이 안 되는가? 너무 이상론인가? 그렇다. 그렇기에, 당시에는 하나님과 씨름하고 뒹굴어 본 야곱 정도나 되어야 바라며 소망할 수 있는 바람이었다.

그리고 덕분에 야곱은 아무런 다툼 없이 가나안을 넘겨받을 수 있었다. 그 소유권의 이전 과정에서 에서의 마음이 상하지 않았고 아무런 박탈감도 느끼지 않았다. 에서가 떠나는 과정에서 야곱이나 에서, 그 누구 하나 억울한 눈물을 흘리거나, 냉한 가슴으로 상처투성이가 되거나, 의지에 반하는 강압

같은 것은 없었다. 그리고 무엇보다도 각자의 사명에 꼭 맞아떨어지는 적합한 지대와 세력권을 자연스레 나눠 가졌고, 또 그 경계도 확정할 수 있었다.

천혜의 요새 에돔

에서가 자기 아내들과 자기 자녀들과 자기 집의 모든 사람과 자기의 가축과 자기 모든 짐승과 자기가 가나안 땅에서 얻은 모든 재물을 이끌고 그 동생 야곱을 떠나 타처로 갔으니 두 사람의 소유가 풍부하여 함께 거할 수 없음이러라 그들의 우거한 땅이 그들의 가축으로 인하여 그들을 용납할 수 없었더라 이에 에서 곧 에돔이 세일산에 거하니라(창 36:6-8)

에서는 자기의 모든 세력을 이끌고 세일 산으로 향한다. 세일 산은 사해로부터 아카바만에까지 뻗은 거대한 산맥을 통칭하는 말이다. 그 방대한 지역 중에서 에서는 훗날 '페트라'라 불릴 도시에 정착한 것으로 보인다. 그곳은 오늘날 '페트라 시크'라고 불리는 1.2km가량의 깊고 좁은 협곡을 거쳐야만 도달할 수 있다. 게다가 그 협곡은 구간별로 91~182m에 달하는 높이이고, 아주 좁은 곳은 폭이 3m에 불과하다. 그 협곡을 통과하고 나면 거대한 도시가 비로소 모습을 드러낸다. 그곳의 거주민들은 아찔하게 자리한 수직 절벽에 굴과 구멍을 파내어 거주지와 각종 시설을 만들었는데, 이는 그 자체로도 요새가 되었다. 또한 산꼭대기에도 요새와 각종 시설을 건설하여 외침에 대비했다. 훗날 성경에서 에돔 족속의 생활 양식을 묘사하기를 "바위 틈에 살고 산꼭대기를 점령"한 자들(렘 49:16), "바위 틈에 거하며 높은 곳에 사는 자"(옵 1:3)라고 했는데, 이는 페트라 도시의 아주 특색 있는 모습이 당시에도 매우 인상 깊은 것이기에 그렇다. 그들의 도시는 난공불락으로 여겨졌고, 예레미야와 오바댜 같은 선지서에서는 그것이 그 거주민의 교만함의 근거가 되었다고 증언한다. 이는 다르게 말하면, 페트라의 독특한 구조는 그들이 그 어떤 외부 세력을 의식하지 않아도 될 만한 천혜의 요새였다는 얘기다.

그 아비 이삭이 그에게 대답하여 가로되 너의 주소는 땅의 기름짐에서 뜨고 내리는 하늘 이슬에서 뜰 것이며(창 27:39)

얻는 것이 있다면 잃는 것도 있는 법이다. 물론 현대와 그 당시의 기후적 차이는 존재하겠으나, 에돔은 가나안에 비해서 농업이나 목축업을 하기에는 아무래도 제한적인 장소였다. 물론 세일이라는 명칭에는 (관목이) 무성하게 우거졌다는 의미가 담겨 있기는 하다. 이는 주변이 광야로 둘러싸인 지리적 특성상, 상대적으로 부여된 이름일 뿐, 아무래도 토지의 비옥도는 가나안에 비할 바는 아니다. 따라서 에서도 세력을 키우며 재산을 증식시킨 곳은 가나안이었다(창 36:7). 그 결과 세일 땅으로 이주한 에서의 세력은 그들 민족의 주력 '업종'을 바꿔야만 했다. 그리고 그들이 선택한 것은 바로 무역이었다.

오늘날 페트라 유적에 남은 것 상당수는 에돔 족속 이후 들어선 나바테아 왕국의 것이지만, 그들도 완전히 새로운 시스템과 삶의 방식을 창조했다기보다는, 그 전에 세일에 터를 잡고 살던 호리 족속, 에돔 족속의 체계를 확대, 정교화하였을 것이다. 따라서 에서의 치세 당시 생활 양식도 이들과 크게 다르지 않았을 것이라 추론할 수 있다. 이후 나바테아 왕국의 부의 근간이 무역로였던 것처럼, 에서의 에돔 세력의 부의 근간 또한 '왕의 대로'라고 불리는 무역로였다. 민수기를 집필할 시점에 이미 에서의 근거지는 이집트와 메소포타미아를 잇는 '왕의 대로'의 대체 불가능한 경유지로 기록한다(민 21:22). 이는 비단 에돔이 이집트와 시리아 그리고 메소포타미아를 잇는 교통의 요충지에 있었기 때문만은 아니었다.

세일이 '왕의 대로'의 중추적인 역할을 감당하게 된 것은 안정적인 수자원 확보에 세일이 꽤 유리한 조건을 가지고 있었기 때문에 가능했다. 이는 세일 산맥의 지형적 구조와 물을 쉬이 흡수하지 않는 토질 덕분이다. 산맥의 물이 산줄기를 따라 저지대로 흘러내렸고, 곳곳에 샘이 터져 나왔다. 거주민들은 그 물길을 정비하고 댐과 수로 등을 건설하여 도시에 필요한 수자원을 확보했다. 그렇기에 세일 땅을 거치는 무역상들에게 충분한 물을 공급할 수 있었다.

에돔 민족이 훗날 이스라엘의 포로기 때에 공한지가 된 가나안에 대거 이주하면서, 자연스럽게 페트라의 새 주인이 된 나바테아인들이 누린 전성기는, 그 독특한 수로 시스템을 규모로나 정교함으로나 더욱 발전시킨 것과 무관하지 않다. 그들은 지하수로, 하수도 시스템, 파이프라인, 댐을 대거 건설한 것으로 알려져 있다. 이처럼 에서에게는 세일 땅의 잠재력을 일찍이 볼 수 있는 안목이 있었다. 그리고 그런 에서의 선견지명은 야곱에게 가나안을 평화롭게 내어 주는 선택을 할 수 있게 했고, 두 형제간의 아름다운 이별을 가능하게 했다.

야곱과 에서가 각각 세력권을 얻어 헤어진 이후에도 이스라엘과 에돔 사이에는 상호 교류가 존재했다. 고고학적, 문헌적 연구에 따르면, 두 민족은 언어, 종교, 문화적으로 대단히 유사했으며, 그 차이가 세간의 인식보다 훨씬 적었다고 한다. 예수님의 공생애 시기가 되어 가나안에 이주한 에돔인들이 결국 이두매라 불리며 이스라엘 민족에 동화한 것은 이러한 두 민족 간의 유사성이 작용했을 것이다(막 3:8 참조). 야곱과 에서 이후, 세월이 흐르고 두 민족 간의 유대가 흐려지며 도중에 적대적인 관계가 되기도 했지만, 결국 하나의 민족으로 통합되기에 이르렀다. 게다가 야곱과 에서, 그리고 그 자녀들의 영향력이 존재했을 때는 두 민족이 서로를 좋은 파트너이자, 믿을 수 있는 '집안' 사람으로 여기며 피차 도왔을 것이다.

종합하자면 에서에게 주어진 세일 땅, 그리고 그곳에서 이룬 에돔 민족은 리브가가 받았던 야곱과 에서를 통해서 각각 두 민족이 형성될 것이라는 예언의 성취였다. 비록 에서가 민족을 형성하는 대단한 업적을 야곱보다 앞서서 이룬 것이지만, 그것이 야곱 세력의 이익과 상충하지 않았고 오히려 큰 도움이 되었다. 피차간의 상호 교류가 있었기에, 에서가 가나안을 떠나, 에돔에 자기의 입지를 굳건하게 형성함으로 말미암아, 야곱은 가나안과 같이 다양한 세력이 난립한 곳에서 필연적으로 경험할 수밖에 없는 군사적 분쟁을 최소화할 수 있었다.

느와르 영화의 용어를 빌리자면, 에서는 야곱의 뒷배가 되어 주었다. 다양한 기후와 문화권에서 농업과 목축업을 경험해 본 야곱은 에서가 세일이라는 새로운 지대에 적응하고 적용할 만한 노하우를 지속해서 제공했을 것이다. 또한 서로 풍족한 물자를 교환하며 상호 발전을 이룩했을 것은 말할 것도 없고. 이 둘에게 주어진 사명은 결국 이 둘을 경쟁자로 만들지 않았다. 그 사명을 각자 자의적으로 해석했을 때는 이 둘은 경쟁자였다. 하지만 하나님의 개입으로 화목을 이루자, 도저히 양립할 수 없어 보이던 두 형제는 상호 보완적 존재가 되었다. 결국 그들의 어머니 리브가가 받은 두 민족에 대한 예언은 에서가 자기 민족에게 적합한 에돔 점령을 완성하고 이주함으로 실현된다.

물론 이러한 야곱과 에서의 관계를 통해서 형성된 협력 관계가 점차 흐릿해져 두 민족은 후대에 경쟁 관계로 돌입했으나, 그것은 이스라엘이 분열되고 약화하여 새롭게 개편된 지정학적 환경에서 벌어진 먼 훗날의 이야기이다. 그렇기에 후대의 역사까지 고려한다고 해서 야곱과 에서의 협력과 상생의 의미가 퇴색하지 않는다. 오히려 첨예한 대립이 존재하던 역사의 틈바퀴, 그 누구보다도 어울릴 수 없고, 그 누구보다도 원수일 수밖에 없는 두 형제가 서로 협력하여 독자적인 민족 둘을 일으켰다는 것은 그들의 유지를 기억하는 모든 사람에게 좋은 본이 된다.

세상에 영원한 것이 어디에 있을까? 그렇기에 우리는 찰나에, 삶의 순간에, 그 함께하는 짧은 순간에, 서로 사랑하고 친절을 베풀어야 한다. 그렇기에 바로 오늘, 바로 이 순간 사랑해야 한다. 미래가 어떻게 흐를지, 우리의 후손이 어떠할는지 우리는 결코 알 수 없다. 우리가 건넨 사랑과 친절이 그저 잊힐지도 모른다. 하지만 그러하더라도 무의미하지 않다. 왜냐하면 우리를 사랑하시는 하나님이 반드시 우리의 사랑에 다채로운 의미를 부여해 주실 테니까 말이다.

가나안의 세력권을 야곱에게 넘겨준 에서, 그의 자녀들과 함께 세일에 정착하여 에돔이 된다.

반전 : 최대 수혜자

두 형제는 이제 각각의 세력을 갖추고 독자적인 민족을 이뤘다. 그렇다면 이제 앞서 언급한 최대 수혜자에 대해서 이야기를 나눠 보고자 한다.

하나의 가문조차 존립하기 어려웠던 고대, 사회 안전망은커녕 법과 질서조차 없어서 약육강식, 적자독식의 법칙이 지배하던 시대에서 두 형제가 극적인 화해를 이루고, 각각 민족을 세우는, 당시 상식과 현실을 벗어난 기적으로 인해서 가장 기쁠 사람은 이삭이었다. 그리고 창세기를 읽는 이들이 고개를 갸우뚱하게 하는, 실로 예상을 뛰어넘는 반전은 바로 이삭이 이 시기에도 여전히 생존해 있었다는 점이다.

잠시 시점을 화려한 실책의 향연이 펼쳐졌던 장자의 축복 사건이 있던 때로 되돌려 보자. 그 사건이 발생한 근본적인 이유는 이삭의 임박한 죽음에 대한 등장인물들의 확신이었다. 당시에 리브가도 야곱도 에서도 이삭의 죽음이 곧 임박했다는 것을 믿어 의심치 않았다. 심지어 에서는 장자의 축복 사건 직후 야곱을 당장이라도 죽이고 싶었지만, 아버지가 곧 돌아가실 테니까 조금만 기다리자 생각했다. 이는 각자가 이삭의 상태를 저마다 판단하여 내린 결론이었고, 공교롭게도 이삭을 포함한 전원이 이삭의 임박한 죽음에 동의했다.

하지만 삶과 죽음은 다수결의 원칙으로 결정되지 않는다. 당사자의 기분이나 전문가의 판단으로 결정되는 것도 아니다. 오로지 생사화복을 주관하시는 하나님께서 결정하신다. 그분은 그 시점에 이삭의 목숨을 거두어 가실 계획이 없으셨다. 야곱과 에서를 축복해서 이삭에게는 더는 후손에게 전달해 줄 영적 축복이 남아 있지 않았음에도, 하나님의 사람이라는 타이틀을 이미 자녀인 야곱에게 증여해 준 이후에도, 부족의 실권이 모두 에서에게 넘어간 상황에서도, 이삭의 삶은 끝나지 않았다. 모두가 곧 다가오리라 예상했던 이삭의 죽음은, 에서가 조금만 기다리면 찾아올 것이라 여겼던 죽음은 그들이 예상한 '곧'과 '조금'은 실상 무시하지 못할 길고 긴 세월이 되었다.

이삭은 야곱이 라반 아래에서 20년간의 종살이를 하는 것도, 두 형제가 재회하고 화해한 것도, 그리고 그 이후 30년 가까이 둘의 협력 체제로 승승가도를 달리는 것도, 이후 에서가 세일에 정착하기 위해서 그 땅을 정복하고 야곱이 가나안에서 그를 지원하는 것도, 모두 직접 보았다. 죽음을 직감한 이후, 그야말로 '조금'이라는 단어가 어울리지 않는 기간인 대략 50년을 더 살았다. 물론 창세기는 연대나 나이를 추정할 만한 정보를 제공하는 것에 크게 중점을 두지 않고 기록되었기에, 50년이라는 햇수는 추정에 불과하다. 하지만 곧 죽음을 앞두고 있다고 여겼던 이삭은 상당히 오랜 기간을 더 살았고, 그 모든 자손의 결국, 그러니까 하나님이 야곱과 에서, 그리고 그 일가를 통해서 이루시는 놀라운 일들을 모두 보았다는 사실은 변치 않는다.

의학이나 기술이 발전하지 않았던 고대, 그 멀고 먼 옛날에 장자의 축복권 사건 당시 이삭의 몸 상태, 그러니까, 눈은 보이지 않고 기력이 쇠약해서 아무것도 할 수 없는 상태로 50년을 더 살았다는 것은 매우 부자연스럽다. 어느 시점에서 하나님은 이삭을 회복시키셨을 것이다. 그의 건강을 회복시키시어 50년을 넉넉히 더 살게 하신 것으로 보는 것이 자연스러울 것이다. 만약에 이 가정이 맞는다면, 이렇게도 말할 수 있다. "하나님은 이삭에게 건강과 회복 그리고 생명을 주셨다"라고…. 그리고 우리는 안다. 하나님의 사람의 인생 여정은 우연에 의해서 종료되거나 연장되지 않는다는 것을…. 그리고 하나님은 분명한 뜻과 의도를 가지고 이삭에게 그 이후의 삶을 허락하셨다는 것을….

그렇다면 그 하나님의 뜻과 의도라는 것은 무엇이었을까? 이삭이 감당해야 할 사명이나 남은 역할이 있었는가? 애석하게도 그런 것이 존재했다는 증거는 찾아볼 수 없다. 이삭의 사명은 근원적으로 아브라함이 하나님께 받은 언약을 성취하고 또한 후손에게 전달하는 것이었다. 그 언약은 근본적으로, 만민에게 복의 근원이 될 하나의 씨가 탄생할 민족을 아브라함의 후손에게 주실 것이고, 그 민족은 모래알같이 많을 것이며, 그 민족은 적자인 이삭의 계보에서 나오리라는 것이었다. 따라서 논리 필연적으로 이삭의 주된 사명은 자녀 생산이었고, 그 자녀를 민족을 이룰 만한 유력자로 키워내는 것이었다. 그리고 그것의 방점이라 할 수 있는 것은 바로 믿음으로 그들을 축복하는 것이었다(히 11:20). 따라서 이삭은 사명이라는 부분에서는 부족함 없이 모든 것을 이뤘다고 볼 수 있다.

하지만 이삭의 삶은 끝나지 않았다. 심지어 이삭 본인과 주변인들 모두가 이삭의 사명은 완전히 끝났고, 이제 죽음도 임박했다 믿었지만 그의 삶은 끝나지 않았다. 그렇다면 이삭이 사명을 모두 감당한 상태에서, 하나님이 이삭을 회복시키사 50년을 더 살게 하신 것인가? 주어진 정보로는 그렇게 보는 것이 합리적이다. 따라서, 그렇다고 가정해 보자. 그리고 이것이 사실이라면, 현대 그리스도인들 사이에서도 고정 관념처럼 자리 잡은 또 하나의 구호의 의미가 재정립된다. 바로 "우리가 살아 있는 건 남은 사명이 있기 때문이다"라는 것 말이다.

우리는 사명을 위해서 산다. 사명을 감당하기 위해서 산다. 이 점에는 이견이 없다. 사명이 삶의 가장 중요한 우선순위임에는 틀림이 없다. 하지만 그렇다고 해서, 하나님은 우리를 사명을 이루기 위해서 존재하는 '도구'로만 만드셨는가? 우리는 사명만을 위해서만 사는가? 사명 이외의 삶은 모두 부정하는 것이 자기 부인이며 신앙일까? 신앙인의 삶에는 사명과 사역만 존재하고 그 이외의 것들은 존재하지 않아야 하는가? 그렇다면 우리에게의 희로애락을 주신 것일까? 시간과 재원, 심지어 목숨을 다 줘도 모자랄 만큼 사랑하고 좋아하는 마음으로 보는 대상을 주신 이유는 무엇일까? 사명 감당이 목적이라면, 때로는 사족과도 같고 불순물과도 같은 소중한 것들을 우리 삶에 두신 의미는 대체 무엇인가? 우리를 시험하시기 위해서? 괜스레 아프게 하시기 위해서? 우리 마음을 상하게 하셔서 그 자체를 어떠한 희생 제물로 삼으시기 위해서? 하나님은 과연 우리의 희생과 아픔을 통해서 우리의 진심을 확인하셔야 하는 분이신가? 전지전능하신 하나님이 그런 것이 필요하실까?

오랜 기간 우리는 사명 이외의 삶의 요소들을 단지 단순 저항해야 하는 '유혹'이나 '방해'로 여겨 왔다. 저항해야 할 대상의 범위는 자신의 행복 추구권이나 안위뿐만 아니라, 내 가족, 내 사랑하는 이들의 감정과 유익도 포함되곤 했다. 따라서 사명 감당을 하는 것에 조금이라도 방해되거나 관계가 없어 보이는 것들을 거침없이 단절하는 것이 '믿음'이며 하나님을 위한 '희생'이라 여겨 왔다. 하지만 정말 하나님이 사람에게 주신 것은 그저 사명 감당만을 위한 아주 효율적이고 효과적인 도구로서의 삶일까?

놀랍게도 성경 곳곳에 하나님은 우리의 기쁨, 우리의 감정, 우리의 생각, 우리의 마음, 우리의 잘됨 따위에 어마어마한 마음을 쏟으시는 장면이 등장한다. 그러한 것들은 사람조차도 가치를 두지 않아서, 사람이 사람에게 위해를 가하고 험한 말을 하는 것을 대수롭지 않게 여기는데, 하나님은 마치 우리의 감정이 대단한 것인 양, 우리의 마음이 아주 소중한 것인 양 다루신다.

> 여호와를 두려워하는 너희여 그를 찬송할찌어다 야곱의 모든 자손이여 그에게 영광을 돌릴찌어다 너희 이스라엘 모든 자손이여 그를 경외할찌어다 그는 곤고한 자의 곤고를 멸시하거나 싫어하지 아니하시며 그 얼굴을 저에게서 숨기지 아니하시고 부르짖을 때에 들으셨도다(시 22:23-24)

그렇기에 시편 기자들은 사람들 모두 자신을 떠난 '기가 막힌 구덩이'에서 여호와 하나님만은 알아주시리라 믿고 그분의 도움을 구한다. 욥조차도 자신의 억울함과 아픔을 아무도 알아주지 않아도, 주님만은 알아주실 것이라며 주님만을 구한다. 어쩌면 온 천하에 하나님 이외에는 우리의 감정이라는 것을 소중하게 여겨 주시는 대상이 없을지 모른다. 사람이 사람의 마음을 진정으로 위할 수 있던가? 때로 사랑하는 사람에게도 상처를 입히고 보듬지 못하는 것이 사람 아니던가? 그 어떤 사람이 아무리 자녀를 사랑한다 한들 눈동자처럼 그를 지킬 수 있는가? 그의 세세한 모든 마음에 슬픔과 아픔과 응어리를 녹여 줄 수 있을까? 어느 시점에 이르면 결국 하나님만이 하실 수 있는 순간이 온다. 그리고 놀랍게도 그 순간이라는 건 금방 찾아온다. 사람의 도움과 관심, 이해라는 것은 습자지와 같다. 내쉰 숨과 같다. 그래서 저울에 달면 가벼워서 달아지지도 않는다.

> 진실로 천한 자도 헛되고 높은 자도 거짓되니 저울에 달면 들려 입김보다 경하리
> 로다(시 62:9)

그렇기에 우리는 때로는 하나님을 우리의 수준으로 격하시켜 묘사한다. 인간의 치리자들이나 통치자들이나 지도자, 높은 위치에 있는 자들은 늘 아랫사람들을 대상화하고 수단화하여 어떤 목적, 즉 국가의 사명이니 정치 체제의 염원이니 하는 것들에 밀어 넣는다. 그러한 명분이라는 것을 위해서 얼마나 많은 사람이, 젊은이들이 희생해 왔는가? 하지만 우리가 믿는 하나님은 피조물들을 사지로 내몰고 당신의 뜻을 이루기 위해서 그들을 희생시키는 것이 아니라, 오히려 그들을 위해서 자기 자신을 희생하시는 하나님이다.

애석하게도 사람에게는 하나님을 인정하기 싫어하는 죄 된 본성이 있다(롬 1:28). 따라서 일부 이스라엘 백성들은 그들의 시조가 믿던 피조물을 위해서 희생해 주시는 하나님이 아닌, 오히려 자녀를 인신 공양 제물로 삼아 바쳐야 하는 몰렉이라는 이방 신을 대신 섬겼다.

이는 매우 흥미롭다. 기회만 되면 자신에게 유리한 방식으로 기억과 상황조차 재해석하는 습성을 가진 인간이, 유독 신관에 관해서는 정반대의 행동 양식을 보인다. 놀랍게도 많은 사람이 신앙과 종교, 구원, 그리고 신적 존재와의 관계에 대해서만은 자신의 희생과 의, 행위를 통해서 달성하길 원한다. 이러한 본능이 얼마나 강한지, 하나님의 편애적이고 조건 없는 사랑에 가장 큰 수혜를 입은 이스라엘 백성 사이에서도 인간에게 희생을 강요하고 소중한 사람들을 제물로 바치기까지 해야 하는 이방 종교 의식이 횡행했다.

이런 극단적인 사례가 아니라 할지라도 피조물을 위해 희생하시는 하나님이라는 개념은 본능적으로 거부감을 유발하는 개념이다. 그렇기에 바울의 표현을 빌리자면, 유대 전통을 소유한 유대인의 관점에서 십자가는 거리끼는 것이고, 그리스 철학과 이성을 중시하는 이방인들의 관점에서는 미련한

것이다(고전 1:23). 이처럼 사람의 지성과 논리로 구속사를 평가한다면 비효율의 극치이다. 유대인의 관점이나 헬라인의 관점이나 할 것 없이, 사지로 내모는 자가 사지로 내어 몰리는 자보다 큰 것이 당연하며, 천한 자가 귀인을 위해서 희생하는 것이 상식이고, 사람이 신적 존재를 위해서 죽는 것이 이치에 맞는다. 그렇기에 예수님의 구속사 앞에서 그러한 상식이 깨지는 것에는 커다란 저항이 있었다. 심지어 제자들 사이에서도 말이다.

> 또 저희 사이에 그중 누가 크냐 하는 다툼이 난지라 예수께서 이르시되 이방인의 임금들은 저희를 주관하며 그 집권자들은 은인이라 칭함을 받으나 너희는 그렇지 않을찌니 너희 중에 큰 자는 젊은 자와 같고 두목은 섬기는 자와 같을찌니라 앉아서 먹는 자가 크냐 섬기는 자가 크냐 앉아 먹는 자가 아니냐 그러나 나는 섬기는 자로 너희 중에 있노라(눅 22:24-27)

이러한 예수님과 제자들의 인식 차이 때문에 결국 궁극적으로 성령께서 오시기 전까지 제자들은 십자가를 지신다는 예수님의 선택을 이해할 수 없었다(마 16:21-23; 막 8:32-33). 하지만 이러한 오해는 여기서 그친 것이 아니라, 오늘날에도 현존한다. 여전히 우리도 우리를 사랑하시는 하나님, 우리의 감정과 마음을 세상 그 어떤 것보다 더 소중하게 생각하시는 하나님, 그리고 독생자 예수님을 대신 희생하시기까지 사랑하시는 하나님을 그대로 받아들이는 것에 거부감을 가진다. 그 거부감은 우리가 하나님을 위해서 희생해야 한다는 형태로 발현된다.

그러한 생각의 포장지가 어떠하든, 결국 그것은 예수님의 십자가를 부정하는 형태, 즉 예수님을 십자가에서 끌어 내리고 내가 올라가려는 시도가 되어 버린다. 예수님의 십자가를 만류하려고 했던 베드로의 시도는 예수님을 향한 사랑의 표현임은 분명했다. 하지만 그것에 대하여 예수님은 더없이 강한 어조로 그 발언을 꾸짖으시고 베드로에게 그러한 생각을 하도록 혼돈을 준 대상인 마귀를 내어 쫓으셨다. 그 장면은 실상 그러한 죄성으로 뒤틀린 인간의 내적 양태에 대한 것이다.

초대 교회에 횡행하던 이단들, 특히 그리스도의 십자가에 대해서 뒤틀어놓는 자들은 그 시작점이나 포장지는 다르더라도 결국 그리스도의 죽음과 부활에 담긴 우리를 향한 하나님의 사랑을 희석하고 그 의미를 퇴색시키는 방향으로 작용하도록 조장했다. 로마서 10장에는 아직 그리스도를 믿지 않는 이스라엘 동족들을 향한 바울의 애끓는 마음이 담겨 있다. 유대인들은 하나님에 대한 열정이 있었다. 하나님의 율법에 대한 애정이 있었다. 하지만 그것이 역설적으로 그들이 그리스도의 십자가를 인정할 수 없게 만들었다. 그렇기에 바울은 더욱 절규했다. 하나님에 대한 사랑이 있기에, 하나님에 대한 존중이 있기에, 오히려 하나님의 행하심을 인정하지 못하고 이해하지 못하는 역설에 갇힌 동족들을 보면서 괴로워했다.

> 믿음으로 말미암는 의는 이같이 말하되 네 마음에 누가 하늘에 올라가겠느냐 하지 말라 하니 올라가겠느냐 함은 그리스도를 모셔 내리려는 것이요 혹 누가 음부에 내려가겠느냐 하지 말라 하니 내려가겠느냐 함은 그리스도를 죽은 자 가운데서 모셔 올리려는 것이라(롬 10:6-7)

믿음으로 말미암는 의를 의인화하여 바울이 설명하고자 했던 바는 하나님의 구속사, 그분의 사랑에 대해서 우리의 사상이나 행위, 철학을 덧대지 말라는 것이다. 다시 말하면 하나님이 우리를 사랑하신다는 사실, 우리를 대신해서 희생하시는 분이라는 사실, 세상을 이토록 사랑하사 독생자를 주신 분이라는 사실을 있는 그대로 받아들이는 것이 믿음으로 말미암는 의가 주장하는 바라는 것이다. 그 은혜에 그 무엇도 더하거나 빼지 않는다. 있는 그대로를 믿는다.

그 믿는다는 것이 쉬워 보여도, 이는 앞서 말했던 우리의 본성, 그러니까 하나님을 인정하기 싫어하는 습성을 정면으로 거스른다. 따라서 그 구속사를 그대로 믿고 시인하는 것은 성령의 도우심이 없으면 불가능하며, 그 자체로도 구원의 증거가 된다(고전 12:3). 그 결과 십자가에는 예수 그리스도만 남는다. 로마 시대에 십자가는 극형을 위한 형틀이긴 했으나, 드문 방식의 처형 방식은 아니었다. 따라서 당대를 살아가는 믿음의 선진들에게 십자가 자체는 그 어떠한 의미도 부여되지 않았다. 그들에게는 오직 예수님이 나를 위해서 지신 십자가만 남아 있었다. 그렇기에 바울 또한 분열을 경험하던 초대 교회인들을 하나로 규합하기 위해서 그리스도의 십자가를 언급했다. 오직 예수 그리스도의 십자가만 존재하기에 당대의 꺼림직한 형틀이 그리스도인들을 하나로 모으는 기준점이 될 수 있었다.

> 이는 다름아니라 너희가 각각 이르되 나는 바울에게, 나는 아볼로에게, 나는 게바에게, 나는 그리스도에게 속한 자라 하는 것이니 그리스도께서 어찌 나뉘었느뇨 바울이 너희를 위하여 십자가에 못 박혔으며 바울의 이름으로 너희가 세례를 받았느뇨(고전 1:12-13)

다른 누구의 십자가도 존재하지 않다는 것은 우리가 매달릴 십자가가 존재하지 않는다는 의미도 된다. 히브리서 기자는 그리스도 이전의 제사와 그리스도가 십자가를 통해서 드리신 희생 제사를 대조하며, 그 핵심적인 차이는 바로 율법을 따르는 제사는 일시적인 효력을 가지고 있기에 필연적으로 주기적으로 드려야 하지만, 그리스도의 제사는 단번에 모든 것을 완성하여, 결국 그 1회로 이후에 그 어떤 희생 제물도 필요치 않게 되었다는 점에 있다고 역설했다(히 6:6; 9:12, 25-28).

그렇다는 말은 그리스도 전에도 우리를 구원할 십자가는 없었고, 그리스도 이후에도 우리를 구원할 십자가는 없다는 말이기도 하다. 그리스도가 단번에 완성하신 것으로 구속사는 완성되었고, 완료되어서 더 추가하거나 뺄 것이 없는 상태이기 때문이다.

하지만 문제가 발생한다. 복음서에는 그 반대로 오해할 수 있는 구절이 존재하기 때문이다. 게다가 그것은 예수께서 우리에게 명령하신 것이기에 더

더욱 혼란이 가중된다.

누구든지 자기 십자가를 지고 나를 좇지 않는 자도 능히 나의 제자가 되지 못하리라(눅 14:27)

또 자기 십자가를 지고 나를 좇지 않는 자도 내게 합당치 아니하니라(마 10:38)

무리와 제자들을 불러 이르시되 아무든지 나를 따라 오려거든 자기를 부인하고 자기 십자가를 지고 나를 좇을 것이니라(막 8:34)

이에 예수께서 제자들에게 이르시되 아무든지 나를 따라 오려거든 자기를 부인하고 자기 십자가를 지고 나를 좇을 것이니라(마 16:24)

관련 구절들대로 우리는 우리 십자가를 지고 예수 그리스도의 발자취를 따른다. 하지만 골고다에서 최종적으로 세워진 십자가는 누구의 것이었는가? 최종적으로 모든 죄인을 위해서 대속물로 죽으신 분은 누구셨는가? 제자들이 예수님의 초림 때, '왕좌'의 좌우에 앉기를 자청했지만, 그 왕좌, 당시의 십자가에는 결국 제자 중 그 누구도 매달리는 것이 허락되지 않았다. 바울은 매일 자신이 그리스도와 함께 십자가에 매달린다고 하면서, 그 매달리는 것이란, 다름 아니라, 그리스도께서 자기를 위해서 단번에 죽으시고 단번에 이루셨음을 믿음으로 동참하는 것이라 했다(갈 2:18-21). 다시 말해, 믿음을 통해서 예수 그리스도의 십자가에 참여하는 것임을 보여 준다.

따라서 바울이 매일 매달리는 십자가는 자기의 십자가가 아닌, 예수 그리스도의 십자가이며, 그를 통해서 발생하는 죽음도 그리고 부활도 결국 예수 그리스도의 것이라 밝힌다. 이를 통해서 율법이나 어떠한 종교적 형식, 십자가라는 물리적인 모양을 갖춘 유형의 형태가 아닌, 오직 믿음을 통해서만 십자가를 지고 그리스도의 죽음과 부활에 일체성 있게 함께할 수 있다. 또한 거기서 그치는 것이 아니라, 그를 통해서 그리스도와 동행하는 삶이 시작된다.

종합하면 이렇다. 우리는 각자 십자가를 지고 예수 그리스도의 발자취를 따라간다. 하지만 골고다에 이르러서 그곳에 서는 것은 오로지 그리스도의 십자가이다. 그곳에서 죽으신 것은 우리의 대속 제물로 오신 그리스도이시다. 우리는 그분의 십자가 죽음을 통해서 역사하시는 하나님의 사랑과 은혜를 믿음으로 그것에 참여한다. 도중에 우리가 각자 십자가를 지고 골고다를 향하지만, '그 목적지에서 서는 것은 결국 그리스도의 십자가'라는 예표는 이미 창세기에도 주어졌다. 그것을 최초로 경험한 인물은 바로 이삭이다.

아브라함이 이삭을 얻고 하나님께서 이삭을 바치라는 명령을 하셨을 때 이삭의 나이는 '나아르(נער)', 즉 청장년쯤으로 예상된다. 이삭은 자신이 제물로 바쳐지기 위해서 제단을 쌓을 재료인 나무를 짊어지고 먼 훗날 예루살렘 성이 세워질 성터 부근의 언덕으로 향했다. 그리고 그곳에 올랐다. 통념과는 다르게 이삭은 마냥 어린아이가 아니었다. 아버지 아브라함을 힘으로도 제압할 수 있었을 것이고, 아브라함 아래에서 엘리트 교육을 받았을 이삭이 아버지의 의중을 통찰하지 못했을 리 없다. 하지만 그는 아버지에게 순종하고 하나님께 순종하는 모습을 보여 주었다. 어쩌면 자기 죽음도 직감하고 있었을지 모른다. 이 장면을 묘사하는 히브리서 기자는 아브라함이 이삭을 바치기로 결정한 이유, 하나님께서 그 이삭을 통해서 민족을 만드시리라 하신 것이기 때문에 결국 죽게 하시더라도 다시 살리시리라 믿었기 때문이라고 설명한다(히 11:17-19).

하지만 그들이 하나님께서 이삭을 바치라 명령하신 장소에 도착했을 때는 어린양이 이미 준비되어 있었다. 그 어린양이 마련되기까지 얼마의 기간이 필요했을까? 하나님이 그들의 믿음을 보시기 위해서 이러한 명령을 하신 것이 아니라 오히려 믿음을 시연하시기 위해서, 그것을 아브라함과 이삭에게, 그리고 온 세상과 후손에 증명하시기 위해서 하셨다는 것은 이미 나눈 바 있다. 그 양이 마련되기까지는 적어도 그 양이 태어나서 성장하고 그곳에 준비될 때까지의 시간이 필요했다. 이것은 신학적 지식이 부족했던 당시의 인물,

아브라함과 이삭이 보기에도 그 시점에, 그러니까 하나님이 그 와중의 중간에서 마음을 바꾸신 것이 아니라, 훨씬 오래전에 그들을 대신하여 대속 예물인 어린양을 준비하셨다는 것을 명백하게 알 수 있었을 것이다. 결국 나무를 지고 그 언덕을 오른 이삭은 그 나무로 쌓은 제단에 자기 대신 어린양을 올려놓고 번제를 드렸다. 그리고 히브리서는 이 과정을 아브라함이 이삭을 죽은 자 가운데서 되돌려 받았다고 표현한다.

이삭이 겪은 경험은 주님 달려 죽으신 십자가의 예표이다. 우리는 저마다 십자가 나무를 지고 오르지만, 골고다에 세워지는 것은 오로지 그리스도의 십자가뿐이다. 그게 어떤 의미인가? 하나님은 우리를 희생시키셔서 무언가 이루시는 분이 아니라는 것이다. 필연적으로 하나님은 또한 우리를 어떤 사명이나, 목적, 대단한 명분을 위한 수단이나 도구로 보지 않으신다. 그렇기에 이런 하나님의 속성을 따라, 이삭의 삶은, 더 나아가 이삭과 혼인으로 한 몸 된 리브가의 삶은 그저 자녀를 생산하고 그들을 키워 내고, 그들에게 영적이고 육적인 증여를 완료하는 것에만 의미가 있지 않았다. 따라서 그들의 삶은 거기서 끝나지 않는다. 그는 사명을 다 감당하고도 50년이나 되는 삶을 더 살았다. 지금으로 치면 은퇴 이후의 삶이 주어진 것이다.

은퇴 이후의 삶 : 이삭, 이삭이 되다

하나님께서 이삭에게 주신 그 50년간의 삶은 어떠했을까? 앞서 이삭이 장자의 축복권 이후에 어떠한 사명을 감당한 흔적이 없다고 했는데, 실제로 창세기 지면상 이삭에 대한 기록은 극히 제한되어 있다. 그가 유언 격으로 자녀들에게 축복하는 장면조차 등장하지 않는다. 이는 생략되었다고 볼 수도 있지만, 하나님의 사람으로서의 축복은 장자의 축복권 사건에서 모두 전달이 완료되었기에, 공식적으로 더는 그가 후손에게 전달할 것이 남아 있지 않다는 것을 창세기 기자가 분명히 하고자 하는 의도가 있다고 추정된다(창 27:37).

창세기는 하나님의 사람이 하나님과 동행하면서 그 사명을 감당하는 내용을 담고 있기에 귀결적으로 창세기 지면상으로는 이삭의 말년에 대한 기록이 충분하지 못하다. 하지만 이 점이 오히려 이삭의 은퇴 이후 삶이 어떠했을지 행간을 통해서 그리는 것에 도움이 된다. 기록이라는 것은 다사다난할수록 그 분량이 늘어나고 무탈하고 평안할수록 생략되는 경향이 있지 않은가? 이를 미뤄 보았을 때, 이삭의 마지막 50년은 이렇다 할 위기가 없던 평안의 연속이었다 예상할 수 있다.

야곱이 하란에서 종살이하던 20년의 기간을 창세기의 지면은 모두 야곱에게 할애했다. 그래서 가나안에 남은 이삭과 에서의 사정은 전후 사정을 통해서 유추할 수밖에 없다. 이삭과 리브가 부부는 비록 장자의 축복권 사건을 통해서 야곱과 생이별을 경험해야 했지만, 하란에서의 야곱의 소식은 부족하지 않게 들을 수 있었을 것이고, 서로 편지나 안부는 아쉽지 않게 주고받았을 것이다. 하란은 이삭의 처가, 그러니까 리브가의 친정이었고, 이삭의 본거지와 하란은 모두 교통의 요지로서, 당시 가장 발달한 지역이던 이집트와 메소포타미아를 잇는 길목이었기에, 오가는 자들을 통해서 꾸준히 기별할 수 있었을 것이다. 그래서 자신과 리브가의 뜻에 순종하여 하란 라반의 집에 무사히 도착했고, 또 결혼한 소식과 많은 자녀를 낳았다는 소식 등을 다 들을 수 있었을 것이다. 따라서 이삭과 리브가는 야곱의 처지를 걱정하고 노심초사하며 궁금해하는 상황이 아닌, 하나님이 그의 삶에서 역사하시는 소식을 듣고 기뻐하며 그 이후를 기대하는 처지였다.

가나안에 남은 에서는 장자의 축복권 사건 당시, 이삭에게 받은 "칼을 의지하고 살 것"이라는 '축복'에 절규했던 것(창 27:30-40)이 무색하게도, 그 이후에 승승장구했다. 에서가 칼을 의지하고 살리라는 것은 치세에는 저주에 가까웠을지 몰라도 난세에는 유용한 복이었다. 그는 야곱이 하란으로 도망한 이후, 가나안에서 폭발적으로 세력을 성장시켜 나갔고, 결국 세일, 즉 훗날 천혜의 요새라는 명성을 얻을 에돔을 점령할 기반을 닦을 수 있었다. 자녀는 부모의 영광이다. 장자의 축복권 사건에서 자신이 선호하던 자녀인 에서가 동생에게 속은 것에 절망해 울부짖던 것을 보며 마음의 짐이 생겼을 이삭은 에서가 하나님의 도우심으로 승승장구하며 그 권역과 부족이 날로 외연적 성장을 하는 것을 보면서, 남몰래 느꼈을 미안함이 덜어졌음은 물론이고 아비로서 아들의 성취에 기뻤을 것이다.

이삭에게 위기라고 할 만할 때는 장자의 축복권 사건으로부터 20년 뒤, 야곱이 가나안으로 귀환하고, 이에 호응하듯 에서가 북상하던 때였다. 두 형제 사이에서 살육전이라도 벌어진다면, 그것이야말로 이삭과 리브가에게 있어서는 상상하고 싶지 않을 정도의 더없는 비극일 터이다. 하지만 다행스럽게도 그 둘은 기적적인 화평을 이룬다. 직후 야곱은 숙곳에서 자신의 세력과 하란에서 얻은 가축 무리를 가나안의 생태에 적응시켰고, 에서는 세일에서 정복 활동을 하였지만, 이윽고 두 형제는 이삭 세력의 본거지에서 모여 함께 지냈다. 이후 약 30년간 이삭은 그야말로 자녀, 손주, 증손주, 심지어 고손주들에게 둘러싸여 하루하루를 지냈다. 그러는 와중에도 야곱과 에서 누구라 할 것 없이 하는 일마다 잘되었고, 그들 둘이 함께함으로 시너지가 일어나, 양대 세력은 폭발적인 성장을 이뤘다.

마침내 세월은 흐르고 이삭이 정말로 죽음을 맞이할 순간이 찾아왔다. 원래의 예감대로라면, 큰아들 에서만 자기 곁을 지켰어야 했지만, 이제는 그야말로 대식구가 그 곁을 지키고 있다. 장자의 축복권 때는 적자독식의 시대에 쌍둥이 중 누구를 택하고 누구를 버려야 할지 고민해야 했지만, 이제 두 자녀는 각자가 넘치도록 가지고 있어서, 그 재산을 수용할 땅이 부족할 지경이었다. 다행히도 아들들이 서로 협력하여, 큰아들 에서는 이미 이주할 세일 땅까지 마련해 놓았다. 그곳은 자기가 그에게 준 축복, '기름짐에서 멀고, 비가 풍족하지 않은' 땅이라는 특성은 가지고 있지만, 교통의 요지이며 천혜의 요새이고, 비가 아닌 땅에서 샘솟는 샘을 끌어다 생활할 수 있는 곳이라고 한다. 모든 것이 흡족하여 큰아들의 세력이 안정을 얻기 좋은 곳이었다. 그리고 가나안에 남을 야곱 세력의 뒤를 봐주겠다며 우애를 보여 주니 이삭은 더는 걱정할 것이 남지 않았다.

이삭이 이런 말년을 영위할 수 있었던 계기는 이삭이 130대 중반쯤 그러니까 장자의 축복권 사건 시점에서 건강과 시력이 일시적으로 악화하여 죽음을 앞두고 있다고 모두가 착각했기 때문이었다. 만약에 그 시기에 그런 착각이 발생하지 않았더라면, 야곱은 하란행을 하지 않았을 것이고, 리브가가 원했던, 라반의 자녀들과 결혼하지 못했을 것이다. 게다가 하란에 도착하자마자 혼인을 한 것도 아니고 7년이나 기다렸다. 그곳에서 어엿한 세력을 형성하고 또한 하나님을 벧엘에서 만난 사람에 걸맞은 성숙을 이루기까지 결혼을 하고도 13년이라는 세월이 더 필요했다. 모두 20년이 걸린 성숙은 에서와 화해를 위해서도, 그 이후 30년이라는 에서와 함께 가나안을 공유하며 함께 협업하기 위해서도 매우 중요했을 뿐만 아니라, 그 이후에 이스라엘이라는 민족을 이루는 데도 핵심적인 요소로서 필수 불가결한 것이었다.

이렇듯, 이삭의 몸 상태라는 것이 어떠한 기준점이 되어서 모든 서사를 이끌었다. 너무나 극적인 이 상황은 그저 우연이라고 하기에는 하나님의 관여가 없다면 발생할 수 없는 상황이다. 따라서 이를 하나님의 개입으로 본다면, 하나님은 어떤 의도가 있으셔서 이삭의 상태가 악화하는 것을 허용하셨고, 모두가 착각 속에 자기 멋대로 행동하도록 두셨으며, 야곱이 하란으로 도망한 후에 결국 개입하시어 이삭을 회복시키셨다는 말이 된다. 그리고 그 회복시키신 결과 이삭은 50년을 넉넉하게 살 수 있었다. 이 모든 것을 통해서 하나님이 가지셨던 의도는 다른 것이 아니었다. 이삭을 이삭으로 만드시기 위함이었다.

이삭이라는 이름을 지어 주신 것은 하나님이셨다. 그 뜻은 '그가 웃었다'이다. 누가 웃었는가? 도저히 자녀를 낳는 것이 불가능해 보였던 사라에게 아브라함이 받은 언약을 계승할 적자를 주시겠다고 하나님께서 말씀하시자, 아브라함은 이에 실소하며 "이스마엘이나 하나님의 복을 받아 누리며 살길 바란다"라고 대답했다(창 17:17–18). 이에 하나님께서는 그 자녀의 이름이 이삭이 될 것이라 말씀하시고, 사라가 반드시 이삭의 어머니가 될 것이며, 이삭과 하나님의 사람으로서의 지위를 승계하는 언약을 맺을 것이라 말씀하셨다(17:19).

사라의 반응도 아브라함과 다르지 않았다. 후에 하나님께서 직접 사라에게 이 계획을 말씀하셨을 때 사라 또한 실소에 가까운 웃음을 내비쳤다(창 18:12-15). 이처럼 이삭의 시작은 사람들의 웃음, 즉 믿기 어려운 하나님의 계획에 대한 실소로 시작했다. 아마 아브라함이나 사라나 자기 일이 아니었다면, 그렇게 실소하지는 않았을 것이다. 하지만 자신들은 부부이기에, 자신들의 몸 상태를 더 잘 알기에, 그런 실소가 나왔을 것이다.

우리는 관념상에서 하나님이 전지전능하시다는 것을 알고, 또 타인의 삶에서 역사하시는 하나님을 믿고 있음에도 불구하고, 내 삶에, 내 현실에 적용할 때는 온전히 믿을 수 없음을 경험하곤 한다. 이는 하나님에 대한 반역이나 그의 말씀을 부정하기 때문이 아니다. 오히려 나의 시작점이, 나의 몸 상태가, 나의 현 상황이 얼마나 그 약속을 이루기에 부족한지 알기 때문이다. 그리고 내가 오래 기다려 온 기도 제목일수록, 내가 바라 마지않는 것일수록 이러한 경향성은 도드라진다. 이는 많은 세월 실망을 경험하며, 이뤄지지 않는 것이 학습된 결과이다. 그런 넘실거리는 실망 속에서도 하나님께 원망하지 않기 위해서 발현된 방어 기제일 것이다. 그렇기에 하나님은 그 자체로 그들을 책망하시거나 자신의 계획을 바꾸지 않으셨다. 오히려 당신의 계획을 성실하게 이루셨다. 약속하신 때에 정말 사라에게 자녀를 주셨고, 그 아이의 이름을 이삭이라 하라고 하셨다.

이 지점까지만 두고 이삭의 삶을 논한다면, 이삭의 이름은 아브라함과 사라가 하나님의 계획에 대해서 실소했다는 의미만 있게 된다. 하지만 하나님께서 이삭에게 '그가 웃었다'라는 뜻의 이름을 주신 것은 그런 이유가 아니었다는 것이 이삭에게 주어진 50년간의 은퇴 이후의 삶을 관조해 보면 비로소 드러난다. 하나님은 그 웃음의 주체를 아브라함이나 사라가 아닌, 바로 이삭으로 하고자 하셨다. 그리고 그 웃는 이삭을 보면서 하나님도 웃으려고 하셨다. 비웃음, 실소로 시작된 이삭의 삶은 하나님과의 동행과 그의 연출로 인하여 번져 나가는 이삭의 행복한 웃음이 되어 마무리될 삶으로 결정된 것이었다.

'웃는 자'라고 이름한 이삭은 130세 중반에 급격한 쇠약을 경험하고 죽음의 문턱인 줄 알았던 상황을 겪었기에, 그리고 그곳에서 회복하여 50년을 더 건강하게 살았기에, 야곱과 에서가 화해하는 장면, 그 둘이 각각 민족을 이루는 장면과 적자독식의 세계에서, 두 형제가 협업하고 서로 먼저 도우며 그 일대에서 어마어마한 세력이 된 것을 볼 수 있었다. 자녀들과 재회했을 뿐만 아니라, 고손주까지 넉넉하게 볼 수 있었다. 그야말로 그의 이름에 걸맞게 하나님은 이삭의 말년에는 미소가 떠나지 않게, 웃음소리가 떠나지 않게 하셨다.

따라서 이삭의 관점에서 야곱과 에서의 이야기를 보면, 그리고 하나님의 개입하심이라는 측면에 집중하여 그곳에 담긴 의미를 해석한다면, 잠깐 이삭의 혈색과 기운, 그리고 시력을 약하도록 허용하신 것은 결국 이삭을 위해서 마련된 거대한 희극의 도입부라 할 수 있다. 그리고 장자의 축복 사건에서 벌어진 한바탕의 가장무도회와 실책의 향연이 끝나자 이삭의 기력을 회복시키시고 건강을 돌아오게 하심으로써 주연 배우인 이삭이 그 희극의 종막까지 완주할 수 있도록 하셨다.

그 모든 것의 작가이자 연출가의 역할을 맡아 주신 하나님의 의도는 에서의 결혼에서 근심했던 이삭과 리브가를 불쌍히 여기셔서 야곱이 더 늦기 전에 외삼촌 라반의 딸과 결혼할 수 있게 해 주려 하신 것이 첫째일 것이며, 며느리와 손자 손녀들을 보게 하시고 싶으셨던 것이 둘째이고, 험한 적자독식의 세상에서 아무것도 가지지 못하고 지팡이 하나만 의지해서 도망한 야곱이 리브가의 예언처럼 민족을 이룰 만한 세력을 이끌고 돌아오는 것을 보게 만드시는 것이 셋째이다. 마지막으로 두 형제가 골육상쟁을 겪는 것이 아니라, 야곱은 영적인 적자답게 가나안 땅, 에서는 천혜의 요새인 에돔으로 향하는 것을 보고 안심하고 웃으며 인생을 정리할 수 있게 하시기 위함이었다.

하나님에게 이삭은 야곱을 생산할 수단, 그러니까 하나님의 사람이라는 타이틀을 후대에 넘기기 위해서 거쳐 가는 징검다리가 아니었다. 하나님에게 이삭은 젊었을 때만 잠깐 사용하는 존재가 아니었다. 하나님에게 있어서 이삭은 후대인 야곱과 에서가 장성했어도, 이삭의 그 몸이 예전과 같지 않더라도, 그에게 주어진 사명이 완성되었어도, 여전히 소중한 존재이며 인생의 마지막까지도 웃음 짓게 하고 싶은, 행복하게 만들어 주어야 할 대상이었다. 그러므로, 이삭의 관점에서 야곱과 에서의 이야기를 살핀다면, 어쩌면 그 모든 이야기는 이삭을 위한 한 편의 희극이라고 해도 과언이 아니다. 그렇다. 이삭은 그 희극의 주인공이자, 또 그 희극을 헌정 받은 VIP 관람객이기도 했다.

성경에도 은퇴 이후 이삭의 생애에 대해서 별다른 기록이 없다. 하지만 그의 최후 표정이 어떠했을지, 그의 마지막 목소리에 담긴 감정이 무엇이었을지 그려 보는 것에는 큰 지장이 없다. 그는 분명 하루하루가 '이삭'하는 자였을 것이다.

하나님이 이를 통해서 보여 주시는 것은 무엇인가? 바로 오늘날을 살아가는 우리 또한 하나님에게 사명 감당을 위한 도구만이 아니라는 것이다. 하나님에게 있어서 우리는 행복하게 만들어야 하고, 지켜야 하며, 은혜를 베풀어야 하는 소중한 자녀이다. 물론 우리는 하나님을 볼 때, 우리 자신을 사명 감당을 위한 도구, 그러니까 바울의 표현을 빌리자면 잘 훈련된 달리기 선수인 것처럼 여길 수 있다. 그것은 우리가 가진 열정이요 하나님에 대한 감사의 표현이다. 하지만 우리의 관념으로 하나님을 덮어씌우면 하나님과 우리 사이에는 거대한 틈이 발생한다. 그리고 성경이 말하고자 하는 바를 제대로 담을 수 없게 된다. 성경은 우리에 대해 어떻게 말하는가? 성경은 하나님께서 우리를 향해 가지신 뜻이 무엇이라 기록하고 있는가?

항상 기뻐하라 쉬지 말고 기도하라 범사에 감사하라 이는 그리스도 예수 안에서 너희를 향하신 하나님의 뜻이니라(살전 5:16–18)

하나님이 세상을 이처럼 사랑하사 독생자를 주셨으니 이는 저를 믿는 자마다 멸망치 않고 영생을 얻게 하려 하심이니라(요 3:16)

하나님의 사람, 이삭. 매일 매일 행복과 웃음 속에서 지내다가 야곱과 에서의 배웅받으며 열조의 곁으로 가다. 그의 나이 180세.

3부

/

침상 머리

9장 _____ 다시 돌베개로: 하나님께서 우리에게 원하시는 것

앞서 8장에서 에서의 이야기에 집중하기 위해서 훗날의 이야기를 미리 다뤘는데, 이제 시점을 얍복 강에서 야곱과 에서가 화해하고 에서는 세일로, 야곱은 가나안으로 향한 직후로 돌려보자.

야곱은 어느 한 장소에 이르러 자기들이 살 집과 짐승이 거할 우릿간을 짓고, 그곳 이름을 '우릿간', 혹은 '초막'이라는 뜻으로 "숙곳"이라고 칭한다(창 33:17). 또한 야곱은 가나안의 세겜 성 근처에 천막을 치고, 그 자리를 세겜의 아비 하몰의 아들들의 손에서 은 일백 개(백 크시타)를 주고 산다. 거기 단을 쌓고 그 이름을 엘엘로헤이스라엘(하나님, 이스라엘의 하나님)이라고 한다(창 33:17-20 참조). 장성한 가축은 에서에게 선물로 건넸으니, 자기에게 남은 어린 가축 무리가 가나안 산지를 통과할 만큼 여독을 풀고 또한 성장할 수 있도록 보살피고 목양할 만한 중간 거점으로 선택한 것으로 보인다. 특별히 가나안은 지세가 험했고 또한 다양한 부족들의 이해관계가 얽혀 있었기 때문에, 더 남하하기 전에 중간 거점을 마련한 것은 현명한 선택이었다. 하지만 그 현명한 선택은 야곱의 부족에게 또 다른 비극을 안긴다.

이해가 되지 않습니다 하나님

레아가 야곱에게 낳은 딸 디나가 그 땅 여자를 보러 나갔더니 히위 족속 중 하몰의 아들 그 땅 추장 세겜이 그를 보고 끌어들여 강간하여 욕되게 하고 그 마음이 깊이 야곱의 딸 디나에게 연련하며 그 소녀를 사랑하여 그의 마음을 말로 위로하고 그 아비 하몰에게 청하여 가로되 이 소녀를 내 아내로 얻게 하여 주소서 하였더라(창 34:1-6)

인생이 저마다 색을 가진 연필이고, 삶이 굴곡진 도화지라면 거기에 긋는 선은 어떠한 형상을 그려 낼까? 다소간 굽었어도 일정한 형상을 띨만한 개연성을 가진 것들은 그저 문학 작품에나 등장하지 않던가? 실제 우리네 삶에는 무수한 사연이 범벅되어 이리저리 선들이 위태롭게 그려진다. 때로는 그 연속성을 잃고 띄엄띄엄 그어지기도 한다. 성경의 이야기들은 어떠한가? 창세기는? 야곱의 이야기에 한정한다면 어떠한가?

문학 작품을 평가하는 핍진성, 개연성, 사실성 따위로 평가한다면 이야기의 짜임새가 그리 대단치 못하다. 특히 야곱의 딸, 디나가 겪은 아픔이 그러하다. 야곱은 하나님과 씨름하여 이스라엘이 되었고, 평생 그와 갈등을 겪던 에서와의 다툼도 봉합되었다. 아버지 이삭이 이름값, 그러니까 웃을 수 있는 이야기로만 끝나면 될 일이었다. 그렇기에 디나가 겪은 일은 전후 사정을 둘러보아도 등장할 이유가 하등 없는 부분이었다.

이는 많은 사람을 당황하게 만든다. 이야기의 흐름이 급격하게 변한다. 결말이 나오고 엔딩크레딧이 올라가야 할 부분에서, 혹은 야곱의 창대함이 묘사되어야 했을 부분에서, 야곱이 받은 약속의 실체가 드러나고 그간의 고난이 합리화될 만한 부분에서 또다시 시련이라니? 도대체 어떤 정신 나간 작가가 그런 방식으로 이야기를 쓴단 말인가? 애석하게도 우리네 삶은 문학 작품이 아니다. 야곱의 삶 또한 그러했다. 오히려 주제 의식에 부합하는 내용의 나열이라면, 그것은 그저 누군가 만들어 낸 문학 작품이고 창작한 가상의 이야기일 뿐이다.

삶은 온통 개연성 없는 일들로 점철된다. 그런 개연성 없는 시련이 하나님의 사람에게 임하였을 때, 우리의 죄성은 그 사람을 정죄하는 판에 박힌 행동을 한다. 이 죄성의 습성이야말로 욥과 그의 친구들이 겪었던 문제의 핵심이었다. 욥기 5장에서 아무런 근거도 없이, 욥에게 "네가 무슨 죄를 지었으니, 그런 비극이 너하고 너의 자녀들에게 임했겠지"라고 매도하는 친구들의 판단 이유를 욥이 통찰한다. "이제 너희는 아무것도 아니로구나 너희가 두려운 일을 본즉 겁내는구나"(욥 6:21). 욥의 통찰에 따르면, 욥의 친구들이 그토록 끈덕지게 욥을 따라다니면서 정죄하고 공격했던 것의 이유는 '두려움'이었다.

하나님의 사람, 늘 완벽하게 행동하는 욥, 자기들이 보더라도 뛰어나고 도덕적이며 흠결이 없는 욥에게 어마어마한 삶의 비극이 임했다. 이는 커다란 문제를 일으킨다. 욥의 친구들은 자기들쯤이면 안전하다고 믿었다. 자기들이 하나님께 헌물을 바치고 선행을 하며 사는 정도면 적어도 자식을 잃는 아픔 같은 건 겪지 않을 거라 믿었다. 그런 아픔은 흉악한 죄인들에게나 임하는 것이라 믿었다. 그들은 아침 기도가 자신을 지킨다고, 헌금이 나를 보호하는 부적이 되어 준다고 믿었다. 하지만 욥이라는 압도적 반례가 등장했다. 어딜 보더라도 자기들보다 더 뛰어나고, 종교적으로나 도덕적, 사회적으로나 빼어난 욥조차 삶의 고난을 겪는다면 자기들은? 안전한 반석 위에 자기 삶이 서 있다고 생각했는데, 그곳은 실상 유리 바닥이었다.

결국 우리가 3장에서 다뤘던, '누구를 탓할 것인가?'라는 고민에 욥의 친구들도 도달한다. 현대인들이라면 하나님은 없다고 주장하거나, 하나님의 속성에 대해서 의문을 제시하는 방향도 고려했을 것이다. 하지만 욥의 통찰과도 같이, 욥의 친구들은 신적 존재의 도우심에 대한 열망, 그리고 그 도우심이 사라지는 것에 대한 두려움을 가진 자들이었다. 그렇기에 자칫 신성모독이 될 수 있는 하나님에 대한 의문을 가지기보다는 눈에 보이는 욥, 만만해진 욥, 뼈와 가죽만 남은 욥에게 의문을 가지고 정죄하는 것으로 자신의 일상을 둘러친 은혜의 울타리가 없어질지도 모른다는 공포를 해소하고자 했다.

오히려 고난의 당사자인 욥은 하나님을 주어로 두고 끝없이 물었다. 의문을 제기하고 자신의 의문에 대한 답을 알아내려 발버둥 쳤다. 그 과정에서 내뱉은 말들은 얼핏 보면 신성모독적인 발언 같기도 하다. 하나님을 탓하는 원망으로 오해될 소지도 있다. 친구들은 그런 욥의 말꼬투리를 잡기 시작한다. 그의 어투를, 그의 말버릇을 책망하기 시작한다. 하나님의 변호사를 자청하면서 말이다. 재판관이신 하나님을 변호하겠다고 나서는 친구들의 태도에 욥은 기가 막혔다.

> 너희들은 하나님을 나에게서 보호하고 또 변호하려는가? 하나님을 위한 변호사
> 가 되어 그분을 위해서 대신 변론하려는가?(욥 13:8 저자 사역)

여기까지는 표면적인 이유다. 실상 그들의 신관은 근원적으로 달랐다. 비록 같은 하나님의 이름을 부르지만, 그들이 인지하는 하나님은 달랐다. 그 다름에서도 가장 극명하게 상반된 지점을 꼽자면 바로 은혜의 울타리, 그 출처였다. 욥에게 하나님의 울타리는 은혜로 쳐주신 것이지만, 욥의 친구들에게 하나님의 울타리는 은혜가 아닌, 어떠한 종교 행위와 도덕적인 공로를 통해서 획득한 것이었다. 그렇기에 욥은 자기의 고난과 죄의 유무는 관계없다고 항변했고, 반대로 욥의 친구들은 숨긴 죄를 고백하라고 강요했다. 욥에게 은혜는 거래의 대상이 아니었고, 온전히 하나님의 주관에 따라 임하는 것이었다. 반면 욥의 친구들에게 은혜는 하나님과 한 거래의 결과물이었다. 좋은 일을 하면, 헌물을 바치면, 제사를 지내면, 응당 청구할 수 있는 것이었다. 이 첨예한 대립은 결국 하나님께서 욥의 주장이 전적으로 옳다고 판결하시며 결론이 난다.

> 여호와께서 욥에게 이 말씀을 하신 후에 데만 사람 엘리바스에게 이르시되 내가
> 너와 네 두 친구에게 노하나니 이는 너희가 나를 가리켜 말한 것이 내 종 욥의 말
> 같이 정당하지 못함이니라(욥 42:7)

하나님의 뜻이나 영적인 세계를 다 알 수 없는 인간에 불과했던 욥의 친구들이 욥의 고난에 대해서 했던 생각에는 분명한 한계가 있었다. 그것은 바로

인간 사회의 불완전성과 인간의 약함 때문에 생긴 한계였다. 그들이 누리는 문화와 사회 체계는 악의와 죄성이 반영되어 만들어져 있으며, 방향을 잃은 악이 까닭 없이 의인에게 임하기도 한다. 그리고 제아무리 대단한 의인이라고 하더라도 강철로 만들어지지 않았다. 이른바 모든 것을 초월한 신선이나 초인이 아니라, 한낱 연약한 존재일 뿐이다. 그러므로 바울이 말했던 것처럼 웃는 자들과 웃고 우는 자들과 우는 것으로 족하지(롬 12:15), 타인의 아픔에 대해서 감히 하나님의 역할을 대신하여 판결하려 하고 그 대상을 규정하는 것은 하나님의 고유 영역을 침범하려는 행위이다.

욥기에는 하나님의 주권이 강조되어 있다. 그러다 보니, 우리는 때로는 은혜의 울타리라는 개념을 운명론적 개념으로 오해하기도 한다. 이런 오해는 하나님과 우리의 '격차'를 설명한 바울의 토기장이 비유를 대할 때도 빈번히 발생하는 유의 것이다. 앞서서 다뤘듯, 바울도 하나님을 토기장이로, 우리를 그릇으로 비유하면서, '토기장이도 임의대로 그릇을 만드는데, 하나님과 우리의 격차는 토기장이와 그릇의 격차와 비교할 수 없을 만큼 크다. 그런데 하나님께서 마음대로 우리의 삶을 좌지우지하실 수 있다는 것은 당연하다'라는 주님의 주권을 강조하는 방향에서 하나님의 선택하심을 설명했다(롬 9:20-23). 그리고 실제로도 그렇다. 입장의 격차만을 두고 살피자면, 하나님 앞에서 우리는 한낱 무생물인 그릇만 못하다.

그렇다고 하나님은 우리를 마음대로 하기에 좋은 찰흙 정도로 여기시며 우리의 자유를 소멸하는 분이실까? 하나님은 토기장이가 그릇을 보듯, 조금에라도 마음에 들지 않으면 부수어 버리고, 우리를 얼마든지 새로 만든 그릇으로 대체할 수 있는 '물건'으로 여기신다는 이야기인가?

하나님의 주권을 강조하고 그분을 경외해야 한다는 인식을 우리 안에 자리하게 하는 것은 매우 중요하다. 하지만 경외가 지혜의 시작이라고 표현한 잠언의 구절처럼, 토기장이 비유는 하나님의 은혜와 사랑이라는 거대한 대장정의 도입부에 해당한다. 따라서 해당 부분만이 전부인 것처럼 여기며, 성급하게 인생이나 신앙에 어떠한 결론을 내리는 것은 여전히 단장취의(斷章取

義, 전체의 뜻과는 관계없이 자기가 필요한 부분만을 따서 마음대로 해석하여 씀)에 불과하다.

토기장이의 비유는 은혜의 울타리에 들어가는 과정에 대한 은유이며, 하나님과 우리의 격차에 대한 묘사이다. 따라서 그것은 하나님이 우리와 함께 하심으로 맺으신 관계 그 전부를 대변할 수 없다. 하나님은 그릇을 얻으시기 위해서 우리를 은혜의 울타리 안으로 들이신 것이 아니다. 하나님은 우리를 무생물인 토기쯤으로 여기시며 마음대로 부수시기 위해서 구원하신 것이 아니다. 그렇다면 우리를 왜 부르시고, 왜 울타리 안으로 들이신 것일까? 하나님의 전적인 주권으로 시작한 은혜의 울타리 안에서의 삶, 곧 구원받은 자로서의 삶을 묘사하신 예수 그리스도의 말씀이 마태복음에 기록되어 있다.

구하라 그러면 너희에게 주실 것이요 찾으라 그러면 찾을 것이요 문을 두드리라 그러면 너희에게 열릴 것이니 구하는 이마다 얻을 것이요 찾는 이가 찾을 것이요 두드리는 이에게 열릴 것이니라 너희 중에 누가 아들이 떡을 달라 하면 돌을 주며 생선을 달라 하면 뱀을 줄 사람이 있겠느냐 너희가 악한 자라도 좋은 것으로 자식에게 줄줄 알거든 하물며 하늘에 계신 너희 아버지께서 구하는 자에게 좋은 것으로 주시지 않겠느냐(마 7:7-11)

정리하자면 이렇다. 은혜의 울타리, 두 글자로 줄이면 구원이라는 곳에 들어가도록 선택하시는 것은 바울의 표현처럼, 욥의 인식처럼, '임의적'으로 혹은 '운명론적'으로 보이기까지 할 정도로 인간의 손을 떠난, 하나님의 주권에 속하는 영역이다. 하나님의 주권이 강조되는 영역이기에, 그분은 토기장이고, 우리는 다만 그 앞에 질그릇과 같은 관계성에 놓인다. 그러한 구조를 통해서 우리의 연약함과 하나님의 주권을 인정하고 그분을 경외하게 된다. 하지만 그렇다고 해서 하나님이 우리를 다만 도구로 여기시며, 우리의 삶을 마음대로 훼손하시고, 또 감정을 마음대로 짓밟으신다는 의미가 아니다.

일단 그 울타리 안에 들어가고 나면, 우리를 '부모자식관계'(마 7:11)의 관계성으로 묶으신다. 하나님이 무엇을 위해서 사람이라는 존재를 선택하시는지에 대해서 창세기 시점에서는 뚜렷한 설명이 존재하지 않았는데, 복음서 시대에 이르러 예수께서 그 비밀을 밝혀 주셨다. 하나님은 우리를 마음대로 임의대로 다루시기 위해서 그 울타리에 들이신 것이 아니라, 오직 '자녀' 삼으시기 위해서 울타리 안으로 들이셨다.

이를 다르게 말하면, 창세기 시점의 등장인물들은 하나님이 자신들을 당신의 울타리에 들이신 이유가 무엇인지 도무지 몰랐다는 것이다. 따라서 인생의 도중에서는, 특히 위기를 당면할 때는 얼마든지 착각할 수 있다. 하나님이 그들을 울타리로 들이셔서 혹 '희생양'으로 삼으실는지(이삭), 허망한 꿈을 주셔서 패배자로 만드실는지(야곱), 약속을 믿고 모든 것을 버렸지만 결국 이름 없이 역사 속으로 사라지게 하실는지(아브라함)와 같은 괜한 두려움이 그들 마음에 있었다. 이들에게는 완전히 배제하지 못할 가능성이다. 상황이 어렵게 돌아가기라도 한다면, 그런 불길한 생각이 들어도 이상하지 않았을 것이다. 오죽하면 다윗의 경우는 하나님께 버리지 말아 달라 애걸했을까 (시 38:21; 51:11). 그렇게 하나님이 그 선택하심을 통해서 어떤 것을 이루실지 모르는 상태로, 그야말로 부지중에 모두 나아갔다. 그렇기에 때로는 그들도 '도중'에서는 넘어지기도 했다. 하지만 하나님은 일관적으로 그들을 도우시고 들어 쓰셨다. 하나님의 좋으신 온갖 속성을 경험하고 맛보게 하시면서 말이다.

신약에 이르러 예수님은 당신의 공생애를 통해, 하나님이 우리를 은혜의 울타리에 들이신 것은 '자녀 삼기' 위하심이라는 비밀을 드러내셨다(마 7:11). 그 울타리에 들이신 그 누구 하나도 어떤 메시지를 위한 수단이나 목적을 위해 대상화된 존재로 여기지 않으신다는 것을 믿는 모두가 알 수 있도록 분명한 어조로 전달해 주셨다. 그렇기에 은혜의 시대를 살아가는 우리 현대 그리스도인들은 구약의 선진들과는 다르게, 부지중에 나아가지 않는다. 우리는 시련과 환란이 휘몰아쳐도, 그것이 다만 연단의 과정이며 또 하나님께서 모든 선한 것을 이루시는 '도중'임을 안다. 따라서 창세기 시대의 인물들이 겪는 고난과, 현대를 살아가는 그리스도인들의 고난은 그 결이 다르다.

욥기에서 욥이 그토록 고난을 받으며 친구들에게 괴롭힘을 당했음에도 하나님을 굳게 의지하며 붙잡았던 것은 그야말로 시대를 뛰어넘는 비범한 믿음이다. 과연 하나님이 순전한 자로 인정하실 만한 자였다. 비록 욥이 알고 있는 것은 하나님의 울타리는 오직 은혜로 들어간다는 사실에 국한되어 있었고, 그 울타리 안에서 삶은 결국 '자녀 삼기'였다는 것까지는 모르고 있었지만, 하나님이 울타리에 자기를 들여보내신 이유에 대해서 하나님의 전지전능하심에 입각하여 분명하게 선한 의도가 있으실 것이라 추론해 냈고 또 굳게 믿었다. 다만 그에게 여전히 의문으로 남는 것은 왜 그런 개연성 없는 시련을 '허용'하셨는가에 대한 것이었다.

이러한 의문은 욥만의 것은 아니었다. 욥의 경우는 어느 날 찾아온 가족의 몰살과 그 이후 7~10년간의 하나님의 침묵이 욥 일생의 의문이 되었고, 야곱의 딸, 디나의 경우는 이해할 수 없게도 까닭 없는 악의를 경험하게 되었다. 성경은 이에 대해서 원인이 무엇인지 답을 제공하지 않는다. 욥기에서도 그 이유에 대해서 하나님께 직접 묻겠다는 욥조차 막상 하나님을 대면하자 그런 질문은 녹아 없어진 지 오래였다. 다만 신구약의 행간에서 일관되게 묘사하고 있는 사회와 인간의 모습과 인류사에 담긴 그 역사를 읽어 보면, 인간이 죄성을 통해서 만들어 낸 사회에서 저마다 까닭 없이 서로에게 악의를 쏟아 낸다는 것을 쉽게 알 수 있다. 그렇기에 그것에 노출되는 것이 일반적인 상황이고, 그곳에서 벗어나게 해 주시는 것을 우리는 '기적'이라 부른다.

늘 언제나 그런 기적이 일어나면 좋겠다. 감사하게도, 그것이 불가능하지 않다. 야베스도 그러한 기적을 삶에서 겪었고, 시련을 겪기 전의 욥, 그리고 시련 이후 욥의 삶도 늘 기적이 함께하는 삶이었다. 하지만 애석하게도 모두에게 늘 기적이 일어나지는 않는다. 그랬다면 그것을 기적이라고 부르지 않고 자연 현상이라고 불렀을 것이다. 하지만 이 대목에서 우리는 성경이 분명하게 말한 것, 하나님이 분명히 말씀하신 것에 집중하고자 한다. 한 가지 분명한 점은 시련을 겪는 대상을 정죄하고, 하나님이 말씀하시지 않으셨음에도 불구하고 그 시련의 이유를 넘겨짚는 것은 거대한 악이며 하나님이 가증스럽게 여기신다는 것이다. 인생에 찾아온 시련을 연유로 하나님께서 우리를 버리셨을지도 모른다는 걱정은 전술했듯, 아직 신앙의 많은 부분이 비밀이던 구약 시대의 사람들이나 할 만한 고민이지, 은혜의 시대를 살아가는 우리 현대 그리스도인에게는 전혀 어울리지 않는다.

욥의 친구들이 욥에게 그리했다가 징벌받을 뻔했고, 예수께서 십자가를 지시는 이유를 "하나님이 벌주셔서 그러하다"라고 넘겨짚다가 멸망한 다수의 이스라엘 백성도 그런 실수를 저질렀다. 이것이 악한 행위인 것은 비단 그 대상에게 아픔을 주기 때문이거나, 공허하게 누군가를 정죄하기 때문만은 아니다. 이는 근원적으로 하나님만이 재판관이심을 부정하는 것이 되기에 문제가 된다. 그런데 그 모든 것을 알고 있는 우리가 같은 실수를 저지르니 이 어찌 된 일인가? 이렇게 하나님의 역할을 대신하여 타인을 심판하는 듯한 태도를 정당화하는 것에 종종 오용되는 서신서가 있다면 단언 야고보서이다. 하지만 정작 야고보서에는 우리 자신을 스스로 재판관의 위치에 올리지 말 것을 권면하는 분명한 메시지가 담겼다.

> 형제들아 피차에 비방하지 말라 형제를 비방하는 자나 형제를 판단하는 자는 곧 율법을 비방하고 율법을 판단하는 것이라 네가 만일 율법을 판단하면 율법의 준행자가 아니요 재판자로다(약 4:11)

결국 이 모든 복잡한 이야기를 요약하자면, 성경이 그 불행이 발생한 이유에 대해 명확히 말하지 않으니, 디나가 불미스러운 사건에 피해자가 된 것에 잡다한 이유를 붙이지 말자. (후에 벧엘로 향하기 전에 야곱이 자기 일족에 있던 우상을 제하여 버리는 장면이 나오지만, 성경은 그것을 디나가 겪은 아픔의 원인으로 지목하지 않는다. 이 부분은 다음에 자세히 다루도록 하겠다). 이러한 행동 양식은 결국 욥 친구들의 비이성적인 행위와 다를 것이 없다. 하나님도 대면하고 큰 승리를 얻은 자의 삶은 탄탄대로여야 할 텐데, 누구나 두려워할 만한 일이 벌어졌다.

그러니 야곱이 되었건, 그 가족이 되었건, 사람들이 귀책 사유를 찾아서 매도하는 것이다. 욥의 친구들이야 욥이라는 걸출한 의인을 대상으로 그러하였기에 결국 회복한 욥에게 용서받았지만, 우리는 과연 누구에게 용서를 구해야 하겠는가?

현대에도 이런 욥 친구들의 행위를 답습하는 경우가 많다. 사실 이는 우리 죄성에 근거하였기 때문에, 본능에 가깝다. 각종 안타까운 사고와 테러가 발생했을 때, 기독교 내에서 "죄를 지어서 그래", "기도를 안 해서 그래", "신앙생활이 잘못됐다"라는 식의 매도가 얼마나 많이 발생하는가? 그런 성경적이지도 않고, 사회적으로도 용납할 수 없는 언행은 성경의 인물들을 함부로 평가하는 것에서 배어 나온 습성이 아니겠는가? 성경의 인물들이야 지금, 이 순간 하나님과 함께 아무런 걱정도 문제도 없이 지내겠지만, 하나님만은 듣고 계신다. 하나님만은 알고 계신다. 그리고 하나님은 당신의 울타리로 들어온 자를 '자녀' 삼으신다. 아마 이 부분에 대해서 예수께 여쭤 본다면, "너희가 악한 자라도 자녀가 억울한 소리를 듣고 명예가 훼손되는 것을 참지 않거늘 하물며 하늘에 계신 너희 아버지겠느냐?"라고 답하시지 않을까?

그렇다면 디나의 이야기는 어떻게 이해하면 좋을까? 디나에게 왜 그런 비극이 일어났는가? 우리는 하나님의 울타리를 언급하며, 그리고 은혜의 영역에 해당하는 것들을 다루면서, 하나님이 가지신 재판관의 역할을 감히 침해하지 말자고 결론 내렸다. 하지만 그렇다고 해서 주님이 주신 판단력과 지성을 동원하여 일어난 일에 대해서 고찰하고 연구하지 말라는 의미는 아니다. 성경은 지혜와 지성 등을 주님이 주신 선물로 묘사한다. 또한 그것을 활용하기를 권장한다. 따라서 반지성주의는 성경이 추구하는 바가 아니다. 그렇기에 디나의 이야기를 다룰 때 그간 빈번하게 동원되었던 영적인 관점과 신앙적인 관점, 즉 하나님의 영역을 침해할 공산이 있는 부분을 제외하고 한번 살펴보자. 그리하여서 오롯이 당시 사회상과 인물들에게 집중해서 살펴보면, 상당히 이질적인 이야기임을 알 수 있게 된다. 우리가 보편적으로 알고 있던 디나의 이야기와는 사뭇 다른 그런 이야기. 사랑 이야기이기도 하고 문화적 차이에 관한 이야기도 한 묘한 이야기가 그려진다.

청혼 그리고 할례

> 그 마음이 깊이 야곱의 딸 디나에게 연련하며 그 소녀를 사랑하여 그의 마음을 말
> 로 위로하고 그 아비 하몰에게 청하여 가로되 이 소녀를 내 아내로 얻게 하여 주
> 소서 하였더라(창 34:34)

히위족의 족장 세겜은 디나를 향한 깊은 사랑에 빠졌다. 그래서 자신의 아
버지이자, 전 족장이었을 하몰에게 결혼에 대한 허락을 구했다. 이는 단순히
첩으로 들이는 것이 아닌, 정실부인으로 맞이하겠다는 의미다. 그렇지 않고
서야, 족장의 권한을 사용해서 그저 첩으로 삼으면 되는 것이지, 아버지에게
저렇게 부탁할 리가 없기 때문이다. 게다가 디나와 결혼할 수 있도록 도와달
라고 간청한다. 그 도움이라는 것은 야곱의 진영에 함께 가서 혼담을 전달해
달라는 것이다. 이는 현대 외교로 치면 만나는 당사자들의 격을 맞춘 것이
된다. 세겜이 야곱을 족장 대 족장으로 자신과 동급의 사람으로 여긴 것이
아니라, 아버지 하몰과 격이 맞는 손윗사람으로 대하고 있는 장면이다. 하몰
은 이에 동의하고, 정식으로 혼담을 전하기 위해서 세겜과 함께 야곱의 진영
으로 향한다.

> 하몰이 그들에게 이르되 내 아들 세겜이 마음으로 너희 딸을 연련하여하니 원컨
> 대 그를 세겜에게 주어 아내를 삼게 하라 너희가 우리와 통혼하여 너희 딸을 우리
> 에게 주며 우리 딸을 너희가 취하고 너희가 우리와 함께 거하되 땅이 너희 앞에
> 있으니 여기 머물러 매매하며 여기서 기업을 얻으라 하고(창 34:8-10)

세겜과 하몰은 야곱에게 이르러 혼담을 전한다. 당시의 예에 따라서 지참
금을 전달해야 했는데, 그들은 지참금뿐만 아니라, 아예 두 부족을 합치자고

한다. 그러니까 야곱의 일파가 세겜의 땅에 정착하는 것까지 제의한 것이다. 지금으로 치면 이런 얘기이다.

"보아하니, 당신에게도 다수의 젊은 아들들이 있군요. 디나 한 명만 내 아들 세겜 하고 혼인하게 해준다면, 우리는 당신 아들 모두에게 딸을 주겠습니다. 그래서 이참에 아예 집안을 합칩시다. 듣자 하니, 최근 하란에서 와서 아직 근거지가 없 다고 하던데, 내 아들 세겜이 다스리는 땅이 넓으니, 멀리 갈 것도 없이 이곳에서 함께 지내면 어떻습니까?"

이는 매우 파격적인 조건이다. 노동력이 귀했던 고대, 특히 여성은 매우 귀중한 인적 자원이었다. 그렇기에 딸을 혼인시키는 가문에는 손실, 아들의 가문은 수혜를 본다는 인식이 있었다. 이는 우리 언어 습관에도 그 흔적이 남아 있다. '시집을 보낸다'라는 말은 그 말대로, '남편의 집에 보낸다'라는 순 우리말이다('媤집'은 우리말 '시-'를 표현하기 위한 음역자 媤에 집을 더한 단어다). 따라 서 그 '손실'을 보전해 주기 위해서, 며느리를 맞이하는 쪽에서 '지참금'을 마 련했다. 그런데, 히위족의 족장이 야곱의 족속에게 제안한 파격적인 조건을 표로 정리하자면 이렇다.

	야곱 족속	히위 족속
제안	디나	다수의 딸 (야곱의 며느릿감)
지참금	없음	세겜에 정착할 수 있는 권리

[히위족이 야곱 족속에게 제안한 혼인의 조건]

히위 족속의 셈법에 따르면, 디나 한 명의 '가치'는 자신들의 여인 여러 명 과 세겜의 많은 땅과 같다는 말이다.

이러한 제안을 받은 야곱은 잠시 자리를 피한다. 이에 야곱의 아들들이 선수를 친다. 히위족이 제안한 지참금 격 조건에 더해, 히위족 모든 남성이 할례받기를 요구했다(창 34:14-18). 할례란, 지금의 포경 수술과 그 형태가 비슷하다. 하지만 의학적 기술이나 도구의 발전이 현대의 그것과 비교도 할 수 없이 조약 했던 당시, 이는 상당한 대수술이었다.

당시 수술 도구는 메스는커녕 현대 기준으로 보기에 조잡하기 그지없는, 날카롭게 쪼개거나 간 돌, 혹은 기껏해야 조악하게 만든 금속제 뭉치였다. 실제로 이 시기에서 5세기 후대의 인물인 모세 아내 십보라도 돌칼로 그의 아들에게 할례를 했다(출 4:25). 게다가 유효한 살균 소독의 방법이나 진통제, 마취제, 지혈을 위한 깨끗한 거즈, 솜 등도 없었다. 사정이 이렇다 보니, 현대 포경 수술 이상의 결단이 필요했다. 하나님의 사람 모세도 자녀들에게 할례 하는 것을 주저했을 정도였다. 이러한 야곱의 아들들의 요구는 사실상 결혼에 대한 거절이라 봐야 할 만한 것이다. 할례를 이행하면, 세겜의 행위로 인해서 원한을 가진 야곱 일파가 그들을 공격할 것이 불 보듯 뻔했다. 그렇지 않더라도 그런 군사적 공백기가 발생한다면, 여타 부족의 침입을 겪을 위험도 있었다.

하지만 세겜과 하몰은 그것을 흔쾌히 받아들이고, 세겜 성으로 돌아가, 그 요구 조건인 할례를 곧바로 이행했다(창 34:24). 창세기 기자도 이에 대해서 어떻게 설명해야 할지 당황했던 것만 같다. 단순히 사랑에 눈이 먼 청년의 바보 같은 실책이라 치부할 수 없다. 세겜이 하몰의 집에서 "가장 존귀(כבד, 카바드, 존재감이 무거움/영광스러움)하다"(창 34:19)라는 표현처럼, 그는 명예, 인망, 지위, 능력에서 부족함이 없는 부족의 장이었다. 그가 그런 바보스러운 실책을 저지를 만큼 그 능력 면에서 부족한 자였다면, 그 약육강식의 땅 가나안에서 족장 지위를 유지하지 못하고 진작에 그 가문이 멸망했을 것이다. 게다가 그의 아버지이자 전 족장 하몰의 존재도 있다. 따라서 하몰까지도 판단상 심대한 실수를 저질러야 했다. 만약 하몰 마저 심대한 판단상의 실수를 저질렀다고 치부한다면 얘기는 한층 더 이상해진다. 히위 족속 전부가 할례에 동참하는 결정을 내렸기 때문이다. 세겜 성에 거주하던 히위도 대단한 부족이며 거대한 세력이었기에, 체계가 있었을 것이고, 당연히 그 내부에 뛰어난 조언가와 가신이 존재했다. 하지만 히위족 내부 그 어떤 존재도 의심하지 않고 위험천만하고 고통스러운 할례를 이행했다.

이야기가 여기까지 오니까, 이 모든 내용이 부자연스럽다. 우리말 성경에 따라서 이야기를 종합하자면, 디나에게 성범죄를 저지른 세겜이 갑자기 그녀에게 깊은 사랑에 빠진다. 그녀를 위로한 세겜은 아버지 하몰에게 그녀를 정실부인으로 들이고 싶다며 결혼 허락을 구한다. 그리고 야곱의 승낙도 받기 위해서 아버지 하몰과 함께 야곱을 찾는다. 그 메시지에는 그 어떤 사과도 없었다. 그저 세겜이 디나를 얼마나 사랑하는지에 대한 호소와 파격적인 지참금 격 제안이었다. 게다가 거절해야 마땅한 할례까지도 흔쾌히 승낙하고 어떠한 고민도 없이 바로 위험천만하고 고통스러운 그것을 자기에게 속한 모든 남자에게 이행한다.

이런 흐름에 이상함을 느낀 것은 우리 현대인들만은 아닌 듯하다. 자기들 시조의 이야기를 자세히 관조한 유대 전승에 따르면, 디나의 이야기는 상당히 톤이 다운된 상태로 전해진다. 우리 성경은 디나가 당한 일을 "끌어들여 강간하여 욕되게 하고"(34:2)라고 번역하고 있는데, 성경 원어인 히브리어로는 이 문장이 중의적이고 다소 모호한 의미를 담고 있다는 것에 주목하여, 히위 족속은 "부당하게 그녀의 신체상의 자유를 빼앗고(제압하고), 사회적으로 모욕감을 주는 언행을 하며 무례하게 대했다"라고 해석한다.

이런 견지를 유지하고서 재해석하면, 당시 야곱 부족의 입장에서의 이 사건은 히위 족속이 외부에서 이주해 온 디나에게 아주 무례한, 야곱 부족의 문화로는 도저히 이해할 수 없는 행위를 한 것이 된다. 그들은 그녀의 자유를 박탈하고, 그 과정에서 '사회적으로 모욕감'을 느낄 만한 예의에 어긋난 강압적 태도로 세겜 성에 가둬 놓은 것이다. 그래 놓고 디나와 혼인을 하겠다며 허락받으러 야곱에게 찾아온 이야기가 된다. 실제로 세겜과 하몰이 결혼 제의를 하는 시점에 디나는 세겜 성에 억류된 상태였기에, 제법 설득력이 있다.

유대 전승이 이러한 방향으로 세겜 사건을 해석한 이유는 단순히 성범죄라는 것이 대단히 충격적이라거나 자기들 시조의 명예가 실추된다는 지극히 옛적인 관점 때문만은 아닐 것이다. 이후에, 그들이 세겜 성에 자행한 폭력을 합리화시키려면 오히려 그런 방향으로 부풀리는 것이 명분 확보에 유리함에도, 그들이 이러한 방향으로 해석한 것은 성경 지면상으로 이 사건을 성범죄로만 특정해서 보기에는 이상한 부분이 거듭 등장하기에 그렇다. 사실 성경의 맥락을 자세히 살펴보면, 성범죄뿐만 아니라 어떤 의도적인 무례도 존재했다고 보기 어렵다.

물론 야곱은 당시 이름을 날리던 세력의 장, 에서의 동생이다. 세겜이 애초 디나에게 어떤 범죄적 무례를 범할 때는 그 사실을 알지 못했다가, 뒤늦게 디나가 야곱의 딸임을 깨닫고, 야곱과 에서 형제의 원한을 살까 봐 두려워서, 자기 잘못을 좋은 조건의 나열로 만회하려고 했기에 부자연스러운 장면이 발생했다고 생각할 수도 있다.

하지만 만일 세겜이 야곱을 진정 두려워했다면, 야곱이 얼마든지 하몰과 세겜을 그 즉시 죽이거나, 억류하여 포로로 잡을 수 있다는 것에 전혀 대비하지 않은 것이 설명이 안 된다. 그렇다. 세겜에게는 야곱의 일파가 당연히 가졌을 원한을 두려워하는 기색이 없다. 아니 야곱이 원한을 가질 것이라고 상상조차 하지 못하는 듯 행동한다. 곧바로 아버지까지 모시고 야곱에게 찾아갔다. 그리고 두 민족이 하나가 되자고 제안한다. 확실한 안전 장치 없이 말이다. 게다가, 온갖 예의는 다 차리고 저자세로 나오면서도, 디나를 억류한 것에 대해 그 어떠한 사과의 말도 없었다. 그렇기에 너무나 이상한 이야기가 된다.

그가 어떠한 형태로든 디나에게 범죄를 저지른 것이 맞다면, 야곱 일파가 자기들에게 악의를 품고 있을 거라고 예상했어야 한다. 적어도 할례라는 위험천만한 요구 조건에 대해서 의심을 했어야 자연스럽다. 물론 표면상으로 드러나지 않은 여러 정치-외교적 셈법과 다양한 변수가 존재했겠으나, 이야기 내내 야곱의 일파가 원한과 적의를 가질 것이라 예상하지 못하고서 행동한 것은 영 석연치 않은 부분이다.

야곱의 부족을 우습게 보기라도 했을까? 아니다. 그럴 수 없다. 만약 그랬다면, 하몰과 세겜, 히위족의 전 족장과 현 족장이 직접 찾아오는 예의를 보일 필요가 없었을 것이다.

이쯤 되니까 세겜은 자신이 행한 행위가 야곱의 부족이 보기에 '부당하게 그녀의 신체상의 자유를 빼앗고, 사회적으로 모욕감을 주는 언행을 하는 무례한 행위'라는 것을 아예 인지하지 못하고 있는 것처럼 보인다. 오히려 좀 과하게 말하면, '선의'를 가지고 행동하고 있는 것만 같다. 하나의 사건에 대해서 이 정도 수준의 견해차가 발생하는 것, 상대의 의도를 완전히 오인하는 것이 가능한 것은 '문화' 차이 정도가 아니면 설명이 안 된다.

야곱 부족과 히위 족속 사이에 심대한 문화적 차이와 관습 차이의 존재가 이 갈등이 발생한 주된 이유라면, 이 세겜 사건은 예전에 야곱이 하란 땅에서 경험한 문화 차이의 형태적 반복이며, 창세기의 첫 독자인 출애굽 한 이스라엘 백성이 경험하고 있는 이집트-토라의 문화 차이, 그리고 토라와 가나안 및 광야 민족들과의 문화 차이의 은유가 된다.

이 모든 정황을 종합하면, 이야기는 이렇게 된다. 세겜이 아무런 문제 의식도 보이지 않고 야곱에게 디나와 혼인하고 싶다며 정식으로 청혼하는 장면과 야곱의 자녀들이 혼인의 조건으로 내세운 받아들이기 힘들고 위험한 '할례'라는 조건을 제시했을 때 흔쾌히 동의한 것은 어쩌면 야곱 일족의 관점에서는 '범죄'나 대단한 '무례'였던 디나에게 행한 행위가 히위 족속 입장에서는 '정상적인 혼인'의 과정이며 '선의'를 표현하는 방식이었을지 모른다. 마침 이런 추측에 근거가 될 만한 역사적 정황과 성경의 기록이 있다. 살펴보도록 하자.

납치혼

과거 중앙아시아나 중동의 유목민들뿐만 아니라, 고대 그리스 및 지중해 연안 국가들 사이에서도 횡행하던 관습이 있었다. 바로 '납치혼' 혹은 '약탈혼'이다.

먼 훗날의 내용인 사사기 21장을 살펴보자. 이스라엘 지파들이 하나님 앞에서, 이스라엘 연합체에 심대한 배신을 저지른 베냐민 지파에는 딸을 시집보내지 않겠다 맹세한 장면이 나온다. 그 맹세를 연유로 결국 자녀를 생산하지 못해 멸절당할 위기에 처한 베냐민 지파로 인해 당시 사회에 문제가 생긴다. 하나님 앞에서 맹세한 터라, 그것을 철회하고 베냐민 족속에게 자녀들을 혼인하게 할 수 없었다. 이를 두고 고민하던 이스라엘 지파들은 결국 베냐민 지파를 위해서 야베스 길르앗을 공격하는 형태의 약탈혼을 자행한다(삿 21:6-14). 그것으로 많은 베냐민 남성이 결혼할 수 있었는데, 그런데도 여전히 결혼하지 못한 베냐민 지파의 남자들이 있자, 실로에서 열리는 축제, 추측건대, 젊은 남녀가 혼인을 위해서 모이는 무도회와 같은 축제에 이스라엘 백성은 자기 딸을 보내어 '납치'당하게 했고, 그런 '납치혼'으로 베냐민의 남자들이 결혼하도록 한다(삿 21:19-24).

이 납치혼은 이를테면 짜고 치는 고스톱으로서, 베냐민 지파에 딸을 주지 않겠다는 맹세를 어기지 않으면서 그들에게 시집보내기 위함이었다(삿 21:22). 따라서 만일 그 여성의 가족이 나와서 반대하며 따지는 척을 하면, "여러분께서 마음대로 따님을 시집보내는 것이 아니니, 하나님께 드린 맹세를 어긴 것이 아니게 됩니다"라고 답변하라고 미리 베냐민 부족의 사람들에게 일종의 '대본'을 전달해 줬다. 애초에 그곳에 딸을 보낸 자들도 내부적으로 다 혼인의 결정을 내렸으니 문제 될 것이 없었다. 그리고 공교롭게도 그 '짜고 치는 고스톱' 축제가 열렸던 실로라는 장소는 세겜, 그러니까 히위 족속들의 땅과 인접한 곳이다. 본디 이스라엘 백성에게는 그런 풍습은 없었다. 이는 가나안에 정착한 이스라엘 백성들이, 사사 시대라는 혼란기에, 그곳 백성들의 문화를 일부 수용한 결과일 것이다.

만일 그 아비나 형제가 와서 우리에게 쟁론하면 우리가 그에게 말하기를 청컨대 너희는 우리에게 은혜를 베풀어 그들을 우리에게 줄찌니라 이는 우리가 전쟁할 때에 각 사람을 위하여 그 아내를 얻어 주지 못했고 너희가 자의로 그들에게 준 것이 아니니 너희에게 죄가 없을 것임이니라 하겠노라 하매(삿 21:22)

따라서 세겜이 디나에게 행한 것은 그 지역에 이러한 풍습, 그러니까 납치혼에 가까웠을 터이다. 그러한 견지에서 세겜과 하몰의 이후 행동을 본다면 이상한 점이 설명된다. 창세기에 디나가 히위 족속들의 여인들을 보러 나갔다(창 34:1)고 되어 있는데, 이를 사사기 시절 실로에서 있었던 혼인을 위한 무도회와 같은 축제나 모임이 있었고, 이 사실을 모르는 디나가 단순한 축제라 생각하여 합류했다 한다면, 세겜은 디나가 그 자리에 있음을 보고서 디나와 야곱의 일족이 히위 족속의 '짝을 찾는 축제' 내지는 '납치혼'에 동의한 것으로 오해했을 공산이 크다. 따라서 디나의 의사에 반하여 '납치'하고도 원한을 샀을 것이라고는 생각하지 못한 것이 된다.

그렇다면 세겜이 디나를 '위로'한 것(창 34:3)은 전혀 다른 의미가 된다. 즉, 범죄를 저지르고 사과하는 장면이 아니라, '짝을 찾는 축제'의 '납치' 과정에서 과도하게 '놀란' 혹은 '당황한' 디나를 달랜 것이 된다. 그렇기에, 그 달래는 행위의 연장선에서 세겜은 바로 아버지를 모시고서 야곱에게 청혼하러 왔다. 그 과정에서 특별히 사과의 메시지를 전달하는 장면이 등장하지 않는 것도 설명된다. 세겜은 야곱에게 원한을 샀을 거라고는 생각하지 못했을 것이기 때문이다. 그리고 자신이 디나를 '납치'했음을 전달하며, 그녀와 결혼하고 싶다고 밝힌다. 그리고 내친김에 히위족과 야곱의 부족을 하나로 합치자고 청약한 얘기가 된다.

따라서 세겜은 자신의 행위가 자신의 문화권에서는 상식이자, 짝을 찾는 절차에 불과하니, 야곱도 그렇게 이해하고 있을 것이라, 혹은 이해해 줄 것이라 넘겨짚은 그 문화적 무지로 인하여, 기꺼이 할례를 하는 조건에 동의한 것이 된다. 그렇게 세겜과 하몰 나름대로 할례라는 풍습을 받아들이므로 야곱의 부족을 존중한다는 뜻을 내비친 것으로 생각했던 것이다.

문제는 야곱의 일파가 그것을 볼 때, 그것이 디나를 납치하고 포로로 사로잡아 억류한 상태에서 정식 혼인을 하자고 제의하는 것이라는 점이다. 이는 협박으로 보이기까지 한다. 제아무리 부드러운 말과 정중한 태도를 보인다고 한들 받아들이기 어려웠을 것이다. 더욱이 야곱 일파는 그렇게 듣기 좋은 말을 하면서 뒤에서 음모를 꾸미는 자를 알고 있다. 라반이었다. 그 밑에서 20년이나 고생했으니, 이 세겜이 그리 좋게 보일 수가 없다. 앞에서 세겜과 하몰이 뭐라 떠들든 간에, 야곱의 아들들 입장에서는 의사에 반해 '감금'하고 '억류'하는 대우를 받아야 하는 것은 오직 심대한 죄를 범한 범죄자밖에 없다. 게다가 세겜의 의도가 어떠하든 간에, 그것이 디나에게 피해를 준 사실은 변하지 않는다(창 34:27).

그렇다면 세겜은 천성적으로 특별히 악한 존재라기보다는, 법의 울타리와 도덕적 법칙이 부재한 상황에서 그러한 것들을 타인과의 문화적 차이를, 사상적 차이를 고려하지 않은 채, 자신의 관습에 따라 행동하고, 상대방에도 그것의 수용을 강요한 자이다. 하지만 제아무리 많은 사람이 행하는 관습이라고 하더라도, 그것이 옳은 일이 되는 것은 아니다. 모든 사람에게 괜찮은 일이 되는 것도 아니다. 성경적인 관점에서 선과 악은 결국 하나님께서 결정하실 일이기에 그러하고, 그저 인간적인 관점에 따른다고 해도 나의 정의와 나의 문화적 방식을 남에게 강요하는 것은 결코 정당한 행위가 아니다.

이런 견지에서 세겜의 실책과 파멸의 근원은 결국 자기가 원하는 것만을 관철하려는 자기중심적인 태도였다. 디나에게도 그러했지만, 그가 세력을 합치자고 제의하면서도 야곱 부족의 마음이 어떠할지는 헤아리려 하지 않았다.

오랜 시간 가나안에서 지내 그런 관습을 알고 있었던 야곱에게 세겜의 행동이 그저 분노를 일으킬 일이었다면, 당시 상대적으로 더 문명화한 동방의 땅에서 나고 자란 야곱의 자녀들에게 그 사건은 이해할 수 없고 절제할 수 없는 격분을 불러일으킬 만한 사건이었다. 이러한 견지에서 이 장면은 과거 야곱이 형 에서를 피해서 동방 사람들의 땅에 진입하고 우물가에서 겪었던 문화적 차이의 반복이며, 또한 그것이 최악의 방향으로 폭발하는 장면이 된다. 야곱의 선대, 아브라함과 이삭도 터전을 떠나 떠돌며, 문화적 차이로 인한 충돌과 고대 국가들에 산재한 악습들로 인해서 부당한 처우를 받기도 했고, 범죄의 대상이 되거나, 사유 재산을 빼앗기기도 했으며, 아내를 자기 아내라 부르지도 못하는 상황에 부닥치기도 했다. 그때마다 다행히도 하나님께서 은혜의 울타리로 지키셨지만, 애석하게도 디나의 경우에는 세겜 사건에서 그런 울타리가 없었다.

세겜이 납치혼을 이행하거나 짝을 찾는 축제에 참여한 것으로 해석한다고 해서, 세겜을 무죄한 존재나 선한 존재로 만들지 않는다. 다시 말해 그를 변호하는 것에는 도움이 되지 않는다. 현대 법정에서도 '부지'(몰랐다)라는 사실이 과실을 덮지 못하듯, 율법의 관점(레 5:3, 18), 더 나아가 하나님의 관점에서도 이 기준은 그대로 동일하다(눅 12:47-48; 롬 1:19-20). 그가 부지중에 벌인 일이라 하더라도 그 과정에서 디나와 그를 사랑하는 가족원들이 피해를 보았고, 상처를 받았다. 게다가 그것은 그가 자기중심적인 사고를 탈피하고 디나를 존중했다면 일어날 수 없는 일이었다. 그에게 있어서 변명은 문화와 관습에 따른 것이라고 하겠지만, 결코 그것은 그의 죄를 없이 하지 못하며, 디나에게 무조건적 수용을 강요하며 이해하고 넘어가라 요구할 수 없다.

그렇다면 세겜이 납치혼을 이행했다는 가능성을 통해서 이 이야기를 살피므로 얻을 수 있는 효익은 무엇인가? 이는 오늘날 성경을 읽는 우리 그리스도인에게 경고가 된다. 세겜의 악행을 그저 그가 특별하게 악한 존재였기 때문이라 규정한다면, 우리는 이야기를 멀찍이서 관찰하는 방관자 입장이 된다. 그 어떠한 교훈도 얻지 않을 '자유'를 누릴 수 있다. 하지만, 세겜이 악의를 가지고 있지 않으며, 그저 자신의 문화권에서 늘 해 오던 '관습'을 이행한 자로 규정한다면, 이 말은 우리도 얼마든지 세겜의 입장이 될 수도 있다는 소리가 된다.

나도 누군가에게 별다른 '악의'를 품지 않고도 치명적인 상처를 입히고 원한을 살 수 있으며, 누군가에게 선의를 품고 행동했지만, 그것이 하나님이 보시기에 악할 수 있다는 교훈이 도출된다. 이는 세속 사회에서 영적인 의미로 문화적 갈등을 겪을 수밖에 없는, 천국 백성인 그리스도인들에게 더 치명적이다. 따라서 우리는 각종 악습과 관습으로 범벅이 되어 온통 어지러운 세상에서, 때로는 피해자가 될 수도 있고, 가해자가 될 수도 있다.

잠시 뒤에 더 자세히 다루겠지만, 구약 시대에 하나님의 백성이 되는 방편이었던 할례가 폭력을 위한 가장 효과적인 수단이 되는 것처럼, 우리의 전도와 종교 행위도 제아무리 선한 의도를 가졌다고 한들, 하나님을 아는 지식과 그 문화적 다름을 인지하는 능력이 부족하다면, 자칫 폭력의 양태로 전달될 수 있으며, 결과적으로 복음을 전하는 것에는 아무런 도움이 되지 않을 수 있다. 그리고 세겜이 그저 관습적으로 한 행위가 디나에게 상처가 되었듯, 우리도 세상 속에서 그런 피해자가 될 수도 있다. 또 한편으로는 우리가 종교인으로서, 습관적으로 하는 행위로 타인을 피해자로 만들 수 있다는 것은 우리가 뼈아프게 얻어야 할 세겜 사건의 교훈이다.

제안

히위 족속의 족장 세겜은 자기에게 부족을 물려주고 일선에서 물러난 아버지 하몰을 통하여 야곱에게 디나와 혼인을 하고 싶다는 의사를 밝힌다. 전 족장이자 집안 어른인 아버지 하몰을 통해서 정식으로 제의한다는 것은 이 혼인 제의가 젊은 족장의 치기 어리고 그저 단순한 감정으로 인한 제안이 아니라, 부족 대 부족의 연합을 위한 공식적인 제안이라는 것을 명백하게 하기 위함이다. 이런 견지에서 하몰은 일종의 공인된 증인 역할을 한 것이다.

현대인의 관점에서야 사람을 납치해 놓고, 어떠한 사과도 없이 무슨 예의인가 싶겠지만, 디나에게 한 행위가 세겜에게 있어서는 '납치혼'이나 '짝 찾기 축제'의 과정이었다면, 이후에 정중하게 예의를 차림으로 자신이 디나를 '납치한' 것이 그녀에게 수치를 주려 함이 아니라는 점을 분명하게 전달하기 위한 것으로 해석할 수 있다. 현대에 납치혼의 관습을 여전히 유지 중인 일부 나라들의 사례를 보면, 그 짜고 치는 '납치혼'의 과정에 많은 인력을 동원하여 그럴듯하고 요란하게 꾸미면 꾸밀수록, 새신랑이 새신부를 맘에 들어

한다는 표현의 방식이라 한다는 것을 고려했을 때, 세겜의 모순된 것으로 보이는 행위도 설명이 된다. 다시 말해, 세겜은 사과를 위한 예의가 아니라, 디나에게 행한 행위가 '납치혼'의 과정일 뿐이었다는 항변, 내지는 설득이었던다는 예를 보인 것이다. 게다가 하몰이 제시한 혼인의 조건은 파격적이었다. 그는 야곱의 일족이 가장 필요로 하는 것이 무엇인지 간파하고 있었다. 바로 '정착'이었다.

제시한 조건에서 큰 혼수와 예물은 오히려 사족에 가까웠다. 제안의 핵심은 '함께 거주하며, 기업을 얻고, 부족끼리 통합하자'는 조건이었다. 이는 야곱의 입장에서 패스트트랙, 즉 지름길에 해당한다. 야곱이 동방의 땅에서 적응하고 자리 잡는 데 20년의 세월이 필요했다. 그렇다면 홑몸도 아닌 한 무리의 부족을 이끌고 있는데다, 저마다의 개성도 대단한 자녀들도 거느린 야곱이 다양한 이해관계를 가진 부족들로 이미 포화 상태인 가나안에 자리를 잡는 데에 얼마나 많은 시간과 희생이 필요했겠는가. 게다가 세겜과의 사건은 가나안에서 에서와의 공존을 경험하기 전에 발생했다. 따라서 야곱의 부족은 당장 어떻게 가나안에서 적응해야 할지, 어디서 지내야 할지 막막하기만 한 상황이었다. 당장 중간 거점으로 삼고 있는 곳도 세겜의 세력에게 값을 내긴 했지만, 이해관계에 따라서 얼마든지 소유권 인정의 여부가 변할 수 있는, 사실상 오늘날의 임대인이나 세입자에 가까웠다. 따라서 당시 야곱이 자리한 곳은 그저 임시적인 거처, 자기가 활동하고 자랐던 남부 가나안으로 향하기 위한 중간 거점으로 보는 것이 자연스럽다.

그런 견지에서 히위 족속이 제시한 조건은 예수님이 겪으셨던 광야에서의 시험과도 닮아 있다는 점이 흥미롭다. 세상의 많은 존재는 하나님께서 어떠한 약속을 이행하시길 기대하며 인내로, 시련이 가득한 인생길을 걷는 대상에게 등장하여 지름길을 제안한다. 자기가 해결해 주겠다고 한다. 하지만 대부분 그 대상에게는 그러한 것을 줄 권한도 없고, 항구적으로 유지해 줄 능력도 없다.

40일이나 광야에서 주린 예수님께 마귀가 제안한 그 '지름길'은 이후 제자들이나 무지한 이스라엘 백성과 함께 감내하거나, 앞뒤로 꽉 막혀 답답하게 하는 종교 지도자들을 상대할 필요도 없고, 게다가 그 참혹한 십자가도 지지 않고 마귀의 항복 선언을 받아 내는 것이니, 퍽 매력적인 제안일 수도 있다. 만약에 예수님께서 다만 마귀와 싸워 이기는 것이 그분 공생애의 주된 목적이었다면 말이다.

> 순식간에 천하만국을 보이며 가로되 이 모든 권세와 그 영광을 내가 네게 주리라 이것은 내게 넘겨준 것이므로 나의 원하는 자에게 주노라 그러므로 네가 만일 내게 절하면 다 네 것이 되리라 예수께서 대답하여 가라사대 기록하기를 주 너의 하나님께 경배하고 다만 그를 섬기라 하였느니라(눅 4:5-8)

예수님 입장에서는 마귀를 깨부수고 망가트리는 것은 목표 축에도 못 드는 아주 손쉬운 일이었다. 예수님이 공생애 전반에 걸쳐서 주목하고 집중하신 것은 우리에게 하나님의 '자녀 삼으심'이 무엇인지 깨닫게 해 주시고 그것이 실효적으로 삶에 임할 수 있도록 하는 것이었다. 마귀가 제안한 지름길은, 그리고 인간과 세상이 내놓는 패스트트랙은 단어만 나열해 놓고 보면, '정석적인 길'을 걸어 이뤄 내는 성취와 대동소이한 결과를 약속하는 것처럼 보이지만, 실상 그 결과는 전혀 다르다.

예수께서 십자가 구원을 이루시는 과정에서 얻으신, 필설로 다 할 수 없는, 우리가 시작점에서는 감히 예상하지 못했던 것들이 있기 때문이다. 예수님이 마귀의 유혹을 물리치시고 직접 고르신 '느린' 길을 통해서 얻으신 대표적인 것은 '제자'라고 불리는 사람들이었다. 그리고 믿음의 선진들과 현대를 살아가는 우리를 포함한 그리스도인들이었다. 주께서는 그 모든 고난을 감수하셔서 우리를 얻으신 것을 당신께서 영광을 받으신 것으로 여기셨다.

> 세상 중에서 내게 주신 사람들에게 내가 아버지의 이름을 나타내었나이다 그들은 아버지의 것이었는데 내게 주셨으며 … 내가 그들로 말미암아 영광을 받았나

이다(요 17:6-10)

즉, 예수님은 그것이 단순히 마귀의 제안이기에 거절하신 것만이 아니라, 지상 공생애에서 마주하실 제자들과의 추억, 그리고 이 땅에서 그들과 함께 하실 모든 시간을 소중히 여기셨고, 그런 과정에서 어떤 고난과 수난을 겪더라도 다 감내하시려고 거절하셨다.

히위 족속이 혼담과 아울러 제시한 지름길의 제안에 대해서 야곱과 그의 자녀들은 동의할 수 없었다. 이들이 예수님처럼 그 과정에서 얻을 가치들을 미리 보고 결정한 것은 아니었다. 그들은 저마다 이유를 가지고 히위 족속의 제안에 동의하지 않았다. 야곱 자녀들의 경우에는 감정적인 측면이 강했다. 그 땅의 관습이건 문화이건 간에, 사랑하는 동생 디나의 의사에 반해서 '납치'를 해 놓고는 사과의 말도 일절 없이, 이것이 그들의 풍습이니 결혼하게 해 달라 요구하는 것을 용납할 수 없었다. 야곱 부족의 문화와 관습을 배려하지 않는 자들의 문화와 관습을 이해할 이유가 없다고 생각했다. 히위 족속들의 관점에서 그것은 청혼의 과정이었지만, 하란의 문화를 가진 야곱 자녀들로서는 불쾌하고 야만스러운 범죄에 불과했다. 게다가 디나는 여전히 세겜 성에 억류된 상태였다. 진정 야곱의 세력과 연합할 요량이라면, 적어도 디나를 풀어 주고, 또 무례에 대한 사과가 먼저라고 생각했을 것이다.

야곱의 경우는 비록 자기 자녀들과 같은 결론, 즉 거절이라는 결론을 내렸겠지만, 아들들과는 전혀 다른 이유에서였다. 이미 나이가 든 야곱에게 히위 족속이 제공한 지름길은 액면상으로 매력적인 제안일 수 있었다는 점은 분명하다. 하지만 돌베개에서 하나님을 대면했고, 얍복 나루에서 하나님과 씨름까지 했었던 야곱이 그리고 사람의 말에 기대할 때마다 매번 실망하고 배신당했던 야곱이, 히위 족속과 같은 자들의 약속 따위에 기대할 리 없다. 애초에 자기에게 가나안에서의 정착을 허용하실 것은 밤새 자신과 싸워 주셨고 또 자기 다리를 절게 하신 하나님이시지, 자기 형 에서는커녕, 외삼촌이자 장인인 라반의 세력에도 못 미칠 히위 족속이 아님을 야곱은 명확하게 알고 있었다.

게다가 두 민족을 하나로 합쳐서 정착하는 것에는 심대한 문제가 있었다. 바로 사랑하는 딸 디나의 의사를 묵살하고 희생시키는 형태로 이뤄졌는 것이었다. 그 제안을 수락한다면, 디나의 감정을 보듬어 줄 수 없고, 그저 그녀가 겪은 이해할 수 없는 불행을 "부족을 위해 감내하라, 너만 참고 넘어가면 모두가 행복할 수 있다"라며 강요하는 형태가 될 터였다. 약자를 희생시켜서 무언가를 이루는 것은 앞서 다룬 이삭의 삶에서도, 그리고 그간 야곱이 경험해 온 삶에서도, 하나님께서 그들의 삶 속에서 역사하신 방식에도 정합성을 이루지 못한다.

그리고 딸의 감정을 희생시키고 히위 족속의 조건을 수용하는 형태로 하나의 민족을 이루는 것을 통해 야곱의 일파가 얕보일 위험성도 있었다. 야곱 부족이 그들의 문화를 존중해 주는 포용적인 태도를 보인 자들로 이해되기보다는, 히위 족속의 위세에 눌려서 그저 따르는 존재들로 여겨질 가능성도 있었다. 이렇듯, 자녀를 희생하고 사회 약자를 희생해서 이루는 것들은 당장 어떤 효익이 있을 것이라 예상된다 한들, 결과적으로 그 가문과 민족 자체를 우습게 보이도록 만든다. 그렇기에 히위 족속들이 제안한 통혼을 통한 부족 통합을 이행한다고 하더라도, 그 통합된 부족의 문화나 풍습의 주도권을 히위 족속이 가져갈 것이 분명했다.

하나님은 야곱을 통해서 전혀 새로운 민족, 새로운 문화를 창조하시려는 것이지, 여타 큰 민족의 아류가 되길 원하지 않으셨다. 그러셨다면 아브라함을 본향에서 떠나게 하실 이유가 없었을 것이고, 훗날 이스라엘을 출애굽 하게 하실 이유도 없었다. 따라서 통혼을 통한 민족 통합은 논리 필연적으로 아버지 이삭의 하나님, 그리고 자신의 하나님이 역사하는 것을 통해서 살아온 야곱이 결코 선택할 수 없는 선택지였다.

다만 야곱은 자기 자녀들과는 다르게 곧바로 어떠한 결정을 내리거나 행동하지 않았다. 본문 상에서 볼 때, 야곱은 그 회담장에서 자리를 비운 것으로 보인다. 그사이에 야곱의 아들들은 야곱 몰래 세겜과 하몰에게 '할례'를 결혼과 두 민족이 하나가 되는 것을 승낙하기 위한 선결 조건으로 제시한다. 이 장면에서 야곱은 그간 그가 보인 행보로 미뤄 보아서, 무언가 판단을 내리고 행동하기 전에 하나님께 여쭙기 위해서 자리를 비웠을 것으로 보인다. 이는 성숙에 이른 하나님의 사람들이 보이는 행동 양식 중의 하나로서, 하나님께 묻지 않고 자기의 판단과 행동을 먼저 앞세우다 실각한 사울(대상 10:14)과 자기 권한 아래 있는 일이라도 늘 하나님께 여쭤보던 다윗(대상 14:10)의 대조로도 확인할 수 있다.

하나님의 사람은 아무리 자기 판단으로 분명해 보이는 일이라 할지라도, 자신의 판단을 의지하지 않는다(잠 3:5). 늘 하나님께 여쭤 가며 한 걸음 한 걸음 신중하게 내딛는 법이다. 하지만 그러한 야곱 내면의 사정을 이해하기에는 야곱의 아들들은 아직 육적으로나 영적으로나 성숙하지 못했고, 즉시 거절하지 않는 야곱의 모습을 단순히 세겜의 제안에 흔들리는 모습으로 오해했던 것 같다. 그렇기에 야곱의 아들들은 야곱과 상의하지 않고 음모를 꾸민다(창 34:13). 그런 경위로 이스라엘의 아들들은 세겜에게 할례를 요구한 것이다.

그런즉 이같이 하면 너희에게 허락하리라 만일 너희 중 남자가 다 할례를 받고 우리 같이 되면 우리 딸을 너희에게 주며 너희 딸을 우리가 취하며 너희와 함께 거하여 한 민족이 되려니와(창 34:15-16)

속여서 멸하다

성문으로 출입하는 모든 자가 하몰과 그 아들 세겜의 말을 듣고 성문으로 출입하는 그 모든 남자가 할례를 받으니라 제 삼일에 미쳐 그들이 고통할 때에 야곱의 두 아들 디나의 오라비 시므온과 레위가 각기 칼을 가지고 가서 부지중에 성을 엄습하여 그 모든 남자를 죽이고 칼로 하몰과 그 아들 세겜을 죽이고 디나를 세겜의 집에서 데려 오고 야곱의 여러 아들이 그 시체 있는 성으로 가서 노략하였으니 이는 그들이 그 누이를 더럽힌 연고라 그들이 양과 소와 나귀와 그 성에 있는 것과

들에 있는 것과 그 모든 재물을 빼앗으며 그 자녀와 아내들을 사로잡고 집속의 물건을 다 노략한지라(창 34:24-29)

하몰과 세겜은 야곱의 아들들이 요구한 할례를 곧바로 성실하게 이행했다. 그들은 야곱의 민족과 통혼하기 위해서 성문으로 출입하는 모든 자가 할례를 받게 했다. 이는 세겜의 영향력 아래 있는 모든 사람에게 할례를 받게한 것인데, 혼인의 대상자가 되는 자들만 추린 것이 아니다. 오히려 세겜이더 몸이 닳아서 야곱의 자녀들이 제안한 것을 아주 적극적으로 이행한 것이된다. 당시 할례가 하나님의 백성이 된다는 상징적인 의미가 있다는 것을 보았을 때, 표면적으로 이는 세겜 휘하의 히위 족속이 개종을 결심한 것으로도볼 수 있다. 창세기 기자는 이 부분을 족장 세겜이 디나를 향해 각별한 감정이 있다는 점, 또한 할례라고 하는 고대 의학 수준으로는 부담스러운 시술을강행할 수 있는 권력을 가진 자라는 점을 강조하는 예시로 활용했다(34:19).

하몰과 세겜, 그리고 그 휘하의 히위 족속의 남자들이 할례를 받고 삼 일째가 되어 여전히 통증에 시달리고 있었을 때, 시므온과 레위가 세겜 성을급습하여 모든 남자를 죽이고 혼인을 준비 중이던 디나를 데리고 돌아온다.그들이 세겜 성에 끼친 피해의 규모를 보건대, 단둘이 이 일을 행한 것은 아닐 것이고, 자기들에게 속한 종과 부족민들을 동원하였을 것이다. 디나의 안전이 확보되자, 대다수 야곱의 아들들이 세겜 성으로 돌입하여 약탈을 시작했고, 그곳에서 많은 가축과 재물뿐만 아니라, 히위 족속들의 자녀와 아내들마저 포로로 잡았다.

이렇게 세겜에게 속한 히위 부족은 하루아침에 궤멸하고 말았으며, 야곱부족은 별다른 피해를 보지 않았다. 따라서 단순히 전투 결과만 놓고 보면,이는 야곱 세력의 완벽한 승리였다. 하지만 실제 손익을 따지는 것은 더 복잡한 일이다. 세겜 수하에 속하지 않은 히위 족속은 그 일대에 넓게 포진하여 있었고, 분명 세겜과 다양한 이해관계나 혈연관계를 가진 가나안 족속들도 존재했었을 것이다. 하나의 민족을 하루아침에 멸절시켰다는 사실 자체는 난세의 가나안에서 특이할 일이 아니었을 것이다. 유혈이 낭자한 이야기는 난세에 흔해 빠지지 않았던가? 하지만, 그 멸절시키는 방식이 문제였다. 바로 속여서 멸했다는 점이다.

속여서 멸했다는 것은 힘의 논리가 지배하는 당시 관점에서는 현대의 그것보다 더욱 심대한 문제가 있다. 전략과 전술이라는 개념이 익숙한 현대에서야 전략조차도 그 세력이 가진 힘으로 여기지만, 고대의 전쟁에서는 오히려 야곱 세력의 나약함으로 해석될 여지가 있다. 전면전을 펼칠 힘이 부족하니까 잔꾀를 쓴 것으로 보이게 되는 것은 야곱의 세력을 지키는 것에 있어서 전혀 도움이 되지 않고, 오히려 불필요한 주의만 끌고 타민족들의 경계를 산다. 물론 애초에 제대로 된 군대를 갖추고 있지 않은 야곱의 세력이 성에서 수비하는 입장인 세겜의 세력을 정공법으로 공격할 수는 없었다는 점에는 이견이 없다. 야곱의 아들들의 방법이 세겜의 세력을 최소한의 전력과 피해로 멸절시킬 유일한 방법이었던 것 또한 엄연한 사실이다. 그리고 앞서 말했듯, 전과만 놓고 본다면, 아주 성공적인 군사 작전이었다. 하지만 이에 따라서 형성된 '후 상황'이 매우 좋지 못했다. 법도 도덕도 제대로 서지 못한 난세에서 약해 보인다는 것만으로도 대단한 위험이다.

신뢰의 문제도 초래했다. 직접적인 위력을 행사한 것이 아니라 속여서 멸했다는 것은 맹세와 계약이 사회적 규범이나 법을 대체하던 부족 시대에는 상당한 흠결로 여겨질 만했다. 당시에는 통용되는 국제적 법이 존재하지 않았기에, 도리어 상호 간 언약과 계약을 굉장히 중요시했다. 그리고 야곱의 자녀들은 바로 이러한 사회적 터부에 해당하는 것을 범하며 그것을 속임의 방편으로 사용하여 히위 족속을 도륙한 것이다. 그 결과, 주변 세력의 이목과 원한은 잔뜩 사 났으나, 그걸 통해서 발생할 적의에서 자기들을 지킬 무력을 증명하지는 못했다. 다시 말해, 야곱 자녀들의 행위로 인하여, 이후 야곱 세력은 적의를 품은 세력들의 군사적 도전을 받게 될 대단히 개연성 있는 상황에 부닥치게 된 것이다.

그리고 애석하게도, 야곱 세력에게는 당장 그러한 도전을 이겨 낼 군사력 따위는 존재하지 않았다. 그러한 것이 있었다고 한들, 압도적인 위력을 보이지 않는 한, 이제 피를 피로 씻는 끝 없는 증오와 보복의 굴레에 빠져들 수밖에 없었다. 따라서 야곱의 아들들이 전략을 사용했다는 것이 비겁하여서, 혹은 도덕적으로 비난받을 여지가 있기에 문제가 된다기보다는, 야곱 민족의 약함으로 비칠 공산 때문에 문제가 있었다.

실제로 야곱 민족은 객관적인 세력 자체가 약한 상태였다. 세겜 성에서의 행동으로 그것을 불필요하게 홍보하게 되었다. 이제 가나안 족속들은 야곱의 세력을, '힘은 없지만 잔꾀를 부려서, 틈만 나면 자기를 신뢰한 자들을 배신하는 자들'로 여길 것이 자명했다. 그리고 공교롭게도 그것은 과거 에서가 야곱에게 적의를 품었던 원한과도 그 양태가 유사했다.

야곱의 두려움

> 야곱이 시므온과 레위에게 이르되 너희가 내게 화를 끼쳐 나로 이 땅 사람 곧 가나안 족속과 브리스 족속에게 냄새를 내게 하였도다 나는 수가 적은즉 그들이 모여 나를 치고 나를 죽이리니 그리하면 나와 내 집이 멸망하리라 그들이 가로되 그가 우리 누이를 창녀같이 대우함이 가하니이까(창 34:30-31)

모든 일이 끝나고 나서야 야곱이 등장한다. 그리고 야곱의 반응을 통해, 이 모든 일을 야곱의 자녀들이 아버지이자 가주, 그리고 하나님의 사람인 야곱의 허가 없이 행했다는 것을 명확하게 알 수 있다. 다만 야곱은 모든 자녀를 책망하지 않았다. 오로지 살육전을 주도하여 벌인 시므온과 레위가 그 대상이 되었다. 야곱은 두 아들에게 그들의 행위로 야곱의 세력이 가나안 족속과 브리스 족속의 표적이 되었다고 한다. 그들이 연합하여 공격할 것이라는 두려움을 내비친다. 그러자 시므온과 레위는 세겜이 마치 범죄자처럼 디나를 납치하고, 그 자유를 빼앗아 억류한 것이 정당했냐며 따지듯 반문한다(31절).

우리말 성경(개역한글)은 이 발언을 "우리 누이를 창녀같이 대우함이 가하니이까"라고 번역했다. 하지만, 우리가 참고한 유대 전승과 정황을 모두 고려할 때, 창녀로 번역한 단어인 '짜나(זנה)'의 의미도 달라진다. 그 단어에는 불륜에 해당하는 죄를 짓거나, 신적인 존재에게 신실하지 못한 죄를 저지르는 등의 범죄자라는 뜻이 담겨 있다. 따라서 그 오빠들이 한 말은 그런 중범죄에 해당하는 죄를 범한 자들에게나 어울릴 만한 무례를 디나에게 자행한 것이 옳으냐는 반문이 된다. 세겜은 자신의 성에 디나를 억류하고 있으니, 세겜이 디나를 범죄자 취급하며 죄지은 사람을 대우하는 식으로 대했다는 표현은 적절해 보인다.

하지만 이는 반항과 야곱에 대한 존중의 결여 그 이상의 의미가 있지 않다. 야곱은 결코 세겜의 행위를 두둔하거나 옳게 여긴 적이 없었기 때문이다. 게다가 세겜의 사건에서 야곱은 자기 자녀들과 다른 견해를 가지고 있지 않았다. 지금까지 보여 온 야곱의 행보나, 전후 사정으로 미뤄 보건대, 야곱 또한 그런 통혼 계약을 받아들일 리가 없었을 것은 분명했고, 응당 디나의 억울함을 해소할 만한 정의를 요구했을 것이다. 따라서 야곱이 자녀들을 책망한 것은 청혼에 대한 의견의 불일치에 기반한 것이 아니었다. 이는 실상 과정과 절차의 문제였다. 그리고 그 문제에는 앞서 나눈 야곱 세력과 가나안 세력들 사이에서 발생할 다양한 갈등을 차치하고도 야곱의 자녀들과 그 세력이 가진 치명적 한계가 함의되어 있었다.

절차상의 문제란, 족장이자 가주인 야곱의 허가와 판단을 생략하고 그 자녀들이 임의대로 일을 처리했다는 점을 꼽을 수 있다. 이 자체로도 야곱의 위신에 치명적인 흠이 될 행위이며, 야곱 세력 내부 질서와 규율에 문제가 있다는 방증이다. 야곱은 라반에게서 독립한 지 얼마 되지 않았다. 어디까지나 야곱은 라반 휘하에 있던 존재였으며, 막 독립을 달성한 이 시점에 일파의 우두머리로서의 입지가 공고하지 않았을 것이다. 그리고 그러한 불안 요소가 이 세겜 사건을 통해서, 자기 자녀들로 인하여 드러난 것이다.

문제가 내재해 있다는 것과 그것이 외부적으로 드러나는 것에는 심대한 차이가 있다. 특히 다양한 부족민을 이끄는 야곱 입장에서, 자신의 위신과 체면이 정면으로 손상된 사건이 발생했다는 것은 향후 다른 이들도 그에게 도전할 위험이 생긴다는 것이기도 했다. 또한 이는 비단 야곱 개인만의 문제가 아니다. 어디까지나 야곱이라는 리더가 구심점이 되어서, 다양한 개성과 다양한 생각을 가진 자들을 하나의 세력권으로 묶고 있으니, 야곱의 권위 실추는 또한 이 결속의 끈이 느슨해지는 것을 의미하기도 한다. 이후 역사에서도 결국 이스라엘 지파들은 훌륭한 지도자가 부재할 때는 느슨한 연합체도 제대로 유지하지 못하고 열두 지파끼리 내전에 시달렸다는 것 또한 의미심장하다.

추가로 야곱은 일개 족장의 역할만 감당하는 자가 아니었다. 야곱은 당시 영적 지도자의 역할, 즉 당대 하나님의 사람이기도 했다. 따라서 야곱을 의사 결정에서 배제했다는 것은 야곱의 자녀들이 의사 결정을 하는 것에 있어서 하나님께 여쭙는 과정을 생략했다는 의미이기도 하다. 더욱이 야곱은 하나님께 여쭙기 위해서 시간을 가지려 했다. 야곱의 자녀들이 그 주께 여쭙는 시간을 존중하지 않고 임의대로 행동한 것은 야곱에 대해서 뿐만 아니라, 하나님에 대한 경외까지도 재점검해 봐야 할 내면적 문제가 있다는 방증이다. 이런 요소들로 인해서 야곱의 마음에는 자기 자녀들의 미래에 대한 불길한 예감이 형성되었을 것이다.

벧엘에서 하나님을 만나기 전까지 야곱은 일생을 자기 임의대로 행동했다. 하나님에 대해 알았어도, 그분의 뜻을 구하거나 그분의 때를 기다리기보다는, 행동부터 앞섰다. 마치 후대의 사울 왕처럼, 자신의 판단을 앞세워 먼저 행동해 놓고 일을 전부 망쳐 놓고 나서야 하나님을 찾는 못된 습관으로 자신의 인생과 가족, 그리고 모든 관계를 망치고 하란으로 도망했었다. 그리고 20년이나 부당한 종살이를 하면서 갖은 고생을 다 했다. 이윽고 성숙한 야곱은 더는 그런 삶을 살지 않게 되었다. 하나님을 만나고 난 다음, 야곱은 이제 철저하게도 하나님보다 앞서가지 않았다. 하나님께 먼저 여쭈었다.

하지만 애석하게도 야곱의 자녀들은 그러한 아버지의 신앙을 배우지 못했다. 야곱은 이제 그저 미달자가 아니다. 벧엘에서 하나님을 만났고 또 하나님과 씨름하고 이기면서 이스라엘이 된 그는 믿음의 민족의 시조이자, 그 반열을 따르는 자들을 위한 매뉴얼이 되었다. 그런데도, 그의 자녀들은 어째서 그의 신앙을 배우지 못했을까? 어째서 그를 닮지 못했을까? 어째서 야곱처럼 되지 못했을까?

위대한 영적 성숙을 이루고 하나님을 만난다고 해도 그 사람이 완벽한 존재가 되는 것은 아니다. 모든 것에 만능이 되는 것도 아니다. 특별히 자녀 양육에 있어서는 더더욱 그렇다. 정말 마음대로 되는 것이 하나도 없다. 제 마음에 담긴 것 하나 제대로 전달하지 못한다. 시간이 흘러 돌아보면, 내가 보여 주기 싫은 모습만 기억하는 자녀를 발견하곤 한다. 아픔 같은 것은 느끼게 하고 싶지 않아서 무척 조심했는데도, 그 소중한 마음에 상처를 입은 자녀를 마주하게 된다. 해 주고 싶은 말은 많고 많은 데, 나열해 보니 그저 잔소리가 되어 버린다. 뭐든 해 주고 싶은 마음은 바다와 같은데, 막상 준 것은 아무것도 없다. 하지만 부모와 자식 간에는 시간 제한이 존재한다. 아이는 시시각각 자라고, 부모는 하루하루 늙어 간다. 전해 주고 싶은 마음, 가르치고 싶은 것들, 나와 같은 실수를 반복시키지 않으려 알려 주고 싶은 것들은 많지만 쉽지 않다. 그래서 부모는 조급하다.

특히나 하나님과의 관계나 신앙 부분은 더욱 그렇다. 여호수아도, 엘리 제사장도, 사무엘도, 성경에 기록된 위대한 하나님의 사람들도 다 겪었던 일이다. 심지어 하나님과의 동행에 있어서 불세출의 모습을 보여 준 다윗도 자기 신앙의 정수를 지식과 지혜에서 둘째가라면 서럽다고 할 솔로몬에게조차 전해 줄 수 없었다. 훗날 나이 든 솔로몬은 이를 회오하며 다만 "너는 청년의 때 곧 곤고한 날이 이르기 전, 나는 아무 낙이 없다고 할 해가 가깝기 전에 너의 창조자를 기억하라"(전 12:1)라고 후대에 전할 뿐이었다.

이것의 근본적인 이유는 하나님과의 개인적인 관계를 맺어야 하는 신앙 속성 때문에 그러하다. 그것은 '전수'할 수 있는 지식이나 '증여'할 수 있는 비밀이 아니다. 근본적으로 그것은 살아가며 얻는 '성숙'의 결과이다(히 5:12-14). 그런데도 때로는 그리스도인들조차 오해하곤 한다. 바로 하나님을 아는 지식이나 신앙이나 믿음 따위가 전수될 수 있다고 말이다. 어떤 이들은 자기가 하나님에 대한 지식을 전수해 주겠다며, 그것을 빌미로 삼아 타인 위에 군림하려 한다. 자기 자신을 영적인 것들에 대한 선생이라 견지하거나, "영적 아버지"(godfather)라 자칭하길 주저하지 않는다. 어떤 성도들은 사람을 기대하며 그들을 통해서 하나님을 알려 한다. 신앙이라는 것을 얻으려 한다. 하지만 이러한 기대는 실현 가능성도 없고 상호 소모적 오해일 뿐이다.

내 자녀에게 내 신앙을 그대로 전수하려고 하는 시도는 그저 부모의 자책과 후회만 남기는 경우가 많다. 따라서 야곱의 자녀들이 현시점에서 그들 아버지와 같은 수준의 성숙에 이르지 못한 것에 대해서 야곱의 귀책을 논하는 것은 허무한 담론일 뿐이다. 하지만 그렇다고 한들 부모 입장인 야곱의 마음이 편할 리 없을 것이다. 이 세겜 사건의 후처리에 발생한 일들 자체가 야곱의 자녀들과 그 후손인 이스라엘 백성이 하나님과 어떠한 관계를 이뤄 나갈지에 대한 퍽 불길하고 암울한 암시인 것은 분명했다. 특히 이 장면은 야곱이 이스라엘, 곧 민족의 시조가 된 뒤 처음 벌어진 위기이기도 했다. 이때부터 이미 야곱은 이스라엘로 여겨지고 있으며, 그 자녀들은 훗날 영육 간에 이스라엘 민족을 구성하는 각 지파의 대표가 된다. 그들의 습성과 그들이 남긴 선례는 기묘하게도 이후 그들의 이름을 딴 이스라엘 지파들의 역사에도 고스란히 이어진다는 부분에서 야곱의 반응에 더욱 공감이 간다.

추가로 야곱의 자녀들이 히위 족속을 '할례'로 속인 점도 무척 불안한 요소였다. 할례는 아브라함이 하나님과 맺은 언약을 상징하는 것으로, 하나님의 백성이 된다는 상징성을 가진다. 따라서 구약의 시대에서는 타민족이 개종하고 이스라엘에 속하게 될 때 할례를 요구했다. 하지만 그것을 학살의 방편으로 사용했다는 것은 향후 이스라엘의 신앙이 가나안에 전파되는 것에도 악영향을 줄 것이 자명하다. 따라서 야곱의 자녀들이 세겜을 속이고 학살한 사건을 통해서 이스라엘에 대해 뭇 민족들 사이에서 "냄새", 그러니까 혐오감과 악취라는 의미가 있는 것을 풍기게 되었다는 야곱의 표현은 매우 절묘하다(30절).

다소 결과론적인 이야기가 되겠으나, 훗날 여호수아의 시대에 가나안은 화합의 대상이 아니라, 결국 무력을 통한 합병의 대상으로 여겼다. 그리고 그 결과로 형성된 당시 이스라엘 왕국은 야곱이 받은 애초 언약과는 달리 결코 영원히 지속하지 못했다. 칼과 피로 시작한 이스라엘 왕국의 역사에는 폭력과 투쟁이 끝없이 이어지다가 훗날 예수님의 말씀처럼 칼로 일어선 자가 칼로 망하는 경우가 되었다(마 26:52).

결과적으로 아브라함에게 주어졌으며, 벧엘에서 야곱이 재확인했던, 모든 민족을 위한 축복의 통로가 되는 방법으로 모래알같이 많은 민족을 이루게 하신다는 언약의 진정한 성취는 예수 그리스도 때에 이르러서야 달성되었다.

비록 야곱 자녀들의 행위가 하나님의 계획을 뒤틀어 놓았다는 말은 성립될 수 없으나, 적어도 야곱의 처지에서는 그 시점에 벌어진 끔찍한 일을, 하나님이 약속하신 언약의 민족에 대한 성취가 자기 자녀들이 세겜에서 자행한 그 사건이 화근이 되어 결국 자신의 자녀들 대에서는 이뤄지지 않을 수도 있겠다는 불길한 암시로 해석되었을 것이다.

세겜 사건으로 비단 외부 민족들 사이에서 이스라엘 민족과 신앙에 대한 혐오감이 형성되는 것만 문제가 아니었다. 그 사건은 야곱의 자녀들이 하나님을 경외하고 있지 않다는 암시였기 때문이다. 하나님과의 언약을 위해 주어진 할례를 경외심 없이 망령되게 악용하는 것은 야곱의 불안감을 유발했다. 하나님이 만약 자기 자녀들이 행한 행위에 대해서 악하다고 여기시고, 그들을 영영 벌하신다면 어쩌란 말인가?

그리고 그보다 더 문제가 되는 것은 자녀들이 거대한 승리를 통해서 이를 '학습'했다는 것이다. 과거 야곱은 자신의 꾀를 의지했을 때마다 처절한 실패와 패배를 경험했다. 그러한 야곱의 실패는 미시적인 관점에서는 슬픔이지만, 거시적인 관점에서는 복이었다. 야곱은 그것을 통해서 하나님만을 의지하는 법을 학습했다. 그러나 이스라엘의 아들들은 질서를 깨고, 하나님께 묻지 않고 인간의 꾀를 의지하는 것을 통해서 거대한 승리를 체험했다. '무질서를 자행하고 하나님을 경외하지 않으며 행동부터 앞서는 것을 통해서 승리를 얻을 수 있다'라는 그릇된 교훈을 학습한 것이다.

결국 이 무질서함이 야곱 가족에 여러 문제를 일으켰다. 애석하게도 이러한 것이 전통이 되고 습성이 되어 후대에 전달되었다. 그뿐 아니라. 지파 간의 반목, 서열 다툼, 그리고 하나님의 뜻을 구하지 않고 행동부터 앞서는, 그러니까 멈춰서서 기도해야 할 때 앞서 행동하는 실수가 반복적으로 이스라엘 역사에 등장한다. 즉, 야곱의 자녀들이 야곱의 책망에 교훈을 얻지 못했던 것처럼, 후대 이스라엘 백성도 교훈을 얻지 못했다. 결과적으로 야곱의 자녀들이 야곱의 의중을 묻지 않고, 하나님께 여쭙지 않고 자기 임의대로 앞서서 행동한 것은 후대에 있을 이스라엘 역사의 예고편이 되어 버렸다.

하지만 주어진 환경과 상황만 생각한다면, 굳이 후손에게 선례가 된다는 위험을 차치한다면, 야곱 자녀들의 선택 자체는 지극히 합리적이었다. 야곱은 세겜의 히위 족속과 정면으로 다툴 수도 없었다. 그렇다고 혼담만을 거절하고 세겜의 행위를 없던 일로 만들 수도 없었다. 그 와중에 디나는 세겜에게 억류되어 있었고 그녀를 되돌려 받을 여타 뾰족한 수는 존재하지 않았다. 이는 애초에 명쾌한 답이 없는 그런 문제였다.

영적인 부분이나 신앙적인 부분을 제외하고서 따져 보면, 야곱 자녀들의 행위도 나름대로는 합리성을 갖추고 있었고, 그들 나름의 입장이 있었다. 이렇듯 사람은 자신의 '합리'와 '이성' 그리고 '지혜'로 하나님의 법칙과 질서를 뒤틀어 놓는 존재다. 그렇기에 야곱의 자녀들은 야곱의 책망에 대해서 섭섭하게 생각하며 반발했다. 어찌 되었든 디나도 무사했고 많은 전리품을 획득했으며, 그 과정에서 야곱의 세력도 손상되지 않았다. 그야말로 엄청난 승리였다. 과정에 대해서는 야곱이 마음에 들지 않았다고 해도, 그 결과에는 조금이나마 칭찬을 해 줄 수도 있지 않았을까?

야곱이라고 자녀들의 서운함을 이해하지 못하는 것은 아니었을 것이다. 다만 하나님의 사람인 야곱에게 있어서 하나님께 구하는 시간은 대체 불가할 만큼 중요했다. 지금 당장만을 보고 있는 야곱의 자녀들과는 다르게 야곱은 하나님을 직접 대면하고 아브라함의 언약을 전달받음을 통해서 그 이후를 보는 인물이 되어 있었다. 그에게는 먼 훗날 자기 민족을 통해서 오실 '언약의 씨', 모든 민족의 축복 통로가 될, '그 씨'를 기다리는 입장이었다. 그렇기에 필연적으로 그는 단순히 생존하고 또 앞의 적을 쓰러트리는 것만이 전부가 아니었다. 라반의 제안에 일희일비하지 않았던 야곱은 또한 자녀들의 전략이 가져온 승리에 마냥 즐거워할 자가 아니었다.

다만 야곱이 가진 그 두려움이라는 것은 당장 분명한 실체가 있는 것은 아니었다. 그저 가나안의 족속들에 대한 두려움만이 형언할 수 있는 것이었다. 그러므로 "냄새를 내게 하였도다"라는 야곱의 발언은 자녀들에게 졸속하게 여겨졌다. 혈기 왕성한 자녀들에게는 이제 세겜 성도 수중에 있고, 그들의 큰아버지 에서도 있으며, 마하나임에서 마주쳤던 천사의 군대도 있는데, 뭐가 두렵냐는 식이었을 것이다. 아버지가 괜스레 트집을 잡으며 겁에 질린 것이 오히려 믿음이 없어 보였을 것이다. 야곱과 야곱의 자녀들 사이에서도 이제 말로는 다 소통할 수 없는 때가 찾아온 것이다. 여느 가정과도 같이, 자녀들의 머리가 너무 커져 버린 때가 온 것이다.

다시 돌베개로 : 최초의 명령

하나님이 야곱에게 이르시되 일어나 벧엘로 올라가서 거기 거하며 네가 네 형 에서의 낯을 피하여 도망하던 때에 네게 나타났던 하나님께 거기서 단을 쌓으라 하신지라 야곱이 이에 자기 집 사람과 자기와 함께한 모든 자에게 이르되 너희 중의 이방 신상을 버리고 자신을 정결케 하고 의복을 바꾸라 우리가 일어나 벧엘로 올라가자 나의 환난날에 내게 응답하시며 나의 가는 길에서 나와 함께하신 하나님께 내가 거기서 단을 쌓으려 하노라 하매 그들이 자기 손에 있는 모든 이방 신상과 자기 귀에 있는 고리를 야곱에게 주는지라 야곱이 그것들을 세겜 근처 상수리 나무 아래 묻고 그들이 발행하였으나 하나님이 그 사면 고을들로 크게 두려워하게 하신고로 야곱의 아들들을 추격하는 자가 없었더라(창 35:1-5)

하나님의 사람 야곱이 하나님 이외의 존재와 상황에 대해서 근심하며 두려워하기 시작하자 하나님이 등장하신다. 그리고 야곱에게 벧엘로 가라고 명령하신다. 그곳은 바로 야곱이 처음으로 하나님을 만났던 장소이다. 에서를 피해서 돌을 베개 삼아서 잠을 청했던 돌무더기 광야. 야곱이 그 돌 황무지에 널린 다듬어지지 않은 돌들을 맨손으로 엉성하게나마 쌓아서 '하나님의 집'을 만들었던 곳이다. 모든 것의 시작이 된 자리. 다시 그곳으로 하나님이 야곱을 부르신다. 하지만 하나님은 그 처음의 벧엘 이후, 벧엘이 아닌 다른 장소에서도 야곱을 만나 주셨다. 게다가 야곱은 하나님과 겨루면서 뒹굴고 씨름까지 한 존재가 아니던가? 그러므로 이 응답을 받은 시점에 머물렀을 세겜 성이나, 다른 그 어디에서도, 하나님은 만나 주실 수 있다. 그런데, 어째서 벧엘로 부르셨을까?

장소라는 요소가 등장할 때, 늘 유념해야 할 것이 있다. 그것은 당연하게도 장소라는 것에 영향을 받으며 귀속되는 것은 오로지 우리 인간에만 한정된다는 점이다. 다시 말해 하나님이 역사하시기 위해서 벧엘이 필요했다기보다 야곱과 그의 자녀들에게 벧엘이라는 지리적 위치가 필요했다. 즉, 공간적 제약이 있는 사람이 하나님의 행하심을 이해하기 위해서 벧엘이 필요했을 뿐, 벧엘에 그 이상의 의미가 존재하기 때문은 아니다. 따라서 벧엘 그 자체에 과도한 의미를 부여하며 '성지'라고 우상화하는 순간, 해당 이야기의 메시지는 심각하게 오염된다.

그리고 그런 것은 꽤 해묵은 오해이다. 후대 이스라엘 백성도 하나님을 찾기보다는 벧엘을 찾기에 급급했다. 성지를 만들고 그 '신성한 장소'에서 하나님을 찾으려 했다. 이 성지화는 하나님을 장소에 귀속시키려는 의식이 저변에 깔려 있기에 커다란 문제를 초래한다. 굳이 성경에서 말하는 '임마누엘' 하나님, 그러니까 언제 어디든 함께하시는 하나님이라는 개념과 정면으로 충돌한다는 점을 차치하더라도, 하나님을 우리의 관념으로 제한하는 행위이기에 그렇다. 벧엘에서'만' 하나님을 만날 수 있다는 말은 결국 그 외의 장소에서는 하나님을 만날 수 없다는 말이 된다. 벧엘에서'만' 하나님을 마주 볼 수 있다는 말은 결국 그 외의 장소는 그가 보지 못하신다는, 즉 우리가 특정 장소를 벗어나면 하나님이 우리에 대해서 알지 못한다는 말이 된다. 애석하게도 이는 그저 기우가 아니다. 구약의 역사를 통해서 알 수 있듯, 율법을 가진 선민 이스라엘 백성이 이런 실수를 이미 자행했다.

> 여호와께서 이스라엘 족속에게 이르시기를 너희는 나를 찾으라 그리하면 살리라 벧엘을 찾지 말며 길갈로 들어가지 말며 브엘세바로도 나아가지 말라 길갈은 정녕 사로잡히겠고 벧엘은 허무하게 될 것임이라 하셨나니 너희는 여호와를 찾으라 그리하면 살리라 염려컨대 저가 불 같이 요셉의 집에 내리사 멸하시리니 벧엘에서 그 불들을 끌 자가 없을까 하노라(암 5:4-6)

공교롭게도, 돌베개를 베고 잤던 벧엘은 돌무더기 산이다. 야곱이 돌로 기둥을 세우고 하나님의 집이라 칭했던 그곳에서 야곱을 포함한 그 누구도 과연 야곱이 어떤 돌을 베고 잤을지 알 길이 없다. 아모스 선지자를 통해서 하나님께서 벧엘을 찾지 말라 말씀하신 것은 결국 야곱의 돌베개를 찾지 말라는 말이기도 하다.

상상력을 동원하여 보자면, 영적인 경험과 하나님에 대한 지식을 확장하기를 원하는 자들이 야곱 이후에도 벧엘을 찾아 그곳에서 돌을 베고 잠을 자며 신령한 꿈을 구했을지도 모른다. 하지만 하나님은 그들에게 하나님 당신을 찾으라 명령하시면서 벧엘을 찾지 말라 하신다. 오직 하나님만을 찾으라 하신다.

즉, 하나님께서 야곱에게 벧엘로 가라고 명령하시는 장면에서, 하나님을 만나기 위해서 당연히 벧엘을 가야 한다고 생각한다면, 그것은 이 장면을 제대로 이해하고 있지 못한 것이다. 세겜 성에서도 만나 주실 수 있는 하나님이 야곱과 그의 부족을 벧엘로 부르시는 장면은 그곳에서 야곱이 기억을 해내고 또 야곱의 자녀들이 배워야 할 것이 있었기 때문이지, 그 무엇이라도 하나님께서 역사하시기 위해서 벧엘이 필요했던 것이 아니다. 이러한 점을 분명히 인지하고 그다음 이야기를 관조하도록 하자.

하나님께서 야곱에게 주신 명령을 살펴보자. 그것은 네 부분으로 이뤄져 있다.

1. 일어나라
2. 벧엘로 가라
3. 거기 거주하라(머물라)
4. 제단을 만들라.

명령받은 야곱은 곧바로 일어나 이행할 채비를 한다. 하지만 세세히 들여다보면 야곱은 그 명령을 그대로 이행한 것이 아니었다. 하나님이 요구하신 것 이외의 행위들도 했다. 우선, 부족 내부에 존재하는 이방의 종교 물품들을 제거했다. 족장의 권한으로 그 부족원들이 소유한 우상들과 귀고리들을 내놓을 것을 요구했고, 그들은 하나도 남김없이 그 전부를 야곱에게 순순히 내놨다. 하란에서 가져온 것들과 그간 세겜 근처에서 '월세살이'를 하며 히위 족속들과의 교류를 통해, 그리고 세겜 성을 약탈하여 전리품으로 빼앗은 것들이다.

당시 종교적인 의미가 있는 우상과 귀고리들은 라반의 사례에서 볼 수 있듯 값어치가 상당한데도, 앞서 야곱의 자녀들이 히위족을 공격했을 시점에 세력 장악력에서 미흡함을 보였던 야곱의 요구에 구성원들이 순순히 응한 것이 인상적이다. 그것들을 모아다가 야곱은 세겜 근처 상수리나무에 묻었다.

이것이 완전한 폐기인지는 알 수 없다. 후대의 이스라엘 백성은 하나님의 명령에 따라서 우상을 제하였을 때 그것에 영구적인 손상을 입히거나 아주 가루를 내어서 내다 버렸다(대하 34:4). 율법에 따르면, 커다란 우상은 찍어 내고 조각한 것들은 불태우고(신 7:5), 그 잔여물들은 사람의 손이 닿기 어렵고 꺼리는 장소에 버리는 것이(사 2:20; 대하 34:4) 제대로 된 방법이었다. 즉, 돌이킬 수 없는 방식으로 폐기를 해야만, 되돌아가서 되찾는 일이 발생하지 않을 것이다. 물론 율법이 주어지기 수백 년 전의 야곱을 이런 율법의 규례를 통해서 평가하려는 것은 아니다. 야곱의 행위를 영구적인 우상의 근절로 해석하기에는 미흡한 부분이 있다는 뜻이다. 훗날 상수리나무가 대표적으로 우상 숭배 하는 장소로 지목된 것도 의미심장하다(겔 6:13). 하지만 이 부분은 야곱이 비판받을 부분은 아니다. 하나님은 우상에 대해서 일언반구도 말씀하지 않으셨기 때문이다. 이는 애초에 하나님의 명령에는 들어가 있지 않은 야곱이 덧붙인 사족(addition)이다.

해당 구절을 대하는 현대 그리스도인들의 심상에는 구약과 신약을 통해서 형성된 무수한 관련 내용이 이미 담겨 있기에, 자신들이 이미 견지하고 있는 관점으로, 야곱의 이야기를 해석한다. 그렇기에 이를 우상 숭배라는 악을 제거한 야곱의 대범한 정화 운동이자 개혁으로 해석하기도 한다. 때로는 선을 넘어서, 야곱과 디나에게 임한 각종 문제를 우상들과 귀고리에 연결 짓곤 한다. 그런 해석은 이후 야곱의 자녀들이 세겜 성 전투에서 승리하도록 허락하신 것을 전혀 설명하지 못하는 편견에 불과하다. 게다가 십자가의 은혜를 통해서 율법의 규례를 다 지키지 않고도 하나님의 자녀가 되는 영예를 얻은 우리가, 율법 자체가 존재하기도 전의 사람들을 율법에 근거하여 재판하고 판단하는 것은 온당한 것인가라는 의문도 든다. 이것이야말로 예수님이 말씀하신 그 유명한 일만 달란트 빚진 자 비유와 같지 아니한가?

회계할 때에 일만 달란트 빚진 자 하나를 데려오매 갚을 것이 없는지라 주인이 명하여 그 몸과 처와 자식들과 모든 소유를 다 팔아 갚게 하라 한대 그 종이 엎드리어 절하며 가로되 내게 참으소서 다 갚으리이다 하거늘 그 종의 주인이 불쌍히 여겨 놓아 보내며 그 빚을 탕감하여 주었더니 그 종이 나가서 제게 백 데나리온 빚진 동관 하나를 만나 붙들어 목을 잡고 가로되 빚을 갚으라 하매 그 동관이 엎드리어 간구하여 가로되 나를 참아 주소서 갚으리이다 하되 허락하지 아니하고 이에 가서 저가 빚을 갚도록 옥에 가두거늘 그 동관들이 그것을 보고 심히 민망하여 주인에게 가서 그 일을 다 고하니 이에 주인이 저를 불러다가 말하되 악한 종아

네가 빌기에 내가 네 빚을 전부 탕감하여 주었거늘 내가 너를 불쌍히 여김과 같이
너도 네 동관을 불쌍히 여김이 마땅치 아니하냐 하고 주인이 노하여 그 빚을 다
갚도록 저를 옥졸들에게 붙이니라(마 18:24-34)

물론 우상 숭배는 율법이 있으나 없으나 바람직하지 못한 행위이다. 따라서 절대로 합리화할 수 없다. 하지만 제삼자가 그것을 가지고 정죄할 때는 율법이라는 존재가 꼭 필요하다. 다행스럽게도 이 부분에 대해서 많이 고민한 인물이 한 명 있었으니, 사도 바울이다. 바울은 그리스도께서 이방인들에게 구원을 주신 것에 대해서 이해할 율법적이고 성경적인 근거를 마련하기 위해서 자기 조상들의 이야기를 샅샅이 살펴보았다. 그를 통해 야곱과 에서의 이야기를 대표적 예시 중 하나로 선정했다. 그런 것을 설명하는 과정에서 바울은 율법과 죄의 관계도 언급한다. 율법이 모세를 통해서 주어지기 이전에 하나님의 사람으로 살았던 창세기의 인물 군상들을 살펴보면서 율법과 죄의 관계라는 주제에 도달한 것이다. 그리고 바울은 규정한다. 율법은 죄를 살아 있게 하는 일종의 생명이다.

죄가 율법 있기 전에도 세상에 있었으나 율법이 없을 때에는 죄를 죄로 여기지 아
니하느니라(롬 5:13)

그러나 죄가 기회를 타서 계명으로 말미암아 내 속에서 각양 탐심을 이루었나니
이는 법이 없으면 죄가 죽은 것임이니라(롬 7:8)

율법이 주어지기 전에 이스라엘, 그러니까 야곱의 일족에게 눌어붙어 있던 '죄'들은 마치 비활성화되어 동면 상태에 빠져든 바이러스처럼 분명히 존재는 했지만, 활동은 하지 않는 존재들이었다. 가령 우상 숭배도 그러했다. 그것이 미련한 죄라는 것에는 변함이 없지만, 율법이라는 존재가 없기에, 그 행위에는 미련함과 악은 있을지언정 '하나님에 대한 반역'이라는 의미를 담고

있지 않았다. 물론 율법은 구두 명령의 형태로도 존재할 수 있다. 예를 들면 본문에서 하나님께서 야곱에게 명령하신 네 가지, "1. 일어나라, 2. 벧엘로 가라, 3. 거기 거주하라(머물라), 4. 제단을 만들라"가 구두 명령의 좋은 예이다. 이는 율법서라는 형태의 물리적인 책은 없지만, 명령을 이행하지 않으면, '하나님에 대한 반역'이라는 의미가 된다. 이는 아브라함의 아내를 놓아주라는 명령을 하나님께 받았던 왕, 이삭의 아내를 놓아주라는 명령을 받았던 치리자, 그리고 야곱에게 좋은 말이건 나쁜 말이건 하지 말라는 명령받았던 라반에게도 적용되는 것이다. 이 부분을 이해하는 것이 중요한 것은 하나님께서 야곱을 어떻게 사랑하셨는지가 극명하게 드러나는 지점이기 때문이다.

하나님은 야곱에게 어떠한 의무를 담은 명령을 하신 적이 없다. 비록 하란에서 가나안으로 향하라는 명령을 하시긴 했지만, 사실 그것은 라반의 아들들에게 공격당할 위기에 처한 야곱에게 가나안 행을 허가해 주시고 또 지켜주시리라 약속하신 것에 가까웠다. 게다가 이번에 주신 네 가지 명령도 너무나도 손쉽게 지킬 수 있는 일이다. 물론 혈기방장한 주변 민족들이 있는 상황 속에서, 그저 세겜 성문을 굳게 걸어 잠그고 방어하는 것이 나을 수도 있겠으나, 영영 그럴 수는 없을 것이다. 결과적으로 이후 하나님의 사람들이 겪어야 했던 신앙의 연단이나 시련에 비해서 야곱에게 주어진 것은 부모님이 자녀에게 "잠깐 안방으로 와 주겠니?" 하는 다정함 수준이었다. 잠시 뒤에 자세히 다루겠지만, 실제로 하나님은 여타 창세기 인물들과 비교하더라도 야곱에게는 각별하게 아무것도 요구하지 않으셨다.

하나님이 이스라엘을 사랑하시는 방법은 계명을 주시거나 명령을 내리시는 것이 아니라, 아무것도 요구하지 않으시는 것이었다. 그런 구조 속에서 야곱이 행했던 산재한 실수와 온갖 미련 속에서도 "하나님께 불순종하는 죄"로 여길 만한 상황 자체를 만들지 않으셨다. 그러니까 애초에 하나님에 대해 반역할 기회, 그런 위험 자체를 야곱에게서 박탈해 버리신 것이다.

하나님은 그러면 야곱에게 무엇을 주셨는가? 놀랍게도 약속이다. 다시 말해, 하나님은 야곱에게 무엇을 하라고 명령하시기보다는, 하나님이 무엇을 해주실지 말씀해 오셨다. 하나님은 이스라엘, 곧 야곱을 통해서, 믿음의 민족은 결국 약속의 민족이 될 것이라고 천명하셨다. 하나님이 야곱을 통해서 이룰 민족은 약속의 민족이다. 그것을 다르게 말하면 언약의 민족, 곧 언약을 따라 큰 강을 건넜다는 의미의 '히브리'인이다. 그래서 오늘날 유대인들도 자기들을 유대인이라 지칭하는 것보다 히브리인이라 불리는 것을 선호한다고 한다.

이는 수천 년 뒤에 오신 예수님께서 이루신 것과도 궁극적으로 일치한다. 하나님은 구약 시대에 율법이 효과가 없는 것을 보시고서 십자가를 투입하신 것이 아니라, 애초에 약속의 백성을 이루기 위한 과정으로 율법을 잠시간 사용하셨다. 다시 말해 창세기 시점부터 십자가를 통한 칭의와 성화가 주님이 정하신 애초의, 유일의 방법론이었다는 말이다(벧전 1:2-12). 따라서 주님은 의도적으로 야곱의 계보를 따르는 자들의 악과 죄를 보시지 않기로 하셨다. 그렇기에 이후에도 야곱은 하나님께서 의도적으로 '그 허물을 보지 아니하심'의 대명사가 되었다.

> 여호와는 야곱의 허물을 보지 아니하시며 이스라엘의 패역을 보지 아니하시는도다 여호와 그의 하나님이 그와 함께 계시니 왕을 부르는 소리가 그 중에 있도다
>
> (민 23:21)

그렇다면 어째서 야곱이 우상을 제거할 생각을 하였을까? 하나님은 아무런 말씀도 하지 않으셨다. 책망도 훈계도 여타 선지자도 보내지 않으셨다. 갈라디아서 지면에 기록한 바울이 씨름하던 주제로 잠시 돌아가 보자. 과연 율법에 부모를 공경하라 적혀있기에 부모를 공경하는가? 그런 사람도 있을 것이다. 하지만 결코 그것은 이상적이지 않다. 실제로 우리는 부모님을 사랑하기에 공경한다. 그렇기에 주님은 율법의 완성이 사랑이라 하셨다. 형제를 사랑하는데, 이웃을 사랑하는데, 그 누가 도둑질하고 살인할 생각을 하겠는가? 하지만 율법의 조항과 요구는 타인에 대한 사랑이 부족한 자들이 범법함

으로 후발적으로 생긴 것에 불과하다(갈 3:19).

> 형제들아 사람의 예대로 말하노니 사람의 언약이라도 정한 후에는 아무나 폐하
> 거나 더하거나 하지 못하느니라 이 약속들은 아브라함과 그 자손에게 말씀하신
> 것인데 여럿을 가리켜 그 자손들이라 하지 아니하시고 오직 하나를 가리켜 네 자
> 손이라 하셨으니 곧 그리스도라 내가 이것을 말하노니 하나님의 미리 정하신 언
> 약을 사백 삼십년 후에 생긴 율법이 없이 하지 못하여 그 약속을 헛되게 하지 못
> 하리라 만일 그 유업이 율법에서 난 것이면 약속에서 난 것이 아니리라 그러나 하
> 나님이 약속으로 말미암아 아브라함에게 은혜로 주신 것이라 그런즉 율법은 무
> 엇이냐 범법함을 인하여 더한 것이라 천사들로 말미암아 중보의 손을 빌어 베푸
> 신 것인데 약속하신 자손이 오시기까지 있을 것이라(갈 3:15-19)

그러면 사랑이 사랑 되게 하는 것은 무엇인가? 여기서는 특별히 하나님
에 대한 사랑에 한정해서 이야기해 보자. 하나님이 우리에게 바라시는 사랑
의 모습이란 과연 무엇인가? 그것은 경외이다. 야곱은 그 인생길을 통해서
경외라는 것이 싹텄다. 하나님은 야곱에게 무서운 모습을 보이시거나 위협
하시거나 위압감을 보이지 않으셨다. 하나님은 놀랍게도 창세기에서 야곱
을 책망하는 말씀이나 나무라시는 말씀을 단 한 번도 하지 않으셨다. 언제나
위로해 주시고 도우시고 자상하셨다. 씨름에서도 져 주셨다. 야곱의 승리를
선언해 주셨다. 그런데 두려움이라는 의미가 있는 경외라니? 한없이 좋으신
분인데도 어째서 하나님을 경외하게 되었는가?

사실 이러한 것은 이상하지 않다. 자연스럽다. 전지전능하신 하나님이 나
와 함께하신다는 것은 결국 사람의 내면에 경외가 샘솟게 만든다. 그렇기에
하나님은 엄한 사감 선생이나 바리새인, 율법주의자처럼 우리를 대하는 분
이 아니다. 그렇게 못 하신다는 의미가 아니라, 그게 가장 효율적인 방법이
아니기 때문이고, 그것은 하나님의 성품과 동떨어져 있기 때문이다. 전능하
시며 절대 주권을 가지신 하나님이 원하신다면 얼마든지 우리에게 두렵고

무서운 방식으로 대하실 수 있다는 가능성은 인정한다. 하지만 적어도 모든 믿음의 민족의 매뉴얼인 야곱에게는 그러지 않으셨다. 그리고 훗날 예수님도 당신의 제자들과 친밀한 교류를 통해 점진적으로 그들에게 경외를 심어 주셨지, 강제로 주입하지는 않으셨다.

하나님은 우리를 율법책이라는 체크 리스트를 들고 잘잘못마다 감점하시는 분이 아니시다. 책망하고 혼내시고 괴롭게 하는 분도 아니시다. 온갖 복잡한 규례를 다 지켰는지, 매시간 기도했는지 예배당에 출석했는지만 관심을 가지는 분도 아니시다. 그보다 우리의 기분을 물으신다. 그보다 우리의 마음에 관심을 가지신다. 우리의 생각과 호흡에서 즐거움을 느끼신다. 우리를 즐거워하신다. 그런 하나님과 사귐을 통해서 우리 마음에 하나님에 대한 사랑과 경외가 싹트기 시작했을 때, 우리가 우리의 몸짓과 우리의 연약한 언어로 하나님께 영광을 돌리려 하는 것을 소중하게 여겨 주신다.

아직 야곱이 다듬어지기 전에, 그는 다듬어지지 않은 매우 흔한 돌을 엉성하게 세워서 만들어 낸 것을 "집"이라며 봉헌했는데, 하나님은 그것을 기쁘게 받아 주셨다. 그러니까 하나님이 야곱에게 주신 명령은 결국 율법적인 성격을 띤다기보다는 위로를 위한 것이다. 하나님은 기억하고 계신다는 것이다. 하나님께 여전히 그 서툰 야곱의 고백과 손짓이 소중하다는 것이다. 그것을 세월이 흐른 뒤 야곱에게도, 그 자녀들에게도 분명히 말해 주시기 위해서 벧엘로 부르신다.

부르시는 목소리는 따뜻하다. 부르시는 내용은 부담이 없다. 친정집과 같다. "친정에 오는 데 무슨 선물이니? 무슨 격식이니? 그냥 몸만 오렴" 하시는 것과 같다. 실제로 성경의 다른 부분에서는 하나님이 성경의 인물을 대면하시기 위해서 부르실 때 요구하시는 조건들이 있는 경우 있다. 믿음의 조상인 아브라함의 경우는 이삭을 바칠 것을 요구하셨다. 이사야에서는 악인에게 그의 길을 버리고 불의한 자는 생각을 버리고 하나님께로 돌아오라 하셨다 (사 55:7). 요엘에는 금식하며 울며 애통하고 마음을 다하여 하나님께로 돌아오라 하신 명령도 기록되어 있다(욜 2:12).

하지만 유독 야곱에게는 그리고 이 장면에서도 하나님은 원하시는 게 없으시다. 그저 야곱이 '일어서고', 그 엉성한 하나님의 집을 만든, 추억의 장소 벧엘로 '가서', '자리를 잡고', 그때의 그 허술한 "제단"을 다시 쌓아보라 하신다. 하나님의 사람으로서, 자기 부족과 가족이 우상 숭배용 물품들을 소지하는 것을 막지 못한 관리 책임 같은 건 묻지도 않으신다. 그러니 오히려 야곱이 그런 하나님의 좋으심에 절로 경외가 형성되어 자기 스스로 우상을 제외하고자 한다. 그런 좋으신 하나님을 온 가족에게 소개하고자 한다.

그래서 온 부족을 이끌고 벧엘로 향한다. 야곱이 "냄새"라고 표현하며 자기 부족이 적의의 대상이자 혐오의 대상이 되었다고 걱정했었는데, 그것이 기우가 아니었음을 성경은 분명한 어조로 담아낸다. 야곱의 부족이 벧엘로 떠났을 때 추격자가 없던 이유는 다른 것이 아니라, 하나님이 개입하셔서 주변 부족들을 두렵게 하셨기 때문이라고 창세기 기자는 묘사하고 있다(창 35:5).

하나님을 대면하는 조건

야곱과 그와 함께한 모든 사람이 가나안 땅 루스 곧 벧엘에 이르고 그가 거기서 단을 쌓고 그곳을 엘벧엘이라 불렀으니 이는 그 형의 낯을 피할 때에 하나님이 그에게 거기서 나타나셨음이더라 리브가의 유모 드보라가 죽으매 그를 벧엘 아래 상수리나무 밑에 장사하고 그 나무 이름을 알론바굿이라 불렀더라 야곱이 밧단아람에서 돌아오매 하나님이 다시 야곱에게 나타나사 그에게 복을 주시고 그에게 이르시되 네 이름이 야곱이다마는 네 이름을 다시는 야곱이라 부르지 않겠고 이스라엘이 네 이름이 되리라 하시고 그가 그의 이름을 이스라엘이라 부르시고 그에게 이르시되 나는 전능한 하나님이니라 생육하며 번성하라 국민과 많은 국민이 네게서 나고 왕들이 네 허리에서 나오리라 내가 아브라함과 이삭에게 준 땅을 네게 주고 내가 네 후손에게도 그 땅을 주리라 하시고 하나님이 그와 말씀하시던 곳에서 그를 떠나 올라 가시는지라 야곱이 하나님의 자기와 말씀하시던 곳에

기둥 곧 돌 기둥을 세우고 그 위에 전제물을 붓고 또 그 위에 기름을 붓고 하나님
이 자기와 말씀하시던 곳의 이름을 벧엘이라 불렀더라(창 35:6-15)

야곱의 일족은 무사히 벧엘에 이르렀다. 야곱은 벧엘에 다시금 단을 쌓고
"엘벧엘"이라 했는데, 벧엘, 그러니까 '하나님의 집'이라는 단어에 엘, 즉 '하
나님'이라는 단어를 더한 것이다. 따라서 엘벧엘이란, '벧엘의 하나님'이라
는 뜻이다. 야곱에게서 하나님이라는 존재는 단 한 분뿐이겠으나, 애석하게
도 여타 야곱에게 속한 가족과 부족원들에게는 그러지 못했다. 야곱의 세력
은 이집트와 메소포타미아, 두 문명권을 잇는 교통의 요지에 있는 하란에서
부터 형성되었다. 따라서 다양한 풍습과 배경을 가진 자들로 이뤄져 있었고,
그들이 믿는 신들도 다양했을 것이 자명하다. 라반의 사례를 보아도 알 수
있듯, 당시에는 지역 신이나 가문을 대표하는 신, 개인이 믿는 신 등 정말 다
양한 신적 존재에 대한 신앙이 있던 시대이다. 하지만 하나님은 아브라함에
게도, 이삭에게도, 야곱에게도, 그리고 후대에 하나님에 대한 신앙을 정립한
모세에게까지 하나님을 특정하는 '이름'을 주시지 않았다. 이는 하나님 외에
다른 분은 없다는 논리 귀결적인 이유가 있다.

하지만 야곱의 부족 구성원들 사이에서 혼란이 야기될 가능성이 있었다.
벧엘에서 같이 제물을 바치고 예배를 드리는데, 표면적으로는 하나님께 예
배하지만, 각자가 저마다의 하나님을 찾을 수 있었다. 그야말로 동상이몽이
되어 버리는 것이다. 따라서 야곱은 벧엘을 엘벧엘로 부르면서 일종의 교통
정리를 한 셈이다. 야곱은 이를 통해 자기 부족민들에게 설명하고자 했다.
자기가 에서를 피해서 도망할 때 돌무더기에서 자기를 만나 주신 하나님, 그
래서 자기가 그 일대를 벧엘로 부르게 되었고, 모두가 세겜 성을 뒤로 하고
찾아온 이곳이 바로 그곳이며, 이제 그 하나님을 모두가 함께 예배할 것이고
그분이 그간 야곱에게 행하신 일들에 대해서 기념하고자 함을 전달한다는
의미가 담겨 있다. 창세기 기자가 7절에서 다시금 벧엘이라 이름하게 된 사
연을 소개한 것은 이러한 연유일 것이다.

8절에서는 야곱이 사별을 경험하는 장면, 곧 드보라의 죽음이 기록되어 있다. 본문은 드보라를 리브가의 유모로 소개하고 있는데, 전승에 따르면 드보라는 야곱과 에서, 그리고 야곱의 자녀들까지 돌봐준 유모라고 한다. 고대 사회에서 유모는 단순한 종이 아니라, 친숙한 가족이자 영원한 후견인인 경우가 적지 않았다. 드보라도 야곱에게 아주 각별했던 존재였던 것 같다. 창세기 기자는 드보라를 다만 '리브가의 유모'라고 소개하며 적은 수의 글자로도 행간에 꽤 많은 정보를 담는 것에 성공했다. 야곱과 에서의 어머니인 리브가의 유모라면 아주 오랜 기간을 야곱의 일족과 함께했을 것이며, 또한 매우 연로했을 것이다.

하지만 아무리 장수했다 하더라도, 야곱에게 아주 의미가 깊은 벧엘, 즉 하나님이 공식적으로 인정하신 '하나님의 집'에 그녀를 장사 지낼 수 있다 하더라도 삶에서 겪는 영원한 이별이란 슬픈 법이다. 그래서 그랬을까. 그는 온통 돌무더기라 무덤의 자리를 특정하기 어려운 벧엘에서, 언제든지 그녀를 기억할 수 있고 그 매장된 위치를 특정할 수 있을 상수리나무를 택하여 그곳에 매장한다. 그리고 그 나무를 '알론바굿(אלון בכות)', 그러니까 슬피 우는 상수리나무라 이름했다.

9절부터 15절에는 다시 벧엘, 하나님의 약속, 그리고 야곱이 돌기둥을 세우고 전제를 드린 장면이 나온다. 7절 시점에서 야곱이 단을 쌓고, 드보라의 장례를 치른 이후 9절 시점에 하나님께서 등장하신 것인지, 아니면 7절부터 15절까지의 일들을 겪는 와중에 드보라의 죽음을 경험했다는 것을 분명히 하기 위해서 이러한 방식으로 배치한 것인지는 각자가 판단할 영역이다.

하지만 어느 쪽으로 해석하더라도 메시지는 크게 변하지 않는다. 하나님을 만나는 과정, 예배의 장소, 응답의 순간이라도 우리의 삶의 시계는 흘러간다. 새로운 만남과 탄생 그리고 헤어짐과 죽음, 그 모든 것이 공존하는 현실에서 우리는 하나님을 만난다. 하나님을 직접 대면한다는 것은 분명 초자연적이고 비일상적인 일인데, 사실 그렇지 않다.

하나님을 만난다는 것은 우리의 삶을 비현실로 만드는 것이 아니라, 오히려 삶을 삶답게, 현실을 현실답게, 인생을 인생답게 만든다. 하나님이 우리와 함께하시는 방식은 결국 '임마누엘'이라는 개념 하나로 표현할 수 있다. 그것의 가장 실증적인 예는 바로 예수 그리스도이시며, 현실에서도 유효하게 경험할 방법은 바로 내주 역사하시는 성령님을 통해서 하루하루 주님과 동행하는 삶이다.

이처럼 하나님과 씨름하여 이긴 경험을 했던 야곱 앞에 펼쳐진 것은 다만 현실이었고, 또한 벧엘로 다시 부르신 하나님의 명령에 순종한 야곱에게 주어진 것도 벧엘에서의 삶이었다. 그리고 창세기를 통해서 우리에게 전달되는 메시지는 하나님의 사람은 그러한 삶의 과정 중에서 하나님을 만나게 된다는 것이다. 그들이 하나님을 만나기 위해서, 하나님을 경험하는 삶을 위해서, 여타 종교처럼 그 어떤 비일상적인 것으로 자기 자신을 스스로 몰아세울 필요가 없었다는 것이다.

창세기 기자는 벧엘에서 가장 중요한 사건인 단을 쌓고 하나님을 만나고 그 언약의 내용을 듣는 부분 중간에 '드보라의 죽음'이라는 주제가 상반된 이야기를 삽입함으로써, 이러한 메시지를 강화한 것으로 보인다. 특히 창세기의 여느 부분도 그러하지만, 35장은 특별히 시간의 흐름대로만 기록하지 않았다. 때로 창세기 기자는 주제에 따라서 사건의 배치를 바꾸곤 했기 때문에, 해당 장면도 설령 드보라가 그 예배의 과정에서 죽었다 해도 드보라의 죽음을 예배가 종료된 시점에 따로 떼어서 기록할 수도 있었다. 그렇기에 예배의 과정 중간에 드보라의 죽음을 기록한 것은 다분히 창세기 기자의 의도가 있었다는 방증이다.

9절은 "야곱이 밧단아람에서 돌아오매 하나님이 다시 야곱에게 나타나사 그에게 복을 주시고"라고 묘사하고 있는데, 여기서 밧단아람은 야곱이 라반 아래에서 종노릇하며 지내던 곳의 지역명이다. 즉, 야곱이 하란에서 돌아왔다는 것이다. 이는 마치 그간 있었던 모든 일들, 그러니까 라반과의 추격전, 긴장 넘쳤던 에서와의 대면, 세겜과의 갈등과 전투, 그리고 무수한 부족들의 영역권을 돌파해 가며 벧엘로 향했던 일과 같은 그 모든 굵직한 사건들은 아무 일도 아니었다는 것처럼 대담하게 요약된 것이다.

창세기 기자는 이러한 생략 서술 기법을 통해 중요한 사실을 웅변하고 있다. 인간적으로는 이런저런 이야기가 굴곡이고 이슈이고 문제이고 어려움이었으나, 거시적인 관점, 영적인 관점, 하나님의 관점으로 보았을 때는 야곱이 그저 밧단아람에서 돌아왔고, 하나님은 애초 약속대로 야곱을 다시 만나주시며 그에게 복을 주셨다는 것이다.

따라서 우리의 기준에서든 야곱 일파의 기준에서든 야곱이 어려움에 부닥쳤고 곤란함에 처했으니까, 하나님이 벧엘로 야곱을 불렀다고 생각할 공산이 있지만, 결과적으로 그것은 우리만의 착각이라는 것이다. 하나님은 그저 하란에서 야곱이 돌아오면 이즈음에 벧엘로 부르기로 작정하셨고, 예정된 복과 언약을 주실 것이었다는 말이다. 그렇다면 하나님이 야곱을 부르신 이유는 야곱이 위기에 빠졌다거나 히위 족속들이 야곱에게 원한을 가졌기 때문이 아닌 것이 된다. 다시 말해 하나님께서 급히 계획을 수정하신 것이 아니라는 말이다. 하나님은 그저 부모님이 자녀의 얼굴도 보고 좋은 말도 해주고 복도 건네주려 집으로 초청하듯, 벧엘에 부른 것이 된다. 마침 세겜 성은 벧엘과도 거리상으로 매우 가까웠으니 이 부르심을 이상해할 것도 없다.

그 이후 15절까지의 묘사는 벧엘에서의 사건이 그대로 반복되는 것으로 보인다. 실제로도 전혀 새로운 것이 없었다. 오히려 과거 벧엘에서 하나님이 응답해 주신 부분을 '복사 후 붙여넣기' 한 것으로 봐도 틀리지 않는다. 이처럼 하나님이 야곱에게 주신 응답에 새로운 것이 없는 이유는 야곱에게 필요한 것이 그 어떤 새로운 약속도 아니었기 때문이다.

야곱은 그저 당초 언약을 받은 후, 세월이 흐르면서 그간 자신이 잘못한 것들도 있고, 자기 자녀들이 하나님의 할례를 망령되게 오용한 사건도 있었으니, 그 언약이 여전히 유효한지가 불안했을 터이지, 애초 주어진 언약에 부족함을 느낀 것은 아니었다. 따라서 하나님은 다른 여타 복잡한 말들로 야곱을 혼란스럽게 하지 않으셨다.

오히려 하나님은 그간 주셨던 응답을 그대로 반복하시면서 한 가지 분명한 메시지만을 주셨다. 오늘의 언어로 표현하자면 그것은 "나는 너와의 언약을 기억하며, 너를 향한 나의 약속은 일점일획도 바뀌지 않았으며, 내가 반드시 그 모든 것을 이루겠다"라는 것이다.

이미 모든 것이 완전히 주어졌는데, 새로운 약속이 왜 필요할까? 사람 대 사람의 관계에서야 약속을 주는 자가 약속의 받는 자의 의중을 다 알지 못하기에 이런저런 말들을 되는 대로 덧붙여 공수표를 날리곤 한다. 전달한 약속을 나열하면 더없이 복잡하고 길며 불필요하게 어렵기만 하다. 이는 마치 편의점 도시락 이름과도 같다. '무엇을 원할지 몰라서 다 준비했어'라는 이름의 도시락 말이다. 하지만 하나님은 그러실 필요가 없으시다.

하나님은 야곱이 원하는 것이 무엇인지 정확하게 아셨고, 이미 그것을 주셨다. 무슨 새로운 것이 필요해서 엘벧엘이라는 장소로 부르신 것이 아니었다. 그 결과 여타 새로운 말을 주지 않으셨다. 따라서 엘벧엘에서의 응답은 결국 그간 야곱이 받았던 언약을 철저히 재확인하는 것의 반복이었다.

그 장면에서 다른 점이 있다면, 하나님이 나타나신 방법이다. 하나님은 이전과는 전혀 다른 방식으로 야곱을 만나 주셨다. 그간 하나님이 응답을 위해서 만나 주셨을 때는 꿈이라는 공간을 장소로 삼으셨다. 13절에서 15절의 내용으로 미뤄 보건대, 이 장면에서 하나님은 야곱을 직접 만나 주시고 대화하셨다. 이 과정에서 야곱은 진정한 의미에서 하나님과 직접 대면하고 소통한 자가 된 것이다.

그에 대한 감사, 그리고 기념을 위한 야곱의 제사도 이전과는 달랐다. 그간 야곱은 성장했고 성숙했다. 과거 야곱이 벧엘에서 하나님께 예배를 드렸을 때는 그저 '기름'만 드렸다. 그것을 앞서 우리는 '빈 봉투'를 드린 것이라 묘사했다.

비록 이번에는 하나님께서 아무 제물도 요구하지 않으셨지만, 야곱은 전제를 위한 포도주를 준비했다. 신학적인 의미를 끌어오면, 이삭 때에는 어린양을 이삭 대신에 희생 제물로 드렸고, 야곱 때에는 훗날 예수님의 보혈을 상징하는 포도주를 제물로 썼다. 결국 하나님이 야곱에게 받으시는 것은 포도주, 훗날 보혈에 비유되는 포도주뿐이라는 의미가 담긴 행위이다. 야곱은 하나님이 받아 주시리라 하는 믿음을 가지고 포도주와 함께 그 포도주를 드리는 데 필요한 기름을 부었다. 이는 결국 전제라고 하는 정식 제사의 방식으로서 훗날 모세가 정립한 율법에 기록되어 영원히 기념된다.

그렇다면, 다소 조심스러운 주제가 될 테지만, 왜 벧엘에서 그러한 미증유의 만남이 발생했나 따져 보자. 그간 이 책에서 우리는 벧엘에 과도한 관심을 두지 않도록 노력했다. 하지만 당대 많은 장소 중에서 벧엘이 선택되고, 그곳에서 하나님이 야곱을 직접 만나 주신 것은 분명한 사실이다. 따라서 벧엘의 중요성 또한 살펴보아야 할 것이다.

벧엘에서의 첫 번째 만남은 야곱의 입장에서 그 어떤 계획도 없었다. 그저 야곱이 도망하다 지쳐 쓰러진 장소가 공교롭게도 어떤 돌무더기 언덕이었고, 그곳에서 꾼 꿈이라는 매개를 통해 하나님을 만난 야곱이 다듬어지지 않은 돌로 기둥을 세우고서 그 일대를 벧엘이라 이름하였을 뿐이다.

두 번째 만남은 하나님께서 다시 만날 장소를 벧엘로 지정하셨고, 야곱이 이에 순종하므로 이뤄졌다. 그리고 우리는 앞서서, 하나님이 벧엘을 택하신 이유는 주님에게 그 장소가 필요하셔서가 아니라고 밝힌 바 있다.

이는 철저히 야곱을 위해서였다. 하나님은 무소부재하신 분이다. 그리고 야곱의 인생도 실제로 하나님을 만난 자리는 여러 곳이다. 하지만 사람들은 벧엘이라는 단어에 경도되어서 그 자리를 우상화한다. 죄성이라는 것이 얼마나 지독한지, 기회만 되면 우리가 하나님과 멀어지도록 하며 또 원수 되게 하고 그 무엇이라도 우상으로 만들려 한다. 성경적인 거룩한 개념들조차도 뒤틀어서 기어코 신상으로 벼려 낸다. 그런 이유로 우리는 비록 아모스의 구절을 인용하며, 벧엘 그 자체를 성역화하고 우상화하는 것을 경계하긴 했으나, 야곱 개인적 측면에 있어서 벧엘은 아주 의미가 깊은 곳임은 변함없다. 그것을 확장하여, 그곳이 하나님께도 무슨 의미가 있는 장소이며, 누구라도 벧엘에 가면 하나님이 만나 주신다는 식으로 과도한 의미를 부여할 때 문제가 되는 것이지, 야곱이 벧엘에 가졌을 특별한 감정까지 퇴색시킬 수는 없다. 그렇기에 이번 기회를 통해 어째서 하나님이 야곱을 벧엘로 다시 부르셨을까 상고해 보자.

하나님이 본문의 상황에서 벧엘에서 야곱을 만나기로 하신 것은 당신께서 첫 만남과 약속을 기억하고 계신다는 메시지와 위로를 주시려는 목적에 집중하신 것이다. 특별히 야곱이 가장 낮았을 때, 가장 볼품없었을 때, 아무도 없었을 때도 함께하시고 사랑하셨던 그분이 틈만 나면 남을 속이려 하고 잔꾀를 부리다가 미움받는 도망자가 되는 것을 자초한 야곱도 사랑하셨다는 것을 상기시키기 위해서는 벧엘이 적격이었다.

따라서 벧엘이라는 장소는 현대의 예배당과 닮아 있다. 표면적으로는 우리가 하나님을 위해서 그 장소를 만들었지만, 실제 하나님은 그 장소 자체를 필요로 하지 않으신다. 오히려 나약한 육신을 가진 우리에게 필요하고 유용하다. 우리가 예배당에 설치한 선풍기, 에어컨, 난방 기구는 누구를 위한 것이며, 안락한 의자의 쿠션과 조명 기구에 혜택을 받는 것은 누구이며, 시원한 물과 따스한 차를 마련한 것은 왜 인가? 하나님은 우리에게 복을 주시고 힘과 지혜를 주시고, 또한 지경(소유한 토지, 활동 영역)을 주셔서 안락한 예배의 장소를 가지도록 허락하신다.

벧엘, 하나님의 집은 하나님 당신이 집이 필요하셔서 있는 것이 아니라, 자기 잘못으로 부모의 집에도 머물 수 없어서, 되돌아갈 본가도 고향도 없어진 외톨이 야곱에게도 본가, 곧 영적인 고향이 필요했기에 허락하신 것이었다. 그리고 이건 그저 야곱만의 이야기가 아니다. 예수님이 계심으로, 그분께서 우리를 위해서 모든 피와 물을 흘리시고 죽으심으로, 그리고 다시 사심으로, 이제는 우리의 이야기가 되었다. 그리고 야곱의 이야기를 통해서 하나님은 바로 우리에게 말씀하고 계신다. "내가 너희를 이렇게 사랑하고 사랑하겠다"라고….

하나님의 사람으로 일컫는 아브라함−이삭−야곱의 계보에서 하나님을 대면한 조건이라는 분류로 구분하더라도 야곱은 매우 독특한 위치를 자치한다. 아브라함의 경우, 본향과 친지를 모두 버리고 떠날 것을 하나님이 명령하셨다. 그리고 훗날 이삭을 바칠 것을 요구하셨음에도 그것에 순종하는 믿음을 보였으니, 그 누가 보더라도 하나님이 아브라함과 만나 주시고 그를 선택해 주실 이유는 분명했다. 비록 주님의 선택이 먼저고 후발적으로 아브라함이 순종을 이행한 것이라 할지라도, 하나님이 대면해 주시기에 부족함이 없는 뛰어난 인물이라는 것을 누구도 부정할 수 없다.

이삭은 어떠한가? 아버지가 자신을 바치려고 하는데 순순히 따랐다. 보통 성화나 교회학교 이야기에서 이삭을 바치는 사건에서의 그를 어린아이로 묘사하는데, 실상 지금으로 치면 그는 청장년 정도의 나이이다. 아버지의 수상한 낌새를 못 알아차릴 리 없었다. 그런데도 힘으로는 자기에게 당할 수 없는 아버지에게 순순히 순종함으로써 자기에게 하나님을 대면할 만한 믿음이 있음을 증명해 보였다.

반면, 야곱은 그 시작부터 어떠한 증명을 보인 적이 없다. 아브라함은 하나님께 예배하러 갈 때 이삭을 바칠 결의와 믿음이 필요했으며, 이삭은 말도 안 되는 아버지의 결의에 순종할 믿음이 필요했다. 하지만 벧엘로 야곱을 부르시는 하나님은 야곱에게 그 어떤 것도 바라지 않으셨다.

아브라함−이삭−야곱의 계보를 연속성을 가진 하나의 사례로 본다면, 어떠한 일관성이 보인다. 바로 하나님이 그들에게 요구하시는 것들이 점점 줄어들다 완전히 소멸한다는 것이다. 하나님이 아브라함에게 본향과 친지를 모두 버리라고 요구하신 것을 시작으로, 두 번째는 아들을 요구하셨다. 이삭에게는 그 아버지에게 순종하여 자신의 죽을 장소가 될 제단을 쌓을 나무를 지고 산에 오를 것, 그러니까 자기 자신을 바치라고 요구하셨다. 그 모든 과정을 거쳐서 결국 야곱 대에 이르러서 하나님은 더 이상 아무것도 원하지 않으신다. 아브라함에게 하셨던 이삭을 바치라는 요구의 경우, 하나님이 예비해 두신 어린양, 그리스도를 예표 하는 그 어린양의 희생으로 대체되었다. 그리고 그 어린양의 희생 이후에는 더 이상 바라시는 것이 없으셨다.

따라서 야곱의 제단에는 야곱의 자녀가 올라갈 필요가 없었고, 하나님은 그 외 다른 어느 것도 원하지 않으셨다. 다만 야곱은 자발적으로 기름과 술을 대신 돌 위에 부었다. 이는 마치 성만찬 같다. 하지만 여기서 진정 중요한 것은 애초에 하나님은 이스라엘이 된 야곱에게 그 아무것도 원하지 않으셨다는 것이다.

그리고 야곱은 우리의 매뉴얼이다. 이렇듯 하나님이 우리를 사랑하시는 방법은 아낌없이 주시고 값없이 초대하시는 것이다. 나에게 아무것도 없는가? 하나님을 만족시킬 만한 것이 내게 없는가? 그분의 무궁한 사랑을 믿고 일단 그분께 나아가자. 그리고 그분이 주시는 것으로 힘을 얻자. 그리고 언젠가 우리도, 빈 봉투만 드릴 수밖에 없던 우리도, 야곱과 같이 전제를 부어 드릴 날을 맞이하게 하실 것을 기대하자.

> 너희 목마른 자들아 물로 나아오라 돈 없는 자도 오라 너희는 와서 사 먹되 돈 없이, 값 없이 와서 포도주와 젖을 사라 너희가 어찌하여 양식 아닌 것을 위하여 은을 달아 주며 배부르게 못할 것을 위하여 수고하느냐 나를 청종하라 그리하면 너희가 좋은 것을 먹을 것이며 너희 마음이 기름진 것으로 즐거움을 얻으리라(사 55:1-2)

사람은 처음에는 적은 것을 원하다가 점점 더 많은 것을 원한다. 하지만 하나님께서는 점점 더 적은 것을 원하시다 결국 아무것도 요구하지 않으신다. 성경도 그리스도의 도는 결국 더하는 것이 아니라 덜어 내는 것이라 말한다. 이는 하나님이 우리와 동행하심으로 형성되는 친밀감의 정체에 기인한다. 그 친밀함의 비결은 바로 우리를 자녀 삼으심이다. 하나님이 우리에게 되시고자 하는 부모의 모습은 자녀에게 하나라도 더 주고 싶어 하는 부모이지, 뭘 더 얻어 내려 하는 부모가 아니다.

그렇기에 하나님은 그 관계와 교제 속으로 들어온 우리에게 더 무겁고 수고로운 짐을 짊어지우지 않으신다. 오히려 자유로움을 주시고 우리의 고단함과 짐을 덜어 내어 주신다. 하나님은 이미 우리의 삶이 고단하고 어렵다는 것을 다 아신다. 그렇기에 삶의 도중에서 임마누엘 하시며 만나 주신다. 그리고 그런 우리의 짐을 덜어 주시는 것을 기뻐하신다. 또 영적인 고향과 육적인 고향을 마련해 주시는 것과 쉼터를 마련해 주시는 것을 즐거워하신다.

가로되 내신다 하고 집에 들어가니 예수께서 먼저 가라사대 시몬아 네 생각은 어떠하뇨 세상 임금들이 뉘게 관세와 정세를 받느냐 자기 아들에게냐 타인에게냐 베드로가 가로되 타인에게니이다 예수께서 가라사대 그러하면 아들들은 세를 면하리라(마 17:25-26)

이스라엘, 다시 하나님을 뵙다. 주님이 마련해 주신 영적 친가, 벧엘에서.

기도의 한계 : 우리는 구할 바를 알지 못하나

야곱이 벧엘을 재방문해서 그 언약의 말씀을 다시 들었어야 했던 숨겨진 이유가 하나 있다. 바로 야곱이 서원했던 내용에 구조상 하자가 있었기 때문이다. 영적인 성숙에 이른 야곱이 아무런 이유 없이 불안함을 느끼며 하나님의 약속에 대해서 의심을 한 것이 아니었다. 그 언약의 기반이 되었던 야곱의 처음 서원에는 야곱 스스로가 정한 한계가 존재했기 때문이다. 처음 했던 서원의 내용을 다시 한번 살펴보자.

야곱이 서원하여 가로되 하나님이 나와 함께 계시사 내가 가는 이 길에서 나를 지키시고 먹을 양식과 입을 옷을 주사 나로 평안히 아비 집으로 돌아가게 하시오면 여호와께서 나의 하나님이 되실 것이요 내가 기둥으로 세운 이 돌이 하나님의 전이 될 것이요 하나님께서 내게 주신 모든 것에서 십분 일을 내가 반드시 하나님께 드리겠나이다 하였더라(창 20:20-22)

이 서원 이후 야곱의 인생에는 다양한 굴곡이 있었으나, 서원의 내용과 같이 먹을 떡과 입을 옷이 부족하지는 않았다. 외삼촌 라반의 본거지 하란은 농사와 목축이 둘 다 가능한 비옥한 땅이다. 지금도 하란 평야는 대규모 논밭이 형성되어 있는 아주 풍족한 곳이다. 게다가 라반은 많은 무리의 양과 가축 떼를 키웠으니, 당시 옷의 주된 재료인 양모나 가죽이 충분했다. 그러니 야곱의 처가살이는 서러움이 함께하긴 했으나, 먹거리와 입을 거리만은 충분히 차고 넘쳤다. 그리고 라반의 위세 덕분에 하란을 떠나기 전에는, 별다른 신변상의 위협도 없었던 야곱이다. 그렇게 하나님은 야곱의 서원에 대해서 미쁘게 이행하시며 야곱을 지켜 오셨다.

하지만 "내가 평안하게 아버지 집으로 돌아가게 하시오면"이라는 부분에서 야곱이 하나님께 애초에 요구했었던 서원의 내용에는 계약 만료 기한이 정해져 있었다. 이는 하나님이 요구하신 것이 아니라, 야곱 스스로 정한 기한이다. 그렇다면 그 계약은 만료된 것 아닌가? 만일 계약서나 녹취록에 그런 기한이 명시되어 있다면, 인간 사이에서는 끝난 것이 맞다.

게다가 야곱의 서원에서 수혜자는 야곱 한 사람으로 한정되어 있었다. 이 부분에 대해서는 앞서, 야곱이 에서를 만나기 전에 두려워한 연유가 되었다고 이미 언급했다. 이렇듯, 처음에 벧엘에서 했던 경험과 서원은 그 이후 야곱에게 용기의 근원이자 믿음의 근거였으나, 한편으로는 그 어설프고 미흡한 구조가, 다듬어지지 않은 돌과 같이 엉성했던 서원의 내용이 이후 야곱을 불안하게 만드는 요소로 작용했다. 야곱은 두려웠다. 그의 마음에는 의구심이 스멀스멀 올라왔다.

이 야곱의 두려움과 의구심은 불신이 아니다. 오히려 그 서원의 대상이 더없이 신실하시고 미쁘신 하나님이시기에 드는 감정과 생각이다. 하나님이 구조상 엉성했던 그 조건 그대로 그 언약을 신실하게 이행하신다면, 하나님이 원칙을 고수하시며 그 내용을 이행하신다면, 도리어 야곱에게는 큰 위기가 몰아닥칠 판이었다. 물론 현대 그리스도인들은 이러한 걱정을 할 이유가 없다. 하나님께서 예수님의 십자가를 통해서 명백하게 하신 부분이기 때문이다. 그것은 하나님이 우리를 사랑하실 때, 우리에게 불리한 문서는 적용되지 않게 하신다는 원리이다. 원칙은 고수하시지만, 우리와 관련된 것은 최대한 우리에게 유리한 쪽으로 충족시키시고, 그도 안 되면 하나님 자신이 대신 그 책임을 짊어지는 선택을 하신다.

> 우리를 거스리고 우리를 대적하는 의문에 쓴 증서를 도말하시고 제하여 버리사
> 십자가에 못 박으시고(골 2:14)

야곱은 이러한 사실을 알 턱이 없었다. 공교롭게도 그러한 타이밍에 디나가 아픔을 겪었고, 그것에 대해 보복하는 과정에서 자기 자녀들이 야곱의 권위를 무시했고, 또한 그를 통해서 주변 가나안 족속들이 야곱에게 원한을 가지는 그 '우연'한 불행의 연속선상에서, 그 처음 서원이 여전히 유효한지 고민하는 것은 어쩌면 당연하다. 그렇기에 하나님은 야곱을 다시 부르셨다. '이삭의 집에 도착하는 것'으로 만료되도록 정해진 계약으로 고민하는 야곱에게 어떤 확신을 주고자 하셨다. 그를 고민에 빠지게 만든 그 엉성한 서원이 행해질 당시에 지어진 '하나님의 집'으로 부르신 것이다.

> 야곱이 밧단아람에서 돌아오매 하나님이 다시 야곱에게 나타나사 그에게 복을 주
> 시고 그에게 이르시되 네 이름이 야곱이다마는 네 이름을 다시는 야곱이라 부르
> 지 않겠고 이스라엘이 네 이름이 되리라 하시고 그가 그의 이름을 이스라엘이라
> 부르시고 그에게 이르시되 나는 전능한 하나님이니라 생육하며 번성하라 국민과
> 많은 국민이 네게서 나고 왕들이 네 허리에서 나오리라 내가 아브라함과 이삭에
> 게 준 땅을 네게 주고 내가 네 후손에게도 그 땅을 주리라 하시고(창 35:9-12)

다시 등장하신 하나님은 야곱에게 복을 주셨다(9절). 하나님이 주신 복은 야곱이 하란으로 떠나기 전에 이삭이 축복했던 내용의 반복이다(창 28:3-4). 즉, 이삭의 빈 축복이 결국 실질적인 복으로 변하여 야곱에게 임한 순간이다. 그리고 이삭의 축복 내용은 앞서 다뤘듯, 하나님이 아브라함에게 주셨던 약속이다. 뒤이어, 씨름 사건에서 야곱을 이스라엘로 개명하신 것이 여전히

유효하다는 것을 재확인하신다(10절). 11절에 생육하고 번성하라는 부분은 하나님이 아담과 하와를 창조하시며 인간에게 주셨던 첫 명령에 해당하기도 하며, 아브라함에게 "심히 번성하게 하리라" 약속하셨던 부분이기도 하다(창 17:6). 또한 아브라함에게는 "왕들이 네게로부터 나오리라"라고 약속하셨던 부분이(17:6) 야곱의 "허리에서 나오리라"로 더욱 자세하게 치환되어, 아브라함의 약속은 결국 야곱을 통해서 이뤄질 것을 직접적으로 확언하신다. 마지막 내용은 아브라함이 받았던 내용과 일치한다(17:8-9). 다만 아브라함이 받았던 언약, 하나님과 맺은 계약에는 할례라는 인간이 감당해야 할 의무가 포함되어 있다.

> 하나님이 또 아브라함에게 이르시되 그런즉 너는 내 언약을 지키고 네 후손도 대대로 지키라 너희 중 남자는 다 할례를 받으라 이것이 나와 너희와 너희 후손 사이에 지킬 내 언약이니라 너희는 양피를 베어라 이것이 나와 너희 사이의 언약의 표징이니라 대대로 남자는 집에서 난 자나 혹 너희 자손이 아니요 이방 사람에게서 돈으로 산 자를 무론하고 난지 팔일만에 할례를 받을 것이라 너희 집에서 난 자든지 너희 돈으로 산 자든지 할례를 받아야 하리니 이에 내 언약이 너희 살에 있어 영원한 언약이 되려니와 할례를 받지 아니한 남자 곧 그 양피를 베지 아니한 자는 백성 중에서 끊어지리니 그가 내 언약을 배반하였음이니라(창 17:9-14)

하지만 아브라함에게 하신 약속과 비교했을 때, 그 전체적 내용은 같지만, 야곱이 받은 것에 야곱과 그 자손이 이행해야 할 부분은 빠졌다는 점이 인상적이다. 하나님과 아브라함의 계약을 통해서 인간에게 주어졌던 할례의 의무는 야곱의 자녀들이 히위 족속들을 속이는 방편으로 오용되었고, 그 사건을 이유로 야곱이 두려움에 빠졌다. 그를 벧엘로 불러내신 하나님이 등장하셔서 야곱에게 약속을 되짚어 주시는데, 그 내용은 예전에 아브라함에게 '할례의 의무'를 부여하며 맺으신 언약이다.

거듭 말하지만, 야곱에게 주신 것에는 할례의 의무가 빠져 있다. 이것이 이후 이스라엘 백성에게 있어서 할례가 무용하게 되었다는 의미는 아니다. 하지만 "그에게 이르시되 나는 전능한 하나님이니라 생육하며 번성하라 국민과 많은 국민이 네게서 나고 왕들이 네 허리에서 나오리라" 하신 약속은 조건이 없이, 오로지 하나님의 결단으로, 야곱이나 그의 후손들이 그 어떠한 실수를 저지르더라도 하나님이 주권적으로 반드시 이루실 것임을 이를 통해 확언하며 강조하신 것이다.

이는 자기 자녀들의 행위에 대단히 실망했고, 혹시나 그 자녀들의 행위로 말미암아 하나님의 약속이, 언약이 무너지지 않을까 걱정했던 야곱에게 있어서는 단비와 같은 응답이다. 하나님은 사람이 어떤 일을 하건 상관없이 그저 당신께서 이루고자 하시는 일을 이루신다는 것을 드러내신다.

야곱이 가지고 있던 두려움의 근원적 대상은 실상 사람이 아니었다. 야곱이 가지고 있던 두려움은 자기가 구할 바를 알지 못해서, 기간적 한계를 정해 둔 서원 때문이었다. 그 두려움을 더욱 증폭시킨 것은 그의 자녀들이 하나님께 묻지도 않고, 하나님이 할아버지 아브라함과 맺었던 언약의 일부인 거룩한 할례를 복수의 수단으로 오용한 탓이었다. 그리고 정신이 들어 살펴보니 자기 족속에는 우상 숭배가 만연하고 있었다. 따라서 자기가 벧엘에서 하나님께 드렸던 서원인 "여호와께서 나의 하나님이 되실 것이요"(창 28:21)라는 것도 제대로 지키지 못한 것을 발견한 것이다. 그러하다면 '하나님이 자기에게 하신 약속을 지키실 이유가 무엇인가?'라는 합리적인 의문이 생길 수밖에 없다.

하나님께는 야곱을 도우실 이유가 없다. 야곱에게는 복을 받을 명분이 없다. 그 어떠한 공로도 없다. 그런 상황에서 하나님은 어떠한 다른 말도 하지 않으시고 그저 약속을 확인시켜 주신다. 그 약속을 하신 이유, 그리고 그 약속을 이루실 명분으로 제시하신 것은 딱 하나이다. "그에게 이르시되 나는 전능한 하나님이니라"(창 35:11). 이는 아브람을 아브라함으로 이름을 바꾸게 하셨던 순간, 그에게 이삭을 통해서 이루실 축복의 씨, 그러니까 그리스도에 대한 약속을 주셨을 때 말씀하셨던 첫 마디와도 같다.

하나님은 전능하시다. 그것이 야곱에게 복을 주실 수 있는, 야곱에게 약속하신 것들을 이루실 유일한 이유였다. 하나님은 전지전능하시다. 하지만 그분을 믿는 우리는, 그분의 자녀인 우리는 끝없이 고민하고 고뇌한다. 그렇게 고뇌하는 이유는 그 전지전능하심을 의심해서가 아니다. 오히려 우리 믿는 자들과 야곱이 가진 문제는 전지전능하신 하나님이 과연 그 전지전능하심으로 우리 삶 속에서 무엇을 하실지 모른다는 것이다. 우리는 전지전능하신 하나님을 가둬 둘 어떠한 계약적 구속력이나, 법률적 권리를 가지고 있지 않다. 이런 하나님과 우리의 신분적−존재적 격차가 그 고민의 근원이다.

과거 일들을 살펴보면, 그간의 행적을 살펴보면, 우리는 죄다 잘못한 것투성이다. 하나님이 우리의 행위를 원인으로 계약을 파기하고 무효를 주장하시더라도 할 말이 없다. 우리는 하나님께 어떠한 것도 이행해 달라 말할 수 없다. 애초에 조건도 없었으며, 설령 조건이 있었다고 한들 우리가 그 조건을 제대로 이행할 수 없을 테니 말이다. 하지만 우리는 하나님과의 약속이 없다면 하루도 살 수 없다. 미래로 나아갈 수 없다. 반면 하나님은 우리가 없어도 아무런 상관이 없으시다. 하나님이 우리와의 약속을 깨트린다고 하셔도 그 누구도 그분을 탓할 수 없다. 그렇기에 우리는 때로는 절망스럽다.

아마 이 지점의 야곱도 이런 마음이 되어서 기가 죽었을 것이다. 그리고 그렇게 기죽은 야곱, 자신의 처지를 깨닫고 한껏 움츠러든 야곱에게 등장하신 하나님은 야곱의 잘못은 그 어떠한 것도 지적하지 않으셨고, 어떠한 책망도 하지 않으셨다. 다만 야곱에게 당신이 전능하신 하나님이심을 밝히신다. 그 전능하신 하나님이 그 전능하심으로 야곱에게 약속을 아무런 조건 없이 이루실 것이라고 확언하신다. 그리고 상기시켜 주신다. 하나님은 당신의 전지전능하심을 야곱을 위해 '편애'적으로 쓰시겠다고, 야곱에게 유리하게 작용해 주시겠다고 말이다.

엘벧엘의 시점, 하나님은 야곱과의 약속을 일점일획도 잊지 않으셨다. 만약 야곱이 세상을 보고, 하나님과의 약속을 잊거나 그에 대한 확신이 흐려진다면, 그래서 야곱이 하나님 이외의 존재를 두려워하는 착오에 빠진다면, 몇 번이라도 다시 말씀해 주시고 알려 주셔서 확신하게 도우시겠다고 나서신 것이다.

따라서 이 장면에서 우리가 얻을 수 있는 해답이 몇 가지가 있다. 묻겠다. 우리의 잘못된 기도가 하나님이 일하시는 것에 방해가 되는가? 우리 자녀의 행위가, 우리의 잘못이, 우리의 문제가 하나님이 일하시는 것에 방해가 되는가? 아니, 결코 그럴 수 없다.

그렇다면 인간이 어떻게 하나님께 복을 받으며, 어떻게 하나님이 모든 약속을 이행하신다는 확신을 가질 수 있는가? 그것은 오직 전능하심에 의지하는 것을 통해서 뿐이다. 그는 전능하시며 우리를 향해서 선한 뜻을 가지고 계시다.

그리고 그 외에는 다른 이유란 존재하지 않기에 우리는 가장 안심할 수 있다. 내가 무슨 행동을 해서, 내 자녀들이 어떠한 공로를 보여서 그 약속이 이뤄지지 않는다. 만약 그러했다면, 우리는 약속받고도 평생을 두려움과 걱정에 휩싸여 살아야 한다. 우리도 인간인 이상 언젠가 실수할 테니까 말이다. 그곳에 하나님의 전지전능하심과 그분의 선하심 이외에는 아무런 이유도 근거도 공로도 없기에, 오히려 우리에게 주어진 하나님의 복은 가장 확정적이며 필연적이다. 그리고 그것을 믿는 것이 성경이 말씀하는 하나님이 우리에게 원하시는 믿음이다.

> 하나님이여 내 마음이 확정되었고 내 마음이 확정되었사오니 내가 노래하고 내가 찬송하리이다(시 57:7)

경외

경외라는 것은 기독교에서 가장 핵심적인 가치라고 해도 틀림이 없다. 이 벧엘로의 귀환에서 야곱의 부족이 다시금 얻은 것은 다름이 아니라 하나님을 향한 경외이다. 야곱의 일파에는 우상 숭배가 존재했고, 야곱은 표면상으로나마 하나님 이외의 존재를 두려워했다. 야곱 가족들의 우상은 유형의 우상, 드라빔과 귀걸이였고, 야곱의 우상은 하나님 이외의 대상에 대한 공포였다. 하지만 그들이 각자 가진 우상 때문에 그들에게 비극이 임한 것으로 설명하지 말자.

우리는 이미 창세기의 인물들은 율법 이전의 사람들이라는 것을 나눈 바있다. 더욱이 하나님이 누군가에게 그의 범죄 때문에 벌을 주실 때는 그것이 어떠한 범죄인지 분명하게 설명해 주시며, 또한 미리 경고해 주셔서 회개할 길을 마련해 주신다는 점을 간과해선 안 된다. 그러나 세겜의 사건에는 그런 것이 전혀 없었다. 즉, 야곱 일파에 대해서 하나님은 일언반구도 입에 꺼내지 않으셨기에 우리가 성경이 말하는 바를 넘어서 함부로 속단하는 것은 하나님의 재판장 되심을 침해하는 것이라고 이야기한 바 있다.

하지만 이 주제에 대해 워낙 해묵은 오해가 존재하는 고로 환기 차 경외라는 주제를 다루기 전에 다시 한번 언급하고자 한다.

성경이 말하기를 의인은 없나니 하나도 없다고 한다(롬 3:10). 누군가 겪고 있는 비극에 대해서 그 이유를 무턱대고 죄라 규정해 버리는 것은 자기를 스스로 재판관의 위치에 올려두는 것이다(약 4:12). 오직 하나님만 재판관이시다. 그와 같은 실수를 욥의 친구들이 저질렀다.

그들의 행위를 욥이 통찰하기를, 그들은 스스로 속이기를 자기들은 하나님을 위해서 변호하는 것이라 하였지만, 실제로는 그들이 두려워하는 것이 욥에게 임하니 욥을 정죄하는 것이라고 했다. 삶의 비극이 욥과 같이 하나님을 믿는 자에게도 임하는 것을 보고 두려웠기에, 욥을 정죄하여, 그와 그의 자녀들에게 임한 비극은 오직 죄를 짓는 자에게만 임하는 것이라 규정했다.

욥의 이야기를 통해서 명확해지는 것은 그러한 비극은 사노라면 우리 모두에게 임할 수 있다는 사실이다. 하나님은 비록 토라가 없던 시절이었다 해도 욥의 친구들이 범했던 그런 무례를 용서하지 않으셨다. 하물며 토라는 물론이고, 성경전서에다가, 또한, 성령님의 내주 역사하심까지 있는 현대 그리스도인이 그러한 오해에 기반하여 무례를 범한다면 어떻게 되겠는가? 그렇기에 하나님이 어떠한 범죄가 원인이 되어 특정 비극이 일어난 것이라고 성경에 명시하신 경우가 아니라면, 우리 또한 그에 대해서는 침묵하는 것이 올바르다.

예수께서 길 가실 때에 날 때부터 소경된 사람을 보신지라 제자들이 물어 가로되 랍비여 이 사람이 소경으로 난 것이 뉘 죄로 인함이오니이까 자기오니이까 그 부모오니이까(요 9:1-2)

예수님의 제자들조차 이러한 오해에서 완전히 자유롭지 못했다. 장애를 가지고 태어난 사람을 보면서 누구의 죄 때문인지 고민했다. 이는 그들만의 잘못은 아니었다. 당시 종교 지도자들이 그렇게 가르쳤기 때문이다. 이러한 인식들이 예수님을 답답하게 만든다. 우리는 복음서를 읽으면서 그들의 모습에 분노하고 답답해하지만 정작 현대를 살아가는 우리도 그러한 견지에서 성경을, 그리고 우리의 형제자매를 바라볼 수 있다. 게다가 우리는 당시 바리새인이나 제사장들과는 다르게 신약을 소유하고 있다. 구약도 활자화되고, 디지털화되어 우리 손에 들려 있다. 우리는 이제 앱이나 웹으로 성경의 모든 내용을 각국의 언어로 너무나도 쉽게 살펴볼 수 있다. 게다가 우리에게는 성령님도 계신다. 십자가도 그리스도도 우리에게는 비밀이 아니다. 그런데도 우리의 시각이 그 아무것도 소유하지 못했던, 예수님의 공생애 시절 종교 지도자들의 시각보다 나아진 것이 없다면 그것이야말로 비극이 아닐까?

죄성은 누구에게나 있다. 그 죄성은 가정에서, 사회에서, 구조에서, 체계에서, 심지어 교회에서도 그 모습을 드러낸다. 그리고 기어코 누군가를 억울하게도 만들고 눈물을 흘리게도 한다. 비극을 유발한다.

야곱의 가정도 딸이 비극을 겪었다. 그 일에 분노한 야곱의 자녀들은 복수를 감행했다. 그 복수의 과정에는 전술적인 탁월함은 있었으나, 전략적인 지혜는 부족했다. 장기적으로 야곱의 세력에게 심대한 외교-정치-군사적 문제가 야기될 수 있었다. 따라서 야곱의 해묵은 두려움이 자극받는다. 그 두려움이라는 감정 자체가 우상이 되었을 때 하나님은 야곱을 벧엘로 부르셨다. 경외를 회복시키기 위해서, 그 은혜의 울타리가 야곱을 여전히 두르고 있다는 것을 확증해 주시기 위해서….

애초에 아무런 일도 없었더라면, 그저 무탈하게 경외라는 것도 알지 못하고 은혜의 울타리라는 것도 모른 채 어린아이처럼 지내는 것이 가능했을지도 모른다. 그편이 행복이라는 측면에서는 더 나았을지도 모른다. 하지만 인생이 그렇게 내 마음대로만 되던가? 세상은 때로는 거대한 협상 테이블 같아서, 무수한 사람이 각자가 원하는 바를 앞에 두고 주장한다. 그렇기에 때로는 그 결과로 테이블 위에 그려지는 '인생'이라는 그림은 결코 내가 원하는 형태와 내가 바라는 색만으로 이뤄지지 않을 때도 많지 않던가? 그렇다면 그렇게 형성된 야곱의 서글픔에 대해서 우리가 굳이 정죄해야 하는가? 앞서 욥의 사례를 언급하며 인용했던, 바울 서신의 한 구절, 즐거워하는 자와 함께 즐거워하며, 우는 자와 함께 울라는 지혜의 말을 적용하기에 적절한 시기가 바로 이때이다(롬 12:15).

하나님은 정작 여타 사람이 우상 숭배용 물품들을 가지고 있었어도, 그리고 당대에 많은 사람이 하나님과 다른 세상 신을 겸하여 섬기는 습성을 가지고 있었어도 상관하지 않으셨다. 하지만 유독 야곱만은, 유독 하나님의 사람인 야곱만은 설사 그것이 무형의 우상이라 할지라도 관여하셨다. 야곱의 인생을 관조하여 보면 하나님 이외의 대상을 무서워하는 장면에서는 틈을 주지 않고 바로 등장하신다.

야곱이 에서의 추격과 하란으로 가는 험준한 길에 두려움을 느낄 때 등장하셨던 것이 그것의 시작이다. 라반의 꾀에 넘어가 아무런 세력도 이루지 못하고 종살이나 평생 해야 하나 하는 장래에 대한 두려움이 임했을 때는 기적과 아울러 현몽하셨다. 형 에서가 400명이나 되는 장정을 이끌고 북상해 올 때는 직접 만나 주셔서 야곱과 씨름도 해 주셨다. 이번에는 가나안 군벌들과 부족들의 적의, 그리고 자녀들의 반항에 우려하며 처음 서원이 만료되었을까 봐 걱정하자 등장하셨다. 훗날의 이야기지만, 야곱이 이집트 행에 대해서 염려하자, 하나님은 등장하셨다. 이러한 일관성을 통해서 하나님은 분명하게도 하나님의 민족은, 믿음의 민족은, 이스라엘은, 그리고 우리 그리스도인은 오직 하나님만 두려워하길 원하시며, 또한 그렇게 할 수 있도록 도우신다는 것을 알 수 있다.

하지만 하나님이 야곱으로 하여금 하나님만 두려워하게 만드시는 방법은 야곱을 겁주거나 탓하거나 윽박지르는 것이 아니었다. 하나님 이외의 대상을 무서워할 때마다 등장하셔서 그 문제를 해결해 주시고, 하나님 이외의 것은 전혀 두려워할 것이 아님을 알려 주시는 방법으로 경외를 학습하게 하셨다.

그렇다. 사실 두려움은 학습된다. 아무런 경험이 없을 때는 무서운 것도 없다. 하지만 부정적인 기억이 축적되면서 두려움의 형태가 잡히고, 그 형태가 파생되고 연쇄되어서 다양한 두려움을 낳는다. 그렇기에 하나님은 야곱의 인생에서 부정적인 기억이 형성되지 않도록 세심하게 역사하여 주셨다. 이러한 친절과 세밀한 도우심이 바로 하나님이 하나님만을 두렵게 만드시는 방법이다.

다시 일상으로

경외를 얻은 야곱은 이제 어디로 향할까? 야곱이 얼마나 벧엘에서 지냈을지는 아무도 모른다. 창세기에서는 벧엘에서 야곱이 지낸 기간을 아주 짤막하게만 묘사하고 있어서 아주 잠시간인 것 같지만, 애초에 하나님께서 그에게 명령을 주신 것은 그곳에서 '거하라'라는 것이었으니, 단순히 갔다 온 것만은 아닐 것이다. 따라서 야곱은 어느 정도 그곳에서 시간을 보냈을 것이다. 그리고 벧엘에서의 시간은 하란에서의 고된 노동과 긴장감 넘치던 가나안 행, 그리고 세겜과의 전투를 통해서 심신에 극심한 피로가 쌓였을 야곱 일족에게 있어서 달콤한 안식의 기회가 되었을 것이다. 오늘날로 치면 안식년에 해당할 것이다. 그리고 어느 정도 시간이 흘러 때가 되었고, 결국 벧엘에서의 생활은 끝나게 되었다. 그는 하나님의 인도하심에 따라 모든 일족을 이끌고 남하했다. 부모님의 집, 하나님의 집에서의 생활이 종료된 것이다. 이 부분에서 창세기 기자는 처음으로 야곱을 이스라엘로 부르기 시작한다.

대부분의 놀라운 영적 체험은 우리를 지상에서 벗어나게 하며, 세속의 인생을 살지 않아도 될, 초월적 존재로 만들어 주기 위해서 존재하지 않는다. 도리어, 인간성을 회복하여 인간적인 삶, 삶다운 삶을 살게 하려고 존재한다. 그리스도를 대면하고 형용할 수 없는 기적을 체험한 성경의 인물들에게 주어진 것은 결국 '일상'이었다는 사실을 상기하자. 제아무리 그것이 비일상적인 기적이라 할지라도 그 결과는 우리를 더욱 우리다운 존재로 만들어 준다. 영적 체험이 우리를 그 어떤 인간을 초월한 존재로 만들어 주는 것이 아니라는 이 당연한 사실을 잊을 때, 우리는 결국 성경적이지 않은 기대를 하게 되고, 그 기대는 불필요한 실망을 낳는다. 그 자체로 죄성이 활동할 틈이자 무대가 된다. 그렇기에 신구약 전체 안에 하나님의 개입과 일상, 기적과 일상이 반복하여 등장한다.

성경의 인물이 영적인 승리를 경험하고 곧바로 현실의 문제를 당면하는 경우는 오히려 흔하다. 성경은 말한다. "무릇 지킬 만한 것보다 더욱 네 마음을 지키라 생명의 근원이 이에서 남이니라"(잠 4:23). 세상에는 지킬 만한 것들이 많다. 하지만 그중에서 더욱 지켜야 할 것은 우리의 마음이다. 그리고 이러한 점을 우리의 원수도 알고 있다. 우리의 죄성도 알고 있다. 그렇기에 그들은 우리에게 주어진 약속이나 구원은 어찌지 못하더라도 마음만은 상하게 하려고 혈안이 되어 있다. 따라서 그 마음을 지키는 비결은 다른 것이 아니다. 바로 우리의 시작점을 떠올리고 또 기초를 상기하는 것이다. 당연한 것들을 당연하게 인식하고 적용하는 것이다.

야곱 또한 하나님을 만나고 다시금 약속을 확인받았다. 그리고 돌아온 것은 일상이었다. 그 일상의 시작은 사랑하는 이들과 연이은 작별이었다. 야곱은 리브가의 유모 드보라가 죽었기에 장례를 치른 참이었다. 그리고 하나님을 다시 만나는 놀라운 경험을 한 야곱은 벧엘에서 떠나 에브랏으로 향하는 길, 훗날 베들레헴이라 불릴 곳에서, 아내 라헬을 통해 막내아들 베나민을 얻는다. 하지만 그 산고를 이기지 못하고 라헬은 죽고 만다. 라헬을 그곳에 장사 지내고 묘비를 세웠다. 그곳은 창세기가 쓰인 시점, 그러니까 약 500년 뒤, 모세의 때에도 라헬의 묘비라 기억하는 곳이 되었다.

이후 맏아들 르우벤이 라헬의 종이자 야곱의 첩인 빌하와 동침하여, 야곱의 권위를 훼손하고 집안의 질서를 어지럽힌 내용이 창세기 지면에 간결하게 등장한다. 뒤이어 180세의 이삭이 죽고 야곱과 에서가 이삭을 장사했다는 기록으로 넘어간다(창 35:29). 이삭은 실제 야곱이 가나안으로 완전히 귀환한 후 오랜 기간 함께하다가 창세기 35장 시점을 훌쩍 넘긴 이후 노환으로 죽지만, 창세기 기자는 의도적으로 하나님의 약속을 받은 이후에 야곱이 경험한 이별과 실망들을 35장에 함께 나열하는 방식으로 편집했다. 야곱의 모든 이별과 아픔을 하나님과 만난 장에 함께 수록한 것이다.

야곱이 경험한 놀라운 응답과 하나님을 대면하는 경험은 야곱을 초인으로 만들지 않았다. 하지만 이후 야곱이 경험하는 것, 즉 인간이기에 겪기도 하고, 삶을 누리기에 마주하기도 하는 각종 실망과 아쉬운 작별 속에서도 그 마음을 지킬 수 있었다. 그런 사건들 속에서 혹여 그것들이 하나님이 자기를 버리신 신호라고 착각해서 나약해지지 않을 수 있었다.

삶은, 사회는, 죄성으로 인해서 악의가 넘실거린다. 애석하게도 악한 사람들도 있고 그로 인해서 까닭 없는 슬픔이나 아픔이 찾아오기도 한다. 하지만 그것들이 우리 삶에 아픔을 준다고 한들 그것을 확대 해석해서, 하나님이 우리를 향한 사랑이나 약속을 거두셨다고 생각하며 마음이 약해진다면, 겪어야 할 아픔보다도 더욱 커다란 상실감과 괴로움이 우울감이 되어 마음에 자리를 잡는다. 때로는 이별을 겪어도 괜찮다. 실망하거나 배신을 당해도 괜찮다. 나의 삶의 목적, 태어난 이유, 사명, 내가 바라 마지않는 그 약속은 그대로 변하지 않고 나에게 있으니까. 하나님이 내게 품으신 사랑은 그대로니까.

하나님을 직접 대면하여 그분과 대화한 이스라엘, 하나님이 마련해 주신 안식년을 끝내고 일상으로 귀환하다.

10장 _____ 편애, 질투, 그리고 채색된 죽음: 야곱, 속다, 또다시

뿌린 씨는 이윽고 발아하여 쓰디쓴 열매를 맺는다

야곱이 가나안 땅 곧 그 아비의 우거하던 땅에 거하였으니 야곱의 약전이 이러하
니라 요셉이 십 칠세의 소년으로서 그 형제와 함께 양을 칠 때에 그 아비의 첩 빌
하와 실바의 아들들로 더불어 함께하였더니 그가 그들의 과실을 아비에게 고하
더라(창 37:1-2)

야곱이 하란에서 돌아오고 십여 년의 세월이 흘렀다. 당시 야곱은 아버지
이삭, 그리고 형 에서와 함께 가나안에서 지냈다. 창세기에서는 35장 말미에
서 이삭의 죽음을 다루고, 36장 전체를 할애해서 에서의 세일 행과 함께 그
의 족보를 소개했지만, 37장은 그러한 일들이 일어나기 이전 시점을 다룬다.
이러한 구조는 이런저런 이야기로 읽는 이들이 혼란을 일으키지 않도록 미
리 방지하려는 의도와 함께 이전 세대의 주역인 야곱과 에서, 그리고 이삭의
이야기를 마무리하므로 이제 새로운 주인공들, 요셉과 그의 형제들 이야기
를 밀도 있게 다루기 위한 의도가 있어 보인다.

"그 아비의 우거하던 땅에 거주했다"라는 언급으로 보아, 그곳은 이삭 부족
의 본거지였던 헤브론으로 보인다. 시기적으로 야곱과 에서가 협력하며 세력
팽창에 힘쓰던 때였다. 아마 야곱 부족은 주로 가나안에서 아버지 이삭을 보

필하고 또 그곳을 관리하여 에서에게 든든한 후방을 마련해 줬을 것이고, 에서는 세일에 근거지를 마련하는 것을 마무리 짓고 있던 시기였을 것이다.

그러던 와중에 이 책 6장에서 언급했던 야곱이 뿌린 무질서라는 씨앗이 조금씩 발아하고 있었다. 두 아내의 경쟁은 결국 아이들에게도 영향을 주었다. 야곱은 자녀들을 차등을 두고 대해 왔다. 이러한 점이 단적으로 드러나는 부분은 바로 하란에서 남하할 당시 에서를 만나러 가는 자리였다.

> 야곱이 눈을 들어 보니 에서가 사백인을 거느리고 오는지라 그 자식들을 나누어 레아와 라헬과 두 여종에게 맡기고 여종과 그 자식들은 앞에 두고 레아와 그 자식들은 다음에 두고 라헬과 요셉은 뒤에 두고 자기는 그들 앞에서 나아가되 몸을 일곱번 땅에 굽히며 그 형 에서에게 가까이 하니(창 33:1-3)

당시 야곱은 하나님을 신뢰하고 있었으나, 자기의 서원에 담겼던 한계, 보호의 대상을 야곱 자신만으로 한정한 것 때문에 가족한테까지 그 보호의 범위가 미치는지 의구심이 들었다. 따라서 야곱은 자기 식솔들과 아내와 자녀들을 지키기 위해서 할 수 있는 모든 것을 했는데, 그 결과가 저러한 자녀의 배치였다. 물론 정실인 아내의 지위와 첩의 지위는 같을 수 없다. 어디까지나 첩들은 야곱 소속이 아닌 아내들의 소속이었으니, 야곱이 임의대로 그들을 아내들보다 유리한 위치에 세울 수는 없다. 따라서 이 배치는 단순히 야곱의 의중만 반영된 것은 아니었다. 게다가 요셉의 경우는 지금으로 치면 유치원생 정도의 어린애였으니, 뒤에 두고서 특별히 보호한다는 취지는 이해할 만하다.

다만 하나님께서 보호하지 않으셨다면, 그래서 에서가 야곱의 가족들을 공격하기 시작했다면, 어차피 누구 하나 피하지 못하고 몰살당했을 것이 분명했다. 그런데도 저렇게 자녀들을 차등을 두어 배치한 것은 야곱 속내만 공연히 내비칠 뿐 그 어떠한 실익도 없는 행위이다. 워낙 극단의 상황이었고 당시 야곱은 밤새 하나님과 씨름하여 잠을 한숨도 못 자고 상당한 상처도 입은 상태였으니 온전한 의사 결정을 할 상황은 아니었을 터이지만, 그 자체는 괜히 자녀들 사이에 서운함과 경쟁 의식만 싹트게 할 뿐, 안전에는 어떤 도움이 되지 않는 선택이었다. 참작할 것이 있다면, 하나님을 신뢰하는 야곱답게 그리고 일족의 장답게 맨 앞에서 에서에게로 나아갔던 것은 그 자신이었다는 점 정도이다.

그것이 일회성 사건이었다면, 그저 촌극에 불과했을지 모른다. 하지만 그 이후에도 야곱은 자녀들을 차별적으로 대했다. 이는 필시 야곱 또한 적자독식의 환경에서 태어났고 또한 자랐기 때문이다. 하나님은 이스라엘이라는 민족에게 적용할 상속 방법을 적자독식이 아닌 다른 형태로 구상하고 계셨지만, 야곱은 아직 그 사실을 알지 못하던 상태였다. 야곱 또한 그저 적자독식의 상속을 통해서, 자녀들 사이에서 가장 적합한 자녀를 추려 내고 하나님의 약속을 이행할 만한 상속자를 택해야 할 것으로 생각했다. 따라서 야곱은 공공연히 자녀들을 차등 대우했고, 특히 요셉을 특별 대우하는 것에 있어서는 다른 자녀들이 경계심을 가질 만큼 노골적이었다. 이는 당시 시대상을 고려할 때, 아버지가 특정한 자녀를 상속자로 지목하고 편애하는 것은 어디까지나 있을 법한 일이었다. 자기 아버지 이삭도 그러했으니까 말이다. 다만 당시 시대상을 고려할 때, 자녀들이 유력한 경쟁자를 온갖 방법을 동원해서 제거하는 것도 어디까지나 있을 법한 일이었다는 것이 문제였다.

라헬과 사별한 뒤에 야곱이 가졌던 요셉에 대한 편애는 더욱 깊어졌던 것으로 보인다. 물론 그것은 단순히 라헬의 자녀이기 때문만은 아니었다. 요셉은 어릴 때부터 남다른 자였기 때문이기도 했다. 요셉은 단, 납달리, 갓, 아셀과 함께 양을 치는 일을 했는데(창 37:2), 그들의 과실을 야곱에게 고했다고 한다. 예사 가족이라면 형제의 잘못을 아버지에게 일러바친 것은 요셉의 성숙하지 못한 태도라고 할 수도 있겠다. 하지만 야곱은 아버지이자 족장이었고, 세겜 성 사건에서 보이듯, 요셉은 자라면서 차츰 독자적 세력을 형성 중인 형들이 아버지에게 때때로 반기 드는 것을 보아 왔다.

"과실을 고했다"라로 번역한 '디바탐 라아(רעה דבתמ)'도 그저 '고자질'로 이해하기에는 제법 격식이 있는 표현이다. 과실로 번역한 '라아(רעה)'는 하나님이 라반의 꿈에 등장하셔서 좋은 것도 나쁜 것도 야곱에게 말하지 말라고 명령하셨을 때 '나쁜 것'에 해당하는 단어이다. 또한 유명한 시편 구절인 "내가 사망의 음침한 골짜기로 다닐찌라도 해를 두려워하지 않을 것은 주께서 나와 함께하심이라"(시 23:4)에서 "해"로 번역한 단어가 바로 '라아'이다. 이는 매우 폭넓은 의미가 있는 단어로서, 보편적인 악이나 온갖 손해를 끼치는 것을 뜻하는 말이다.

우리 성경에서 "고했다"라고 번역한 '다바(דבה)'는 조용히 하나님께만 아뢰는 것(시 31:14), 중상(잠 10:18), 악평(잠 25:10), 부정적 내용을 담은 보고(민 13:32; 14:37) 등에 사용된 단어이다. 따라서 '다바'는 그 자체로는 전달되는 내용의 옳고 그름을 내포하지 않는다. 각 번역은 전후 맥락을 통해서 그 내용이 결정된 것으로서, 조용히 어떤 내용을 전달하는 뉘앙스를 가지는 단어이며, 일반적으로는 부정적인 내용을 전달할 때 사용하지만, 하나님께 여쭙는 바람직한 행동에도 쓰인다.

따라서 문맥을 고려할 때, 요셉이 형들을 거짓으로 모함한 것은 아니다. 형들은 족장이자 아버지의 이익에 해를 끼치는 어떤 중대한 과실(라아)을 저질렀고, 요셉은 아버지의 이권을 보호하기 위해서, 그리고 아버지에 대한 효심과 족장에 대한 충성심으로, 그것을 절차에 따라 보고(다바)한 것으로 이해하는 것이 자연스럽다. 즉, 이런 견지에서 창세기 기자가 요셉의 그런 행동을 기록한 것은 요셉의 처세적 결함을 알리려 함이 아니라, 오히려 그의 원리원칙을 고수하는 성품과 아버지 야곱이 가진 족장으로서의 권위를 인정하는 모습을 묘사하기 위해서 삽입한 것으로 보인다. 따라서 이는 현대적인 관점과는 다르게, 당대의 관점에 따라 요셉의 정직함, 그리고 올곧은 됨됨이와 아버지를 공경하는 태도를 소개하는 구절로 이해하는 것이 자연스럽다.

요셉은 노년에 얻은 아들이므로 이스라엘이 여러 아들보다 그를 깊이 사랑하여 위하여 채색옷을 지었더니 그 형들이 아비가 형제들보다 그를 사랑함을 보고 그

를 미워하여 그에게 언사가 불평하였더라(창 37:3-4)

3절에, 야곱이 요셉을 "노년에 얻은 아들"이기에 다른 아들들보다 깊이 사랑했다는 표현을 했는데, 창세기 기자가 요셉을 소개하기 위해서 1~2절에 의도적으로 배치한 사건과 아울러 살펴보면 이는 단순히 늦은 나이에 얻은 아들이기 때문에 사랑한 것이 아니라, 늦둥이로 태어나서 가뜩이나 이쁘기만 한 요셉인 데다가, 그 성품과 태도 또한 야곱의 마음에 쏙 들었다는 말이 된다.

그리고 야곱은 요셉에 대한 사랑을 채색옷을 지어 입힘으로써 표출했다. 이는 단순한 애정 표현만은 아니었을 것이다. 염료가 귀하던 당시 채색옷은 매우 값비쌌다. 비록 후대의 이야기이긴 하지만, 통일 왕조 다윗 시대에 채색옷이 등장하는데(삼하 13:18), 이는 출가하지 않은 공주가 입는 옷으로서, 귀한 신분을 나타내는 상징적 의미를 띈다. 그런데 이보다도 훨씬 이전인 족장 시대에 요셉에게만 그러한 옷을 입혔다는 것은 후계자에 대한 야곱의 의지 표명으로 해석할 여지도 있다.

그 선택은 자녀들 사이에서 큰 반발을 일으켰다. 다른 형제들이 "요셉을 미워하여 그에게 언사가 불평했다"(4절)라고 했는데, 히브리어 표현에 따르면 요셉에게 적개심을 가지고 있어 다정스럽게 "샬롬(שלום)"이라는 인사말조차 건네지 못했다는 표현이다. 즉, 채색옷을 입힌 일을 계기로 요셉하고 그의 형들 사이에 거대한 틈이 생겼고, 그들은 이제 완벽한 경쟁자이자 대립자가 되었다는 의미가 된다.

물론 야곱의 목적이 요셉을 공식적 후계자에 준하는 존재로 선언하는 것이었다면 성공한 것이다. 후계자와 여타 자녀들 사이에는 구별이 있어야 하기 때문이다. 다만 야곱이 간과한 점이 있다면, 바로 야곱이 오랜 세월 뿌려 놓은 무질서의 씨앗이 그의 자녀들 심상에 생각보다 깊게 뿌리내리고 있었다는 사실이다. 야곱은 자기 자녀들의 마음을 안다고 생각했겠지만, 실상 아무것도 모르고 있었다.

물론 야곱도 젊었을 적에 아버지가 정한 후계 순위에 불만을 품고 자기 나름대로 형의 궁박을 이용해서 장자의 명분을 강탈하려 했고, 아버지를 속여 장자의 축복을 빼돌리기도 했다. 하지만 그 언제라도 형에게 위해를 가하거나, 독살하려 하거나 하는 선은 넘지 않았다. 그러한 행위는 야곱의 관념 밖의 것으로서, 상상할 수도 없는 일이었다. 따라서 야곱은 요셉에게 후계를 넘기겠다고 노골적으로 표시를 한들, 자기가 경험해 봤던 정도의 소란만 있을 것이라 상정했을 것이고, 또한 그조차도 후계를 위해서라면 마땅히 요셉이 이겨 내야 할, 그리고 능히 이겨 낼 수 있는 시련이라고 생각했을 것이다.

요셉이 꿈을 꾸고 자기 형들에게 고하매 그들이 그를 더욱 미워하였더라 요셉이 그들에게 이르되 청컨대 나의 꾼 꿈을 들으시오 우리가 밭에서 곡식을 묶더니 내 단은 일어서고 당신들의 단은 내 단을 둘러서서 절하더이다 그 형들이 그에게 이르되 네가 참으로 우리의 왕이 되겠느냐 참으로 우리를 다스리게 되겠느냐 하고 그 꿈과 그 말을 인하여 그를 더욱 미워하더니 요셉이 다시 꿈을 꾸고 그 형들에게 고하여 가로되 내가 또 꿈을 꾼즉 해와 달과 열 한 별이 내게 절하더이다 하니라 그가 그 꿈으로 부형에게 고하매 아비가 그를 꾸짖고 그에게 이르되 너의 꾼 꿈이 무엇이냐 나와 네 모와 네 형제들이 참으로 가서 땅에 엎드려 네게 절하겠느냐 그 형들은 시기하되 그 아비는 그 말을 마음에 두었더라(창 37:5-11)

야곱의 심상에 요셉의 입지가 더욱 굳건해지는 일이 발생한다. 그 유명한 요셉의 꿈 사건이다. 이 결과 요셉은 형들에게 미움받을 이유가 하나 더 추가 되었으나, 야곱은 요셉을 책망하면서도 요셉의 말을 마음에 두었다. 이는 그간 야곱이 하나님께 응답받아 온 방식이 꿈을 통해서였기 때문일 것이다. 요셉은 영몽을 꾸고 그 꿈을 해석하므로 응답받지만, 야곱의 경우는 영몽이 아니었다. 하나님께서 꿈을 매체로 삼아서 등장하셨다. 하지만 어찌 되었든 하나님께 직접 응답받는 존재라는 것은 변함없다. 그렇기에 꿈이라는 공통분모는 야곱에게 하나님 또한 요셉을 차기 하나님의 사람, 즉 영적 리더로 선택하셨다는 의미로 해석되었다. 만약 그렇다면, 요셉이야말로 야곱을 이을 후계자가 되어야 마땅하다. 야곱 같은 미달자도 하나님의 선택으로 족장이 되었는데, 요셉처럼 모든 면에서 뛰어난 자라면 더 말할 것도 없다. 자녀들 사이에 존재하던 후계 경쟁이 완전히 의미를 잃게 되는 것이다. 하나님이 선택하셔서 직접 만나 주시는 자가 가주가 되는 것은 아브라함 대부터 이어져 온 가문의 전통이었으니까 말이다.

그 결과 야곱의 자녀들 일부는 극심한 박탈감을 느꼈다. 그들도 그들 나름대로 뛰어난 점을 가지고 있었기 때문이다. 게다가 형제들 사이에서 인망은 오히려 요셉과 비교할 수 없을 만큼 앞선 자도 있었다. 야곱의 후계를 잇는 자는 결국 12족장들을 결속시킬 상징을 가진 인물이어야 하기에, 그들 입장에서는 당장은 아버지가 요셉을 편애하고 있지만, 더 시일이 주어지면 요셉과 경쟁을 해 볼 수 있겠다 싶었을 것이다. 아버지 야곱도 그런 현실적인 상황을 고려하지 않을 수 없을 테니까. 사람은 그 마음과 생각을 바꾸기 마련이다. 전지한 존재가 아니기 때문이다. 따라서 아버지 야곱에게는 새로운 모습을 보여 언제든 설득할 수 있었다. 그런데 영존 불변하신 하나님, 전지하셔서 그 마음을 바꾸지 않으시는 하나님이 요셉을 선택하신 것을 증명하는 사건이 벌어진다. 이제 요셉의 형제들은 후계자가 될 수 있다는 희망조차 사라진다. 늘 그렇듯 모든 희망을 잃은 자들은 다소 판에 박힌 일을 저지른다.

그 형들이 세겜에 가서 아비의 양 떼를 칠 때에 이스라엘이 요셉에게 이르되 네 형들이 세겜에서 양을 치지 아니하느냐 너를 그들에게로 보내리라 요셉이 아비에게 대답하되 내가 그리하겠나이다 이스라엘이 그에게 이르되 가서 네 형들과 양 떼가 다 잘 있는 여부를 보고 돌아와 내게 고하라 하고 그를 헤브론 골짜기에서 보내매 이에 세겜으로 가니라 어떤 사람이 그를 만난즉 그가 들에서 방황하는지라 그 사람이 그에게 물어 가로되 네가 무엇을 찾느냐 그가 가로되 내가 나의 형들을 찾으오니 청컨대 그들의 양 치는 곳을 내게 가르치소서 그 사람이 가로되 그들이 여기서 떠났느니라 내가 그들의 말을 들으니 도단으로 가자 하더라 요셉이 그 형들의 뒤를 따라 가서 도단에서 그들을 만나니라 요셉이 그들에게 가까이 오기 전에 그들이 요셉을 멀리서 보고 죽이기를 꾀하여 서로 이르되 꿈 꾸는 자가 오는도다 자, 그를 죽여 한 구덩이에 던지고 우리가 말하기를 악한 짐승이 그를 잡아먹었다 하자 그 꿈이 어떻게 되는 것을 우리가 볼 것이니라 하는지라(창 37:12-20)

야곱 부족은 헤브론 일대를 본거지로 삼고 있었다. 각종 가축을 소유했고, 그중 양 떼는 유목 형태로 돌보았다. 따라서 필연적으로 시기에 따라 새순이 돋는 지역으로 양 떼를 모는 것은 야곱 부족의 중요한 업무 중 하나였다. 그 무렵 야곱의 아들들은 양 떼를 세겜에서 먹이고 있었는데, 당시 야곱의 세력권 아래에 세겜 지역이 완전히 귀속했는지는 정확히 알 수 없으나, 아들들과 양 떼가 잘 있는지 살피기 위해 아끼는 아들 요셉을 보낸 것으로 보아서, 이 무렵에는 헤브론 골짜기에서 세겜까지의 도로를 야곱의 세력에 속한 자들이 안전하게 이동할 수 있을 만큼 정세가 안정된 것으로 보인다. 과거 야곱의 부족이 세겜 성에서 벧엘로 향할 때 많은 고을이 그들을 노렸던 것과는 사뭇 다른 분위기라는 것이 느껴지는 대목이다. 비록 직접적으로 기록되어 있지는 않지만, 행간을 통해서 하나님이 이 시점에 야곱 세력을 가나안에서 공고하게 하셨다는 것을 어렵지 않게 읽을 수 있다. 요셉이 세겜에 도착했을 때는 형들은 이미 세겜에서 북상하여 도단으로 양을 몰아갔다. 요셉도 그 소식을 듣고 아버지의 명령을 이행하기 위해서 형들의 뒤를 따라 발걸음을 옮겼다.

사람은 늘 자신의 한계로 타인의 한계를 유추한다. 사람은 줄곧 자기 수준에서 타인의 수준을 예상한다. 그리고 사람은 항상 자신이 바라는 범위 안에서만 타인이 행동할 것이라 예상하고 넘겨짚는다. 요셉은 올바르고, 정직하며 좀처럼 남에게 해라는 것을 끼치지 못하는 사람이다. 그렇기에 자기가 간밤에 꾼 꿈을 공유하고 아버지가 주신 채색옷을 입었다고 해서 형들이 차마 자기에게 살의를 가질 것이라고, 아니 앙심을 품을 것조차 상상도 못 했다. 이는 요셉의 지능이 부족하기 때문이 아니었다. 오히려 요셉은 영특한 자였다. 하지만 선했다. 보기 드물게 선했고 온전했다. 남이 자기를 공격하더라도 속상해할 뿐 악의를 가지지 않는 자였다. 설령 요셉이 형들의 입장이었다 하더라도, 그래서 야곱이 요셉이 아닌 다른 아들을 편애한다고 하더라도, 아버지가 가진 족장으로서의 권위를 인정했을 것이다. 원리원칙을 중하게 여기는 요셉은 아버지의 선택을 존중하고 그 형제를 축하하면 축하했지, 그를 해칠 생각 따위는 하지 않았을 것이다. 따라서 요셉은 형들이 가졌을 그 살의를 추호도 상상할 수 없었다.

야곱, 그래 야곱은 늘 '사람들을 속이는 자'라는 오명을 뒤집어쓰고 살아왔다. 하지만 실상 야곱도 그 누군가를 해친 적이 없다. 야곱은 형 에서에게 불공정 거래를 제안하긴 했어도, 그를 제거한다거나 위해를 가하려는 시도 같은 것은 하지 않았다. 야곱은 그런 음흉함은 가지고 있지 않은 사내였다. 하란에서도, 그리고 세겜에서도, 그는 폭력을 선택하기보다는 곰삭히고 인내하고 기다리는 모습을 보이던 그런 천성을 가진 자였다. 그렇기에 아버지 이삭의 편애를 형이 독차지하고 있었어도 그 자체로 뒤틀린 사람이 되지는 않았다. 그래도 어머니의 사랑은 있지 않았던가? 그렇기에 승계 경쟁에서 밀린 자기 자녀들이 가질 박탈감이나 분노를 자신이 형 에서에게 가졌던 그것 정도로 상정했다.

비록 그들은 아버지인 야곱의 편애는 받지 못할지라도, 그들의 생모가 살아 있지 않은가? 그들의 어머니가 그들과 함께하지 않았던가? 야곱 자신은 어머니 리브가의 사랑으로 서러운 시절을 이겨 냈기에, 미달자이던 자신조차 견뎌 냈기에, 야곱이 보기에 자기보다 훨씬 뛰어난 자기 자녀들도 그렇게 잘 이겨 내겠다고 생각했다. 반면 요셉은 어머니가 남아 있지 않았다. 어머니의 사랑으로 힘겨운 나날을 이겨 내던 야곱에게 있어서 요셉과 베냐민은 더없이 아픈 손가락이며 안타까운 대상이었을 것이다. 그러니, 자신이 그런 요셉과 베냐민을 편애한다고 해서 다른 자녀들이 이해하지 못할 것도 아니라 생각했다. 야곱은 그렇게 넘겨짚었다.

에서에 비해 미달자에 불과했던 야곱도 실은 걸출한 인물이었지 않은가?

야곱의 과거도 사실은 야곱이기에 넉넉히 버틴 것이다. 현실을 살펴보니, 애석하게도 야곱의 자녀들은 야곱만큼은 강하지 못했다. 안타깝게도 야곱의 자녀들은 무질서의 씨앗이 온통 열매를 맺은 공간에서 중심을 지킬 수 없었다. 그렇기에 그들은 야곱이 상정할 수 있는 범위를 넘어서는 행위를 자행하려 한다. 그리고 이러한 행위는 야곱의 상상 범주를 뛰어넘는 악의로 범벅되어 있기에, 노련한 족장이었던 야곱이라도 의심조차 하지 못했다. 그리고 도담 평야에 도착한 요셉을 기다리는 것은 그를 살해하고 암매장하자는 모의를 끝마친 형들이었다.

은 20에 팔리다

르우벤이 듣고 요셉을 그들의 손에서 구원하려 하여 가로되 우리가 그 생명은 상하지 말자 르우벤이 또 그들에게 이르되 피를 흘리지 말라 그를 광야 그 구덩이에 던지고 손을 그에게 대지 말라 하니 이는 그가 요셉을 그들의 손에서 구원하여 그 아비에게로 돌리려 함이었더라 요셉이 형들에게 이르매 그 형들이 요셉의 옷 곧 그 입은 채색옷을 벗기고 그를 잡아 구덩이에 던지니 그 구덩이는 빈 것이라 그 속에 물이 없었더라 그들이 앉아 음식을 먹다가 눈을 들어 본즉 한 떼 이스마엘 족속이 길르앗에서 오는데 그 약대들에 향품과 유향과 몰약을 싣고 애굽으로 내려가는지라 유다가 자기 형제에게 이르되 우리가 우리 동생을 죽이고 그의 피를 은익한들 무엇이 유익할까 자 그를 이스마엘 사람에게 팔고 우리 손을 그에게 대지 말자 그는 우리의 동생이요 우리의 골육이니라 하매 형제들이 청종하였더라 때에 미디안 사람 상고들이 지나는지라 그들이 요셉을 구덩이에서 끌어올리고 은 이십개에 그를 이스마엘 사람들에게 팔매 그 상고들이 요셉을 데리고 애굽으로 갔더라(창 37:21-28)

르우벤이 형제들을 만류한다. 창세기 기자는 르우벤이 야곱을 살려 아버지의 집으로 돌려보내고 싶은 의지가 있었음을 분명히 밝힌다. 하지만 장자인 르우벤은 막상 대단한 영향력은 끼치지 못하고 소극적으로 의견을 내며 요셉을 살리는 방향의 결과를 유도하기 위해서 노력하는 정도로 묘사된다. 그런데도 그가 낸 의견은 동생들의 의지를 꺾기보다는, '구덩이에 던져 넣자' 는 어찌 되었든 요셉에게 위해가 가는 방향의 것이었다. 즉, 르우벤은 대세를 거스르는 의견을 제안할 역량이 장자임에도 없었다. 이는 르우벤의 능력 부족을 의미하는 것일 수도 있지만, 한편 야곱 집안의 질서가 어떠했을지 유추할 수 있게도 해 주는 부분이다.

야곱은 질서 확립이라는 측면에서 매우 취약했다. 애초에 그가 질서를 거부하고 저항하여 하나의 세력을 구축한 사례라는 것이 결국 그가 형성한 가정의 모습에도 영향을 주었던 거 같다. 야곱의 두 아내와 그들의 두 여종까지 가세하여 그 넷이 경쟁적으로 자녀를 생산했기에, 자녀들 사이의 나이 차이는 라헬의 소생인 요셉과 베냐민 정도 이외에는 없다시피 했다. 그런데 그런 자녀들 사이에 질서가 확립되어 있지 않고, 오히려 아이들끼리마저 경쟁에 몰아넣는 형태로 어른들의 관계가 구성되어 있었다. 따라서 다만 손위 형이라고 해서 존중을 받는 분위기는 아니었다.

그렇다면 르우벤은 형제들 사이에서 철저하게 실력이나 역량의 관점에서 평가받고 있었을까? 아닐 것이다. 훗날 야곱의 평가를 통해서도 유추할 수 있지만, 르우벤에게는 맏아들다운 걸출한 능력 자체는 있었다(창 49:3). 다만 르우벤은 치명적인 약점이 있었는데, 바로 아버지의 첩과 부적절한 관계를 맺었기 때문에 그 입지가 위태로웠다는 점이다. 당시 야곱은 그것을 모른 척 넘어가 주었다. 일차적으로는 르우벤에게 은혜를 베풀어 주는 의미에서 그러하였을 것이다. 르우벤은 라반으로부터 막 독립하여 가뜩이나 집안 전체가 불안한 상황이었고 외부 세력과의 경쟁도 심화한 시국에서 그러한 불미스러운 행동을 자행했다. 그렇기에 야곱은 부족의 전체 결속을 위해서도 그것을 드러내지 않았다. 공식적으로 문제 삼아 버리면, 시국상 그런 일탈을 저지른 르우벤을 도저히 살려 둘 수 없었기 때문이다.

르우벤의 형제들은 그의 잘못을 알고 있었다. 그 결과 그 형제들 사이에 르우벤의 운신 폭이 크게 좁아졌다. 결과적으로 맏형 르우벤은 형제들 사이에서 어떤 주도적인 역할을 감당할 수 없었다. 맏아들로서의 힘과 능력으로 한다는 것이 고작 자기의 역량과 정치적 입지로 마치 '끓는 물'이 보글거리다 가라앉는 것과 같이 만드는 자충수나 두는 것이었으니, 과연 르우벤에 대한 훗날 야곱의 평가는 정확했다고 할 수 있다(창 49:4). 이런저런 사정으로 인해서 결국 르우벤만으로는 요셉의 생환이 불가능했다.

다만 그들이 가졌던 살해 모의의 결속이 느슨해졌다. 그들이 벌이려는 일은 한 명이라도 배신하면 전체가 무너지는 종류의 일이었다. 그들이 한마음이 아닌 것을 알게 되니 동요가 번졌다. 따라서 이들은 더 길게 실랑이를 벌이기보다는, 우리식으로 하자면 "밥 먹고 합시다"라는 선택을 했다. 그들은 일단 요셉의 채색옷을 벗겼다. 이는 요셉을 향한 모욕이기도 했지만, 아버지가 편애하는 것에 대해 쌓여 온 질투, 어머니 대부터 치열한 경쟁이 존재하던 가정 분위기에 대한 오랜 울분, 그리고 아버지의 권위에 대한 불만 따위가 형태를 띠고 폭발했다고 하는 상징적 의미이기도 하다. 르우벤의 제안처럼 일단 요셉을 물이 없는 구덩이에 던져 넣었다. 그 과정에서 요셉이 형들에게 애걸했다는 기록은 있지만, 그 말이 무엇이었는지는 쓰여 있지 않다. 이렇듯, 다수의 폭력 속에서 한 개인의 목소리는 잊히는 법이다. 그리고 형제들은 앉아서 음식을 먹었다. 그들은 단순히 음식물만 씹고 있지 않았을 것이다. 그들은 다양한 생각을 곱씹고 있었다. 그간 있던 일들, 앞으로 벌어질 일들과 같은 것들 말이다. 이미 야곱을 구덩이에 던져 넣었고 채색옷까지 벗겼으니, 이제 더는 돌이킬 수 없다. 구덩이에서 그를 끄집어내고 마치 없던 일처럼 아버지께로 보낼 수 없는 이미 엎질러진 물이라는 결론에 도달한다. 그러다 한 무리의 상단을 보게 된다. 그들은 이스마엘 사람들로 이집트로 향하고 있었다.

이에 유다가 제안한다. 그것은 요셉을 죽이지 말고 그저 노예로 팔자는 것이었다. 이에 다른 형제들이 유다의 말을 '청종'했다. 이는 르우벤이 발언했을 때와는 사뭇 다른 분위기였다. 당시 유다는 형제들 사이에서 어떤 지도

자 격의 역할을 감당했을 것으로 보인다. 훗날 야곱이 그를 "새끼 사자"로 표현하며 축복했고, 그와 그의 후손에게 통치와 리더로서 해야 할 역할이 끊이지 않을 것이라 예언한 것은 이러한 유다의 입지가 반영된 것으로 보인다(창 49:8-10).

그렇다면 한 가지 분명해지는 사실이 있다. 유다는 요셉을 아버지의 집으로 무사히 돌려보낼 마음이 전혀 없었다는 점이다. 유다는 형제 사이에서 리더 역할을 하는 자였다. 르우벤과는 다르게, 그는 하고자 한다면 요셉을 무사 귀가시킬 수 있는 자였다. 하지만 그러지 않았다. 아버지가 편애하는 요셉의 부재로 인해서 가장 이익을 얻을 것은 유다 자신이니까. 다만 유다는 이런 정치적인 이유로 요셉을 그 무리에서 떼어 놓아 '격리'하면 그만이지, 그에게 특별히 살의를 가진 일부 형제들과는 달랐던 것 같다. 따라서 요셉을 죽일 이유까지는 없다는 결론에 도달했고, 그를 당시에 먼 친척에 해당하는 이스마엘 사람들에게 팔자고 제안했다. 노예라도 다 같은 노예는 아니었을 것이고, 적어도 친척뻘이니까, 요셉을 학대하거나 함부로 대하지는 않을 것이다. 애초에 요셉에게 살의를 품었던 형들에게는 요셉이 어떻게 되건 말건 무슨 상관이었겠냐마는, 자기 합리화에 있어서 요셉이 조금이라도 '나은' 대상에게 팔리는 것이 아무래도 뒷맛이 덜 씁쓸했을 것이다. 결국 형제들은 동의하고 이스마엘 사람들에게 요셉을 은 이십 개에 팔았다. 물론 이 모든 요소는 가해자인 형들이 합리화를 위해서 필요한 내용들이고, 요셉에게는 큰 의미가 있는 행위는 아니었다. 어찌 되었든 요셉은 기가 막히게도 형들에게 전쟁 포로처럼 잡혀서 노예로 팔려 버리게 되었다.

그 상인들은 요셉이 그저 평범한 사내가 아님을 알아보았다. 외모도 매우 빼어났고 건장했으며 총명했다(창 39:6). 따라서 그들은 요셉을 팔기에 가장 적합한 곳은 한 곳뿐이라고 생각했다. 당대에 부유하기로 단연 으뜸가는 이집트였다. 그들이 이집트에 도착했을 때 마침 공직에 있는 자가 집에서 일할 몸종(house servant)을 구하고 있었다. 그는 파라오의 신하 친위 대장 보디발이었다. 그가 몸이나 건강을 망가트리는 곳에 팔리지 않게 되어 천만다행이었다. 그가 팔린 곳이 고위 공직자의 집이라는 것은 요셉의 생존에 중요한 요소로 작용했다. 하지만 이것은 불행 중 다행이라는 의미만을 가진다. 자유인이던 요셉, 유력한 후계자이던 요셉, 이스라엘 민족의 일원이며 하나님을 섬기는 요셉이 자유를 박탈당하고 팔렸다. 이제 요셉의 생살여탈권은 자기의 주인 '보디발'의 것이다. 그리고 이 모든 것이 형들이 자신을 팔아넘겼기 때문이라는 사실은 변함없다.

채색된 죽음

르우벤이 돌아와서 구덩이에 이르러 본즉 거기 요셉이 없는지라 옷을 찢고 아우들에게로 와서 가로되 아이가 없도다 나는 나는 어디로 갈까(창 37:29-30)

창세기 기자는 르우벤의 반응을 기록하여 요셉을 파는 것에는 관여하지 않았다는 것을 분명히 한다. 르우벤은 어디까지나 요셉을 집으로 귀환시키는 것이 그의 목적이었지, 단순히 그의 생명을 보존하는 것만이 아니었다. 당시 르우벤은 잠시 자리를 비웠다. 양을 쳤는지, 상단의 일부와 거래를 하거나 정보 교환을 했는지 알 수 없다. 다만 29절은 요셉을 노예에게 판다는 의사 결정에 르우벤이 빠져 있음을 분명히 하기 위해서 삽입되었음이 분명하다. 다른 형제들이 르우벤을 결속에 반하는 존재로 여겼기에 요셉 처우를 결정하는 의사 결정에 배제했다는 것이 어렵지 않게 유추된다.

이후 돌아와서 요셉이 사라진 것을 깨달은 르우벤은 자기 옷을 찢으며 지금의 상황에 대한 슬픔을 나타낸다. 다만 옷을 찢을 만한 슬픔의 의미가 정확히 무엇인지는 여전히 의문이다. 그 슬픔이 형제들이 요셉을 죽였다고 생각해서인지, 노예로 팔았기 때문인지, 아니면 그저 그리로 지나다니는 무수한 상단 중 하나에 행여 납치당했다고 생각해서였는지는 알 수 없다. 애석하게도, 이것은 상상의 영역이다.

다만 창세기 기자가 확실히 하는 것은 '요셉의 부재', 그러니까 아버지에게 요셉을 무사히 인계하지 못했을 때 발생할 아버지의 심상에 이뤄질 상황을 르우벤만은 명확하게 예상했고, 그것 때문에 극한 슬픔을 느꼈다는 것이다. 적어도 르우벤은 장자로서 아버지 야곱을 가장 잘 이해하고 있던 것 같다. "나는 나는 어디로 갈까"(30절)라고 "나는"이 거듭 적혀 있는데, 이는 인쇄 오류나 번역 오류가 아니고, 히브리어 성경에도 '나'를 강조할 때 사용되는 단어인 '아니(אני)'가 두 번 등장한다. 직역하면, "나는 어느 쪽으로, 나는 어디로 가야 할까?"라는 의미이다. 이를 통해 르우벤이 매우 당황했다는 것을 알 수 있다. 따라서 적어도 요셉을 파는 행위에 르우벤은 동의하지도, 관여하지 않았다는 점을 분명히 한다. 이런 수고를 창세기 기자가 한 이유에 대해서는 이후에 더 다뤄 보도록 하겠다.

> 그들이 요셉의 옷을 취하고 수염소를 죽여 그 옷을 피에 적시고 그 채색옷을 보내어 그 아비에게로 가져다가 이르기를 우리가 이것을 얻었으니 아버지의 아들의 옷인가 아닌가 보소서 하매(창 37:31-32)

이스라엘의 자녀들은 결국 요셉이 죽었다고 가장하기로 한다. 그 방법은 채색옷을 숫염소의 피로 적시는 것이었다. 이 사건을 아브라함과 이삭이 모리아 산에 올랐던 사건과 비교해 보면, 꽤 의미심장하다. 그 사건에서 이삭을 대신해서 어린양이 죽었듯, 요셉을 대신해서 숫염소가 죽은 것으로 이삭과 요셉의 사건이 형태적 대구를 이룬다. 신학적 의미를 끌어오면, 이도 예수 그리스도의 대속을 상징한다고 할 수 있다.

흥미로운 것은 이스라엘, 곧 야곱은 정작 자기 자신을 내어 바쳐서 대속을 받는 그런 직접적인 경험이 없었다는 것이다. 아버지 이삭 대에서 그리스도의 십자가를 상징하는 일이 발생했고, 자녀 요셉 대에서 그리스도의 십자가를 예표하는 일이 발생했다. 그런데 이스라엘은 그 사이에 껴 있는 듯 위치한다. 이삭이 그 시점에 희생양이 없어서 죽었더라면, 이스라엘은 태어나지 못했다. 또한 요셉 대신 희생할 숫염소가 없었더라면, 이후 이야기를 보건대, 이스라엘은 대기근에 죽거나 혹은 파라오의 노예가 되었을 터이다.

즉, 이스라엘, 곧 야곱은 직접적으로 희생양의 희생을 통해서 생환하는 경험을 하지 못했으나, 이삭과 요셉의 생환을 통해서 수혜를 입었고, 생존을 보장받은 셈이다. 이는 십자가 구원에서 구도적으로 벗어나 보이는 유대인들에 대한 예언이기도 하다. 조금 더 확장해서 보자면, 바울의 기대처럼, 결국에는 유대인들도 돌아온다는 희망으로 해석도 가능하다. 아버지 이삭과 아들 요셉이 경험한 '대속' 사이에 다만 껴 있는 야곱이 그 결과 혜택을 받은 것처럼 말이다.

다만 이것은 먼 훗날 이야기이며, 당장 피에 젖은 채색옷을 받아 든 야곱의 억장은 무너졌다. 우리가 이미 나눴듯, 도중을 살아가는 우리로서는 그 과정에서 겪는 슬픔이 미래에 어떻게 합력하여 선을 이룰지 전혀 알지 못한다. 자녀를 잃는 것이 결과적으로 좋은 일이 되어 돌아온다고 예언을 받는다 한들, 그것을 위로로 여길 부모가 어디 있겠는가?

> 아비가 그것을 알아보고 가로되 내 아들의 옷이라 악한 짐승이 그를 먹었도다 요셉이 정녕 찢겼도다 하고 자기 옷을 찢고 굵은 베로 허리를 묶고 오래도록 그 아들을 위하여 애통하니 그 모든 자녀가 위로하되 그가 그 위로를 받지 아니하여 가로되 내가 슬퍼하며 음부에 내려 아들에게로 가리라 하고 그 아비가 그를 위하여 울었더라(창 37:33-35)

요셉에게 이삭의 경험이 반복되었다면, 야곱에게는 아브라함의 경험이 반복되었다. 모리아 산으로 이삭을 바치러 가는 아비의 심경이 이제 야곱의 내면을 가득 채운다. "위로를 받지 아니했다"(35절)라는 표현은 구약에서 반복적으로 등장하는 표현이다. 자녀들의 위로가 전혀 도움이 되지 않았다는 것이다. 그도 그럴 것이 자기의 명령을 이행하다가 자기가 가장 사랑하는 아들이 죽었다. 그 부모의 마음이란 온통 죄책감과 후회, 그리고 절규로 물들었을 것이니, 어떤 말이 소용이 있을까? 이제 창세기의 초점이 요셉으로 넘어가서 그렇기도 하지만, 이 시점부터 야곱은 급격하게 늙기 시작한 것 같다. 그리고 마치 삶의 의지를 다 잃어버린 자와 같이 되어 버린 것으로 보인다.

야곱은 하란에서 20년을 지낸 다음 가나안으로 복귀했다. 이제 자기 자녀들도 자녀를 낳았고 야곱도 손주를, 심지어 증손자도 보기 시작할 시기였다. 그렇기에 야곱은 슬슬 후계를 생각했다. 야곱의 사명은 결국 민족을 이루는 것인데, 이미 민족을 이룰 기틀은 마련해 둔 것으로 판단해도 될 정도였다. 따라서 자기도 아버지 이삭과 같이, 사명을 모두 감당하고서 '은퇴 이후'의 삶을 위해 후계자를 지목하려 했고, 야곱 생각에 모든 면에서 적합하고 은사마저 있는 요셉을 후계자로 기르면 이제 자기의 사명은 완성된다고 생각했을 것이다. 하지만 그것이 무너져 내렸다.

이 장면에서 한 가지 생각해 볼 만한 부분은 야곱의 자녀들이 왜 굳이 야곱에게 요셉이 죽은 정황적 물증인 채색옷을 피에 적셔 가져갔냐는 것이다. 오히려 실제로 요셉을 죽였다면 그 죽은 증거가 필요하지 않았을 것이다. 하지만 죽이지 않았기에, 야곱이 요셉의 죽음을 믿게 만들어야 할 필요가 있었다. 요셉이 그저 실종되었다고 믿는다면, 혹은 납치당했다고 믿었다면, 야곱은 대규모 수색대를 편성하였을 것이다. 당시에 흔하게 발생하던 노예상에 의한 납치 가능성도 있으니, 문명권인 이집트나 하란 등지까지 수색했을 것이다. 그렇다면 마침내 요셉을 발견하여 구출하는 것은 어렵지 않았을 것이다. 애초 계획대로 요셉을 죽였다면, 살아서 발견될 이유가 없을 테니, 채색옷을 통한 죽음의 가장은 우발적이었다.

과거 아버지 이삭을 속였던 야곱은 공교롭게도 이제 자녀들에게 속는 처지가 된다. 따라서 이 시점에 이르러서 르우벤이 요셉을 죽이는 계획에 반대하며 가담하지 않은 것도, 유다가 요셉을 죽이지 말고 팔자고 제안한 것도 그 의미가 많이 퇴색된다. 요셉에게 얼마만큼의 위해를 가했는지, 그리고 그를 진짜로 죽이려 했는지 아닌지에는 그 경중만 있을 뿐, 결국 야곱을 속여서 요셉이 구출될 기회조차 아예 박탈해 버린 것에는 르우벤과 유다 모두 동참했기 때문이다. 그들이 마음을 돌이켜 아버지에게 사실대로 고했더라면,

요셉을 되찾아 오는 것이 가능했을지도 모를 일이다. 상단이 어느 방향으로 향하고 있는지는 다들 인지하고 있었고, 그 길을 따라서 추격한다면 목적지가 이집트라는 것은 어렵지 않게 알 수 있었을 것이다. 물론 다른 형제들이 그 밀고자를 그냥 놔두지는 않았을 것이다. 특히 르우벤은 앞서 언급했던 정치적 입장이 있었고 이미 약점이 잡혀 있었기에 아무것도 할 수 없었을 것이다. 하지만 이것으로 참작이 되겠는가? 그렇지는 않을 것이다. 그러기에는 야곱이나 요셉이 겪어야 했던 시련이 너무 컸다.

아버지 야곱의 슬픔이 그들이 상정한 것을 넘어서는 것임은 분명했다. 그 일이 있고 난 후 바로 이어서 유다는 그 형제들을 떠나 아둘람 사람 히라에게로 가서 의탁한다(창 38:1). 물론 유다가 자기 형제들을 떠난 이유를 정확히 알 수는 없겠지만, 아마 요셉의 '죽음'으로 가장 큰 수혜를 본 유다는 아버지 야곱이 생각했던 것 이상으로 괴로워하는 모습을 차마 볼 수 없었던 것 같다. 공은 공이고 사는 사이다. 자기의 정치적 입장도 있고, 형제들의 입장도 있다. 자기가 의견을 내서 노예로 팔아 버린 이상, 그것을 그냥 아버지에게 전달할 수도 없는 노릇이었다. 이후 창세기 기자가 아예 38장 한 장 전체를 할애하여 유다의 자녀들과 유다의 귀책들에 대해서 묘사했다는 점은 매우 의미심장하다. 단순히 후에 리더격의 역할을 하고, 또한 다윗 왕조를 배출할 유다를 조명하기에는 오히려 불리한 재료이다. 따라서 이에 대해서는 창세기 기자의 어떤 의도가 있음이 분명했을 것이다. 이는 조금 뒤에 '어딘가 이상한 민족 신화'에서 자세히 다뤄 보도록 하겠다.

이스라엘은 속았고, 요셉은 몸종이 되었으며, 유다는 떠나다.

요셉 그리고 또다시

이 지점만 놓고 본다면, 야곱의 가정의 뿌리 깊은 무질서와 가족 구성원 간의 경쟁, 그리고 편애로 인해서 촉발한 요셉과 형제들의 갈등을 통해, 야곱과 에서의 비극이 야곱의 자녀들 대에서 다시 재현된 셈이다. 그 결과 야곱은 이제 이삭의 입장이 되어서 자기 아버지의 마음을 느끼기 시작한다. 비록 정도는 달랐으나, 아버지 이삭과 어머니 리브가도 야곱과 에서의 갈등 때문에 야곱과 생이별을 경험하지 않았던가? 그러므로 자식을 잃은 야곱의 감정을 누구보다도 잘 이해하고 공감할 수 있는 사람은 다름이 아니라 야곱의 부모님이었다.

비록 성경의 기자는 35장에서 이삭의 최후를 다뤘지만, 연대를 역산해 보면, 이 사건이 있었을 때 이삭은 아직 생존했고, 형 에서도 가나안에 함께 있었다. 그렇기에 여느 부모 · 자식과 마찬가지로 이삭과 야곱은 부모 · 자식 간의 대화를 나눴을 것이고, 여느 형제와 마찬가지로 야곱과 에서는 형제간의 대화를 나눴을 것이다. 당시에 어머니 리브가가 생존한 상태였는지는 알 수 없다. 모세가 야곱의 이야기를 정리할 당시에 리브가에 대한 기록이 소실되었거나 혹은 리브가와 이삭의 뜻이 장자의 축복권 사건에서 일치된 이후부터는 굳이 둘을 따로 묘사할 이유가 없다고 여겼을 수도 있다. 여하튼 리브가의 이후 사정에 대해서 더는 묘사하지 않는다. 다만 당시에 리브가도 있었더라면, 그녀는 늘 야곱의 편이 되어 줬고 또 깊은 애정을 품고 있었기에 야곱에게 큰 도움이 되었을 것이다. 성경은 그들이 어떤 대화를 나눴을지, 어떤 위로를 야곱에게 건넸을지 기록하고 있지는 않다. 그 어떤 인간의 위로도 자녀를 잃은 슬픔을 경감시킬 리 없으니 말이다. 그러할지라도 다만 그들의 존재는 야곱에게 큰 버팀목이었을 것이다.

아주 조심스러운 말이 되겠지만, 어떻게 보면 요셉의 이 사건이 아직 이삭과 에서가 함께하던 시기에 일어났다는 점은 야곱이 이때 견딜 수 있었던 한 요인이기도 했다. 라헬도 없는 시점에, 온전히 야곱의 아픔과 함께해 줄 사람이 사실상 친족 가운데에서는 거의 없다시피 했다. 권력이나 많은 재산이라는 것은 때로는 슬프게도 사람들 사이에 견해차를 만들어 틈을 벌려 놓기 때문이다. 그의 아내와 첩들도, 그리고 자녀들도, 요셉이 사라졌을 때 각자 얽을 이권이 있었기에, 설령 그들이 진정으로 위로하려는 마음을 품었다 한들, 그것이 온전히 야곱에게 전달될 리 만무하다. 설령 피차간에 진정한 마음을 품었다 하더라도, 관념 속에 자리한 그 이권의 존재로 인하여 서로 온전히 하나가 될 수 없게 만든다. 그나마 입장상 진심을 나눌 수 있는 베냐민은 너무 어렸기에 되려 야곱이 위로해야 할 판이었다. 따라서 이삭과 에서가 야곱에게 그 어떤 구체적이고 실효적인 도움을 주었는지 알 수는 없지만, 그들의 존재 자체로 일단 안심이 되는 것은 사실이다. 물론 이 안심은 어디까지나 이 이야기를 살피는 제삼자의 관점이다. 야곱은 아마 여전히 제정신을 유지할 수 없을 만큼 괴로웠을 것이다.

야곱이 하나님께 어떠한 마음을 품었을지, 그가 어떤 식으로 하나님께 구하였을지, 또한 하나님이 어떠한 방법으로 야곱을 위로하셨을지 역시 성경에는 기록되어 있지 않다. 이는 이미 야곱이 위기 상황에서 하나님과 어떠한 방식으로 소통했는지, 그리고 그때마다 하나님께서 어떻게 함께하셨는지 충분히 보여 줬기 때문이기도 했고, 이야기의 중심이 이제 자녀들에게 넘어갔기 때문이기도 했다.

다만 그의 마음은 그 유명한 복음성가, 〈God will make a way〉의 가사와 같았을 것으로 유추할 수 있다. 우리나라에는 〈나의 가는 길〉로 번안되어 소개되었다. 그리고 야곱이 그 찬양을 알았다면, 아마도 이 소절에서 마음이 머물지 않았을까? "God will make a way where there seems to be no way. He works in ways we cannot see." 번역하자면, "하나님은 도저히 길이 없어 보이는 곳에 길을 만드시며, 그는 우리가 보지 못하는 방식으로도 일하신다네"이다. 이런 찬양의 고백은 실상 이삭의 하나님이 이삭과 함께해 주신 방식이었고, 야곱의 하나님이 지금까지 야곱과 함께해 주셨던 방법이지 않은가?

야곱이 할 수 있는 것이라고는 분명히 하나님의 어떤 뜻이 있을 것이라고 굳게 믿고 마음을 다잡아 지키는 것 외에 없었다. 그래서 자기가 죽기 전에 하나님께서 그 모든 것을 충분히 이해할 수 있도록 어떤 의미를 부여해 주실 것이라 기대하며 기다릴 수밖에 없다. 어쨌든 이 불행한 일도 결국 인생살이에서 필수 불가결한 과정이었다는 것을 명확하게 설명해 주시길 바랄 뿐이었다. 하나님은 이를 통해서 무언가를 이루고 계실 것이라 믿을 수밖에 없었다. 그리고 참으로 다행스럽게도 이 시점 야곱 곁에는 이삭이라는 걸출한 하나님의 사람이 함께하고 있었다. 창세기에 기록한 이삭의 경험만으로도 요셉의 사건은 단순히 야곱을 괴롭게 하도록 발생한 것이 아님을 유추할 재료가 되어 준다. 그런 하나님을 경험한 이삭은 분명, 야곱에게 예언적 위로를 해줬을 터이다. 그도 그럴 것이, 이삭도 아브라함에게 있어서 한 번은 '죽음'으로 잃었다가, 되찾은 아들이었으니 말이다.

> 저가 하나님이 능히 (이삭을) 죽은 자 가운데서 다시 살리실 줄로 생각한지라 비유컨대 죽은 자 가운데서 도로 받은 것이니라(히 11:19)

요셉이 죽었다는 소식을 처음 들었을 때 삶의 의지를 전부 잃은 사람과 같이 슬퍼했던 것과는 다르게, 시간이 흐르면서 야곱은 결국 삶의 소망을 회복했다. 이후 적극적으로 부족의 생존을 위해서 판단하고 명령을 내리는 장면이 등장하며(창 42:1-2; 43:2), 죽은 줄 알았던 아들이 살아 있다는 소식, 그것도 이집트의 총리가 되었다는 소식을 듣고도 그저 달려가지 않았고 하나님께 여쭙는 모습이 나온다(창 46:1-4). 이는 그 세월 동안 야곱은 그저 '한'에 매몰되어 절망만 남은 인물로 생존한 것이 아님을 보여 준다. 만일에 요셉을 잃은 슬픔을 극복하고 승화시키지 않았더라면 그런 모습을 보이지 못했을 것이다. 결국 하나님께서 야곱을 파라오 앞에 세우실 때, 자식을 잃었다고 생각해서 폭삭 늙은 추레한 노인이거나, 제 아들을 총리로 세워 줌에 대해서 그저 감사를 표하는 노인이 아니라, 파라오를 축복하는 자로 삼으셨다(창 47:7, 10). 하나님은 하나님의 자녀이자, 이삭을 뒤이은 족장답게 야곱을 당당하고도 품격 있는 자로 높이셔서 요셉과 재회하게 하셨다.

어딘가 이상한 민족 신화

이쯤에서 한 가지 짚고 넘어가야 할 점이 있다. 바로 창세기가 단순한 역사서, 혹은 인물전, 또는 종교 서적이 아니라는 점이다. 물론 창세기는 역사도 담고 있고, 또 인물에 관한 이야기와 함께 신학적인 내용도 담고 있다. 그렇다고 할지라도 그 창세기가 집필되고 그것이 최초의 독자들에게 공개되었을 당시에 영향을 끼쳤던 가장 주된 역할이 그 집필 의도라 할 것이다.

창세기는 출애굽 하여 광야 생활을 하던 이스라엘 백성을 위해서 그들의 리더 모세가 집필한 다섯 권의 책인 율법서(토라)의 가장 첫 부분에 해당한다. 토라의 다른 부분에는 당대 백성들의 '지금'과 '내일'이 담겨 있다면, 창세기는 그 내력, 그러니까 왜 이 모든 것이 '지금'에 이르렀는가를 설명한다. '세상이 어떻게 창조되었고, 그 세상에서는 어떤 일이 있었으며, 왜 그들은 열두 지파로 각각 구성되어 있는데도 하필 '이스라엘'이라는 공통 분모로 묶여 있는가?' 그리고 '왜 무수한 이집트의 신들이 아닌, 다만 아브라함의 하나님, 이삭의 하나님, 야곱의 하나님으로 불리는 오직 한 분을 섬기며 또한 가나안으로 향해야 하는가?' 등의 의문을 해소하게 해 줄 수 있는 내용이 담겨 있다. 따라서 이는 이스라엘 백성의 세계관(Worldview), 신관, 인생관을 형성하기 위한 자재일 뿐만 아니라, 민족의식을 구성하는 핵심 뼈대이며, 민족 정신 그 자체를 담은 것이기도 하다. 즉, 이는 이스라엘 자손에게 있어서 민족 신화라는 의미가 있고, 실제로 그 이후에도 계속해서 자기 정체성을 '아브라함의 자녀', '야곱의 후손', 때로는 야곱에게 일체화하여 '이스라엘'로 지칭하기도 하였으니, 그저 명목상의 것이 아닌, 역사적으로 평가하더라도 매우 성공적인 '민족 신화'라 할 것이다.

그러나 이것을 다만 민족 신화라는 관점에서 본다면, 그것도 아주 성공한 민족 신화라는 관점에서 본다면 매우 이상한 부분이 있다. 민족 신화라는 것은 응당 내 민족의 우월성과 탁월함을 드러내어 민족의식을 고취하고 더 나아가 내 민족을 여타 민족과 구분하여 돋보이게 하는 데 목적이 있지 않은

가? 하지만 창세기에서 묘사하는 이스라엘 민족의 열두 지파의 직접적인 조
상들인 야곱과 그의 자녀들의 모습은 어떠한가? 아무리 살펴보더라도 야곱
의 자녀들은 요셉을 제외하고는 그다지 바람직한 모습을 보여 주지 못한다.
특히 요셉을 파는 장면, 아버지가 정한 질서를 무시하는 장면, 그리고 삶의
의지를 잃을 정도로 극한의 괴로움에서 몸부림치는 아버지를 보면서도 누구
하나 요셉의 생존 사실을 이실직고하지 않는 장면에서 그것이 더욱 도드라
진다. 르우벤과 유다는 요셉 살해 모의 사건 때에 요셉을 죽이지 않도록 이
바지한 바가 있던 자들이었기에 독자들에게 상대적으로 긍정적인 인물들로
해석될 여지가 있다. 그러나 창세기 기자는 그들의 잘못을 기록하는 것에 특
별히 지면을 할애함으로써, 그들도 여전히 그 형제들과 같으며, 의인은 없으
니 하나도 없다는 메시지를 분명히 한다.

> 하나님이 하늘에서 인생을 굽어 살피사 지각이 있는 자와 하나님을 찾는 자가 있
> 는가 보려 하신즉 각기 물러가 함께 더러운 자가 되고 선을 행하는 자 없으니 하
> 나도 없도다(시 53:2-3)

실제 그들이 보여 준 모습이 그러하였으니, 그렇게 기록하는 것이 당연하
다면 당연하겠다. 게다가 당시 지파마다 구전하는 선조의 이야기, 즉 지파별
구전이 존재했다. 따라서 모세가 마음대로 창작하거나 사실 관계를 뒤틀어
놓을 수는 없었다. 열두 지파가 존재한다는 것은 다른 말로 하자면 특정 사
건에 대해서 적어도 열두 갈래의 이권과 주장 그리고 견해가 존재한다는 것
이다(레위까지 포함하면 열세 가지이다). 하지만 가나안에서 야곱의 세력이 폭발
적으로 성장했으며, 이후 이집트에서 하나의 민족이 넉넉하게 형성된 점을
고려한다면, 당연히 그들의 특출난 면이 분명히 다수 존재했을 것인데, 오히
려 모세는 그러한 점들을 강조하거나 과장하지 않고 열두 지파를 모두 묶어
줄 공식 기록에서 과감하게 생략했다. 창세기가 여타 민족들의 민족 신화에
해당하는 이야기도 담고 있다는 점을 고려할 때, 모세의 이러한 집필 방식은

의아함을 자아낸다. 그리고 더욱 의아하고 실로 인상 깊은 점은 그 선조의 우월함을 과장하지 않았음에도 불구하고 실제 역사상으로 그 후손들 사이에서 민족성은 고취되었고, 인류사를 통틀어도 가장 성공적인 민족 신화 중 하나로 손꼽히는 것이 바로 창세기라는 점이다.

야곱 이야기의 가장 핵심적인 주제는 우리가 이전에 이미 다뤘듯, 결국 미달자인 야곱이 무수한 실책을 저지르지만, 하나님의 조건 없는 은혜로 주께서 세우신 언약을 이루셔서 민족을 이루게 하신다는 것이다. 야곱의 자녀들 또한 하나님 앞에서, 그리고 아버지 야곱 앞에서 '결점투성이'였는데, 이는 출애굽 한 이스라엘의 열두 지파 또한 그러했다. 특히 이집트 땅에서 나온 후 제이년 가나안에 들어가야 할 시점에, 앞둔 전투를 두려워하다가 결국 이후 40년간 광야를 헤매게 되었던 출애굽 1세대는 2세대 또한 자기들과 같은 꼴(민 14:33-35)을 겪지 않을까 걱정해야 했다.

하지만 창세기는 야곱과 야곱 자녀들의 삶에서 그들의 '약함'이 하나님이 당신의 뜻을 그들의 삶에서 이루시는 것에 아무런 문제가 되지 않음을 반복적으로 보여 줬다. 따라서 그 약함을 전혀 숨기지 않으며 또한 두둔하지 않는 집필 방식이 당대 주된 독자이었을 1세대 포함 그 이후 모든 이스라엘 자손 사이에서 역설적인 소망을 형성할 수 있었을 것이다. 그들의 조상들이 연약한데도 그들을 버리지 않으시며 오히려 놀라운 일들을 끝없이 이루신 하나님에 관한 이야기는 출애굽 한 자신들의 삶과 그리고 후손들의 삶에도 동일하게 역사해 주시리라는 소망의 근거가 되어 주기 때문이다. 따라서 선조들의 약함과 실책은 실상 그 후손에게 있어서는 하나님이 이루실 것들에 대한 희망을 품을 믿음의 토대를 마련해 줬다.

따라서 모세는 오히려 있는 그대로의 사실을 담담하게 소개했다. 즉, 창세기는 당대 이스라엘 백성에게 있어서 하나님이 벧엘에서 야곱에게 약속하신 것처럼. 조건을 보시지 않고, 사람을 보시지 않으며, 당신의 결단으로 민족을 이루실 것이고, 2세대를 가나안에 들어가게 하실 것이라는 언약이 담긴 이야기가 되는 것이다. 그렇기에, 오히려 그들 선조의 약한 모습은 도리어 민족 신화의 적합한 상징이 될 수 있게 하는 요소로 작용했다. 즉, 여타 민족들이 채택한 과장되게 긍정적이고 우월한 이야기들만 짜깁기하여 편집한 영웅적 민족 설화는 오히려 출애굽 한 이스라엘 백성에게는 불필요할 뿐만 아니라, 역효과만 불러일으킬 것이 자명하다.

이는 이스라엘 백성에게만 통용되는 것은 아니다. 실제로 여타 민족의 민족 설화나 신화가 창세기만큼 오랜 기간 한 민족의 정신과 그 민족을 묶는 실질적인 끈이 되어 주는 경우는 지극히 드물다. 매우 많은 경우, 우월하고 영웅적으로 편집한 민족 설화와 신화는 그 자체로 유효 기간, 그러니까 유통기한이 있다. 세월이 흐르고 나면 그것은 더 이상 한 민족의 정체성을 유지시켜주는 유효한 상징이 되지 못한다. 이는 기본적으로 '우월함'이나 '영웅적'이라는 것은 인간을 초월한 어떤 비인간성을 전제하고 있어서 그러하다. 그러한 신화와 설화에서 묘사하는 가치들은 세월이 흘러 시대가 변하고 새로운 사회가 형성되고 나면, 더는 공감의 대상이 될 수도, 또 유용하게 활용될 수도 없다. 사회가 견지하는 '우월'과 '영웅'의 이상적인 형태는 시대에 따라서 변화하고 대체되기 때문이다.

하지만 역으로 인간적인 가치, 그러니까. 사랑, 우정, 슬픔, 자비, 아픔, 친절과 같은 가치는 좀 더 보편적이다. 가령, 같은 성경의 이야기를 다룬다고 하더라도, 아브라함이 자기 자녀를 희생 제물로 바치러 모리아 산으로 올라가는 장면보다는 야곱과 에서가 서로 반목하다가 피차 세월과 삶에 지치고 다친 모습에 서로서로 불쌍히 여기고 결국 용서에 이르러 화해하는 장면에 더 공감할 수 있는 것은 그것이 우리 삶에서도 여전히 통용되고 경험할 수 있는 공감이 가능한 일이기 때문이다. 따라서 신약에 이르러 아브라함이 독자 이삭을 바치는 장면은 하나님이 그리스도 예수를 우리를 위하여 내어 주시어 십자가에서 죽게 하시면서, 오로지 하나님의 몫이 되는 방식으로 반복되었다. 그리고 야곱과 에서가 화해하는 장면은 그리스도가 주신 거듭난 자들의 삶과 사랑의 계명을 통해서 오늘날에도 거듭거듭 나타나게 하셨다.

하나님은 아브라함–이삭–야곱의 계보를 통해서 이스라엘이라고 하는 민족을 형성하셨는데, 그중에서도 그것을 대표하고 완성하는 아이콘으로 야곱을 택하셨다. 야곱을 이스라엘로 칭하시고 훗날 형성될 민족, 그것을 하나의 공동체로 묶을 상징으로 삼으셨다. 그 야곱은 시작 단계에서 어떤 우월한 초월자가 아니라, 우리가 공감할 수 있는 미달자였고, 우리가 공감할 수 있는 인생 여정을 통해서 성숙에 이른 자였다. 하지만 그런 영적 성숙을 이룬 다음에도, 하나님과 직접 대면한 영적 지도자가 된 이후에도, 야곱은 자녀를 키우는 것에 있어서 여느 부모가 할 만한 실수와 실책을 범했다. 결국 그의 자녀들을 어떤 영적인 초인 집단으로 키워 내진 못했다. 그들은 오히려 도덕적으로나 인간적으로 흠결이 많은 자들이었다. 이는 직접적으로 그들의 이름을 따라 지파의 일원이 된 후손들에게는 더욱 큰 의미로 다가온다. 미달자를 택하여 이스라엘로 만드시고, 그 이스라엘의 자녀들 역시 여러모로 연약하고 부족한 면이 많았지만, 열두 지파나 되는 큰 세력으로 키워 주셨다. 이 부분에서 느껴야 할 것은 은혜이다. 오직 은혜로 그렇게 하셨다. 그리고 그렇기에 희망이 있다. 하나님이 모든 것을 은혜로 이루시기에….

후대 이스라엘 백성의 타락은 결국 은혜가 은혜 되지 않았을 때 발생했다는 점에서 모세의 집필 방향성에는 통찰을 넘어서 예언적 힘마저 느껴진다. 후대 이스라엘 자손은 그들의 시작점을 망각했다. 결국 선민의식에 젖어 버리고 말았다. 그들의 심상에 하나님의 선택하심의 이유가 은혜가 아니게 되자, 그 자체로 거대한 장벽이 되어서 그들은 하나님과 급격하게 멀어지게 되었다. 이후 그 처음을 잊은 이스라엘 자손을 대상으로 사역을 한 선지자들은 이스라엘의 처음을 피투성이가 되어서 버려진 아이(겔 16:6), 황무지와 같던 밭(사 62:4) 등으로 묘사하길 주저하지 않았다. 아직 그러할 때, 다듬어지지 않았고 미달하였던 자기들의 선조를 오직 은혜로 선택해 주신 하나님을 기억하고 돌아가자고 외쳤다. 하지만 그들은 그 말에 순종하지 않았다. 처음을 영영 잊은 것이다. 그렇다면 모세의 노력은 모두 허사였는가? 하나님이 끝없이 이스라엘 자손에게 선지자들을 보내시면서 그들을 "야곱"이라 부르시며 돌아오라 하신 것에 담긴 메시지는 공허하게 메아리치다 잊혔는가? 그렇지 않다. 이를 통해서 그 아브라함에게 약속하셨던 그 '씨앗'이신 그리스도께서 오셨고, 남은 자를 모으셨으며, 그 남은 자들에게 결국 구원이 임했다. 그리고 '남은 자의 구원'이라는 개념으로 말미암아 마침내 이 은혜라는 주제는 더욱 선명해진다.

> 그 날에 이스라엘의 남은 자와 야곱 족속의 피난한 자들이 다시는 자기를 친 자를 의뢰치 아니하고 이스라엘의 거룩하신 자 여호와를 진실히 의뢰하리니 남은 자 곧 야곱의 남은 자가 능하신 하나님께로 돌아올것이라 이스라엘이여 네 백성이 바다의 모래 같을찌라도 남은 자만 돌아오리니 넘치는 공의로 훼멸이 작정되었음이라(사 10:20-22)

> 또 이사야가 이스라엘에 관하여 외치되 이스라엘 뭇자손의 수가 비록 바다의 모래 같을찌라도 남은 자만 구원을 얻으리니(롬 9:27)

> 그런즉 이와 같이 이제도 은혜로 택하심을 따라 남은 자가 있느니라(롬 11:5)

창세기는 아무것도 없는 상태에서 아브라함이라는 자가 어떻게 믿음으로 그 예루살렘의 터를 미리 내다보았는지, 이삭이라는 자는 어떻게 야곱과 에서에게서 두 민족을 기대했는지, 그리고 야곱이라는 자는 어떻게 자기 열두 자녀들에게서 모래알과 같이 번성하는 자손을 미리 보고 기대했는지에 대한 이야기이기도 하다. 그 내면적-외연적 확장은 오직 은혜로 말미암아 발생했다. 그리고 그것이 은혜로 말미암아서 되었다는 주제 의식을 분명하게 전달하기 위해서라도 야곱과 그의 자녀들은 특출나지 않아도 되었다. 오히려 그들 그대로의 모습이. 야곱의 시작점조차도, 그 미달한 모습조차도 그 주제 의식에 아주 걸맞았다. 그렇기에 모세는 특별히 그들을 포장하거나 그들의 실책을 가리지 않았다. 어떤 것도 꾸밀 필요가 없었다.

하지만 그럴지라도 인간의 죄성이라는 것이 우상을 만들어 내는 인간의 본능이 얼마나 집요한지, 예수께서 오시는 시점에 이르니 인간 우상화 작업에 푹 빠져 있었다. 미달자로 시작했다는 것을 망각하고 나니까, 그것을 지워 내고 나니까, 창세기를 심상에서 지워 버리고 나니까, 결국 신적인 존재에게 선택까지 받을 수 있을 만큼 대단히 뛰어나고 잘난 민족이 나와 버린다. 하지만 그로 인하여 도리어 더욱 선명한 메시지가 도드라지기 시작한다. 이사야의 말씀처럼 이스라엘에는 남은 자가 여전히 있었고, 그리스도께서 그들을 위해서, 그 외 또 믿음을 통해서 아브라함의 반열에 포함될 자들을 위해서 십자가를 지신다.

창세기에 등장하는 많은 상징적인 이야기는 결국 십자가까지 이어진다. 그렇기에 우리는 야곱과 에서의 이야기를 설명하기 위해서 때로는 신약적 개념을 끌어와 설명하곤 했다. 십자가 또한, 예수 그리스도 또한, 평범한 사람들, 온갖 미달자로 둘러싸여 있었고 그들과 함께하는 방식으로 당신의 공생애라는 서사를 진행하셨다. 지극히 평범하고 때로는 부족한 자들이 그리스도를 만나 회복하고 조금씩 성장해 나가다 결국 성숙에 이르는 구조는 그리스도 공생애의 핵심 주제였다. 이는 야곱 이야기의 핵심 주제이기도 하다.

창세기에서도 이스라엘 민족 신화에 해당하는 부분은 지극히 평범한 야곱이 하나님을 만나 성숙에 이르는 이야기이다. 그것이 창세기가 집필될 당시 광야의 이스라엘 백성, 그중에서도 2세대로서 가나안에 들어가 혈기 등등한 자들과 전쟁을 벌여야 하는 자들에게 소망이 될 것이었다. 초인이 아닌 자들도 하나님과 함께라면, 초인도 하지 못할 일을 감당할 수 있다는 이야기이니까 말이다. 다시 말해 하나님의 존재 덕분에, 하나님이 계시기 때문에, 하나님이 눈동자처럼 야곱을 지키셨기에, 다듬어지지 않은 돌과 같았던 야곱과 그의 자녀들은 비범한 업적을 이룰 수 있었다는 얘기다. 그렇기에 결국 광야에서의 이스라엘 백성에게도, 또한 우리에게도 적용될 수 있는 이야기이며, 공감할 수 있는 이야기이다. 그 결과 이는 단순히 그 선조들의 대단함을 기록한 민족 신화가 아닌, 하나님과 동행하는 자들을 위한 매뉴얼이 되었다.

대저 하나님께로서 난 자마다 세상을 이기느니라 세상을 이긴 이김은 이것이니 우리의 믿음이니라 예수께서 하나님의 아들이심을 믿는 자가 아니면 세상을 이기는 자가 누구뇨(요일 5:4-5)

성경이 말하는 소망은 우리의 잘남이나 뛰어남에 기반하지 않는다. 하나님의 사람들에게는, 그리스도인들에게는, 우리에게는 오히려 약함이 강함이 된다. 물론 그 주제 의식을 강조하기 위해서 모세가 야곱의 약함을, 야곱 자녀들의 미달함을 창작하거나 곡해하여 창세기에 기록했다고 해석한다면, 그것은 오해이다. 앞서 다뤘듯, 당장 제각각의 이권과 개성으로 단합하지 않는 열두 지파를 하나로 묶기 위한 상징이 필요한 시점인 데다가, 지파별로 전승이 존재하는 상황에 리더십이 도전받던 모세가 각 지파의 시조를 아무런 근거 없이 깎아내릴 여력이 있을 리 만무했다. 따라서 모세는 당시 이스라엘 백성 사이에서도 새로운 것이 없이 그저 익숙한 이야기를 담백하게 종합했을 뿐이다. 다시 말하면 민족의 신화가 되었건, 열두 지파를 묶을 만한 어떠한 영속적 끈이 되었건, 가나안 정복이라는 대전쟁을 위해서 필요한 미증유의 위로가 되었건, 그것의 재료는 어디까지나 '현실' 혹은 '진실'이라는 날 것을 그대로 기록하는 방식에 한했다.

그렇기에 야곱의 약함과 야곱 자녀들의 미달함조차 하나님이 그들을 빼어나게 하시고 당대 위대한 민족을 이루게 하시는 뜻을 성취하는 데 아무런 방해가 되지 않았다. 사람은 연약하지만, 하나님은 능하시다는 주제가 창세기를 통틀어 일관성 있게 그리고 진정성 있게 반복되어 있다.

그리고 이제, 야곱의 편애가 만들어 낸 무질서, 그리고 요셉의 순진무구함이 부른 질투, 그리고 야곱 자녀들의 악이 부른 채색된 죽음이라는 조리되지 않고 다듬어지지 않은 날 것들을 재료 삼아 하나님께서 어떤 작품을 만들어 내셨는지 보자. 가만히 서서 그가 하시는 일을 보자.

대기근

세월은 강물처럼 흘렀다. 도저히 이겨 낼 수 없을 것 같았던 사녀를 잃은 슬픔을 안고도 야곱은 생존하고 견디며 살아왔다. 요셉의 채색된 '죽음' 뒤로 20년의 세월이 흐른 것이다. 이즈음 형 에서는 완전히 세일에 정착했고, 이제는 그 지역의 이름을 에돔으로 바꿀 만큼 대 세력을 이뤘다. 야곱 또한 가나안에서 아버지 이삭과 형 에서의 세력권까지 고스란히 흡수하여 승승장구했다. 하지만 그 무렵부터 기후가 심상치 않았다.

인간이란 자연 앞에서 어찌 그리 무력한지. 전에 보지 못한 수준으로 가나안이 가물기 시작하자 그 일대가 술렁거렸다. 야곱 부족의 주된 사업은 목축이었다. 비가 오지 않으면, 가축들이 먹을 순이 자라지를 못한다. 물이 아래로 쭉 하고 빠져 버리는 가나안 토양의 특성상 당시 기술력으로는 많은 물을 확보할 수 없었기에 가뭄의 문제는 더욱 심각했으며, 또한 어떠한 중앙 집권적인 세력이 존재하지 않았기에, 미리 재난을 대비하여 식량을 비축하는 등의 전방위적인 대책이 불가능했다. 물론 이는 가나안만의 문제가 아니었다. 이집트를 포함하여 그 일대에 가물지 않은 곳이 없었다. 정도의 차이일 뿐, 야곱의 세력권 근처에 이 대기근에 고통받지 않는 지역은 없었다.

그 와중에 식량을 외부에 수출할 수 있을 만큼 확보한 곳은 오직 이집트뿐이었다. 이집트는 기록적인 풍년을 7년간 경험했는데, 이때 신임 국무총리가 이 대기근을 예측하고 상당량을 비축했다 한다. 이는 귀결적으로 에돔에서 지내는 형 에서에게는 희소식이기도 했다. 에돔은 당시 이집트의 중요한 무역로인 '왕의 대로'의 핵심적인 거점으로 자리했기에 그곳을 오가는 이집트 상단들과의 거래로 식량을 확보할 수 있었다. 하지만 그렇다고 한들, 야곱의 세력까지 전부 책임지기에는, 애초에 둘이 각자의 세력권을 형성한 연유가 우거한 땅이 그들을 감당할 수 없을 만큼 각각의 세력이 비대해졌기 때문이었음을 상기하자면 현실성이 없는 기대였다. 그조차도 에서의 세력만 유지할 수 있을 정도의 식량만 얻을 수 있었을 터이다.

야곱의 세력이 대기근 초기에 어떻게 견뎠는지는 알 수 없다. 하지만 가뭄이 길어지면 길어질수록 가나안은 그 지형적 특성상 죽음의 땅으로 변하기 시작했을 것이다. 이는 훗날 이 시기의 기록을 연구하고 또한 가나안 공략을 위해서 지세를 자세히 섭렵했을 모세의 발언을 통해서도 분명하게 드러난다. 가나안은 적절한 때에 내리는 이른 비와 늦은 비가 없으면, 그곳에 있는 세력은 "급격히 망한다"(신 11:17). 이 대기근의 과정에서 그간 도무지 어떻게 통합해야 할지 감도 안 오는 조각 조각난 여러 세력, 그러니까 험한 골짜기와 높은 언덕 및 깎아지른 듯한 산맥을 점령하고 튼튼한 성벽을 의지해 웅비한 민족과 부족들이 일거에 정리되기 시작했다. 아무리 대단한 사람이라 할지라도, 아무리 강인한 용사라 할지라도, 먹지 못하고 마시지 못한다면 버티지 못한다. 그렇기에 그들은 급격히 약화하기 시작했다.

이는 야곱이라고 별다르지 않았다. 이 상황에서 야곱의 심정은 어땠을까? 자신이 많은 세월을 투자해 일궈 온 가나안, 드디어 이제 자리를 잡았다고 생각했는데, 하나님이 주신 젖과 꿀이 흐르는 땅은 죽음의 땅이 되어 가고 있었다. 물론 눈앞의 현상만으로 낙담하고 절망하기에는 이미 야곱이 그간 겪은 일들을 통해서 영적으로 성숙한 자가 되어 있었다. 눈은 속이며, 눈에 보이는 것만이 전부가 아니라는 것을, 하나님은 신묘막측한 일을 이루신다는 것을, 결국에는 모든 것을 합력하여 선을 이루게 하시는 분이라는 것을, 야곱은 삶의 과정을 통해서 학습했다. 그리고 이 모든 것이 내재화될 만큼 이 시점의 야곱은 성숙했다. 따라서 이를 통해서 하나님이 가나안에 난립한 난세를 정리해 주실 것을 어렴풋이 예상했다고 보더라도 억측은 아니다.

야곱은 가나안을 떠나는 선택을 하기보다는 그곳에서 버티며 생존할 길을 모색했다. 아무리 흉악한 기근이라 할지라도 평생 지속되지는 않을 것이다. 그렇기에 그것을 이겨 내기만 한다면, 가나안에서 야곱의 세력은 독자적인 세력이 될 것이 분명했다. 성경 지면상에는 자세하게 나오지 않지만, 아마도 생존에 유리하도록 자기 세력의 구조를 조정하고 쇄신하는 등 최선을 다했을 것이다. 이러한 야곱의 행동 양식은 가나안 복귀 당시, 에서에게 용서를 구할 때 하나님을 의지하면서도 자기가 인간적으로 할 수 있는 것들은 지혜를 짜내어 행하는 모습을 통해 이미 보인 바 있다. 이번 위기에도 여러 방면에서 자기 부족의 생존을 위해서, 또한 하나님의 언약이 자기 삶에 온전히 이뤄지는 것을 보기 위해서 자기가 할 수 있는 바 최선의 지혜를 짜내어 이행했다고 예상하는 것은 어렵지 않다. 그리고 그것의 연장선으로 생존을 위해서 식량이 있다는 이집트에 자녀들을 보내기에 이른다. 그간 모은 재산 일부를 식량과 맞바꾸어, 그것으로 이 기근이 지나갈 때까지 견디어 보고자 했다. 하지만, 이 기근을 틈타 가나안을 노리고 있던 자는 따로 있었다.

11장 _____ 불공정 거래: 다시금 팥죽 한 그릇

파라오, 음식 한 그릇으로 가나안을 얻다

기묘하게도 당시 이집트에는 일찍이 야곱이 에서의 굶주림을 이용하여 그의 장자의 명분을 빼앗은 것과 똑같은 일이 더욱 거대한 규모로 반복되고 있었다. 기근이 심각한 수준에 이르러 이집트 내에서도 도저히 식량을 구할 수 없는 지경에 이르렀다. 결국 식량을 구할 수 있는 곳이라고는 각각의 도시에 자리하고 있는 파라오의 창고밖에 남지 않았다. 파라오는 그 모든 창고를 관장할 모든 권한을 국무총리에게 위임했다. 국무총리는 포고를 내려 창고를 열고 그간 비축분을 판매하기 시작했다. 일차적으로는 이집트인들에게, 이차적으로는 주변에 거주하는 외국인들에게도 판매한다는 소식에 사람들이 사방에서 몰려들었다. 당시 파라오가 그 일대 식량을 독점하고 있으니 당연하다면 당연했다.

이집트의 국무총리는 식량의 반대급부로 재물과 가축, 각종 이권, 토지, 그도 없는 자들은 파라오에게 충성을 맹세하고 귀의하거나 스스로 종을 자처하여 귀속되는 것을 요구했다. 이에 따라서 내부적으로는 권력이 파라오에게 집중되어 그의 왕권이 강화되는 결과를 낳았으며, 외부적으로는 그간 파라오의 영향권에서 벗어난 세력들을 전쟁 없이도 규합할 수 있었다. 이를 토대로 이집트의 국무총리는 지방 유지와 토호들을 일거에 정리하는 '토지 개혁'을 일으킨다. 일반적으로 토지 개혁은 난세를 겪고 새로운 왕조가 들어서야 가능한 정도의 일이다. 이는 기존 귀족, 기득권 세력, 그리고 호족 등등, 그 세력들의 이권을 빼앗아 오는 것이기에 그러하다. 과거 이집트의 파라오를 '인신'(인간 신)으로 여기며 권위를 높이려 한 것은 그 당시에 근세 수준의 절대 왕정이 이미 존재해서가 아니다. 오히려 역설적으로 인간에 불과한 왕을 신격화하는 그러한 서사가 없다면 권력을 유지하지 못하는 시대적이고, 구조적이며, 행정적인 한계가 존재해서다.

이러한 배경의 사정을 고려했을 때, 이 이집트의 국무총리가 행한 주변인들의 궁박을 이용한 거래는 불공정했음이 분명하지만, 정복 활동이나 전쟁이나 내전을 통해서 토지 개혁을 이루고 주변 세력을 평정하려 했다면 무수한 피가 흘렀을 일이었다는 것을 참작할 수 있지 않을까? 따라서 그런 견지에서 이 불공정한 거래는 결코 도덕적으로 선하다 할 수는 없지만, 국가 차원에서나 거시적인 '인륜'(인간의 도리)의 관점에서나 희생을 최소화한 지혜로운 확장의 방편이었다.

특히 가나안의 경우는 이집트 왕조가 여타 문명권으로 육로로 진출하기 위해서는 매우 중요한 요지였다. 실제 역사에서도 이집트의 왕조와 여타 제국들이 가나안을 두고 전쟁을 치르지 않았던가? 문제가 있다면, 당시 그 지역은 이집트의 세력이 강성하면 그 영향권 안에 들었다가, 그것이 느슨해지면 곧 독립하고 저항하곤 했다. 그러다 무수한 세력으로 쪼개지기도 했다. 그랬기에 이집트에게서 가나안을 평정하는 것은 그 전성기를 의미하는 것이기도 했는데, 파라오는 그 어떤 원정 없이도 이 기근이라는 것을 이용하여 가나안의 세력들을 규합하기 시작했다. 당시 가나안의 유력한 세력인 야곱 부족도 결국 굶주림 때문에 모든 것을 외세에 빼앗길 위기에 처했다.

실로 공교롭고도 기묘한 것은 이 모든 것을 주도하는 것이 바로 이집트로 팔려 갔던 요셉이라는 것이다. 요셉은 온갖 고난과 시련을 딛고 국무총리가 되었다. 그는 하나님께서 주신 해몽의 은사와 예언, 그리고 지혜를 활용하여 이집트의 파라오가 대기근을 미리 준비하도록 했다. 이는 단순히 생존만 약속한 것이 아니라, 앞서 다뤘듯, 이집트에 전무후무한 외교적, 경제적, 군사적 이점들과 파라오의 왕권 강화를 거저 안겨 줬다.

요셉이 자기 아버지 야곱과 에서 사이에서 있었던 장자의 명분 거래 사건을 참고하여 이러한 구도를 발상했을지는 알 수 없다. 다만 이 두 사례의 유사성은 상당히 의미심장하다. 게다가 야곱의 가장 사랑하는 자녀인 요셉의 지혜가 결국 가나안의 난세를 종식하면서도 동시에 야곱 부족을 위기에 빠트렸다는 점은 매우 공교로운 상황이다. 다만 극명하게 다른 점이 있다고 한다면, 야곱이 에서를 상대로 제시했던 불공정 거래는 아무것도 얻지 못한 결말을 맞이했지만, 요셉의 지혜를 기반한 파라오의 불공정 거래는 그야말로 일반적인 통념을 넘어서는 어마어마한 이득을 얻게 했다는 것이다. 그리고 어떠한 반전이 없이 서사가 이러한 방향으로만 흐른다면, 결국 야곱은 과거 굶주림에 장자의 명분을 내어 준 '에서의 처지'에 놓이게 될 터이다.

국무총리 요셉의 침묵

요셉이 이집트의 국무총리라면, 오히려 야곱의 부족에게 있어서는 희소식이 아닌가? 아니, 사실 일은 그리 간단하지 않았다. 이 지점만 놓고 보면 요셉의 행적에도 의구심이 들만한 점이 있다. 이 기근의 시점 요셉은 20여 년을 이집트에서 지냈다. 그중 앞선 13년은 종살이에 감옥살이로 자유라 할 것이 없었기에 그저 주어진 환경에서 생존하는 것이 고작이었다. 그 이후 요셉은 기적적으로 국무총리가 되었다. 그런데 어째서 아버지에게 기별하지 않았는가? 아버지가 자기를 걱정할 것이 분명하지 않은가? 요셉은 "하나님께서 모든 고난과 나의 아버지 온 집 일을 잊어버리게 하셨다"라는 의미로 첫 아들에게 '므낫세'라는 이름을 지어 줬을 뿐이다(창 41:51). 이러한 모습만 보면 요셉은 마치 더는 가나안이고 야곱이고 잊고 지내려는 것 같다. 그리고 실제로 요셉의 이러한 선택은 훗날 그의 형제들이 두려움을 가지는 이유 중의 하나가 되었다.

요셉이 여전히 원한을 가지고 있었다는 해석도 가능하다. 창세기 기자는 요셉이 자신의 생존을 아버지에게 알리지 않은 부분에 대해서는 명확히 설명하지 않는다. 하지만 행간을 통해서 몇 가지 이유를 살필 수 있다. 그리고 이러한 의문을 해소하는 것은 단순히 그 의문에 대한 답을 얻는 것 이상의 의미를 지닌다. 이를 통해서 요셉의 이집트의 생활을 좀 더 입체적으로 이해할 수 있기 때문이다. 창세기의 행간과 고대 국가의 모습을 통해서 유추할 수 있는 이유는 크게 3가지로, 정적의 존재, 가정의 평화, 그리고 사명이 있다.

정적의 존재

우선 정적의 존재에 대해서 이야기를 나눠 보도록 하자. 요셉은 갑작스럽게 이집트 권력의 정점인 국무총리가 된 인물이다. 그를 보필해 주고 보위해 줄 배경, 그러니까 가문이 부재한 상태에서 권력의 정점에 오른 자는 역사적으로 그 끝이 좋은 경우가 별로 없다. 무수한 정적이 걸어오는 정치적 도전 때문이다. 이러한 경우는 먼 훗날 다니엘도 정적들의 모함으로 사자 굴에 던져지는 방식으로 경험하지 않았던가? 게다가 요셉은 억울한 누명을 뒤집어 쓴 것이기는 했지만, 죄수 출신에 이방인 중에서도 당시 이집트 사람들이 차별의 대상으로 여기던 목축과 유목을 업으로 삼던 부족의 출신이었으니, 그 입장이 극히 불리했음은 말할 것도 없다.

조금 의문스러운 관점으로 이야기를 보자면, 파라오가 파격적인 인선으로 요셉을 국무총리로 임명한 것 자체가, 어쩌면 강력한 왕권의 상징이 아니라, 오히려 여타 권신들과 호족들을 견제하기 위한 것으로 해석할 수 있다. 만일 권력이 반석에 올라 안정된 상태였다면, 그러한 이례적인 인사 발탁의 행보를 보일 필요 없이, 시스템적으로 적합한 자리에 요셉을 앉히기만 해도 되었을 테다. 게다가 이후 요셉의 행보를 보면, 파라오에게 권력을 집중하기 위한 정책을 펼쳤다. 논리 필연적으로 권력을 파라오가 독점하고 있지 않으니까, 그러한 노력이 필요했을 것은 자명하다. 세간의 인식과는 다르게, 국무총리가 된 장면은 요셉이라는 사내의 행복한 결말로서의 '엔딩'이 아니라,

이제 막 시작한 도입부였다.

　요셉은 이러한 자신의 처지를 잘 이해하고 있었던 것으로 보인다. 요셉이 이집트에 팔려 온 이유도 분수에서 벗어난 언행, 그리고 처세의 부재로 인함이 아니었던가? 이후 보디발의 집에서 억울한 누명을 쓰고 감옥에 갇혔던 경험도 마찬가지였다. 보디발의 집에 팔려 온 요셉은 곧 두각을 나타내어 결국 보디발 집에 모든 것을 관장하기에 이르렀는데, 이는 또한 그 집안 내 견제하는 세력을 등장시켰던 것 같다. 보디발의 아내가 요셉을 유혹하려 실패하고 그를 무고하게 '성범죄자'로 고발하였어도 그 누구 하나 나서서 진실을 증언해 주지 않았다. 오히려 정치범들이 수용되는 감옥에 가둔 것으로 보아서, 보디발 집안사람들은 재판에서 승소하기 위해 한마음으로 보디발 아내의 편에 서서 증언했을 것이 뻔한데, 이는 단순히 손이 안으로 굽었기 때문만은 아니었을 것이다. 이런 과정을 통해서 요셉은 자기가 옳게 여기며 추구해 온 '정직'과 '공의'라는 가치가 악한 사회에서 늘 좋은 결과를 가져다주지 않음을 학습했다. 그렇다. 세상에는 순수한 악의, 그리고 까닭 없는 적의도 존재한다. 어떤 이들은, 어떤 존재들은 도리어 정직한 자를 찾아 그들을 노린다(시 37:14). 다만 요셉의 경우, 창세기 37장에 등장하는 일화에서도 나오듯, '정직'은 그를 대표하는 성향이자 속성이었다. 따라서 요셉은 사회에 적응하기 위해서 정직함을 버리기보다는, 그의 지혜와 처세를 개선하는 것으로 자기 자신을 보호하는 성숙의 경지에 이르렀다.

　비록 그의 마음 깊은 곳에는 그리운 아버지와 고향 땅이 아른거렸어도 내색을 할 수 있는 여력이 없었다고 해석하는 것이 옳아 보인다. 훗날 전도자 솔로몬은 이러한 왕정 생활의 생리를 바로 보여 주는 지혜의 말을 남긴다. "심중에라도 왕을 저주하지 말며 침방에서라도 부자(고귀한 지위에 있는 자)를 저주하지 말라 공중의 새가 그 소리를 전하고 날짐승이 그 일을 전파할 것이니라"(전 10:20). 이스라엘 왕국에 거주하는 이스라엘 사람들에게 주어진 지혜의 말에도 이러한 교훈이 기록되어 있는데, 하물며 타국에서 외국인의 신분으로 뒷배경도 없이 그야말로 벼락출세를 한 요셉의 상황은 어떠했겠는가? 따라서 요셉은 그저 이집트에 스며들기 위해서, 그 일원으로 인정받기 위해서 노력했을 것이다. 다행히도 요셉은 워낙에 영특한 사람이었다. 20여 년의 세월이 흐른 뒤 그의 언행은 그 어떤 면에서도 외국인을 연상할 수 없을 정도가 되었다. 조금 뒤에 일이긴 하지만, 그의 형제들도 그를 알아보지 못할 정도로 이집트에 완벽하게 적응했다. 그것은 히브리인에게 결코 우호적이지 않은 이집트 사회에서 그를 보호하는 유일한 보호막이었을 것이다.

물론 그저 적응만으로는, 처세만으로는 그가 오른 지위를 합리화할 수 없다. 그 능력을 보여 줘야 했다. 권력의 정점에 오른 과정이 석연치 않았기에 더욱 그렇다. 꿈 해석을 통해서 얻어걸린 벼락출세라니? 요셉을 기용할 당시 파라오는 그의 마음을 괴롭히는 아주 의미심장한 꿈을 반복적으로 꾸고 있었으나, 그 누구도 그것을 해석하지 못해서 마음고생이 이만저만 아니었다. 이를 요셉이 앞으로 있을 7년간의 풍년과 7년간의 대기근에 대한 예언적 꿈이라고 해석했고, 이 해몽에 흡족해진 파라오는 그를 국무총리로 임명하여 장차 임할 7년 대기근을 대비할 총리로 임명했다. 그야말로 파격적인 인사였다.

이는 현대적인 시각으로 본다면, 단지 해몽 실력을 이유로 그런 높은 지위를 차지한 것은 영 이해가 가지 않을 일이다. 이는 고대의 관점으로도 별다른 게 없었다. 그가 무능한 모습을 보인다거나, 예언한 대로 7년간의 풍년이 없다면, 혹은 7년간의 대기근이 없다면, 지위 유지는 고사하고 정적들 탓에 축출당해 살해당할 것이 뻔했다. 어쩌면 파라오조차 기용 당시에는 그저 쓰다가 버릴 패로 요셉을 생각했을지 모른다. 그런 상황에서 가나안에 가족이 있음을 밝히는 것은 자신의 정치적 입지를 크게 위축시킬 악수일 뿐만 아니라, 오히려 그 가족들을 위험에 빠트릴 행위였다. 유사시 숙청의 대상이 늘어나는 꼴이니까 말이다.

그의 취임 첫 7년의 치세 때에는 이렇다 할 모습을 보여 줄 수 없었다. 비록 그가 해몽을 통해 예언한 대로 7년간 유례없는 풍년이 이집트 전역을 들뜨게 했지만, 사람은 늘 그렇게 잘되면 자신의 덕이라 생각하지, 하나님이나 여타 다른 존재에게 감사를 돌리지 않는다. 게다가 그 과정에서 요셉이 한 것이라고는 도시마다 창고를 짓고 체계적으로 그것들을 비축하는 행정적인 것에 집중되어 있었다. 물론 식량을 장시간 보존할 만한 시설을 짓고, 그것을 분류하고, 기록하며 또한 그것을 위해 인력을 배치하는 등, 빼어난 능력이 없다면 도저히 감당할 수 없는 어려운 일임에는 분명하지만, 애석하게도 예나 지금이나 그런 행정상의 역량은 정당한 평가를 받기보다 당연시하는 것이 일반적이다.

불안하게 유지되는 것처럼 보이던 총리 요셉의 체제가 그야말로 반석에 오른 것은 그 누구도 보거나 듣지 못했던 규모의 대기근이 시작되면서였다. 요셉의 예언이 성취되었다. 그가 대비한 방식은 결국 이집트의 생존을 확정했을 뿐만 아니라, 왕권을 강화했고, 국력을 크게 신장시켰다. 그리고 이 과정에서 요셉의 실질적─잠재적 정적(政敵)일 귀족들이나 여타 고관들은 괴멸적 타격을 입었다. 가령 누군가 사병을 가졌다 하더라도, 극심한 기근에 당장 먹을 식량이 귀해진다면, 먹을 입부터 줄이지 않겠는가? 창세기 47장에는 이 기근을 통해서 왕권이 강화되어 중앙 집권적 국가가 되는 과정이 기록되어 있다. 처음에는 재물이나 귀중품들로 식량을 샀지만, 기근이 생각보다 길어지자 모든 가축을 바치게 되었고, 그도 안 되자 자치권과 토지 소유권 등과 함께 일신상의 자유를 포기하는 장면이 등장한다. 결국 요셉의 주도 하에 이집트는 토지 개혁을 하게 되었고, 결국 파라오가 토지를 대여해 주고 일정량의 산출량(오 분의 일)을 파라오에게 세금으로 바치게 했다.

이때 자기들의 이권을 잃은 자들은 우리나라로 치면 지방 호족이나 양반·지주들이었을 것이다. 다만 제사장의 토지는 그렇지 않았다고 했는데(창 47:26), 이는 바꿔 말하면, 요셉의 처가이기에 정치적인 동맹이기도 한 제사장 집단을 제외하고는 개인이 토지를 소유하지 못하게 되었다는 말이 된다. 즉, 이때 요셉을 견제하는 자들이 사실상 정계에 남아 있지 않게 되었다. 단언컨대 이 정도의 공을 보여 줬어야, 이 정도의 능력을 갖췄다는 것을 증명했었어야, 요셉이 자기 식구들을 부르고 또 기별할 수 있었을 것이라는 말이다. 그만큼 이집트라는 국가는 유목민에다가 외지인인 요셉이 녹아들기 쉽지 않은 곳이었다는 방증이기도 하다. 따라서 그간 요셉이 별다른 기별을 가나안에 하지 못했던 이유가 설명된다.

가정의 평화

요셉이 국무총리가 되었다는 말은 한 국가의 대소사를 책임지는 지위에 올랐다는 이야기이며, 이는 역설적으로 아버지 야곱에게 자신의 생존을 직접 기별하는 것이 매우 곤란한 입장에 서게 한다. 이집트에서 처리해야 할 무수한 업무를 내려놓고 임의로 아직 자국의 영역도 아닌 가나안으로 직접 갈 수도 없는 노릇이고, 방법이 있다면 오직 자기 종을 사절 삼아 보낼 수밖에 없다. 그렇다. 죄수라는 신분을 벗어났다고 해서 곧바로 완전한 자유를 얻은 것이 아니다. 자유라는 개념을 일견 자기 뜻대로 일을 행할 수 있음으로 본다면, 사회 속에서 한 개인은 얼마만큼의 자유를 가질 수 있는가? 마음은 원이지만, 사회의 구조적인 문제로, 타인의 존재에 의해서, 우리는 얼마나 많은 순간 개인이 가지는 자유를 박탈당하는가? 요셉도 그러한 사정이 있었다. 따라서 요셉이 가나안에 있는 야곱에게 기별할 방법은 만일에 있다면 비밀리에 사절을 보내는 정도였을 것이다. 하지만 문제는 직접 찾아갈 수 없다는 데 있다. 그 사절의 진정성을 도대체 어떻게 전달하고 증명해야 하는가? 그리고 이 전달 과정에서 과연 야곱 부족의 사정은 어떨까? 과연 야곱의 세력이 그것을 곧이곧대로 믿어 줄까?

앞서 언급했듯, 이집트인의 유목민에 대한 혐오는 '유목민과 겸상하면 부정하게 된다'라는 인식까지 있을 정도였다. 또한 파라오가 가나안을 다시 세력권에 두기 위해서 호시탐탐 노리고 있다는 것은 비밀도 아니었다. 이에 요셉의 소식은 그것이 야곱을 기쁘게 할 소식이 되기는커녕 야곱 세력을 와해시킬 음모라 생각할 수도 있었다. 야곱은 가나안의 유력한 세력이었고, 요셉을 잃은 것에 야곱이 크게 슬퍼하였던 것 또한 그 일대에서는 잘 알려진 이야기였을 것이다. 따라서 이집트인들이 염탐하기 위해서 요셉이 보내온 사절을 가장한다고 해석할 공산이 있었다. 치밀하고 침착한 야곱이 의심할 것은 뻔하다. 훗날 야곱의 자녀들이 직접 야곱에게 요셉이 살아 있다 전했을 때 야곱이 믿기 어려워했던 것만 보더라도, 그저 이집트에서 온 사절이 전한 것을 야곱이 곧이곧대로 믿었을 리 없다(창 45:26).

또한 요셉 생존의 소식이 야곱 부족에게 어떠한 의미가 될지가 요셉에게 있어서 미지수였다. 전지적인 제삼자의 관점에서 이야기를 들여다보는 우리는 요셉의 형제들이 요셉을 노예로 판 경위와 그 뒤에 어떠한 방식으로 야곱을 속였는지, 그리고 그것에 대해서 야곱이 어떠한 반응을 보였는지 분명히 알고 있지만, 요셉의 경우 그것은 오랜 의문과 상상의 영역일 뿐이다. 물론 요셉은 빼어나게 영특한 자로서, 그 형들의 의중이나 자신의 부재 이후 집안 분위기를 꽤 정확하게 유추해 낼 수는 있었을 것이다.

과거 노예가 된 시점 요셉의 입장에서 의문이 될 만한 것은 형들이 저지른 반역의 범위이다. 단순히 자신에게만 위해를 가려고 한 것인지, 아니면 아버지에게 반기를 든 것인지를 먼저 생각했을 것이다. 하지만 형들의 성향이나, 아버지의 위상, 그리고 부족의 구조상 아버지를 제거한다든가 하는 '역모'는 아님에 분명했다. 베냐민의 경우는 너무 어렸고, 형들은 베냐민과 사이가 나쁘지 않았다. 따라서 제거 대상이 아니었다. 형들은 그저 자기를 제거하려 했고, 아마 죽음을 가장하기 위해서 채색옷을 벗겼으리라는 것을 어렵지 않게 추리해 냈을 것이다. 자기를 실종된 것으로 처리하기 위해서 아버지에게 일언반구 전달하지 않고 모르는 체하며 잡아뗐거나 노예로 판 것이 들켰더라면, 아니 그 결속이 깨져서 누군가라도 아버지에게 이실직고했다면, 아버지는 틀림없이 수단과 방법을 가리지 않고 모든 것을 다 동원해서라도 자기를 되찾기 위해서 수색을 펼쳤을 것이다. 아버지 야곱이 그 자식 요셉이 노예상에게 팔렸다고 여겼건, 실종되었다고 생각했건 이집트까지 추격하는 것은 당시 지정학적 구조상 당연한 귀결이었다. 하지만 그러한 조짐도 소문도 없었다. 따라서 아버지는 자신을 죽었다고 생각하실 거라 추리해 냈을 것이며, 그렇게 된 것은 형들이 모두 아버지를 기망하고 속였기 때문이라는 결론에 도달했을 것이다.

만약에 아버지가 살아 계신다면, 거의 확실하게 예상할 수 있는 것은 자기가 살아 있다는 소식은 어떠한 분쟁, 심하면 유혈 사태까지도 일어날 만한 소지가 될 수 있다는 것이었다. 형제들은 서로를 탓하고 책임을 벗기 위해서 싸우기 시작할 수도 있다. 어쩌면 분노한 아버지의 손에 죽을지도 모른다. 그렇다면 동생 베냐민의 안전도 문제가 되며, 자기의 생존 소식이 아버지에게 기쁨이 되기보다는 또 다른 걱정과 아픔을 낳을 수 있다. 요셉의 생각이 여기까지 미쳤다면, 단순히 자기의 생존을 알리는 것이 능사가 아닐 수 있음을 깨달았기에 알리지 않은 것이 된다. 그러므로 그 기별하지 않은 것이 부자연스러운 이야기는 아니다.

하나님의 뜻 : 사명

마지막으로 생각해 볼 수 있는 점은 '사명'이 있다. 야곱은 세겜 사건 때에 온 가족을 이끌고서 벧엘로 향했고 거기서 일정 기간 거류했다. 요셉 또한 아버지를 따라 그곳에 갔고, 그곳에서 아버지에게 나타나신 하나님에 대해서 들었을 것이다. 아직 요셉은 어렸지만, 그곳에서 하나님이 자기 아버지를 만나 주신 사실이 실감 났을 것이다. 야곱이 전달한 내용 속에는 분명 가나안은 하나님께서 아버지에게 준 언약의 땅이라는 것이 담겨 있었을 것이다. 그리고 아버지의 삶의 방식과 하나님께서 동행해 주신 이야기를 들으며 영특한 요셉은 어렵지 않게 하나님은 사람에게 사명을 주시고 그 사명을 이루심에 빈틈이 없으시다는 것, 그 뜻을 이루심에 어떠한 부족함이 없으시다는 것을 알 수 있었을 터이다.

요셉은 감옥에서 무수한 세월을 갇혀 지내면서 자신이 왜 이곳에 있고, 하나님이 대체 왜 자기를 이곳에 보내셨는지 무수한 고민과 생각을 하는 시간을 보냈다. 자기를 하나님이 어떠한 뜻이 있어서 이집트에 보내신 것이지, 단순히 자신의 실수나 미숙함을 인해서 혹은 형들의 질투 때문만은 아니었음을 어느 시점에 깨달았다. 이는 형제들을 만난 자리에서, 모든 것이 확인된 순간에 요셉이 한 발언에서도 확인되는 바다(창 45:5).

이 모든 것이 하나님의 개입으로 벌어진 상황이라면, 그분의 뜻이 있는 것이라면, 경솔하게 자기가 아버지에게 연락을 취하거나 이집트에서의 생활을 임의로 청산하고 가나안으로 향하기보다는 자기가 있는 위치에서 최선을 다하는 것이 하나님의 뜻에 부합된다고 생각했을 것이다. 요셉은 비록 경험은 부족했지만, 아버지 야곱을 통해서 사람이 행동을 앞세울 때면 뼈저리게 아픈 실패와 후회를 겪게 된다는 교훈을 간접적으로 배웠기 때문이다. 오늘 나 자신의 실수가 있기에, 오늘 내가 흘리는 눈물이 있기에, 후대에 그 실수가 없어도 되고, 눈물이 없어도 되는, 바로 그런 은혜가 요셉에게 임한 것이기에 그는 신중하게 행동했다. 그는 명확한 응답이 없는 중에 오랜 기간 하나님을 기다렸다.

7년의 풍년과 7년의 기근을 예언한 요셉이 그것보다 상대적으로 작은 일인 자기의 사명이나 아버지 야곱에 대한 일에 뭔가 명확한 응답을 받지 못하고, 여느 사람처럼 부지한 상태에서 하나님을 기다리며 인내했어야 했다는 점이 이상하게 보일 수 있다. 위대한 예언자 요셉조차 하나님의 뜻에 대해서 모르는 점이 있었고, 지혜와 믿음을 동원해서 모르는 중에 더듬어 나가는 경험을 했다.

하지만 이는 결코 이상하게 여길 일이 아니다. 이 부분에서 느끼는 위화감은 현대 그리스도인들이 가진 오해에 기인한다. 그것은 오늘날 일꾼이 부족한 상황에서 홀로 많은 역할을 감당하는 마치 '멀티플레이어'같이 사역하는 목회자가 많기에 형성된 오해이다. 성경은 초인의 이야기가 아니듯, 은사를 받은 자나 사명을 맡은 자들도 초인이 아니다. 그들이 아무리 대단한 사명과 은사를 받았다고 해도, 그들에게는 여전히 인간적인 약점이나 연약함, 한계가 존재한다는 점은 너무 당연해서 굳이 나열할 필요도 없다. 즉, 제아무리 위대한 하나님의 사람도 결국 '사람'이다. 주님이 은사를 주시는 것은 오로지 사명 감당을 위한 것이지, 무한한 형태로 인간을 초월하고 모든 것을 할 수 있는 '슈퍼 히어로'를 만드시기 위함이 아니다. 모든 은사는 사명을 위해서 주어지고, 역할을 위해서 주어진 것이기에, 아무리 대단한 은사자라고 할지라도 천상천하 유아독존의 존재가 될 수 없다.

따라서 사역자나 은사자가 일인 다역을 감당할 수 있는, 마치 모든 문을 다 열 수 있는 마스터키와 같은 존재라 착각하는 것은 성경이 말하는 바와 일치하지 않는다. 그리고 그 누구도 초인이 아니요 만능이 아니기에, 각처에서 주님 나라와 하나님의 영광을 위해서 사역하는 우리는 여전히 서로서로 필요하고, 공동체가 필요하며, 가족, 배우자, 친구도 필요하고, 무엇보다 성령님의 도우심이 늘 필요하다.

> 너희는 그리스도의 몸이요 지체의 각 부분이라 하나님이 교회 중에 몇을 세우셨으니 첫째는 사도요 둘째는 선지자요 세째는 교사요 그 다음은 능력이요 그 다음은 병 고치는 은사와 서로 돕는 것과 다스리는 것과 각종 방언을 하는 것이라 다 사도겠느냐 다 선지자겠느냐 다 교사겠느냐 다 능력을 행하는 자겠느냐 다 병 고치는 은사를 가진 자겠느냐 다 방언을 말하는 자겠느냐 다 통역하는 자겠느냐(고전 12:27-30)

요셉의 형들이 그를 노예로 팔기 전에 경멸하며 불렀던 명칭처럼 요셉은 꿈꾸는 자였다. 신기하게도 그가 꾼 꿈은 영적인 의미와 미래의 일들을 담고 있고, 또한 타인이 그러한 꿈을 꾸었을 때 그 꿈을 해몽해서 미래 일을 알게 했다. 하지만 꿈이 매개체라는 공통점만 제외하고는 야곱과는 전혀 다른 영적 은사였다. 야곱은 하나님께 직접 메시지를 듣고 또 소통하는 은사를 가지고 있었다. 그는 하나님에 관한 꿈을 꾸는 것이 아니라, 하나님이 꿈에 직접 들어와 주셨고, 야곱에게 그 꿈속에서도 의식을 가지게 해 주셔서 친히 대화해 주셨다. 훗날 야곱이 성숙하게 되고 나서는 꿈이 아니라 직접 만나 주셨다. 야곱은 하나님과 직접 만나고 소통하며 대화할 수 있는 당대 유일한 사람이었다. 따라서 이는 당대에는 야곱 고유의 은사였다.

이렇다면 요셉이 묵묵하게 하나님의 뜻을 기다리는 과정이 있었다는 것이 설명된다. 요셉이 대단한 은사를 가졌다고 해서, 그가 모든 영적인 비밀을 알거나 하나님의 계획을 속속들이 알 수 있던 것은 아니었기 때문이다. 다만 삶을 살다 마주하는 불확실성과 응답이 없기에 발생한 의문들 사이에서도 요셉은 지혜를 동원해서 정도(正道)를 걸었다.

이는 현대 그리스도인들에게 시사하는 바가 크다. 부지한 중에서도 좌로 나 우로나 치우치지 않고 인내와 지혜를 통해서 얼마든지 신앙인의 정도를 걸을 수 있다는 것을 그의 삶을 통해 증명해 냈다. 따라서 요셉의 사례를 통해서 우리는 응답이 없는 상황에 어떻게 정도를 걸을 수 있는지에 대한 교훈을 얻을 수 있다.

요셉은 당장 하나님의 응답을 들을 수는 없지만, 자기 아버지 야곱이 들려준 증조할아버지 아브라함의 하나님, 할아버지 이삭의 하나님, 그리고 아버지 야곱 하나님의 이야기를 기억했다. 이는 지금으로 치면 성경에 해당한다. 또한 벧엘에서의 자기 개인의 경험도 상기했다. 그러한 선대의 경험을 통해서 습득한 교훈을 자기 삶에 적용해 보니, 비록 삶은 모르는 것 천지라도 자기가 할 수 있는 것은 명백했다.

하나님이 인도해 주신 땅에서 하나님이 허락하신 기회를 활용하며 최선을 다해 살아남는 것, 그리고 그분이 자기에게 선한 뜻을 가지고 계신다고 믿고 인내하는 것, 그리고 그분보다 먼저 행하지 않는 것이었다. 따라서 요셉이 먼저 야곱에게 기별하지 않은 것은 사명적인 관점에서 보면, 하나님의 뜻을 기대하며 그분을 신뢰한 것이라는 말이 된다. 그리고 다소 결과론적인 이야기가 되겠지만, 이 모든 것은 결국 완벽한 정답이었다.

재회

요셉의 사정이 그렇다면, 다소 번잡해 보였던 재회의 과정이 비교적 쉽게 설명된다. 기근 1년 차에 베냐민을 제외한 야곱의 형제들은 식량을 구매하기 위해서 이집트를 찾았다(창 42:3). 야곱 부족이 구매한 식량은 단순히 장을 보는 정도가 아니라, 일족이 1년 정도 버틸 수 있는 아주 많은 분량이었다. 따라서 야곱은 그 부족 전력의 핵심이라 할 수 있는 모든 자녀를 보낸 것이다. 그저 종을 보낼 수 없는 것은 이집트라는 당대 강력한 국가에 보내는 외교사절의 의미가 있을 뿐만 아니라, 식량을 구매할 많은 재물과 또한 받은 식량을 운송해야 하니, 부족의 사활을 건 일종의 군사 작전에 준했기에 그런 것이다. 가물어 식량이 부족한 상황에, 예물과 재물을 가지고 식량을 사러 가는 무리, 식량을 구매하여 돌아오는 무리를 주변 부족과 세력들이 노리지 않을 이유가 없으니, 가장 유능하고 가장 믿음직스러운 자녀들을 보내는 것은 논리 필연적 선택이다. 혹은 요셉이 이후 재회한 형제들과 나눈 대화로 미뤄 보아, 이집트에 곡식을 얻으려는 외부 세력은 유력자의 자녀들 전원을 보내야 한다는 규칙을 포함하여 공포했을 수도 있다. 당시 모든 식량 관리에 대한 권한은 요셉이 독점하고 있었고, 특히 야곱 부족이 1년을 소비할 정도로 많은 식량의 경우나 일정 지위 이상의 구매자일 경우는 총리인 요셉이 직접 대면하여 그 승낙 여부나 거래 조건 등을 결정하였을 것이다. 따라서 요셉의 형들은 결국 요셉과 재회하게 된다.

그 재회의 자리에서 요셉은 형들을 한눈에 알아봤다(창 42:7). 하지만 그 형들은 그렇지 못했다. 이는 이집트 고위 공직자들 특유의 복장이나 메이크업 때문만은 아니었을 것이다. 자기들이 대면하는 국무총리가 요셉일 것이라고는 상상조차 할 수 없었으니 그러했겠고, 요셉은 20여 년간의 이집트 생활을 통해서 이집트인들의 언어와 제스처 등을 완벽하게 습득하여 자기의 것으로 만들어 냈다는 방증이기도 했다. 그런 요셉이 이집트어를 모국어처럼 유창하게 구사했고, 그것을 통역하는 자가 상호 간의 말을 전달하게 했으니 더욱 그러했다(창 42:23). 이는 단순히 형제들을 속이려는 연출이라기보다는 앞부분에서 정적에 대하여 언급하며 말했듯, 요셉 자신을 지키는 방어의 방편이기도 했다.

요셉은 그들을 정탐꾼(간첩)이라고 몰아세웠다. 아마 이를 통해서 가나안의 사정을 캐내기 위함이었다. 정탐꾼이 아니라는 것을 항변하기 위해서는 필연적으로 그들의 배경이나 상황을 설명해야 할 것이기 때문이다. 과연 그들은 결국 아버지의 생존과 함께 막냇동생 베냐민이 가나안에 남아 있다는 정보를 준다(창 42:13). 이 정보는 요셉의 몇 가지 추론이 사실이었음을 증명하게 된다. 영문을 모르고 노예로 팔려 버린 요셉의 입장에서, 형들의 행위가 자신만을 향한 적의인지, 혹은 베냐민과 아버지를 향한 반역인지 알 수 없었고, 이는 오직 추리를 통해서만 예상할 수 있었다. 요셉이 그들을 정탐꾼으로 몰아세운 통에, 여타 궁정 신하들의 의심을 사지 않고도 그 부분에 대한 모든 의문이 말끔히 해소되었다.

물론 그것이 사실인지 거짓인지 확실히 알 방법은 그저 동생 베냐민을 직접 보는 것뿐이다. 따라서 요셉은 그들을 3일간 가두고 베냐민을 데려오라 명령한다. 그리고 이를 담보하기 위해서 형제 중 한 명인 시므온을 볼모로 잡는다. 사흘 동안 감옥에 갇히고 결국 한 명이 희생하여 모두가 생환하는 이야기는 영적인 해석을 곁들이면 예수 그리스도의 죽음과 부활을 어느 정도 암시하는 내용이 될 수도 있겠으나, 이 장면에서는 그러한 해석에 집중하기보다 이 대목에서 요셉이 결국 모든 부족을 이집트로 오게 하려고 결심한 점에 주목하고자 한다.

요셉이나 그의 예언적 해몽을 굳게 믿는 자들을 제외하고는 이 기근이 금방 끝나리라는 소망을 품고 있었다. 하지만 이 기근은 그저 예사 자연 현상이 아니었고, 만 7년 동안 지속될 일이었다. 이 재회의 때가 1년 차였으니까, 최소 6년은 더 지속될 것이었고, 당연히 아무리 많은 식량을 싣고 간다고 할지라도 기근이 다 끝나기까지 야곱의 부족이 버틸 수 없었다.

다만 야곱의 경우는 가나안을 하나님께서 주신 언약의 땅으로 여기고 있었고, 실제로도 그러했다. 아무리 심하게 가물었다고 한들, 그 자리를 뜨려고 하지 않을 것이 뻔했다. 당연하다면 당연하게도 야곱은 이 기근이 6년 더 지속될 것은 예상하지 못했다. 결국 식량이 다 떨어지고 기근이 심해지기라도 하면 야곱이 이집트가 아닌, 처가 하란, 혹은 형의 나라 에돔에 의탁할 가능성이 있다.

따라서 요셉이 형제를 볼모로 잡은 이 행위, 그리고 궁극적으로 베냐민을 이집트로 오게 하려는 행위는 향후 야곱의 선택 폭을 줄여, 하란이나 에돔으로 향하는 것을 막는 누름돌이었다. 이 기근의 기간을 알고 있는 요셉의 경우, 에돔이나 하란으로 향하는 것은 앞으로 남은 기근의 기간을 고려할 때 결코 좋은 선택이 아니었고, 야곱이 이집트로 오는 것이야말로 유일한 생존의 길이며, 하나님의 뜻이라고 생각하고 있었을 테니 말이다. 그리고 모든 것을 차치하고서 요셉은 하나밖에 없는 동생 베냐민이 너무나 그립고 보고 싶었다.

> 그들이 서로 말하되 우리가 아우의 일로 말미암아 범죄하였도다 그가 우리에게 애걸할 때에 그 마음의 괴로움을 보고도 듣지 아니하였으므로 이 괴로움이 우리에게 임하도다 르우벤이 그들에게 대답하여 이르되 내가 너희에게 그 아이에 대하여 죄를 짓지 말라고 하지 아니하였더냐 그래도 너희가 듣지 아니하였느니라 그러므로 그의 핏값을 치르게 되었도다 하니 그들 사이에 통역을 세웠으므로 그들은 요셉이 듣는 줄을 알지 못하였더라(창 42:21-23)

이 상황 속에서 요셉의 형제들은 자신들을 탓한다. 흥미롭게도 이는 이 책 3장에서 다뤘던 리브가의 '누구를 탓하는가?'의 형태적 반복이기도 하다. 사람은 결국 어떤 위기나 문제에 봉착했을 때, 누구를 탓할지 고민에 빠진다고 나눴는데, 이들도 마찬가지였다. 하나님이 함께하셔서 늘 승승장구했던 야곱의 세력이 기근이라고 하는 불가항력적 요소에 무너져 내리고 있고, 이제 이집트에서 정탐꾼으로 몰린 상황은 그들의 죄를 떠올리게 했다. 그들로서는 이 모든 상황이 결국 자신들이 행한 거악, 바로 요셉에게 위해를 가했기 때문이라 생각했다.

"그가 우리에게 애걸할 때에 그 마음의 괴로움을 보고도 듣지 아니하였으므로"(21절)는 그냥 지나치기 어려운 발언이다. 형들에 의해 노예로 팔리던 도중, 요셉이 그들에게 무어라 항변하던 말을 일축하고 구덩이에 던져 넣었는데(창 37:23), 바로 그때의 일을 그들이 상기하게 된 것이다. 이처럼 우리도 삶의 까닭 없는 비극과 적의에 노출되었을 때, 과거에 우리가 무시하고 외면하던 자들을 상기하곤 한다. 또한 그 상대방의 관점에서 뒤늦게 생각하고 잘 못을 뉘우칠 기회를 얻곤 한다.

요셉은 볼모로 잡은 시므온을 제외한 나머지 형제들에게 식량을 건네주고 가나안으로 돌아가는 것을 허락한다. 하지만 그 와중에 종에게 비밀리에 명령하여, 그들이 식량의 값으로 지급했던 돈을 고스란히 넣어서 보내도록 한다. 요셉이 이렇게 한 연유를 창세기에서는 명확하게 기록하고 있지 않다. 그저 그들이 가나안으로 가는 도중에 뒤늦게 돈을 발견하고 당황하는 장면을 묘사한다(창 42:27-28). 하지만 이를 통해서 발생한 일들을 살펴보면, 이는 결국 형들이 확실하게 이집트에 다시 돌아오게 하려는 것이었다.

요셉이 기억하는 형들은 어찌 되었든, 이권을 위해서는 형제 한 명을 노예로 팔기까지 했던 자들이다. 그저 시므온을 볼모로 잡는 것만으로는 그들의 귀환을 확정할 수 없었다. 또 아버지에게 시므온이 살해당했다고 말하면 어찌할까? 자루에 돈(아마도 은화)을 넣은 행위는 결국 그 형들이 이집트로 되돌아오게 할 누름돌이다. 자기 형들이 정직한 사람들이라면 결국 그것을 돌려주기 위해서 돌아올 것이고, 정직하지 않다면 역시 그 은화로 식량을 사기 위해서 돌아올 것이다. 당시 이집트 이외의 지역에서 은화로, 그것도 야곱 부족에게 식량이 될 만한 대량의 양식을 사들일 곳은 없다. 혹은 그 은화로 하다못해 베냐민이나 아버지에게 도움이 될 만한 것을 상인들에게 구매할 수 있었을 것이니, 그 자체로 베냐민과 아버지께 선물을 보낸 셈이 된다.

추가로, 요셉은 이 기근이 일시적인 것이 아님을 알고 있었다. 그 시점에서 6년은 더 지속될 것이기에, 형들이 필연적으로 돌아와야 했고, 그러기 위해서 이집트에서 통용되는 돈과 재물을 마련해야만 했다. 자칫 야곱 세력이 보유한 돈이 바닥나면, 가문에 있어서 중요한 재산인 가축이나 물품을 파는 불상사도 발생할 수 있다. 다만 그들은 요셉이 기억하는 것과는 달라져 있었고, 또한 정직한 자들로 성장해 있었다. 요셉의 형들이 20년 전 그때와는 전혀 달라져 있었기에, 이 은화를 몰래 되돌려준 행위는 그들을 단순히 이집트로 되돌아오게 만드는 누름돌 역할만 한 것이 아니라, 도리어 이 때문에 그들이 도둑으로 오해받아 시므온을 잃을까 봐, 걱정도 하게 했다. 또한 이 모든 과정에 대해서 야곱에게 숨기지 않았기에, 야곱은 슬퍼하게 된다(창 42:35-38). 아직 형들의 변화를 알지 못했기에, 요셉의 애초 의도와는 다르게 상황이 전개되기 시작한다.

그들이 가져온 식량으로 야곱의 부족은 어느 기간 생존할 수 있었으나, 기근은 야곱의 예상보다 훨씬 길어지기 시작했고, 이윽고 전혀 나아지지 않은 2년 차를 맞이한다. 야곱 부족은 당시에 사 온 모든 식량을 소진했고, 생존을 위해서 이집트에 다시 가서 식량을 사 와야 하는 처지가 된다. 이에 야곱이 자녀들에게 다시금 이집트로 가라 명하지만, 자녀들은 베냐민이 함께 가야 갈 수 있다고 항변하며, 지체하지 않았다면 2번은 족히 다녀왔을 것이라 대답한다. 그렇게 아버지를 설득하려 한다(창 43:10).

요셉을 잃은 기억은 야곱에게 꽤 큰 트라우마로 남았고, 베냐민을 잃을까 봐 야곱은 베냐민 보내는 것을 거부한다. 베냐민은 자신과 사별한 라헬이 이 세상에 남긴 마지막 흔적이지 않은가? 다만 그렇기에 야곱 부족은 2번은 오갔어야 할 시간만큼 지체했다. 이에 유다가 어떤 일이 있더라도 베냐민을 귀환시키겠다며 맹세하듯 자기 자신을 담보로 내놓는다. 이에 야곱은 자녀들이 고스란히 가져온 돈의 두 배에 해당하는 돈과 함께 가나안 땅의 특산품인 유향, 꿀, 향품, 몰약, 비자, 그리고 파단행을 예물로 함께 보낸다(창 43:11).

다만 야곱도 그저 자녀를 잃을까 봐 두려워하는 허약한 노인이 된 것은 아니었다. 그들을 보내면서 했던 마지막 말에는 하나님의 사람으로서의 야곱의 힘 있는 믿음이 담겨 있다. 그리고 이는 먼 훗날 에스더의 "죽으면 죽으리이다"(에 4:16)라는 고백과도 닮았다. 야곱이 이 지점에서 결국 믿은 것은 자기 아들들의 말, 혹은 유다의 자기의 목숨을 담보로 내놓겠단 결의 따위가 아니었다. 야곱이 믿은 것은 결국 하나님의 은혜. 야곱 평생을 통해서 터득한 진리, 사람은 믿을 수도 없고 의지할 수도 없으며 오직 여호와 하나님만을 의지해야 한다는 것은 그가 나이가 들었어도, 자녀를 잃었어도 전혀 달라진 것이 없다. 오히려 이 시점, 그가 평생을 통해 얻은 깨달음은 이윽고 그의 사고 체계 일부가 되어 있다.

> 전능하신 하나님께서 그 사람 앞에서 너희에게 은혜를 베푸사 그 사람으로 너희 다른 형제와 베냐민을 돌려보내게 하시기를 원하노라 내가 자식을 잃게 되면 잃으리로다(창 43:14)

은잔

야곱의 모든 아들이 이집트에 당도했다. 요셉은 베냐민을 알아보았고, 곧바로 그들에게는 퍽 당혹스러운 명령을 내린다. 바로 이들과 점심을 먹을 테니 이들을 자기 저택으로 인도하고 먹을 것을 준비하라는 것이었다. 이에 야곱의 아들들은 크게 두려워하며, 처음 거래 때에 대금이 제대로 지급되지 않고 고스란히 되돌아온 것을 이유로, 그들에게 트집을 잡고 위해를 가할까 걱정했다. 그래서 요셉의 저택의 입구에서 자기들을 인도하는 요셉의 청지기를 붙잡고 사정을 설명하기 시작한다. 그리고 이 지점이 아마 요셉과 그의 형제들 이야기를 통틀어 가장 우스꽝스러운 장면이 아닐까 싶다.

> 가로되 내 주여 우리가 전일에 내려와서 양식을 사가지고 객점에 이르러 자루를 풀어본즉 각인의 돈이 본수대로 자루 아구에 있기로 우리가 도로 가져왔고 양식 살 다른 돈도 우리가 가지고 내려왔나이다 우리의 돈을 우리 자루에 넣은 자는 누구인지 우리가 알지 못하나이다 그가 이르되 너희는 안심하라 두려워 말라 너희 하나님 너희 아버지의 하나님이 재물을 너희 자루에 넣어 너희에게 주신 것이니라 너희 돈은 내가 이미 받았느니라 하고 시므온을 그들에게로 이끌어내고 그들을 요셉의 집으로 인도하고 물을 주어 발을 씻게 하며 그 나귀에게 먹이를 주더라
> (창 43:20-24)

요셉의 청지기는 그들에게 "안심하라"라고 말한다. 그들의 하나님, 그리고 그들의 아버지의 하나님께서 재물을 자루에 넣어 주신 것이 아니겠냐며 너스레를 떤다. 그리고 당시에 자신은 야곱의 형제들이 건넸던 대금을 분명히 받은 것으로 기억한다면서 시므온을 그들에게로 끌어낸다. 발을 씻게 하고 나귀에게 여물과 물을 챙겨 주는 등, 멀리서 온 손님을 대하는 예로 대접한다. 아마도 요셉이 먼저 예상 질문을 추려서 이렇게 대답하라 했을, 이 청지기의 대답, 그러니까 "하나님께서 그 돈을 자루에 넣어 주셨다"라는 말은 그들이 첫 식량의 거래 후 가나안으로 향하던 때에 돈을 발견하고 서로 나눴던 대화를 생각하면 매우 의미심장하다.

> 한 사람이 객점에서 나귀에게 먹이를 주려고 자루를 풀고 본즉 그 돈이 자루 아구에 있는지라 그가 그 형제에게 고하되 내 돈을 도로 넣었도다 보라 자루 속에 있도다 이에 그들이 혼이 나서 떨며 서로 돌아보며 말하되 하나님이 어찌하여 우리에게 이 일을 행하셨는고 하고(창 42:27-28)

당시 그들은 너무나 놀라고 두려운 나머지, "하나님께서 어찌하여 이 일을 행하셨는가?"라고 했다. 이는 자칫 하나님에 대한 원망일 수도 있다. 의미상으로는 하나님께서 어째서 이러한 시련을 계속하여 허락하시는지 묻는 것이기도 하다. 지금으로 치면 "하늘도 무심하시지" 정도의 말이다. 이에 하나님은 그 의문에 대하여 요셉의 청지기의 발언으로 고스란히 대답해 주신다. 물론 청지기도, 요셉도, 야곱의 아들들이 그러한 말을 나눴다는 사실은 알지 못했다.

따라서 이는 한참 전 그들이 두려워하며 내뱉은 말(창 42:28)에 대한 하나님의 대답이다. 기왕에 그들이 하나님께서 행하셨다는 표현을 썼으니, 그 말을 그대로 청지기 입에 넣어 하나님이 직접 넣어 주신 것으로 공인해 버리셨다. 이처럼 성경에는 우리가 은연중에 한 말에 답변을 주시고 응답을 주시며 고스란히 역사하시는 경우가 많다. 이는 욥기에서 욥과 욥 친구들의 상황에서도 손쉽게 발견할 수 있고, 느헤미야에서 원수 산발랏이 저주한 말들이 완전 정반대로 이스라엘 백성에게 복으로서 임한 것으로 반복된다.

한바탕 이러한 소동이 끝나고 나자, 내내 흐르던 긴장감은 어느 정도 누그러들었다. 이윽고 요셉이 등장한다. 그들은 아버지 야곱이 마련한 예물을 요셉에게 내놓고 절하며 예를 표한다. 요셉은 먼저 아버지 야곱의 건강과 안부를 확인했고, 베냐민과도 대면한다. 그는 축복하는 언어로 베냐민에게 인사를 건넨다. 20여 년만의 인사였다. 그리고 요셉 내면의 무언가가 복받쳐 올라왔다. 요셉은 이윽고 참지 못하고서 안방으로 피하여 눈물을 흘린다(창 43:30).

요셉은 비록 생존을 위해서 냉철한 국무총리 역할을 해야 했고, 차별이 만연한 이집트에 녹아들기 위해서 완벽한 이집트인을 연기해야 했다. 그가 아마 진심으로 대할 수 있는 존재는 하나님 정도였을 것이다. 그에게는 사랑하는 아내가 있었으나, 정략결혼이 그 시작인 이상, 완전히 속을 터놓고 대화를 나눌 수는 없었다(창 41:45).

이 둘에게 어떤 애틋한 감정이 있는지는 차치하고, 요셉은 아내 앞에서도 그저 히브리인 요셉일 수는 없었을 것이고, 여전히 이집트의 총독으로서의 모습만을 보여야 했을 것이다. 설령 그의 아내에게 요셉의 출생 성분이나 히브리인으로의 모습이 문제가 안 된다고 하더라도, 아내에게도, 또한 자기에게도 몸종이 있었을 것이며, 궁궐의 삶이라는 언제나 말이 새어나갈 위험에 노출된 법이기에, 요셉이 자기의 모든 약점과 모든 아픔을 다 내려놓고 어린 아이와 같아질 수 있는 대상은 어디까지나 하나님 한 분뿐이었다. 이러한 점은 결국 다윗의 시편에서도, 예수님의 생애에서도 반복되는, 하나님과 동행하는 자들의 숙명이기도 하다.

그런데 베냐민을 보자 요셉은 도저히 참을 수 없었다. 그 순간 요셉은 철없던 17살 소년으로 되돌아갔다. 달라진 점은 어쩌면 아버지의 채색옷 대신에 파라오가 준 세마포를 입었다는 점뿐일지도 모른다. 하지만 이내 요셉은 얼굴을 씻고 마음을 추스르고 자리로 돌아와 점심 만찬을 즐겼다. 그 자리에서 요셉은 형제들과 자리를 함께했고, 동생 베냐민에게는 더욱 많고 다양한 진미를 주었다. 그 자리를 모두가 즐거워했다(창 43:34). 다만 야곱의 자녀들은 이집트의 총리가 어째서 이집트인들에게는 차별의 대상이며, 함께 먹으면 부정하게 된다는 속설의 대상인 목축하는 부족민인 자기들과 겸상을 한 것인지에 대해서 이상하게 여겼다.

점심부터 시작된 이 잔치는 밤까지 진행되었고, 야곱의 자녀들은 요셉의 저택에서 하룻밤을 보냈다. 요셉이 청지기에게 명하여 각 사람의 짐에 양식과 돈을 넣을 수 있는 만큼 넣으라 했고, 특별히 베냐민의 짐에는 점칠 때 사용하는 은잔을 넣도록 했다.

이는 아마도 이집트에서 종교적으로나 정치적으로 중요한 의미가 담긴 의식을 치르기 위해서 사용하는 아주 귀중한 은잔이었을 것이다. 요셉이 제사장 집안과 정략결혼을 했고, 토지 개혁 때에는 제사장들의 이권은 지켜 준 것으로 보아서, 파라오는 정치적 뒷배경이 없는 요셉을 위해서 제사장과 정치적 연합을 하도록 했을 테고, 아마도 동양의 황제와 환관의 관계처럼 제사장 세력은 친 파라오파의 역할을 도맡아 했을 것이다. 이는 파라오가 '신의 대리자'라는 독특한 믿음을 기반으로 통치 역량을 확보한 이집트에 있어서는 자연스러운 일이다. 제사장 계층의 도움과 지지가 없다면 파라오가 '신의 대리자'라는 지위가 공고해지기는 어려웠을 터이다.

따라서 요셉을 제사장 계층과 정략결혼을 시키며 그들에 합류시켰고, 그 결과 국무총리인 요셉이 이집트 관습상의 종교 행위를 위한 은잔을 가지고 있는 것은 부자연스럽지 않다. 아마 둘의 연대를 상징하기 위해서 특수하게 만들어졌거나, 정략결혼을 하는 과정에서 나눈 것이 아닐까 하는 상상도 가능하다. 그렇다면 정치 활동에 있어서 중요한 만찬의 자리에서 마시는 것에 사용하기도 하고, 또한 점치는 종교 행위에도 참여하는 것은 자기와 정치적 동반 관계일 제사장들과의 관계를 재차 확인하고 공언하는 용도라고도 할 수 있다.

이런 종교적 의미와 정치적 의미가 뒤섞인 어떤 상징적인 물품을 '훔쳐서 도망'하는 자와 그들을 추격하는 자의 구도는 요셉과 베냐민의 어머니인 라헬이 라반에게 행했던 일을 회상하게 만든다. 라헬은 야곱이 독립하여 가나안 행을 결정했을 당시, 라반에게 종교적, 정치적, 그리고 가문의 상징으로서 중요했을 드라빔을 훔쳐서 도망한 적이 있다. 그러한 구조가 요셉에 의하여 다시금 반복되는 것이다. 아마도 요셉이 이러한 '계략'을 꾸밀 때 아버지에게 전해 들었던 그런 이야기들을 고스란히 참고했던 것으로 보인다.

야곱이 에서에게 팔았던 죽 한 그릇이 파라오를 통해서 더욱 거대한 스케일로 "오마주" 되었다. 장자의 명분 사건에서는 아무런 실익을 얻지 못했던 것과 상반되게 요셉 때에는 엄청난 이익을 이집트에 가져다주었다. 그리고 이 라반과 라헬의 드라빔 도난 사건이 반복되는 듯한 대목에서 결국 요셉은 아주 큰 성공을 거두게 될 것이 분명했다. 요셉은 그럴 역량이 있는 자였으니 말이다. 하지만 이때 요셉은 하나님이 큰 변수를 마련하셨다는 것은 추호도 예상치 못하고 있었다. 그렇기에, 요셉이 그린 그림대로만 이야기가 진행되지 않는다.

> 사람이 마음으로 자기의 길을 계획할지라도 그 걸음을 인도하는 자는 여호와시
> 니라(잠 16:9)

야곱의 자녀들은 아침 해가 뜨자, 아버지가 애타게 기다리고 있을 가나안으로 떠난다. 이윽고 요셉은 자기 청지기에게 명령하여 그들을 추격하여 잡으라 명한다. 야곱의 자녀들은 이 사실을 꿈에도 예상치 못했고 결국 영문도 모른 채 붙잡힌다. 그들은 억울한 나머지 맹세를 하고 마는데, 그에 대한 요셉의 청지기의 대답에 요셉의 노림수가 드러나 있다.

> 종들중 뉘게서 발견되든지 그는 죽을 것이요 우리는 우리 주의 종이 되리이다 그
> 가 가로되 그러면 너희 말과 같이 하리라 그것이 뉘게서든지 발견되면 그는 우리
> 종이 될 것이요 너희에게는 책망이 없으리라(창 44:9-10)

분명 요셉은 모든 형제의 짐에 식량과 함께 그들이 가져온 돈을 그대로 넣어 뒀다. 그리고 성경이 말하기를 나이가 많은 순서, 즉 집안에서 지위가 높은 자부터 차례로 열게 했다. 이는 라반이 야곱의 장막을 뒤졌을 때도 같은 순서였다. 그럼, 르우벤부터 그 짐에서 식량과 함께 은화가 쏟아져 나왔을 것이다. 그 순간 야곱 자녀들의 마음은 얼어붙었다. "또?"라는 단어만 머리에 맴돌았다. 둘째도, 셋째도, 그렇게 모두의 짐에서 은화가 쏟아져 나오자, 그야말로 미치고 팔짝 뛸 지경이었다. 하지만 이상하게도 그 청지기는 그 어떠한 것도 문제 삼지 않았다. 베냐민의 짐을 풀었을 때 나온 은잔을 제외하곤 말이다.

이쯤 되니까, 베냐민이 목적이라는 것을 모두가 알 수 있었다. 하지만 요셉이 지시한 그 연출이 그 형제들을 당황하게 했으므로, 그들은 기민하게 반응하지 못했다. 그저 믿을 수 없는 상황에 넋이 나갈 뿐이었다. 그들은 슬픔에 겨워 옷을 찢었다. 그리고 무너져 가는 마음과 정신을 간신히 부여잡으며 오직 은잔이 발견된 자에게만 책임을 묻고 노예로 삼겠다고 했던 청지기의 말에도 불구하고 모두 속히 짐을 챙겨 베냐민을 따라 이집트로 다시 향했다. 그리고 바로 이 지점부터 요셉의 예측과는 다르게 이야기가 흘러가기 시작한다. 20여 년의 세월에서 요셉만 성숙한 것이 아니었다. 형들도 변해 있었기 때문이다.

요셉은 다 찢긴 차림을 하고서 사지(死地)가 될 수도 있는 이집트 자신의 저택으로 돌아온 형들을 보았다. 고관의 집에 초대도 없이 찾아가는 것은 목숨을 내놓아야 할 행동이었지만, 그들은 아랑곳하지 않고 베냐민을 되찾기 위해서 달려왔다. 요셉은 자신 앞에서 납작 엎드린 그들의 행위를 나무라기 시작한다. 이에 유다가 형제들 대표로 요셉에게 간구한다. 그리고 그 말은 놀랍게도 모두가 종이 되겠다는 것이었다. 즉, 베냐민의 잘못은 곧 자기들의 잘못이라는 말을 한다. 이에 요셉은 아주 단호하게 일언지하로 거절한다. 오직 그 잔이 발견된 자만 종이 될 것이고 나머지는 아버지에게 돌아가라 말한다.

유다가 가로되 우리가 내 주께 무슨 말을 하오리이까 무슨 설명을 하오리이까 어떻게 우리의 정직을 나타내리이까 하나님이 종들의 죄악을 적발하셨으니 우리와 이 잔이 발견된 자가 다 내 주의 종이 되겠나이다 요셉이 가로되 내가 결코 그리하지 아니하리라 잔이 그 손에서 발견된 자만 나의 종이 되고 너희는 평안히 너희 아버지께로 도로 올라갈 것이니라(창 44:16-17)

유다는 공손하게 하지만 절박하게 간청한다. 결코 베냐민이 없이는 돌아갈 수 없다고, 늙은 아버지가 얼마나 베냐민을 사랑하는지 설명한다. 그리고 그가 없으면 아버지가 버티시지 못할 것이라 말한다. 다만 베냐민만큼은 아버지에게 보내 달라며 베냐민을 대신해서 모든 형제가 종이 되겠다고 간청한다. 이 지점에서 어쩌면 그들은 파라오가 이런 식으로 가나안의 유력한 부족을 복속시키려고 꾸민 계략이라고 생각했을지도 모른다. 하지만 그들에게는 그런 정치적인 셈을 따질 여유나 여력이 없었다. 오로지 베냐민을 아버지에게 돌려보내야 한다는 일념으로 요셉에게 간청한다.

주의 종이 내 아비에게 아이를 담보하기를 내가 이를 아버지께로 데리고 돌아오지 아니하면 영영히 아버지께 죄를 지리이다 하였사오니 청컨대 주의 종으로 아이를 대신하여 있어서 주의 종이 되게 하시고 아이는 형제와 함께 도로 올려 보내소서(창 44:32-33)

요셉은 깨달았다. 자기가 아는, 자기를 노예로 팔았던 형들은 이미 없다는 것을…. 요셉의 기억에서 그 형들은 자신들의 이권을 위해서라면, 아버지의 마음이 부수어지건, 동생 하나를 희생시키건 신경도 쓰지 않는 인간들이었다.

아니, 요셉은 철이 든 이후부터 자기에게 선대한 자를 단 한 명도 만난 적이 없었다. 그도 그럴 것이, 17살의 나이로 종살이했고, 그조차도 결국 모함으로 인해서 끝났다. 그는 아무런 죄를 짓지 않고도 죄수가 되었다. 그 감옥살이에서도 무수히 사람에게 실망하다 결국 기적적으로 국무총리가 되기는 하였지만, 이방인에다가, 죄수 출신으로서, 낯선 땅에서 높이 오른 고위 관직은 결코 녹녹한 자리가 아니었다. 그의 주변에서는 늘 날카로운 눈으로 그의 실책을 살피고 그의 업적을 평가하는 자들이 즐비했다. 그를 위해서 순수한 마음으로 희생한다던가, 조건 없는 애정을 베풀어 줄 대상은 없었다.

그런데 형들은 지금 베냐민을 위해서, 그리고 아버지 야곱을 위해서 스스로가 노예가 되겠다 자처하며 희생하려 한다. 이는 요셉 평생 타인에게서 보지 못한 모습이다. 그런데 그것을, 가장 거대한 악을 자기에게 행한 형들이 보여 주다니, 이는 요셉이 상정한 상황을 넘어서는 무언가였다. 그렇다. 아무리 하나님으로부터 대단한 은사를 받은 하나님의 사람이라 할지라도, 하나님의 신묘막측한 행사 하심에 놀라곤 한다. 이에 요셉은 크게 소리 질러 자기 종들을 모두 물러가라 명한다. 이윽고 그곳에는 오직 야곱의 자녀들만 남게 되었다. 그들 중 하나는 서 있고 나머지는 절을 하고 있다.

> 우리가 밭에서 곡식을 묶더니 내 단은 일어서고 당신들의 단은 내 단을 둘러서서 절하더이다(창 37:7)

요셉을 먼저 보내신 하나님

> 요셉이 방성대곡하니 애굽 사람에게 들리며 바로의 궁중에 들리더라(창 45:2)

요셉은 더 이상 참지 못하고 대성통곡하기 시작한다. 이에 모든 야곱의 자녀는 영문을 알지 못하고 어리둥절해한다. 어찌나 요셉이 슬피 울었는지, 창세기 기자는 그의 울음소리가 파라오의 궁궐에서도 들렸다고 증언한다. 우리로 치면 아직 초등학생 때에 어머니를 출산 중에 잃고, 베냐민에게 엄마 대신의 역할을 해야 했기에 참아야 했던 울음이, 형제들에게 팔려서 결국 노예가 되고 또 억울하게 내어 몰려 감옥에 갇혀야 했으며, 서른 살이 될 때까지 아까운 청춘을 강탈당했고, 또 그랬으면서 음모와 암투가 난무하는 궁중에서 국무총리의 역할을 아무런 배경도 없는 이방인으로서 감당했어야 했던 그 울분이 모두 터져 버린 것일지도 모른다. 그렇다. 아무리 대단한 은사자라도, 아무리 비범한 천재라도, 그런 요셉이라 할지라도, 그의 심장이 그저 강철로 만들어져 있을 리는 만무했다. 그도 남몰래 상처 입고 외로움과 고독, 그리고 의문에 그저 하나님만 의지하며 곰삭힌 무수한 감정들이 그대로 냉각되어 마음 깊은 곳에 보관되어 있었던 것이다. 그리고 형들의 변한 모습에, 그리고 자기가 지켜야 했던 사랑하는 동생 베냐민과의 재회에, 그 모든 상황에 결국 더는 담아 두지 못하고 넘쳐흘러 나왔다.

이윽고 요셉은 그 감정의 틈바귀에서 다만 감정에 압도당해 경도된 것이 아니며, 오히려 그것들을 성숙의 재료로 삼아 승화시켰다는 것을, 영원히 기억될 위대한 신앙의 고백을 내놓으며 증명해 낸다.

> 당신들이 나를 이곳에 팔았으므로 근심하지 마소서 한탄하지 마소서 하나님이
> 생명을 구원하시려고 나를 당신들 앞서 보내셨나이다(창 45:5)

이는 요셉이 지금까지 살아온 자신의 인생에 대한 해석이자 선택이다. 그간 자신에게 쏟아지는 이유를 알 수 없는 고난과 악의들을 이해하는 과정에서 요셉은 이 모든 것이 결국 하나님이 자기 일족을 구원하시기 위해서 자기를 이집트에 보내신 것이라고 믿기로 했다. 이 깨달음이 그간 요셉의 마음에 형태를 갖추고 조금씩 반투명의 형상이 되어 가다가, 이윽고 형제들의 변한 모습을 보면서, 색을 입고 채색되어 뚜렷한 형태를 갖췄다. 이에 요셉의 내면에 있던 모든 의문이 하나로 모여 '포월'(匍越 envoloped, 현실의 모든 요소를 가감 없이 감싸 안고 극복함)된다. 이런 견지에서, 요셉은 자기 상처를 잊고 초월한 자가 아니다. 도리어 그것에 새겨진 의미를 발견하고 그 모든 과정이 필수 불가결했다는 것이라 깨달은 자이다.

다만 이 요셉의 고백을 오해해서는 안 된다. 특히 요셉의 이러한 고백은 비성경적인 운명론적 관점을 옹호하기 위해서 사용되어서는 안 된다. 지극

히 결과론적으로만 상황을 본다면 요셉이 편애받게 하시고 또한 이집트로 가는 것을 허락하신 것이 하나님의 뜻인 것으로 여길 수 있다. 이 모든 상황은 결국 세심하게 톱니로 구성된 기계처럼 모든 요소가 맞물려 작동하다가 야곱 부족의 기적적 생존으로 이어지기 때문에 그런 생각이 드는 것도 당연한 일이다.

하지만 앞선 장들에서도 언급했지만, 이러한 사안을 다루면서 우리가 고려해야 하는 것은 하나님이 어떠한 방향으로 역사하시기 위해서, 어떠한 효과를 발생시키시기 위해서, 각 등장인물의 개성과 의지를 훼손시키실 이유가 없다는 사실이다.

이 문제의 핵심은 실상 '범위'이다. 어디까지가 하나님의 개입이었는지, 어디까지가 사람의 행위였는지에 관한 것이다. 이를 자칫 전부 하나님의 개입이었다고 한다면, 그 자체로는 매우 신앙적으로 보이고, 또한 성경을 해석하는 입장에서 더없이 편리하지만, 결국 그것은 운명론적 관점으로 결론이 나고 만다. 이러한 견지에서는 모든 인간의 악행과 잘못을 하나님께서 강요하시고 조장하신 것으로 오해하게 한다.

이런 운명론적인 해석의 문제점은 하나님의 선하심에 관한 논쟁도 촉발하고, 더 나아가 하나님의 능력까지 제한하게 만든다. 과연 전지전능하신 하나님이 억지로 등장인물들을 뒤틀거나 강제하는 방법으로 서사를 이끌어 가실 필요가 있을까? 이 질문은 늘 중요한 것이다. 모든 것은 미리 정해져 있고 인간의 모든 행위는 어떠한 운명적 굴레에 귀속되어 있다고 주장하는 것은 결국 성경이 말하는 바와 어긋나기 때문이다. 물론 바울의 토기장이 비유와 같이, 하나님의 주권이라는 명제 앞에서 우리 인간이 가진 자유 의지는 티끌만도 못하고, 우리는 그분 앞에서 무생물인 토기만도 못하다. 우리의 존재라는 것은 하나님의 의도 앞에서 귀하게 쓰일 수도 있고 천하게 쓰일 수도 있으며 영영 버림받을 수도 있고, 그 반대로 버림받아 돌무더기가 된 가운데에서도 선택되거나 온전한 모습으로 재창조될 수도 있다. 다만 성경은 하나님이 가지신 우리를 향한 의도와 의지를 분명하게 밝힌다.

너의 하나님 여호와가 너의 가운데 계시니 그는 구원을 베푸실 전능자시라 그가 너로 인하여 기쁨을 이기지 못하여 하시며 너를 잠잠히 사랑하시며 너로 인하여 즐거이 부르며 기뻐하시리라 하리라(습 3:17)

그러므로 사랑을 입은 자녀 같이 너희는 하나님을 본받는 자가 되고 그리스도께서 너희를 사랑하신 것 같이 너희도 사랑 가운데서 행하라 그는 우리를 위하여 자신을 버리사 향기로운 제물과 생축으로 하나님께 드리셨느니라(엡 5:1-2)

그리스도께서 우리로 자유케 하려고 자유를 주셨으니 그러므로 굳세게 서서 다시는 종의 멍에를 메지 말라(갈 5:1)

주의 성령이 내게 임하셨으니 이는 가난한 자에게 복음을 전하게 하시려고 내게 기름을 부으시고 나를 보내사 포로 된 자에게 자유를, 눈먼 자에게 다시 보게 함을 전파하며 눌린 자를 자유케 하고 주의 은혜의 해를 전파하게 하려 하심이라 하였더라(눅 4:18-19)

종합하면 이렇다. 하나님이 토기장이시라면 세상 사람은 모두 토기와 같아서 그분이 임의대로 하실 수 있다. 하지만 그 임의의 실제 적용이 어떠할지 우리의 상상력으로 규정할 것이 아니라, 성경에서 하나님이 우리를 어떠한 방식으로 보고 계시는지, 우리를 향해서 어떠한 뜻을 가지고 계시는지, 성경에 설명한 범주 안에서 이해하고 기대해야 한다. 물론 이는 결코 하나님을 잉크와 종이로 쓴 성경 글귀로 제한하여 두고, 우리 나름대로 이해한 방식에 가두는 식으로 이뤄져서는 안 된다. 그런 족쇄는, 그 범주는, 그 생각의 한도는 하나님을 가두기 위해서 존재하지 않는다. 오로지 내 생각을, 나의 마음을 제한하기 위해서 존재한다. 그리고 이에 대해서 성경이 제시해 준 가장 효과적이고 유효한 요약은 요한1서에 기록되어 있다.

하나님이 우리를 사랑하시는 사랑을 우리가 알고 믿었노니 하나님은 사랑이시라 사랑 안에 거하는 자는 하나님 안에 거하고 하나님도 그 안에 거하시느니라(요일 4:16)

따라서 인간의 본분은 하나님이 우리를 사랑하신다고 알고 믿는 것이며, 사랑을 통해서 하나님 안에 우리가 거하고 그분이 우리 안에 거하신다고 믿는 것이다. 그렇기에 결과적으로 우리는 하나님이 우리에게 선한 뜻을 가지셨다고 기대하며 소망할 수 있다. 그리고 이는 성경의 이야기를 이해할 때도 매우 유효한 방식이다. 우리는 그러한 관점에서 야곱의 이야기를 살펴왔다. 그렇기에 우리는 성경에서 하나님의 사랑이 부재한 것으로 보이는 장면에도 집요하게 하나님이 두신 의미를 발견하려 애썼고, 그 안에서 야곱이 어떻게 느꼈으며, 그것이 어떠한 영향을 끼쳤을지 살펴왔다. 그 과정에서 하나님이 모든 인물을, 이삭, 리브가, 그리고 야곱과 에서를 '수단'으로 삼지 않으시고, '목적'으로 삼으셨다는 것을 발견했다. 그 누구 하나 소품처럼 이용하다 버려진 바 된 자가 없었다. 이제 '그런 하나님이 야곱 일족의 생존을 위해서 요셉이라는 소년의 삶에 형용하지 못할 아픔을 주실 수밖에 없었는가?'라는 최초의 질문으로 돌아가 보자.

형들이 질투심에 불타서 요셉을 상인들에게 팔아넘긴 것도, 야곱에게 거짓을 고한 것도, 결코 정당화될 수 없는 악이며, 지혜롭지 못한 짓이다. 훗날 드러나는 부분이지만, 설령 적자독식 시대를 그대로 살아갔어야 하는 상황이었다 해도, 요셉이라면 모든 형제를 아우르며 누구 하나 소외되지 않도록 보듬을 훌륭한 지도자가 되었을 테고, 대기근이 있다고 한들, 그리고 이집트 땅이 아니었다고 한들, 하나님은 얼마든지 그들을 너끈하게 지키고 큰 민족을 이루어 주셨을 터이다. 늘 장소에 한정되는 것은 인간이다. 하나님은 시공간을 초월하여 역사하신다.

그랬다. 어쩌면 이런 운명론적인 해석의 근간은 하나님의 능력을 장소에 한정하는 못된 습성에서 나온 것은 아닐까? 예배의 때를 가져오신 그리스도, 십자가를 통해서 우리를 성전으로 만드셔서 성전 그 자체가 되게 하실 예수님을 눈앞에 두고도 산에서 예배할지, 성전에서 예배할지 '장소'을 묻던 사마리아 여인의 질문은(요 4:20-26), 실상 우리가 성경을 보는 방식에서도 반복된다. 애석하게도 우리는 때로는 하나님의 손보다 도구에 불과한 물리적인 형태에 주목하곤 한다.

이집트는 야곱의 자손들에게 필요했을 뿐이다. 하나님께는 필요하지 않았다. 그저 이집트라는 땅은 살기 어린 질투와 악의가 요셉이라는 인물을 내몰아 도달하게 한 결과적인 장소일 뿐이다. 요셉의 서사는 하나님이 계시지 않으면 존재할 수 없지만, 이집트가 없다고 한들 하나님이 그를 들어 쓰시는 것이나 야곱의 부족을 생존시키는 것에 무슨 문제가 될까? 그의 형제들이 자신들의 소견에 좋은 대로 그를 그저 그곳에 둔 것뿐이다. 이는 마치 벧엘과 같다. 야곱이 자신의 욕심과 실책에 내몰려 그곳에 쓰러졌을 뿐, 그곳이 하나님이 정해 둔 무슨 신성한 성지였기에 하나님이 그곳에서 만나 주신 것이 아니었다. 이스라엘이 이것을 잊었을 때, 결국 하나님은 아모스 선지자의 입을 통해서 "벧엘을 찾지 말라"라고 말씀하셨다(암 5:4-6).

> 도끼가 어찌 찍는 자에게 스스로 자랑하겠으며 톱이 어찌 켜는 자에게 스스로 큰
> 체하겠느냐 이는 막대기가 자기를 드는 자를 움직이려 하며 몽둥이가 나무 아닌
> 사람을 들려 함과 일반이로다(사 10:15)

물론 결과적으로 벧엘이 벧엘이 되었고, 이집트가 이집트가 되었다. 하지만 그것은 하나님이 역사하신 결과이다. 그 결과적 장소는 우리가 그것을 기억하며 하나님께 감사를 드리고 기뻐하고 기념하기 위해서 존재한다. 그것들은 하나님이 은혜를 베푸신 것을 상기하게 해 주는 상징물에 불과하다. 그 상징물에'만' 우리가 주목하기 시작하면, 이윽고 그곳에 우상이라는 이름의 곰팡이가 자리를 잡아 급속도로 퍼진다. 따라서 우리가 주목할 것은 오로지 벧엘에서도 이집트에서도 함께하신 하나님이다. 즉, 어디서나 함께하시는

하나님, '임마누엘' 하나님이시다.

> 너희는 여호와를 찾으라 그리하면 살리라 염려컨대 저가 불 같이 요셉의 집에 내
> 리사 멸하시리니 벧엘에서 그 불들을 끌 자가 없을까 하노라(암 5:6)

이제 요셉이라는 인물을 살펴보자. 요셉은 단순히 어려서 어머니를 잃었기 때문에만, 혹은 가장 사랑하던 아내인 라헬의 자녀이기 때문에만 편애를 받았다 표현되기에는 공정하지 못하다. 야곱이 냉정하고 공평한 판단만 했어도, 요셉은 그 정도 대우를 받고 사랑을 받을 만했다. 창세기 37장에서 그의 형들의 심대한 과실을 아버지에게 고한 것은 다르게 말하면, 형들의 행위에 동참하지 않았다는 뜻도 된다. 이런 의미에서 이 장면은 그의 정직함뿐만 아니라, 의로움도 아울러 보여 주는 장면이다. 게다가 요셉이 보디발의 집이나 파라오 궁궐에서도 두각을 나타낸 것을 보면, 그는 능력으로도 비범하며 또한 외모로도 매우 빼어났을 것이다. 따라서 하나님이 억지로 야곱이 요셉을 편애하게 하신 것도 아니고, 반대급부로 그의 형들이 그를 억지로 미움받게 하신 것 또한 절대 아니었다.

요셉은 누가 보더라도 흠모하고 사랑할 만했다. 이는 그저 이방 땅인 이집트에서 외국인으로서 파라오의 총애를 받는 모습을 통해서도 증명되는 바이다. 그렇게 뛰어난 인물을 적자독식의 시대에서 경계하고 질투하는 것은, 심지어 제거하려고 하는 것은 어쩌면 당연한 시대적 귀결이기도 하다. 다시 말해, 하나님은 그의 형제들에게 까닭 없이 질투나 미움을 넣으실 이유가 하등 없으셨다.

그렇게 이야기를 되짚어 보면, 모든 자는 자의를 가지고 자유롭게 행동했다. 그들의 행동은 현대의 관점에서는 혹 이상해 보일지 모르지만, 그 시대상을 고려했을 때, 그리고 인류사를 관조해 보았을 때, 결코 부자연스러운 일이 아니다. 어디까지나 일반적인 인간 활동의 연장선이었다. 그리고 인류사가 웅변하듯, 인간들이 제각각의 욕심과 악의로 모든 것을 망쳐 놓는 경우

가 다반사이다. 사람은 자기가 구할 바를 알지 못한다. 사람은 자기가 원하는 바를 알지 못한다. 그렇기에 후회하고 또 슬퍼하는 존재이다.

적자독식의 시대상에 매몰된 야곱이 자기 판단과 욕심으로 결국 이삭과 리브가의 사랑과 기도의 결실인 가정을 망가트렸듯, 그래서 부모에게 20여 년간의 자식과의 생이별을 경험하게 했듯, 야곱의 자녀들도 자기들이 속한 시대를 탓하며 또한 아버지 야곱의 오랜 약점이던 '질서 확립'을 핑계 삼아, 요셉을 제거해 냈다. 그때는 자기들의 모든 문제와 고민의 근원은 다만 요셉이라 오판했다. 하지만 아니었다. 요셉이 사라진 자리에는 시원함도 통쾌함도 어떤 유익도 없었다. 그제야 그들은 깨달았다. 모든 것이 너무 늦은 상태에서야 깨달았다. 자기들은 구할 바를 알지 못했으며, 원하는 바도 알지 못했다고. 그들이 부수어 놓은 가정의 평화와 행복은 저마다 마음에 드리운 그림자가 되었다.

물론 야곱은 이미 위대한 하나님의 사람이었으며, 굉장한 영적 성숙을 이룬 자였다. 따라서 그도 어렴풋이 하나님의 섭리를 느끼고는 있었을 것이다. 하지만 인간이라는 어찌 그렇게 연약하고 서글픈지, 하나님의 뜻을 밝히 알고 있다 하더라도 인내의 기간은 쓰고 괴로우며 고독하다. 견딜 수가 없다. 하나님께서 밝히 말씀하신다 하더라도, 즉 야곱 그 자신이 뿌린 무질서의 씨앗과 자기 자녀들이 자행한 악, 그리고 당시 시대상이 한데 버무려져서 조성된, 그 모든 난장판에 하나님이 의미를 부여하셔서 20년 뒤에는 놀라운 반전을 주시리라 약속하신다고 하더라도, 그 숱한 날들을 아무렇지 않게 견딜 수 있을 리 만무하다.

이집트로 팔려 간 요셉 또한 녹록지 못했다. 어딘가 사창가나 건설 현장, 노를 젓는 사공, 용병과 같은 신체를 좀먹는 현장에 팔리지 않은 것은 그야말로 하나님의 도우심도 맞고 은혜도 맞다. 하지만 어디 사람 마음이라는 게 최악만 면했다고 해서 즉시 행복에 물들 수 있던가? 그렇지 않다. 17세의 소년은 더없이 낯선 땅에서 주권을 빼앗기고 노예 생활을 한다. 그의 능력으로 두각을 나타냈지만, 이는 어찌 보면 야곱과 라반 관계에서의 그것이었다. 야곱이 잘 자란 과일나무처럼 많은 열매를 맺었지만, 그 모든 것을 그의 주인이 착취해 가는 그런 서글프고 부당한 구조가 요셉에게 반복되었다. 그마저도 모함에 내어 몰려 감옥에 갇힘으로써 더 최악으로 치닫는다.

그곳에서도 그를 돕겠다는 사람들이 있었으나, 그들은 실망감만 안겨 줬다. 주의 일을 하는 이들이 겪는 아픔이 있다면, 그것은 단연 그의 도움을 받았던 대상들이 그 고마움을 잊는 것이다. 이는 악성 피부병을 앓고 있는 자들을 고치신 예수님도 경험하신 바이다(눅 17:11-19). 값없이 받은 은사를 값없이 나눌 때, 그리고 말로 다 설명할 수 없는 기적일수록, 사람은 감사함을 느끼기보다는 공짜라는 생각에 쉽게 잊어버리는 습성이 있다. 그러한 끝없는 기다림 끝에 비로소 요셉도 국무총리가 되었지만, 그 최고위직 생활이라고 해서 그저 마음이 편하지만은 않았다. 지면에 다 기록되지는 않았지만, 분명 형용할 수 없고 필설 할 수 없는 그만의 고충이 있었을 것이고, 고향 집에 대한 그리움과 고독이 늘 따라다녔을 것이다.

가나안과 이집트 그 어디에도, 요셉의 형들이 기대했던 통쾌함이나 문제 해결은 없었다. 어쩌면 요셉의 불행은, 요셉의 수난은 당연하다 말할 수 있다. 그는 배신당하고 노예로 팔린 자니까. 근데, 그 형제들은? 자기들 좋자고 배신을 해 놓고도, 악행을 하고도 결국 누구도 행복하지 못했다.

창세기 기자는 유다의 사례를 대표 격으로 38장 전체를 할애하여 설명했다. 요셉을 노예로 판 일이 벌어진 직후 유다는 형제들을 떠나 떠돌이 생활을 했다. 그는 방탕하게 살았던 것 같다. 그 과정에서 두 자녀가 하나님 앞에서 악을 행하다 죽었다. 게다가 형사취수제를 거부하는 자녀 때문에, 결국 변장한 며느리 다말을 알아보지 못하고 화대를 주고 잠자리를 가졌으며, 그녀가 자녀를 생산하게 한다. 이는 유다와 그 자녀들이 자초한 대단히 불명예스러운 일이다.

창세기의 저자 모세는 민족 신화에 해당하는 이야기에 남은 자녀 중 가장 뛰어났던 유다의 사례를 대표 격으로 실으며, 그 나머지 자녀들은 굳이 언급할 이유가 있겠느냐 반문하고 있다. 이는 장자의 축복권 사건에서 다룬 바 있던 '실책의 향연'의 심화 버전과 같다. 그야말로 엉망으로 망가져 성한 곳이 하나도 없는 난장판이다. 그리고 야곱의 사례 때도 그러하였듯, 모두가 더는 손쓸 도리가 없다고 인정하고 그저 후회에만 사로잡힌 이 시점에, 하나님은 본격적으로 개입하기 시작하신다.

하나님의 개입 방법은, 그리고 이 서사를 극적으로 반전시키시는 방법은 고대 그리스 연극에서 엉망인 서사를 한방에 정리하기 위해서 등장시키던 '데우스 엑스 마키나'(deus ex machina), 즉 기계 장치의 신과 같이 엉성하지 않다. 오히려 하나님은 아주 세련되게 역사하신다. 앞서 우리는 〈God will make a way〉라는 복음성가를 언급하며 그 가사에 있는, "하나님께서는 길이 없어 보이는 곳에 길을 만드시며 또한 우리가 볼 수 없는 방법으로 일하신다"와 같은 고백을 야곱이 했으리라 유추했는데, 하나님이 개입하신 방법은 데우스 엑스 마키나 기법에 의례 동원되던 조잡한 기계 장치나 그 어떠한 피아노 줄 따위도 보이지 않는 아주 세련되고 자연스러운 방식이었다.

하나님은 이 과정을 통해서 모두에게 성숙을 허락하셨다. 후회와 회오를 통해서 모두가 조금씩 조금씩 성장해 나가고 있었다. 그리고 그들의 모든 실수와 실책의 향연에 의미를 부여해 주셨다. 그 모든 것이 합력하여 선을 이룰 방법을 마련하셨다. 그것은 요셉의 모든 수고와 노고를 통해서 야곱의 민족을 살리시는 것이었다. 앞서 말했듯, 하나님은 이집트 따위가 없어도 대기근에서 야곱의 일파를 능히 구하실 수 있으시다. 이러한 하나님의 은혜는 시편에 기록된 모세의 고백에서도 잘 드러난다.

> 흑암 중에 행하는 염병과 백주에 황폐케 하는 파멸을 두려워 아니하리로다 천인이 네 곁에서, 만인이 네 우편에서 엎드러지나 이 재앙이 네게 가까이 못하리로다(시 91:6-7)

성경이 말하는 평안함이나 하나님의 보호는 세상에서 그저 아무런 문제가 없는 무탈하게 지내는 것이 아니다. 시편 91편의 화자는 어두울 때의 '염병'과 밝을 때의 '파멸'로 대표되는 재앙을 근거리에서 보는 자이다. 천여 명의 사람이 왼편에서 쓰러지고, 만여 명의 사람이 우편에서 쓰러진다면, 그것이야말로 아비규환이다. 하지만 그런 와중에서도 하나님이 눈동자처럼 지켜주시는 것이 바로 성경이 말하는 평안이고 보호이다. 그렇기에 그리스도인들은 속세에서 몇 미터나 떨어져서 공중을 둥둥 떠다니는 도사들이 아니다. 어디까지나 우리는 현실에서 뒹굴고 현재를 치열하게 살아가는 '사람'이다.

그런 은혜를 야곱 부족에게 이집트 없이도, 요셉 없이도, 하나님은 능히 베푸실 수 있다. 그것이 야곱 평생에 경험해 온 것이다. 하지만 하나님은 야곱 부족을 생존시키는 방법을, 요셉이 수고하고 노력하여 이룬 이집트의 기반을 통해서 하는 것으로 '선택'하셨다. 그러자 그 즉시 요셉의 모든 수난과 고난은 결국 자기 민족인 온 이스라엘을 구하기 위한 필수 불가결한 과정이 된다. 우리는 앞서 사람이 겪는 가장 고통스러운 일은 삶에서 까닭 없이 무너져 내리고 고난을 받는 것이라고 규정한 바 있다. 하지만 하나님은 요셉이 있는 이집트를 이스라엘은 구할 터전으로 선택하셨다. 그래서 빼어나게 정직하다는 이유로 적자독식과 악의가 지배하던 고대 사회에서 까닭 없는 수난을 겪어야 했던 요셉의 모든 삶에 압도적 의미를 부여하셨다. 그 의미란 바로 요셉이 당한 온갖 고초는 사랑하는 아버지와 형제들, 그리고 베냐민을 구하기 위함이었다는 것이다.

이는 공교롭게도 그리고 아주 흥미롭게도 요셉이라는 인물에게 있어 가장 적합한 방식의 위로였고, 개인 맞춤형 의미 부여였다. 모든 사람이 요셉과 같지 않다. 따라서 하나님이 요셉의 수난에 의미를 부여하신 방법은 어디까지나 요셉에게 꼭 맞는, 요셉만을 위한 방법이었다. 그렇기에 하나님의 직접적 등장이 없이도, 그 어떤 설득의 과정이 없었어도, 요셉은 믿음으로 고백한다. 요셉은 자기가 겪은 수난의 의미를 이런 방향으로 해석한다.

당신들이 나를 이곳에 팔았으므로 근심하지 마소서 한탄하지 마소서 하나님이 생명을 구원하시려고 나를 당신들 앞서 보내셨나이다(창 45:5)

이 고백을 달리 이야기하면, 하나님이 생명을 구원하시려고 자기를 앞서 이집트로 보내신 것이라면, 자기의 모든 고생과 수난이 설명되고 또 응어리는 녹아내릴 것이라는 의미이기도 했다. 이처럼 하나님의 사람들은 하나님과 그 뜻이 일치됨으로 그저 자신의 과거와 상처를 망각하고 넘어서는 '초월'이 아닌, 그 모든 것에서 얻은 의미를 가슴에 품고 도약하는 그야말로 포월을 경험한다. 이제 요셉의 인생에서 그 어떠한 장면도 낭비이거나 공연히 발생한 것은 없게 되었다. 그 모든 것은 결국 이스라엘의 구원을 위한 것이 되었다.

다시 용서

당신들의 눈과 내 아우 베냐민의 눈이 보는바 당신들에게 이 말을 하는 것은 내 입이라 당신들은 나의 애굽에서의 영화와 당신들의 본 모든 것을 다 내 아버지께 고하고 속히 모시고 내려오소서 하며 자기 아우 베냐민의 목을 안고 우니 베냐민도 요셉의 목을 안고 우니라 요셉이 또 형들과 입맞추며 안고 우니 형들이 그제야 요셉과 말하니라(창 45:12-15)

사랑, 자비심, 자애로운 품성 등은 기본적으로 학습되는 것들이다. 사랑도 받아 본 자가 사랑하기에 용이하고, 자비를 받아 본 자가 자비를 베풀기 쉽다. 그렇다면 요셉은 용서를 어떻게 배울 수 있었을까? 그는 본디 형들과 막역한 사이도 아니었다. 그들과의 정을 키울 수도 없었다. 요셉이 이집트에서 누군가에게 자비롭고 자애롭게 대우받았는가? 보디발의 종으로 충성을 다했지만, 결국 모함을 당해 감옥에 가지 않았던가? 그 감옥에서도, 총리가된 이후에도 요셉은 타인에게 용서받은 적이 없다. 애초에 요셉은 누군가에게 잘못을 저지른 적도 없기 때문이다. 그리고 이런 관점은 단순히 심리학적인 발견이 아니다. 이는 예수님의 가르침에서도 등장한다.

이러므로 내가 네게 말하노니 저의 많은 죄가 사하여졌도다 이는 저의 사랑함이 많음이라 사함을 받은 일이 적은 자는 적게 사랑하느니라(눅 7:47)

요셉의 용서가 그 얼마나 개연성이 없고 말도 안 되는지, 요셉의 형제들도 그 유효 기간에 대해서 걱정했다. 그들은 요셉이 아버지에 대한 효심이 지극하기에 자기들에 대한 복수를 아버지의 사후로 유예한 것은 아닐지 걱정했다(창 50:15). 그 용서를 받고 그 이후로 십여 년을 함께 지낸 형제들도 이렇게 느꼈다면 확실히 예삿일로 넘길 것은 아니다.

아버지 야곱과 요셉의 용서 대상은 일치했다. 둘 다 베냐민을 제외한 요셉의 형제들을 용서해야 했다. 하지만 아버지 야곱의 용서와 비교하더라도 요셉의 용서는 매우 이질적이다. 야곱의 삶에는 자신이 한 행동이 되돌아오는 구조가 반복된다. 그를 통해서 야곱은 타인의 입장을 손쉽게 이해할 수 있었다. 왜냐하면 과거에 내가 그 사람 입장이었을 테니 말이다. 그렇기에 야곱은 상대를 용서하기에 상대적으로 유리한 입장이다. 그는 많은 용서를 받아온 인물이고, 그렇기에 용서하는 법도 학습한 인물이다. 게다가 아버지가 자녀를 용서하는 것이야, 필연적으로 더 쉬운 것은 말할 것도 없다.

야곱이 용서받아야 했던 귀책	야곱이 용서해야 했던 것들
아버지 이삭이 정한 가족 내 서열과 승계 순위를 인정하고 존중하지 않아서 갈등을 초래함	야곱이 정한 가족 내 서열과 승계 순위는 인정받지 못했고, 자녀들 사이에서 극심한 갈등이 발생함
형의 궁박을 이용해서 장자의 명분을 빼앗음	자기의 궁박이 이용당해, 파라오에게 자유를 빼앗길 위기에 처함
형 장자의 명분에 비하면 턱없이 가치가 없는 음식 한 그릇으로 불공정한 거래를 제안함. 목적은 형이 자기를 섬기게 하기 위함임	20년의 노동에 비하면 없다시피 한 보상만을 외삼촌에게 제안받음. 라반은 불공정한 거래를 통해 야곱이 독자 세력을 구축하는 것을 막고 평생 자기 종으로 삼고자 함

아버지 이삭의 의사에 반하여, 장자의 축복을 받기 위해 아버지 이삭에게 거짓을 고함	아들들이 요셉을 시기하여 노예로 팔고서 죽었다고 자기에게 거짓을 고함
이삭을 속일 때, 자기를 형인 에서로 가장함	라반이 야곱을 속일 때, 맏딸 레아를 둘째 딸인 라헬로 가장함
형제간의 갈등으로 부모님에게 자녀와 20여 년간 생이별하는 경험을 하게 만듦	자녀 간의 갈등으로 요셉과 20여 년 생이별함
비록 속긴 했지만, 첫 아내를 두고 둘째 아내를 얻는다는 이유로 추가적인 종살이를 자초함	첩과 관련되어서 첫째 아들 르우벤과의 갈등
레아를 정실로서 정당한 대우를 하지 않아서, 집안에 질서가 서지 않았고 두 자매가 경쟁하도록 만듦	자녀들이 자기가 후계자로 여긴 요셉을 정당하게 대우하지 않고 집안 질서를 어지럽힘

[야곱이 받은 용서 vs 해야 했을 용서]

이런 반복적인 구조 속에서 타인을 이해하는 능력이 부족했던 야곱조차 타인을 용서하고 이해할 수 있게 되었다. '나도 그랬지'라는 인식이 야곱이 분노하는 것을 자제케 하는 효과적 누름돌이 되었고, 결국 용서를 선택하게 해 줬다. 즉, 야곱이 정작 그런 일을 당할 경우, 자기 삶을 반추하며 상대의 처지에서 생각할 여지가 다분했다. 이러한 야곱의 용서 이야기 구조는 예수님의 가르침에서도 발견할 수 있다. 예수님은 한 예화로 우리에게 용서하라 명령하셨다.

1만 달란트 빚진 자가 한 채권자에게 불쌍히 여김을 받아 그 빚을 탕감받는다. 근데 그 탕감받는 은혜를 입은 자가 그것보다는 아무것도 아닌 아주 적은 돈을 갚지 못하는 자기 채무자의 멱살을 잡고 당장 갚지 않으면 모든 가족을 노예로 팔아 버린다고 협박하는 것을 그 용서해 줬던 채권자의 종들이 보고 민망히 여겨 그것을 자기 주인에게 고했고, 그 채권자는 분노하여 그를 붙잡아와서 1만 달란트를 전액 상환하기까지 감옥에 가두라고 했다는 이야기이다(마 18:24-35). 이 이야기에서 탕감해 준 채권자는 십자가를 통해서 우리를 용서해 주신 하나님이시며, 은혜로 탕감받은 1만 달란트 빚진 자는 우리이며, 그가 용서하지 않은 적은 돈을 빌린 자는 우리의 이웃이다. 따라서 하나님께서 우리에게 바라시는 것은 그저 야곱처럼, 용서받았으니 우리도 남을 용서하라는 것이다.

이런 구조에서 "너희가 용서받았기"에 "너희도 남을 용서하라"라는 명령이 발생한 것이라면, 요셉의 경우는 누군가에게 용서받은 적이 없기에, 하나님이 그 용서를 요구하지 않으신 것이 된다. 따라서 요셉의 용서는 하나님의 명령을 이행했다던가, 혹은 성경의 가르침을 실천한 것이 아닌(성경도 존재하지 않던 시대이기도 했다), 요셉의 자발적인 선택이라고 볼 수 있다. 요셉은 그러하면 무엇으로 형제를 진심으로, 그리고 자발적으로 용서할 수 있었는가?

요셉은 용서받아 본 적도, 누군가가 자신의 행위를 참작해 준 적도 없다. 사람이 그렇게 창의적이며 창조적으로 선행을 할 수 있는 존재인가? 아니면 주기도문을 요셉이 미리 알아서, 원죄라든지 십자가 구원이라든지 하는 후대의 개념을 미리 알아서, 우리가 죄지은 자를 용서하여 준 것처럼 우리의 죄도 용서하여 달라고 간청할 수 있었던, 그야말로 시대를 초월한 존재였을까? 성령이 내주 역사하시며 모든 부족한 면을 채워 주시는 은혜가 요셉에게만 임했던 것인가? 그렇기에 요셉의 사례는 궁극적으로 "사람이 하나님의 사랑만으로도 타인을 사랑하는 존재가 될 수 있는가?" 혹은 "하나님의 용서만으로 용서하는 존재가 될 수 있는가?"와 같은 의문에 답이 될 수 있지는 않을까? 만일에 예수님에게 직접 이러한 것을 여쭙는다면 "사람으로는 할 수 없으되 하나님으로는 그렇지 아니하니 하나님으로서는 다 하실 수 있느니라"(막 10:27)라고 대답하지 않으실까? 이 부분은 결국 요셉을 직접 만나서 묻지 않는다면 해결하지 못할 종류의 의문이다. 하지만 확실한 것은 요셉이 했던 용서는 일반적인 인간의 용서의 형태가 아닌, 하나님의 도움이 없이는 불가능한 영역의 형태였다는 것이다.

앞서 우리가 야곱과 에서의 화해를 통해서 용서를 다루며 나눴듯, 용서란 너무나 힘들고 어려운 것이며, 따라서 타인에게 쉽게 용서를 요구할 수 없다. 하나님은 그 용서라는 것이 우리에게 얼마나 어려운지 아시고, 용서해 준 자에게 상을 주시고, 칭찬을 아끼지 않으신다. 이처럼 요셉의 용서는 요셉의 희생만을 강요하는 형태가 아니었다. 요셉이 일련의 과정을 통해서 용서함으로 말미암아 얻은 유익이 몇 가지가 있다. 그러한 유익은 요셉에게나 요셉의 자녀들에게나 그 용서를 통하지 않고서는 도저히 얻을 수 없는 엄청난 이득을 안겨 주었다. 그렇기에 요셉의 용서는 그저 자기희생적인 것이 아니었다. 예수 그리스도께서도 십자가를 통해서 우리를 용서하시는 과정에서 단순히 희생만 하신 것이 아니라, 마침내 만유의 구주가 되셨다고 성경은 증언한다.

그는 근본 하나님의 본체시나 하나님과 동등됨을 취할 것으로 여기지 아니하시고 오히려 자기를 비어 종의 형체를 가져 사람들과 같이 되었고 사람의 모양으로 나타나셨으매 자기를 낮추시고 죽기까지 복종하셨으니 곧 십자가에 죽으심이라 이러므로 하나님이 그를 지극히 높여 모든 이름 위에 뛰어난 이름을 주사 하늘에 있는 자들과 땅에 있는 자들과 땅 아래 있는 자들로 모든 무릎을 예수의 이름에 꿇게 하시고 모든 입으로 예수 그리스도를 주라 시인하여 하나님 아버지께 영광을 돌리게 하셨느니라(빌 2:6-11)

하나님은 그리스도의 용서, 그 십자가를 그저 희생만 되도록 허락하지 않으셨다고 해석할 수도 있다. 이러한 일은 하나님이 우리를 사랑하시기 때문에 발생한다. 우리가 타인을 용서한다고 해서, 타인을 위해 내 분노를 다스린다고 해서, 우리가 그저 희생만 하거나 손해를 보는 것이 아니다. 하나님은 우리가 억울하게 당하고도 아무 말 못 하고 바보처럼 용서하는 것을 그냥 바라만 보고 계신 분이 아니다. 하나님은 용서한 자에게 상을 주시고, 또 그에게 넘치는 은혜와 복을 허락하신다.

그렇다면 요셉은 도대체 그 용서로 무엇을 얻었는가? 자기를 노예로 팔아버리고 그 사실을 20여 년이나 숨겼던 그 형들에 대한 살의를 가지지 않은 것에 대한 합당한 보상은 과연 무엇인가?

사명의 완성과 수난에 부여된 의미의 확정

요셉은 상황과 과거, 그리고 그의 상처를 초월한 존재가 아니었다. 그의 아픔들이 어떤 깨달음을 통해서 소멸하거나, 그가 지상에서 벗어나 높이 올라 인간을 넘어서는 어떤 신선이 된 것이 아니었다. 하나님이 그를 치유하신 방법은 오히려 반대로 그의 모든 아픔에 의미를 부여하셔서 그것들이 필수 불가결한 포석이 되도록 하신 데 있다. 따라서 이집트로 팔려 간 '수난'이 없다면 지금의 요셉도 없다. 그리고 야곱 부족의 미래도 없다. 형제들에게 배신당해 노예로 팔려 간 요셉은 기적적으로 이집트에서 총리에 올랐다. 당시 이집트에 만연하던 유목민들에 대한 차별과 편견을 고려하면, 요셉이 총리가 되는 것은 어떠한 왕도나 정석의 길을 걸어서는 결코 달성할 수 없는 일이었다.

상상을 넘어서는 굉장한 결과를 위해서는 대개 일반적이지 않은 과정이 필요하다. 요셉의 경우, 그 과정은 바로 노예가 되는 경험을 겪다 정치범 수용소에 갇히는 것이었다. 하지만 그 자체로는 야곱 일족의 안전이 보장되지 않는다. 어디까지나 베냐민을 제외한 야곱의 아들들은 요셉과 원수나 다름없는 처지이다. 기적은 요셉이 이집트의 총리 자리에 오른 외연적 승리로만 완성되지 않았다. 결국 이스라엘의 생존은 요셉이 자기 형들을 긍휼하게 여기고 용서할 수 있느냐에 달려 있었다. 그것이 없다면, 이집트에 아무리 많은 재물이 있고, 요셉의 지위가 굳건하고 지배적인 위치에 있다 하더라도, 야곱 부족의 생존은 불가능했다.

요셉은 모든 것을 초월한 자가 아니라, 자신이 지나온 모든 길에 담긴 것들을 하나도 빠짐없이 품고 내일로 내딛는 '포월'한 자였다. 이를 고려하면, 요셉에게 있어서 형들의 존재가 주는 의미도 극적으로 달라져야 한다. 요셉의 경험과 상처, 그 모든 것들이 필수 불가결한 구원의 재료라면, 형들도 그저 배제하고 제거해야 하는 원수가 아니라, 요셉의 내면에서 그들의 존재 역시 필수 불가결한 존재가 된다. 그리고 요셉이 자신의 수난과 인생 여정을, 사랑하는 아버지 야곱의 부족을 이루기 위한 재료라고 선언한 순간, 그것에는 마지막 결정적인 가일수, 즉 용서가 필요하다.

결국 요셉은 형제들을 용서했고 그것을 통해서 그의 아버지의 부족, 곧 이스라엘 민족이 구원을 얻었다. 자기가 까닭 없이 겪었다고 느꼈던 모든 문제와 사건이 자신의 용서와 만나자, 하나님이 이스라엘을 구원하시기 위해서 사용하신 방편이 되었다. 결국 모조리 의미가 생겼고, 모두 필수 불가결해졌으며, 하나도 빠짐없이 불멸의 상징이 되었다. 그리고 욥의 수난과 함께 요셉의 수난도 최초로 만들어진 금속 활자에 새겨져 우리가 읽는 성경의 일부분이 되었다.

민족을 초월한 공감

요셉의 정치적 약점일 수도 있는 가나안의 가족에 대해서 파라오가 인정하고 또한 이집트에 오도록 허락한다. 이는 목축하는 자들과는 한 식탁에서 먹지 않았던 이집트인들의 당시 문화를 고려할 때, 일반적이지 않은 일이다. 정주민과 유목민 간의 오랜 갈등은 인간 역사를 통틀어 빠지지 않는 주제이다. 유목민 부족을 파라오가 이집트에 초대한 것은 그저 요셉을 총애하기 때문이라는 이유만으로는 불가능하다. 게다가 가만히 두면 기근에 못 이기고 알아서 자국에 귀의할 자들을 초대하여 땅까지 내어 준다니?

이것은 요셉이 용서라는 것을 선택하지 않았다면 불가능한 일이었다. 요셉이 이 지점에 이르기까지 그의 형들과 겪었던 자칫 불필요해 보이는 일들은 용서라는 클라이맥스(climax)를 통해 이집트인들도 공감할 수 있는 감동적인 이야기로 거듭난다. 이 일들을 통해서 요셉이 만들어 낸 감정의 용광로는 그간 있었던 모든 일들을 녹여 내어 포월하는 과정을 만들어 냈다. 그 결과 요셉과 그 형제들이 화해하는 과정은 인류 사회에 보편적으로 통용될 수 있는 가치인 용서, 사랑, 가족애 등의 요소를 갖춘 한 편의 훌륭한 이야기로서 완성되었다. 그 이야기가 보편적으로 통용될 수 있는 가치를 담으니, 문화적으로 극심한 차이가 있었던 이집트인들도 공감할 수 있는 이야기가 되었다.

따라서 이런 감동적인 서사는 이집트의 고관대작과 파라오도 요셉과 그의 가족 재회를 적극적으로 돕게 했다. 그들은 처음에 요셉이 크게 우는 소리에 이끌려 이 가족의 재회와 용서의 이야기를 접하게 되었고, 그들 또한 요셉의 삶을 거슬러 올라가는 과정을 거쳐서 요셉에게 공감하게 되었다. 만약 요셉이 이것을 계산적으로 연출했다면 그는 천재 연출가임이 틀림없다. 하지만 그 모든 과정에는 더없는 진정성까지 부여되어 있었다. 아마도 요셉과 그의 형제들이 화해하는 이야기는 당시에 유명한 이야기가 되어서 호사가들을 통해 민간에 퍼졌을 것이다. 그도 그럴 것이 파라오까지 움직인 이야기이니 말이다.

은퇴 이후의 삶

이집트인들 사이에서도 큰 감동과 공감을 끌어낸 그 화해 이야기의 진정한 효익은 요셉에게 주어진 은퇴 이후의 삶이다. 요셉은 결국 자기 아버지 야곱의 부족을 그 어떠한 정치적 위험 없이 파라오의 명에 따라 초대하게 되었다. 본디 그를 도와줄 친족이 없던 상황에서 이는 요셉과 그의 자녀들에게 그야말로 가뭄의 단비와도 같았다. 요셉은 실상 자신이 권신으로 남아 있는 한, 그리고 국무총리로서의 자신의 지위가 영영 자손 대대로 승계되는 한 안정된 삶이 보장되었다. 반대로 말해서, 파라오의 총애를 잃고, 그 지위를 잃는 순간, 요셉 가문에게는 '몰살'만 남아 있다. 이는 그가 왕권 강화와 토지 개혁을 주도하여 파라오에게 커다란 이익을 가져다주는 과정에서 당대 권신들과 호족의 이권을 강탈한 결과였다. 따라서 요셉은 그에게 원한을 가진 적들이 많을 수밖에 없었다.

당장은 기근이라는 것이 요셉의 권위를 기반에 올려 주지만, 기근도 끝날 것이고, 또 요셉도 나이가 들 텐데, 권력이라는 특성상 그의 치세는 영원할 수 없었다. 그렇게 되면 필연적으로 그에게 앙심을 품은 정적들의 보복에 노출될 수 있었다. 그렇기에 요셉도 또 그의 자녀들도 신변의 안전을 위해서는 영영 살얼음판 같은 정계에 머물러야 하는 구조적인 문제를 안고 있었다. 다시 말해 은퇴 이후의 삶이라는 그에게 있어서는 현실성 없는 공상에 불과했다.

하지만 요셉이 자기 형들을 용서함으로 인해서 그에게는 자기 자손들을 위한 버팀목이자 은퇴 이후의 삶의 터전이 생겼다. 야곱의 부족이 없을 때, 요셉의 일파가 생존하기 위해서는 그의 자녀들이 필연적으로 아버지의 지위를 승계해야만 한다. 요셉의 안전은 오로지 파라오의 총애와 정치적 입지만으로 확보되었으니 말이다. 하지만 용서의 서사에 감동한 파라오는 야곱의 부족이 거대한 무리를 이끌고 고센 땅에 오도록 배려했다.

고센 땅은 목축과 농사 둘 다 할 수 있는 아주 비옥한 땅이지만, 목축을 천히 여기고 목축업에 종사하는 자들을 불가촉의 부정한 대상으로 여기던 이집트인들이 꺼리는 땅이기도 했다. 그 고센 땅을 파라오의 명에 따라서 차지한 야곱 부족은 그 자체로 요셉 일파에게 도피성이 되어 주었다. 이제 요셉은 생존을 위해서 권력 투쟁을 끝도 없이 할 필요가 없다. 아버지의 부족이라는 품이 생겼으니까 말이다. 그래서 그랬을까? 결국 요셉의 두 아들은 12지파의 일원으로서 거대한 세력을 이루게 된다. 그리고 요셉에 대하여 앙심을 품었을 정적들은 감히 요셉의 자녀들에게 손도 대지 못한다.

이러한 견지에서, 우리가 때로 느끼는 '용서하면 손해 본다'라는 논리는 그저 기분이며 오해일 뿐이다. 그리스도께서 우리가 십자가를 통해서 하나님께 용서받았으니 서로 용서하라고 명령하신 것은 단순히 우리에게 희생을 강요하는 숙제가 아니다. 이것의 실증적인 예가 바로 요셉의 경우이다. 용서는 용서받는 사람뿐만 아니라, 용서하는 사람도 살리는 방식으로 작용하는 것이 성경에서 등장하는 용서, 하나님이 가르쳐 주신 용서의 모습이다.

요셉과 다른 시대를 살고 있기는 하지만, 이제 성경은 우리에게 형제를 서로 용서하라고 명령한다. 그러한 명령이 있기 전에 벌어진 요셉이 자기 형들을 용서한 사건을 통해서 도출할 수 있는 교훈은 어제나 오늘이나 영원토록 동일하게 좋으신 하나님이 그리스도의 십자가를 통해서 자녀 된 우리의 용서를 보상하여 주신다는 것이다. 결국 용서의 가부는 그 용서의 대상이 어떠한 사람인지 나의 감정이 어떠한지보다, 실은 하나님을 얼마만큼 신뢰하는 지에 달렸다. "그분께서 나를, 그저 용서만 하고 온갖 손해는 다 짊어질 '바보'로 만드실 것인가, 아니면 요셉의 경우처럼 오히려 용서를 통해서만 얻을 수 있는 값진 것들을 주시는 그런 '복 받는 기회'로 만들어 주실 것인가?"에 대한 신뢰 말이다.

하나님은 우리에게 용서할 수 있는 상황과 때, 그리고 용서하는 자와 용서받는 자 상호 간의 성숙을 허락하시는 참 좋은 분이시다. 다만 한 가지 유념할 것이 있는데, 그 용서라는 것은 성경적 '지혜'에 어긋나지 않는 방향에서 해야 한다는 것이다. 내게 용서를 강요하여 더 큰 해악을 끼치려는 자들이 즐비한 세상에서 우리는 응당 성령님이 주시는 지혜를 통해서 용서의 범위와 방향, 방식을 기도를 통해 구하며 결정해야 한다. 그렇기에 성경적 용서는 지혜의 결과이지, 약해진 마음이나 감정, 인간적인 온정 또는 종교적인 의무를 기반한 결정이 아니다.

성경의 이야기는, 거기에 등장하는 개념들은 때로는 우리의 감정을 풍성하게 하곤 하지만, 감정이 주된 이유가 되어서 우리를 이끌지는 않는다. 요셉의 용서도 그저 감정을 주체하지 못한 감정의 발로가 아니었다. 형들의 변한 모습을 보면서, 하나님이 그들에게도 역사하고 계셨다는 것을 깨달아서, 또 그리운 베냐민을 만났기에 요셉 또한 요동치는 감정의 파동을 경험했다. 그 순간이 매우 감정적인 상황인 것은 분명하지만, 오로지 감정만으로 모든 결정을 한 뒤에 나머지 서사가 이어졌다고 치부할 수 없다. 요셉의 용서는 결코 일시적인 것이 아니라, 당시에서는 아직 후의 이야기인 야곱의 최후와 그 이후까지도 이어졌다는 사실은 그 용서가 일시적인 감정을 기반한 것이 아님의 증거이다. 게다가 요셉은 오로지 용서를 통해서만 얻을 수 있는 매우 소중한 것을 얻어 냈다. 따라서 이를 하나님이 그에게 주신 지혜라 해도 과언이 아니다.

내가 올라가리이까 말리이까

바로는 요셉에게 이르되 네 형들에게 명하기를 너희는 이렇게 하여 너희 양식을
싣고 가서 가나안 땅에 이르거든 너희 아비와 너희 가속을 이끌고 내게로 오라 내
가 너희에게 애굽 땅 아름다운 것을 주리니 너희가 나라의 기름진 것을 먹으리라
이제 명을 받았으니 이렇게 하라 너희는 애굽 땅에서 수레를 가져다가 너희 자녀
와 아내를 태우고 너희 아비를 데려오라 또 너희의 기구를 아끼지 말라 온 애굽
땅의 좋은 것이 너희 것임이니라 하라 이스라엘의 아들들이 그대로 할째 요셉이
바로의 명대로 그들에게 수레를 주고 길 양식을 주며 또 그들에게 다 각기 옷 한
벌씩 주되 베냐민에게는 은 삼백과 옷 다섯벌을 주고 그가 또 이와 같이 그 아비
에게 보내되 수나귀 열 필에 애굽의 아름다운 물품을 실리고 암나귀 열 필에는 아
비에게 길에서 공궤할 곡식과 떡과 양식을 실리고(창 45:17-23)

용서의 이야기에 크게 감동한 파라오는 야곱 부족에게 땅을 내어 주겠다
고 하며 모두 데려오는 것을 허락한다. 궁중의 고관들도 이 파라오의 명령
을 옳게 여기며 동의했다. 이는 요셉의 판단과도 꼭 맞았다. 이 시점은 기근
이 시작된 지 2년째였으며, 앞으로 파종조차 못 할 기근이 5년이나 더 지속
될 것이다. 그렇기에 야곱 부족의 확실한 생존을 위해서는 이주해 오는 것이
여러모로 현명해 보였다. 이런 상황에서 야곱의 자녀들도 당연히 기쁨을 주
체하지 못하며 감격에 겨워했고 들뜬 걸음으로 아버지에게 달려가게 된다.
그들 곁에는 아버지를 모시고 올 수레와 함께 수나귀 열 필에 실린 예물과 또
다른 암나귀 열 필에 실린 이집트로 돌아올 기간 동안 먹을 식량과 간식, 진
미가 함께했다. 게다가 그들은 좋은 새 옷까지도 받았다. 이것들은 모두 파
라오의 명령을 통해서 내어 준 것으로써, 아주 진귀하고 화려한 것이었다.
이 비일상적이고 놀라운 상황에 요셉의 형제들은 모두 들떠 있었다.
당시 관련된 모든 인물은 야곱 부족이 이집트로 이주하는 것을 현명한 선
택이며 하나님의 기적의 결과라 생각했다. 요셉과 그의 형제들에게 감격한

파라오와 이집트의 고관들도 그러했고, 요셉을 필두로 모든 야곱의 자녀들도 그렇게 생각했다. 누가 보더라도 완벽한 하나님의 역사와 계획의 성취 장면이 아니겠는가? 이는 역사상 유례가 없는 상황이다. 혹 야곱이 이집트 사람이라 할지라도, 이집트 사회 내에서 이러한 이야기의 성취는 불가능했을 것이다. 하물며 이집트인들이 천하게 여기고 꺼리는 존재인 목축하는 자들을 파라오가 어명으로 초대했다니? 이는 하나님의 역사하심의 결과라는 강력한 증거로 여길 만한 일이었다. 하지만 유독 한 사람만은 반대 의견을 가졌다. 그것은 바로 하나님의 사람 야곱이었다.

> 고하여 가로되 요셉이 지금까지 살아 있어 애굽 땅 총리가 되었더이다 야곱이 그들을 믿지 아니하므로 기색하더니 그들이 또 요셉이 자기들에게 부탁한 모든 말로 그 아비에게 고하매 그 아비 야곱이 요셉의 자기를 태우려고 보낸 수레를 보고야 기운이 소생한지라 이스라엘이 가로되 족하도다 내 아들 요셉이 지금까지 살았으니 내가 죽기 전에 가서 그를 보리라(창 45:26-28)

물론 야곱의 처음 반응은 그 자녀들과 같아 보인다. 믿지 못할 요셉의 생존 소식을 듣고, 또 이집트의 왕실이나 동원할 수 있는 화려한 수레를 보고는 "기운이 소생"할 정도로 혈색이 돌기 시작했다. 아마도 이집트로 자녀들을 보내고 마음 편할 날이 없었기에, 그 혈색을 창세기 기자가 언급한 것일 수 있다. 하나님의 사람 야곱도 이 놀라운 역사에 심장 떨리는 설렘을 느꼈다. 역시 그도 죽기 전에 이집트에 가서 요셉을 보겠다는 생각에 들떴다. 당연하다. 20여 년이나 못 본, 죽은 줄 알았던 자식이 이집트에 살아 있다고 한다. 게다가 그가 출세해서 이집트에서 파라오 다음의 권세를 가진 총리가 되었다니, 여느 부모라도 당장이라도 달려가서 그를 만나고 싶었을 것이다. 초인이 아니라면, 그 심장이 강철로 만들어진 존재가 아니라면, 그 마음의 판단이 오늘날 더없이 이성적으로 만들어진 AI의 그것과 같은 것이 아니라면, 그 감정을 억누르기 힘들었을 것이다.

창세기는 이후 야곱이 브엘세바에 이르렀다 기록하고 있는데, 브엘세바는 아브라함 때부터 근거지였다. 이삭은 유년기를 그곳에서 보냈고, 이후 그곳에서 하나님을 만나, 아브라함과 맺으신 언약이 유효하며 이삭의 자손들을 통해서 이루실 것이라는 약속을 받는다. 이에 이삭은 그 자리에 우물을 팠고 근거지로 삼았다. 그 결과 야곱과 에서도 마찬가지로 그곳을 오랜 세월 고향으로 삼아 지냈다. 매우 많은 가축 무리를 소유하면서 목축하는 특성상 계절과 시기에 따라서 이동해야 했는데, 그들은 헤브론과 브엘세바를 때때로 옮겨 가며 본진을 삼은 것으로 보인다. 야곱 개인적으로도 브엘세바는 아주 뜻깊은 장소이기도 한데, 장자의 축복권 사건 당시에 있던 곳이 브엘세바였기 때문이다. 야곱이 이스라엘이 되는 여정의 시작도 바로 그곳이었다.

지금까지의 창세기 지면상의 내용만으로는 야곱이 어떤 의도를 가지고 브엘세바에 이른 것인지 특정할 수는 없다. 그저 이집트로 가기 위한 길목이기에 들렀을지, 혹은 때마침 본거지를 옮길 때이기에 우물이 있는 브엘세바로 향했을지 알 수 없다. 하지만 그 이후의 이야기, 그곳에서 제단을 쌓고 하나님께 예배하고 나서, 그곳에서 보내는 밤중에 야곱에게 등장하신 하나님이 응답을 주신 내용을 미뤄 보아 야곱이 어떤 마음으로 하나님께 예배했을지, 어떠한 기도를 드리며 제단을 쌓았고 희생을 드렸는지 알 수 있다. 게다가 응답을 받기 전까지 야곱은 그 초청을 위해 제공된 화려한 수레에 탑승하지 않았던 점을 고려했을 때, 이집트 행을 완벽하게 결정한 상태는 절대 아니었다(창 46:5). 당시 야곱은 여전히 고민하고 또 속으로 하나님께 그분의 뜻을 구하고 있었던 것이 분명하다.

이스라엘이 모든 소유를 이끌고 발행하여 브엘세바에 이르러 그 아비 이삭의 하나님께 희생을 드리니 밤에 하나님이 이상 중에 이스라엘에게 나타나시고 불러 가라사대 야곱아 야곱아 하시는지라 야곱이 가로되 내가 여기 있나이다 하매 하나님이 가라사대 나는 하나님이라 네 아비의 하나님이니 애굽으로 내려가기를 두려워 말라 내가 거기서 너로 큰 민족을 이루게 하리라 내가 너와 함께 애굽으로 내려가겠고 정녕 너를 인도하여 다시 올라올 것이며 요셉이 그 손으로 네 눈을 감기리라 하셨더라(창 46:1-4)

야곱이 밤에 본 이상 중에 등장하신 하나님께은 야곱에게 이집트로 가는 것을 두려워하지 말라 하신다(3절). 이 시점의 야곱은 이집트로 가는 선택에 대해서 거리낌과 두려움을 느끼고 있었다. 이에 대하여 하나님이 제시하신 두려워하지 않아도 되는 이유는 "내가 거기서 너로 큰 민족을 이루게 하리라 내가 너와 함께 애굽으로 내려가겠고 정령 너를 인도하여 다시 올라올 것"이라는 약속이었다(3-4절). 야곱의 주저함은 다른 것이 아니라, 당장 생존을 보장하는 것처럼 보이는 이집트 행이 자신의 사명인, 민족을 이루며 그 민족의 근거지는 가나안이 될 것이라는 하나님의 약속과 상충하는 것은 아닐까 하는 두려움이었다. 야곱은 그 둘이 상충하지 않는다는 응답이 없다면, 죽음의 땅으로 변한 가나안에서 죽을지언정 이집트로 이주하지 않을 결의를 하고 있다는 의미이다.

또다시 두려움에 빠진 야곱, 하지만 이번 야곱의 이집트 행을 주저하는 태도는 하나님을 믿지 못해서 발생한 것이 아니었다. 그의 두려움은 하나님에 대한 신뢰가 부족해서가 아니었다. 어떤 두려움은, 어떤 걱정은 오히려 믿기에, 오히려 하나님을 신뢰하기에, 오히려 신앙을 가졌기에 형성된다. 이는 두려움 그 자체가, 의문을 가지는 행위 그 자체가, 심지어 의심 그 자체가 불신앙을 의미하지 않는다는 말도 된다. 오히려 이 장면에서 보이는 야곱은 마치 훗날 다윗의 그것과도 같다.

인간의 눈으로 보기에는 이집트 행만이 살길이다. 사랑하던 아들 요셉이 살아 있다. 그것도 요셉은 이집트의 둘째 치리자가 되어 있었고, 자기 아들들이 만들어 낸 용서의 서사에 감동한 파라오와 고관대작들이 그의 부족을 모두 초청했다. 누가 봐도 이것은 살길, 그러니까 생존을 위한 가장 좋은 길이며, 하나님만이 마련하실 수 있는 기적적인 생환의 길이다. 하지만 야곱의 생각은 달랐다. 야곱은 그것만으로는 부족하다고 생각했다. 현상만을 관찰하고 하나님의 뜻을 넘겨짚는 것이 과연 야곱이 살아온 과정과 정합을 이루는 방향인가? 게다가 현상만을 보고 이집트 행이 하나님의 뜻이라는 해석은 야곱이 생존만을 추구하는 자여야 가능한 해석이다. 이 시점에 야곱 부족의 최우선 목표는 생존이 아니었다. 그에게 있어서 우선순위는 바로 '사명'이었다.

야곱은 자기의 평생을 통해서 절절히 깨달은 것이 있다. 바로 자기 눈이 보는 것과 자신의 판단은 믿을 바가 아니라는 것이다. 또한 이는 타인에 대해서도 마찬가지다. 그가 사람을 기대했다가 당한 게 얼마나 많았던가? 사람은 의지할 대상, 믿음의 대상이 아니라는 깨달음은 어느덧 야곱의 내면에 내재하여 그야말로 그를 상징하는 믿음의 기반이 되었다. 그런 야곱이 이집트로 향하는 것에 대해 주저하는 것은 불신앙의 작용이 아니다. 물론 하나님께서 이집트에서도 지켜 주실 것을 믿는 것 또한 믿음의 모양 중 하나라 할 수 있다. 하지만 야곱의 심상에 있던 것은 하나님이 자기 부족을 생존시키시기 위해서 이집트가 꼭 필요한 것은 아니라는 하나님의 전능하심에 기반한 믿음이다. 죽음의 땅으로 변해 가는 가나안에서도 지켜 주실 것을 믿으니까, 오히려 생존을 위한 이집트 행이 최우선 선택이 아니게 된다. 하나님이 장소에 구애되지 않으심을 믿기에, 사방이 기근과 주검 천지인 가나안에 남는다는 선택도 고려할 여지가 발생한다. 그 모든 것의 결과로, 때로는 역설적으로 이집트를 향하는 것에 대한 두려움이 생긴 것이다. 이 믿음에 근거한 두려움을 성경은 다른 이름으로 부른다 바로 '경외'이다.

따라서 야곱이 가졌던 것은 경외이다. 그저 생존을 위해서 하나님이 마련해 주신 것으로 보이는 분명한 생환의 길을 앞두고도 그 경외심으로 갈등했고, 결국 하나님은 그 갈등에 대해서 응답을 주셔야만 했다. 오히려 하나님을 믿기에 발생하는 갈등, 즉 영적 성숙함이 야곱이 이집트 행을 주저한 이유였다. 이처럼 영적인 권위자가 되고 또 성숙에 이른 자가 된다는 것은 하나님께 구하지 않아도 모든 것을 아는 신선이 된다는 의미가 아니다. 오히려 더욱더 어린아이와 같이 크고 작은 모든 일들을 하나님께 여쭙는 자가 된다는 의미이다.

이런 점에서 야곱은 다윗이 가졌던 하나님을 향한 경외의 교본이다(시 22:23). 벧엘에서 하나님을 마주한 야곱은 일상에 일어나는 슬픔에도 마음을 지키는 법을 학습했다. 자기 자녀들의 실망스러운 악한 행위에도 하나님은 뜻을 바꾸지 않으심을 믿을 수 있는 영적 성숙함에 도달했다. 그러한 성숙함이 일상의 슬픔 앞에서도 마음과 믿음을 지키게 하였던 것처럼, 일상에 마주한 기쁨이라 불릴 만한 가시적 현상 앞에서도 마음을 지키게 했다.

눈에 보이는 현상을 토대로 판단하지 않고 절망도 하지 않는다는 것은, 또한 사람을 두려움의 대상으로 여기지 않고 하나님만을 경외한다는 것은 결국 사람을 의지하지 않는다는 것이요, 눈에 보이는 현상을 기쁨의 근거로 삼지 않는다는 것이기도 하다. 사람을 의지하기 때문에 사람이 두려운 것이고, 눈에 보이는 현상을 소망의 근거로 삼기 때문에 현상이 절망의 근거가 된다. 이에서 탈피하여 오로지 하나님께만 소망을 두는 것이 우리가 도달하고자 하는 목표이자 경지이다. 다만 이러한 우리의 고백은 맹목적인 허무주의나 회의주의로 인함이 아니다. 다만 인간의 인지 능력은 제한되어 있으며, 그 누구도, 하나님의 사람도, 제아무리 대단하고 위대한 자라도 장래를 알 수 없다는 사실에 근거한다.

사람이 장래 일을 알지 못하나니 장래 일을 가르칠 자가 누구이랴(전 8:7)

어떤 길은 사람이 보기에 바르나 필경은 사망의 길이니라(잠 14:12; 16:25)

이러한 당연한 사실이 우리의 착각을 통해 자주 부정되곤 한다. 은연중에 누군가는 장래 일을 알 것으로 기대한다. 그러나 각자가 가진 가치관에 따라서 기대하는 범위와 그 대상이 달라질 뿐이다. 지식에 가치를 두거나, 뛰어난 지식을 가진 사람은 완전히는 아니더라도 우리가 가진 것보다는 더 완벽히 미래에 대해 전망하고 있을 것으로 생각한다. 지식의 자리에 혈통, 재산, 경험 등을 대입하더라도 마찬가지다. 이에 하나님의 사람을 대입한다 해도 마찬가지다. 종교 지도자라도, 영적인 은사를 풍성히 받은 리더라도, 성경에 등장하는 위대한 사람들조차도 우리에게 완전한 장래를 알려 줄 수 없다. 그들조차 어디까지나 하나님이 허락하신 범위까지만 우리에게 응답을 전해줄 수 있을 뿐이며, 혹 어떤 근사한 말을 전한다고 해도 그 내용이 다 맞는 것은 아니다. 이는 성경의 무수한 예를 통해서도 알 수 있다.

전문가라도 그들의 예상은 예상일 뿐이다. 이는 하나님이 허락하신 영적 공동체의 구성원들에게 기도 부탁을 하거나, 하나님이 주신 지혜를 기반한 지적 행위를 동원해서 주어진 정보를 분석하고 미래를 예측하는 것조차 하지 말라는 것이 아니다. 다만 인간인 이상 누구나 한계가 있으며, 사람에 대한 기대에도 한도가 있다는 것을 명확하게 인지하고 이해해야 한다는 것이다. 미래를 알려 주겠다며 속이는 자들에게 속아 넘어가지 않기 위해서라도 인간으로서는 도무지 알 수 없는 영역이 있다는 사실을 인정해야 한다. 예수님께서도 오직 아버지만 아시는 것이 있다고 말씀하셨다(마 24:36; 막 13:32). 이러한 성경적 기준을 넘어서 하나님 이외의 다른 존재를 기대하고 의지하는 것은 결국 무형의 우상을 형성할 조짐이 된다. 14년의 미래를 정확히 예언한 요셉조차 아버지 야곱에게 이집트로 향해야 한다는 확신을 주지 못했다. 그 확신하지 않은 것 덕분에 야곱은 하나님을 다시 대면하는 기회를 얻게 됐다.

> 우리가 소망으로 구원을 얻었으매 보이는 소망이 소망이 아니니 보는 것을 누가 바라리요 만일 우리가 보지 못하는 것을 바라면 참음으로 기다릴지니라 이와 같이 성령도 우리의 연약함을 도우시나니 우리는 마땅히 기도할 바를 알지 못하나 오직 성령이 말할 수 없는 탄식으로 우리를 위하여 친히 간구하시느니라(롬 8:24-26)

이는 야곱의 신앙이 결국 성숙의 극치에 이르렀음을 보여 주는 증거이다. 왕이자 군사 최고 통수권자로서 응당 군대를 자기 임의대로 이끌 수 있는 다윗은 자기의 선택을 하나님이 존중해 주시고 또한 도와주시길 구한 것이 아니라, 혹 적을 두려워한다고 부하들에게 오해받을 여지가 있음에도 불구하고 멈춰서서 "내가 올라가리이까?" 거듭 여쭤보았다(대상 14:10; 삼하 2:1; 5:19). 다윗이 보인 이런 경외의 원형은 바로 완벽한 생존의 길을 두고도 야곱이 하나님께 가리이까 말리이까 여쭙는 장면이다. 비록 미달자로 시작한 야곱이었지만, 오랜 세월 하나님과의 동행으로 위대한 영적 거장이 되었다. 야곱이라는 이 신앙 매뉴얼은 후반부에 이르러서 가슴 벅차고 위대한 모습을 보여 준다. 이는 부족하고 연약한 모습으로 믿음의 여정을 시작한 우리에게 우리 또한 하나님과의 동행으로 결국 장성한 분량에 이를 수 있다는 기대를 안겨 준다. 결국 야곱은 하나님의 응답을 받고 나서야 파라오가 자기를 이집트로 초청하기 위해서 보낸 수레에 올라탔다.

> 야곱이 브엘세바에서 발행할쌔 이스라엘의 아들들이 바로의 태우려고 보낸 수레
> 에 자기들의 아비 야곱과 자기들의 처자들을 태웠고(창 46:5)

결과적으로 보면 어차피 이집트 행이 하나님의 뜻이었다. 그래서 야곱이 가졌던 고민은 사소해 보이고 또 불필요한 사족으로 보이기도 한다. 과정이 어떠했건 결론은 같아 보인다. 어찌 되었든 야곱은 수레를 탔지 않은가? 하지만 그렇지 않다. 중심을 보시는 하나님의 관점에서, 그리고 영적인 관점에서 이는 전혀 결이 다른 결과이다. 결국 신앙은 우선순위의 문제다. 무엇이 목적이 되고 무엇이 수단이 될 것인가? 누가 주가 되고 누가 객이 될 것인가? 무엇이 이끄는 선두가 되고 무엇이 그를 따르는 부속물이 될 것인가? 그런 선택 가운데에서 매사에 하나님을 인정하는 것이 결국 우리의 신앙이 도달해야 할 이상적인 모습이다.

만약 야곱이 이러한 물음의 과정을 생략하고서 이집트 행을 결정하고 또 수레에 올랐다면, 자기의 판단과 눈을 의지해서 내린 결정이 주가 되고 하나님의 존재는 그저 자기 선택을 지지해 주시는 "돕는 배필"로 여기는 셈이다.

자기가 하나님보다 앞서가고, 그 이후에 발생할 상황들에 대한 책임은 하나님께 떠넘기는 형태는 벧엘에서 하나님을 만나기 전의 야곱 모습이다. 하지만 하나님께 먼저 여쭙고 응답받고 그 수레에 올랐기에, 그것은 사람의 말이나 약속을 신뢰하는 야곱이 아닌, 오로지 하나님의 약속과 말씀을 의뢰하는 야곱이 된다.

따라서 야곱이 파라오의 수레에 올라 이집트 행을 결정하게 된 것은 결단코 파라오가 '감동'이라는 감정에 겨워 약속한 것을 믿어서가 아니다. 심지어 죽었다 살아 돌아온 요셉의 '효심'과 하나님이 '요셉'에게 주신 그 응답을 믿어서가 아니라, 오로지 하나님이 자기에게 '직접 약속'하신 것을 믿었기에 수레에 올랐다.

야곱의 그 의심과 두려움은 출애굽기의 내용까지 고려했을 때, 400년을 뛰어넘는 통찰이었다. 그것은 먼 훗날 모세의 시대에 파라오의 통치에서 벗어나는 출애굽이라는 그 불가능해 보이는 기적을 기대해야 하는 이스라엘 자손 사이에서 주께서 반드시 그들을 가나안으로 돌려보내시겠다는 주님의 의지를 재확인하는 데 활용된다. 마치 도마의 의심(요 20:25)이 이후 창궐한 이단인 영지주의자들에 대한 효과적인 반박이 되었던 것처럼, 하나님의 사람 야곱이 의문을 통해서 얻은 응답은 훗날 모세의 때에 이스라엘 자손을 향한 독립의 약속이자, 언약의 땅인 가나안 입성에 대한 확정적 예언으로 출애굽과 가나안 입성의 가장 강력한 명분이 된다.

이스라엘, 이집트에서 민족을 이루도록 하실 것이며, 이후 가나안으로 되돌아오게 해 주신다는 하나님의 말씀을 믿고, 믿음으로 이집트로 향하다.

약함이 강함 되다

야곱이 유다를 요셉에게 미리 보내어 자기를 고센으로 인도하게 하고 다 고센 땅에 이르니 요셉이 그의 수레를 갖추고 고센으로 올라가서 그의 아버지 이스라엘을 맞으며 그에게 보이고 그의 목을 어긋맞춰 안고 얼마 동안 울매 이스라엘이 요

섭에게 이르되 네가 지금까지 살아 있고 내가 네 얼굴을 보았으니 지금 죽어도 족하도다(창 46:28-29)

야곱은 당시 형제들 사이에서 리더 역할을 감당하던 유다를 요셉에게 앞서 보내어, 고센으로 향하겠다고 전하게 한다. 고센은 이집트에서 가축을 기르는 기름진 땅으로, 많은 가축 무리를 기르는 야곱이 고센으로 향하는 것은 어찌 보면 당연한 일이다. 이는 야곱에게 이집트의 지리와 환경에 대한 충분한 이해가 있었음을 보여 준다. 야곱은 죽은 줄 알았던 자식에 대한 희소식에 하나님의 뜻을 넘겨짚고서 이집트 행을 결정하지 않고, 하나님께 구함으로 영적인 준비를 모두 끝마쳤다. 인간적으로 할 수 있는 바에 최선을 다했다. 어느 땅에서 지내야 할지, 어느 땅으로 향해야 할지, 아무런 생각 없이 그저 이집트로 향하지 않았다. 비록 요셉이 고센 지역에 살 것을 제안했지만 그 결정은 야곱의 몫이었다. 떠날 채비를 마친 야곱은 유다를 요셉에게 미리 보내 출발 소식을 알려 안전한 여정이 되도록 조치한다. 이러한 야곱의 영적-육적 양면으로 철저한 준비를 하는 모습은 에서와 화해를 하기 위해서 노력한 모습에서도 드러난다. 이것이 하나님을 만나고 난 이후의 야곱의 행동 양식이며 믿음을 적용하는 방식이다.

이에 요셉은 수레를 갖추고 고센으로 향한다. 그리고 두 부자는 20여 년만에 재회한다. 야곱은 요셉을 보았으니, 이제 자기 삶이 끝난다 한들 족하다고 말하며 그를 부둥켜안고 눈물을 흘린다. 오랜 인내에 대한 정당한 보상을 받은 이때가 아마도 야곱 인생의 최고 순간이었을 것이다. 하지만 그의 표현이 무색하게도 그에게는 아직 가야 할 길이 남아 있었고, 특별히 파라오를 대면하여 이후 자기 자손들의 생존을 확보하기 위해서 담판 아닌 담판을 지어야 했다. 따라서 부자간 감격의 재회는 결국 후 상황을 위한 전략적 담론으로 이어진다.

바로가 당신들을 불러서 너희의 직업이 무엇이냐 묻거든 당신들은 이르기를 주

의 종들은 어렸을 때부터 지금까지 목축하는 자들이온데 우리와 우리 선조가 다

그러하니이다 하소서 애굽 사람은 다 목축을 가증히 여기나니 당신들이 고센 땅

에 살게 되리이다(창 46:33-34)

야곱은 넓디넓은 이집트 땅 가운데 첫 방문지로 요셉이 추천한 고센 땅을
택했다. 그리고 그 고센 땅에 당도하고서 자기 필요에 꼭 맞는 땅이라는 판
단을 내렸다. 고센은 비옥해서 목축과 농경 둘 다 할 수 있는 땅이다. 목축과
농경이 혼합된 형태를 띠면 여물을 재배할 수 있기에, 가축들의 먹이 활동을
위해서 유목(가축을 먹이기 위해 이리저리 옮겨 다니는 것) 할 필요가 줄어든다. 거
기에 당시 이집트 사람들은 목축을 부정하게 여김으로, 그런 인식의 장벽이
그들을 지켜 주는 땅이 된다. 또한 중앙 정부와도 적당한 거리로 떨어져 있
다. 따라서 요셉과 기별하는 것에 부담스럽지 않으면서도 자기 자녀들이 문
화적으로 이집트에 동화하는 것을 최소화하며, 민족의 정체성을 유지할 수
있는 땅이 바로 고센이다. 인류사에서 유목민들이 정주민들을 공격하여 복
속시키고도, 그들의 문화에 결국 동화한 사례가 얼마나 많던가? 하물며 야
곱 부족은 그곳 사람들을 복속시킨 것도 아니고, 파라오의 권역하에 스스로
들어간 셈이니, 문화적 동화에 더욱 취약했다. 따라서 고센은 많은 가축을
소유한 야곱에게 실질적인 생존과 세력 유지에 아주 적합한 땅일 뿐만 아니
라, 그들의 독립성을 유지하는 데도 안성맞춤이다. 그들이 목축업을 주력 사
업으로 삼는 한, 이집트 사람들은 오히려 그들을 피하며 차별할 것이고, 이
는 그 자체로 문화적 동화가 구조적으로 불가능한 장치가 되어 준다. 야곱의
이러한 위치 선정을 요셉 또한 최선이라 여겼다.
  그러니 파라오에게 자기 부족을 어렸을 때부터 목축만을 해 왔다는 점을
강조하라 말한다. 물론 이는 거짓이 아니었다. 하지만 야곱의 부족은 그저
목축만 하던 족속은 아니었다. 이삭의 때부터 때로는 농사도 지었다. 따라서
마음만 먹으면 이집트에서 농업을 하지 못할 이유는 없다. 하지만 목축을 천
하게 여기는 문화권의 파라오가 자칫 '호의'로서 그들의 가축을 모두 비싸게

사 주고 좋은 밭으로 바꿔 준다던가, 중앙에 가까운 곳에 정착하도록 '배려' 할 수 있었다. 게다가 농사를 지을 수 있는 자들이 굳이 목축업을 하겠다며 고센을 원한다는 것을 내비치면, 그 자체로 파라오나 대신들의 의심을 살 우려가 있다. 야곱이나 요셉이나, 그들에게 향하는 이집트인들의 호의는 그저 감정에 겨운 일시적인 것에 불과하다는 것을 알고 있다. 전혀 동화할 생각 없이, 독자적인 민족을 구축하고자 하는 자들을 받아들일 국가가 어디에 있겠는가? 따라서 고센 땅은 야곱 부족이 어떠한 정치적인 목적이 있어서 요구하는 것이 아니라, 어디까지나 목축업'만' 가능한 태생부터 목동인 자들이니, 양을 돌보아야 해서 당연히 고센 땅을 원한다는 인상을 줘야 했다.

이를 위해서 어릴 때부터 목축만을 해 왔다고 강조하는 것을 통해 사실상 농업이나 복잡한 도시 생활 따위는 할 수 없는 "가나안 촌사람"이라고 파라오에게 소개하는 것은 매우 의미심장한 소위 '신의 한 수'이다. 파라오 앞에 서는 데 있어서, 이집트 사회에서 목축을 업으로 삼는 유목민이라는 것은 커다란 단점이다. 이는 파라오의 '성은'을 입는 것에 있어서 방해 요소이며 숨길 만한 치부이다. 그저 파라오의 호의를 얻는 것이 목적이라면, 그들은 오히려 목축 이외에도 농업을 경험했으며, 가나안 땅의 특성과 자기 부족의 특성상 부득이하게 목축했다고 포장하는 것이 유리해 보였다. 그것을 통해서 이집트 사회에 녹아들 수 있다고 어필할 수도 있었다. 하지만 역으로 요셉은 야곱에게 이집트 사회에서 커다란 단점이자 차별의 이유가 될 목축을 업으로 삼는 자들이라는 것을 숨기지 말고 오히려 강조하라 조언한다. 그렇다면 아무리 파라오가 야곱 부족에 호의를 가졌다 하더라도 사회적인 인식과 편견이 존재하기에, 그들을 고센 땅으로 향하게 할 것이라는 노림수였다.

게다가 파라오와 이집트 사람들이 야곱을 그저 생존을 위해서 이집트로 온 자로 여기는 것은 오히려 야곱 부족의 목적을 달성하는 데 유리했다. 파라오와 이집트인들의 의식 속에, 그들을 그저 살기 위해서 터전을 버리고 고센으로 피신한 무기력한 가나안의 부족 하나로 여기게 하는 것이 좋았다. 야곱이 가진 원대한 꿈, 그러니까 독자적인 민족으로 존속하면서도 그 수를 불려서 결국 출애굽 하여 가나안으로 향할 예정이라는 것을 이집트인들은 모르는 것이 유리했다. 그들이 목축한다는 이유만으로 천시당하는 것이, 뿌리 깊은 차별이 만연한 것이, 이집트인들이 그들을 궁극적으로 겸상이라도 하면 부정을 타게 하는 상종 못 할 존재로 여기는 것이, 그런 인종차별적 장치들이 오히려 야곱 부족의 전략적 목표를 이루는 데 도움이 된다.

하나님의 사람, 하나님의 민족은 주변 사람들의 인정과 존중을 통해서 생존하거나 그 힘을 얻지 않는다. 오로지 여호와를 의지하므로 얻기에 이러한 부당한 대우나 차별적 인식은 크게 문제가 되지 않는다. 어차피 사람의 평가나 인식 따위가 그들을 살게 하는 것도 아니며 그들의 삶의 성패를 가르지도 않기 때문이다. 게다가 이러한 약함이, 때로는 누군가의 악의가, 하나님의 은혜와 지혜를 만나 강함이 되는 것은 그 이후에도 성경을 통틀어 계속해서 반복된다.

> 나에게 이르시기를 내 은혜가 네게 족하도다 이는 내 능력이 약한 데서 온전하여짐이라 하신지라 그러므로 도리어 크게 기뻐함으로 나의 여러 약한 것들에 대하여 자랑하리니 이는 그리스도의 능력이 내게 머물게 하려 함이라 그러므로 내가 그리스도를 위하여 약한 것들과 능욕과 궁핍과 박해와 곤고를 기뻐하노니 이는 내가 약한 그 때에 강함이라(고후 12:9-10)

우리는 이야기의 시작 시점의 야곱을 '미달자'로 규정했다. 이는 하나님이 그를 미달자라 칭하신 것이 아니었다고 이미 나눈 바 있다. 야곱이 미달자인 것은 에서와의 관계성에서 상대적으로, 그리고 오직 인간의 기준, 사회적인 기준에서 그러하다고 나눈 바 있다. 이 약함이라는 것도 마찬가지다. 요셉의 출신 성분은 이집트 사회에서 홀로서기를 하는 데 지극히 불리한 점이다. 기근이 시작되어서 요셉의 정치적 입지가 신장하기 전까지는 늘 이것이 요셉의 발목을 붙잡았고, 때로는 요셉에게 남모를 서러움까지 안겨 줬다. 과정 중에서는 제아무리 요셉이라 할지라도, 결국 이집트에 보내시고 그 사회에 적응시키실 것이라면, 왜 자기에게 그런 힘든 배경을 주셨는지 의문을 가졌을 터이다. 하지만 그것에 대한 해답은 자기 형들이 자신을 찾아오고 나면서부터 조금씩 제시되었고, 형들과 극적으로 화해를 달성한 이후에는 모든 의문이 풀리면서 곧 그의 심상에서 확실해졌다. 이윽고 야곱도 이집트에 당도하여 고센을 선택한 것을 보고 그간 자신의 정치적 약점이었던 그것을 활용하여, 야곱 부족의 생존뿐만 아니라, 독자적인 민족을 이집트 내부에서 키우는 과정을 전략적으로 시작했다.

야곱이 목축을 하고 있다는 것, 요셉이 하필이면 목축에 대한 극심한 차별이 존재하던 이집트에서 자리 잡았던 것, 이 모든 요소가 합력하여, 이집트에 귀속되어 생존을 확보하면서도 민족적 정체성을 담보하는 그 불가능해 보이는 또 다른 기적적 상황이 전개된다.

내가 처음에 육체의 약함을 인하여 너희에게 복음을 전한 것을 너희가 아는 바라 (갈 4:13)

부당하게 쌓인 재물의 주인

바로가 요셉의 형들에게 묻되 너희 생업이 무엇이냐 그들이 바로에게 대답하되 종들은 목자이온데 우리와 선조가 다 그러하니이다 하고 그들이 또 바로에게 고하되 가나안 땅에 기근이 심하여 종들의 떼를 칠 곳이 없기로 종들이 이곳에 우거하러 왔사오니 청컨대 종들로 고센 땅에 거하게 하소서 바로가 요셉에게 일러 가로되 네 아비와 형들이 네게 왔은즉 애굽 땅이 네 앞에 있으니 땅의 좋은 곳에 네 아비와 형들로 거하게 하되 고센 땅에 그들로 거하게 하고 그들 중에 능한 자가 있는 줄을 알거든 그들로 나의 짐승을 주관하게 하라(창 47:3-6)

요셉의 계책을 통해서 파라오는 심지 않은 것을 거둔다. 기근에 견디지 못한 내부 세력과 외부 세력들은 결국 파라오에게 굴복할 수밖에 없었고, 그의 권력은 날로 커진다. 하마터면 야곱 부족도 그러한 부당 거래의 피해자가 될 뻔했다. 하지만 요셉과 그의 형제들이 만들어 낸 용서의 서사를 통해서 이집트의 파라오조차 감동했고, 요셉은 자기에게 많은 유익을 안겨 준 공신이기에, 야곱 일족을 이집트에 초대하기에 이르렀다.

야곱의 부족이 이윽고 고센에 당도하자, 요셉은 마중을 나갔고, 자기 수레에 아버지와 형제 다섯을 택하여 태우고 파라오가 거하는 궁으로 향했다. 아마도 그 다섯 형제는 특별히 언변이 뛰어나고 리더 역할을 감당하는 형들이었을 것이다. 다만 창세기 기자는 그들이 누구였는지 특정하는 것에는 관심이 없다. 아마 열두 지파 선조들의 '민족 신화'로 여길, 출애굽 이후 이스라엘 백성이 이를 통해서 피차간 우월감이나 서열을 나누지 않도록 배려한 것일 수도 있고, 혹 별다른 기록이 남지 않아서 그랬을 수도 있다. 아무튼 그들은 요셉의 조언에 따라서 자기들은 대대로 목자라고 대답하며 가축을 치기 위해서 고센에 머무는 것을 허락해 달라고 요청한다. 그런데 이것은 당시 그 누구도 예상하지 못했을 더욱 좋은 기회를 얻게 했다.

주변에 목축하는 무수한 세력이 파라오에게 속속들이 모여들고 있었다. 그들은 자기들의 자산이고 세력의 근간인 가축까지 바치며 식량을 얻기도 했고, 아예 세력 전부를 파라오에게 바치면서 그저 그의 세력에 귀속되기를 청했다. 파라오의 가축은 점점 늘어나게 되었고, 그것들을 체계적으로 관리할 자가 필요한 상황이 되고 말았다. 하지만 파라오가 믿을 수 있는 신하들은 대부분 이집트인이었고, 파라오의 가축을 관장하는 매우 중요한 일임에도 불구하고, 그러한 임무를 맡기는 건, 당시에 만연한 목축업에 대한 차별로 인해서 아무래도 좌천으로 여겼다. 하지만 그렇다고 해서 아무에게나 맡길 수 없는 아주 중요한 일이었다. 고센은 중앙에서 떨어진 지역이었고, 제아무리 목축이 천한 대접을 받는 기피 직종이라 한들, 당시 가축은 아주 귀한 자산이었다. 게다가 가축을 돌본다는 것이 어디 그리 쉬운가? 농사만 지었던 사람들에게 그저 가축을 관리하라는 역할을 부여한다고 해서 하루아침에 그들이 능숙한 목동이 될 수 있을 리 만무했다. 추가로 파라오의 가축 떼는 상상을 뛰어넘을 만큼 많았다. 그것들을 관리하려면 고센에 부임한 자는 많은 인력을 다뤄야 했다. 그리고 지방에 그러한 세력을 둔다는 것은 아무래도 부담스러운 행위였다. 사실상 지방 호족을 만들어 주는 꼴이 될 수도 있었기 때문이다.

따라서 파라오는 이 가축 다루는 역할을 누구에게 맡겨야 할지 골머리를 앓았다. 그러던 와중에 대대로 목축업을 했다는 야곱 부족이 고센으로 와서 많은 수의 종과 며느리를 제외하고도 66명이나 되는 직계 자손을 거느리고 있는 자라고 했다. 다시 말하면 야곱 한 사람을 영입함으로써 능숙한 지도자급 목자 66명을 하루아침에 확보한 셈이다. 게다가 그들은 자기에게 충성하는 요셉의 집안사람들이다.

파라오가 총애하고 있고 또 파격적인 대우로 많은 권한까지 주어졌으나, 정치적인 배경이나 자기 세력이 부족했던 요셉은 아무래도 운신의 폭이 작았다. 물론 그러한 점이 파라오가 요셉을 신뢰하고 중용하게 했다. 그 어느 정치 세력에도 속하지 않았고 뒷배경도 없는 요셉이 권력의 정점에 위치하는 것 자체만으로도 이집트 내에 다양한 이권 세력을 견제할 수 있게 해 주면서도, 또한 그렇기에 유사시에 제거하기도 어렵지 않은 인물이었다. 하지만 뭐든 적당해야 한다. 요셉이 너무 허수아비와 같고 완전하게 배경이 전혀 없다면, 그가 파라오의 손이 되어서 그 명령을 이행하는 것에 여러 제약이 발생할 것이다. 따라서 파라오는 요셉을 온(אן)의 제사장 딸과 정략결혼 시켜서, 파라오의 명령을 모두 이행할 만한 세력 정도는 마련해 줘야 했다. 그런데, 이제 그의 가족이 고센에서 파라오의 가축을 돌본다.

본디 중앙과 떨어진 곳은 각종 토호나 지방 이권 세력이 존재하는 법이다. 그런데 그곳에 자기에게만 충성을 바치는 요셉의 가족이 자리한다면, 파라오로서도 지방을 통제하는 것에 도움이 될 뿐만 아니라, 그동안 요셉에게 부족했던 배경, 그러니까 그의 사람이 생긴다는 이점이 있다. 즉, 요셉이 지방을 장악하는 역량이 늘어나면 그것은 곧 파라오 자기 영향력이 증진된다는 말이 된다. 게다가 그들이 차지한 땅은 고센이었고, 본디 그들은 외국인이며 목축업자들이다. 따라서 역으로 그들이 중앙에 영향을 줄 위험도 자연스럽게 최소화된다. 요셉과 마찬가지로 고센의 야곱 세력은 파라오로서 언제든지 제거할 수 있는 대상인 것이다. 그러니 역설적으로, 그들에게 중책을 맡기는 것에 부담이 없었다. 게다가 정치적으로 신뢰할 수 있는 자들이 목축업자로서 자신의 귀중한 자산인 가축까지 관리하게 된다. 이는 파라오에게 있어서 기존 이권 세력이나 대신들에게 과도한 자산을 맡기고 또한 지방에서 세력을 키울 빌미를 주는 것보다는 훨씬 나은 선택이었다.

다만 그것이야 파라오의 목적과 입장일 뿐이었고, 그러한 점과 상관없이 야곱의 세력은 이 기근을 견디어 내고 또 하나님의 약속대로 고센 땅의 풍부함을 기반 삼아 그 민족을 폭발적으로 늘린다는 전략적 목표만 달성하면 그만이다. 그 과정에서 파라오 또한 덕을 보고 서로 윈윈(win-win)하는 관계가 형성된다. 그리고 실로 흥미로운 점은 이러한 과정에서 파라오가 부당 거래로 얻은 무수한 가축, 그러니까 야곱의 경쟁 부족에게 속해 있었던 가축들도 결국 야곱에게로 돌아간 점이다. 성경에 자주 등장하는 개념인, 악인이 쌓은 재물로 의인이 배부른 경우가 여기에서도 발생한 것이다.

그리고 야곱의 부족이 떠난 가나안에서도 많은 일들이 있었다. 그로부터 400여 년이 지난 출애굽 시대까지 가나안은 이집트의 영향권에 들기도 하고, 대립도 하면서, 성경에 기록되지 않은 수많은 난리와 전쟁이 있었다. 그런데 그런 과정을 통해서, 그저 미개발지이던 그곳에, 예루살렘 성이라는, 장대한 성을 포함해 각종 요새와 도시들이 세워졌다. 이것들은 아브라함이 언약을 받을 당시 (가나안에는 그저 공터만 있었기에) 아직 눈에 보이지 않는, 장차 하나님께서 이루실 일들에 대해서 믿음으로 기대하고 심상을 통해서 미리 보았던 것들이었다. 이스라엘이 고센에서 지내게 되자, 가나안은 거대한 국가들의 전장이 된다. 그 결과 그곳에는 성과 길, 각종 기반 시설과 요새 등이 건설되어 그저 유목민들만 있던 곳이 아닌, 하나의 국가가 설 만큼 발전한 곳이 된다. 물론 이는 먼 훗날의 이야기이다. 고센에서의 400여 년을 통해서 이스라엘은 인적으로도 그 수가 불어나고 독립 국가가 되기 위한 준비를 마친다.

그리고 가나안은 400여 년을 통해서 그들의 터전이 될 만한 땅으로 개발되는 과정을 거친다.

> 요셉이 자기 아비 야곱을 인도하여 바로 앞에 서게 하니 야곱이 바로에게 축복하
> 매 바로가 야곱에게 묻되 네 연세가 얼마뇨 야곱이 바로에게 고하되 내 나그네 길
> 의 세월이 일백 삼십년이니이다 나의 연세가 얼마 못되니 우리 조상의 나그네 길
> 의 세월에 미치지 못하나 험악한 세월을 보내었나이다 하고 야곱이 바로에게 축
> 복하고 그 앞에서 나오니라(창 47:7-10)

파라오와 야곱의 자녀들과의 정치적 대화가 끝나자 이윽고 야곱이 입장하여 파라오를 대면한다. 요셉의 인도를 받아 파라오에게 나아간 야곱은 자기의 목숨을 구걸하거나 은혜를 간구하는 입장에 서지 않았다. 어디에서 지내야 할지, 고센 땅에서 지낼 수 있을지와 같은 번거롭고 번잡한 것들은 자기 자녀들이 이미 마무리 지었다. 야곱의 입에서는 아무런 아쉬운 소리도 나오지 않게 하나님이 배려하신 결과이다.

그는 다만 파라오 앞에 서서 그를 축복한다. 이에 파라오는 그에게 연세를 물었고, 야곱은 그에게 나이를 대답하고서 바로를 또다시 축복하고 그곳에서 물러난다. 짧막한 만남으로 기록된 이 만남은 파라오에게 강렬한 인상을 주었던 모양이다. 그는 요셉에게 명령하여 야곱 부족에게 고센 지역에서도 특별히 라암셋 지방을 소유지로 주어, 그곳을 근거지로 삼도록 하고 때마다 요셉을 통해 음식을 제공하도록 했다. 이는 당시 제사장이나 받을 수 있는 대접이다. 다시 말하면 파라오는 야곱을 이집트의 종교 지도자급으로 대우한 것이다.

이 '축복'이라는 것은 은혜의 시대를 살아가는 우리에게는 그저 인사말에 불과해 보일 수 있지만, 야곱의 이야기를 세세히 살펴보면 이 축복의 장면은 매우 인상 깊다. 바로 이 장면이 창세기 지면상 야곱이 처음으로 누군가를 축복한 장면이기 때문이다. 게다가 축복을 연유하여 야곱과 에서가 갈등을

겪었고, 축복을 이유로 이삭과 이스마엘의 이야기가 발생했었다는 것을 고려할 때, 이 장면은 굉장히 의미심장하다.

그간 야곱은 축복받기를 구하고, 축복을 얻기를 구하던 자였다. 그렇게 늘 아쉬운 자로서 형 에서에게서 축복을 뺏고자 했고, 씨름 사건에서는 하나님께 복을 구하던 입장이었다. 그런데 그런 야곱이 이제는 축복하는 자가 된다.

하나님의 복은 우리가 그저 '복을 받는 자'로 만들지 않는다. 하나님의 복은 우리가 '축복하는 자'가 되게 만드신다. 그리고 하나님은 그 원리를, 파라오라는, 당시에 인신으로 숭배받던 자조차 축복하고, 한 번 더 축복하는 자로, 그리하여 그곳의 제사장들이 받는 극진한 대접을 받을 정도의 인물로 야곱을 성장시켜 주심으로 확증하신다. 미달자로 시작한 야곱은 이제 축복하는 자가 되었다.

네 자손이 땅의 티끌 같이 되어서 동서 남북에 편만할찌며 땅의 모든 족속이 너와 네 자손을 인하여 복을 얻으리라(창 28:14)

12장 _____ 야곱 최후 예배의 장소: 하나님께서 찾으시는 돌

가나안에 장사되길 구하다

어째서 행복한 시간은 그토록 빠르게 흐르는지…. 야곱이 고센에 정착한 지도 벌써 17년이 흘렀다. 그리고 하나님의 사람 야곱의 기력도 고갈되어 간다. 그도 그럴 것이 이제 그는 147세다. 야곱은 자기가 죽을 날이 가까워졌다는 것을 직감했다. 이제 자신도 과거 죽음을 앞두었던 아버지 이삭의 처지가 되었다. 그는 요셉을 불렀다. 자기를 이집트가 아닌, 가나안에 있는 조상의 묘지에 장사해 달라 부탁한다. 이 시점의 야곱은 하나님께서 약속하신 이스라엘의 가나안 귀환은 자기 사후에나 일어날 것임을 완전히 깨달았다. 그리하여 자기를 일찍이 아브라함이 구매하여 가족묘로 사용하게 한 헤브론의 막벨라 굴에 매장해 달라고 당부하며, 이를 이행하기 위해 맹세해 달라 요구한다. 이것은 야곱의 인생에서 장자의 명분 거래 이후 첫 번째이자 마지막으로 한 맹세 요구이다.

야곱이 이러한 요구를 하는 것은 어떤 연유일까? 우리나라의 전통적인 매장 문화나 사후 세계에 대한 인식을 대입한다면 야곱의 의중에 대한 이해가 오염된다. 우리나라를 포함하여 일부 문화권에서는 무덤에 매장되고도 그곳에 영혼이 머무른다는 믿음이 있다. 그렇기에 매장지의 위치나 형태에 많은 의미를 부여한다. 만약 고인의 영혼이 무덤에 머문다면, 그 무덤은 사후의 집이며 생활 터전이다. 그렇기에 영혼이 지내기 좋은 묏자리, 가족 묘지, 고향 땅 등을 갈구한다. 하지만 야곱이 요셉에게 매장지를 가나안으로 해 달라 부탁한 것이 그런 주술적 의미가 있다고 생각하는 것은 부자연스럽다. 야곱이 그러한 사후 세계에 대한 동양적 사상을 가졌을 리 만무하다. 단적인 예로, 그토록 사랑했던 아내 라헬을 그녀가 숨을 거둔 곳에 매장하고서 그 이후에 이장하지 않은 점을 들 수 있다.

야곱의 매장지는 그저 묏자리 선정, 그 이상의 의미가 있다. 이집트로 이주한 지 벌써 17년이 지났다. 하지만 야곱의 부족은 여전히 이집트에 합쳐지지 않는 이질적인 집단이고, 다만 파라오의 허가를 받아 고센에 살고 있는 자들이다. 이주의 자유라는 것은 지극히 현대적인 개념으로서, 과거 왕정 시대에 왕에게 속한 자는 왕명이 없이는 그 거주지를 마음대로 옮길 수 없었다. 즉, 어명으로 고센 땅에 살도록 했다는 것은 한편으로 파라오가 야곱 부족의 생활 터전을 고센으로 한정했다는 것도 된다. 더욱이 자기 자녀들은 고센에서 파라오의 귀중한 자산인 가축을 관리하고 있고, 요셉은 일국의 국무총리로서 파라오의 허락 없이는 중앙에서 움직일 수 없는 자다. 그런데, 기근이 끝나고 고센에서 크게 세력을 키우고 나자, 가나안으로 향한다고 주장하는 것을 그 누가 곱게 볼까? 이는 누가 보더라도 의심을 살 만한 상황이다. 게다가 이집트의 내세관은 심지어 파라오에 속한 자들을 파라오 곁에 매장하라고 강제하기도 했다. 가나안에 매장하는 선택이 상당히 어려웠던 것은 훗날 요셉조차 가나안에 묻히지 못했고, 다만 자기 유해를 후에 가나안으로 이장시키라는 유언을 남겼다는 점에서도 확인된다. 게다가 그 요셉의 유언이 이행된 것은 약 500년 뒤, 가나안 정복이 끝났을 때이다(수 24:32).

혹시 야곱은 이러한 이집트의 실정을 다 모르지 않았을까? 나이가 들어서 죽음을 앞두고 그 판단력이 흐려진 것은 아닐까? 이후 과정을 살펴보면 전혀 그렇지 않다는 것을 알 수 있다. 야곱 또한 이러한 정치적 부담이나 문화적 충돌을 일으킬 수 있는 위험을 모르지 않았다. 오히려 알고 있었기에 다른 자녀들이 아닌, 오직 요셉만 불러서 맹세하게 했다. 이는 그것을 실제로 이행할 수 있는 정치적, 사회적 역량을 갖춘 것은 요셉뿐이었을 정도로 매우 어려운 일이라는 것을 야곱도 이미 잘 알고 있었기에 그러하다.

그렇기에 야곱은 장자의 명분 거래 사건 때, 에서의 맹세에 실망한 이후로는 성경 기록상 처음으로 상대에게 맹세를 요구한다. 이러한 맥락은 야곱이 단순히 개인적으로, 가문적으로, 또는 영적으로 의미가 깊은 가나안 땅에 묻히고 싶다는 감정적인 이유에서만 그러한 결정을 하고 요셉에게 맹세까지 하게 만든 것은 아니었을 거라는 방증이다. 곧 죽음을 앞둔 처지에서 가장 사랑하는 아들인 요셉의 입장을 난처하게 할 만한 일이며, 만에 하나 일이 잘못되면, 당시 이스라엘 민족의 생명줄인 요셉의 정치적 경력이 망가질 수도 있는 부탁을 할 만큼 야곱은 꼭 가나안에 묻혀야 할 이유가 존재했다. 그렇다면 그 이유는 무엇인가?

언약으로 묶기 위해

우선하여 생각해 볼 수 있는 점은 언약이다. 그중에서도 하나님이 처음으로 야곱에게 하셨던 벧엘의 언약이다. 벧엘에서 받은 그 언약에는 인생의 많은 여정 속에서도 야곱의 삶은 그저 임의로 흘러가는 것이 아니라, 민족을 이루게 될 것이며, 결국 약속의 땅 가나안으로 돌아오게 하신다는 내용이 담겨 있다. 벧엘에서 하나님께 이러한 응답을 받았을 시점의 야곱은 형 에서를 피해 도망하던 상태였고, 그가 다시 가나안으로 돌아올지 기약이 없던 상황이었다. 따라서 당시의 야곱은 그 약속의 의미를 하란에서 다시 귀환할 수 있게 해 주신다는 의미로 여겼다.

네 자손이 땅의 티끌같이 되어서 동서남북에 편만할찌며 땅의 모든 족속이 너와 네 자손을 인하여 복을 얻으리라 내가 너와 함께 있어 네가 어디로 가든지 너를 지키며 너를 이끌어 이 땅으로 돌아오게 할찌라 내가 네게 허락한 것을 다 이루기까지 너를 떠나지 아니하리라 하신지라(창 28:14-15)

물론 그것은 하란에서의 무사 귀환을 의미하기도 했다. 그 언약에 기반하여 20여 년 후에 야곱이 자신의 세력을 이끌고 형 에서에 대한 두려움을 이기고 가나안으로 남하할 수 있었다. 하지만 그 언약이 말하고 있는 귀환은 한 시점만을 이야기하는 것이 아니다. 티끌처럼 후손이 많아지리라는 것(14절)은 하란에서 가나안으로 돌아왔을 때도, 그리고 지금 요셉에게 맹세를 요구하고 있는 야곱 최후의 시점까지도 아직은 이뤄지지 않은 것이었다. 또 야곱과 야곱의 자손으로 인하여 세상 모든 족속이 복을 받는다는 대목도 그러했다.

물론 "땅의 모든 족속이 복을 얻으리라"(14절)라는 그 예언의 경우는 요셉을 통해서 이집트와 그 주변 일대가 생존할 수 있었으니, 요셉에 관한 예언이라고 볼 여지도 있고, 실제로도 그랬다. 하지만 그건 "모든" 족속은 아니었지 않은가? 아무리 범위를 넓게 잡아도 결국 이집트와 그 주변 나라들에 국한되어 있다. 또한, 이 내용 속에는 실은 더 크고 놀라운 사건이 담겨 있다. 신학적으로 보았을 때 이는 아브라함에게 주셨던 '그 씨'에 대한 언약, 그러니까 후대 그리스도를 통해서 이룬 십자가 사건을 내포하고 있다. 이처럼 성경에 기록된 예언은 그 시점이 중첩되어 복수의 사건을 지칭하는 경우가 드물지 않다. 그렇다면, "이 땅으로 돌아오게 할찌라"(15절)라는 그 약속된 그 귀환도 야곱의 가나안 귀환으로 말미암아 일부는 성취되었다 할 수 있지만, 약속한 것을 "다 이루기까지 너를 떠나지 아니하리라"(15절)라는 말씀에 집중해 볼 때, 야곱이 침상에서 최후를 준비하고 있는 순간에도 아직은 성취 도중인 예언이라는 뜻도 된다.

하나님이 가라사대 나는 하나님이라 네 아비의 하나님이니 애굽으로 내려가기를 두려워 말라 내가 거기서 너로 큰 민족을 이루게 하리라 내가 너와 함께 애굽으로 내려가겠고 정녕 너를 인도하여 다시 올라올 것이며 요셉이 그 손으로 네 눈을 감기리라 하셨더라(창 46:3-4)

이번에는 야곱이 이집트 행 직전에 받은 언약과 아울러서 살펴보자. 파라오와 요셉의 초청에 대해서 하나님의 뜻이 무엇인지 구하던 야곱의 환상에는 하나님이 벧엘에서의 언약을 이집트에서 어떻게 적용하시려는지 구체적인 내용이 담겨 있다. 하나님은 이집트에서 그 약속한 "티끌같이 많은 민족"을 이루게 하실 것이라 말씀하신다. 이를 위해 하나님이 함께 이집트로 가실 것이며, 그 거대한 민족을 약속이 성취된 이후에는 다시 인도해서 가나안으로 귀환하게 만드신다고 약속하신다. 그러면서도 야곱이 최후를 맞이할 것이며 그 최후의 때에 요셉이 곁에 있어서 눈을 감기리라 하는 암시까지 하셨다.

"큰 민족을 이루게 하리라"(3절)라는 민족에 대한 약속은 아직 완전히 성취되지 않았지만, 야곱은 고센에서 많은 후손을 보았다. 그 언약 성취의 궤도에 오른 것이다. 야곱은 이를 다만 시간 문제라고 생각했다. 실제로도 그랬다. 1명이 100명이 되는 것보다 100명이 만 명이 되는 것이 쉽지 않던가? 하지만 "다시 올라올 것"(4절)이라는 내용은 문제였다. 물론 출애굽기의 내용까지 알고 있는 우리는 안다. 이 시점의 야곱은 이스라엘로 불렸고, 결국 그 귀환이라는 것은 티끌같이 많은 자가 야곱이라는 상징 아래 모여 이스라엘 민족으로서 가나안으로 귀환하는 것을 의미한다. 물론 요셉에게 맹세를 요구하는 시점의 야곱 또한 이러한 점을 알고 있었다. 그 가나안 귀환을 경험할 자들은 모두 자기 후손이라는 사실을 말이다.

지금의 개념으로 보더라도, 한 부족이라고 치부하기에는 야곱의 부족은 어마어마하게 큰 세력이다. 훗날 스데반 집사가 요셉을 팔았던 시점의 야곱의 자녀들을 지칭하기를 '족장들'(patriarchs, 행 7:8)이라 했다. 이집트 고센 땅에서 야곱의 세력이라는 것은 이미 12부족의 연합체에 가까웠다. 아마도 야곱이 예사 사람이었다면, 이것이 하나님께서 약속하신 "티끌같이 많은 민족"이라고 생각하고서 만족했을 것이다. 이 정도면 넉넉하다고, 이 정도면 감사하다고…. 하지만 문제라면 문제인 것은, 야곱은 하나님을 직접 본 자라는 것이다. 그는 하나님이 그런 마케팅적 수사를 사용하시는 분이 아님을 알고 있었다. 주님이 반드시 자기 이름, 야곱, 곧 이스라엘이라는 고유 명사를 따르는, 문자 그대로 "모래와 같이 많은"(창 32:12), "티끌같이 된"(창 28:14) 많은 민족을 이루실 것이라 믿어 의심치 않았다. 하나님의 전능하심을 믿기에 야곱은 역설적으로 아직 만족하지 못했다. 민족에 대한 언약에 대해서 아직은 성급하게 감사라는 말로 끝맺을 수 없었다. 그렇게 믿었고, 하나님의 창대하심을 알았기에, 오히려 야곱은 후대를 준비한다.

야곱은 그렇다면 후대를 위해서 무엇을 준비하려고 한 것일까? 한 가지는 분명하다. 야곱이 이 시점에서 걱정하는 것은 어떻게 티끌처럼 많은 후손을 남기는지가 아니다. 이미 풍요로운 고센 땅에서 자녀들은 빠르게 세력을 불려 나가고 있었고, 이미 자기 열두 아들은 각각 부족의 장이 되었다. 야곱의 세력은 이집트라는 나라 안에 "나라"라고 해도 좋을 만큼 커지고 있었다. 그들이 티끌같이 많아지는 것이야 시간 문제일 뿐, 하나님의 보호하심과 도우심만 있다면 결국 달성할 수 있는 일임이 당연했다. 야곱이 걱정하며 준비하고자 했던 것은 바로 그 개성 넘치는 부족들을 묶을 무언가였다.

그간 그들의 아버지 야곱이라는 공통 분모로 부족들이 묶여 있었다. 하지만 실상 야곱이라는 요소를 제외하면 그들은 이복형제들이며, 잠재적으로 경쟁자가 될 수도 있는 자들이었다. 대개 자손이라는 건 대가 거듭할수록 그 친족이라는 의식이 흐려지기 마련이다. 혈연만을 의지하여 민족을 형성하고 하나의 공동체 의식을 가지는 것을 기대할 수 없는 것은 이삭과 이스마엘이 둘 다 아브라함의 자녀였지만, 야곱의 자녀들이 요셉을 팔았던 시점에서는 이미 친족이라는 인식이 옅어져 있었다는 것만 보더라도 자명한 일이다. 상상의 공동체로서의 민족을 인류가 인지하기 시작한 것은 훨씬 후대의 일이기에, 이러한 요소에 당대의 야곱이 기댄다는 것도 불가능하다.

물론 이러한 잠재적 위험은 야곱도 상정할 수 있는 범위 내의 것이다. 그렇기에 이제 남은 문제는 야곱의 일대기를 다 기억하지 못할 후손들, 외모도 배경도 생각도 모두 다를 후손들이 어떻게 피차를 이집트인이 아닌, 이스라엘 민족, 즉 동족이라 인지하고 풍요로운 이집트에서 떠나 황량한 광야를 거쳐 가나안에 도달하도록 하느냐이다. 많은 세월이 흐르고서 야곱의 후손, 이스라엘은 민족 종교 집단(ethnoreligious group)의 형태를 띠지만, 이는 아득히 먼 미래의 이야기다. 당시에는 아브라함의 하나님, 이삭의 하나님, 야곱의 하나님을 믿는 신앙으로 그들을 묶기에는 아직 신앙이라는 것이 그 어떠한 체계화한 종교의 모습도 띠지 못했다. 혈연도, 야곱의 서사도, 종교도 그 해답이 되어 줄 수 없는 상황 속에서, 야곱은 후손들을 할아버지 아브라함부터 시작하여 자신의 삶을 통해서 구체화한 '언약'으로 묶길 바랐다. 지금도 유대인들은 자신을 스스로 '히브리인'이라 부르길 즐겨한다. 그 의미는 '큰 강을 건넌 자'라는 뜻인데, 비유적으로 언약이라는 무형의 울타리를 넘어 들어가 그 안에서 함께 머무는 '언약의 백성'을 의미한다.

그렇다면 어떠한 언약이 이집트에 있는 자들을 묶을 수 있을까. 이런 목적을 고려하여 본다면, 아브라함의 언약은 비록 모든 것을 시작하게 만든 가장 앞선 것이었지만, 이후 이스라엘 백성을 하나로 묶기에는 범위가 너무 넓다. 이미 다른 민족을 이룬 이스마엘의 후손들뿐만 아니라, 에서의 에돔 족속까지도 아우르는 웅장함을 가지고 있는 것이 바로 아브라함의 이름이 가진 압도적 범위이다. 따라서 야곱은 그것 가지고서는 이집트에서 지낼 자기 후손들이 고도로 문명화하고 풍요로운 이집트에서 벗어나, 가나안으로 향하게 만드는 구체적인 행위를 하게 만들 수 없었다. 만약 아브라함의 언약을 앞세운다면 이스라엘 민족은 그저 이집트에 동화하고, 가나안은 이스마엘 족속이나 에돔 족속이 점거해도 성취될 그런 언약의 서사를 가지게 된다. 또한 이러한 적용은 아브라함과 사라를 통해서 약속하신 하나님의 언약과도 어긋나는 것이다.

> 또한 아브라함의 씨가 다 그 자녀가 아니라 오직 이삭으로부터 난 자라야 네 씨라 칭하리라 하셨으니 곧 육신의 자녀가 하나님의 자녀가 아니라 오직 약속의 자녀가 씨로 여기심을 받느니라(롬 9:7-8)

그렇다면 직접적인 상징의 역할을 감당할 수 있는 것은 오직 야곱 자신이다. 야곱이 받은 언약에는 구체적으로 이집트에서 민족을 이룬 '이스라엘'을 이집트에서 이끌어 내어 가나안으로 보내시리라는 하나님의 의지가 담겨 있다. 야곱 정도의 영적 성숙에 이른 자는 하나님이 주시는 언약의 시점이 때로는 중첩되거나 중의적일 수 있다는 것을 알 수 있었다. 그리고 자기가 한 민족의 시조 이스라엘로서의 의미가 있다는 것도 알고 있었다. 따라서 자기가 매장되는 위치와는 상관없이 자기에게 하신 약속을 후손들을 통해서 하나님이 얼마든지 이루신다는 사실을 믿어 의심치 않는다.

하지만 후손들도 그러할까? 우리가 앞서 영적 성숙은 전수해 줄 수 있는 어떠한 것이 아니라고 정의했다. 그 대목에서 어째서 다윗이 솔로몬에게, 사무엘이나 엘리 제사장, 여호수아와 같은 위대한 하나님의 종이 자신의 영적 성숙을 자녀에게 고스란히 물려주지 못했는가를 설명했다. 야곱도 마찬가지다. 오히려 야곱이야말로 그러한 사실을 가장 뼈저리게 경험한 자다. 한 번은 위대한 하나님의 사람인 이삭의 자식 처지에서, 다른 한 번은 자신의 개성 넘치는 자녀들의 아버지인 처지에서 말이다. 그렇기에 야곱은 막연한 기대보다 구체적으로 자신이 할 수 있는 일을 하고자 했다.

이것은 야곱이 하나님을 만난 이후에 평생 견지해 온 모습이다. 그는 하나님의 뜻을 모를 때는 멈춰 서지만, 하나님의 뜻을 알게 되었을 때는 하나님을 믿기에 행동한다. 그분께서 단독으로도 뜻을 이루심을 믿기에 오히려 자기도 그 뜻에 합당한 열매를 맺기 위해 지혜를 동원하여 최선을 다한다. 이는 마치 아주 어린 아이가 부모님의 청소를 도와주겠다며, 작은 수건을 들고서 나름대로 바닥을 힘써 닦는 모습이 연상된다. 그것이 비록 청소가 조금이라도 빠르게 완료되도록 도울 수는 없겠지만 말이다.

그렇다면 이 지점에서 야곱이 원했던 것은 무엇인가? 야곱은 하나님의 언약이 반드시 이뤄질 것이며, 자기도, 자기의 삶도 기억하지 못할 후손들에게 그것이 그저 설화가 아님을 전달하고 싶었다. 그렇게 하려면 자기가 전달하는 언약이, 그 어떤 영적인 이해가 없는 후손이라도 오해하지 않게 전해지도록 정제되어야 한다. 그러기 위해서는 오해가 될 만한 요소를 제거해야 한다. 바로 언약을 받은 당사자이며 또한 전달하는 태도인 야곱이 가나안에 돌아가지 못하고 이집트에서 최후를 맞이한다는 부분이다. 그것에 대한 가장 확실한 해결책은 자신이 가나안에 매장되는 것이다.

물론 이 자체로도 무척이나 어려운 일이다. 야곱은 이미 간파했다. 자기가 받은 언약에는 이스라엘 백성이 출애굽 하여 가나안으로 향하는 믿기 힘든 기적이 담겨 있다. 정말로 400여 년이 흐른 뒤, 출애굽기에서 펼쳐진 그 출애굽의 과정은 미증유의 기적이 함께 했어야 가능했던, 파라오에게 고센에서의 자치권을 얻는 것 이상의 기적이 필요한 대역사였다. 사실상 불가능한 일이다. 따라서 사람으로서는 불가능하지만, 하나님으로는 못하심이 없다는 것을 미리 보여 줄 희망의 예시가 필요했다. 불가능해 보였기 때문에 꼭 관철해야 할 일이었다. 자기가 사랑하는 아들 요셉을 곤란할 지경에 빠트린다고 해도, 그의 정치적 입장이 흔들릴 위험마저 감수해서라도, 그것을 꼭 관철해야 했다. 그렇기에 야곱은 그저 고센에서 17년간을 고손주들의 재롱이나 보면서 지내지 않았다. 그는 매일 매일 하나님께 구하고 또 자신의 최후를 어떻게 장식해야 할지 준비하는 기간을 가졌다. 그 불가능해 보이는 가나안에 매장되는 것이 유일한 답이라는 응답과 확신을 가졌을 때, 야곱은 요셉을 불러 맹세케 했다.

비언어적 전달

우리는 앞서 티끌처럼 많아질 야곱의 후손을 모두 하나로 묶을 언약에 관해서 이야기했다. 그 언약의 상징으로 야곱이 자리하기 위해서, 아브라함과 이삭과 야곱의 계보를 제아무리 영적으로 무지한 자라도 이해할 수 있고, 야곱의 삶과 그 세세한 부분을 잊은 후손이라 할지라도 명확하게 알 방법과 형태로서 그것을 전달하고자 자기가 가나안에 안장되길 바랐다고 나눴다. 반드시 가나안으로 돌아가야 한다는 야곱의 뜻을 모든 후손이 확실하게 따르게 하는 데 그보다 좋은 방법은 없었다. 하지만 자신이 하나님께 받은 언약을 대대로 기억하고, 적기를 만나면 반드시 가나안으로 돌아가라는 '언어적' 메시지가 없이, 다만 가나안에 매장된다는 '상징'만으로 야곱의 유지를 후손들이 이해했을지 확인할 길이 없었다.

문제는 야곱의 숙원이자 야곱이 후손에게 전했어야 할 하나님과의 언약이 이집트에서 공공연히 나눌 수 있는 것은 아니었다는 것이다. 이집트의 일원이 되는 것이 아니라, 독자적인 세력으로서 민족을 키우고, 이윽고 그곳을 떠나, 이집트가 오랫동안 염원하던 정복의 대상인 가나안에 가서 그곳에서 독자적인 국가를 세우는 것이 목적인 집단을 좋게 주변에서 봐줄 리가 없었다. 이는 비단 이집트뿐만 아니라, 현대 어느 국가에 대입하더라도 그 원주민의 동의를 받기 어려운 일이다.

자고로 낮말은 새가 듣고 밤말은 쥐가 듣는다고 했다. 고센에서 파라오의 가축을 대거 돌보고 있으니, 그곳에서 일어나는 일들에 대한 보고가 파라오에 속속들이 올라갔을 것이다. 따라서 신중한 야곱은 17년간, 자신의 숙원을 속 시원하게 그 후손들에게 밝힐 수 없었다. 그도 그럴 것이 고손주, 아니 그 이상도 보았어도 이상하지 않을 야곱, 그 슬하에 모든 후손을 모아서 자기 유지(遺旨)를 언어적으로 전달하면서도 기밀성을 유지하는 것은 불가능에 가까운 일이었다.

게다가 어찌어찌 유지가 전달되었다고 하더라도 문제가 발생한다. 자기 자녀들 사이에서도 가나안은 이미 17년 전에 거하던 흐릿한 기억에 자리 잡은 추억의 장소일 뿐이다. 그들의 현실, 그들의 일상은 이제 이집트에 있었다. 이들은 이미 각자가 세력을 이루고, 각자가 많은 가축을 다루고, 또 일부는 농사도 짓고 다양한 분야에 진출하였을 터이다. 가나안을 경험해 본 야곱의 아들들도 그러할진데, 이집트에서 태어나고 자란 자기 후손들, 가나안 땅을 가 보지도 못한 자들은 어떠할까? 그들에게 그저 말로만 가나안으로 향한다고 전한들 효과적으로 전달될 수 있을까? 하물며 그들이 맹세한다 한들 맹세한 것이 무엇인지 그들이 제대로 인지나 할 수 있을까?

따라서 야곱은 하나의 이벤트를 계획했다. 강렬하게 모두의 뇌리에 가나안 땅이 귀환해야 할 곳임을 천명하는 이벤트. 백문이 불여일견이라고 했다. 백 마디의 말이 전달하는 내용보다 한 번의 체험이 더욱 많은 내용을 전달한다는 뜻이다. 그렇다. 야곱은 그 자손들에게 풍요로운 이집트를 떠나, 고된 광야를 통과하여, 요단을 건너 가나안에 입성하는 '경험'을 전달하는 방식으로 유지의 언어적 전달을 갈음하려 했다. 출애굽 하여 가나안으로 귀환하는 것은 이성적으로 보기에 불가능해 보이지만, 하나님이 도우시면 얼마든지 가능하다는 것을 경험적으로 뇌리에 각인시키고자 했다. 바로 야곱은 자기 죽음을 통해서 그 강렬한 기억을 직조하려 했다.

요셉이 장례를 관장한다면 그것은 매우 화려한 이집트 방식과 가나안 방식이 혼합된 그 무엇일 것이다. 그 과정은 모인 후손들 마음에 지울 수 없을 정도로 인상적인 기억으로 각인될 터이다. 각자의 삶으로 바빠서 한곳에 모이기 어려울 후손들이 다 모이는 자리가 된다는 것 또한 의미가 깊지만, 광야를 통과하는 그 번거롭고 어려운 길까지 감수하면서, 요단강 안쪽, 헤브론에 있는 선대들의 묘를 보여 줄 기회이다. 그것에 참여한 모든 후손은 자기들의 민족적 시조인 아브라함, 이삭, 야곱이 모두 묻힌 곳은 바로 가나안이라는 메시지를 얻게 되리라. 그런 비언어적 메시지가 담긴 상태에서, 이제 각각 지파의 족장이 된 자기 아들들이 그 후손에게 야곱이 받았던 언약을 전달한다면, 더 없이 효과적일 것이다.

그렇기에 그 자체로 야곱의 유지는 활기를 띠고 생명력을 얻는다. 언약의 백성, 히브리인들, 이스라엘의 아들들 사이에서. 그것은 단순히 언어나 기록이 아니라, 그들의 경험이 될 테다. 그 결과 야곱은 그 자녀들을 축복하고 유언을 남길 때, 가나안으로 돌아가야 한다는 말 같은 건 일언반구 언급도 하지 않았다. 정치적으로 위험하여 자기 민족의 생존에 보탬이 될 수 없는 말을 남기는 위험을 감수할 필요가 없기에 그랬다. 그리고 그는 온전히 자녀들을 축복하는 것에 집중할 수 있었다.

이 비언어적 전달의 특장점은 언약이라는 것을 모르는 이집트인들이 보기에는 그저 요셉의 극진한 효심, 파라오가 자기에게 충성한 공신의 가족에게까지 보이는 자비로움, 그리고 나이가 지극히 들었던 야곱이라는 한 노인의 향수병 정도로 해석할 일이다. 즉, 동일한 사건을 보고도 자신의 메시지를 바로 들어야 할 후손들에게는 명확하게 전달되고, 그 언약에 속하지 않은 자들에게는 그저 기묘할 정도로 화려하고 슬프면서도, 고작 늙은이의 향수병 때문에 이 모든 어려움과 수고를 감당해야 하는 '미련한 것'으로 해석될 수 있다. 하나님의 언약 안에 속했는지의 여부가 어떤 사건에 담긴 의미의 해석을 극적으로 뒤바꿔 놓는 것은 사실 신약을 가진 현대 그리스도인들에게는 익숙한 개념이다. 그리스도의 십자가가 바로 그러했기 때문이다.

> 그는 실로 우리의 질고를 지고 우리의 슬픔을 당하였거늘 우리는 생각하기를 그는 징벌을 받아서 하나님에게 맞으며 고난을 당한다 하였노라(사 53:4)

> 십자가의 도가 멸망하는 자들에게는 미련한 것이요 구원을 얻는 우리에게는 하나님의 능력이라(고전 1:18)

> 우리는 십자가에 못 박힌 그리스도를 전하니 유대인에게는 거리끼는 것이요 이방인에게는 미련한 것이로되(고전 1:23)

이렇듯 언약 밖에 있는 이집트인들이나 가나안 거주민들에게 있어서 야곱이 가나안에 매장되는 일련의 과정은 도무지 이해할 수 없는, 기묘하고도 아주 값비싸며 화려한 사건이다. 하지만 언약 안에 있는 자들에게는 무수한 세월이 지나더라도 결국 그 약속하신 바를 이루시는 하나님이 아브라함과 이삭, 그리고 야곱을 통해서 전달된 언약을, 비록 인간이 잊는다 하더라도 반드시 이루신다는 의미가 된다.

다시 말해서 오로지 택함을 입은 자들만 이해할 수 있는 형태의 메시지가 완성될 수 있는 방편이 바로 이 야곱의 장례식이고, 가나안에서의 매장이다. 그리고 그런 것을 17년의 세월 동안 기도하고 또 고민하며 하나님이 언약을 전달하시는 방편이라는 확신을 가진 야곱이 자기 장례식마저 활용했다는 것, 이것이 바로 가나안에 장사되길 구하며 요셉에게 맹세하게 한 사건의 자초지종이다.

침상 머리

그런 야곱의 의중을 간파한 듯 요셉은 싫은 소리 하나 없이 맹세했다. 야곱은 안심하고 침상 머리에서 하나님께 경배한다. 그의 삶의 마지막 예배가 될지 모르는 상황에서 드린 예배의 형태는 침상 머리에서의 경배였다. 그가 있는 자리에서, 그가 드릴 수 있는 방식으로 하나님을 예배하는 것은 야곱의 인생 전반에 자리 잡은 예배의 방식이다. 이리저리 세력 없이 떠돌던 세월은 야곱이 특정 장소에 구애받지 않게 했다. 처음 벧엘에서 잠을 자다 영안이 열렸을 때, 벧엘'에' 하나님이 계시다 생각했던 야곱은 이제 벧엘'에도' 계신 하나님이라는 것, 다시 말해 어느 곳에나 계신 '임마누엘' 하나님이심을 깨달을 만큼 영적으로 성숙해 있다. 비록 침상에서 하나님을 찾더라도, 하나님의 집이나 예배당이 아니더라도 만나 주실 것이라는, 자기가 드리는 경배를 받아 주실 것이라는 믿음은 결코 편리 추구를 기반한 것이 아니다. 하나님의 무소부재하심과 야곱에게만은 언제나 한없이 좋으실 것이라는 믿음에 의한 것이다.

서글프게도 모든 면에서 완숙한 성숙에 이른 야곱의 육체는 턱없이 약해져 있다. 아직 청춘이 남아 있을 때, 기력이 풍성했을 때, 온전한 성숙에 이르러 이리 비틀 저리 비틀하는 일이 없었더라면, 그래서 부모님에게도 떳떳하고, 자녀들에게도 의지할 만하고, 주변인들에게도 폐를 끼치지 않는 삶이었다면. 좀 더 곧은 삶이었다면 좋았을 것을, 그 깨달음을 차마 다 이행할 시간과 젊음이 남지 않았을 때야, 비로소 성숙이 우리에게 장착된다. 야곱도 그러했다.

그간 여러 가지 위기와 사건들을 통해서 야곱은 성경에 기록한 하나님의 사람이라고 칭해도 좋을 만큼 성장하고 성숙했다. 오랜 기근으로 죽음과 굶주림으로 온통 채색된 가나안에서 거주하던 야곱은 죽은 줄 알았던 가장 사랑하는 아들, 요셉이 국무총리가 되어서 물자가 풍부한 이집트로 초대했을 때, 그 현상과 그 상황을 보고서 기뻐하지 않을 만큼 성숙했다. 비록 가나안이 인간적으로 보기에는 죽음의 땅이 되었지만, 하나님이 하신 변치 않는 약속은 가나안 땅을 야곱에게 주기로 하신 것이었으니, 눈이나 자기의 판단에 속지 않고 멈춰서서 하나님께 여쭤보았다. 오히려 그 과정에서 하나님이 이집트로 가라고 설득하셨다. 그 이집트로 가는 것은 결국 이스라엘이 가나안을 차지할 과정 중 일부라고 말씀하신 이후에야, 그분께서 직접 명령하신 이후에야 이집트로 향했다.

이제 야곱의 태도는 하나님의 사람에 걸맞다. 믿음의 민족, 그 선조라 불리기에 부족함이 없다. 그렇기에 위세 등등한 파라오, 인신으로 추앙받는 파라오에게, 축복이나 자비를 받는 사람으로서 그의 옥좌 앞에 선 것이 아니라, 두 번이나 파라오를 축복하는 자격으로 섰다. 가나안에 있던 경쟁 부족들은 파라오에게 모든 권한과 재산을 빼앗기고 종으로 전락했지만, 야곱은 오히려 많은 세력을 얻었다. 그 세력을 기반으로 폭발적으로 이스라엘의 인구가 증가했다.

제대로 철들기 전부터 악의와 미움과 질투에 범벅이 되었던 요셉, 꿈을 통해 하나님이 주신 응답을 가족에게 전했으나 그저 비웃음을 들어야 했던 요셉, 자신의 사명 때문에 노예로 팔려 버린 요셉, 하지만 그 요셉은 하나님을 잊지 않고 생존해 냈다. 하나님을 잊지 않았을 뿐만 아니라, 하나님을 통해서 미증유의 성취를 달성했다. 애초에 유목민 출신 이방인에 대해서 달가워하지 않는 이집트 사회, 주류에 편입되는 것을 꿈꾸기는커녕 목숨 부지나 하면 다행인 이집트에서 요셉은 하나님을 붙잡고 결국 그 사회의 정점에 올랐다. 그런데도 요셉에게는, 정작 자신은 받은 적 없는 용서, 사랑, 인애, 인자, 자비 등의 마음이 넘실거렸다. 너무나 잘 자라 주었다. 요셉은 이집트 여인과 결혼하여 자녀도 두었는데, 야곱의 그 어떤 손자들보다도 뛰어났다. 이쯤 되니까 요셉이 하나님을 잊지 않은 것이 아니라, 하나님이 요셉을 잊지 않으셨다는 말이 옳은 말이 된다.

결국 야곱의 말년은 평안의 연속이었다. 기쁨의 나날들이었다. 다만 이 땅에서의 삶이 얼마 남지 않았다. 너무 나이가 들어 버린 야곱이었다. 그도 그 언약의 성취를 직접 보고 싶었을 테지만, 그 육신이 허락하지 않는다. 세월은 그토록 야곱에게도 야속한 존재다. 그리고 그 감동과 서글픔이 공존하는 마음을 하고 야곱은 하나님께 경배를 시작한다.

그곳에는 제단도 없다. 그곳은 언약의 땅도 아니고, 어떤 공식적인 예배의 처소도 아니다. 그럴지라도 야곱은 하나님을 의지하여 다시 돌베개로 돌아온다. 공교롭게도 이집트에서도 잘 다듬은 돌을 베개로 사용하는 문화가 있다. 그러니까 이집트에 있는 야곱의 침상 머리에도 돌베개가 놓여 있다. 이제는 다듬어진 돌베개, 정돈되고 깨끗한 돌베개, 더 고급의, 벧엘의 그것과는 비교도 안 될 정도로 좋은, 진짜 돌베개였을 테다. 하지만 야곱의 마음만은 같다. 하나님을 찾는 그의 마음은 변하지 않았다. 노화와 죽음이 넘실거리는 현실, 그 현실에서 시간이라는 독재자가 야곱에게 부여한 늙음이라는 고통의 틈바귀에서도 야곱은 다시금 돌베개에서 하나님을 찾는다. 경배한다. 예배한다.

창세기 기자는 그것을 '경배'(샤하, שחה)라고 표현한다. 이는 하나님 앞에서 예배한다는 의미이다. 특별히 납작 엎드려 하나님을 높이는 경우를 말한다. 침상을 벗어날 수 없는 노인이 그저 하나님께 감사를 표하는 장면에서 이러한 단어를 사용한 것은 무엇일까? 창세기에 기록한 인류 최초의 제사, 그러니까 첫 예배는 가인과 아벨의 제사(히 11:4)다. 그리고 그 예배의 장면에서 이미 하나님께서 예배로 여겨 주시는 예배와 하나님께서 예배로 여겨 주시지 않는 예배가 등장한다. 이런 견지에서 창세기를 본다면, 하나님은 다만 종교 행위라고 해서 모두 예배로 정의하지 않으셨다는 것을 알 수 있다. 그리고 이에 따라서 창세기의 기자도 모든 종교 행위를 예배로 적지 않았다. 즉, 침상에서 야곱이 한 행위를 창세기 기자인 모세가 경배라고 정의한 것은 결국 그 모세에게 영감을 주신 하나님이 '예배'로 여겨 주시고 받아 주셨다는 의미이다.

이는 구조상 벧엘에서 드린 예배의 반복이다. 야곱이 에서를 피해 도망하다 지쳐 쓰러진 장소가 벧엘이 되고, 베고 자던 돌이 이스라엘이 최초로 하나님께 예배드린 제단이 된다. 마찬가지로 노화로 날로 약해지는 야곱의 육신이 마침내 요양한 자리는 침상이고, 그 침상에서 야곱은 베고 자던 돌베개가 있는 침상 머리에서 하나님께 예배했다. 벧엘의 돌베개가 야곱의 예배의 시작이라면, 바로, 이 침상 머리의 돌베개가 야곱의 예배의 마지막 처소이다.

비록 하나님을 섬기는 종교가 아직 체계화되지 않았지만, 고대에 존재하던 그 어떤 종교 행위를 보아도, 그 어떤 종교의 기준으로 보더라도 야곱처럼 '편리'하고 초라한 방식의 행위를 제사나 예배로 규정하지는 않는다. 십자가의 비밀이 드러난 오늘날에도 예배당에 가지 않고 침상에서 누워 드리는 예배를 하나님께서 받으실 만한 예배라고 규정한다면 결코 모두의 동의를 받지는 못할 것이다. 하지만 인간의 눈으로 보기에, 인간의 기준으로 보기에는 아무런 희생도 없고, 아무런 노력도 없고, 그저 편리할 뿐인 그 행위는 하나님께 있어서 예배다. 벧엘에서도 제물이 없는 예배를 하나님께 드렸던 야곱은 또다시 제물이 없는 예배를 드린다. 그리고 창세기 기자에 따르면 그 두 예배를 모두 하나님이 예배로 여겨 받아 주셨다.

우리는 앞서 벧엘에서의 예배를 다윗이 시편에 언급한 '상한 심령'을 드리는 예배라는 것으로 해석했다. 그렇다면 이 침상 머리에서의 예배를 무엇이라 정의해야 할까? 애석하게도 이 부분에서 명확하게 그것을 특정할 증거는 담기지 않았다. 하지만 자신이 어려운 부탁을 함에도 요셉이 싫은 기색 하나 보이지 않고 '죽으면 죽으리이다'라는 심경으로 곧바로 맹세한 뒤에 시작한 예배이며, 또 하나님이 사랑하신 자의 대명사로 기억될 자신의 삶을 마감하는 예배로서 필시 감사의 예배였을 것이다. 17년 전, 야곱이 파라오를 대면했을 때도 그러했다. 요셉을 보면 이제 죽어도 원이 없겠다 하고 찾아온 이집트에서, 야곱은 자기가 지팡이 하나만 가지고 요단을 건넜고 이제 여기까지 하나님이 인도해 주셨다며, 하나님께 영광을 돌렸다. 최후를 각오한 그때의 심정, 그 자체가 17년 뒤에 침상 머리에서 드린 이 예배에서 하나님께 바치는 주된 예물일 테다.

그간 야곱의 삶은 참으로 다사다난했다. 이리 비틀 저리 비틀 참 많이도 헤매고 또 돌고 돌아서 이 자리까지 왔다. 그 과정에서 부모와 고향을 잃는 슬픔을 겪었다가도 하나님의 개입하심으로 결국 부모와 재회하고 고향에도 돌아왔다. 자신의 욕심이 형과의 관계를 파괴했어도 결국 화해했고, 그런 이후 형과 함께 공존하고 또 시너지를 이루는 법을 배울 기회를 얻었다. 벧엘에서 하나님을 독대하기 전에 그의 인생에 그저 장애물이자 위협이었던 에서는 야곱의 인생 후반부에서 그의 조력자요, 동맹이고, 그야말로 없어서는 안 되는 형이었다.

그러다 그도 자녀를 잃는 아픔을 겪었다. 그가 부모님과 헤어진 20여 년의 세월은 요셉의 부재가 20여 년인 것으로 반복된다. 그리고 그도 마찬가지로 자기 부모님이 자신을 용서했어야 했듯, 그 자신도 자녀들을 용서해야 했다. 모든 것이 지나 놓고 보니, 죽은 줄 알았던 요셉이 돌아왔다. 그 요셉은 다만 자신이 겪은 모든 고생은 야곱이 받은 이스라엘 민족의 약속을 이루는 방편이며, 그 모든 부족을 생존시키기 위한 하나님의 능력이라며 고백한다. 분명 야곱이 기억했던 요셉은 자기가 꾼 꿈을 순진하게 그저 고하다가 질투를 받기도 하여 아직은 지혜가 부족하다 싶었는데, 야곱의 손을 떠나서 홀로 자라버린 요셉은 하나님의 마음과도 닮은 말을 한다. 하나님이 그를 기르신 것이다.

그리고 그 외 자녀들도 모두 장성했다. 아니 이제 하나하나가 너무나 커져 있다. 그들은 이미 어엿한 족장들(patriarchs)이다(행 7:9). 적자독식의 시대, 치열하고 잔인한 생존의 시대, 유목 부족의 족장으로서 하나의 후계자만 족장으로 키워 내도 대단한 시대에 야곱은 12명의 족장을 키워 냈다. 거기에 어여쁜 딸 디나까지…. 복이다. 압도적인 복. 복이라는 말 외에는 어떤 것으로도 설명할 수 없는 삶이다.

그 모든 것의 시작은 하찮은 돌멩이 하나 베개 삼아 자던 그곳에서, 사회적 평판도 고향도 재산도 다 잃은 자신에게 나타나 주신 하나님이셨다. 그리고 자기 최후의 자리가 된 침상, 그곳 침상 머리에는, 돌베개가 있다. 그리고 야곱은 그곳에서 하나님께 예배하기 시작한다. 그가 어떤 마음을 그 가상의 돌 제단에 헌물 삼아 올렸을지 어렵지 않게 예상할 수 있다.

이제 이스라엘이 된 야곱, 하나님께 마지막 예배를 침상 머리에서 드리다. 그의 삶 마지막 돌베개에서.

야곱의 축복

예배하기를 마친 야곱의 곁에는 어느덧 그의 자녀들이 빠짐없이 도착하여서 모여 있다. 이제 야곱은 축복하는 처지가 된다. 과거 할아버지 아브라함처럼, 그리고 아버지 이삭처럼. 다른 점이 있다면, 야곱이 전달하는 축복은 적자독식의 축복이 아니었다는 것이다. 야곱의 자녀들을 위한 각각의 복이 있었다. 이에 창세기 기자는 자녀 열둘은 이미 열두 지파가 되었으며, 또한 각인의 분량대로 축복을 받았다고 명시한다(창 49:28).

그도 그럴 것이 이제 그들은 떠돌아다니는 유목민이 아니다. 이제 그들은 경쟁하는 존재들이 아니다. 그들은 협력체이고 공동체이며 하나의 민족이다. 그들은 서로 너의 복이 나의 복이며, 너의 잘됨이 나의 잘됨이다. 아니, 네가 있어야 나도 이 이국 땅, 이집트에서 생존할 수 있다는 형태다. 고센 땅에서 풍요를 누리기 위해서는, 그리고 이집트인들이 가졌던 목축을 업으로 삼은 자들에 대한 차별이 역설적으로 허락해 준 '인식의 장벽'이 굳건하게 서 있기 위해서는 야곱의 자녀들 하나하나, 그들의 반열을 따르는 지파들이 하나도 빠짐없이 모두 필요하다. 험난한 세상 속에서 형제들은 축복을 두고 경쟁하는 자들이 아니라, 이제 그 축복이 서로에게 임하도록 서로를 보듬고 도와야 할 존재들이다. 이제 티끌처럼 많은 숫자가 되어야만, 고센에서 자치권을 유지하며 자리할 수 있다. 그도 그럴 것이, 그들이 자중지란으로 분열하거나 충분한 세력을 이루지 못하면, 결국 이집트에 군사적으로나 문화적으로 먹혀 버릴 것이 자명하니까 말이다.

적자독식이 아니었던 이 축복은 단순히 이집트라는 지정학적 변화가 불러온 것이 아니다. 이는 하나님이 의도하시고 변화시키신 바다. 그 전조는 씨름 사건 때 그를 이스라엘로 부르셨을 때부터다. 그리고 엘벧엘에서 하나님과 직접 대면한 이후부터는 창세기 기자도 야곱을 이스라엘로 부른다(창 35:10). 이제는 야곱 개인의 삶이 아니라, 그 허리에서 한 백성과 백성들의 총회(여호와의 총회), 그리고 왕들이 나오는 이스라엘로서의 삶이 되었다고 선언한다(창 35:11). 그리고 이스라엘로서 야곱이 처음으로 한 것은 가나안에서 형 에서와 함께 오랜 세월 함께 지내며 시너지를 이룬 일이었다. 이 자체가 당시 시대를 이끄는 테제(these, 정)인 '적자독식'에 대한 효과적인 안티테제(antithese, 반)였다.

이스라엘과 에서는 둘이 함께함으로, 단독으로 있었을 때는 이루지 못할일을 이뤘다. 그들의 세력은 가나안 땅이 다 감당하지 못할 정도로 팽창했다. 결국 에서는 자기 세력의 특성상 더욱 적합한 지역인 에돔으로의 이주를 결정하기에 이르렀다. 그 천혜의 요새인 에돔 공략 또한 이스라엘의 든든한후방 지원이 없었으면 불가능했던 일이다. 이러한 과정을 통해서, 이스라엘은 적자가 축복을 단독 상속하는 것이 생존을 위해서 필수 불가결하다는 것은 어쩌면 더 이상 통용되지 않는 과거의 고정관념이 되었음을 느꼈을 것이다. 자신과 형 에서가 공존하여 더욱 강한 민족이 되는 것이 가능했다면, 자기 자녀들도 그것이 가능하지 않을까?

이런 생각은 하나님이 이스라엘에게 주신 언약과도 맞아떨어진다. 티끌과 같이 많은 후손을 얻기 위해서는 어느 시점에서 적자독식의 '관습'을 탈피할 필요가 있다. 따라서 자녀들을 배제하는 것이 아니라, 모두를 포괄하는형태의 상속이 이뤄져야 한다. 그렇지 않고서야 민족이 이뤄질 리가 없었고, 이스라엘이라는 하나의 이름 아래 자손이 늘어날 리가 없다.

이후 이스라엘은 기근을 피해 가나안을 뒤로 하고 이집트로 향하게 되었다. 요셉과 재회했으니 이제 죽더라도 더는 아쉬울 게 없다고 말했던 이스라엘의 발언이 무색하게도 이스라엘은 고센에서 17년이라는 절대 적지 않은세월을 더 산다. 그 상황 속에서 각각 독자적인 가문이자 세력이라고 해도 좋을 지파의 수장이 된 자녀들이 서로 협력하고 의지하면서 시너지를 이루는 것을 직접 볼 수 있는 충분한 시간을 가졌다. 그 사이에 하나님도 이스라엘에게 미래의 계획에 대해서 말씀해 주셨을 것이다.

이 모든 이해가 이스라엘에게 임했을 때, 그에게도 복을 상속해 줘야 할 시기가 왔다. 야곱이 이스라엘로서 자녀들을 축복하게 된다. 그 모든 세월과 하나님의 응답을 종합한 이스라엘은 한 명이 아닌 모두를 축복하며, 적자독식의 시대의 종언을 선언한다. 이 시점부터 이스라엘은 이제 적자독식이 아니라, 모든 자녀가 그들의 몫을 받되, 장자의 명분을 가진 자는 두 배의 몫을 받아서 다른 자녀들을 돌봐주고, 또 집안 대소사에 앞장설 수 있도록 하는 전통이 형성된다.

이스라엘이 자녀들에게 한 축복을 아브라함과 이삭의 축복과 비교해 보면, 그 상속의 대상이 어느 한 명이 아니라, 전원이었다는 차이점이 있다. 아브라함과 이삭의 축복은 하나님께서 아브라함과 맺은 언약을 전달하는 의미를 지니었기에, 그것은 아브라함의 복이 고스란히 담겨 있었다. 하지만 이스라엘이 자녀들에게 한 축복에는 그러한 내용이 없다. 아브라함과 맺으신 언약이 결국 야곱의 대에서 성취되었고, 야곱이 이스라엘이 되었다는 의미가 되는 것이며, 그 아브라함의 복은 더는 구두나 여타 안수함으로 상속되는 것이 아니라, 이스라엘이라는 민족, 영적으로 아브라함의 자녀 된 모든 이에게 적용되는 보편의 복이 된 것이다. 다시 말해, 아브라함의 복을 전달하지 않는 것 자체로 아브라함에게 약속하셨던 그 민족의 실체가 도래했다는 선언이다.

그렇기에 야곱이 최후의 순간 자녀들에게 한 축복은 자기가 아버지 이삭에게 받은 할아버지 아브라함 복의 반복이 아니라, 자녀들 각인의 삶과 성품, 특성, 그리고 그들의 반열을 따르는 지파들의 미래가 담긴 예언으로 구성되어 있다. 그 축복에 예언적인 내용이 담긴 것은 사실 새롭지 않다. 아브라함이 받은 언약도, 이삭이 전달한 복도 결국 미래의 것들을 담고 있는 예언이었기 때문이다. 다만 야곱의 것은 좀 더 가까운 장래의 것을 다룬다. 바로 자기 자녀들과 그 자녀들의 계보를 따르는 열두 지파에 관한 것이다.

> 이들은 이스라엘의 십이 지파라 이와 같이 그 아비가 그들에게 말하고 그들에게
> 축복하였으되 곧 그들 각인의 분량대로 축복하였더라(창 49:28)

그중 몇 가지 눈여겨볼 축복이 있다. 창세기 기자는 모두 각각 축복을 받았다고 언급했는데, 몇몇은 축복으로 보이지 않거나, 심지어 저주로까지 보인다. 우선 르우벤의 축복이 그랬다. 이스라엘은 르우벤의 능력을 고평가하면서도, 한편으로는 그의 귀책도 언급한다. 바로 자기 침상에 올라 더럽혔던 사건을 언급한 것이다. 이는 해석에 따라서 근친상간에 해당한다. 그간의 내용으로 미뤄 보건대, 이스라엘은 이것을 르우벤에게 함구하고 있던 것이 틀림없다. 만약 그것을 문제 삼으면, 부족의 족장인 야곱의 형편상 르우벤을 제거할 수밖에 없었다. 질서를 깨 버린 자, 권위에 도전한 자를 알면서도 살려 주는 것은 족장으로서 도무지 선택할 수 없는 일이기 때문이다. 따라서 이스라엘은 아들인 르우벤을 보호하고자, 그것을 모르는 척 함구하고 있었다.

그렇다면 어째서 축복의 순간에 이것을 밝힌 것일까? 그것은 아마도 장자인 르우벤, 그것도 제법 능력이 있는 장자이지만, 그 장자의 권리를 주장할 수 없는 귀책이 있다는 것을 분명히 하기 위함이었다. 따라서 야곱이 이 시점에서 공개하는 것은 르우벤이 미워서도 아니고 원한이 남아서도 아닌, 왜 르우벤에게 장자의 권을 주지 않는가에 대한 교통 정리에 해당한다고 할 수 있다. 이는 이스라엘이 가졌던 아버지로서의 사랑과 또 부족을 이끄는 족장으로서의 정의가 만나서 하나를 이룬 순간이다. 르우벤을 사랑하는 아버지로서 야곱은 그간 그 죄를 문제로 삼지 않았고, 족장으로서의 야곱은 그에게 장자의 명분이 더는 존재하지 않음을 공표한다.

시므온과 레위에 대한 것은 일견 저주와 같다. 이는 이삭이 장자를 축복했을 때, 에서의 상황과 비슷하다. 일견 저주와 같았던 그것은 그의 사명과 미래에 중요한 요소다. 레위 지파의 경우는 창세기를 집필한 모세가 속한 지파

이다. 따라서 이는 단순히 시므온이나 레위의 반열을 따르는 지파들에 대한 저주나 탄압을 위해서 기록한 내용은 전혀 아니다. 당장 지도자로서 각각 이해 관계를 가지고 시시때때로 정치적 도전을 하던 이스라엘 백성을 이끌어야 하는 모세가 그저 자기가 속한 지파에 심대하게 불리한 내용만을 나열하면서 스스로 권위를 깎아내리는 것이 자연스러울까? 물론 이는 모세의 창작이 아니라, 하나님이 주신 것이다. 그렇다면 오히려 더 이상하다. 하나님은 모세가 이스라엘 백성 사이에서 마주하는 정치적 도전에 괴로워하는 것을 알고 계셨고, 심지어 직접 개입하셔서 도전하는 자들을 벌해 주기도 하셨다. 그런데, 모세에게 불리한 점을 그저 저렇게 나열하셨을까?

이는 우리말 성경에서 그들이 노여움이 혹독해서 저주받는 것으로 해석할 여지가 있게 중의적으로 번역해 놓았기에 발생한 오해이다. 원문으로 해당 본문을 보면, 그들이 혹독한 노여움과 맹렬한 분노를 발하는 것을 반복하다 보면 결국에는 저주를 받게 된다는 경고의 의미이다(창 49:7). 다시 말해, 이는 노여움과 분노를 품어서 그 둘이 저주를 이미 받았다는 말이 아니다. 오히려 그렇게 성급히 화를 내는 성향으로 노여움을 품어서 살육전을 벌였던 전철을 반복하지 말라는 경고이며 조언이다. 신약에서 검을 가지는 자는 검으로 망한다고 예수께서 말씀하신 것을 야곱식의 표현으로 전달한 것이라 해석하면 이해가 빠르다(마 26:52).

레위 지파는 출애굽 당시 리더 역할을 하고 상당한 권력을 가지고 있으면서도, 열두 지파에 속하지 않았으며 그 어떠한 땅은 상속받지 못한다. 하지만 그 덕분에 열두 지파의 세력권 각지에 흩어져 살면서 종교 지도자 역할을 감당한다. 다시 말해, 언약을 통해서 하나가 된 이스라엘 백성을 민족 종교 집단(ethnoreligious group)으로서 묶일 수 있게 하는 핵심적인 역할을 맡은 것이다. 따라서 흩어져서 지내는 것은 그들에게 부여된 독특한 사명을 감당하려면 꼭 필요한 일이다.

그렇다면 그런 견지에서 레위가 조심해야 할 것도 함께 포함되어 있어야 한다. 그것이 바로 노여움과 분노이다. 율법을 다루는 자로서 그 핵심적인 역할을 감당하는 레위 지파가 은혜와 용서, 그리고 사랑과 긍휼 같은 것을 잊고 결국 자기들이 하나님의 역할을 하면서 노여움과 분노를 사람들에게 쏟는다면, 율법을 방편 삼아서 그들을 억압하기 시작한다면, 그것은 그 자체로 레위 지파뿐만 아니라, 이스라엘 백성 모두에게 저주와 같은 일이 될 게 뻔하다. 그것은 하나님이 "죄악을 사유하시며 그 기업의 남은 자의 허물을 넘기시며 인애를 기뻐하심으로 노를 항상 품지 아니" 하시는 분(미 7:18)이라는 것을 이스라엘 백성 사이에서 망각하게 만들어 하나님을 아는 지식을 뒤틀어 놓게 된다. 율법과 법에는 강력한 권위가 있기에, 그것을 다루는 존재들은 자칫 정의라는 이름으로 포악을 저지를 수 있다. 이를 암시적으로 보여 주는 장면은 훗날 모세가 이스라엘 백성에게 분노한 나머지 십계명을 받은 돌판을 깨어 부순 사건이다. 또한 레위 지파는 출애굽 시절에 칼을 소지하고 다니면서 율법을 어기는 자들을 즉결 심판하기도 했으니(출 32:27), 이는 꼭 필요한 경고다.

> 형제들아 피차에 비방하지 말라 형제를 비방하는 자나 형제를 판단하는 자는 곧 율법을 비방하고 율법을 판단하는 것이라 네가 만일 율법을 판단하면 율법의 준행자가 아니요 재판자로다(약 4:11)

이어 야곱은 열두 자녀를 모두 축복하고 또 예언한다. 하나하나 이름을 부르며 시각적 상징을 사용하는데, 마치 야곱에게는 미래 일들이 보이는 것만 같다. 야곱은 나이가 많아 앞이 잘 보이지 않았는데, 그의 예언에 시각적인 묘사가 많이 담겨 있는 것은 매우 인상 깊게 다가온다. 야곱이 이집트 행을 고민하던 시기, 야곱이 환상을 보았다는 기록이 있는데(창 46:2), 야곱이 만약 열두 지파를 축복할 때 환상을 통해서 그들의 미래를 본 것이라면, 그 환상이라는 것은 육체의 눈으로 보는 것이 아니라는 것도 이를 통해서 유추할 수 있다.

야곱은 자녀들에게 각자에게 맞는 상징적인 이미지와 함께 축복과 예언이 혼합된 메시지를 전달한다. 앞서 우리가 다룬 르우벤, 시므온과 레위에게 주어진 것처럼 구약과 신약에 이뤄질 일들을 살펴보면 더 깊은 의미가 발견되는 유의 예언이다. 그렇기에 그 축복과 예언을 듣는 아들들은 아직 그 말뜻을 다 이해하지는 못했을 것이다. 따라서 그 내용보다도 그들 눈앞에서 마지막 힘을 모두 짜내어 사명을 완성하고 있는 아버지의 모습이 더 선명하게 와닿았다.

	상징	축복과 예언
르우벤	물의 끓음	이스라엘의 장자, 능력, 기력의 시작, 위엄이 있고 능력이 탁월할 것이다.
시므온	칼	분노를 억제하라/이스라엘 중에서 분산되고 흩어져서 지낼 것이다.
레위	칼	분노를 억제하라/이스라엘 중에서 분산되고 흩어져서 지낼 것이다.
유다	새끼 사자	원수의 목을 잡으며, 훗날 통치자의 역할을 감당할 것이다.
스불론	항구	배가 다니는 해변을 차지, 그 영역이 시돈이라는 요지까지 미칠 것이다.
잇사갈	앉은 나귀	좋은 휴식처와 아름다운 땅을 가꾸기 위해 근면히 노동할 것이다.
단	길뱀/독사	재판관이 될 것이다. 기병을 상대할 정도로 군사적으로 탁월할 것이다.
갓	응보자	분쟁과 전투가 있겠으나, 승리할 것이다.
아셀	풍요	왕들에게 어울릴 극상의 음식을 생산할 것이며, 왕을 먹일 것이다.
납달리	암사슴	자유롭게 뛰노는 암사슴과 같음. 아름다운 언어적 재능이 있을 것이다.
요셉	무성한 가지	하나님이 도우심. 하늘의 복과 땅속 깊은 곳의 복, 젖과 태의 복이 될 것이다.
베냐민	무는 이리	아침에는 먹이를 잡아먹고, 저녁에는 남은 것을 나누게 될 것이다.

[야곱의 축복]

이윽고 야곱의 축복도 모두 마무리된다. 이제 야곱은 침상에 두 발을 가지런히 모으고 자신의 마지막 예배 처소였던 그곳에서 모든 기력을 다하고 숨을 거둔다.

야곱 두 발을 모으다

야곱이 "침상에 두 발을 모았다"(창 49:33)라는 것은 모든 완성을 의미한다. 야곱은 시간에 쫓기지도, 못다 한 말이 있어 아쉬워하지도 않았다. 그는 모든 것을 정리했고, 모두와 충분히 작별 인사를 했고, 삶에 남은 일들을 모두 정리했기에, 모든 것을 마치고서 침대에 바른 자세로 누울 수 있었다. 자기 죽음의 모습마저 결정할 수 있었다는 말도 된다. 이는 야곱 나름대로 비언어적으로 "다 이뤘다"라고 선언한 것과 마찬가지다. 이 얼마나 멋진 최후인가? 사람은 자신이 최후를 맞이할 자리, 최후에 지을 표정과 자세 등을 정하지 못한다. 하지만 야곱은 그조차 정하게 해 주셨다. 하나님이 야곱을 특별히 편애해 주셨다는 것이 그의 삶 마지막 장면에서도 표현된다.

하지만 제아무리 호상이라 할지라도 슬프지 않은 이별은 없다. 비록 야곱은 제 죽음마저, 그리고 장례식마저 활용하여 자녀들에게 복을 주고 하나님이 자기에게 주신 언약을 전달할 수 있게 되었지만, 게다가 하나님이 그를 도우셔서 자신의 두 발을 가지런히 모을 시간까지 허락하셨지만, 전혀 아쉬울 것이 남지 않도록 시간이 부족하지 않게 역사해 주셨지만, 그런데도 남은 가족들의 슬픔이 줄어들 수는 없다. 이는 안타까움이나 애처로운 절규가 아니라, 하나님이 야곱을 사랑하셨던 것처럼 그의 자녀들도 야곱을 사랑했기 때문이다.

사랑하는 이들에게 있어서 그 대상이 사명을 다 완수했고, 이 땅에서 더 이룰 것이 없다는 것이 어떤 의미가 있을까? 물론 축하할 일이고 함께 기뻐할 일이다. 근데 그럴지라도 그 사명 완수가 이 땅에서의 사별을 의미한다면, 사랑하는 이들의 마음으로는 차라리 영원히 완수하지 않고 평생 함께하길 바랄 것이다. 감당할 것과 성취해야 할 공적인 일들에는 제한이 있다고 하더라도, 사적으로 사랑하는 이들과 함께 좋은 것들을 먹고 마시고 또 행복한 시간과 즐거운 대화를 나누는 것에는 끝이 없을 테다. 내 사랑하는 자녀들과 내 사랑하는 부모님과 이 땅에서 몇 년을 함께하면 만족할까? 몇 년을 함께하면 그들이 보기 싫어지고 지겨워질까? 아니 그럴 수 없다. 한 지붕 아래서 살 건 살지 않건, 평소 사이가 가깝건 가깝지 않건, 다투다가도 없으면 보고 싶고, 아웅다웅 부대끼다가도 떨어지면 한없이 그립지 않던가? 하물며 죽음이랴? 물론 영원한 천국에서는 함께 만나겠지만 말이다. 그렇지만, 괴롭고 아픈 이 세상에서는, 고행만 가득한 이 땅에서는 더 이상 못 본다는 게 너무나 슬프고 서글프며 가슴 시린 것이 당연하지 않은가? 그렇기에 야곱이 죽은 그 장소에서는 슬픔이 넘실거린다. 모두가 각자의 사연으로 각자의 마음으로 눈물을 자아냈겠지만, 그래도 그 모든 마음이 사랑을 기반했다는 것은 다르지 않다.

　우리는 때로는 신앙심이 깊고 영적으로 성숙한 자들은 모든 인간적 슬픔과 아픔에서 초월한 존재가 되어야 한다고 착각한다. 그렇지 않다. 하나님의 은혜로 모든 사명을 감당했다는 것을 믿는다고 해서, 성도의 부활에 대해서 믿고 있다고 해서, 그 슬픔이 소멸하는 것이 아니다. 다만 그런 믿음과 소망은 불가피한 슬픔을 극복할 힘과 위로로서 작용할 뿐이다. 이는 죽은 나사로가 소생한 사건과 일맥상통한다. 우리는 앞서 1장에서 예수님이 나사로를 곧 소생시키실 것임에도 불구하고 "우셨다"라는 이야기를 나눈 바 있다. 주님은 슬퍼하는 자들이 들어찬 공간에서 돋보이게 슬퍼하시고, 안타깝게 여기시며 우셨다. 고인의 상실에 대한 아픔은, 사랑하는 이를 잃는 괴로움의 존재는 결국 믿음의 여부가 결정하지 않는다. 그래서 그랬을까? 분명 많은 울음이 넘실거렸을 그 공간에 모세는 요셉의 반응만을 대표 격으로 적어 냈다. 하나님의 사람 야곱의 죽음은 결국, 영적 은사를 가지고 있는 요셉에게 그 가문의 영적 리더 역할을 맡게 한다. 그런데 그런 요셉조차. 꿈을 통해서 미래의 일을 미리 아는 요셉조차. 야곱의 죽음을 슬퍼한다.

요셉이 아비 얼굴에 구푸려 울며 입맞추고(창 50:1)

요셉은 자기 휘하에 있는 의사들에게 아버지의 육신을 방부 처리하라고 명한다. 이는 이집트 고위층들의 장례 절차에서 필수적인 '미라'를 만드는 것을 의미한다. 이를 우리 성경에서는 그의 몸에 향 재료를 넣었다고 표현했다. 고대 이집트에서 이는 오로지 왕족과 귀족층만 누릴 수 있는 '호사'이자 '특권'이었다. 이는 고도의 전문적인 기술과 지식이 있어야 하는 과정이었기 때문이다. 그렇기에 당시 이집트인들의 관점에서는 그것은 극상의 예법이고, 고인을 대하는 가장 극진한 대접이다. 하지만 언약의 백성인 히브리인들, 이스라엘의 자손에게 있어서 그것은 야곱 최후의 노림수인 가나안에 매장되기 위한 절차였다. 요셉은 이처럼 이중의 의미가 있는 방부 처리를 하라는 명령으로 야곱의 마지막 유지에 따라, 요셉이 맹세한 그것을 지키고 보존할 수 있게 한다. 그 순간에도 요셉은 넘치는 지혜로 아버지의 뜻을 관철할 길을 열고 있었다.

이 야곱의 육신의 부패를 막는 과정은 40일이 걸렸다. 그 와중에 이집트에서는 70일 동안이나 장례가 거행되었다. 성경은 이 기간에 이집트인들이 그를 위해서 곡을 했다고 하는데, 창세기에 묘사한 아브라함–이삭–야곱의 계보에 속한 자들이 행했던 장례식의 기간에 비하면 매우 긴 기간이다. 고대 이집트에서는 고위 계층에 속할수록 그 장례식의 규모가 크고 절차가 복잡하여 귀족의 경우 수주에서 왕족은 몇 개월에 이르곤 했다. 그러니 야곱의 경우는 오늘날로 치면 일종의 국장에 해당하는 대접을 받았다 할 수 있다. 물론 이를 요셉이 단독으로 결정할 수 있었던 것은 아니다. 파라오의 배려가 있었을 것이고, 또한 이집트 민간의 지지가 있었을 것이다. 그렇기에 그들도 추모에 동참한 것이었을 테다. 이를 통해서 알 수 있는 점은 바로 요셉은 여전히 파라오에게 총애를 받고 있고, 동시에 국민에게서도 사랑을 받는 존재였다는 사실이다.

이때는 요셉 최대의 전성기라고 할 수 있는 기근이 끝난 지 12년이 지난 때다. 비록 요셉은 토지 개혁을 통해서 정적도 생겼을 테지만, 반대로 그로 인해서 수혜를 본 자들도 엄청났다. 모든 권력을 손에 쥐게 된 파라오는 말할 것도 없고, 그를 통해서 농사를 지을 토지를 얻은 일반 민중들도 있었다. 그들은 파라오에게 산출량 일부를 세금으로 내야 했지만, 각 지역에 권세 잡은 자들에게 착취당하는 것보다 훨씬 나은 사정이다. 7년간 풍요의 때에도, 7년간 기근 때에도 잘 통치한 요셉은 12년 동안 평년에도 사랑을 받는 통치를 했다. 야곱 또한 고센에서 모두에게 존중받는 삶을 살았던 것이 분명했기에, 그런 성대한 장례를 치를 수 있었다. 먼 훗날 시편의 한 기자가 자녀는 부모에게 있어서 용사가 가진 화살과 같이 힘의 원천이라고 했던 것처럼(시 127:4), 모든 자식이 야곱에게 그러했지만, 요셉은 야곱에게 특별히 더욱 그런 존재였다. 야곱은 요셉 덕분에 이집트에서 고인으로서 받을 수 있는 예우를 모두 받게 된다.

마침내 곡하는 기간이 모두 지났다. 그 이후에 요셉은 파라오의 궁에 한 가지 아주 무리한 요청을 한다. 그것은 바로 매장지를 선친이 가나안에 파서 둔 묘실로 할 수 있게 해 달라는 청이다. 자신은 아버지 생전에 그러기로 맹세했다며, 그 맹세를 지키고 나면 다시 돌아오리라고 약속한다(창 50:5). 하지만 이는 정치적으로 매우 위험한 청이었다. 이런 '사족'이 필요한 것은 요셉은 국무총리로서 이집트의 구석구석을 잘 알고 있는 자라서다. 그런 그가 기근에도 남아 있는 세력들, 특히 이후에도 이집트와 군사적 충돌을 겪은 바다 민족들의 포로가 되거나 혹은 딴맘 먹고 돌아서서 외세에 정보를 제공한다면, 이집트에서는 그야말로 재앙과 같은 일이 벌어질 판이다. 하지만 파라오는 이를 흔쾌히 승낙한다. 그뿐만 아니라, 자기 궁에 속한 모든 신하와 조언가들과 또한 각 지방에 장로들도 함께 가도록 한다. 그리고 그 무리를 보호하기 위해서 병거와 기병을 동원한다. 자고로 병거나 기병을 동원하기 위해서는 그저 병거와 기병만 단독으로 운용할 수 없다. 그들에게 보급도 제공해야 하고 종자와 호위할 보병 또한 필요하다. 그 결과 가나안으로 향하는 무리는 "그 떼가 심히 컸더라"라고 기록한다(창 50:9).

이미 파라오는 이집트에서 국장의 예라 할 만큼 성대한 장례를 허락했다. 그 이후에도 이런 파격적인 대우를 추가로 허락했다. 어떻게 이런 일이 가능했을까? 이에 대한 손쉬운 답변은 아마 하나님께서 파라오의 마음을 주관해 주셨다는 것이겠다. 물론 이는 틀림 없는 사실이다. 훗날 바벨론의 환관장의 마음을 다니엘에게 주셔서, 환관장이 다니엘과 세 친구의 무리한 부탁을 수용하도록 하게 하신 것과 마찬가지의 상황이다.

아브라함의 복이라 일컬어지는, 그 복을 소유한 자를 축복하려는 자는 하나님께 복을 받고 저주하려는 자는 하나님께 저주받는다는 그 언약의 복은 이스라엘의 일원인 요셉에게도 적용된다. 그리고 파라오 역시 진심으로 하나님의 사람 요셉을 선대해 왔다. 하나님도 그 복에 따라 파라오에게도 복을 주셨고 선대하신다. 따라서 하나님은 파라오조차 그저 서사를 진행하기 위한 부속품이나 수단으로 삼으신 것이 아니다. 파라오에게 그저 비상식적인 요셉 사랑을 품게 하시고 그 자신에게 손해가 가는 행위를 하도록 강제하신 것이 아니다. 이 야곱의 장례에는 실상 파라오에게도 이 정도로 협조해야 할 정치적인 이유와 얻을 수 있는 이점이 있다.

우선 파라오에게 충성한 공신들에게는 출신 같은 것은 상관치 않고, 그 가족에게라도 이러하게 성대한 예우를 아끼지 않는다는 것을 보여 줌으로 신하들의 충성심을 고취할 수 있었다. 토지 개혁으로 이권을 빼앗긴 자들은 말할 것도 없고, 그것을 본 자들은 어쩌면 파라오에게 충성해 봤자 소용이 없다는 생각이 들 수도 있었을 것이다. 사람은 당장 괴롭고 어려운 상황에는 그런 생각을 하지 않겠으나, 이 시점은 기근이 끝나고 12년이나 흘렀다. 파라오에게 자신의 세력과 자치권, 자유 등을 내어놓고 살려만 달라며 복속되었던 자들도 슬슬 본전 생각이 날 만했다. 그러한 내부의 불안 요소가 점차 가시화되던 시기에 요셉의 아버지이자, 파라오의 귀중한 재산인 가축을 관리하는 자였던 야곱의 성대한 장례식은 자기들의 왕인 파라오가 얼마나 관대하며 공을 치하하는 것에 주저함이 없는 자임을 증명하는 사례다. 그렇기에 파라오는 이집트에서 성대한 장례식 이후에 또한 가나안으로 향하는 행렬도 허락한다. 특별히 그것을 모두에게 각인시킬 수 있도록 중앙의 고관대작들뿐만 아니라, 지방의 유력자들까지도 동원하여 모두 그것을 관조하게 한다.

두 번째는 이러한 행렬을 갖춰서 가나안으로 향하는 것은 기근을 통해서 복속되었기에 여전히 지배력을 강화할 필요가 있는 가나안 지역에 대한 아주 효과적인 무력 투사의 방법이다. 야곱과 에서 형제는 가나안에서 이름이 드높은 명사이며, 아닷 타작마당을 아브라함이 매입한 이후로 대대로 가족묘로 사용하였으므로 불필요한 마찰을 최소화할 수 있는 명분 있는 군사적 움직임이 될 수 있었다. 그리고 목적이 이집트의 무력을 과시하여 기근을 틈타 복속하게 된 가나안을 안정시키며 남아 있는 세력도 귀의시키려는 목적이라면, 이에 투입하는 행렬은 화려하면 화려할수록 좋을 것이며, 그 행렬을 호위하는 군사는 그야말로 많으면 많을수록 파라오의 전략적 목적을 달성하기에 적합하다. 그 결과가 바로 야곱의 장례 행렬이다.

고관대작들과 지방의 유력자들을 실은 마차와 수레, 그들을 시중들 자들의 무수한 행렬, 거기에 고대 사회 최강이라 일컬어지던 이집트의 전차 부대와 정예병들이 진을 이루어 광야를 횡단한다. 그 뒤로도 끝없이 보급품을 실은 후발대가 따라오고 있다. 이 소식에 그야말로 가나안은 들끓었다. 파라오 군대의 엄청난 위세와 그 행렬의 화려함은 이 행렬의 원인에 집중하게 한다. 바로 야곱의 죽음. 가나안의 강력한 부족장이었다가 고센으로 이주하여 파라오에게 충성한 자. 그리고 이렇게 많은 무리가 그의 장례를 위해서 모래 바다와도 같은 광야를 횡단한다. 이는 더없이 강렬한 인상이자 메시지를 안겨준다. 가나안 출신이라 할지라도, 차별받는 목축하는 자들이라 할지라도, 파라오에게 충성하면 이러한 극진한 대우를 받는다는 압도적인 실증이 된다.

그러한 메시지를 더 강화하는 것은 바로 아브라함-이삭-야곱이 행했던 가나안식의 장례식이다. 야곱을 위한 이집트식의 장례식이 끝난 시점에 가나안에서 또다시 칠 일간 애곡하는 기간을 가진다. 이는 이 모든 상황을 가나안인들이 이해하는 방법으로 전달될 수 있게 해 준다. 이 당시 가나

안 역사상 존재한 적이 없던 엄청난 장례 행렬과 전에 본 적 없던 장례 규모
는 가나안인들에게도 강렬한 인상을 남긴다. 이에 가나안인들은 아닷의 지
명을 이집트의 큰 통곡이라는 의미의 아벨미스라임이라고 개명까지 한다(창
50:11). 이 모든 장례식이 끝나자, 야곱의 유지대로 그를 마므레 앞 막벨라 밭
굴에 매장했다. 이는 이제 아브라함-이삭-야곱 계보가 완성된 자리이자,
마지막 자리이다. 아브라함의 계보에 속한 자 모두 한곳에 모이자. 이제 이
막벨라 밭 굴은 그저 가족묘가 아니게 된다. 이는 이스라엘 백성의 돌아가야
할 표지가 된 것이다. 이집트에 터 잡은 자신들의 시작, 그 뿌리는 가나안에
남겨져 있다. 결국 그들에게는 돌아가야 할 고토가 있다. 그런 움직일 수 없
는 상징이 그 장례식에 참여한 모든 야곱 자손의 마음에 남았다.

　파라오가 자신의 정치, 군사, 전략적 목표를 달성하기 위해서 인력과 자원
을 아끼지 않고 지원한 결과, 야곱 역시 그 자신의 마지막 노림수, 자기 죽음
을 통해서 하나님께 받은 언약, 이집트에서 민족을 이루고 나면 결국 광야를
거쳐 가나안으로 돌아가야 한다는 메시지를 더없이 강화할 수 있었다. 따라
서 이 모든 과정에 참가한 무수한 이스라엘의 자손 심상에 가나안 귀환의 언
약이 각인된다. 너무나 비일상적이고 너무도 인상적인 이 모든 것은 이집트
인들, 가나안인들, 그리고 이스라엘인들 사이에서 오래도록 회자할 것이 분
명했다.

　이 말은 야곱은 야곱대로, 파라오는 파라오대로, 그리고 요셉은 요셉대로
모두 윈윈(win-win)하는 상황이 된다는 말이다. 야곱은 비언어적으로 자신이
받은 언약을 후손에게 그 어떤 언어가 전달할 수 없을 만치 강렬하게 전달했
고, 파라오는 직접적인 전쟁을 치르지 않고도 그 힘을 과시하여 이집트와 가
나안에 자기의 권력을 투사할 수 있었다. 분명 요셉은 아버지와의 맹세를 위
해서 자기의 정치 생명이 끝날 수도 있는 요구를 파라오에게 했는데, 오히려
역으로 그것이 또다시 파라오의 권력을 반석에 다지는 요소로 사용되었다.
이를 통해서 요셉은 사랑하는 아버지의 장례를 더없이 성대하게 치를 수 있
었고, 또 맹세를 틀림없이 지켰으며, 파라오에게 더욱더 신임을 받게 된다.

그리고 이는 요셉에게 원한을 품었을 정적들에게 엄청난 두려움을 안겨 줬다. 요셉은 이제 그저 해몽을 잘해서 국무총리가 된 낙하산 인사도 아니요 30살의 새파랗게 젊은 애송이도 아니었다. 도저히 그들은 범접할 수 없는 자라는 것이 분명해진다. 그래, 이 대사건을 통해서 파라오의 잠재적 적들이 일거에 소탕되었듯, 요셉의 정적들도 야곱의 장례를 통해서 정리된다. 하나님이 이 모든 것을 하시지 않고서는 얻을 수 없는 효과를 거뒀다.

이렇듯 하나님은 결국 모든 것이 합력하여 선을 이루게 하신다. 그 모든 선이 이뤄지자, 이제 모두 일상으로 돌아간다. 요셉이 파라오에게 약속한 대로 이집트에 돌아오자, 요셉조차 예상하지 못한 사태가 하나 발생한다. 바로 그 요셉의 권세에 그의 정적들만 기가 죽어 두려움에 휩싸인 것이 아니라, 그의 형제들까지 그러했다는 것이다.

그들은 요셉이 더는 자기 손아래 동생이 아님을 진작에 알고 있다. 요셉이 가진 이집트에서의 권력이 대단하다는 것은 알고 있었지만, 그 상상의 규격을 뛰어넘는 것을 직접 눈으로 보고 또 체험해 보니 더럭 겁부터 났다. 그들의 생살여탈권이, 아니 그들의 이름으로 형성된 지파의 생살여탈권이 요셉에게 달려 있었다. 이것은 그들을 더없이 두렵게 만들었다. 게다가 그들과 요셉을 묶는 유일한 공통 분모인 자기들 아버지는 돌아가셨다. 그들은 이복형제간이고 적자독식의 상속이 아직은 익숙한 자들이었다. 억누르려고 해도 도저히 그 마음에 담긴 바를 주체할 수 없게 되자 요셉을 찾아가 용서를 다시 구한다. 그들은 요셉에게 납작 엎드려 자신들을 요셉의 종이라 지칭하며 그저 자비를 베풀고 살려 달라 간청한다(창 50:18).

요셉에게 말을 전하여 가로되 당신의 아버지가 돌아가시기 전에 명하여 이르시기를 너희는 이같이 요셉에게 이르라 네 형들이 네게 악을 행하였을찌라도 이제 바라건대 그 허물과 죄를 용서하라 하셨다 하라 하셨나니 당신의 아버지의 하나님의 종들의 죄를 이제 용서하소서 하매 요셉이 그 말을 들을 때에 울었더라(창 50:16-17)

이에 대한 요셉의 반응은 눈물이다. 이 눈물의 의미를 정확하게 알 수는 없지만 창세기에 묘사한 요셉의 성품으로 미뤄 보건대, 마음고생하였을 형들에 대한 가엾음과 안타까움이었을 것이다. 요셉은 아버지가 남긴 이스라엘의 형제들을 그토록 사랑하는 자이니까 말이다. 곧이어 그가 형들에게 답변한 말은 매우 인상 깊다.

> 요셉이 그들에게 이르되 두려워 마소서 내가 하나님을 대신할까(창 50:19)

요셉은 형제들에게 자기에게 제아무리 많은 권력이 있어도 하나님을 대신할 수 없다고 말한다. 이는 두 가지를 의미한다. 하나는 자기의 수난에 의미를 부여해 주셔서 결국 모든 이스라엘 백성을 구원하시는 방편으로 삼으신 것은 하나님이시라는 것이다. 즉, 하나님이 살리신 민족이 바로 이스라엘이라는 얘기다. 따라서 요셉이 자신의 원한을 갚기 위해 하나님이 이루신 바를 뒤엎는다는 것은 불가능하다. 또 다른 하나는 자기는 결코 생사화복을 주관하는 처지가 될 수 없다는 뜻이기도 하다. 물론 요셉은 이집트에서 강력한 권력을 가진 국무총리로서 많은 사람의 생사화복을 주관하는 위치인 것은 틀림없다. 하지만 이스라엘과의 사이에서는 그렇지 않다. 이스라엘 사이에서 오직 생사화복을 주관하는 이는 하나님뿐이시며, 그 구성원은 모두 동등한 위치에 있는 한 몸 된 형제이다. 그런 견지에서 요셉은 그 형제들을 위로한 것이다.

> 그러나 너희는 랍비라 칭함을 받지 말라 너희 선생은 하나이요 너희는 다 형제니라(마 23:8)

> 예수께서 이르시되 이방인의 임금들은 저희를 주관하며 그 집권자들은 은인이라 칭함을 받으나 너희는 그렇지 않을찌니 너희 중에 큰 자는 젊은 자와 같고 두목은 섬기는 자와 같을찌니라(눅 22:25-26)

앞서 우리는 전지전능한 하나님이 그 전지전능하심으로 우리에게 어떠한 방향으로 행하실지 결정할 수 없기에 고민하는 존재라 했는데, 이는 요셉의 권력에 대한 그 형들의 반응에서도 반복된다. 요셉의 권력을 어떠하게 사용할지 제한할 수 없기에 두려움에 휩싸인 것이다. 이에 요셉은 자신은 자기에게 주어진 힘과 권력을 활용하여 언약 안에서 하나의 민족 된 형들과 형들의 자녀들을 돌보겠다 약속한다. 이스라엘 자녀들이 본 모든 힘들, 그리하여 두려움에 휩싸이게 할 만큼 거대했던 그것을 식구들을 위해서 쓰겠다는 약속이다. 야곱의 사후에도 야곱의 자녀들이 진정 하나의 민족이 되기 위해서, 하나의 가족으로 살기 위해서 피차간에 솔직하게 터놓고 이야기하는 이 과정은 꼭 필요했다. 그간 그들을 하나의 형제로, 가족으로, 부족으로 묶어 줄 아버지 야곱의 부재를 어떠한 의미로 해석하는지 피차간에 확인하는 것은 필수 불가결했다. 그리고 형제들 사이에서 가장 큰 권력을 가진 요셉은 피차를 묶는 끈이 여전히 유효하다 답변한다. 그리고 그러기에 형제들의 자녀까지도 책임지겠다 약속하며 그의 형제들을 위로한다.

이제 야곱의 이 땅에서의 삶은 완전히 끝났다. 하지만 그럴지라도 이스라엘은 여전히 남아서 그 후손들을 하나로 묶는 끈, 둘러친 울타리, 보호하는 장막이 되었다. 그 이후로도, 수백 년, 수천 년의 세월이 흐른 이후에도 더러는 혈통을 의지해서, 더러는 믿음을 의지해서, 이스라엘이라는 울타리에 들어간다. 하나님께서도 후대의 이스라엘 백성을 야곱이라고 부르시길 주저하지 않으신다. 그리고 선지자들을 통해 주신 그리스도의 구원에 대한 예언에서 주님의 보혈로 하나님의 자녀가 된 우리가 자신을 스스로 야곱에게 대입하여 여호와를 부르게 될 것이라고 말씀하셨다. 그때에는 하나님의 영, 그러니까 성령님을 우리에게 부어 주시겠다고 약속하셨다. 그렇게 오늘날을 살아가는 우리 그리스도인들도 야곱을 매뉴얼 삼아 하나님과 동행하는 자들이 되었다.

나의 종 야곱, 내가 택한 이스라엘아 이제 들으라 너를 만들고 너를 모태에서부터 지어 낸 너를 도와 줄 여호와가 이같이 말하노라 나의 종 야곱, 내가 택한 여수룬아 두려워하지 말라 나는 목마른 자에게 물을 주며 마른 땅에 시내가 흐르게 하며 나의 영을 네 자손에게, 나의 복을 네 후손에게 부어 주리니 그들이 풀 가운데에서 솟아나기를 시냇가의 버들 같이 할 것이라 한 사람은 이르기를 나는 여호와께 속했다 할 것이며 또 한 사람은 야곱의 이름으로 자기를 부를 것이며 또 다른 사람은 자기가 여호와께 속하였음을 그의 손으로 기록하고 이스라엘의 이름으로 존귀히 여김을 받으리라(사 44:1-5)

이스라엘이 되었던 야곱, 열조로 돌아가며 이스라엘이라는 이름을 대대로 물려주고 여수룬, 즉 '하나님께 사랑받아 의롭게 된 자'로 모든 이의 기억 속에 남다.

미달자 야곱과 완전한 욥

이렇게 해서 야곱의 파란만장한 삶의 이야기는 모두 끝이 난다. 후손들에게 모든 것을 맡기고 그는 열조에게로 돌아갔다. 그의 나이 147세이다. 야곱의 삶을 요약하자면, 미달자에 죄인인 야곱이 쓰러진 자리에서 만나 주신 하나님이 결국 그를 이스라엘로 만드시는 이야기다.

야곱이 하나님을 만났던 시점을 70대로 본다면, 그 이후 하나님과 동행한 기간도 역시 70여 년이었다. 하나님이 없을 적에 70여 년을 패륜적 행위도 불사하지 않던 자였던 속이는 자이자 미달자인 야곱이, 이후 하나님과 동행하는 70여 년간 점차 변하고 성숙하여 그야말로 걸출한 하나님의 사람이 되어 가는 과정이 곧 야곱의 인생 여정이다. 물론 그 도중에도 야곱은 실책을 저지르기도 하고 자기가 자초한 어려움에 빠지기도 한다. 그리고 그때마다 하나님이 도우시며 역사하셨다. 훗날 하나님은 그의 인생을 한 단어로 담을 수 있는 '여수룬'이라는 이름을 주신다. '의로운 자'라는 의미의 이 여수룬은 하나님과 동행하며 살아온 야곱이 마침내 하나님의 사랑으로 의롭다고 여김을 받은 자가 되었다는 의미이다. 이런 견지에서 야곱의 삶은 결국 구원의 서정에서 '칭의'와 '성화' 과정의 암시이다.

칭의라는 단어가 내포하고 있는 것은 실상 의로움이 아니다. 오히려 미달한 자, 죄인, 부족한 자, 부정한 자라는 의미를 담고 있다. 이는 그런 자들이 결국 하나님을 만나고 그분과 동행하다 그분의 은혜로 처음부터 마지막까지 의롭다 칭함을 얻는다는 개념이다. 실상은 그들의 시작도 의롭지 못했고, 그들의 과정도 그러했으며, 그 결국도 자력으로 얻은 의가 아닌 오로지 은혜를 믿음으로 얻은 의이다. 그 믿음이라는 것도 거창할 필요가 없고, 그저 성경 곳곳에 기록한 우리를 향한 하나님의 사랑 고백과 언약을 믿으면 된다. 놀랍게도 이 구조는 신약이라고 부르는 예수님의 십자가 이후 제시한 구원의 방법과 같다. 실상 구약과 신약은 그 포장지만 다를 뿐, 담긴 정신이나 내용은 '여수룬'이라는 이름으로, 이스라엘로, 그리고 야곱의 삶으로 통일성을 유지한다.

그 안에서 발견되려 함이니 내가 가진 의는 율법에서 난 것이 아니요 오직 그리스도를 믿음으로 말미암은 것이니 곧 믿음으로 하나님께로서 난 의라(빌 3:9)

신약의 여러 서신서에는 자력에 의한 율법의 행위로, 의에 도달하려는 자들을 위한 권면이 기록되어 있다. 그 권면은 때로는 영적으로, 때로는 신학적으로, 때로는 율법적인 것으로, 또는 역사적인 사례까지 동원하며 그것이 불가능하다는 것을 설명한다. 구약에 기록된 야곱 삶의 이야기가 결국 의롭게 여겨 주셨다는 이야기로 끝맺으며 신약에 기록된 십자가를 드러낸다. 왜 '여수룬'이 답인지, 구약 속 야곱 이야기가 증언한다. 비유하건대, 야곱의 이야기가 결국 십자가라면, 이제부터 다룰 이야기는 신약의 서신서에 해당한다. 서신서에 해당한다는 것은 야곱이 소유하게 된 '의'는 '칭의'의 결과이지, 자력으로 얻은 것이 아님을 확증한다는 말이다.

성경에서 잘못이 기록되지 않은 의인으로 흔히 욥, 요셉, 다니엘을 꼽는다. 물론 실제로 죄가 없다고 보는 것은 무리이고 하나님께서 죄로 여겨 주지 않으시고 실책을 기록하지 않으시는 은혜를 베풀어 주신 덕분이다. 근데 그중에서 욥은 아주 독특하다. 왜냐하면 하나님이 공식적으로 완전하고 순전하며 하나님에 대해서 말하는 것들이 옳다고 인정해 주셨음에도 불구하고, 어지간한 죄인보다도 더 고생했을 뿐만 아니라 혼나기도 엄청나게 많이 혼났다. 물론 거기에는 이유가 있다. 유능한 작가가 아주 값비싼 비단에 먹물을 바르기 시작했다면 그것에는 의미가 있다. 그것을 통해서 더욱 가치 있는 작품을 만들기 위함이기 때문이다. 욥이 그런 경우이다.

욥은 가장 이상적인 인간의 모델이다. 그렇기에 오로지 그만이 삶을 통해서 표현할 수 있는 메시지가 있다. 그것은 바로 극상의 경지에 오른 인간의 완전함을 갖추고, 또 그 어떠한 귀책을 저지르지 않아서 사람의 기준에서는 이론적으로 가장 온전하다 할지라도, 자력으로는 도무지 영적인 기준, 그러니까 하나님이 정하신 완전한 수준의 의에는 이르지 못한다는 영적 사실이다.

실제로 욥에게 등장하신 하나님은 욥에게 사과 한마디 하지 않으신다. 오히려 하나님의 기준을 말씀하시면서 그분의 위대하심 앞에서 인간 중에서 최고로 거룩하고 순전한 욥조차 얼마나 보잘것없는지 강조하시며 욥의 기를 팍 꺾어 놓으신다. 하지만 하나님 앞에서 기가 꺾인 욥에게 요구하시는 것은 대장부처럼 허리를 동여매고 당당하게 서라는 것이었다. 자기 아내조차 자살하라 요구했고, 그의 친구들조차 그를 죽어 마땅한 존재인 양 몰아갔던 것을 생각하면 다소 의외의 요구이시다. 이는 하나님 앞에서야 누구나 부족하지만 세상의 기준이나 마귀의 기준에서 보면 욥은 더없이 완벽했다는 의미이다. 욥은 본디 하나님이 자랑하시고 하나님이 극찬하실 정도로 뛰어난 자였으니 말이다.

욥의 삶을 통해서 드러난 것은 결국 "의인은 없나니 하나도 없도다"이며, 더 정확히는 (하나님 앞에서) "의인은 한 사람도 없다"라는 사실이다. 욥기의 교훈은 다윗의 시편 고백인 "주의 종에게 심판을 행하지 마소서 주의 눈앞에는 의로운 인생이 하나도 없나이다"(시 143:2)가 어째서 온 인류가 하나님께 해야 할 고백인지 명확하게 한다.

이런 견지에서 욥의 일생은 사람의 노력으로 하나님이 원하시는 수준의 의에 이르지 못한다는 것을 구약의 사람들도 이해할 수 있게 하는 실증이며 그 자체로 신약의 서신서의 많은 부분에 대한 암시를 담고 있다고 해도 과언이 아니다. 욥은 아브라함과 같은 시대의 사람이니, 신앙의 근본으로서 꼭 필요한 메시지는 율법을 주시기 전부터 하나님이 주신 셈이다. 따라서 이 자체로도 율법이 실패하자 십자가를 주셨다는 식의 성경에 대한 몰이해를 기반한 주장에 대한 완벽한 반박이 된다. 율법이 주어지기 전, 창세기나 욥기 시점에서도 결국 사람이 '여수룬'이 되는 것은 은혜를 기반한 하나님의 칭의뿐이다. 그리고 이러한 이해를 한 자들은 구약만 가지고도 율법 안에 있는 자들이나 율법 밖에 있는 자들이나 모두 하나같이 죄인이라는 것을 안다. 이는 예수 그리스도가 공생애를 시작하셨을 때, 성령이 내주 역사하시기 전임에도 그저 구약의 계시만 가지고도 예수님의 가르침을 이해하고 따르던 자들이 존재하던 연유이다.

바울은 사람이 자신의 노력으로 의에 이를 수 없다고 말한다. 그리고 우리가 죄 없다고 하면 그리스도가 헛되이 십자가에서 죽으신 것이라 했다. 바로 이점이 기독교를 타 종교와 구분 짓는다. 타 종교는 인간이 수련하고 노력하고 깨달음을 얻으면 천국도 가고 영생에도 이를 수 있다고 가르친다. 착하게만 살면 선에 이를 수 있다고 말한다. 하지만 성경은 솔로몬의 시기에도 "지혜자나 우매자나, 의인이나 악인이나 임하는 결국은 같다"(전 2:16)라고 한다. 여기서 말하는 결국은 바로 죽음이다. 사람이 선하다 한들 첫째 죽음을 피할 수 없다. 의인이라 해도 첫째 죽음이 피해 가지 않는다. 불합리한 인생의 역경에 면역이 되지 않는다.

의인에게도 지혜자에게도 결국 필요한 것은 은혜의 울타리이다. 은혜의 울타리가 없으면, 즉 하나님이 우리를 불쌍하게 여겨 주시지 않으면, 짐승과도 다를 바 없다는 것을 욥의 인생을 통해서 이스라엘 백성은 이미 깨달았다. 그렇기에, 욥의 삶은 그러한 점을 깨닫게 해 주고 거부할 수 없게 만들어 주는 매뉴얼이자 모델이며 귀중한 예시이다. 욥의 완전함이 드러나면 드러날수록 이 메시지는 더욱 강화된다. 그가 겪은 온갖 시련과 그 과정 중에서 욥이 그토록 원했던 하나님과의 '재판'에서, 인간 중 가장 완전한 자였던 욥이 대표 격으로 서서 결국 책망을 듣기도 하고 혼나기도 하며, 아무 항변도 하지 못했다. 이를 통해, '욥 수준의 의에도 이르지 못하는 그 외 모든 사람은 자력으로 의에 도달하는 것이 불가능하다'라는 것을 자연스럽게 인지하게 한다. 하나님이 인정하신 당대 의인 욥도 하지 못한 것을 그 누가 할 수 있을까?

야곱에게 '신비로운 인물', 씨름하는 존재가 있다면, 욥에게는 바로 엘리후가 있다. 엘리후의 이름 뜻은 '그는 하나님이시다'이다. 서른 살쯤밖에 안 되어서 무시당했던 예수님을 연상시키듯 자신의 연소한 나이를 언급하며 홀연히 등장한 그가 입을 열자마자 모든 사람이 입을 굳게 다문다. 욥과 그 친구들 사이의 치열한 언쟁에는 단 한 차례도 끼어들지 않았던 그는 자신이 가만히 듣고만 있었다고 말하면서 그야말로 그간 하나님에 대해서 이러쿵저러쿵 말했던 모든 대상을 압도한다. 야곱의 다리를 절게 했던 씨름하는 존재와도 같이, 그도 하나님에 대한 압도적인 지식과 진리로 모든 이들의 뼈를 때린다. 그 이후로 욥의 친구들은 한마디의 말도 못 한다. 그리고 신비한 점은 엘리후라는 존재가 말을 그치고 사라지자마자 갑자기 하나님께서 등장하셔서 욥의 기를 죽이시다가 그에게 사내대장부가 될 것을 요구하신다. 엘리후에게 하나님에 대한 지식으로 그야말로 뼈를 맞고 하나님에게 혼난 욥은 역설적으로 회복하고 기운을 차린다. 매를 사람에게 맞으면 골병이 들고, 사람 앞에서 기가 죽으면 폐인이 되지만, 하나님에게 맞고 하나님 앞에서 기가 죽으니, 마치 야곱이 씨름을 통해서 이스라엘이 되고 그의 활로가 열렸듯, 욥도 회복한다.

이런 구조적 유사성에도 불구하고 야곱은 참으로 욥과는 정반대의 인생을 살았다. 야곱의 삶은 정말로 실책이나 실수투성이다. 잘한 점을 찾으려고 눈 씻고 찾아봐도 찾기 힘들다. 이 책 1부에서, 훨씬 더 우월한 에서를 두고 미달자 야곱을 선택하신 하나님은 과연 선하신지에 대한 의문을 다룬 바 있다.

이처럼 우리가 야곱에게서 위화감마저 느끼게 되는 이유는 그는 한 번도, 정말로 단 한 번도 하나님에게 혼난 적이 없기 때문이다. 물론 곤죽이 되도록 맞은 적은 있지만, 그거야 정당한 '스포츠'의 과정이었다. 어쨌든 최종적으로 야곱이 이겼으니까, 그 부분은 논외로 하기로 하자.

하나님은 야곱을 정말로 사랑하셨다. 말로만 사랑하신 게 아니라 아예 편애하셨다. 그래서 실수투성이고 한심한 것투성이인 야곱의 인생에서 야곱을 탓한 적이 일절 없으시다. 창세기를 아무리 찾아봐도 야곱을 책망하시거나 나무라신 부분이 없다. 야곱이 하나님 이외의 존재를 두려워하는 똑같은 실수를 네 번이나 반복했는데, 그럴 때마다 하나님이 그를 직접 대면하여 만나주셨다. 선생님이 학생을 지도하려고 교무실에 부르는 것과는 분위기가 사뭇 달랐다. 잔뜩 기가 죽어서 어떻게 혼날까 걱정하면서 하나님께 나아갔는데, 그때마다 하나님이 주시는 메시지는 복의 재확인, 약속의 재확인, 은혜의 재확인이었다. 애정이 어린 말들과 용기를 주는 말들로 야곱을 안심시키셨다. 하나님의 사랑을 많이 받았고 편애받았다는 다윗의 이야기와 비교해 보더라도 이질적이라고 생각될 정도이니 말을 하나 마나이다. 그렇기에 선지서에서 하나님이 직접 당신께서 편애하시고 사랑하시는 대표적인 예시로 야곱을 주저 없이 손꼽으신다.

물론, 이후 성경에서는 야곱이나 이스라엘을 상징적으로 언급하시며 혼내시는 장면이 나오기도 한다. 근데 그것은 야곱 생전에 야곱에게 하신 말씀이 아니다. 야곱의 후손인 이스라엘 백성을 책망하실 때 대명사로 야곱이라 부르시면서, "너 벌레 같은 야곱아" 정도로 부르신 것이다. 뭐 그 말이 나왔을 때 이미 야곱은 하나님 곁에서 행복함에 젖어 매일 매일 지내고 있었을 테니 그 책망의 말들이 다 무슨 상관이랴.

물론 이것에도 이유가 있다. 가장 큰 이유는 역시 하나님이 야곱을 사랑하심 때문이고, 또한 야곱은 모든 믿음의 민족의 매뉴얼이자, 설명서, 그리고 모델하우스이기 때문이다. 즉, 하나님이 야곱을 편애하시면서 이런 선언을 하시는 것이다.

"내가 야곱을 택해서 이렇게 사랑하는 게 이상하니? 그런데 생각해 보렴. 그의 계보를 따라서 나를 믿는 너희의 삶 속에서도 내가 이렇게, 아니 십자가 사건 이후의 너희에게는 더욱더 친밀하고 자상하게 함께할 거란다."

그리고 하나님은 은혜로우시고 사랑이 많으신 분이라는 것을 명확히 나타내시기 위해서 욥을 우리 모두에게 적용할 보편적 매뉴얼로 삼으신 것이 아니라, 야곱을 보편적 매뉴얼로 삼으셨다. 우리의 연약함을 아시기에….

야곱이라는 매뉴얼에 적힌 약속들

야곱의 일생에는 언약의 백성이 된 자들에게 하나님께서 어떻게 응답하시며, 어떠한 방식으로 동행하실지에 관한 내용이 담겨 있다. 이는 아무리 세월이 지나고, 세상이 변해도, 또한 십자가를 통해서 은혜의 시대가 열렸어도 여전히 유효하다. 우리의 주님은 어제나 오늘이나 영원토록 동일하신 분이시기 때문이다(히 13:9). 그렇기에 야곱의 이야기는 그저 과거의 이야기로 기억 한편에 박제할 케케묵은 담론이 아니다.

이는 오늘날을 살아가는 우리에게도 적용할 수 있고 또 적용해야만 하는 매뉴얼이다. 그 매뉴얼에 적혀 있는 것은 도대체 무엇일까? 다사다난했던 야곱의 일생을 통해서, 그리고 그런 야곱과 하나님이 동행하심을 통해서 성령님은 우리에게 어떤 메시지를 전달하고 계시는 걸까? 물론 야곱 삶의 모든 면을 다 담는다면 지면이 부족할 것이다. 특별히 그중 오늘날에 유용한 약속을 살펴보고자 한다.

만나러 와 주시는 하나님

여타 종교에서는 신적인 존재를 찾아가는 구도자가 존재한다. 조건을 갖추거나 영적 수준이 높은 자를 신적인 존재가 찾아온다는 이야기는 참으로 흔하다. 하지만 야곱을 통해서 드러난 하나님이 만나 주시는 방법은 그렇지 않다. 하나님은 그저 높디높은 곳에서 의에 이르러 자력으로 그를 찾은 자를 만나 주시는 분이 아니다. 욥의 사례에서도 다뤘지만, 그것은 애초에 인간으로는 불가능하다.

그렇기에 하나님은 당신 발을 더럽히시면서, 오히려 우리의 터전으로 오신다. 우리의 삶 가운데로 오신다. 우리가 모든 것을 망쳐 놓은 현실, 후회투성이의 일상에 찾아오신다. 이것이 임마누엘 하나님의 원형이며 그리스도가 인간의 몸을 입으시고 인간 사이에 오신 이유다. 너무나 신약적인 개념인가? 그렇지 않다. 야곱뿐만 아니라, 시편 113편의 기자도 이러한 하나님을 발견하여 고백했다.

스스로 낮추사 천지를 살피시고 가난한 자를 진토에서 일으키시며 궁핍한 자를 거름 무더기에서 드셔서 방백들 곧 그 백성의 방백들과 함께 세우시며 또 잉태하지 못하던 여자로 집에 거하게 하사 자녀의 즐거운 어미가 되게 하시는도다 할렐루야(시 113:6-9)

시편 113편이 묘사한 하나님은 스스로를 낮추시고 가난한 자를 일으키시려고 기꺼이 진토에까지 가시며 궁핍한 자를 들어 주시기 위해서 거름 무더기에까지 임하시는 분이다. 하나님이 그런 장소를 달가워하시는 것이 아니라, 우리가 그곳에 있기 때문이다. 이는 훗날 예수께서 자기를 비우사 사람의 형체를 입으시고 십자가에 죽으시기까지 우리를 구원하신 것과도 일체성을 이룬다.

그는 근본 하나님의 본체시나 하나님과 동등됨을 취할 것으로 여기지 아니하시고 오히려 자기를 비어 종의 형체를 가져 사람들과 같이 되었고 사람의 모양으로 나타나셨으매 자기를 낮추시고 죽기까지 복종하셨으니 곧 십자가에 죽으심이라(빌 2:6-8)

이는 우리에게 있어서 복음이다. 즉, 희소식이다. 우리가 하나님을 가장 필요로 할 때는 바로 우리가 진토에 있을 때, 우리가 삶의 거름더미에 있을 때이니 말이다. 게다가 아직 우리가 가난하고 궁핍할 때, 우리를 찾아오신다. 욥의 이야기를 통해서 하나님의 의에 대한 기준이 인간의 그것보다 훨씬 높다고 밝힌 바가 있다. 그런데도 하나님은 그 수준에 미달하는 자들을 외면하고 잘라내 버리시는 것이 아니라, 오히려 그들이 미달하기에 더욱 기꺼이 그들과 함께하시며 그들을 그 미달한 상태에서 구해 내신다. 그저 구하시는 것에 그치는 것이 아니라, 방백이라 표현한 귀인들과 함께하게 하신다. 하나님은 우리를 죄들에서 회복시켜 주실 뿐만 아니라, 자녀로 삼으시고 칭의 해 주시며 결국 영화롭게 해 주신다. 곧이어서 회복된 삶을 허락하시며 사람답게 살 수 있게 해 주신다. 사회가, 상황이, 사람이, 우리에게 박탈해 간 사람다운 삶을 기어코 되돌려 주신다. 로마서에 따르면, 이 과정을 우리가 아직 죄인 되었을 때 시작하신다.

우리가 아직 연약할 때에 기약대로 그리스도께서 경건치 않은 자를 위하여 죽으셨도다 의인을 위하여 죽는 자가 쉽지 않고 선인을 위하여 용감히 죽는 자가 혹 있거니와 우리가 아직 죄인 되었을 때에 그리스도께서 우리를 위하여 죽으심으로 하나님께서 우리에게 대한 자기의 사랑을 확증하셨느니라 그러면 이제 우리가 그 피를 인하여 의롭다 하심을 얻었은즉 더욱 그로 말미암아 진노하심에서 구원을 얻을 것이니 곧 우리가 원수 되었을 때에 그 아들의 죽으심으로 말미암아 하나님으로 더불어 화목되었은즉 화목된 자로서는 더욱 그의 살으심을 인하여 구원을 얻을 것이니라 이뿐 아니라 이제 우리로 화목을 얻게 하신 우리 주 예수 그리스도로 말미암아 하나님 안에서 또한 즐거워하느니라(롬 5:6-11)

야곱을 만나시고 도우신 하나님은 그보고 그냥 만족하라고 하지 않으셨다. 오히려 그를 이스라엘로 만드시고 또 그를 여수룬으로 만드셨다. 하나님은 미달자 야곱을 끝없이 도우시고 더욱 많은 것, 더욱 좋은 것으로 그의 삶을 수놓으셨다.

십자가를 통해서 언약의 백성이 된 자들에게도 그리하신다. 어제나 오늘이나 영원히 동일하게 좋으신 하나님이 야곱을 사랑하시는 것처럼, 또한 우리 그리스도인을 사랑하신다. 그렇기에 우리가 잠든 그 자리, 우리가 쓰러진 그 자리, 우리가 다시 일어서서 다다른 곳, 내 자리, 내 삶, 내 일터, 내 상황 속에서 하나님이 직접 찾아오신다. 하나님은 예루살렘 성전에서, 벧엘에서, 그 어느 위치에서 우리가 오길 기다리시는 분이 아니다.

약함이 강함 되게 하시는 하나님

야곱은 말할 것도 없이 미달자였다. 약한 자였다. 그 형 에서가 워낙에 걸출한 인물이니, 매사에 비교당했을 것이고 야곱으로서는 그 형을 도저히 뛰어넘을 수 없었다. 특히 당시 사회에서 요구하는 재능에서 모두 에서가 우월했다. 형제간 능력의 격차가 있는 것이야 흔한 이야기인데 무슨 문제가 되랴? 하지만 야곱은 어머니 리브가를 통해서 전달된 하나님의 약속, 그 예언에 사로잡힌 자였다. 자신의 상황과 너무나 다른 그 언약을 어떤 식으로 이해해야 할지, 어떻게 받아들여야 할지 알 수 없어서 그 괴리감에 괴로워하는 자였다. 그 괴로움에 야곱은 온통 발버둥 치다가 모든 것을 잃고 모든 관계를 망치고 도망하는 신세가 되었다. 이제 그 뛰어난 형이 그 뛰어난 능력으로 자신을 사냥할지도 모르는 순간에 하나님을 만난다.

그 당시 야곱은 그저 자신이 운 좋게도 하나님이 계신 곳에 도달했다 생각했다. 그렇기에 그곳을 '하나님의 집'이라는 뜻에서 '벧엘'이라 이름했다. 실상은 하나님이 야곱이 쓰러진 그 자리로 찾아와 주시고 또 만나 주셔서 그 자리를 벧엘로 만들어 주신 것이다. 다시 말하면, 야곱이 벧엘에 도달했기 때문에, 장소 때문에 만나 주신 게 아니라는 의미다. 장소가 문제가 아니었다면, 벧엘에서 하나님이 만나 주신 이유는 무엇인가? 바로 '때'이다.

그 순간이야말로 야곱의 삶에서 가장 취약할 때, 가장 커다란 생명의 위협을 느끼고 두려움에 휩싸였을 때였다. 즉, 그 어느 때보다도 도움이 필요한 순간, 하나님의 존재가 절실한 순간에 하나님이 야곱을 만나 주셨다. 천사로 그를 보호하시고 또 그에게 단잠을 허락하셔서 그의 기력을 회복시키신 것도 잊지 말아야 할 하나님의 은혜이다.

이야기를 여기까지 전개하니, 마치 야곱이 약하기 때문에 하나님이 만나 주신 것과 같다. 만약에 그렇다면, 사람이 강한 것보다 오히려 약함이 유리한 것인가? 약해야지만 하나님을 만날 수 있다면, 오히려 약하다는 것이, 미달자라는 것이 더 이로운 것 아닌가? 그렇다면 스스로 자긍하는 것보다 스스로를 낮추는 것이 더 유익하다는 말인가? 그렇다. 그리스도인들에게는 하나님의 존재로 말미암아 발생하는 그런 역설적인 상황이 낯설지 않다.

이뿐 아니라 몸의 더 약하게 보이는 지체가 도리어 요긴하고 우리가 몸의 덜 귀히 여기는 그것들을 더욱 귀한 것들로 입혀 주며 우리의 아름답지 못한 지체는 더욱 아름다운 것을 얻고 우리의 아름다운 지체는 요구할 것이 없으니 오직 하나님이 몸을 고르게 하여 부족한 지체에게 존귀를 더하사(고전 12:22-24)

그러므로 내가 그리스도를 위하여 약한 것들과 능욕과 궁핍과 핍박과 곤란을 기뻐하노니 이는 내가 약할 그 때에 곧 강함이니라(고후 12:10)

이런 성경의 원리는 예수님이 천국을 포도원에 품꾼을 들여보내려고 이른 아침에 나간 집 주인으로 비유하신 유명한 얘기에 잘 나타나 있다. 이를 통해서 하나님 나라의 방식은 인간의 가시적인 평가 기준으로 순위가 결정되는 것이 아님을 드러내시며, 나중 된 자가 먼저 되는 경우가 많을 것이라 교훈해 주셨다(마 19:30; 20:1-16; 막 10:31). 또한, 결혼 잔치에 초대받았을 때 상석에 앉지 말라며 자기를 높이려는 자는 낮아지고 자기를 낮추는 사람은 높아질 것이라고 말씀하신 내용과도 일맥상통한다(눅 14:7-11).

이 약함이 유익이 되며, 뒤처진 것이 오히려 앞서가는 요소가 된다는 말은 질서의 혼란을 의미하지 않는다. 성경이 증언하기를 우리의 하나님은 질서의 하나님이시며 그 질서로 화평을 이루시는 분이라 했다(고전 14:33). 또한 비논리를 전제한 것도 아니다. 일부러 미달자가 되라는 소리도 아니다. 오히려 예수께서는 우리에게 하늘에 계신 하나님 아버지께서 온전하심과 같이 우리도 온전하라 명령하셨다(마 5:48). 따라서 이는 하나님이 인간과 다른 평가 기준을 가지고 계신다는 의미로 해석하는 것이 자연스럽다. 덧붙이자면, 우리의 판단 기준은 성패를 결정짓는 진정 중요한 요소를 함의하고 있지 않다는 의미이기도 하다. 즉, 단순히 인간적인 판단으로 누가 늦었고 누가 미달자인지 누가 뒤처졌는지 따지는 것은 의미 없다.

이러한 원리가 주는 효익은 그저 형제에게 과도한 비판을 하거나, 마치 자기가 하나님이라도 된 양 판결하는 위치에 서지 않도록 스스로를 삼가거나, 겸손해져야 한다는 교훈을 깨닫게 하는 것에만 국한되지 않는다. 이 원리의 유익 중 가장 중요한 부분은 바로 그 어떤 원수도 꺾을 수 없는 자아 존중감을 형성하는 것에 있다.

때때로 우리는 자기 자신에게 가장 엄격하고 혹독하게 판결하는 재판관이 되곤 한다. 이런저런 이유로 내가 하나님께 선택받지 못했다거나, 사랑받을 자격이 없다거나, 도움을 얻지 못하는 자라고 자책과 자학에 물들곤 한다. 하지만 오히려 성경 전체에서 일관적으로 묘사하는 하나님은 특히 야곱이 경험한 하나님은 오히려 우리가 연약하고 부족할수록 더 가까이 오셔서 만나 주시는 분이다. 즉, 하나님을 만날 수 없다는 내 모든 약점, 하나님을 가까이할 수 없다고 생각하게 만드는 모든 이유가 오히려 역으로 하나님을 만날 수 있게 만드는 것으로 작용할 가능성이 짙다. 그런 성경적 소망이 있다. 따라서 낮아졌을 때, 내 스스로가 버러지같이 느껴질 때, 그때가 오히려 은혜가 시작되기 적합한 순간이며 더욱 하나님을 찾아야 할 때이다.

버러지 같은 너 야곱아, 너희 이스라엘 사람들아 두려워하지 말라 나 여호와가 말하노니 내가 너를 도울 것이라 네 구속자는 이스라엘의 거룩한 이이니라(사 41:14)

하나님만 경외하게 하시는 하나님

하나님이 야곱의 삶에 등장하셨을 때는 늘 어떠한 법칙이 있었다. 바로 야곱이 하나님 이외의 존재를 두려워할 때마다 하나님이 등장하셨다는 것이다. 바로 이것이 야곱이 하나님에 대한 두려움, 즉 경외를 배운 방식이었다. 하나님은 다만 그의 권위와 능력 그리고 무서운 모습을 야곱에게 보이며, 기를 죽이며, 그에게 두려움을 심지 않으셨다. 반대로 하나님은 야곱이 살면서 마주하는 두려움의 대상이 있을 때마다 등장하셔서, 그 대상에 대한 두려움을 해결해 주셨다. 때로는 하나님이 대신 싸워 주셨고, 때로는 그 사람의 마음을 돌아서게 하셔서 야곱과 화해하게 하셨고, 때때로 놀라운 기적을 통해서 야곱을 보호하셨다. 그 과정에서 야곱은 학습했다. 하나님 이외의 존재를 무서워하지 않아도 된다는 것과 오직 하나님만을 두려워해야 한다는 것을.

하나님이 경외를 가르치시는 방법은 세상의 권력자들과 사뭇 다르다. 그래서 때로는 이 점을 오해하곤 한다. 세상 왕들은 무력을 행사하거나, 과시하고, 화려한 옷과 권위 있는 배경과 재산으로 사람들의 기를 죽인다. 그리고 타인 위에 군림한다. 이에 익숙한 우리는 하나님도 그러실 것이라 넘겨짚는다. 그렇기에 때로는 경외라는 것이, 하나님에 대한 두려움이라는 것이 부정적이고 억지스러운 것으로 느껴질 수 있다.

하지만 실상 하나님만을 경외하는 삶이란, 하나님에게 압제 받는 인생을 의미하지 않는다. 우리의 감정이나 사정은 모조리 무시당한 채, 그저 하나님께 감사를 늘 올리며 모든 수난을 이를 악물고 참는 것을 의미하지 않는다. 하나님만을 경외하는 삶이란, 하나님 이외에는 두려워하지 않아도 되는 삶을 의미한다. 그런 삶의 모습이 벧엘에서 하나님을 만난 야곱의 삶이라면, 그 누가 마다할까? 오히려 우리가 구해야 할 것은 하나님을 경외하는 삶이다. 우리가 자녀를 위해 기도하며 바랄 것도 역시 하나님만을 경외하는 삶을 살게 해 달라는 간구이다.

여호와를 두려워하는 너희여 그를 찬송할지어다 야곱의 모든 자손이여 그에게 영광을 돌릴지어다 너희 이스라엘 모든 자손이여 그를 경외할지어다 그는 곤고한 자의 곤고를 멸시하거나 싫어하지 아니하시며 그의 얼굴을 그에게서 숨기지 아니하시고 그가 울부짖을 때에 들으셨도다(시 22:23-24)

시편 22편은 다윗의 심경을 토로한 시이자, 예수 그리스도께서 겪으신 십자가에서의 수난에 대한 예언이다. 그 유명한 엘리 엘리 사박다니, "내 하나님이여 내 하나님이여 어찌 나를 버리셨나이까"가 담긴 바로 그 시이다. 이를 통해서, 비단 다윗의 심경만 볼 수 있을 뿐 아니라, 복음서에서 다 묘사하지 않은 예수 그리스도의 내면까지도 알 수 있다. 해당 시편에서 고통에 괴로워하고 사람들의 멸시에 절규하시던 그리스도는 23절에 이르러서 야곱의 후손 된 자들에게, 그러니까 언약을 통해 믿음의 민족이 된 자들의 정체성을 규정하신다. 바로 하나님을 두려워하는 자들이라는 것이다. 비록 시편 22편 본문만으로는 화자가 십자가 위에 달려 있다는 것을 알 수 없지만, 신약까지 아울러서 본다면, 시편 22편의 화자는 십자가에 달려 있고, 죽음을 앞두고 있다. 그 화자는 죽음을 두려워하는 것이 아니라, 하나님만을 두려워하고 있다는 것을 분명히 한다.

시편 기자는 여호와를 두려워하는 자들에게 세 가지를 주문한다. 찬송하라. 영광을 돌려라. 경외하라. 이는 예수님이 십자가에서 극한 고통 속에 하나님을 향해 울부짖을 때 하나님이 무언가를 이미 이루셨기 때문이다. 무엇인가? 그 당하는 곤고를 멸시(별거 아닌 것처럼 여기다)하지 않으셨고, 얼굴을 숨기지(외면하지) 않으셨고, 울부짖을 때 들으셨다.

찬송하고 영광을 돌리고 경외했기 때문에, 하나님이 도우신 것이 아니다. 하나님이 그 괴로워하는 자를 도우셨기 때문에, 찬송하고, 영광을 돌리고, 경외했다. 실제로 십자가 위에서 예수께서 찬송하고 영광을 돌리셨는가? 아니면 괴로워하셨는가? 복음서에서 예수님이 찬양하고 영광 돌리시는 장면은 실제로 부활하신 다음에 벌어진 일이 아닌가? 예수님도 하시지 않으셨던 것을 우리는 때로는 서로에게 요구하고 야곱에게 요구하고 있는 건 아닐까?

따라서 하나님이 우리에게 주길 바라시는 경외는 우리의 인간성을 제거하지 않는다. 오히려 하나님은 철저하게 사람을 날 것 그대로 부르신다. 연약하고 초라하고 어리숙한 우리를 그 모습 그대로 부르신다. 오히려 하나님을 더욱 필요로 하는 존재는 바로 소자들이기에, 소자인 우리를 부르신다. 성경 속에서 하나님이 부르신 사람들의 면모를 보면 대부분 약하고 모난 모습 그대로인 체이다. 하나님은 결코 철인이나 초인을 부르지 않으셨다. 또한 하나님의 기준상으로 철인이나 초인은 존재하지 않는다. 야곱에게 그러신 것처럼 다듬어지지 않은 자를 택하시고, 그의 넘치는 긍휼로 경외를 가르치신, 그 순서에 유념해야 한다.

여수룬이여 하나님 같은 자 없도다 그가 너를 도우시려고 하늘을 타시고 궁창에서 위엄을 나타내시는도다 영원하신 하나님이 너의 처소가 되시니 그 영원하신 팔이 네 아래 있도다 그가 네 앞에서 대적을 쫓으시며 멸하라 하시도다 이스라엘이 안전히 거하며 야곱의 샘은 곡식과 새 포도주의 땅에 홀로 있나니 곧 그의 하늘이 이슬을 내리는 곳에로다 이스라엘이여 너는 행복자로다 여호와의 구원을 너 같이 얻은 백성이 누구뇨 그는 너를 돕는 방패시요 너의 영광의 칼이시로다 네 대적이 네게 복종하리니 네가 그들의 높은 곳을 밟으리로다(신 33:26-29)

하나님의 행하심에 동참하게 하시는 하나님

하나님의 주권을 이해하고 또 경외하는 마음이 있는 자들의 특징은 하나님보다 앞서나가지 않는다는 점이다. 그들은 행동에 앞서 먼저 하나님께 간구하고 답을 구한다. 그리고 하나님의 뜻에 따라 움직이고 또 멈추어 선다. 하지만 우리는 때때로 하나님의 주권과 전지하심을 오해하여 그저 수동적인 자가 되곤 한다. 그러나 그러한 수동적인 행동 양식 일변도의 행위는 운명론자에게나 어울리는 것이지, 하나님의 사람들에게는 맞지 않는다.

비록 야곱을 미달자로 칭했지만, 그는 하나님의 전지전능하심을 믿으면서도 멈춰서서 구해야 할 때와 행동해야 할 때를 구분하는 것에 있어서만은 아주 모범적인 교본과 같은 모습을 보인다. 그는 하나님의 뜻에 대한 확신을 얻고 나면, 자신이 할 수 있는 최선을 지혜롭게 행하는 자다. 에서와의 화해의 장면에서도 하나님께서 자신을 도우실 것을 믿었기에 에서에게 화친을 위한 사절단과 좋은 가축을 골라서 선물로 여러 번 보냈다. 하나님의 씨름에서 이스라엘이 된다는 하나님의 약속과 더불어 생존까지 보장되었다. 하지만 그런데도 에서에게 7번이나 절을 하며 그에게 예를 다하여 화해하려 노력했다. 이집트에서 말년을 보내는 동안, 가나안 귀환의 언약을 굳게 믿는 믿음이 있었기에, 자기 장례식을 활용해 그 약속을 적극적으로 후손에게 전달하는 행동을 한다.

실로 흥미롭게도 하나님이 확정하신 미래와 하나님이 보장하신 승리에 대한 확신은 하나님의 사람 야곱이 인간적으로 할 수 있는 것을 멈추게 하는 것이 아니라, 오히려 적극적으로 행동하게 했다. 이는 자칫 불필요해 보이기도 한다. 하나님이 어차피 이루실 일에 한낱 인간이 동참해 봤자, 그분께 무슨 도움이 될 수 있겠는가? 그 하나님의 역사에 참여함으로 하나님을 재촉하여 그분의 뜻의 성취를 앞당길 수라도 있다는 말인가? 결코 그럴 수 없다. 방해나 되지 않으면 다행이다. 하나님이 하시는 것을 한 터럭이라도 우리가 바꿀 수 없으며 더 낮게 할 수도 반대로 굽게 할 수도 없다.

> 하나님의 행하시는 일을 보라 하나님이 굽게 하신 것을 누가 능히 곧게 하겠느냐
> (전 7:13)

그렇다면 하나님이 이루시는 일에 동참하는 것은 무의미한가? 전혀 그렇지 않다. 그것이 어떠한 유효한 효과를 발생시키지 않더라도, 그것이 하나님께 그 어떠한 도움이 될 수 없다 하더라도, 그것이 하나님이 이루실 일들에 어떠한 변수를 창출하지 못하더라도 의미가 있다. 하나님은 우리를 통해서 일하시는 것, 우리와 함께 일하시는 것, 그 자체를 기뻐하시고 그 모든 우리의 행위를 더 없는 헌물로 받아 주시기 때문이다. 이러한 과정은 고린도전서

에 바울이 잘 묘사했다.

> 나는 심었고 아볼로는 물을 주었으되 오직 하나님은 자라나게 하셨나니 그런즉
> 심는 이나 물 주는 이는 아무것도 아니로되 오직 자라나게 하시는 하나님뿐이니
> 라 심는 이와 물 주는 이가 일반이나 각각 자기의 일하는 대로 자기의 상을 받으
> 리라 우리는 하나님의 동역자들이요 너희는 하나님의 밭이요 하나님의 집이니라
> (고전 3:6-9)

바울은 자기가 하는 사역에서 자신은 복음을 심고, 아볼로는 물을 주었다고 비유적으로 이야기한다. 하지만 오로지 하나님이 그것을 자라게 하시기에, 결과만 놓고 보았을 때는 심는 자인 바울도, 물 주는 자인 아볼로도 아무것도 아니며, 오직 하나님만이 영광을 받으실 것이다. 하지만 하나님은 그 일에 동참한 바울과 아볼로에게 상 주시길 주저하지 않으시며, 그들을 하나님의 동역자로 여기신다. 그렇다면 야곱이 하나님의 뜻에 대한 확신이 들었을 때 자신이 낼 수 있는 지혜로 최선을 다한 것은 바울이나 아볼로와 같은 궤의 행동이라 할 수 있다.

야곱 또한 자신의 행위가 하나님께 그 어떠한 도움이 될 수 없다는 것을 알고 있었다. 하지만 그가 하나님의 행하심에 적극적으로 동참함으로, 그는 하나님의 동역자로 여김을 받고, 또 하나님은 그가 한 최선의 노력에 최고의 상으로 보답해 주셨다.

하나님은 우리와 함께하는 것을 기뻐하신다. 그렇기에 야곱은 벧엘에서 하나님을 만난 뒤 평생을 하나님과 동행하며 또 그분의 일에 동참하는 동역자로 살았다. 그의 삶의 모든 요소는 결국 사명의 감당을 할 수 있게 하는 원동력이 되었다. 그런 그에게 하나님은 상 주시며 그를 도우시길 기뻐하셨다. 그리고 하나님이 주신 상으로 높아지고 영광스럽게 된 야곱의 입술을 통해서, 그의 삶과 기쁨을 통해서 하나님은 영광 받으시는 것을 즐거워하셨다.

이것이 야곱이라는 매뉴얼에 하나님이 적어 놓으신 내용이다. 그리고 하

나님은 더없이 친절하시게도, 그것을 성경의 여타 빼어난 자가 아닌, 미달하였던 야곱의 삶에 기록해 주셨다. 그렇다면 우리도 그렇게 하나님의 동역자라는 분에 넘치도록 영광스러운 이름을 안고 하루하루를 살 수 있지 않을까? 하나님은 오늘날 우리도 부르고 계시지 않을까? 미달자인 야곱도 하나님과 동행하며 해냈으니까, 성령님이 내주 역사하시는 오늘날 우리도 우리의 삶 마지막 장에 결국 '여수룬'이라는 이름으로 불릴 수 있지 않을까?

> 야곱아 이스라엘아 이 일을 기억하라 너는 내 종이니라 내가 너를 지었으니 너는 내 종이니라 이스라엘아 너는 나의 잊음이 되지 아니하리라 내가 네 허물을 빽빽한 구름의 사라짐 같이, 네 죄를 안개의 사라짐 같이 도말하였으니 너는 내게로 돌아오라 내가 너를 구속하였음이니라 여호와께서 이 일을 행하셨으니 하늘아 노래할찌어다 땅의 깊은 곳들아 높이 부를찌어다 산들아 삼림과 그 가운데 모든 나무들아 소리내어 노래할찌어다 여호와께서 야곱을 구속하셨으니 이스라엘로 자기를 영화롭게 하실 것임이로다(사 44:21-23)

우리의 돌베개

우리도 우리의 돌베개에서 잠드는 순간이 온다. 그 돌베개에서 예배하는 때가 있다. 삶 속에서 지쳐서 쓰러질 날도 생긴다. 사마리아 여인이 예수께 하나님을 예배할 장소에 관한 질문을 던졌다. 당시 유다 사람들은 예루살렘 성전을 예배의 장소라고 주장했고, 지정학적으로 북이스라엘에 속하는 사마리아 지역에 살던 사람들은 남쪽에 있는 예루살렘 성전으로 가는 대신에 거주지 근처 산당에서 예배했다.

어디에서 예배해야 하냐는 사마리아 여인의 질문에 예수님은 어떤 반응을 보이셨나? 장소가 아닌 '때'로 대답하셨다. 성전에서도 말고 산당에서도 말고 예배의 때가 이른다고 말씀하셨다. 다시 말해 장소에만 집중하는 당대 종교인들에게 예수님은 정작 중요한 것은 바로 시간이라 말씀하신 것이다.

예배의 때라는 것은 언제일까? 이를 토대로 새벽 예배가 좋은지 저녁 예배가 좋은지 논쟁하거나, 무슨 요일에 드리는 예배가 맞는지 논쟁을 시작한다면 끝이 없을 것이다. 크리스마스가 언제인지 전교단적인 논쟁이 촉발한다면 그것은 예수님의 의중을 다 파악하지 못한 것이다.

여기에 돌베개를 적용해 보려 한다. 복음서의 다른 부분에서 예수님은 왜 제자들이 금식하지 않느냐는 종교 지도자들의 힐문에, 지금은 신랑과 함께 있으니 금식할 때가 아니며, 신랑을 빼앗기면 금식할 때가 이를 것이라 말씀하셨다. 여기서 때는 정해진 시간이나 날짜가 아니라, 어떠한 사건이 있을 시기라는 것이다. 이러한 때의 개념을 예배의 때에 적용해 보면, 예배의 때는 어떤 시간만이 아니라 어떤 상황이냐도 고려해야 한다. 그리고 그것을 돌베개에 대입하면, 바로 우리에게 하나님이 필요한 시간이 아닐까?

언제 하나님이 가장 필요한가? 우리가 가장 높은 곳에 있을 때도 하나님이 필요하다. 가장 낮은 순간에도 하나님이 필요하다. 눈감고 눈을 뜨는 모든 순간에도 하나님이 필요하다. 우리는 그러하다. 만약에 우리가 그런 존재라면, 매 순간이 바로 예배의 때요, 하나님을 만날 만한 때이다.

돌베개가 자리했던 벧엘, 곧 하나님의 집은, 그리고 성전은 이제 외부의 어떤 특정한 장소가 아니라, 시간을 내어서 찾아가야 할 곳이 아니라, 나 자신이다. 우리가 바로 하나님의 성전이다. 그 의미를 생각해 보면, 야곱이 예배한 벧엘에 찾아가 그 돌무더기에서 야곱이 베고 잤던 베개를 찾아서 우상화할 것이 아니라, 우리 스스로가 벧엘이라는 자각을 시작해야 하지 않을까? 언제 어디서나 항상 예배할 수 있고, 또 하나님과 만날 수 있도록 주님은 우리를 십자가를 통해 벧엘로 만드신 셈이다.

궁극적으로 우리가 야곱을 통해서 배워야 할 하나님은 가장 낮을 때에만 만날 수 있는 하나님이 아니라, 우리 생각에 도저히 하나님을 만날 수 없는 상태에서도 기꺼이 만나 주시는 하나님이시다. 오히려 내가 연약할수록, 힘들고 어려울수록, 그런 순간에 더더욱 만나 주시는 하나님이시다. 그런 하나님이시라면 우리의 평소에는 어떠하실까? 우리가 기쁘고 즐겁고 행복할 때는 얼마나 더 기꺼이 만나 주시겠는가? 우리가 준비되었을 때는 얼마나 더 잘 자연스럽게 만나 주시겠는가? 그렇기에 히브리서의 저자는 말한다.

믿음이 없이는 하나님을 기쁘시게 하지 못하나니 하나님께 나아가는 자는 반드시 그가 계신 것과 또한 그가 자기를 찾는 자들에게 상 주시는 이심을 믿어야 할지니라(히 11:6)

아직 다듬어지지 않은 우리도 각자의 돌베개에서 벧엘을 경험하기를,
오늘날에도 하나님을 아는 지식이 풍성하기를,
그리고 그분이 원하시는 바, 위로가 풍성하기를….

너희 하나님이 가라사대 너희는 위로하라 내 백성을 위로하라(사 40:1)